Wilhelm Schmeisser/Dieter Krimphove (Hrsg.)

Vom Gründungsmanagement zum Neuen Markt

Wilhelm Schmeisser/Dieter Krimphove
(Hrsg.)

Vom Gründungsmanagement zum Neuen Markt

Strategien für technologieorientierte kleine und mittlere Unternehmen

Die Deutsche Bibliothek – CIP-Einheitsaufnahme
Ein Titeldatensatz für diese Publikation ist bei
Der Deutschen Bibliothek erhältlich.

Prof. Dr. Wilhelm Schmeisser ist Inhaber des Lehrstuhls für Betriebswirtschaftslehre, insbesondere Finanzierung, Investition und Unternehmensführung an der FHTW Berlin sowie Leiter der Forschungsgruppe Innovationsmanagement, Personalwirtschaft und Organisation (IPO) an der Gerhard-Mercator-Universität-GH Duisburg.

Prof. Dr. Dieter Krimphove ist Inhaber des Lehrstuhls für Wirtschafts- und Wettbewerbsrecht an der Universität-GH Paderborn.

1. Auflage August 2001

Alle Rechte vorbehalten
© Betriebswirtschaftlicher Verlag Dr. Th. Gabler GmbH, Wiesbaden 2001

Lektorat: Ulrike Lörcher / Renate Schilling

Der Gabler Verlag ist ein Unternehmen der Fachverlagsgruppe BertelsmannSpringer.

gabler@bertelsmann.de
www.gabler.de

Das Werk einschließlich aller seiner Teile ist urheberrechtlich geschützt. Jede Verwertung außerhalb der engen Grenzen des Urheberrechtsgesetzes ist ohne Zustimmung des Verlags unzulässig und strafbar. Das gilt insbesondere für Vervielfältigungen, Übersetzungen, Mikroverfilmungen und die Einspeicherung und Verarbeitung in elektronischen Systemen.

Die Wiedergabe von Gebrauchsnamen, Handelsnamen, Warenbezeichnungen usw. in diesem Werk berechtigt auch ohne besondere Kennzeichnung nicht zu der Annahme, dass solche Namen im Sinne der Warenzeichen- und Markenschutz-Gesetzgebung als frei zu betrachten wären und daher von jedermann benutzt werden dürften.

Gedruckt auf säurefreiem und chlorfrei gebleichtem Papier.

Umschlaggestaltung: Ulrike Weigel, www.CorporateDesignGroup.de
Druck und buchbinderische Verarbeitung: Hubert & Co., Göttingen

Printed in Germany

ISBN 3-409-11871-3

Vorwort

Junge innovative Technologieunternehmen nehmen eine Schlüsselrolle für die Steigerung des Innovationspotenzials und damit die langfristige Entwicklung einer Volkswirtschaft ein. Für Deutschland ist diese Problematik aufgrund geringen Wirtschaftswachstums und hoher Arbeitslosigkeit besonders aktuell. Aber eine Entwicklung in die richtige Richtung ist zu erkennen.

Das Gründungsmanagement hat in den letzten Jahren eine dem deutschen Markt gänzlich neue Dynamik erfahren. Eines der Hauptprobleme für erfolgreiche Innovationstätigkeit, die Beschaffung umfangreichen Kapitals, scheint neuen Lösungsmöglichkeiten zugeführt. War der Kapitalmarkt über die letzten Jahrzehnte von einer eher starren Struktur gekennzeichnet, bei der sich lediglich die Großunternehmen der Finanzierung über den organisierten Kapitalmarkt bedienen konnten, so ist seit 1997 mit einem neuen Börsensegment, dem Frankfurter „Neuen Markt", eine enorme Bewegung in die Praxis der Finanzierung von Gründungen gekommen.

Durch die Tatsache, dass wachstumsstarke Technologieunternehmen jetzt über einen erheblich verbesserten Zugang zum organisierten Kapitalmarkt verfügen, hat auch die Außenfinanzierung von Gründungsunternehmen eine Revolution erfahren. Hingewiesen sei auf das verstärkte Engagement von Venture Capital-Gesellschaften, die aufgrund des neuen Exit-Kanals „Neuer Markt" eine wahre Renaissance erlebten. Aber auch die Förderung über öffentliche Kredit- und Zuschussprogramme sowie Bürgschaften über eine Bürgschaftsbank steht, dank der neuen Kombinationsmöglichkeiten, in einem neuen Licht. Die klassische Hausbankfinanzierung ist damit nicht völlig verdrängt, sie erhält eine – ihrer spezifischen Problematik gerecht werdende – neue Bewertung. Der Darstellung des veränderten Procedere in der Förderung der Gründungsfinanzierung wird in diesem Band zu einem großen Teil Rechnung getragen. Ebenso wird auf die vielfältigen Unterstützungsmöglichkeiten der Bundesanstalt für Arbeit eingegangen.

Die neuen Möglichkeiten erfordern aber auf der anderen Seite eine Auseinandersetzung mit bisher unbekannten Facetten eines potentiellen Börsenganges. Wenngleich die jungen Unternehmen i.d.R. bei der Beurteilung der Börsenreife, der Bewertung und der Preisfindung vor einem Going Public von Venture Capital-Gesellschaften respektive den Emissionsbanken tatkräftig unterstützt werden, so sind sie doch in der Folge für die Pflege ihres Börsenkurses selbst verantwortlich. Die Bedeutung der Financial Public Relations sowie die Facetten des Aktienrückkaufs zur Steigerung des Shareholder Value werden in diesem Zusammenhang exemplarisch dargestellt. Ebenso stellt die veränderte rechtliche Situation die Unternehmen vor enorme Herausforderungen. Fragen der

Umwandlung der Rechtsform, der corporate governance sowie des Wettbewerbsrechts werden erörtert.

Die Herausgeber haben versucht, auch in diesem neuen Forschungsfeld, wo immer möglich, empirische Daten zur Unterstützung von Aussagen und Hypothesen einzubeziehen. Sie wünschen sich eine intensive Diskussion in Wissenschaft und Praxis über das Themenfeld und hoffen, Anregungen für weitere Forschungsarbeiten gegeben zu haben.

Das Herausgeben eines Sammelbandes für ein funktionsübergreifendes Themengebiet ist immer mit viel Mühen und Zeit verbunden. Deshalb gilt zunächst unser Dank den Autoren aus Deutschland und den Vereinigten Staaten. Ein ganz besonderer und herzlicher Dank geht an unseren wissenschaftlichen Mitarbeiter, Herrn Dipl.-Kfm. Jan Grothe, der mit großem Einsatz, Engagement und Fachkenntnis an diesem Sammelband mitgewirkt hat. Ebenso danken möchten wir unseren Frauen und Kindern.

Berlin, Duisburg, Paderborn im Sommer 2001   Die Herausgeber

Inhaltsverzeichnis

Vorwort V

Autorenverzeichnis IX

Schmeisser, Wilhelm/Krimphove, Dieter/Grothe, Jan
(FHTW Berlin/Universität Duisburg/Universität Paderborn)
Zwischen Gründungsmanagement und Neuem Markt:
Eine pragmatische Einführung 1

Bretz, Michael (Creditreform, Neuss)
Neueintragungen und Löschungen von Unternehmen in den letzten
zehn Jahren in Deutschland – Eine empirische Studie zur Gründungsszenerie
aus Sicht der Creditreform 15

Keßler, Jürgen (FHTW Berlin)
GmbH, kleine Aktiengesellschaft und Neuer Markt – Zur
Gewährleistung mitunternehmerischer corporate governance beim
Börsengang mittelständischer Unternehmen 37

Christians, Uwe (FH Lausitz)
Aktivitäten von Kreditinstituten im Rahmen des
Existenzgründungsprozesses – Dargestellt anhand von
Beispielen aus dem Sparkassen- und Kreditgenossenschaftssektor 55

Schmeisser, Wilhelm (FHTW Berlin/Universität Duisburg)
Zur Kreditwürdigkeitsprüfung bei innovativen Technologieunternehmen 87

Schmeisser, Wilhelm/Galler, Marko
(FHTW Berlin/Universität Duisburg/Berliner Volksbank e.V.)
Öffentliche Maßnahmen der Innovations- und Beteiligungsförderung 113

Hannemann, Gerfried/Schmeisser, Wilhelm
(FH Anhalt, Bernburg, Dessau, Köthen/FHTW Berlin/Universität Duisburg)
Möglichkeiten der Fördermittel-Kombination bei Existenzgründungen:
Kombinationslogik 135

Schmeisser, Wilhelm/Corte, Till
(FHTW Berlin/Universität Duisburg/Deutsche Bank)
Förderung von Unternehmensgründungen, Verringerung der Lohnkosten
zur Stärkung des Betriebsergebnisses und Verbesserung der betrieblichen und
außerbetrieblichen Infrastruktur durch Kooperation mit der Arbeitsverwaltung 151

Schmeisser, Wilhelm (FHTW Berlin/Universität Duisburg)
Venture Capital und Neuer Markt als strategische Erfolgsfaktoren
der Innovationsförderung für Erfinder und technologieorientierte
Unternehmensgründungen 227

Evans, Daniel M. (San Jose University, California, USA)
Tendenzen in der Venture Capital Finanzierung in den USA 243

Christians, Uwe (FH Lausitz)
Going Public am Neuen Markt: Börsenreife – Bewertung – Preisfindung 251

Kühnberger, Manfred/Gruber, Thomas
(FHTW Berlin/DaimlerChrysler Services AG)
Bilanzpolitische Aspekte der Umstellung der Rechnungslegung auf US-GAAP 301

Hinz, Holger Clemens/Schmeisser, Wilhelm
(Consors Capital Bank AG, Frankfurt/M./FHTW Berlin/Universität Duisburg)
Bedeutung der Financial Public Relations für ein erfolgreiches
Initial Public Offering am Neuen Markt 323

Brühl, Volker/Singer, Wolfgang S.
(Roland Berger-Strategy Consultants Frankfurt/M./FHTW Berlin)
Aktienrückkauf – Neue Gestaltungsmöglichkeiten für deutsche Unternehmen 367

Krimphove, Dieter (Universität Paderborn)
Kleine und mittlere Unternehmen aus Sicht des deutschen und europäischen
Wettbewerbsrechts 389

Schmid-Schönbein, Thomas (FH Lausitz)
Planen ist Silber, Handeln Gold – Über die Chancen des Markteintritts,
des Marktaustritts und die Sterblichkeit junger Unternehmen 431

Autorenverzeichnis

Bretz, Michael, Dipl.-Volkswirt, Leiter Wirtschafts- und Konjunkturforschung, Pressesprecher, Verband Creditreform, Neuss.

Brühl, Volker, Dr., ist Associate Partner und Leiter Corporate Finance bei Roland Berger-Strategy Consultants in Frankfurt am Main. Herr Brühl hat zahlreiche Unternehmen in verschiedenen Industrien bei Akquisitionen, Fusionen und Unternehmensverkäufen beraten. Daneben befasst er sich mit Fragen der wertorientierten Unternehmensführung und des Risikomanagements. Vor seinem Eintritt bei Roland Berger-Strategy Consultants war er in der Investment Banking Division der Deutschen Bank tätig.

Christians, Uwe, Prof. Dr. rer. oec., 1986 Promotion zum Thema „Entwicklung und empirische Überprüfung eines konjunkturgerechten Erfolgsprognosemodells zur Unterstützung der Kreditwürdigkeitsprüfung" an der TU Berlin, 1987-1997 beschäftigt als Referent, Abteilungsleiter in der Strategischen Planung und der Konzernplanung der Berliner Bank AG und der Bankgesellschaft Berlin AG. Seit Oktober 1997 Professor für Betriebswirtschaftslehre, insbesondere Banken und Finanzdienstleistungen an der FH Lausitz (Senftenberg) mit den Schwerpunkten Rechnungswesen und Controlling sowie Bank- und Finanzmanagement. Gründungsmitglied des Instituts für Management, Wissenschaft und Bildung (IMWB) e.V. in 1999. Die Forschungsschwerpunkte liegen auf den Gebieten des Controlling und des strategischen Managements von Kreditinstituten.

Corte, Till, Dipl.-Kfm., wissenschaftlicher Mitarbeiter und Mitarbeiter bei der Deutschen Bank.

Evans, Daniel M., Dr., Lehrbeauftragter an der San Jose University California.

Galler, Marko, Dipl.-Kfm., arbeitet im Vertriebsmanagement für Firmenkunden (Vertriebssteuerung) bei der Berliner Volksbank. Zuvor Ausbildung zum Bankkaufmann und Studium der BWL in Berlin.

Grothe, Jan, Dipl.-Kfm., wissenschaftlicher Mitarbeiter an der FHTW/Berlin und selbständiger Unternehmensberater und Trainer. Herr Grothe arbeitete zuvor in verschiedenen Unternehmen der „new economy" sowohl im In- als auch im Ausland, u.a. als Leiter Einkauf. 1992-1997 Studium der BWL an der Fachhochschule für Technik und Wirtschaft (FHTW) Berlin und der DeMontfort University Leicester, UK.

Gruber, Thomas, Dr., Bereichsleiter „Finance and Accounting" bei der DaimlerChrysler Services AG, Berlin, seit 1989 verschiedene Funktionen im Bereich des Rechnungswesens im DaimlerChrysler-Konzern, zuvor wissenschaftlicher Mitarbeiter bei Prof. Dr. Dr. h.c. Günter Wöhe am Institut für Betriebswirtschaftliche Steuerlehre an der Universität des Saarlandes, Saarbrücken.

Hannemann, Gerfried, Prof. Dr., Fachbereich Wirtschaft der Fachhochschule Anhalt Bernburg, Dessau, Köthen, Betriebswirtschaftslehre, insbesondere Handelsbetriebslehre. Forschungsschwerpunkt: Internationales Finanzmanagement und Finanzwirtschaft.

Hinz, Holger Clemens, Dipl.-Kfm., ist seit Februar 2001 stellvertretender Abteilungsdirektor im Bereich Corporate Finance der Consors Capital Bank AG, Frankfurt. Zuvor arbeitete Herr Hinz als Projektleiter im Bereich Corporate Finance, Aktienemissionen, der BHF-Bank AG, wo er sich auf Biotechnologie- und Medizintechnikunternehmen spezialisierte. Herr Hinz begann seinen beruflichen Werdegang im Konzern der Bankgesellschaft Berlin AG, wo er insgesamt sechs Jahre beschäftigt war, drei Jahre davon im Geschäftsfeld Going Public/Equity Capital Markets.

Keßler, Jürgen, Prof. Dr., ist Professor für Deutsches und Europäisches Handels-, Gesellschafts-, Arbeits-, und Wirtschaftsrecht an der FHTW Berlin; Lehrbeauftragter an der TU Berlin sowie Visiting Professor an der University of the West of England, Bristol/UK.

Krimphove, Dieter, Prof. Dr. jur., Visiting Professor der Donau-Universität Krems; Universitätsprofessor an der Universität/GH Paderborn Lehrstuhl: Wirtschaftsrecht mit dem Schwerpunkt Europäisches Wirtschaftsrecht; Direktor: Institut für Rechtsangleichung, Wirtschaftsrecht und Finanzierung. Nach beiden juristischen Staatsexamina Assistent der Personalleitung (UNI-LEVER – Langnese-Iglo), Leiter des Fachbereichs Wirtschafts- und Arbeitsrecht an der Akademie Deutscher Genossenschaften Schloss Montabaur, Professor an der FHTW-Berlin. Dort Einrichtung und Leitung des Studienganges „Wirtschaftsjurist".

Kühnberger, Manfred, Prof. Dr., Professor für Rechnungswesen und Controlling an der FHTW Berlin; Arbeitsschwerpunkte: Internationale und Konzern-Rechnungslegung, Unternehmensbewertung und Finanzierung.

Schmeisser, Wilhelm, Prof. Dr., Professor an der FHTW Berlin für Betriebswirtschaftslehre – Finanzierung und Investition und Unternehmensführung; Leiter der Forschungsgruppe Innovationsmanagement, Personalwirtschaft und Organisation (IPO) an der Gerhard-Mercator-Universität Gesamthochschule Duisburg, Forschungsschwerpunkte: Personalmanagement und Organisation, Innovationsmanagement, Technologiemanagement und Strategisches Management, Investition und Finanzierung.

Schmid-Schoenbein, Thomas, Prof. Dr. pol., Fachbereich Wirtschaftswissenschaft der Fachhochschule Lausitz, Allgemeine Betriebswirtschaftslehre, insbes. Industrieökonomik und Unternehmenspolitik.

Singer, Wolfgang S., Prof. Dr. rer. pol., Seit 1996 Professor für Betriebswirtschaftslehre mit Schwerpunkt Finanzierung/Investition an der FHTW Berlin und Studiengangssprecher für den Studiengang BWL mit Schwerpunkt Banken. Von 1991 bis 1996 Beschäftigung im Corporate Finance der Deutschen Bank in Frankfurt. Davor Studium der Wirtschaftswissenschaften an den Universitäten Freiburg im Brsg., Universitiy of Wisconsin/Madison/USA und der New York University/USA.

Zwischen Gründungsmanagement und Neuem Markt: Eine pragmatische Einführung

Wilhelm Schmeisser/Dieter Krimphove/Jan Grothe

1 Auf der Suche nach einem neuen Forschungsfeld der Betriebswirtschaftslehre versus dem Beratungsbedarf junger Unternehmen

Die Fähigkeit zur Innovation beeinflusst in hohem Maße die langfristige Entwicklung einer Volkswirtschaft. Deutschland muss als hochindustrielle Gesellschaft und exportintensive Nation ein besonderes Interesse an einem ständigen Innovationsprozess seiner Wirtschaft haben, um seine Stellung im internationalen Wettbewerb erhalten bzw. ausbauen zu können (1). Aufgrund des geringen Wirtschafswachstums und der hohen Arbeitslosigkeit in Deutschland ist diese Innovationsproblematik derzeit besonders aktuell. Eine Schlüsselrolle nehmen dabei junge innovative Unternehmen, insbesondere aus der Technologiebranche, ein. Von ihnen gehen eine Steigerung des Innovationspotentials der Wirtschaft, eine Verbesserung der Wettbewerbsfähigkeit, die Bewältigung des wirtschaftlichen Strukturwandels und nicht zuletzt umfangreiche Beschäftigungsimpulse aus (2).

Die volkswirtschaftliche Stellung dieser Unternehmen als innovative Unternehmen im Sinne SCHUMPETERS (3) ist damit bedeutend. Aber zugleich ist für jedes einzelne dieser Unternehmen die eigene Entwicklung mit erheblichen technischen und wirtschaftlichen Risiken behaftet, die hauptsächlich aus den langen und kapitalintensiven Entwicklungs-, Produktionsvorbereitungs- und Markteinführungsphasen sowie der unsicheren Produktions- und Vermarktungsfähigkeit von Innovationen resultieren (4).

Erfolgreiche Innovationstätigkeit erfordert umfangreiches Kapital. Die Finanzierung innovativer Unternehmen kann in den seltensten Fällen von den Gründern allein geleistet werden. Da die tendenziell risikoscheuen Banken aufgrund der schwierigen Bonitätseinschätzung und der mangelnden Sicherheiten von jungen innovativen Unternehmen die notwendigen Finanzmittel zur Gründung nicht oder nicht vollständig zur Verfügung stellen, müssen diese neben den Banken auch andere Finanzierungsoptionen erschließen.

Dies sind sicherlich öffentliche Maßnahmen der Innovations- und Beteiligungsförderung durch die Deutsche Ausgleichsbank, das Arbeitsamt, Finanzierungsprogramme der Forschungs- und Innovationsförderung bis hin zur Venture Capital-(Re-)Finanzierung.

Denkt man an die größtenteils fehlende oder nur wenig vorhandene Managementerfahrung der technikorientierten Unternehmensgründer, stellt dies zudem besondere Anforderungen an die Kapitalgeber im Rahmen der Innovationsfinanzierung. Die Erfahrungen der letzten Jahre sowie das Beispiel der Vereinigten Staaten zeigen, dass das Finanzierungs- bzw. Beteiligungsinstrument Venture Capital auf diese spezifischen Bedürfnisse von Innovationsfinanzierungen zugeschnitten ist. Aber auch Innovationszentren als Inkubatoren junger innovativer Unternehmen sind hierbei zu nennen. In den letzten Jahren öffnete sich mit dem „Neuen Markt" in Frankfurt ein weiterer Weg der Eigenkapitalgewinnung über die Börse.

Alle Finanzierungsmöglichkeiten tragen wesentlich dazu bei, die Entwicklungshemmnisse innovativer Unternehmen durch Schließung der vorhandenen Eigenkapitallücke zu überwinden. Die Stärkung der Eigenkapitaldecke spiegelt aber nur einen Aspekt der Unterstützung von Gründern und jungen Technologieunternehmen wider. Zur Entwicklung des Managementteams und zur Minderung der Krisenanfälligkeit des Unternehmens wird von jungen innovativen Unternehmen zunehmend die beratende Begleitung durch den „Kapitalpartner" gesucht. So wird Unterstützung z.B. bei rechtlichen Aspekten der Gesellschaftsform, des Wettbewerbsrechts, des Gewerblichen Rechts, des Arbeitsrechts, des Börsengesetzes oder beim Aufbau des internen und externen Rechnungswesens, eines Forschungs- und Entwicklungscontrollings, eines Produktionscontrollings oder eines Technologiemarketings erwartet.

Vor diesem Hintergrund wendet sich der vorliegende Band vor allem der Herausarbeitung der besonderen Finanzierungsaspekte und -optionen bei Gründungsunternehmen und Aspiranten des Neuen Marktes bzw. des organisierten Kapitalmarktes zu. Hier sollen geeignete Instrumente zur Innovationsförderung junger Unternehmen aus wissenschaftlicher und praktischer Sicht beschrieben, analysiert und Finanzierungshilfen als „Gestaltungsempfehlungen" im Rahmen rechtlicher Bedingungen und einer industrieökonomischen Gründungsphilosophie beurteilt werden.

Der Band tangiert auch die Diskussion über die Zweckmäßigkeit der Einrichtung von Gründungsmanagementlehrstühlen an Universitäten und Fachhochschulen. Die wissenschaftliche Diskussion über das „Lehrgebiet" und die Forschungsausrichtung dieser Lehrstühle wird unterschwellig und teils explizit geführt. Zum einen wird gemutmaßt, dass hier nur eine abgespeckte Allgemeine Betriebswirtschaftslehre für kleine und mittlere Unternehmen gelehrt wird, die sich aber kaum von der bisherigen Allgemeinen Betriebswirtschaftslehre unterscheide. Zum anderen glaubt man, dass nur Unternehmensberater dieses Feld bearbeiten können und eine Akademisierung damit ausgeschlossen ist, weil die Berater die Gründer nur bei der Businessplanerstellung für das Kreditinstitut helfen, über Fördermittel beraten, Checklisten für die Anmeldung bei dem Finanzamt, dem Gewerbeamt, der Industrie- und Handelskammer, Handwerkskammer, Versicherungen aushändigen, eine Gründungsbilanz erstellen und mit dem Businessplan einen ersten vorläufigen Finanz- und Investitionsplan liefern. Die Schlussfolgerung, die aus diesem zweiten Argument der Tätigkeit von Unternehmensberatern folgt ist, dass kein akademischer Stoff gegeben ist, der eine derartige Ausrichtung von Lehrgebieten im Fach Betriebswirtschaftslehre rechtfertigt. Weiterhin wird betont, dass versucht wurde, zumindest augenscheinlich, mittels Einrichtung derartiger Lehrstühle und Professuren Arbeitsmarktpolitik ein wenig zu betreiben obwohl Gründungmanagement aber wegen seines Innovationscharakters und der eventuellen Technikproblematik des Produktes und/oder der Dienstleistung nicht lehrbar sei.

Mit diesem Band wollen wir zumindest schon einmal für den Finanzbereich zeigen, dass obige Argumente hinterfragt werden müssen und sich hier neben aller praktischer Relevanz des Gründungsmanagements ein betriebswirtschaftlicher und rechtswissenschaftlicher Bereich entwickelt, der es verdient, genauer analysiert zu werden.

2 Zum Forschungsobjekt „junge Unternehmen" im Rahmen des Gründungsmanagements bis hin zum Neuen Markt

Junge Unternehmen sind eine wesentliche Triebkraft zukunftsorientierter und wettbewerbsorientierter Volkswirtschaften, da sie bedeutende Wachstums- und Beschäftigungsimpulse geben (können). Durch die Entwicklung und Vermarktung innovativer Produkte und Dienstleistungen tragen insbesondere technologieorientierte junge Unternehmen anhaltend zum Aufbau und Ausbau der Wettbewerbsfähigkeit und damit zur Sicherung des Wirtschaftsstandortes Deutschland bei.

An der kommerziellen Umsetzung ihrer innovativen Problemlösung scheitern jedoch viele junge Unternehmen. Als Hauptgrund wird der fehlende Kapitalzugang angegeben (5), wobei die Frühphasenfinanzierung eines der wesentlichen Probleme junger Technologieunternehmen darstellt. Zur Lösung der Finanzierungsproblematik hat sich in den letzten Jahren eine Reihe von unterschiedlichen Formen der Unternehmensfinanzierung auf dem deutschen Finanzmarkt durchgesetzt, insbesondere seit der Gründung des Neuen Marktes an der Frankfurter Börse 1997 boomt es im Gründungsmanagement. Doch welche jungen Unternehmen sind es, die für diesen zeitlich und sachlich abgegrenzten Gründungs- und Finanzmarkt in Frage kommen?

2.1 Abgrenzungskriterien junger Unternehmen

In der jüngsten Zeit ist in der Literatur und in der Politik in Deutschland ein Unternehmens- und Unternehmertyp verstärkt in den Blickpunkt der Öffentlichkeit gerückt, der bis vor drei Jahren nahezu unbeachtet war. Dies ist das junge, innovative (Wachstums-)

Unternehmen im SCHUMPETERSCHEN Sinne, welches sich durch die im Folgenden dargestellten Besonderheiten auszeichnet.

2.1.1 Wirtschaftliche Existenz

Junge Wachstumsunternehmen zeichnen sich dadurch aus, dass sie erst seit einem relativ kurzen Zeitraum wirtschaftlich und/oder rechtlich bestehen. Um eine konkrete temporäre Abgrenzung zu nennen, wie lange ein Unternehmen als jung gilt, gibt PFIRMANN u.a. (6) den Hinweis, dass junge, innovative Unternehmen nicht länger als fünf Jahre bestehen. Folgt man implizit der Venture Capital-Philosophie, die die Börse als einen Exit-Kanal betrachtet, kann man „jung" an der Börsenfähigkeit technologieorientierter, junger Unternehmen (am Neuen Markt bei ca. acht Jahren) festmachen. HAYN (7) stellt in diesem Zusammenhang fest, dass junge Unternehmen bereits gegründet sein müssen und sich entweder noch in der Ingangsetzungsphase des Geschäftsbetriebes oder am Anfang der Wachstumsphase befinden müssen, wie in der Venture Capital-Literatur und vom Neuen Markt gefordert.

Die bisherige Unternehmenstätigkeit beschränkt sich daher neben der Produktentwicklung auf die Kundenakquisition, den Aufbau von Lieferbeziehungen, den Anlauf der Produktion und die Etablierung von Organisationsstrukturen. Im Sinne der Klassifizierung ist die wirtschaftliche und nicht die rechtliche Existenz eines Unternehmens heranzuziehen. Ein durch rechtliche Verselbständigung eines unselbständigen Betriebsteils (Outsourcing) entstandenes Unternehmen, ist somit nicht als jung einzustufen, weil es bereits vorher am Waren- und Wirtschaftsverkehr teilgenommen hat. In diesem Zusammenhang sind z.B. auch Management-Buy-Outs (8) keine jungen Unternehmen. Ob dies immer derart gesehen werden kann, ist, folgt man HAHNS (9) Ausführungen und Typologie zur Gründung und dem Beispiel Infineon als Gründungsunternehmen am Neuen Markt als ausgegliedertes Tochterunternehmen von Siemens, theoretisch und empirisch umstritten.

Die Unterteilung in junge und etablierte Unternehmen orientiert sich unter anderem an den vertriebenen Produkten, der Marktstruktur, dem Kundenverhalten und der Branche. Im Unterschied zu etablierten Unternehmen, die über ein Firmenimage verfügen und mit bestehenden Kommunikations- und Vertriebswegen einen nachweisbaren Produkterfolg generieren, liegt bei jungen, innovativen Wachstumsunternehmen die Besonderheit im Neuheitsgrad der Problemlösung (10).

Vor dem Hintergrund der kurzen wirtschaftlichen Existenz junger Unternehmen, ist in diesem Zusammenhang auf die fehlenden Vergangenheitsdaten hinzuweisen, die ein Problem bei der Bonitätsprüfung der Kreditinstitute darstellen sowohl bei Fördermittelbeantragungen als auch bei Krediten. Analoges gilt bei der Problematik der Gewinnung von Investoren, mögen sie nun Privatpersonen sein, Business Angels, Unternehmen oder Venture Capital Gesellschaften (11). Darüber hinaus ist zu beachten, dass ein junges Unternehmen in der Gründungsphase und der frühen Expansionsphase kaum über Produktionsanlagen oder andere werthaltige Sicherheiten verfügt, da im Wesentlichen in

Ideen und Humankapital, sprich immaterielle Güter, investiert wird. Junge Unternehmen können somit als „people business companies" bezeichnet werden, in denen die „assets" nahezu ausschließlich in der Form von „soft-investments", also der Qualifikation und Dynamik der Unternehmer und Mitarbeiter bestehen (12).

2.1.2 Entwicklungsrichtung

Junge, innovative Unternehmen können nur einen erfolgreichen Markteintritt bewältigen, wenn ihre Produkte oder Dienstleistungen über signifikante Alleinstellungsmerkmale gegenüber denen des Wettbewerbs verfügen. Dieser daraus resultierende Wettbewerbsvorteil wird durch mindestens eine Produkt-, Verfahrens- oder Dienstleistungsinnovation generiert (13).

Zum einen müssen neuartige innovative Produkte oder Dienstleistungen für den Markteinstieg entwickelt werden. Durch die Neuartigkeit der Produkte, die die zukünftigen Bedürfnisse und Bedarfe der potenziellen Kunden antizipieren, erzielt das Unternehmen als Vorreiter gegenüber der Konkurrenz einen Zeitgewinn, der durch Innovationskomplexität und -umfang determiniert wird. Die jungen Unternehmen können zeitlich, räumlich und rechtlich, sofern ein gewerblicher Rechtsschutz vorliegt, als Monopolist auftreten und die Erfahrungskurve in ihrem Bereich realisieren, um den strategischen Wettbewerbsvorteil weiter auszubauen. Bedingt durch die Folge der Internationalisierung und Globalisierung müssen sie den immer kürzer werdenden Innovationsintervallen durch kontinuierliche Forschung und Entwicklung entgegensteuern, um permanent technologisch verbesserte Produkte dem Markt anbieten zu können.

Unternehmensgründungen gelten als technologieorientiert, wenn Forschung und Entwicklung sowie Produkt- und Verfahrenstechniken innerhalb der Unternehmung und zur Erzeugung und Verteidigung der Wettbewerbsvorteile eine besondere Bedeutung zukommen. Schafft das Unternehmen sogar mit der Technologie einen neuen Markt, so ist über einen längeren Zeitraum hinweg überproportionales Wachstum – ein weiteres Merkmal dieses neuen Unternehmenstyps – zu erwarten bzw. zu generieren.

2.1.3 Neue, technologieorientierte Geschäftsfelder im Sinne der Portfoliophilosophie

Junge, innovative Wachstumsunternehmen werden weiter dadurch charakterisiert, dass sie eine Kombination aus innovativen Produkten bzw. Dienstleistungen in zukunftsorientierten Märkten mit neuen Technologien als innovative Geschäftsfelder bearbeiten. Zu den Technologien, die neue Märkte entstehen lassen, gehören im Sinne des Börsensegmentes „Neuer Markt" sicherlich die Bereiche der Telekommunikation, des Internets, der Informationstechnologien, der Medien und der Biotechnologien, um nur einige zu benennen.

Im Rahmen der Tätigkeit in zukunftsorientierten Marktsegmenten sorgen junge Unternehmen für die Sicherung und Schaffung qualifizierter Arbeitsplätze. Somit kommt ihnen im volkswirtschaftlichen Kontext eine enorme Bedeutung zu. Gerade hier setzt auch die Förderung des Arbeitsamtes mit Finanzhilfen an; ein Aspekt der in der Gründungsszenerie oft übersehen wird (vgl. dazu ausführlich den Beitrag SCHMEISSER/CORTE weiter unten in diesem Band). Junge, innovative Unternehmen agieren im Unterschied zu etablierten Unternehmen auf für gewöhnlich neuen, noch instabilen Märkten, die mitunter auch wegbrechen, wenn Wachstumshemmnisse nicht beseitigt werden können. Dies hat ein erhöhtes Marktrisiko zur Folge, da die Produkte und Dienstleistungen aber auch die Fertigungs- und Verfahrenstechnologien als hoch innovativ einzuordnen (14) und somit ihre Implementierung im Unternehmen und die Durchsetzung am Markt als ungewiss anzusehen sind.

Zwar ist dieses Risiko bei etablierten Unternehmen ebenso vorhanden, jedoch in einer weitaus geringeren Ausprägung. Die höhere Ungewissheit bei jungen Unternehmen äußert sich z.B. darin, dass sie technologische Innovationen auf Märkten einführen, in denen es noch keine „Wettbewerbsspielregeln" gibt und der Diffusionsprozess erst begonnen wird. Dabei ist es fraglich, ob sich die neue Technologie überhaupt durchsetzen lässt, denkt man im Sinne von ROGERS/SHOEMAKER (15) nur daran, ob die Innovation die entsprechende Aufmerksamkeit erhält, Interesse für die Innovation beim Käufer geweckt wird, der Kunde die Innovation positiv bewertet und erste Lernversuche mit ihr sammelt und sich so zu einer nachfrageorientierten Aufnahme der Innovation entschließt. Dabei ist es fraglich, ob sich die neue Technologie überhaupt durchsetzen lässt. Darüber hinaus besteht Unsicherheit, welche Produkte, in welchem Unfang, mit welchen Prozessen, zu welchen Kosten, zu welchen Preisen, auf welchen Märkten abgesetzt werden können.

2.1.4 Managementfaktor des jungen Unternehmers oder innovativen Unternehmens

Aufgrund der kurzen wirtschaftlichen Existenz junger Unternehmen beteiligen sich die Unternehmensgründer i.d.R. an der Geschäftsführung des Unternehmens in starkem Maße. Demzufolge ist das Management als ein weiterer wichtiger Erfolgsfaktor zu klassifizieren, der entscheidend das Schicksal des jungen Unternehmens bestimmt, es sei denn, eine Venture Capital-Gesellschaft greift hier maßgeblich ein.

Das Management muss zukünftige Entwicklungen im relevanten Umfeld frühzeitig erkennen, um das junge Unternehmen erfolgreich am Markt zu etablieren. Die Anpassung an die Wettbewerbsdynamik kann nur erfolgreich sein, wenn die Unternehmensgründer selbst flexibel und dynamisch auf die sich verändernde Umwelt reagieren. Negative Einflüsse auf den Wert des Produktes können damit abgefedert werden. Umgekehrt gilt, dass die mangelnde Berücksichtigung der Entscheidungsflexibilität zwangsläufig zu einer Kurzfristigkeit des unternehmerischen Handelns führt (16). Die zukünftigen Erfolge sind bei jungen Unternehmen somit in starkem Maße von der Geschäftsführung abhängig, wodurch dem Management im Rahmen der Beurteilung und Bewertung junger Unternehmen große Bedeutung beigemessen wird.

2.2 Entwicklung des Kapitalbedarfs im Innovationsprozess

Der Finanzmittelbedarf im Verlauf des Innovationsprozesses resultiert aus dem Kapitaleinsatz in Forschung und Entwicklung, der Produktionsvorbereitung und Produktion sowie der Investition in Personalqualifikation, Organisation, Verwaltung (u.a. Financial Public Relations als entsprechende Anforderung des Neuen Marktes) und Marketing (17). Die Umsetzung der Forschungsergebnisse in marktfähige Produkte vollzieht sich in einem langjährigen Prozess. Die absolute Höhe des Finanzmittelbedarfes im Verlauf des Innovationsprozesses wird durch die Merkmale Komplexität und Neuheitsgrad der Problemlösung sowie der Entwicklungsstrategie bei gegebenen Rahmenbedingungen, wie Branche und dem vorhandenen naturwissenschaftlich-technischen Wissen in der Gesamtwirtschaft, bestimmt (18).

Mit zunehmender Komplexität und zunehmendem Neuheitsgrad der Problemlösung wächst die Höhe der Kosten der gewählten Entwicklungsstrategie an. Hochkomplexe Innovationen und Basisinnovationen (19) verursachen einen weitaus höheren Finanzierungsbedarf als Innovationen geringerer Komplexität oder Verbesserungsinnovationen.

Um die Entwicklung des Finanzmittelbedarfes im Verlauf des Innovationsprozesses darstellen zu können, geht man von einem integrierten Produktlebenszyklusmodell aus, das einen Entstehungszyklus und einen Marktzyklus unterscheidet. Im Entwicklungszyklus werden der angewandten Forschung, der Entwicklung und den Produktions- und Absatzvorbereitungen die anfallenden Kosten des Innovationsprozesses zugeordnet (20). Die Erfindungsphase bzw. Phase der angewandten Forschung und Entwicklung ist hauptsächlich durch die Idee und deren Umsetzung in ein technisches Produkt, einen Prototyp, bestimmt. Die Invention, die einen gewerblichen Rechtsschutz (Patent, Gebrauchsmuster) erzielt, ist sicherlich als ein Ideal dieser Phase zu sehen. Die Kosten, die hier anfallen, sind im Vergleich zu den späteren Phasen des Innovationsprozesses als gering anzusehen. In der Entwicklungsphase wird Human- und Sachkapital zur Durchführung aller Aktivitäten eingesetzt, die hin zum montagegerechten Entwicklungsstand des Produktes führen, die die Produktionsaufnahme ermöglichen und die erste Kontakte zum potenziellen Markt ermöglichen. Durch die anstehende Markteinführung ist der Aufbau und der Ausbau der Marketingorganisation mit einem adäquaten Marketinginstrumentarium, wenn möglich unter einer einheitlichen Marketingstrategie, erforderlich. Der parallele Aufbau der Produktion, des Marketings, eines qualifizierten Personals und einer betriebswirtschaftlichen Verwaltung führt zu einer Kostenbelastung, die mehr als die Hälfte und oft bis 80% der Gesamtaufwendungen ausmachen kann.

Die zeitliche Abfolge der Kostenbelastung und damit der Auszahlungsströme im Innovationsprozess bestimmt den Kapitalbedarf des jungen Unternehmens und wird entscheidend durch die Wahl der Innovations- und Marketingstrategie beeinflusst. So können die einzelnen Phasen im Produktlebenszyklusmodell statt nacheinander auch parallel und einander überlappend verlaufen, wodurch sich die anfallenden Auszahlungen sprunghaft in diesem Zeitraum erhöhen können und deshalb das junge Unternehmen einen höheren Kapitalbedarf aufweisen kann. Die kumulierten Auszahlungsströme, die möglicherweise in einem Scoring-Modell berücksichtigt oder sogar in eine Investitionsrechnung einbezogen werden, verändern sich allerdings nicht.

2.3 Ausgewählte Engpässe in der Entwicklung junger technologieorientierter Unternehmen

Während des Aufbaus und anschließendem Wachstum von jungen Unternehmen ergeben sich für die Gründer eine Reihe von technischen, personellen, betriebswirtschaftlichen und finanziellen Schwierigkeiten und Hindernissen, die die weitere Entwicklung ihres Unternehmens belasten können und dem Wachstum des Unternehmens, evtl. sogar der ganzen Branche oftmals auch Grenzen setzen. Ein wesentliches Element stellen hierbei die Finanzierungsmöglichkeiten für junge Unternehmen dar, aufgrund des enormen Kapitalbedarfs und der unkalkulierbaren Risiken. Im Rahmen des vorliegenden Bandes wird die Nutzung der Geschäftsplanung als Voraussetzung für eine externe Eigenfinanzierung aber auch Fremdfinanzierung einschließlich von Förderprogrammen betont.

Der Erstellung eines geeigneten Businessplans (21) kommt eine entscheidende Bedeutung für den zukünftigen Erfolg bei der Finanzierung eines Unternehmens zu. Dies ergibt sich allein aus der Tatsache, dass ein solcher Plan heute institutioneller Bestandteil und gleichzeitig Voraussetzung zur Beschaffung von Kapital für junge Unternehmen ist. Der Geschäftsplan oder das Unternehmenskonzept bzw. der Businessplan soll helfen, die eigene Unternehmensgründung genau zu durchdenken und ist damit auch als internes Planungsinstrument zu verstehen, auf die die Finanzplanung, die Investitionsplanung, das Finanzierungskonzept mit öffentlichen Fördermitteln usw. aufbauen können.

Die Unternehmensplanung dient darüber hinaus Kapitalgebern als Investitionsgrundlage, vergleichbar mit dem Verkaufsprospekt einer Neuemission an der Börse. Der Businessplan ist das wichtigste externe Kommunikationsmittel des Unternehmens, wobei das Wesen des Businessplans nicht als Marketinginstrument missverstanden werden darf. Um eine zielgerichtete und geordnete Unternehmensentwicklung zu gewährleisten, müssen für eine Vielzahl von Unternehmensbereichen Ziele definiert sowie Strategien zu ihrer Erreichung festgelegt werden. Da die Planungsergebnisse und -annahmen sehr komplex sind, müssen sie in einem Konzept schriftlich dokumentiert werden (22). Der Businessplan ist somit ein Unternehmenskonzept, in dem die strategischen Planungsprozesse junger Unternehmen festgehalten und durch betriebswirtschaftliche Informationen, insbesondere durch finanzwirtschaftliche ergänzt werden (23).

Die Darstellung einer Neugründung in einem Businessplan folgt einem Bündel von Regeln, die dazu dienen, den Plan für die jeweiligen Zielgruppen lesbar zu machen und verständlich zu halten. Grundsätzlich soll ein Unternehmenskonzept:

- eine bestimmte Anzahl von Seiten, 20-25 Seiten ohne Anhang, nicht überschreiten,
- in einer klaren Sprache formuliert sein,
- formal einwandfrei und fehlerfrei sein und
- sich so weit wie möglich an einen standardisierten Aufbau halten (24).

Zur Standardisierung zählen bestimmte Teile, die in einem Businessplan enthalten sein sollten. Üblich sind drei große Bereiche: Einem erläuternden Teil, in dem Zusammenhänge, Annahmen und geplante Aktivitäten erklärt werden, einem Zahlenteil, der die Auswirkungen der Annahmen und Aktivitäten auf Personalkapazität, Umsätze, Investitionen, Liquidität und Gewinne aufzeigt sowie einem Anhang, der Marktstudien, Verträge und weitere wichtige Unterlagen enthält (25).

Investoren erwarten neben Sachinformationen über die ökonomische Realisierbarkeit der Gründungsidee vor allem Informationen über die Technologie und das Produkt oder die Dienstleistung, potenzielle Zielgruppen des Unternehmens, den zu bearbeitenden Markt, das Marktpotential und -wachstum, die Wettbewerbssituation und die Marketingstrategie. Des Weiteren sind Informationen über die Organisation des Gründungsunternehmens, die Qualifikation der Gründer, die Finanzplanung und Kapitalbedarfsrechnung des Unternehmens sowie Bewertungsvorstellungen und Referenzen erforderlich (26). Da der Businessplan Kapitalgeber überzeugen soll, gerade in dieses Unternehmen zu investieren, sind Angaben über ein zu erwartendes Rendite-/Risikoprofil erforderlich.

Da ein Geschäftsplan eine Fülle vertraulicher Informationen enthält, werden in der Praxis vor Übergabe des Businessplans Vertraulichkeitsvereinbarungen zwischen Kapitalgeber und Gründungsunternehmen getroffen. Der Geschäftsplan stellt somit eine flexible Arbeitsgrundlage dar, die im Laufe der unternehmerischen Entwicklung vervollkommnet wird. Elementares, wenn nicht wichtigstes Element eines Businessplans, ist die Executive Summary, die eine reduzierte und komprimierte Version des Geschäftsplans darstellt. Dieser verdichteten Informationszusammenstellung kommt gerade vor dem Hintergrund der eingehenden Menge an Förderprogrammanfragen aber auch Kreditwünschen bei den „Hausbanken" sowie Beteiligungsanfragen bei den Venture Capital-Gesellschaften eine enorme Bedeutung zu. Aufgrund der Vielzahl der Bewerber bleibt für die Kreditsachbearbeiter und beauftragten Investmentmanager wenig Zeit zur Bonitätsprüfung bzw. Beteiligungswürdigkeitsprüfung.

2.4 Finanzierungsproblematik

Wie oben bereits aufgeführt, liegen einige Ursachen für die finanziellen Engpässe technologieorientierter Unternehmensgründungen darin, dass aus einer langen Vorgründungs-/Gründungsphase hohe Kosten resultieren. Im Einzelnen handelt es sich um einen enormen Bedarf an Forschungs- und Entwicklungsmitteln, Produktionsvorbereitungsmitteln und Geldern zur Vermarktung des Finanzbedarfes. Eine weitere Ursache für die finanziellen Engpässe liegt in der Unterschätzung des tatsächlichen Kapitalbedarfs durch die Gründer, die die erforderlichen Aufwendungen für die Forschung, die montagegerechte Entwicklung und die kundenorientierte Vermarktung zu niedrig ansetzen, weil sie zu optimistisch planen. Darüber hinaus wird oft der Zeitraum unterschätzt, um das neue Produkt zur Marktreife zu führen, ab der erst mit Umsätzen zu rechnen ist.

2.4.1 Finanzierung durch den Unternehmensgründer

Die Finanzierung durch die Gründer oder die Muttergesellschaft durch Ausgliederung stellt im Zeitablauf die erste Kapitalquelle dar. Die Einlage des Privatvermögens durch die Gründer oder Grundkapitaleinlage durch die Muttergesellschaft erfolgt typischerweise zum Gründungszeitpunkt. Eine Eigenfinanzierung erfolgt vor dem Hintergrund nachfolgender Ursachen:

- Die Einlage eigener finanzieller Mittel erfolgt mangels anderer Kapitalquellen.
- Das Eigeninteresse der Gründer einen größtmöglichen Anteil an ihrem eigenen Unternehmen zu halten und an der Wertsteigerung ihrer Anteile zu partizipieren.
- Die finanzielle Bindung der Gründer an ihr Unternehmen hat für nachfolgenden Investoren eine positive Signalwirkung.

Aufgrund der beschränkt zur Verfügung stehenden Eigenmittel können die Gründer meist nur einen Bruchteil des benötigten Kapitals aufbringen. Studien der Deutschen Ausgleichsbank lässt sich entnehmen, dass die Gründereigenmittel lediglich 7,7 % des durchschnittlichen Gründungskapitals ausmachen. Da die persönlichen Ersparnisse der Gründer vollständig in das Unternehmen einfließen, stehen sie in späteren Finanzierungsrunden beim wachsenden Unternehmen nicht mehr zur Verfügung. BRETTEL, JAUGEY und ROST beziffern den durchschnittlichen Kapitalbedarf bis zum Abschluss der ersten großen Wachstumsphase auf ca. 2 Millionen DM, wodurch der Anteil der Gründer an der Finanzierung auf 1,0 % sinkt und dadurch in seiner Bedeutung zu vernachlässigen ist (27).

2.4.2 Innenfinanzierung

Die Innenfinanzierung durch zurückbehaltene Gewinne kommt für junge Unternehmen begrenzt oder kaum in Betracht, da diese üblicherweise in den Jahren ihrer Entstehung keine oder nur sehr geringe Gewinne generieren. Gleiches gilt für die Finanzierung aus Rückstellungs- und Abschreibungsgegenwerten (28).

Falls es dennoch jungen Unternehmen gelingt von Anfang an profitabel zu arbeiten, müssen junge Technologieunternehmen ein überdurchschnittliches Wachstum finanzieren. Daher kann die Berücksichtigung der Innenfinanzierung als Option für junge Technologieunternehmen so gut wie ausgeschlossen werden.

2.4.3 Außen- und Sonderfinanzierung durch öffentliche Förderprogramme

Fremdkapitalfinanzierung bedeutet die Zuführung von Kapital durch Gläubiger, die kein Eigentum am Unternehmen erwerben, sondern in einer schuldrechtlichen Beziehung zum Unternehmen stehen. Für die befristete Überlassung des Kapitals wird zwischen beiden Parteien ein erfolgsunabhängiger Zinssatz vereinbart. Die Gläubiger haben einen Anspruch auf Rückzahlung des überlassenen Kapitals und Vorrang vor den Ansprüchen der Miteigentümer. Eine Beteiligung am Vermögenszuwachs der Unternehmung besteht nicht. Darüber hinaus verfügen die Gläubiger grundsätzlich nicht über Mitsprache- oder Kontrollrechte. Neben den zu erbringenden Zinszahlungen muss das Unternehmen auch Tilgungsleistungen aus dem operativen Geschäft erbringen, wobei die Liquidität des Unternehmens hierdurch belastet wird. Eine Fremdkapitalfinanzierung kann über öffentlich geförderte Kreditprogramme oder durch die Hausbank des Gründers erfolgen.

Speziell für Unternehmensgründungen spielen eine Reihe öffentlich geförderter Kredit- und Zuschussprogramme sowie deren Kombination mit einer Bürgschaft über eine Bürgschaftsbank, die über die Hausbank (29) vermittelt werden können, eine wichtige Rolle. Diese öffentlichen Förderprogramme haben neben besonders günstigen Zins- und Tilgungskonditionen teilweise Eigenkapitalcharakter, wodurch die Haftungsbasis eines jungen Unternehmens verbessert werden kann (30).

Damit tritt das Venture Capital und die Eigenfinanzierung über den Börsengang in den Blickpunkt der technologieorientierten Wachstumsunternehmen. War der deutsche Kapitalmarkt über viele Jahrzehnte hinweg von einer sehr starren Struktur gekennzeichnet, der von einer klaren Trennung zwischen Großunternehmen, denen die Finanzierung über den organisierten Kapitalmarkt möglich war und den kleinen und mittelständischen Unternehmen, die zur Deckung ihres Kapitals vorrangig auf die Kreditgewährung seitens der Banken oder auf Zuschüsse der Gesellschafter angewiesen waren, ist mit dem Neuen Markt eine enorme Bewegung in die Philosophie der Finanzierung gekommen. Wachstumsstarke Technologieunternehmen haben nun die Möglichkeit, sich den organisierten Kapitalmarkt nutzbar zu machen und ihren Kapitalbedarf in Form von Eigenkapital langfristig und kostengünstig zu decken. Damit ist auch gleichzeitig der Rahmen des vorliegenden Bandes kurz umrissen.

Anmerkungen

(1) Vgl. BALTZER, K. (2000), S. 41.
(2) Vgl. STEDLER, H. (1996), S. 73.
(3) Vgl. SCHUMPETER, J.A. (1911).
(4) Vgl. SCHMEISSER, W. (1997), S. 80 ff. und S. 276 ff.

(5) Vgl. BRETTEL, M/JAUGEY, C./ROST, C. (2000), S. 47.
(6) Vgl. PFIRMANN, O./WUPPERFELD, U./LERNER, J. (1997), S. 11.
(7) Vgl. HAYN, M. (2000), S. 15 ff.
(8) Vgl. GEIGENBERGER, I. (1999), S. 50.
(9) Vgl. HAHN (1990).
(10) Vgl. LAUB (1991), S. 27.
(11) Vgl. SCHMEISSER (2000), S. 189 ff.
(12) Vgl. WULLENKORD (2000), S. 522 ff.
(13) Vgl. SCHMEISSER (1997), S. 1.
(14) Vgl. WEIMERSKIRCH (1998), S. 7; SCHMEISSER/JAHN (1999), S. 41 ff.
(15) Vgl. ROGERS/SHOEMAKER (1971), S. 56 ff. siehe auch dazu SCHMEISSER (1997), S. 287 ff.
(16) Vgl. HOMMEL/PRITSCH (1999), S. 121.
(17) Detaillierte Ausführungen zu Financial Public Relations finden sich im Beitrag von HINZ/SCHMEISSER in diesem Sammelband.
(18) Vgl. HARDENBERG (1989), S. 28.
(19) Basisinnovationen, oftmals auch als Schrittmacher-Innovtionen bezeichnet, eröffnen als richtungsändernde Abweichung vom Bisherigen neue Betätigungsfelder; Vgl. MENSCH (1972), S. 291 ff.; DIETZ (1989), S. 48 sowie SCHMEISSER (1997), S. 80 ff.
(20) Vgl. PFEIFFER/BISCHOF (1974), S. 255 ff. und HARDENBERG (1989), S. 29 ff.
(21) Vgl. Eine Anleitung zur Erstellung eines Businessplans, kostenlos erhältlich bei der DtA.
(22) Vgl. STRUCK (1990), S. 1.
(23) Vgl. SCHEFCZYK, M. (2000), S. 167.
(24) Vgl. BRETTEL/JAUGEY/ROST (2000), S. 34.
(25) Vgl. STRUCK (1990), S. 1.
(26) Vgl. GEIGENBAUER (1999), S. 58-72.
(27) Vgl. BRETTEL/JAUGEY/ROST (2000), S. 62.
(28) Vgl. BAIER/PLESCHAK (1996), S. 104.
(29) Zur Problematik der Hausbankfinanzierung vgl. den Beitrag von CHRISTIANS weiter unten in diesem Band.
(30) Vgl. HANNEMANN/SCHMEISSER weiter unten in diesem Band.

Literatur

BAIER, W./PLESCHAK, F., Marketing und Finanzierung junger Technologieunternehmen, Den Gründungserfolg sichern. Wiesbaden 1996.

BRETTEL, M./JAUGEY, C./ROST, C., Business Angels. Der informelle Beteiligungskapitalmarkt in Deutschland. Wiesbaden 2000.

DIETZ, J.-W., Gründung innovativer Unternehmen. Wiesbaden 1989.

GEIGENBERGER, I., Risikokapital für Unternehmensgründer – Der Weg zum Venture Capital. München 1999.

HARDENBERG, C. GRAF VON, Die Bereitstellung von Venture Capital durch Großunternehmen, ein Mittel zur Sicherung und Aufdeckung ihrer Entwicklungsmöglichkeiten. Göttingen 1989.

HAUSCHILDT, J., Innovationsmanagement. München 1993.

HAYN, M., Bewertung junger Unternehmen. 2. Aufl., Berlin 2000.

HINZ, H.C./SCHMEISSER, W., Bedeutung der Financial Public Relation für ein erfolgreiches Initial Public Offering am Neuen Markt. In: Finanz Betrieb (2001) Heft 2, S. 124-134.

HOMMEL, U./PRITSCH, G., Investitionsbewertung und Unternehmensführung mit dem Realoptionsansatz. In: ACHLEITNER/THOMA (Hrsg.), Handbuch Corporate Finance. Supplement September, Köln 1999, S. 1-65.

LAUB, U.D., Innovationsbewertung, Ein Bewertungskonzept für innovative Unternehmensgründungen. In: LAUB, U.D./SCHNEIDER, D. (Hrsg.), Innovation und Unternehmertum. Wiesbaden 1991.

MÜLLER-STEWENS, G., Strategische Suchfeldanalyse. 2. Aufl., Wiesbaden 1990.

PFEIFER, A., Venture Capital als Finanzierungs- und Beteiligungsinstrument. In: Betriebsberater Jahrgang 55 (1999) Heft 33, S. 1665-1672.

PFEIFFER, W./BISCHOF, P., Einflussgrößen von Produkt-Marktzyklen. Gewinnung eines Systems von Einflussgrößen aus den relevanten Ansätzen der Lebenszyklus- und Diffusionsforschung und empirischer Test dieses Systems im Investitionsgüterbereich (Sulzer Webmaschine) unter dem Aspekt hemmender Faktoren. Arbeitspapier Nr. 22, Universität Erlangen-Nürnberg, Mai 1974.

PFEIFFER, W./WEIß, E., Methoden zur Analyse und Bewertung technologischer Alternativen. In: ZAHN, E. (Hrsg.), Handbuch Technologiemanagement, Stuttgart 1995, S. 663-679.

PFIRMANN, O./WUPPERFELD, U./LERNER, J., Venture Capital and new technolgy based firms, an US-German comparison. Heidelberg 1997.

PINCHOTTA, A., Die Prüfung der Beteiligungswürdigkeit von innovativen Unternehmen durch Venture Capital-Gesellschaften. Köln 1990.

PICOT, A./LAUB, U.-D./SCHNEIDER, D., Innovative Unternehmensgründungen, eine ökonomisch-empirische Analyse. Berlin u.a. 1989.

PLESCHAK, F./SABISCH, H., Innovationsmanagement. Stuttgart 1996.

ROGERS, E./SHOEMAKER, F.F., Communication of Innovation, A Cross-Cultural Approach. 2.ed., New York/London 1971.

SCHEFCZYK, M., Finanzieren mit Venture Capital, Grundlagen für Investoren, Finanzintermediäre, Unternehmer und Wissenschaftler. Stuttgart 2000.

SCHMEISSER, W./NOEBELS, T., Die Rolle der Kostenrechnung zur Planung und Kontrolle von Forschung und Entwicklung. In: STAUDT, E.(Hrsg), a.a.O., S. 514-524.

SCHMEISSER, W., Zur Genese neuer Geschäfte in der Industrieunternehmung, Ein multikontextualer Erklärungsansatz für technische Innovationen. Aachen 1997.

SCHMEISSER, W./JAHN, S., Bonitätsprüfung bei innovativen technologieorientierten Existenzgründungen. In: Finanz Betrieb Jg. 1 (1999), Heft 5, S. 41-49.

SCHMEISSER, W., Venture Capital und Neuer Markt als strategische Erfolgsfaktoren der Innovationsförderung. In: Finanz Betrieb Jg. 2 (2000), Heft 3, S. 189-193.

SCHUMPETER, J. A., Theorie der wirtschaftlichen Entwicklung. Leipzig 1911.

STAUDT, E. (Hrsg.), Das Management von Innovationen. Frankfurt am Main 1986.

STRUCK, U., Geschäftspläne, Voraussetzung für erfolgreiche Kapitalbeschaffung.

TINTELNOT, C./MEIßNER, D./STEINMEIER, I. (Hrsg.), Innovationsmanagement. Berlin u.a. 1999.

WEIMERSKIRCH, P., Finanzierungsdesign bei Venture Capital-Verträgen. Wiesbaden 1998.

WULLENKORD, A., New Economy Valuation – Moderne Bewertungsverfahren für Hightech-Unternehmen. In: Finanzbetrieb Jg. 2 (2000) Heft 7/8, S. 522-527.

Neueintragungen und Löschungen von Unternehmen in den letzten zehn Jahren in Deutschland – Eine empirische Studie zur Gründungsszenerie aus Sicht der Creditreform

Michael Bretz

1 Die statistische Erfassung von Neugründungen und Löschungen

Das Interesse an Zahlen zu Neugründungen in Deutschland ist in den letzten Jahren gestiegen. Immer wieder starten Initiativen, die Gründungswillige beim Weg in die Selbständigkeit unterstützen wollen. Auch auf wissenschaftlicher Ebene findet dieses Thema immer stärker Berücksichtigung, was die Zunahme von Gründungslehrstühlen in Deutschland deutlich belegt. Diesem großen Wissensdurst steht allerdings ein Problem gegenüber: es fehlt eine amtliche, umfassende Gründungsstatistik. Die Gewerbemeldungen des Statistischen Bundesamtes konnten die in sie gesetzten Hoffnungen, dieses Defizit beseitigen zu können, nicht erfüllen. Es existieren zwar einige Quellen, aus denen die Gründungszahlen generiert werden können, allerdings hat jede Statistik ihre Eigenheiten (1). Hinzu kommt die sprachliche Unschärfe zwischen Existenzgründer und Unternehmensgründer (2).

Die Merkmale sowie Probleme der wichtigsten Statistiken sollen im Folgenden kurz skizziert werden:

1. **Gewerbeanzeigenstatistik** (3): Ausgewertet werden Anmeldungen, Ummeldungen und Abmeldungen von Unternehmen und Betrieben; freie Berufe, die nicht anmeldepflichtig sind werden nicht erfasst; schwierig bleibt die Trennung von Scheingründungen und echten Gründungen.
2. **Umsatzsteuerstatistik**: Erfasst werden alle umsatzsteuerpflichtigen Unternehmen mit einem Umsatz von mehr als DM 25 000; umsatzsteuerfreie Berufe werden nicht

erfasst; die Daten werden nur alle zwei Jahre erhoben, so dass die Aktualität relativ gering ist.

3. **Arbeitsstättenstatistik**: Erfasst werden Arbeitsstätten mit sozialversicherungspflichtigen Beschäftigten; Betriebe ohne sozialversicherungspflichtige Mitarbeiter werden nicht erfasst; der Zeitpunkt der Einstellung eines sozialversicherungspflichtigen Mitarbeiters entspricht nicht dem Zeitpunkt der Gründung.
4. **ZEW-Gründungspanel**: Ausgewertet werden Daten von wirtschaftsaktiven Unternehmen; kleine Unternehmen ohne Eintrag ins Handelsregister werden nicht erfasst.
5. **Adressenpool der Deutschen Ausgleichsbank**: Hier stehen nur Daten über Unternehmen zur Verfügung, die von der Deutschen Ausgleichsbank Fördergelder erhalten haben.

Allgemein lassen sich folgende Probleme bei der Erfassung von Gründern festhalten:

- Auslassungen von An- und Abmeldungen, da für einige Berufsgruppen keine Meldepflicht besteht (z.B. Landwirtschaft, Rechtsanwälte),
- selbstständige Tätigkeiten, die nicht angemeldet werden (Schwarzarbeit) und
- Scheingründungen, um auf diese Weise Vorteile zu erlangen (Großhandelspreise beim Einkauf).

Gerade in jüngster Zeit erschweren zwei Phänomene die Erhebung von Gründungszahlen. Auf der einen Seite fusionieren immer mehr Unternehmen – man denke nur an Megazusammenschlüsse wie DaimlerChrysler oder D2Vodafone –, auf der anderen Seite gehen immer mehr Unternehmen dazu über, Unternehmensteile auszugliedern und in die Eigenständigkeit zu entlassen, wie zum Beispiel Infineon bei Siemens oder die Aufspaltung der Post. Die genannten Beispiele stellen nur die Spitze des Eisberges dar. Nicht nur Großunternehmen nutzen die Möglichkeiten und spalten Konzernteile in kleine selbstständige (und flexiblere) Einheiten ab.

Seit 1973 veröffentlicht Creditreform Zahlen zu Neugründungen, Löschungen sowie Insolvenzen – zunächst jährlich, später alle sechs Monate. Die Daten zu Neugründungen und Löschungen werden bei Creditreform über die Datenbank selektiert. Entscheidendes Kriterium für die Auswertung ist die Frage nach der Wirtschaftsaktivität. Als wirtschaftsaktiv gilt ein Unternehmen, wenn Wirtschaftsauskünfte über den Betrieb abgefragt werden – Anlass zur Abfrage von Auskünften ist die Kreditwürdigkeitsprüfung, ein eindeutiges Zeichen, dass junge Unternehmen Fremdkapital für Geschäftsabschlüsse benötigen. Auch die Schaffung von Arbeitsplätzen ist ein weiteres Kriterium für die Wirtschaftsaktivität. In der Datenbank finden sich Daten aus öffentlich zugänglichen Quellen (Handels- und Gewerberegister) über rund 3,5 Mio. deutsche Unternehmen, zu denen jährlich 10 Mio. Auskünfte erteilt werden. Bei der statistischen Auswertung werden nur An- und Abmeldungen berücksichtigt – Unmeldungen werden nicht gewertet, da es sich im eigentliche Sinne nicht um eine Neugründung handelt.

2 Das Gründungsgeschehen in Deutschland 1990 – 2000 aus Sicht der Creditreform

2.1 Gründungen in West- und Ostdeutschland – Ein Gesamtüberblick

Seit 1990 ist die Zahl der neugegründeten Unternehmen in Westdeutschland kontinuierlich bis 1999 gestiegen – von rund 420 000 neuerrichteten Betrieben auf 722 000. Im vergangenen Jahr wurden zum ersten Mal seit zehn Jahren wieder weniger Gewerbe angemeldet – insgesamt 695 000 Neuerrichtungen wurden 2000 gezählt.

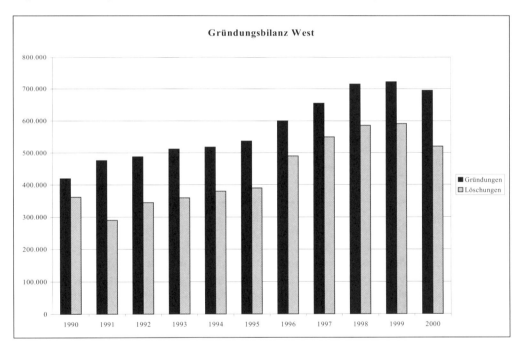

Abbildung 1: Gründungsbilanz West

Auf der anderen Seite verschwinden jedes Jahr mehrere hunderttausend Firmen aus der Unternehmenslandschaft – entweder durch Insolvenzen, Fusionen mit anderen Unternehmen oder Aufgabe des Betriebes. Die Zahl der Löschungen ist seit 1991 gestiegen und hat 1999 mit 591 000 einen Höchststand erreicht. Am Saldo aus Gründungen und Löschungen ist abzulesen, dass die Kurven nicht parallel verlaufen – die Differenz zwischen beiden schwankt recht deutlich. So standen sich 1991 476 000 Gründungen und 290 000 Löschungen gegenüber – unter dem Strich ein Plus von 186 000 Neuerrichtungen. Auch im Jahr 2000 war die Differenz zwischen An- und Abmeldungen mit 175 000 sehr positiv. Niedrige Salden wurden dagegen in den Jahren 1990 sowie 1996 und 1997 gezählt. Es bleibt festzuhalten, dass der Saldo der letzten zehn Jahre stets positiv ausgefallen ist – die Zahl der Unternehmen in Westdeutschland wächst also jedes Jahr.

	Gründungen	**Löschungen**	**Saldo**
1990	418 500	362 500	56 000
1991	476 000	290 000	186 000
1992	488 000	345 000	143 000
1993	512 000	360 000	152 000
1994	518 000	380 000	138 000
1995	537 000	390 000	147 000
1996	600 000	490 100	109 900
1997	655 000	549 700	105 300
1998	714 700	585 500	129 200
1999	722 000	591 000	131 000
2000	695 000	520 000	175 000

Tabelle 1: Gründungen und Löschungen in Westdeutschland

Anders gestaltet sich das Gründungsszenario in Ostdeutschland seit 1991. Seit dem Boom der Wiedervereinigung sind die Zahlen zu neuerrichteten Unternehmen im Osten zurückgegangen. Mit dem seit 1997 scheinbar gestoppten Abwärtstrend pendeln sich die Zahlen bei einem Wert von rund 140 000 Gründungen pro Jahr ein. Der Rückgang lässt sich sicherlich auch auf die wirtschaftlichen Probleme, die der Aufbau Ost mit sich gebracht hat, zurückführen. Die hohen Zahlen in den ersten drei Jahren spiegeln auch die wirtschaftliche Euphorie wieder, die eine „Gründungswelle" im Osten der Republik ausgelöst hat, der dann die wirtschaftliche Ernüchterung folgte. So war gerade in den ersten Jahren die Zahl derjenigen Gründer sehr hoch, die mehrere Gewerbe für sich angemeldet hatten und auf diese Weise die Statistiken beeinflussten.

Demgegenüber ist bei den Löschungen über die Jahre ein Zuwachs zu verzeichnen, allerdings nicht im gleichen Maß, wie bei den Gründungen die Zahlen zurückgegangen sind. Die Werte scheinen sich auf einem Niveau einzupendeln, dass um 110 000 Einheiten liegt. Trotz der wirtschaftlichen Probleme ist auch in Ostdeutschland der Saldo aus An- und Abmeldungen bislang positiv.

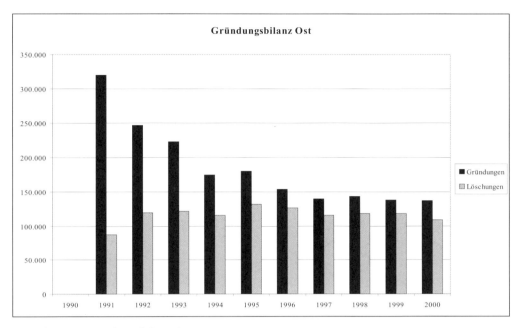

Abbildung 2: Gründungsbilanz Ost

	Gründungen	Löschungen	Saldo
1990			
1991	320 100	88 000	232 100
1992	247 000	120 000	127 000
1993	223 300	122 000	101 300
1994	175 000	116 400	58 600
1995	180 000	131 800	48 200
1996	154 000	126 500	27 500
1997	140 000	116 000	24 000
1998	143 400	119 000	24 400
1999	138 000	119 000	19 000
2000	137 000	109 300	27 700

Tabelle 2: Gründungen und Löschungen in Ostdeutschland

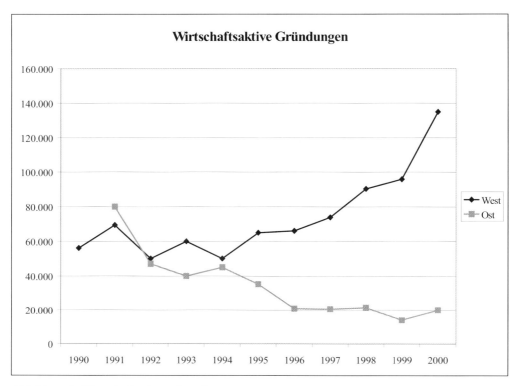

Abbildung 3: Wirtschaftsaktive Gründungen

Die Zahlen zu den Gründungen reduzieren sich erheblich, wenn echte von sogenannten Scheingründungen selektiert werden. Als echte Gründungen sind wirtschaftsaktive Neuerrichtungen zu verstehen, die tatsächlich am Wirtschaftsleben teilnehmen und auf Gewinnerzielung ausgerichtet sind. Seit 1994 ist die Zahl der wirtschaftsaktiven Neugründungen in den alten Bundesländern kontinuierlich von 50 000 auf einen Höchstwert von 135 000 im Jahr 2000 gestiegen – allein im letzten Jahr betrug der Zugang wirtschaftsaktiver Betriebe in Westdeutschland 40,6 Prozent.

Anders ist dagegen die Situation neuer Unternehmen in Ostdeutschland, die wirtschaftsaktiv sind. Nach dem Höchststand von 80 000 im ersten Jahr nach Ende des Sozialismus ist die Zahl zunächst rapide zurückgegangen und hat sich seit 1996 bei 20 000 Unternehmen pro Jahr eingependelt, die eine produktive Tätigkeit aufnehmen – innerhalb von nur vier Jahren hat sich also der Wert auf ein Viertel reduziert. Ein Grund für die schwache Entwicklung ist sicherlich die seit Jahren schwierige konjunkturelle Entwicklung in den östlichen Bundesländern, die viele potenzielle Gründer zurückschreckt, den Weg in die Selbstständigkeit zu gehen.

	West	Ost
1990	56 000	
1991	69 400	80 000
1992	50 000	46 700
1993	60 000	40 000
1994	50 000	45 000
1995	65 000	35 000
1996	66 000	21 000
1997	74 000	20 700
1998	90 400	21 400
1999	96 000	14 000
2000	135 000	20 000

Tabelle 3: Wirtschaftsaktive Gründungen in West- und Ostdeutschland

2.2 Das Gründungsgeschehen der Hauptwirtschaftsbereiche

Drei Viertel aller neuen wirtschaftsaktiven Unternehmen siedeln sich im tertiären Sektor – Handel und Dienstleistung – an. Das Gründungsgeschehen lässt erkennen, dass die Dienstleistungsgesellschaft schon Realität ist. Dies belegt auch die Tatsache, dass dieser Sektor mittlerweile bekanntlich mehr zum BIP beiträgt als das traditionelle Verarbeitende Gewerbe. Auf der anderen Seite stehen die Branchen Bau und Verarbeitendes Gewerbe mit einer geringeren Gründungsaktivität. Die Entwicklung läuft hier in West- und Ostdeutschland weitgehend parallel, abgesehen von den ersten Gründungsjahren in Ostdeutschland – hier ist für 1992 und 1993 eine hohes Gründungsaufkommen im Verarbeitenden Gewerbe zu verzeichnen. Nach Berechnungen des ZEW aus dem Jahr 1999 sind insbesondere die unternehmensnahen Dienstleister besonders gründungsdynamisch – dazu gehören unter anderem Unternehmensberatungen, Werbeagenturen, Softwarehäuser, Logistikunternehmen oder die Wohnungswirtschaft. Allerdings steht der Dienstleistungsbereich in dem Ruf, besonders viele Scheingründungen hervorzubringen, gerade in eher konsumnahen Sektoren wie Gastronomie, Lehrtätigkeit oder im Pflegebereich. Insgesamt sind die Zugangsmöglichkeiten einfacher als in anderen Wirtschaftsbereichen, wo bestimmte Vorgaben im Hinblick auf Finanzierung oder Know-how erfüllt werden müssen.

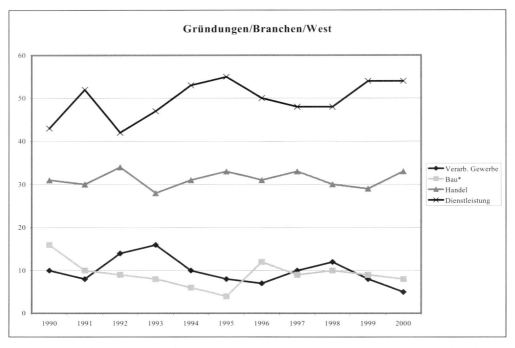

Abbildung 4: Gründungen nach Branchen/West (* für die folgenden Tabellen resp. Abbildungen gilt: 1990/91 = Handwerk)

	Verarb. Gewerbe	Bau*	Handel	Dienstleistung
1990	10	16	31	43
1991	8	10	30	52
1992	14	9	34	42
1993	16	8	28	47
1994	10	6	31	53
1995	8	4	33	55
1996	7	12	31	50
1997	10	9	33	48
1998	12	10	30	48
1999	8	9	29	54
2000	5	8	33	54

Tabelle 4: Gründungen nach Branchen in Westdeutschland (Angaben in Prozent)

Eine empirische Studie zur Gründungsszenerie aus Sicht der Creditreform

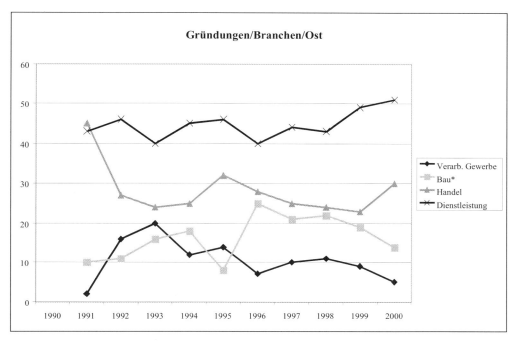

Abbildung 5: Gründungen nach Branchen/Ost

	Verarb. Gewerbe	Bau*	Handel	Dienstleistung
1990				
1991	2	10	45	43
1992	16	11	27	46
1993	20	16	24	40
1994	12	18	25	45
1995	14	8	32	46
1996	7	25	28	40
1997	10	21	25	44
1998	11	22	24	43
1999	9	19	23	49
2000	5	14	30	51

Tabelle 5: Gründungen nach Branchen in Ostdeutschland (Angaben in Prozent)

Die Baukrise lässt sich auch in den Gründungszahlen wiederfinden. Seit Beginn der sich abschwächenden Konjunktur 1996 ist die Zahl der Gründungen in der Baubranche rückläufig – in Ostdeutschland stärker als in Westdeutschland. Das Bild der Dienstleistungsgesellschaft gilt selbstverständlich auch für Ostdeutschland. Allein im Jahr 2000 war jede zweite Neugründung ein Dienstleistungsbetrieb.

2.3 Das Gründungsgeschehen in Deutschland und der Arbeitsmarkt

Eine der meistgestellten Fragen an die Gründungsforschung ist die nach den Arbeitsplätzen, die im Zuge von Neugründungen entstehen. In den vergangenen zehn Jahren sind durch Unternehmensgründungen nach Schätzungen von Creditreform insgesamt rund 3,2 Millionen neue Arbeitsplätze geschaffen worden – 2,3 Millionen im Westen und 900 000 im Osten. Allerdings vermochten die Beschäftigungsimpulse der Gründungsszene den negativen Trend des gesamten Arbeitsmarktes nicht zu stoppen. Zu viele Menschen verlieren jedes Jahr infolge von Schließungen des Unternehmens oder Rationalisierungsmassnahmen ihren Arbeitsplatz, als dass sich die Anstöße von Neugründungen positiv bemerkbar machen würden. Inwieweit sich der Fachkräftemangel, insbesondere im IT-Bereich, negativ auf das Gründungsgeschehen ausgewirkt hat und noch auswirken wird, lässt sich von dieser Stelle nicht mit Sicherheit sagen.

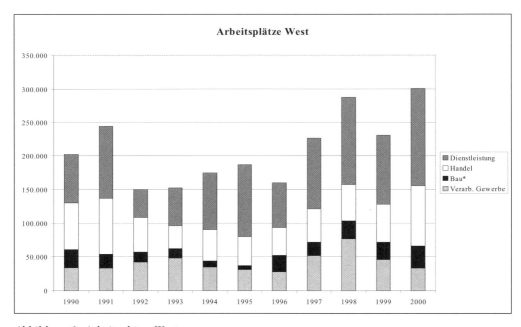

Abbildung 6: Arbeitsplätze West

Dank der hohen Beschäftigungsintensität entstehen im Verarbeitenden Gewerbe im Verhältnis zum geringen Anteil am gesamten Gründungsaufkommen viele Arbeitsplätze – pro Neugründung in Westdeutschland fünf, in Ostdeutschland sogar sechs Arbeitsplätze. Demgegenüber werden im Dienstleistungssektor und im Handel durch jede Neugründung durchschnittlich nur zwei Arbeitsplätze geschaffen. Aufgrund der vielen wirtschaftsaktiven Dienstleistungsbetriebe kommen insgesamt aus diesem Bereich immer noch die größten Beschäftigungsimpulse – allein im letzten Jahr wurde hier die Hälfte aller neuen Jobs geschaffen.

	Verarb. Gewerbe	Bau*	Handel	Dienstleistung	Gesamt
1990	33 600	26 880	69 440	72 240	202 160
1991	33 100	20 700	82 800	107 640	244 240
1992	42 000	15 000	51 000	42 000	150 000
1993	48 000	14 400	33 600	56 400	152 400
1994	35 000	9 000	46 500	84 000	174 500
1995	31 200	5 600	43 000	107 000	187 000
1996	28 200	24 000	41 000	67 000	160 800
1997	51 800	20 100	48 800	106 500	227 200
1998	76 300	27 000	54 200	130 200	287 700
1999	46 000	25 900	55 600	103 600	231 100
2000	33 500	32 400	89 800	145 200	300 900

Tabelle 6: Arbeitsplätze durch wirtschaftsaktive Gründungen in Westdeutschland

In der Diskussion um neugeschaffene Arbeitsplätze wird immer wieder die Selbstständigenquote Deutschlands im internationalen Vergleich bemüht, bei dem Deutschland meist einen der hinteren Plätze belegt. Dabei wird allerdings unterschlagen, dass die Voraussetzungen für den Status als Selbstständiger in den einzelnen Ländern nicht gleich sind. So wird zum Beispiel in den USA jede nicht angestellte Tätigkeit – auch als Nebentätigkeit – als Selbstständigkeit gewertet – somit zählt jeder Lehrer, der Nachhilfe gibt oder jeder Manager, der entgeltlich Vorträge hält, als Selbstständiger.

Die Arbeitsmarkteffekte infolge von Gründungen haben sich in den neuen Bundesländern deutlich reduziert. Wurden im Jahr 1993 rund eine viertel Million neuer Stellen geschaffen, davon allein 183 000 im Verarbeitenden Gewerbe, lag der Anteil neuer Arbeitsplätze, die im Zuge einer Unternehmensgründung entstanden sind, 1999 auf einem Tiefpunkt – 38 300 Menschen fanden bei einem neugegründeten Unternehmen

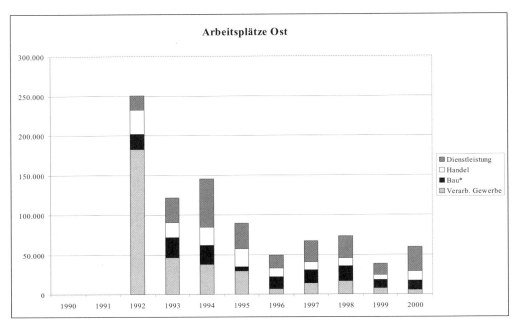

Abbildung 7: Arbeitsplätze Ost

	Verarb. Gewerbe	Bau*	Handel	Dienst-leistung	Gesamt
1990					
1991					
1992	183 000	18 600	30 800	18 200	250 600
1993	46 800	25 000	18 700	31 200	121 700
1994	37 800	24 300	22 500	60 750	145 350
1995	29 400	5 600	22 400	32 200	89 600
1996	7 000	15 000	11 200	16 000	49 200
1997	14 000	16 800	10 000	26 400	67 200
1998	16 800	18 800	10 200	27 600	73 400
1999	7 600	10 600	6 400	13 700	38 300
2000	5 400	11 600	12 000	30 600	59 600

Tabelle 7: Arbeitsplätze durch wirtschaftsaktive Neugründungen in Ostdeutschland

einen Job. Ob die Zunahme im vergangenen Jahr schon eine Trendwende bedeutet, bleibt abzuwarten.

Arbeitsplatz ist nicht gleich Arbeitsplatz, wie eine Studie des Institutes für Mittelstandsforschung in Bonn gezeigt hat. Das IfM begleitet die Gründungsinitiative „GO!" des Landes Nordrhein-Westfalen und hat im Rahmen des Projektes die Art der geschaffenen Arbeitsplätze untersucht. Das Ergebnis: Die Zahl der Vollzeitstellen sank von 57 Prozent im Jahr 1996 auf 34,4 Prozent im Jahr 1999. Das neue Gesetz zur Teilzeitarbeit wird wohl diese Tendenz verstärken – tatsächlich werden immer mehr Teilzeitstellen statt Vollzeitjobs entstehen.

2.4 Eintragungen und Löschungen im Handelsregister

Viele Jungunternehmer scheuen den Eintrag ins Handelsregister, da er mit hohen Kosten verbunden ist. Die Abgabenhöhe richtet sich nach dem Wert des eingetragenen Unternehmens – Gebühren in fünfstelliger Höhe waren die Folge. Gegen diese Praxis hat der Europäische Gerichtshof seine Bedenken geäußert, so dass die Bundesregierung nun eine Gebührensenkung plant. In Zukunft sollen höchstens DM 1 000 an Gebühren für einen Eintrag ins Handelsregister anfallen. Ob diese Maßnahmen neue Unternehmen wirklich dazu bewegen, sich ins Handelsregister eintragen zu lassen, wird die Zukunft zeigen.

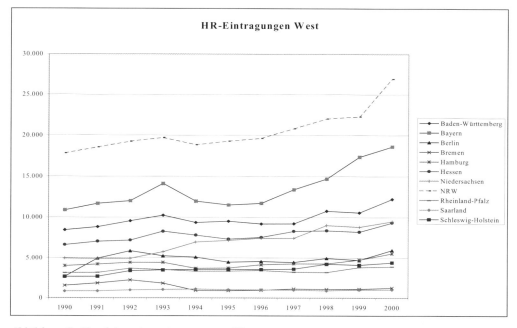

Abbildung 8: Handelsregistereintragungen West

	1990	1991	1992	1993	1994	1995	1996	1997	1998	1999	2000
Baden-Württemberg	8 445	8 823	9 553	10 239	9 349	9 512	9 193	9 216	10 766	10 561	12 224
Bayern	10 883	11 677	12 007	14 090	11 954	11 497	11 710	13 376	14 680	17 375	18 635
Berlin	2 651	4 934	5 854	5 237	5 080	4 459	4 535	4 437	4 931	4 687	5 943
Brandenburg		2 308	4 739	4 904	3 928	3 511	3 165	3 194	3 255	2 996	2 962
Bremen	1 555	1 849	2 231	1 843	934	923	977	1 132	1 079	1 106	1 254
Hamburg	3 996	4 201	4 417	4 426	3 675	3 723	4 124	4 260	4 250	4 739	5 532
Hessen	6 608	7 035	7 174	8 279	7 807	7 319	7 527	8 284	8 363	8 207	9 322
Mecklenburg-Vorpommern		2 406	5 071	3 557	2 755	2 568	2 200	2 225	2 203	2 289	1 921
Niedersachsen	4 940	4 901	4 919	5 738	6 949	7 155	7 433	7 442	9 017	8 806	9 485
NRW	17 839	18 556	19 255	19 702	18 840	19 280	19 625	20 818	22 045	22 311	26 912
Rheinland-Pfalz	3 122	3 151	3 663	3 515	3 313	3 325	3 401	3 211	3 172	3 796	3 880
Saarland	849	874	993	1 047	1 104	1 033	1 019	994	905	1 016	1 034
Sachsen		7 181	11 951	8 609	6 831	5 497	5 309	4 706	5 080	4 165	4 121
Sachsen-Anhalt		2 264	4 583	5 865	3 481	2 925	2 956	2 737	2 870	2 629	2 698
Schleswig-Holstein	2 649	2 671	3 378	3 463	3 527	3 542	3 523	3 593	4 208	4 083	4 401
Thüringen		3 388	5 716	5 089	3 862	2 868	2 623	2 341	2 313	2 234	2 336
Gesamt	63 537	86 219	105 504	105 603	93 389	89 137	89 320	91 966	99 137	101 000	112 660

Tabelle 8: Eintragungen ins Handelsregister Deutschland

Das Gründungsgeschehen im Handelregister wird in den letzten Jahren, seitdem die Gründungseuphorie der östliche Bundesländer merklich nachgelassen hat, von drei westdeutschen Bundesländern bestimmt: Baden-Württemberg, Bayern und Nordrhein-Westfalen verzeichnen gemeinsam fast die Hälfte aller Neueintragungen ins Handelsregister.

Die Gründungseuphorie im Osten Deutschlands nach der Wende spiegelt sich auch in den Handelsregistereinträgen wieder. Schon 1992 ist der Zenit erreicht und die Zahl der Firmen, die sich im Handelsregister anmeldeten, sank deutlich. Seit 1996 scheint sich die Lage zu normalisieren. Spitzenreiter bei den Neueintragungen ins Handelsregister bleibt weiterhin der Freistaat Sachsen, gefolgt von Brandenburg, das auch von der Nähe Berlins profitiert.

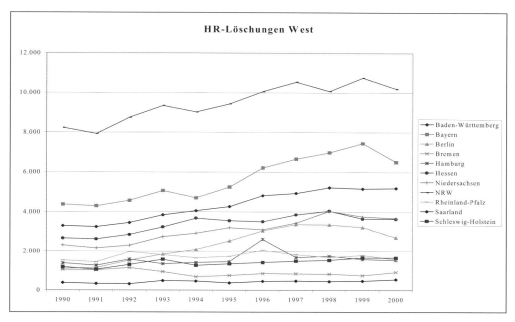

Abbildung 9: Handelsregisterlöschungen West

Auch wenn die Zahl der Löschungen aus dem Handelsregister seit 1990 gestiegen ist, bleibt festzuhalten, dass der Saldo aus Anmeldungen und Löschungen stets für alle Bundesländer positiv war und ist. In Westdeutschland ist für das vergangene Jahr ein Rückgang der Löschungen aus dem Handelsregister zu verzeichnen. Die Zahl der Unternehmen, die sich in den vergangenen zehn Jahren aus den ostdeutschen Handelsregistern haben austragen müssen, ist kontinuierlich gestiegen – zum Teil auch mit deutlichen Sprüngen. Das Jahr 1999 scheint einen Wendepunkt in der Entwicklung zu markieren, da die Zahl der Löschungen in Ostdeutschland mit Ausnahme von Thüringen rückläufig ist.

Neben der absoluten ist auch die prozentuale Entwicklung der einzelnen Länder nicht zu vernachlässigen. Im Jahresvergleich 1999/2000 schneidet Berlin bei den Neueintragungen am besten ab. Die Zahl der neuen Unternehmen im Handelsregister stieg um 26,8 Prozent, gefolgt von Nordrhein-Westfalen (20,6 Prozent) und Baden-Württemberg (15,7 Prozent). Am Ende der Tabelle steht Mecklenburg-Vorpommern, die einen Rückgang von Neueintragungen um 16,1 Prozent hinnehmen mussten. Auch Sachsen und Brandenburg verzeichnen im Jahresvergleich eine negative Entwicklung. Gegenüber dem Jahresvergleich 1998/1999 hat sich die Situation aber deutlich gebessert. Nur sieben Bundesländern konnten da eine positive Entwicklung verbuchen: Hamburg, Bremen, Nordrhein-Westfalen, Rheinland-Pfalz, Bayern, Saarland und Mecklenburg-Vorpommern.

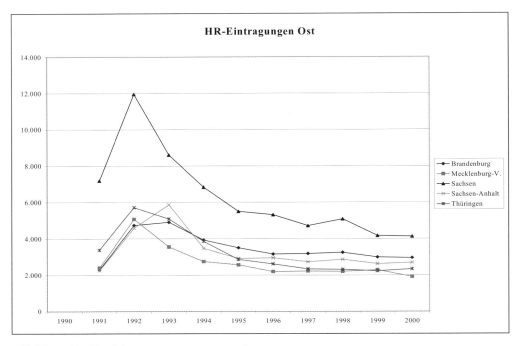

Abbildung 10: Handelsregistereintragungen Ost

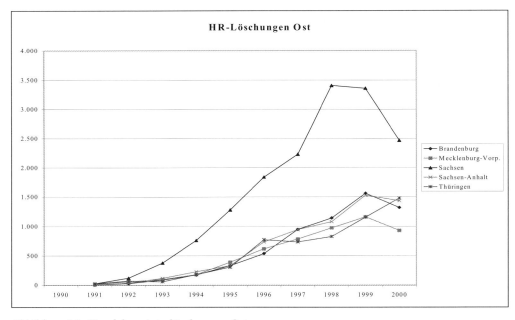

Abbildung 11: Handelsregisterlöschungen Ost

	1990	1991	1992	1993	1994	1995	1996	1997	1998	1999	2000
Baden-Württemberg	3 303	3 249	3 453	3 848	4 058	4 269	4 824	4 945	5 231	5 172	5 202
Bayern	4 380	4 300	4 580	5 075	4 711	5 256	6 217	6 659	6 983	7 452	6 508
Berlin	1 102	1 129	1 511	1 839	2 087	2 537	3 047	3 367	3 356	3 226	2 711
Bremen	1 043	1 022	1 132	932	674	746	840	831	818	740	913
Brandenburg		3	26	89	171	331	537	949	1 145	1 562	1 320
Hamburg	1 370	1 252	1 573	1 330	1 396	1 444	2 624	1 667	1 732	1 569	1 523
Hessen	2 674	2 629	2 853	3 239	3 683	3 552	3 509	3 853	4 045	3 652	3 646
Niedersachsen	2 317	2 167	2 311	2 745	2 924	3 204	3 101	3 441	4 032	3 763	3 682
NRW	8 230	7 932	8 752	9 351	9 022	9 442	10 066	10 543	10 079	10 756	10 204
Mecklenburg-Vorpommern		17	59	97	179	389	617	784	976	1 164	930
Rheinland-Pfalz	1 519	1 429	1 974	1 807	1 642	1 724	2 051	1 817	1 670	1 783	1 561
Saarland	376	330	315	478	452	363	446	460	437	459	539
Sachsen		24	119	377	760	1 279	1 839	2 228	3 409	3 360	2 466
Sachsen-Anhalt		3	35	116	227	332	736	946	1 082	1 531	1 435
Schleswig-Holstein	1 174	1 048	1 290	1 560	1 247	1 331	1 404	1 471	1 519	1 654	1 651
Thüringen		24	68	59	178	305	772	736	828	1 157	1 479
Gesamt	27 488	26 558	30 051	32 942	33 411	36 504	42 630	44 697	47 342	49 000	45 770

Tabelle 9: Löschungen im Handelsregister Deutschland

Insgesamt lässt sich festhalten, dass die Gründungsbilanz der letzten zehn Jahre auch im Handelsregister positiv ausfällt. Es werden mehr Unternehmen gegründet als gelöscht. Für Ostdeutschland bleibt zu hoffen, dass die rückläufige Entwicklung bei den Neuanmeldungen gestoppt ist. Von dieser Stelle aus kann nicht eingeschätzt werden, wie sich die verschiedenen Gründungsinitiativen von Regierung oder Wirtschaftsverbänden auf das Gründungsgeschehen auswirken. Es bleibt dabei, dass die meisten neuen Unternehmen im Dienstleistungssektor entstehen Die höchste Beschäftigungsintensität mit Gründung verzeichnet das Verarbeitende Gewerbe – pro neuem Unternehmen entstehen im Westen fünf und in Ostdeutschland sechs neue Arbeitsplätze.

Dringend erforderlich ist es, Defizite bei der Begriffsbestimmung zum Gründungsbegriff zu beheben – insbesondere die Unterschiede und Gemeinsamkeiten zwischen Unternehmens- und Existenzgründung sind hervorzuheben. Im Umfeld des Gründungsgeschehens bedarf zudem der Begriff „Selbständigkeit" einer eingehenden Betrachtung.

2.5 „Unternehmensnachfolge" als Bereich des Gründungsgeschehens

Das Thema „Unternehmensnachfolge" ist in aller Munde. So zeigen die nordrhein-westfälische Gründungsoffensive „GO!" und die konzertierte Aktion von Deutscher Ausgleichsbank, DIHT und Zentralverband des Deutschen Handwerks „Change", wie stark sich Politik und Verbände auf dem Feld der Unternehmensübergänge engagieren. Zunächst bleibt zu fragen, wie viele mittelständische Unternehmen vom Generationswechsel betroffen sind. Eine Untersuchung der Creditreform Wirtschafts- und Konjunkturforschung im Frühjahr 1999 ergab, dass 31,5 Prozent der Befragten in den nächsten Jahren einen Generationswechsel erwarteten. Besonders viele waren es im Großhandel (36,1 Prozent), eher wenige im jungen Dienstleistungssektor (27,6 Prozent). Damit dürfte die absolute Zahl der Betriebe in der vorliegenden Umfrage rund 800 000 Mittelständler betreffen. Während das Bonner Institut für Mittelstandsforschung für einen Fünfjahreszeitraum in Ost und West zusammen rund 380 000 „übergabereife" Betriebe sah, sprach DIHT-Hauptgeschäftsführer Schoser von fast 700 000 Unternehmen allein in Westdeutschland in den nächsten zehn Jahren. 54,2 Prozent der befragten Unternehmen, die einen Wechsel planen, gaben an, dass die Übergabe bereits geregelt sei.

Der Erhalt des Familienbetriebs steht bei der Nachfolge im Mittelpunkt – 81,2 Prozent der Mittelständler wollen den Betrieb an Kinder oder andere Verwandte übergeben. 10,9 Prozent versuchen den Betrieb über einen „Management-buy-out" an Mitarbeiter zu übergeben. Nur fünf Prozent verkaufen ihr Unternehmen an bisher unbeteiligte Dritte. Für die meisten Inhaber steht das ideelle Ziel der Erhaltung des Betriebes im Vordergrund der Übergabe und nicht die Altersversorgung. Nur acht Prozent der Befragten „verkaufen" ihr Unternehmen, um ihre materielle Altersversorgung sicherzustellen. 38,3 Prozent möchten den Betrieb sogar als Familienunternehmen weitergeführt wissen – wobei sicher die entsprechende Versorgung durch die Nachfolgegeneration eine Rolle spielt. 33,1 Prozent wollen ihre Firma erhalten wissen und 17,7 Prozent geben als primäres Motiv der Betriebsübergabe die Existenzsicherung und Förderung des Nachfolgers an.

Das Institut für Mittelstandsforschung schätzte allein für das Jahr 1999 die Zahl der übergabereifen Betriebe auf 76 000. Bei der Übergabe waren knapp eine Million (966 000) Beschäftigte betroffen. Der Mittelstand spielt in der deutschen Wirtschaft eine eminent wichtige Rolle. Der Flankierung und Hilfestellung bei der Vielzahl anstehender Übergaben kommt zum Erhalt des Mittelstandes besondere Bedeutung zu. Für die Initiativen unter den Namen „GO!" oder „Change", aber auch für eine Vielzahl von Unternehmensberatern, die sich auf diesem Felde tummeln, wird viel zu tun bleiben.

3 Neugründungen und Insolvenzen – Zur Überlebensfähigkeit junger Unternehmen

3.1 Finanzierung von Neugründungen in Europa

Unternehmensgründer müssen eine Vielzahl von Hindernissen aus dem Weg räumen. So erweist sich die Bürokratie in Deutschland immer noch als Gründungshemmnis, besonders für Unternehmen, die spezielle Genehmigungen vor Aufnahme der Tätigkeit benötigen. Ein weiterer Problemkreis stellt die Beschaffung von Finanzmitteln für die angehenden Unternehmer dar. Nach Erkenntnissen des ENSR Enterprise Survey greifen rund 66 Prozent der Gründer in Europa auf eigenes Kapital zurück. Auf Bankkredite als Hauptfinanzierungsquelle stützen sich hingegen nur 20 Prozent. Der geringe Anteil von neugegründeten Unternehmen, die sich mittels Bankkredit finanzieren, lässt sich sicherlich auf ein erhöhtes Risiko bei der Kreditvergabe zurückführen – die Vorschläge des Baseler Ausschusses für Bankenaufsicht werden es Unternehmensgründern in Zukunft weiter erschweren, günstiges Startkapital von den Banken zu erhalten. Hinzu kommt bei der Kreditvergabe, dass die benötigten Summen für den Start eines neuen Unternehmens sehr gering sind – 83 % der Unternehmen mit höchstens fünf Mitarbeitern in Europa benötigten zum Gründungszeitraum 7 600 Euro – und Banken anscheinend den Aufwand scheuen, kleine Kredite zu vergeben.

Neben diesen traditionellen Möglichkeiten zur Finanzierung eines neuen Unternehmens greifen insbesondere Gründer auf unkonventionelle Mittel zurück, um eine Gründung zu finanzieren. Das sogenannte „Love Money" wird dem Jungunternehmer von Bekannten oder Verwandten zur Verfügung gestellt. Schätzungen zufolge greifen in Deutschland rund 25 Prozent auf Kapital von Freunden oder Familienangehörigen zurück – dazu gehört auch die Übernahme von Bürgschaften für Bankkredite.

Im Rahmen der Euphorie um den Neuen Markt und Start-Ups im IT-Bereich ist auch die Finanzierung von Gründungen durch Business Angels stärker in den Vordergrund getreten. Hierbei handelt es sich um erfahrene Manager mit entsprechenden Finanzmitteln, die neben Ihrem Kapital zusätzliche Tipps an den Unternehmensneuling weitergeben. Getrieben werden die Business Angels von hohen Profiterwartungen – Renditen von mehr als 30 Prozent sollte eine Investition pro Jahr schon abwerfen. Es liegt auf der Hand, dass diese Finanzierungsquelle sich auf einige wenige, besonders innovative Unternehmen beschränkt.

3.2 Unternehmensgründungen und Insolvenzen

Wie hoch das Risiko junger Firmen ist, frühzeitig die Geschäftsaktivitäten einstellen zu müssen, zeigen Statistiken zu Insolvenzen nach dem Unternehmensalter. 37,5 Prozent der insolventen westdeutschen Unternehmen und 40,6 der ostdeutschen Firmen waren bei Stellung des Insolvenzantrages nicht älter als vier Jahre.

Wirtschaftsbereiche	0 – 2	3 – 4	5 – 6	7 – 8	9 – 10	> 10
Verarb. Gewerbe	13,7	13,6	10,8	8,3	8,0	45,6
Dienstleistung	19,6	18,0	14,1	10,3	8,1	29,9
Bau	21,3	20,7	12,9	8,3	7,2	29,6
Handel	18,8	19,2	13,0	10,2	8,0	31,0
Gesamt	**19,1**	**18,4**	**13,2**	**9,6**	**7,8**	**32,0**

Tabelle 10: Insolvenzen nach Unternehmensalter im Jahr 2000 in Westdeutschland (Angaben in Prozent)

Wirtschaftsbereiche	0 – 2	3 – 4	5 – 6	7 – 8	9 – 10	> 10
Verarb. Gewerbe	14,5	20,2	14,2	16,7	26,2	8,3
Dienstleistung	20,1	20,5	17,7	18,2	16,7	6,8
Bau	22,6	22,1	15,8	15,1	19,4	5,0
Handel	17,1	18,5	17,7	16,9	24,8	5,1
Gesamt	**19,9**	**20,7**	**16,6**	**16,5**	**20,4**	**5,9**

Tabelle 11: Insolvenzen nach Unternehmensalter im Jahr 2000 in Ostdeutschland (Angaben in Prozent)

Insgesamt lassen sich drei Problembereiche ausmachen, die den Bestand des Unternehmens gefährden können. Zum einen kommt es zu einer Organisations- und Führungskrise, wenn es nicht gelingt, den Übergang von einer personalen zu einer stärker formalisierten Führungsstruktur zu meistern, die Planungs- und Kontrollmechanismen für das weiter wachsende Unternehmen bietet.

Darüber hinaus gefährden Absatzprobleme das Unternehmen, da ab einer bestimmten Größe die angestammten Marktnischen erweitert werden müssen und es an entsprechenden Marketing- und Vertriebslösungen fehlt.

Um ein Unternehmen über die Wachstumsschwelle zu hieven, muss verstärkt investiert werden, insbesondere in den Bereichen Forschung und Entwicklung sowie Marketing. Allerdings gestaltet sich die Aufnahme von Fremdkapital schwierig, weil es auf der einen Seite an Eigenkapital als Sicherheit fehlt und auf der anderen Seite viele kleinere Betriebe ein Defizit beim nötigen Wissen zur Finanzierung aufweisen.

Die Umsatzgrößen zeigen es: Insolvent werden nicht einmal so sehr die umsatzschwachen Betriebe als diejenigen, die eine mittlere Umsatzgröße zwischen 1-5 Mio. DM nicht zu überschreiten vermögen:

Umsatz in Mio. DM	Westdeutschland	Ostdeutschland
bis 0,2	5,4	6,7
0,3 bis 0,5	14,2	15,0
0,6 bis 1,0	18,3	20,5
1,1 bis 5,0	41,1	42,1
5,1 bis 10,0	10,4	9,0
10,1 bis 50,0	9,4	6,2
50,1 bis 100,0	0,7	0,5
über 100,0	0,5	0,1

Tabelle 12: Insolvenzen nach Umsatzgrößenklassen im 1. Halbjahr 2000 (in Prozent; Quelle: Creditreform-Datenbank)

Anmerkungen

(1) Vgl. STRUCK, Gründungsstatistik, S. 33-41 und FRITSCH, Gründungsdaten, II.6.

(2) Eine ausführliche Erläuterung zu den Begriffen Existenzgründung und Unternehmensgründung findet man bei STRUCK, Gründungsstatistik, S. 19-32.

(3) Ein Gewerbe muss nicht nur bei Neuerrichtung, sondern auch bei Verlegung des Standortes oder Übernahme eines Unternehmens angemeldet werden. Vgl. ANGELE, Gewerbeanzeigen S. 295f.

Literatur

ANGELE, J., Gewerbeanzeigen 2000, in: Wirtschaft und Statistik 4/2001, S. 295-302.

Europäische Kommission (Hrsg.), Das Europäische Beobachtungsnetz für KMU. Sechster Bericht, Luxemburg 2000.

FRIEDRICH, W. et al, Ertragsentwicklung, Eigenkapitalausstattung und Insolvenzen im Bereich des industriellen Mittelstandes (Studien der ISG Sozialforschung und Gesellschaftspolitik 21), Köln/Neuss 1997.

FRITSCH, M./GROTZ, R., Gründungsdaten und Analysen des Gründungsgeschehens, Freiberg 2001.

STRUCK, J., Gründungsstatistik als Informationsquelle der Wirtschaftspolitik. Eine empirische Analyse statistischer Quellen mit internationalem Vergleich (FGF-Entrepreneurship-Research-Monografien 13), Köln/Dortmund 1998.

Verband der Vereine Creditreform (Hrsg.), Insolvenzen, Neugründungen, Löschungen, Neuss.

Verband der Vereine Creditreform (Hrsg.), Wirtschaftslage Mittelstand. Frühjahr 2001, Neuss 2001.

GmbH, kleine Aktiengesellschaft und Neuer Markt – Zur Gewährleistung mitunternehmerischer corporate governance beim Börsengang mittelständischer Unternehmen

Jürgen Keßler

1 Einleitung und Problemstellung

Beleuchtet man die Schwerpunkte der aktuellen Debatte im Bereich der betriebswirtschaftlichen Organisationstheorie sowie im – partiell – komplementären Feld des Unternehmensverfassungsrechts, so fällt der Blick alsbald auf den Aspekt der corporate governance (1). Trotz aller Unwägbarkeiten, die mit der Übertragung heuristischer Konzepte aus dem Bereich der anglo-amerikanischen Rechtsordnung notwendig verbunden sind, besteht weitgehend Einigkeit, dass hiermit im Wesentlichen die Frage nach der Leitungsstruktur und Leitungsverantwortung, insbesondere kapitalgesellschaftsrechtlich verfasster Unternehmen thematisiert wird. Meist – wenn auch nicht ausschließlich – geht es dabei um die möglichst effiziente „Vernetzung" der wirtschaftlichen und rechtlichen Vorgaben bezüglich der Unternehmensleitung mit den Erfordernissen des Kapitalmarktes. Durch die entsprechende Ausgestaltung gesetzlicher und vertraglicher Anforderungen gilt es die aus der unterschiedlichen Interessenorientierung des Managements und der Kapitalgeber resultierenden Interessenkonflikte (agent-principal conflict) zu minimieren, d.h. durch die Setzung normativer und ökonomischer Anreize zu gewährleisten, dass sich das Handeln der Unternehmensleiter (agents) weitgehend an den Interessen der Anteilseigner (principals) orientiert (2).

Der hier zu Tage tretende wirtschaftlich-verhaltenstheoretische Erklärungsansatz hat ohne Zweifel die aktuelle Reformdiskussion im (deutschen) Unternehmensrecht entscheidend beeinflusst. Und dennoch stellt sich im Rahmen der Börseneinführung mittelständischer Unternehmen die Frage aus Sicht der „Altgesellschafter" meist unter umgekehrten Vorzeichen: Inwieweit und unter welchen Voraussetzungen ist es möglich, den Einfluss der bisherigen (Mit-) Unternehmer auch nach der Öffnung zugunsten des Kapitalmarktes – zumindest teilweise – abzusichern? Dass hierbei den ökonomischen

Funktionsbedingungen der organisierten Kapitalmärkte, insbesondere den Erwartungen der – institutionellen – Anleger die eindeutige Prärogative zukommt, erscheint evident (3). Dennoch bestehen in gewissem Umfange rechtliche Gestaltungsspielräume, die es im Folgenden zu präzisieren gilt. Im Übrigen bleibt es Gegenstand der einzelfallbezogenen Beratung, die Auswirkungen normativer Einflusssicherung gegen die hieraus fließenden Nachteile bei der Bildung des Emissionspreises sorgfältig abzuwägen.

2 Die Stellung der Leitungsorgane in GmbH und AG – Eine vergleichende Betrachtung

2.1 Personalistische und kapitalistische Konzepte im Recht der Kapitalgesellschaften

Zwar erweisen sich GmbH und AG im Lichte ihrer Haftungsstruktur – cum grano salis – als durchweg gleichwertig: es handelt sich jeweils um juristische Personen (legal persons) mit eigenständiger Rechtspersönlichkeit; deren Haftung sich auf das Gesellschaftsvermögen beschränkt (vgl. § 13 Abs. 2 GmbHG, § 1 Abs. 1 S. 2 AktG); doch bestehen hinsichtlich der Finanzverfassung und der Ausgestaltung des gesellschaftsrechtlichen Binnenverhältnisses signifikante Unterschiede (4).

So ist – soweit es die deutsche Rechtsordnung betrifft – der organisierte Kapitalmarkt nur für Unternehmen in der Rechtsform der AG sowie der KGaA zugänglich. Nur diese verfügen in Form von Aktien über fungibel ausgestaltete und damit börsengängige Anteilsrechte (5). Zwar hat das wirtschaftliche Bedürfnis nach Senkung der mit dem Übertragungsvorgang verbundenen Transaktionskosten zwischenzeitlich zu einer weitgehenden „Entkörperlichung" der Anteile im Sinne einer konsequenten Entwicklung vom Wert-„papier" zum Wert-„recht" geführt (6), doch folgt der Übertragungsvorgang der Aktien in seiner dogmatischen Verankerung nach wie vor dem Primat des Sachenrechts (§§ 929 ff. BGB; §§ 6 ff. DepG), einschließlich der Möglichkeit des „gutgläubigen" Erwerbs (§§ 932 ff. BGB). Gerade dieser Vertrauensschutz begründet die Verkehrsfähigkeit der Beteiligungsrechte. Demgegenüber ist die Übertragung von GmbH-Anteilen nach der Konzeption des Gesetzgebers schuldrechtlich orientiert (7). Die für die Rechtsänderung erforderliche Abtretung (§§ 398, 413 BGB) des Gesellschaftsanteils durch den Veräußerer (Zedenten) an den Erwerber (Zessionar) bedarf hierbei – ebenso wie das zugrunde liegende Verpflichtungsgeschäft (§ 15 Abs. 4 GmbHG) – der notariellen Beurkundung (§ 15 Abs. 3 GmbHG). Eine mit dinglicher Wirkung versehene „Verbriefung" der Anteilsrechte und damit die Möglichkeit eines Gutglaubenserwerbs scheidet im Lichte des „numerus clausus" wertpapierrechtlicher Typenbildung aus. Diese institutionell-normativen Vorgaben verschließen der GmbH de lege lata die Finanzierung über den (Eigen-) Kapitalmarkt. Anders als die AG in ihrer

Eigenschaft als „Kapitalsammelstelle" und „kapitalistischer" Publikumsgesellschaft par excellence (8), orientiert sich das normative Leitbild der GmbH am Konzept einer „personalistischen" Kapitalgesellschaft mit engem, überschaubarem Gesellschafterkreis, deren Anteilseigner – trotz Haftungsbeschränkung – als „Mitunternehmer" von gegenseitigem Vertrauen getragen, gemeinschaftlich auf die Ausgestaltung des Gesellschaftsverhältnisses und die Außenbeziehungen der Körperschaft einwirken.

Diese „personalistische" Orientierung der GmbH offenbart sich vor allem in der Struktur der gesellschaftlichen Innenverhältnisse zwischen den Anteilseignern sowie zwischen diesen und ihrer Gesellschaft. Weist das Binnenrecht der AktG im Interesse des gebotenen Anlegerschutzes eine durchweg zwingende Natur auf (formelle Satzungsstrenge – vgl. § 23 Abs. 5 AktG) (9), so handelt es sich bei der Ausgestaltung des Innenverhältnisses der GmbH im Regelfall um dispositive Vorschriften, die der abweichenden Gestaltung seitens der Gesellschafter unterworfen sind (vgl. § 45 Abs. 2 GmbHG) (10). Anders als bei der „offenen" Struktur der AG (publicly held company) bedarf es im „geschlossenen" System der GmbH (closely held company) im Lichte ihrer mitunternehmerischen Struktur nicht des Schutzes anonymer und meist einflussloser (Klein-) Anleger. Es liegt somit weitgehend in der Hand der Anteilseigner, den gesellschaftsinternen Willensbildungsprozeß sowie die Kompetenzverteilung zwischen den organschaftlichen Entscheidungsebenen zweckadäquat auszugestalten.

2.2 Die Leitungsstruktur der GmbH

Angesichts der funktionellen Ausrichtung der GmbH als paradigmatischer Organisationsform kleiner und mittelständischer Unternehmen (SME) erscheint es folgerichtig, wenn sich die mitunternehmerische Konzeption konsequent in der corporate governance der Gesellschaft widerspiegelt. Im Rahmen des normativen Regelungsmodells sind der Gesellschaft nur zwei Organe zwingend vorgegeben: die Gesellschafterversammlung – bzw. bei Einmanngesellschaften der Alleingesellschafter – und der oder die Geschäftsführer. Die Einrichtung und Kompetenz eines Aufsichtsrates unterliegt grundsätzlich fakultativer Gestaltung und ist erst Gesellschaften mit regelmäßig mehr als 500 Beschäftigten aus Gründen der Unternehmensmitbestimmung bindend auferlegt (vgl. § 77 BetrVG 1952). Was die Kompetenzverteilung zwischen den Gesellschaftern und den Geschäftsführern betrifft, so obliegt den letzteren zwar die rechtsgeschäftliche und prozessuale Vertretung der Gesellschaft, doch sind die Organwalter im Innenverhältnis – mangels einer entgegenstehenden Regelung des Gesellschaftsvertrags – durchgängig an die Beschlüsse der Gesellschafterversammlung respektive die Weisung des Alleingesellschafters gebunden (§ 37 Abs. 1 GmbHG) (11). Die Gesellschafter – nicht die Geschäftsführer – bestimmen die Leitlinien und Grundlagen der Unternehmenspolitik und können jederzeit einzelne Entscheidungen mit bindender Wirkung an sich ziehen. Im Rahmen ihrer Organfunktion haben sich die Geschäftsführer stringent an den

Willensbekundungen, Richtlinien und Beschlüssen der Anteilseigner zu orientieren (12). Maßnahmen, die über den gewöhnlichen Geschäftsbetrieb der Gesellschaft hinausweisen, haben die Geschäftsführer auch ohne entsprechende Vorgaben der Gesellschafterversammlung vorab zur Entscheidung vorzulegen (13).

Ein eigenständiger, d.h. weisungsfreier Entscheidungsbereich des GmbH-Geschäftsführers besteht nur in den eng umgrenzten Fällen einer ausdrücklichen Kompetenzzuweisung des Gesetzgebers zugunsten des Organwalters im öffentlichen oder Drittinteresse (14). Dies betrifft beispielsweise die Sicherung der Kapitalerhaltung (vgl. §§ 30, 31, 43 Abs. 3 GmbHG), die Insolvenzantragspflicht (§§ 64, 84 GmbHG), die Verantwortung für Buchführung (§ 41 GmbHG) und Rechnungslegung (§ 264 HGB) sowie die Wahrnehmung der steuerlichen Pflichten der Gesellschaft (§§ 34, 35 AO). Nur soweit hier gesetzlich begründete Autonomiebereiche bestehen, ist der Geschäftsführer berechtigt (und verpflichtet!), einer Weisung der Gesellschafter die Folge zu verweigern (15).

Der prägende Einfluss der Anteilseigner spiegelt sich mit gleicher Deutlichkeit in der Personalkompetenz wider. So obliegt die Bestellung der Geschäftsführer, soweit der Gesellschaftsvertrag nichts abweichendes vorsieht, gem. § 46 Nr. 5 ebenso wie deren Abberufung dem Mehrheitsvotum der Gesellschafterversammlung. Dies gilt auch dort, wo gem. § 77 BetrVG 1952 wegen Überschreitung der Beschäftigtenzahl ein Aufsichtsrat einzurichten ist. Im übrigen ist die Bestellung des Organwalters jederzeit widerruflich. Sie bedarf weder eines rechtfertigenden Grundes noch einer Begründung (§ 38 Abs. 1 GmbHG), sofern nicht die Satzung den Widerruf auf das Vorliegen eines „wichtigen Grundes" beschränkt (§ 38 Abs. 2 GmbHG).

Zwar unterliegt das Amt des Geschäftsführers – mangels einer entgegenstehenden gesellschaftsvertraglichen Vorgabe – dem Grundsatz der Fremdorganschaft und setzt somit die Gesellschafterstellung des Organwalters nicht notwendig voraus, doch entspricht es der „mitunternehmerischen" Konzeption der GmbH, das Amt des Geschäftsführers üblicherweise einem oder sämtlichen Gesellschaftern zu übertragen. Die Satzung kann dies als zwingende Regelung ausgestalten und weitere Voraussetzungen vorsehen. Angesichts der Dispositivität der gesellschaftsrechtlichen Vorgaben besteht so die Möglichkeit, das Amt des Geschäftsführers als „Sonderrecht" einem (Mehrheits-) Gesellschafter oder dem Vertreter einer bestimmten Gesellschaftergruppe unentziehbar zuzuweisen und dadurch dessen Einfluss im gesellschaftlichen Binnengefüge über die Stimmausübung in der Gesellschafterversammlung hinaus zu verstärken (16). Entsprechend erweist es sich als zulässig, die Bestellung und Abberufung des Geschäftsführers dem Mehrheitsvotum der Gesellschafterversammlung zu entziehen und einzelnen oder mehreren Gesellschaftern zur alleinigen Entscheidung zu übertragen. Soweit dies der Fall ist, kommt eine Abberufung des Organwalters durch die übrigen Gesellschafter nur unter den einschränkenden Voraussetzungen eines „wichtigen Grundes" in Betracht (17) und erweist sich im Übrigen als mehrheitsfest.

2.3 Die Leitungsstrukturen der AG

2.3.1 Der Grundsatz der „formellen Satzungsstrenge"

Die Leitungsstrukturen der AG sind durchgängig vom System der „formellen Satzungsstrenge" geprägt: Gem. § 23 Abs. 5 AktG darf von den inhaltlichen Vorgaben des AktG nur abgewichen werden, sofern dieses eine Abweichung ausdrücklich gestattet. Das gilt selbstverständlich auch in den Fällen eines Formwechsels von der GmbH in die AG nach Maßgabe des UmwG zur Vorbereitung eines späteren „going public". Damit zwingt der Gesetzgeber die Gründer in ein „Prokrustesbett", das nur geringfügige Gestaltungsspielräume eröffnet. Zwar hat der Gesetzgeber mit dem „Gesetz für kleine Aktiengesellschaften und zur Deregulierung des Aktienrechts" vom 2.8.1994 (18) einige Erleichterungen geschaffen, doch gelten diese gerade nicht für „börsennotierte" Gesellschaften im Sinne von § 3 Abs. 2 AktG und enthalten zudem keine Abweichungen von der normativen corporate governance der AG. Ob die seitens des Bundeskanzlers eingesetzte Kommission „corporate governance" in ihren Beschlussempfehlungen den Weg der Deregulierung beschreiten wird, bleibt gegenwärtig abzuwarten (19).

2.3.2 Die Organgliederung der AG

Anders als die US-amerikanische business corporation (20) und das englische company law (21), deren Organverfassungen mit dem board of directors im Modell eines einheitlichen Leitungs- und Überwachungsorgans gründen (one tier Konzept) (22), folgt das deutsche Aktienrecht hinsichtlich seiner Leitungsstruktur einer stringenten „two-tier"-Konzeption. Die Leitungsebene gliedert sich somit – zwingend (§ 23 Abs. 5 AktG) – in zwei mit unterschiedlicher Kompetenz ausgestattete und stringent von einander geschiedene Organebenen: das eigentliche Leitungs- und Geschäftsführungsorgan, den Vorstand und den mit der Bestellung und Überwachung der Unternehmensleitung betrauten Aufsichtsrat. Unter Einbeziehung der obligatorischen Hauptversammlung als Repräsentationsorgan der Anteilseigner (shareholder) verfügt die AG folglich über eine dreiteilige Organstruktur. Untersucht man die Kompetenzzuweisung hinsichtlich der jeweiligen Organe im Rahmen des normativen Regelungskonzepts des AktG, so erweist sich die deutliche Betonung des Vorstandes als „autonomes" Leitungsorgan als signifikantes Unterscheidungsmerkmal im Vergleich zum Regelungsmodell der GmbH. Gem. § 76 Abs. 1 AktG obliegt es dem Vorstand, die Gesellschaft „unter eigener Verantwortung" zu leiten (23). Er ist insoweit weder an Vorgaben des Aufsichtsrats noch der Hauptversammlung gebunden. Gem. § 111 Abs. 4 S. 1 AktG dürfen dem Aufsichtsrat Maßnahmen der Geschäftsführung grundsätzlich nicht übertragen werden. Zwar können die Satzung bzw. der Aufsichtsrat bestimmen, dass einzelne Maßnahmen des Vorstands der (vorherigen) Zustimmung des Aufsichtsrats bedürfen, doch begründet ein dahingehender „Zustimmungsvorbehalt" lediglich in „negativer" Hinsicht eine „Handlungssperre" des Leitungsorgans und eröffnet seitens des Aufsichtsrats keine Möglichkeit, in positiver

Weise auf die Geschäftsführung seitens des Vorstands einzuwirken (24). Eine solche Weisungsbefugnis besteht gerade nicht und kann auch seitens der Satzung nicht begründet werden (§ 23 Abs. 5 AktG).

Die durch § 111 Abs. 1 AktG begründete Befugnis des Aufsichtsrats dient ihrer teleologischen Ausrichtung nach somit im Wesentlichen der Gewährleistung einer effektiven „Vorabkontrolle" (25), wenn auch nicht zu leugnen ist, dass damit – nolens volens – gewisse Auswirkungen hinsichtlich der Leitungsbefugnis des Vorstandes verbunden sind. Im Übrigen kommt auch ein satzungsmäßiger oder durch Aufsichtsratsbeschluss begründeter „Zustimmungsvorbehalt" nur hinsichtlich solcher Geschäftsführungsmaßnahmen in Betracht, deren Gegenstandsbereich sich in inhaltlich „bestimmter" Weise aus der erfolgten Festlegung ergibt (26). Demgegenüber ist es unzulässig, den Mitwirkungsvorbehalt des Aufsichtsrates in abstrakter Manier auf alle „wesentlichen" Maßnahmen des Vorstandes zu beziehen und in diesem Wege das aktienrechtliche System der „Gewaltenteilung" zu Lasten des Vorstandes zu durchbrechen (27).

Was die Geschäftsführungskompetenz der Hauptversammlung betrifft, so liegt es ohnedies im alleinigen Ermessen des Vorstandes, einzelne, in seinen Zuständigkeitsbereich fallende Maßnahmen den Anteilseignern zur Entscheidung vorzulegen (§ 119 Abs. 2 AktG). Ein Anspruch des Gesellschafterorgans auf Teilhabe an der Geschäftsführung besteht demgegenüber nicht und kann auch durch entsprechende Satzungsgestaltung nicht begründet werden (28). Eine „ungeschriebene" Vorlagepflicht kann sich allenfalls im Lichte der „Holzmüller-Doktrin (29)" des BGH ergeben, wonach sich bei Eingriffen in das strukturelle Gepräge des Unternehmens – beispielsweise im Wege der Ausgliederung maßgeblicher Unternehmensteile – in Ausnahmefällen das „Vorlageermessen" des Leitungsorgans „auf Null" reduziert.

Im Unterschied zur GmbH obliegt es im Kompetenzgefüge der AG folglich dem Vorstand, innerhalb der regelmäßig „offenen" Vorgaben der Satzung die Grundlinien der Unternehmenspolitik und deren Umsetzung in konkrete Handlungsanweisungen des Managements zu bestimmen. Er ist insoweit weder generellen Vorgaben noch Einzelweisungen anderer Organe oder einzelner Gesellschafter unterworfen. Sieht man vom Abschluss eines Beherrschungsvertrags im Rahmen eines Vertragskonzerns ab (§ 308 AktG), so besteht angesichts des Grundsatzes formeller Satzungsstrenge keine Möglichkeit, in institutioneller und rechtlich abgesicherter Weise eine entsprechende Einwirkungsbefugnis hinsichtlich bestimmter Anteilseigner zu begründen.

2.3.3 Einflusssicherung im System der Aktiengesellschaft

Mit dem Wechsel von der GmbH zur AG und der nachfolgenden Emission junger Anteilsrechte vermindert sich der Einfluss der „Altgesellschafter" auf die Geschicke „ihres" Unternehmens zwangsläufig in doppelter Hinsicht. Dies ist zunächst Ausfluss der veränderten corporate governance als Folge der divergierenden aktienrechtlichen Organstruktur (siehe oben 2.3.2). Darüber hinaus bedingt die Aufnahme neuer Anteilseigner unvermeidlich eine Verwässerung der auf dem Anteilsbesitz fußenden Steuerungsmöglichkeit der überkommenen Unternehmensgesellschafter. Entsprechend den für den Neuen Markt geltenden Zulassungsbedingungen (RWNM) (30), sollen sich nach Durchführung des Going Public möglichst 25% der Aktien im Streubesitz befinden. Bei einem Emissionsvolumen unter 100 Millionen Euro darf ein Streubesitzanteil von 20%, bei einem Emissionsvolumen von über 100 Millionen Euro ein Streubesitzanteil von 10% im Rahmen der Börseneinführung auf keinen Fall unterschritten werden (§ 3.10 Abs. 1 RWNM). Allerdings – solange der Anteilsbesitz der Altgesellschafter nicht unter 75% des Grundkapitals sinkt, sind diese in weitem Umfange befähigt, im Rahmen der normativen Kompetenzzuweisung zu Gunsten der Hauptversammlung auf die Gesellschaft einzuwirken. Dies betrifft auch die Möglichkeit, mittels Satzungsänderungen auf die Struktur der AG einzuwirken, ohne durch die „Sperrminorität" weiterer Gesellschafter in ihren Gestaltungsmöglichkeiten beschränkt zu werden (vgl. § 179 Abs. 2 AktG).

Darüber hinaus bestehen auch dort erhebliche „Steuerungspotenziale", wo die Beteiligung der Altaktionäre die 75%-Grenze unterschreitet. Entsprechend § 133 Abs. 1 AktG bedürfen Beschlüsse der Hauptversammlung mangels entgegenstehender Bestimmungen des Gesetzes oder der Satzung lediglich der einfachen Mehrheit der abgegebenen Stimmen. Stimmenthaltungen und ungültige Stimmen bleiben hierbei unberücksichtigt (31). Notwendig aber auch hinreichend im Interesse einer unternehmerischen Einflussnahme ist insofern eine gesicherte Hauptversammlungsmehrheit. Angesichts des Umstandes, dass Kleinaktionäre im Lichte der mit der mittelbaren oder unmittelbaren Ausübung ihrer Stimmrechte verbundenen Transaktionskosten von ihrer Mitwirkungsbefugnis im Rahmen der gesellschaftsinternen Willensbildung häufig keinen Gebrauch machen, genügt in aller Regel ein erheblich unter 50% des Grundkapitals liegender Anteilsbesitz, um die Hauptversammlung zu majorisieren. Der auf diese Weise begründete Einfluss des Mehrheitsgesellschafters betrifft auch den bereits erwähnten Aspekt der Satzungshoheit. Gem. § 179 Abs. 2 S. 2 AktG kann die Satzung bezüglich ihrer Änderung insoweit eine geringere als die nach der gesetzlichen Regelung vorgegebene Dreiviertelmehrheit vorsehen, wie dies nicht eine Änderung des Unternehmensgegenstandes betrifft. Bei entsprechender Satzungsgestaltung bleibt die „Strukturkompetenz" der Mehrheitsgesellschafters folglich auch dann erhalten, wenn ihr Anteilbesitz unter 50% sinkt. Soweit es darum zu tun ist, im Interesse der Gewährleistung eines „stabilen" Einflusses, die Koordination der Stimmabgabe unter den Altgesellschaftern rechtlich abzusichern, eröffnet der Abschluss von Stimmbindungsverträgen (32) ausreichende Möglichkeiten.

Das durch die Mehrheitsherrschaft begründete Gestaltungspotenzial erfasst – über „einfache" Hauptversammlungsbeschlüsse hinaus – auch die Einwirkung auf die Besetzung der Leitungsorgane. So unterliegen die Wahlen zum Aufsichtsrat – mangels einer abweichenden Satzungsregelung – gleichfalls dem Mehrheitsgrundsatz (§ 133 Abs. 2 AktG). Dies eröffnet den Mehrheitsgesellschaftern die Möglichkeit, den Aufsichtsrat – von eventuellen Arbeitnehmervertretern abgesehen – ausschließlich mit Personen ihres Vertrauens zu besetzen, ohne der Gesellschafterminderheit – von Kulanzzugeständnissen abgesehen – eine eigenständige Repräsentanz zu ermöglichen. Die vereinzelt geäußerte Ansicht (33), der Mehrheitsgesellschafter sei im Rahmen eines institutionellen Minderheitenschutzes gehalten, durch – partiellen – Verzicht auf die durch die Hauptversammlungsmehrheit eröffneten Möglichkeiten in bestimmtem Umfange auch „unabhängigen" Mandatsträgern den Zugang zum Aufsichtsrat zu ebnen, hat sich zu Recht nicht durchgesetzt. Dies folgt nicht zuletzt aus dem Umstand, dass die Organwalter gem. § 116 AktG unabhängig von ihrer Herkunft und der Art und Weise ihrer Bestellung als Inhaber eines ungebundenen Mandats einzig dem objektivierten Unternehmensinteresse verpflichtet sind (34). Eine Weisungsbindung gegenüber dem Bestellungsorgan oder gar dem Mehrheitsgesellschafter besteht folglich nicht. Hiervon abgesehen eröffnet die Besetzung der Aufsichtsratsmandate seitens des Mehrheitsgesellschafters die weitgehend gesicherte Möglichkeit, in zumindest mittelbarer Weise auf die personelle Zusammensetzung des Vorstands einzuwirken.

Über die mit der Mehrheitsherrschaft in der Hauptversammlung verbundene Gestaltungsbefugnis hinaus eröffnet § 101 Abs. 2 AktG die Möglichkeit eines statuarischen Entsendungsrechts (35) zugunsten bestimmter Aktionäre sowie der jeweiligen Inhaber bestimmter Aktien. Ein solches in der Satzung verankertes Entsendungsrecht kann höchstens für ein Drittel der Aufsichtsratsmitglieder vorgesehen werden, die seitens der Anteilseigner zu bestellen sind (§ 101 Abs. 2 S. 4 AktG). Rechtlich handelt es sich hierbei um ein „Sonderrecht" im Sinne von § 35 BGB, welches regelmäßig nur im Rahmen einer Satzungsänderung und mit Zustimmung des Berechtigten entzogen werden kann (36). Besteht das Entsendungsrecht zugunsten der Inhaber bestimmter Aktien, so müssen diese vinkuliert, d.h. ihre Übertragung an die Zustimmung der Gesellschaft gebunden werden (§ 101 Abs. 2 S. 2 AktG). Eine solche Beschränkung des freien Handels der Anteilsrechte steht den Zulassungsbedingungen des Neuen Marktes in aller Regel entgegen (§ 3.5 Abs. 1 RWNM – vgl. alsbald unten). Darüber hinaus dürfte die Begründung von Sonderrechten zugunsten einzelner Aktionäre vom Markt regelmäßig mit einem Kursabschlag bewertet werden.

Ungeachtet des durch den Anteilsbesitz und/oder die Satzung vermittelten Gesellschaftereinflusses ist der Vorstand nach seiner Bestellung autonomes Leitungsorgan der Gesellschaft und insoweit an Weisungen des Aufsichtsrats oder der Hauptversammlung nicht gebunden. Anders als hinsichtlich des GmbH-Geschäftsführers kommt ein Widerruf der Bestellung hinsichtlich der Vorstandsmitglieder nur aus wichtigem Grunde in Betracht (§ 84 Abs. 3 AktG). Der Umstand, dass die Organwalter einer ihre Geschäftsführung betreffenden Vorgabe des Aufsichtsrats oder des Mehrheitsgesellschafters nicht nachkommen, ist folglich nicht geeignet, eine Abberufung zu rechtfertigen. Es bleibt somit nur die Möglichkeit, im Rahmen der Satzung oder durch (Mehrheits-) Beschluss des Aufsichtsrates einen Zustimmungsvorbehalt (§ 111 Abs. 4 S.2 AktG) zugunsten des Überwachungsorgans zu begründen. Allerdings darf durch Art und Umfang entsprechender Zustimmungserfordernisse der Grundsatz vorstandsbezogener Leitungsautonomie nicht in sein Gegenteil verkehrt und im Gegensatz zur ratio legislatoris der Aufsichtsrat zum gleichgewichtigen Geschäftsführungsorgan bestimmt werden. Ein Zustimmungsvorbehalt kommt folglich nur hinsichtlich solcher (Geschäftsführungs-) Maßnahmen in Betracht, die sich in signifikanter Weise aus dem gewöhnlichen Geschäftsbetrieb der Gesellschaft abheben.

Sieht man von den erörterten Möglichkeiten der Einfluss- und Mehrheitssicherung ab, so richtet sich der Blick im Folgenden auf die Frage, ob und inwiefern auch nach Durchführung des Rechtsformwechsels zur AG ein erweiterter Einfluss der bisherigen Gesellschafter durch eine entsprechende Ausgestaltung der Anteilsrechte bewirkt werden kann. Da nach der durch das KonTraG (37) bewirkten Rechtsänderung die Begründung von Mehrfachstimmrechten zugunsten einzelner Anteilseigner ausnahmslos ausscheidet (§ 12 Abs. 2 AktG) (38), betrifft dieser Aspekt insbesondere die Ausgabe stimmrechtsloser Vorzugsaktien zugunsten der neuen Gesellschafter. Zwar sieht das AktG die Zulässigkeit entsprechend beschränkter Anteilsrechte vor (§§ 12 Abs. 1 S. 2, 139 AktG), soweit diese nicht mehr als das hälftige Grundkapital repräsentieren (§ 139 Abs. 2 AktG), doch scheidet nach den Zulassungsvoraussetzungen hinsichtlich des Neuen Marktes die Emission von Vorzugsaktien zwingend aus. Nach den derzeit geltenden Regeln kommen ausschließlich Stammaktien in Betracht, die ihren Inhabern das uneingeschränkte Stimmrecht in der Hauptversammlung der Gesellschaft gewähren (§ 3.4 RWNM).

Immerhin ermöglichen es die zwischenzeitlich geänderten und den Erfordernissen des Kapitalmarktes angepassten Bestimmungen über Namensaktien (39) der Gesellschaft, durch die Ausgabe entsprechender Anteilsrechte die Zusammensetzung und Veränderung des jeweiligen Aktionärskreis genauer zu beobachten und auf diese Weise einem möglichen „hostile takeover" vorzubeugen. Allerdings kommt die Emission vinkulierter Namensaktien, deren Veräußerung an die Zustimmung der Gesellschaft gebunden ist (§ 66 Abs. 2 AktG), nur ausnahmsweise in Betracht. Gem. § 3.5 Abs. 1 RWNM sind zum Handel am Neuen Markt nur solche Anteilsrechte zugelassen, die frei handelbar sind. Die Deutsche Börse AG (DBAG) kann vinkulierte Anteilsrechte im Einzelfall zulassen, soweit die Zustimmung nicht zu einer Störung des Handels im Neuen Markt führt (§ 3.5 Abs. 2 Nr. 2 RWNM).

3 Die Kommanditgesellschaft auf Aktien

3.1 Die Zulässigkeit der Kapitalgesellschaft & CO KGaA

Hiervon abgesehen bietet sich im Lichte der erstrebten Einflusssicherung in Form der KGaA eine rechtsformspezifische Gestaltungsmöglichkeit an, welche den strukturell gesicherten Einfluss eines Unternehmensgesellschafters mit der Kapitalmarktfähigkeit der Korporation verbindet. Wenn der KGaA im Rahmen der deutschen Unternehmenswirklichkeit zur Zeit eine eher randständige Bedeutung zukommt, so findet dies seine Ursache vor allem in dem Umstand, dass nach bisher überwiegender Auffassung die Funktion des persönlich haftenden Gesellschafters, d.h. des Komplementärs, nur durch natürliche Personen wahrgenommen werden konnte (40). Angesichts der mit der unbeschränkten Einstandspflicht für die Gesellschaftsverbindlichkeiten verbundenen Risiken (§ 278 AktG, §§ 161 Abs. 2, 128 HGB) war es kaum verwunderlich, dass die

Bereitschaft zur Übernahme der Komplementärstellung – trotz der damit verbundenen Leitungskompetenz des Komplementärs (vgl. alsbald unten 3.2) – eher gering ausgeprägt war. Die in der überkommenen Auffassung zu Tage tretende restriktive Sichtweise hinsichtlich der Möglichkeiten autonomer Vertragsgestaltung im Gesellschaftsrecht erschien vor allem angesichts der im Übrigen durchweg gesicherten Befugnis zur „Grundtypenvermischung" – wie sie sich in der Rechtsform der Kapitalgesellschaft & CO, insbesondere der GmbH & CO KG widerspiegelt – wenig konsistent (41). Es ist daher zu begrüßen, wenn der BGH (42) nunmehr betont, dass – entsprechend dem dogmatischen Entwicklungsstand des Personengesellschaftsrechts – auch im Rahmen der KGaA die Stellung des Komplementärs einer juristischen Person, insbesondere einer Kapitalgesellschaft, übertragen werden kann. Dem hat zwischenzeitlich auch der Gesetzgeber im Rahmen des HRefG (43) Anerkennung gezollt (vgl. § 279 Abs. 2 AktG). Anders als bezüglich der Ausgabe stimmrechtsloser Vorzugsaktien stehen die Zulassungsvoraussetzungen des Neuen Marktes der Rechtsform der KGaA nicht entgegen, wenn auch zu bedenken ist, dass angesichts der gegenüber der AG verringerten Mitwirkungsmöglichkeiten der (Kommandit-) Aktionäre nicht zu vernachlässigende Probleme bezüglich der Marktakzeptanz auftreten können (44). Dies betrifft vor allem die Beteiligung „institutioneller" Investoren.

3.2 Die corporate governance der KGaA

3.2.1 Die organschaftliche Stellung des Komplementärs

Nach der heute wohl überwiegenden Auffassung handelt es sich bei der KGaA um eine besondere Erscheinungsform der AG (45), die sich jedoch bezüglich ihrer Haftungsstruktur sowie insbesondere der normativen Ausgestaltung des gesellschaftsrechtlichen Innenverhältnisses durch die Übernahme personalistischer Gestaltungsprinzipien deutlich vom gesetzlich typisierten Leitbild der AG abhebt. Allerdings kommt der persönlichen Haftung des Komplementärs im Lichte der nunmehr gesicherten Möglichkeit, die Komplementärsstellung einer juristischen Person zu übertragen, – zumindest aus rechtstatsächlicher Sicht – kaum noch entscheidende Bedeutung zu. Als maßgeblicher Gestaltungsvorteil der KGaA erweist sich vielmehr die gegenüber der AG abweichende Leitungsstruktur der Gesellschaft. Gem. § 278 Abs. 2 AktG bestimmt sich die Rechtsstellung des Komplementärs im Kompetenzgefüge der KGaA, insbesondere im Verhältnis zu den (Kommandit-) Aktionären, nach Maßgabe der §§ 161 ff. HGB. Danach obliegt es grundsätzlich dem persönlich haftenden Gesellschafter, die Geschäfte der Gesellschaft zu führen (§ 164 HGB) und diese im rechtsgeschäftlichen Verkehr gegenüber Dritten zu vertreten (§ 170 HGB). Zwar bedürfen die Komplementäre gem. § 164 S. 1, 2. HS – über den engeren Wortlaut der Bestimmung hinaus – hinsichtlich solcher Geschäfte, die über den gewöhnlichen Geschäftsbetrieb der Gesellschaft hinausweisen, der Zustimmung sämtlicher Gesellschafter (vgl. insoweit § 116 Abs. 2 HGB) (46), d.h. nach der Kompetenzordnung der KGaA der Hauptversammlung als Repräsentationsorgan der

(Kommandit-) Aktionäre, doch sind die hier zu Tage tretenden strukturellen Vorgaben durchweg dispositiver Natur. Anders als die AG unterliegt die KGaA nicht dem in § 23 Abs. 5 AktG verankerten Grundsatz der formellen Satzungsstrenge. Vielmehr erfasst die Verweisungsnorm des § 278 Abs. 2 AktG – soweit diese auf die Vorgaben der §§ 161 ff. HGB Bezug nimmt – auch den Regelungsgehalt des § 163 HGB und – über § 161 Abs. 2 HGB – denjenigen des § 109 AktG (47). Die innere Ordnung der KGaA – und damit die corporate governance der Gesellschaft – ist damit ebenso wie die Leitungsstruktur der KG dem Gestaltungswillen der (Gründungs-) Gesellschafter unterworfen und lässt folglich eine vom normativen Leitbild abweichende Kompetenzregelung zu. Dies ermöglicht es insbesondere, die rechtliche Stellung des Komplementärs gegenüber den (Kommandit-) Aktionären über die dispositiven Regelungen der §§ 164 ff. HGB hinaus zu stärken und diesem auch außergewöhnliche Geschäfte zur – alleinigen – Entscheidung zu übertragen (48). Entsprechende Satzungsklauseln sind gem. § 285 Abs. 2 AktG im Verhältnis zur Hauptversammlung insofern „mehrheitsfest", als Änderungen der Vertragsgrundlage der Zustimmung des persönlich haftenden Gesellschafters bedürfen und damit nicht gegen den Willen des Komplementärs erfolgen können.

Allerdings ist die Erweiterung des Kompetenzbereichs des Komplementärs dort nicht unbestritten, wo es sich bezüglich des persönlich haftenden Gesellschafters seinerseits um eine juristische Person handelt und folglich keine natürliche Person unbeschränkt (§ 278 Abs. 2 AktG, §§ 161 Abs. 2, 128 HGB) für die Gesellschaftsverbindlichkeiten einzustehen bereit ist. Insofern unterliege die Möglichkeit einer vom gesetzlichen Leitbild abweichenden Satzungsgestaltung im Interesse einer materiell ausgewogenen Regelung einer normativen Inhaltskontrolle (§ 242 BGB) (49). Vergleichbar den – ungeschriebenen, jedoch immanenten – Vorgaben des Personengesellschaftsrechts bestünde auch im Rahmen der corporate governance der KGaA ein „Kernbereich (50)" von Aktionärsrechten, in den seitens der Satzung nicht eingegriffen werde dürfe. Eine Ausweitung der Geschäftsführungsbefugnis des Komplementärs auf „außergewöhnliche" Geschäfte komme folglich nur dort – ausnahmsweise – in Betracht, wo deren Vornahme im Wege einer gegengewichtigen Ausgestaltung der Organkompetenzen an die Zustimmung des Aufsichtsrats – als Repräsentationsorgan der (Kommandit-) Aktionäre gebunden werde (vgl. § 111 Abs. 4 S. 2 AktG). Unabhängig von der Frage der Zulässigkeit eines Zustimmungsvorbehalts im System der KGaA (hierzu alsbald unten) erweist sich eine entsprechen Einschränkung satzungsrechtlicher Gestaltungsfreiheit weder als erforderlich, noch in Übereinstimmung mit der verlautbarten ratio legislatoris. Entsprechend § 18 Nr. 3 BörsZulVO in der Fassung des 3. Finanzmarktförderungsgesetzes sind Angaben über die rechtliche Struktur des persönlich haftenden Gesellschafters sowie Abweichungen der Satzung vom gesetzlichen Leitbild der KGaA zwingend in den Emissionsprospekt aufzunehmen. Gleiches gilt gem. § 4.1.5 Nr. 3 RWNM. Der Gesetzgeber hat sich innerhalb des ihm zukommenden Gestaltungsermessens folglich dafür entschieden, den – unentbehrlichen – Schutz der Anleger im Wege eines auf den Kapitalmarkt bezogenen Informationskonzepts zu gewährleisten. Diese sollen durch die Offenlegung der Haftungs- und Leitungsverhältnisse in die Lage versetzt werden, die Beeinträchtigung ihrer Mitverwaltungsrechte im Rahmen ihrer

Investitionsentscheidung angemessen zu berücksichtigen. Einer darüber hinaus weisenden Kompensation durch Beschränkung der gesellschaftsvertraglichen Gestaltungsbefugnisse bedarf es folglich nicht (51). Die Gegenansicht verkennt insofern, dass die Gewährleistung des Anlegerschutzes seitens eines funktionsfähigen Kapitalmarktes im Regelfall effizientere Ergebnisse zeitigt als normative Eingriffe in die Ausgestaltung des gesellschaftsrechtlichen Binnenverhältnisses.

3.2.2 Die Zuständigkeit und Funktion des Aufsichtsrats in der KGaA

Was die Stellung des Aufsichtsrats betrifft, so kommt diesem neben seiner Funktion als gesellschaftsrechtliches Überwachungs- und Kontrollorgan insbesondere die Aufgabe zu, die Beschlüsse der Kommanditaktionäre (52) auszuführen (§ 287 Abs. 1 AktG) und diese als Gesamtheit bei Rechtsstreitigkeiten gegenüber dem Komplementär zu vertreten (§ 287 Abs. 2 AktG). Seine Mitglieder werden durch die Hauptversammlung gewählt.

Dabei kommt dem Kommanditisten – auch soweit er über seine Stellung als persönlich haftender Gesellschafter hinaus als (Kommandit-) Aktionär an der Gesellschaft beteiligt ist (Doppelstellung) – kein Stimmrecht zu (§ 285 Abs. 1 Nr. 1 AktG). Diese Vorgabe ist zwingend und kann auch seitens der Satzung nicht abbedungen werden. Handelt es sich bei dem persönlich haftenden Gesellschafter seinerseits um eine Kapitalgesellschaft oder eine Personengesellschaft, bei der kein Gesellschafter eine natürliche Person ist, so gilt das Stimmverbot auch bezüglich solcher (Kommandit-) Aktionäre die an der Komplementärgesellschaft maßgeblich beteiligt sind (53). Wann dies der Fall ist, hängt in gewissem Umfange von der Rechtsform und der statuarischen Ausgestaltung des Komplementärs ab. Handelt es bei diesem – wie meist – um eine GmbH, so genügt eine Sperrminorität von 25% der Gesellschaftsanteile und/oder der Stimmrechte regelmäßig nicht, ein Stimmverbot zu Lasten des Gesellschafters zu begründen. Anders verhält es sich, soweit zugunsten des Gesellschafters der Komplementär GmbH satzungsmäßige Sonderrechte bestehen. Andererseits genügt eine 50-prozentige Beteiligung für sich betrachtet bereits regelmäßig, den Stimmrechtsausschluss des entsprechenden Gesellschafters in der Hauptversammlung der KGaA zu rechtfertigen (54). Soweit gem. § 285 Abs. 1 Nr. 1 AktG ein Gesellschafter vom Stimmrecht ausgeschlossen ist kommt ein statuarisches Entsendungsrecht des Betroffenen gem. § 101 Abs. 2 AktG gleichfalls nicht in Betracht (55). Insofern gilt es, der besonderen Funktionszuweisung des Gesetzgebers hinsichtlich des Aufsichtsrats der KGaA (§ 287 AktG) Rechnung zu tragen.

Sieht man hiervon ab, so ist der Kompetenzbereich des Aufsichtsrat der KGaA gegenüber demjenigen der AG deutlich eingeschränkt. Insbesondere kommt ihm keine Personalkompetenz zu. Nach den gesetzlichen Vorgaben hat der Komplementär vielmehr die Funktion eines „geborenen" Vorstandsmitglieds. Eine Einwirkung des Aufsichtsrats auf die personelle Zusammensetzung der Unternehmensleitung scheidet folglich aus. Dies schwächt nicht nur den Einfluss der (Kommandit-) Aktionäre sondern vermindert darüber hinaus in spürbarer Weise die Auswirkungen der Unternehmensmitbestimmung auf die Entscheidungsprozesse innerhalb des Leitungsorgans. Nach zutreffender

Auffassung ist es zudem – anders als bei der AG – nicht möglich, eine Mitwirkung des Aufsichtsrats an der Geschäftsführung in der Weise zu begründen, dass dieser entsprechend § 111 Abs. 4 S. 2 AktG durch Mehrheitsbeschluss einzelne Geschäftsführungsmaßnahmen des Vorstands an seine vorherigen Zustimmung bindet (56). Ein entsprechender Zustimmungsvorbehalt kann allenfalls – mit Zustimmung des Komplementärs – durch die Satzung statuiert werden. Ebenso wenig ist der Aufsichtsrat befugt, in entsprechender Anwendung von § 77 Abs. 2 S.1 AktG eine Geschäftsordnung für den Vorstand zu erlassen und damit auf die organisatorische Ausgestaltung des Leitungsorgans einzuwirken.

3.2.3 Die Aufgaben der Hauptversammlung

Was die unmittelbare Einwirkung der (Kommandit-) Aktionäre auf die Gesellschaft betrifft, so beschränkt sich diese auf die Ausübung der mit der Aktionärsstellung verbundenen Verwaltungsrechte in der Hauptversammlung. Dies betrifft insbesondere – soweit die Satzung keine abweichende Regelung vorsieht (vgl. oben) – die Mitwirkung bei solchen Maßnahmen, die über den gewöhnlichen Geschäftsbetrieb der Gesellschaft hinausweisen (§ 278 Abs. 2 AktG, §§ 164, 161 Abs. 2, 109 HGB), die Wahl der Mitglieder des Aufsichtsrats, die Entlastung der Komplementäre und der Aufsichtsratsmitglieder sowie das Geltendmachen von Ersatzansprüchen gegen dieselben und die Wahl der Abschluss- sowie die Bestellung von Sonderprüfern (vgl. § 285 Abs. 1 AktG).

Darüber hinaus gilt es zu beachten, dass gem. § 286 Abs. 1 AktG die Feststellung des Jahresabschlusses – zwingend und unabdingbar – der Zustimmung der Hauptversammlung und damit des Mehrheitsvotums der (Kommandit-) Aktionäre bedarf. Eine Feststellung durch alleinige Billigung seitens des Aufsichtsrats (§ 172 AktG) kommt folglich nicht in Betracht. Angesichts der insoweit bestehenden Kompetenz der Hauptversammlung kommt dem Komplementär das Auskunftsverweigerungsrecht des § 131 Abs. 3 Nr. 3 und 4 AktG nicht zu (57). Ein solches kann auch durch eine entsprechende Satzungsregelung nicht begründet werden. Vergleichbar den Vorgaben der BörsZulVO gilt es auch hier die gegenüber der AG schwächere Stellung der Aktionäre im Leitungsgefüge der KGaA durch eine verstärkte Transparenz der finanziellen Verhältnisse der Gesellschaft gegenüber den Anteilseignern – zumindest teilweise – zu kompensieren.

4 Conclusio

Wie die Analyse der normativen Gestaltungsmuster zeigt, bestehen im Rahmen des Going Public – wenn auch in eingeschränktem Umfange – statuarische Möglichkeiten, den unternehmerischen Einfluss der bisherigen Gesellschafter auch nach dem Wechsel von der Rechtsform der GmbH in diejenige der AG und insbesondere der KGaA vertraglich abzusichern. Geht es um die nachhaltige Stabilisierung der unternehmerischen Kompetenz der „Altgesellschafter" im Rahmen der corporate governance, so weist die KGaA gegenüber der AG entscheidende Vorzüge auf. Nur sie verbindet in rechtlich gesicherter Weise Börsenfähigkeit und eigenverantwortliche Leitung seitens des unternehmerischen Komplementärs. Die nunmehr gesicherte Möglichkeit, die Funktion des persönlich haftenden Gesellschafters einer KGaA einer juristischen Person – insbesondere einer Kapitalgesellschaft – zu übertragen, stellt diese Rechtsform in haftungsrechtlicher Sicht der AG gleich. Ob der Markt bereit sein wird, die seitens der KGaA emittierten Aktien aus Sicht der Initiatoren angemessen zu bewerten bleibt demgegenüber abzuwarten.

Anmerkungen

(1) Vgl. zur Diskussion: ZIMMERMANN/WORTMANN, DB 2001, S. 289 ff.; CHEFFINS, Company Law, Theory, Structure and Operation, 1997; PARKINSON, Corporate Power and Responsibility, Issues in the Theory of Company Law, 1996; PICOT (Hrsg.) Unternehmensüberwachung auf dem Prüfstand – Corporate Governance, 1995; KEßLER/BAUMANN, 1999, S. 153 ff.; V. WERDER (Hrsg.) German Code of Corporate Governance, 2000; PWC/BDI, Corporate Governance in Deutschland, 2001; Baums, ZIP 1995, S. 11 ff.; BUXBAUM/HERTIG/HIRSCH/HOPT (Hrsg.), European Economic and Business Law; 1996, S. 241 ff.; LUTTER ZHR 159 (1995), S. 287 ff.; Niederleithinger, ZIP 1995, S. 597 ff.

(2) Zu diesem dogmatischen Ansatz siehe, ERLEI, Instituitionen, Märkte und Marktphasen, 1998, S. 118 ff.; BERG; Leveraged Management Buyout: Konzept und agency-theoretische Analyse, 1998; FRANKE, WiSt 1993, S. 391.

(3) Vergleiche zuletzt, RÖMER/MÜLLER, DB 2001, S. 1085 ff., 1086 f.

(4) Siehe hierzu, DAUMKE/KEßLER, Gesellschaftsrecht, 3.A. 2000, S. 121 ff., 202 ff.

(5) Vgl. zum Zusammenhang von Aktien- und Kapitalmarktrecht, KÜBLER, Aktie, Unternehmensfinanzierung und Kapitalmarkt, 1989; ders. WM 1990, S. 1853 ff.

(6) Vgl. SEIBERT, DB 1999, S. 267 ff.; STÜDEMANN, Die Globalaktie, 1960.

(7) Siehe hierzu: HUECK, ZHR 83 (1920), S. 1 ff.; OTTO, GmbHR 1996, S, 16 ff.; WIEDEMANN, Die Übertragung und Vererbung von Geschäftsanteilen bei Handelsgesellschaften, 1965.

(8) DAUMKE/KEßLER, Gesellschaftsrecht, 3.A. 2000, S.119 ff.

(9) Hierzu: GEßLER/LUTHER, 1976, S. 69 ff.; HIRTE, Die aktienrechtliche Satzungsstrenge: Kapitalmarkt und sonstige Legitimationen versus Gestaltungsfreiheit, in: LUTTER/WIEDEMANN (Hrsg.), Gestaltungsfreiheit im Gesellschaftsrecht (ZGR-Sonderheft 13), 1998, S. 61 ff.; LUTHER/HENGELER, 1972, S. 167 ff.; MERTENS, ZGR 1994, S. 426 ff.

(10) Siehe hierzu: BAUMBACH/HUECK-ZÖLLNER, 17. Aufl. 2000, § 45 RN 6 ff., ders. F.S. GmbHG, 1992, S. 85 ff.; KEßLER, in: DAUMKE/KEßLER, Der GmbH-Geschäftsführer, 1999, S. 141 ff.

(11) BAUMANN, ZHR 142 (1978), S. 557 ff.; BOESEBECK, GmbHR 1960, S. 118 ff.; EISENHARDT, F.S. PFEIFFER, 1989, S. 839 ff.; KEßLER, GmbHR 2000, S. 71 ff.; Konzern, NJW 1989, S. 2977 ff.

(12) LUTTER/HOMMELHOFF., GmbHG, 15. A. 2000, § 37 RN 1, 17 ff.; HOMMELHOFF., ZGR 1978, S. 124 ff.; ders. ZIP 1983, S. 385 ff.; KEßLER in: DAUMKE/KEßLER, Der GmbH-Geschäftsfüher 1999, S. 141 ff.; ders. GmbHR 2000, s. 71 ff., 73; SCHOLZ/SCHNEIDER, 9.A. 2000, § 37 RN 5 ff.; VOLLMER, ZGR 1979, S. 135 ff.; aus der Rechtsprechung: BGH GmbHR 1991, S. 197 ff.

(13) BGH GmbHR 1984, S. 96; BGH GmbHR 1997, S. 163 ff.= ZIP 1997, S. 199 f (200).

(14) KEßLER GmbHR 2000, S. 76 ff., 73.

(15) KEßLER, GmbHR 2000, S. 71 ff., 74; LUTTER/HOMMELHOFF., a.a.O.,§ 37 RN 36, § 41 RN 2; zu „existenzgefährdenden" Weisungen siehe: FLECK, ZGR 1990, S. 31 ff., (36); ULMER in F.S. PFEIFFER, 1988, S. 853 ff.; (868 ff.).

(16) Hierzu ausführlich, KEßLER, in: DAUMKE/KEßLER, Der GmbH-Geschäftsführer, 1999, S. 80 f.

(17) BGHZ 86, S. 177; BGH WM 1988, S.. 23; vgl. KEßLER, a.a.O. S. 80 f.

(18) BGBl. I 1961; hiezu: Blanke, BB 1994, S. 1505 ff.; PLANCK, GmbHR 1994, S. 501 ff.

(19) Zu der hierdurch ausgelösten Diskussion siehe, PWC/BDI, Corporate Governance in Deutschland, 2001, S. 21 ff.

(20) MERKTS, US-amerikanisches Gesellschaftsrecht, 1991, S. 290 ff.

(21) Siehe hierzu: GOWERS, Principles of Modern Company Law, 5.A. 1992, S. 139 ff.

(22) Vgl. ausführlich, KEßLER, RIW 1998, S. 602 ff.; ders. F.S. BAUMANN, 1999, S. 153 ff.(156 ff.); MERKT, US-amerikanisches Gesellschaftsrecht, 1991.

(23) Hierzu: DOSE, Die Rechtsstellung der Vorstandsmitglieder einer Aktiengesellschaft, 3.A. 1975; SEMLER, Leitung und Überwachung der Aktiengesellschaft, 2.A. 1996.

(24) Vgl. GÖTZ, ZGR 1990, S. 633 ff.; LENZ, AG 1997, S. 448; LUTTER, F.S. FISCHER, 1979, S. 419 ff.

(25) HÜFFER, AktG, 4. Aufl. 1999, § 111 RN 16.

(26) HÜFFER a.a.O. RN 18.

(27) HÜFFER, a.a.O. RN 18.

(28) HÜFFER a.a.O. § 119 RN 11.

(29) BGHZ 83, S. 122 ff.= NJW 1982, S. 1703 ff.; siehe hierzu im LICHTE des UmwG, JOST, ZHR 163 (1999) , S. 164 ff.; PRIESTER, ZHR 163, (1999), S. 187 ff.; OLG München AG 1995, S. 382 ff.; LG Stuttgart AG 1992, S. 236 ff.; LG Köln AG 1992, S. 238 ff.; LG München AG 1995, S. 232 f.; LG Hamburg AG 1997, S. 238.

(30) Deutsche Börse AG, Regelwerk Neuer Markt; Stand 01.01.2001.

(31) BGHZ 83, S. 35 ff.(36f.); BGHZ 129, S. 136 ff.(153) = NJW 1995, S. 1739.

(32) Hierzu: OVERRATH, Die Stimmrechtsbindung, 1973; , SCHRÖDER, ZGR 1978, S. 578 ff.; ZÖLLNER, ZHR 155 (1991), S. 168ff.; ZUTT, ZHR 155 (1991), S. 190 ff.

(33) OLG Hamm NJW 1987; S. 1030 ff., 1031 f., siehe hierzu: TIMM, NJW 1987, S. 977 ff., 978 ff.; HÜFFER, AktG, 4.A. 1999, § 101 RN 4.

(34) BGHZ 36, S. 296 ff. (306); BGH NJW 1980, S. 1629 ff.= AG 1980, S. 111 ff.; siehe hierzu SÄCKER, F.S. REBMANN, 1989, S. 787 f.; ULMER, NJW 1980, 1603 ff.; KEßLER GmbHR 2000, S. 71 ff., 76 f.

(35) Hierzu: HÜFFER, AktG, 4.A. 199, § 101 RN 8 ff.

(36) HÜFFER a.a.O RN 8.

(37) BGBl. I 786.

(38) Siehe hierzu die Übergangsregelung des § 5 EGAktG.

(39) Noack DB 2001, S. 27 ff.; siehe zum Regierungsentwurf des NaStraG, ZIP 2000, S. 927 ff.

(40) SCHMIDT, Gesellschaftsrecht, 3.A. 1997, § 32 III 2a; der. ZHR 160 (1996), S. 265 ff. (269 ff.); KNUR F.S. FLUME, Bd. II 1978, S. 173 ff.(1975); STEINDORFF, F.S. BALLERSTEDT, 1975, S. 127 ff.(136 f.); aus der Rechtsprechung OLG Karlsruhe FGPrax 1996, S. 233 f.; BAUMANN/KUSCH, F.S. BOUJONG, 1996, S. 3 ff.

(41) BAUMANN/KUSCH a.a.O; SETHE, Die personalistische Kapitalgesellschaft, 1996, S. 155 ff., (211 ff., 248); CLAUSSEN, GmbHR 1996, S. 73 ff.(76 ff.).

(42) BGHZ 134, S. 392 ff.= NJW 1997, S. 1923; hierzu DIRKSEN/MÖHRLE ZIP 1998, S. 1377 ff.; GOMELLA/MIKIC AG 1998, S. 508 ff.; HENNERKES/LORZ DB 1997, S. 1388 ff.; LADWIG/MOTTE DStR 1997, S. 1539 ff.

(43) BGBl I S. 1474.

(44) So ausdrücklich RÖMER/MÜLLER DB 2000, S. 1085 ff. (1086 f.).

(45) HÜFFER AktG, 4.A. 1999, § 278 RN 3.

(46) RGZ 158, S. 302 ff.(305); HÜFFER a.a.O. RN 13.

(47) HÜFFER a.a.O. RN 18; KALLMEYER ZGR 1983, S. 57 ff.; MARTENS AG 1982; S. 113 ff. (116); MERTENS F.S. BARZ, 1974, S. 253 ff.(262).

(48) HÜFFER a.a.O. RN 19; HERFS in MünchHandBAktG; 2.A. 1999; § 77 RN 17.

(49) So in der Tendenz: BGHZ 134, S. 392 ff.(399 f.); HOMMELHOFF, Anlegerschutz in der GmbH & Co KGaA, in ULMER, Die GmbH & Co KGaA nach dem Beschluss

BGHZ 134, S. 392, ZGR Beiheft 1998, S. 9 ff.; IHRIG/SCHLITT, in: ULMER a.a.O., S. 60 ff.; PRIESTER ZHR 1996, S. 250 ff(262); SCHAUMBURG DStZ 1998, S. 525 ff. (532).

(50) Zur Kernbereichslehre im Personengesellschaftsrecht SCHMIDT, Gesellschaftsrecht. 3. Aufl. 1997, § 16 III 3 bb; MARTENS DB 1973, S. 418 ff.; IMMENGA ZGR 1974, S. 425 ff.; LÖFFLER NJW 1989, S. 1656 ff.; SCHNEIDER, ZGR 1972, S. 374 ff.; aus der Rechtsprechung: BGH NJW 1985, S. 974 ff.; BGH NJW 1985, S. 972 ff.; BGH NJW 1995, S. 311 ff.; BGH JZ 1995, S. 311 ff. mit Anm. SCHMIDT.

(51) So zutreffend HERFS in MünchHandBAktG, 2.A. 1999; § 76 RN 49; ders. WiB 1997, S. 688 ff.; siehe auch MAYER, der Komplementär in der GmbH & Co KGaA, in: RWS-Forum Gesellschaftsrecht 1997, S. 263 ff.(268).

(52) Hierzu HÜFFER, AktG, 4.A. 1999,§ 287 RN 1.

(53) Sowohl im Ergebnis wenn auch in Bezug auf Entsendungsrecht: HERFS a.a.O. § 77 RN 44.

(54) So im Rahmen des Maßgeblichkeitskonzepts von § 15 AktG MünchKomm AktG/Bayer § 15 RN 22.

(55) HERFS a.a.O.

(56) HÜFFER AktG 4.A. 1999 § 278 RN 15; HERFS a.a.O. § 77 RN 47; KALLMEYER ZGR 1983, S. 57 ff. (68); HAASE GmbHR 1997, S. 917 (920), MARTENS AG 1982, S. 113 ff.(116 f.), SETHE AG 1996, S. 289 ff.(297).

(57) HÜFFER AktG 4.A. 199, § 286 RN 1.

Aktivitäten von Kreditinstituten im Rahmen des Existenzgründungsprozesses – Dargestellt anhand von Beispielen aus dem Sparkassen- und Kreditgenossenschaftssektor

Uwe Christians

1 Einleitung

Das Thema „Existenzgründung" besitzt in der aktuellen wirtschafts- und gesellschaftspolitischen Diskussion einen außerordentlich hohen Stellenwert. In der verstärkten Neugründung von kleinen und mittleren Unternehmen wird ein entscheidender Ansatz für positive Beschäftigungseffekte gesehen (1). Existenzgründungen seien der eigentliche Motor der Beschäftigung in Deutschland, so J. Lesser, Vorstandsmitglied der Deutschen Ausgleichsbank DtA. Die Rahmenbedingungen sind hierfür aber nach wie vor nicht ideal (2). Die realen oder vermeintlichen Hemmnisfaktoren sind vielfältig und reichen von einer noch immer weit verbreiteten Ablehnung der Übernahme von unternehmerischen Risiken in Bevölkerung und Management über zu große Informationsdefizite bei den potenziellen Gründern, hohe bürokratische Hürden bis hin zu fehlenden Finanzierungsmitteln.

Für Existenzgründer stellt der Weg in die Selbständigkeit einen persönlichen Schritt von enormer Tragweite dar. Dies wird schon daran deutlich, dass jeder zweite Gründer innerhalb der ersten fünf Jahre scheitert. Viele Existenzgründer meinen rückblickend, sie seien auf die Rolle als Unternehmer nicht ausreichend vorbereitet gewesen (3). Insofern bedarf dieser Schritt einer sehr sorgfältigen und systematischen *Vorbereitung*. Gerade in der Gründungsvorbereitung – in der es insbesondere um die Erstellung des Unternehmenskonzeptes geht – sehen viele Neuunternehmer ihre größten Probleme. In dieser Phase – aber nicht nur dort – benötigt der potenzielle Gründer zwingend die Hilfe anderer Institutionen. In Deutschland existiert eine Vielzahl solcher Institutionen: vor allem politische und staatliche Stellen, Verbände, Kammern, wissenschaftliche Einrichtungen, verschiedene Gründungshelfer und Gründungsnetzwerke (4).

In diesem Artikel soll der Prozess der Existenzgründung und dort auftretende Probleme nachgezeichnet werden. Dabei wird insbesondere auf die *Aktivitäten der Kreditinstitute* – insbesondere die der *Sparkassen und Genossenschaftsbanken* – Bezug genommen. *Ziel ist es,* anhand von ausgewählten Beispielen zu zeigen, welche Leistungen in welcher Ausprägung die Institute dieser Bankengruppen, die sich dem Existenzgründungsgeschäft schon aufgrund ihrer Auftragsziele besonders verbunden fühlen, in den einzelnen Existenzgründungsphasen anbieten und wo eventuelle Defizite zu beobachten sind. Die Aussagen stützen sich weitgehend auf Sekundärquellen, Gespräche und Internet-Recherchen (5).

Existenzgründungen können verschiedene Merkmale *(Gründer, Gründungsorientierung, Gründungsformen)* aufweisen (6). Zu unterscheiden sind *originäre* (Neugründungen und Spin-offs) und *derivative* Gründungsformen (Betriebsübernahmen und Buy-outs) (7). Denkbar sind auch kombinierte, sog. *hybride* Gründungen. Wir wollen uns in diesem Artikel auf die originären Gründungen konzentrieren.

Der Gründungsprozess kann idealtypisch in mehrere *Phasen* – ohne dass deren präzise zeitliche Abgrenzung möglich wäre – unterteilt werden. Jede Phase besitzt ihre jeweiligen Spezifika. Sie sollen im zweiten Abschnitt dargestellt werden. Eine dominierende Rolle für die mittelständische Wirtschaft – vor allem im ländlichen Raum – spielen die Sparkassen und Kreditgenossenschaften (8). Deren Leistungsangebot soll im Abschnitt 3 überblicksartig skizziert werden. Sodann werden Probleme der Gründer in den einzelnen Phasen herausgearbeitet und die geschäftlichen Aktivitäten der Sparkassen und Genossenschaftsbanken in diesen Phasen erörtert (Abschnitte 4-7). Mit einem Ausblick soll dieser Beitrag beendet werden.

2 Der Existenzgründungsprozess im Überblick

In der *Vorlaufphase* erhält der Gründer die Anregung zum Unternehmensaufbau. Am Anfang steht zunächst die Geschäftsidee, die die Vorstellung beinhaltet, welche Leistungen am Markt angeboten werden sollen. Anknüpfend an die Idee wird der potenzielle Gründer Informationen einholen und beurteilen.

Ist die prinzipielle Gründungsbereitschaft vorhanden und hat sich die Gründungsidee konkretisiert, erfolgt der Schritt in die *Phase der Gründungsvorbereitung*. Hier werden die Unternehmensziele festgelegt, die unternehmerische Konzeption entwickelt und die Unternehmensplanung bezüglich Absatz, Produktion, Beschaffung und Finanzierung ausgearbeitet. In diesem Zuge werden grundlegende Entscheidungen über Zielmärkte, Produkte, Rechtsform und Standort getroffen. „Der am Ende dieser Phase zu treffende Entschluss über den Abschluss der Gründungsplanung kann als Übergang in die Gründungsphase im engeren Sinne gedeutet werden." (9)

In der *Gründungsphase i.e.S.* beginnt die Umsetzung des zuvor geplanten Unternehmenskonzeptes. Die rechtliche Entstehung und die erste Beschaffung von Ressourcen fallen in dieser Phase an. Hieraus können bereits erhebliche Verpflichtungen resultieren (z.B. Miet-, Zins- und Gehaltszahlungen).

In der *Frühentwicklungsphase* nimmt das Unternehmen dann seine Geschäftstätigkeit auf. Erste Umsätze werden realisiert; Investitionen in Werbung und Verkaufsförderung werden erforderlich. In dieser Phase treten häufig nicht vorherzusehende Schwierigkeiten auf, die zu einer Gefährdung des Unternehmens führen können. Korrekturen am vorgesehenen Plan sind deshalb „an der Tagesordnung". Nach dem Erreichen des Break-Even-Points kommt der Gründungsprozess zum Abschluss. Die sich anschließende Ausbauphase soll nicht mehr Gegenstand dieses Papiers sein.

Der *Kapitalbedarf* von Gründungen wächst i.d.R. parallel zum Stand des Vorhabens (10). Während in den ersten beiden Prozessphasen der Kapitalbedarf noch relativ gering sein dürfte, entsteht in der Gründungsphase i.e.S. bereits ein nicht unbedeutender Bedarf an Kapital. Dies hängt mit den noch fehlenden Einnahmen bei gleichzeitig hohen Ausgaben für den Aufbau der Organisation und der Produktionsmittelbeschaffung zusammen. Die Frühentwicklungsphase wiederum ist durch die langsam einsetzenden und zunehmenden Umsatzerlöse gekennzeichnet, die allerdings die noch erheblich ansteigenden Markteinführungs- und Marktetablierungsausgaben nicht annähernd kompensieren können. In der idealtypischen Betrachtung ergibt sich der *absolut* höchste Kapitalbedarf also erst in dieser Phase. Da Innenfinanzierungsmittel aus dem Cash Flow vor der Frühentwicklungsphase nicht zur Verfügung stehen, kann der Gründungskapitalbedarf nur von außen gedeckt werden.

3 Überblick über die Leistungs- und Vertriebspolitik der Kreditinstitute im Gründungsgeschäft

Erste Anlaufstelle für Unternehmensgründer sind fast immer die Kreditinstitute. Die Haltung der Kreditinstitute den Gründern gegenüber kann als *ambivalent* bezeichnet werden. Das Geschäft mit Existenzgründern ist nämlich aufgrund der hohen Beratungsintensität, dem damit verbundenen großen Arbeitsaufwand sowie dem nicht zu unterschätzenden Ausfallrisiko (11) zunächst nicht profitabel. Erst wenn der Gründer sich am Markt durchsetzt und seiner Hausbank auch in späteren Lebensphasen die Treue hält, wird aus einer defizitären Beziehung eine rentable (12). Insofern ist es nachzuvollziehen, dass viele – vor allem private – Banken lieber bereits etablierte Unternehmen akquirieren, die auf Grund ihrer vergangenen Entwicklung und der dann oft verfügbaren Sicherheiten die bankinternen Kreditvergabekriterien erfüllen.

Aufgrund ihrer öffentlichen bzw. genossenschaftlichen Förderaufträge sind die *Sparkassen und Kreditgenossenschaften* bedeutende Funktionsträger im Rahmen der regionalen Wirtschaftsentwicklung. Für einen nicht unbedeutenden Teil dieser Kreditinstitutsgruppen gehört die Begleitung von Unternehmensgründungen zum *Kerngeschäft*. Etwa jede zweite Existenzgründung in Deutschland wird – gemessen am Anteil an der Vermittlung von DtA-Krediten – konsequenterweise von Sparkassen finanziert (13). Auch der Anteil der Kreditgenossenschaften ist mit 42% nicht weniger bedeutsam. Die privaten Banken haben einen Anteil von 7%.

Ihren Erfolg in der Beratung und Begleitung von Existenzgründern führen die Sparkassen und Genossenschaftsbanken vor allem auf ihre *Kundennähe* als lokale Anbieter und den inzwischen von vielen Instituten angebotenen, umfangreichen *Leistungs- und Maßnahmenkatalog* für Interessenten zurück. Dass die Sparkassen vor den Kreditgenossenschaften auch in einem empirischen Test über Service, Kreditzugang/Betreuung und Finanzierungsqualität tendenziell besser abschnitten als ihre Konkurrenten aus dem privaten Bankbereich, ist insofern nicht verwunderlich (14).

Der traditionelle Anknüpfungspunkt der Bankleistung für Gründer sind die *Kreditleistungen* und Risikoübernahmen. Hierzu zählen Kreditleistungen aus eigenen Mitteln (Realkredite, persönliche Ratenkredite, Investitionsdarlehen, Wechseldiskontkredite, Kontokorrentkredite, Leasing und Factoring sowie Avalkredite). Die Kreditformen bekommen unterschiedliche Relevanz in Abhängigkeit vom Fortschritt des Gründungsprozesses.

Neben Kredit- und Beratungsleistungen stehen Banken den Gründern mit zahlreichen weiteren Bankprodukten zur Verfügung. Hierzu zählen Dienstleistungen wie Kontoführung und Zahlungsverkehr, Bankleistungen im Zusammenhang mit dem Auslandsgeschäft (z.B. Akkreditive, Inkassi, Auslandsgarantien oder Kurssicherungsgeschäfte). Die Produkte des Wertpapier- und Einlagengeschäfts (z.B. Termineinlagen) werden zwar nicht im Vordergrund von Gründern stehen, können aber in den Phasen durchaus eine gewisse Bedeutung erlangen.

Banken vermitteln im Gründungsgeschäft auch öffentliche Finanzierungshilfen. Das *Vermittlungsgeschäft* weist jedoch noch ein viel breiteres Spektrum auf, zählen doch auch die Vermittlung von Eigen-/Risikokapital, von Unternehmensbeteiligungen (im Rahmen derivativer Gründungen), von Sachgütern (z.B. Immobilienvermittlung), von Dienstleistungen (z.B. Beratungsleistungen, Versicherungsleistungen, Kooperationspartnern), von Rechten (z.B. Nutzungsrechte an Patenten, Lizenzen oder Konzessionen oder deren Unterbringung) und nicht zuletzt von Informationen hierzu.

Ein Geschäftsfeld, das immer stärker in den Vordergrund rückt, ist das *Consulting-Banking* (15). Es handelt sich hierbei um ein Angebot von Dienstleistungen, das durch Externalitäten und Professionalität gekennzeichnet ist. Dabei stehen die Banken in einem starken Konkurrenzumfeld, wie die Abbildung 1 über die Struktur der Beratungsanbieter zeigt.

Ebenfalls deutlich wird aus der Abbildung 1, dass Kreditinstitute nur eine von mehreren Institutionen sind, die Beratungsleistungen anbieten (16). Gründungsberatung als – zumeist unentgeltliche – Nebenleistung zur Produktabsatzstimulierung wird zwar von allen Bankinstituten betrieben (17). Vor allem in größeren Instituten in der Sparkassenorganisation sind jedoch Aktivitäten zu erkennen, die auf eine *stärkere Eigenständigkeit der Existenzgründungsberatung* hinweisen. In vielen (kleineren)

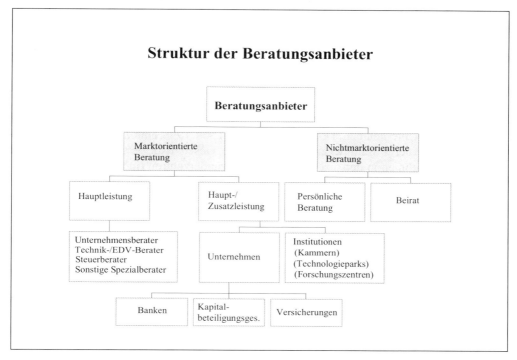

Abbildung 1: Struktur der Beratungsanbieter (18)

Banken dürfte allerdings ein umfassendes, speziell für Existenzgründer zugeschnittenes Beratungsangebot bislang kaum existieren.

Zusammenfassend lässt sich die *Leistungs- und Maßnahmenpolitik* gegenüber Unternehmensgründern folgendermaßen untergliedern:

- Kapitalangebot und andere Leistungen inkl. entgeltlicher Risikoübernahme (19):
  - Kapitalangebot der Banken aus eigenen Mitteln (Kreditvergabe, Beteiligungsfinanzierung über Banken) und
  - Kapitalangebot der Banken aus fremden Mitteln (Einschaltungsfinanzierung):
    - Vergabe von Einschaltungskrediten (Refinanzierungskredite und Weiterleitungskredite) und
    - Bereitstellung von „Einschaltungsbeteiligungen".
- Betreuung in Form einer Bereitstellungsbetreuung im Hinblick auf Beratungs- und Vermittlungsleistungen (hinsichtlich Beratung, öffentlicher Förderung, Versicherungen, Eigenkapital), Nachfrage- und Umfeldbetreuung (20).

Für Kreditinstitute eröffnen sich mehrere Möglichkeiten zur *Akquisition* von Existenzgründern. Hierzu zählen der Einsatz kommunikationspolitischer Instrumente wie Werbung und Öffentlichkeitsarbeit, speziell auf potenzielle Existenzgründer ausgerichtete Maßnahmen, wie z.B. Existenzgründungssparen oder ein Angebot von Existenzgründerseminaren (21), die eigene Präsentation auf sog. Gründertagen und die Kontaktherstellung durch Dritte (Multiplikatoren wie IHK, Handwerkskammern, Berater etc.) (22).

Im Zusammenhang mit dem zuletzt angesprochenen Aspekt hat der genossenschaftliche Sektor die folgende Strategie entwickelt. Die genossenschaftlichen Zentralinstitute haben auf Initiative der WGZ-Bank mit dem für Technologie- und Gründerzentren tätigen Service-Unternehmen TEC-NET (Münster) seit 1998 eine *Exklusiv-Kooperation* vereinbart. Ziel der Zusammenarbeit ist es, neue Geschäftsbeziehungen zwischen den Mitgliedsunternehmen in den Technologie- und Gründerzentren (in 1998: 268 Technologiezentren) sowie den örtlichen Volks- und Raiffeisenbanken zu initiieren oder vorhandene zu intensivieren (23). Auf diese Weise soll eine neue Vertriebsplattform, verbunden mit einer Imageverbesserung, geschaffen werden.

Viele Kreditinstitute haben *spezielle Betreuungsstellen* eingerichtet. Die bereits zitierte Studie des IFF-Hamburg konnte dabei nachweisen, dass Institute, die die Existenzgründungsberatung in *speziellen Gründerzentren konzentrieren*, auf wesentlich bessere Ergebnisse kamen. Auch die dortigen Testsieger waren nach diesem Konzept strukturiert (24). An dieser Stelle sei das Beispiel der *Stadtsparkasse München* hervorgehoben: „Jeder potenzielle Gründer, der sich an die Stadtsparkasse München wendet, wird an das 1993 gegründete, hausinterne Existenzgründungs-Center weitervermittelt. Dort werden alle Fragen der Existenzgründung durchleuchtet, von der persönlichen Qualifikation über die Beurteilung des Geschäftsplanes, der Geschäftsidee und des Marktes bis hin zur Zusammenstellung möglicher Finanzierungsalternativen unter Inanspruchnahme öffentlicher Fördermittel." (25)

Obwohl insbesondere in Ballungsgebieten und in High-Tech-Zentren vielfach eine gute Infrastruktur für Existenzgründer seitens der Kreditinstitute besteht, gilt dies sicherlich nicht flächendeckend. Vor allem in Ostdeutschland sind noch vergleichsweise große Lücken zu beobachten. Die dort etablierten kleineren Sparkassen und Genossenschaftsbanken können i.d.R. die hohen Fixkosten, die bspw. ein Existenzgründungszentrum mit dort ansässigen Experten benötigt, nicht rentabel gestalten. In Konsequenz des schwachen Beratungsengagements hat die Deutsche Ausgleichsbank deshalb in den Neuen Bundesländern eigene Beratungszentren für Existenzgründer etabliert (26).

In den nachfolgenden Abschnitten werden wir sukzessive die einzelnen Phasen des Existenzgründungsprozesses durchlaufen und beispielhaft Aktivitäten der Sparkassen und Kreditgenossenschaften betrachten.

4 Aktivitäten in der Vorlaufphase

Erfolgreiche Unternehmensgründungen weisen gewisse Faktoren auf, die insbesondere in der *Person des Gründers*, in der *Gründungsidee* und nicht zuletzt im *Marktumfeld* ihren Ursprung haben und die Gründungskonzeption beeinflussen. Dabei gilt insbesondere die Person des Gründers als bedeutendster Erfolgsfaktor (27). Erfolgreiche Gründer zeichnen sich durch kognitive Intelligenz aus, sie besitzen zudem gute Branchenerfahrungen (28). Hinzu kommen Disziplin, Selbstsicherheit und Dominanzstreben. Inwieweit andere „weiche", emotionale Faktoren den Gründungserfolg beeinflussen, wie z.B. Einfühlungsvermögen, Teamfähigkeit, Flexibilität, Verhandlungsgeschick, soziale Geschicklichkeit etc., ist empirisch bislang nicht weit genug erforscht worden (29). Die konkreten Ausprägungen von erfolgreichen Gründern innerhalb dieser Bereiche ist deshalb zur Zeit Gegenstand intensiver empirischer Forschung (30).

Ein wesentlicher Teil der Gründungsinteressierten wird den Schritt in die Selbständigkeit nicht vollziehen, weil die geeignete *Gründungsidee* fehlt. Produzenten von Gründungsideen sind Universitäten und Fachhochschulen, außeruniversitäre Einrichtungen, freie Erfinder und insbesondere die F&E-Abteilungen von Unternehmen. Quantitativ kommt dabei den *Unternehmen* die wichtigste Rolle für die Entstehung *technischer Ideen* zu. Seit 1999 die exklusive Nutzung von mit öffentlicher Förderung produzierten Forschungsergebnissen erlaubt wurde, dürfte auch der Anteil, der auf Wissenschaft und freie Erfinder entfällt, spürbar zunehmen.

Für den Gründungserfolg überragend wichtig ist, ob sich das *Leistungsangebot* von dem der Konkurrenz abhebt oder sich eher an dem am Markt Üblichen ausrichtet. Das Wachstum eines Gründungsunternehmens – aber auch das Risiko des Scheiterns – korreliert weitgehend mit dem *Innovationsgrad* seines Produktes bzw. seiner Leistung (31).

Gründungsinteressierte, die eine Idee suchen, welche nicht auf einem Patent, Gebrauchsmuster oder einer Lizenz basiert (32) – das sind hauptsächlich Dienstleister –, finden hingegen kaum Unterstützung bei der Suche nach einer Gründungsidee. In diesem Kontext gewinnt das *Service Engineering*, d.h. die systematische Entwicklung und Gestaltung von Dienstleistungen unter Verwendung verschiedener Modellierungs- und Beschreibungsverfahren, an Bedeutung. Im Gegensatz zur Entwicklung von Produkten sind für die Entwicklung von Dienstleistungen systematische Vorgehensweisen bisher nicht die Regel. Hier gibt es für Gründer bislang kaum Unterstützung (33). Für Banken könnte sich in dieser Phase die Aufgabe stellen, zukünftige Gründer z.B. durch geeignete Informationen an die interessierten Kreise zu „aktivieren" (34).

In der Vorlaufphase ist der Kapitalbedarf allenthalben noch sehr gering. Um so mehr kommt der *Beratung* – die auch in gewissen Grenzen öffentlich gefördert wird – eine wichtige Rolle zu. Viele potenzielle Gründer sind sich weder über ihre eigene Qualifikation zur Selbständigkeit noch über die Tragweite ihrer Geschäftsideen im Klaren. Eine tiefgehende Beratung, inwieweit ihre persönlichen Voraussetzungen den Anforderungen genügen, die die Gründung und Entwicklung eines Unternehmens mit sich bringen, wird – zumindest von den Kreditinstituten – bislang nicht angeboten. Immerhin bieten einige Banken und Sparkassen ihren potenziellen Existenzgründern schon über das Internet *Checklisten* zur Selbsteinschätzung an (35). Damit können sie sich ein Bild über die persönlichen Voraussetzungen für die Bewältigung der Anforderungen an eine Existenzgründung machen.

Das konkrete Angebot der Sparkassen und Kreditgenossenschaften in der Vorgründungsphase, wo es also um die Generierung einer Geschäftsidee sowie um persönliche Anforderungsprofile und deren Abdeckung im Einzelfall geht, ist hier also nicht spezifisch ausgeprägt. Eine Beteiligung der Sparkassen- bzw. Genossenschaftsbankenverbände an der Vernetzung bislang noch unverbundener Transferinstitutionen, ist ein gangbarer und sinnvoller strategischer Baustein im Gründungsmanagement. Der Forcierung des Gründungsgedankens, insbesondere an den Hochschulen bzw. im Hochschulumfeld, haben sich verschiedene Gründungshelfer-Institutionen verschrieben. Durch die Nutzung von Netzwerken erlangen potenzielle Unternehmensgründer bereits in der Ideenfindungsphase alle relevante Informationen „rund um die Existenzgründung" (36). Ein Beispiel bietet hierfür das folgende Projekt (37):

Das „PUG – Prozessbegleitende Unternehmensgründungen" entstand 1995 auf Initiative des Landes Brandenburg. Originärer Schwerpunkt war die Förderung von Gründungsinitiativen im Hochschulbereich durch Informationsveranstaltungen und Seminaren. Die Gründungsquote lag bei 15% der eingereichten Gründungskonzepte. Kürzlich wurde PUG umfirmiert in „PUG – Partner für Unternehmensgründer". Hintergrund ist die neue Firmenphilosophie, nach der diejenigen Privatpersonen, Institutionen und Firmen vereint werden sollen, die mit Ideen und Kapital das Thema „innovative und technologieorientierte Unternehmensgründungen im Land Brandenburg" weiter bringen wollen. Dahinter steht vor allem eine enge Kooperation mit kompetenten Beratungshäusern, Banken und VC-Institutionen (38).

5 Aktivitäten in der Gründungsvorbereitungsphase

Um ein Gründungskonzept zu entwickeln, ist zunächst der Markt und die dortige Wettbewerbssituation zu analysieren (39). Das Potenzial eines Marktes, also die potenzielle Aufnahmefähigkeit eines Marktes für ein bestimmtes Produkt oder eine Dienstleistung, hängt vor allem von der Kundenanzahl, der Kundenstruktur und deren Bedarfsintensität, die u.a. von der Kaufkraft der Kunden*segmente* beeinflusst wird und von den marketingpolitischen Maßnahmen der Wettbewerber insgesamt ab.

Der *Standort* – als wesentlicher Bestandteil des Vertriebes – wird als eine besonders wichtige Determinante für das Absatzpotenzial und dessen Ausschöpfungsmöglichkeit angesehen (40). Für kleinere Firmen ist die Wahl des Distributionskanals praktisch gleichbedeutend mit der Wahl des Standortes. Der Standort einer Firma ist optimal, wenn er eine günstige Erstellung der Betriebsleistungen sowie einen reibungslosen Absatz ermöglicht. Es ist also ein Abwägen von Kosten- und Absatzvorteilen.

Trotz der hohen Bedeutung wird der *Standortfrage* bei jungen Unternehmen häufig nur geringe Beachtung geschenkt. Die Mehrzahl der Gründungen wird an dem Standort vorgenommen, der auch den ursprünglichen Wohnort des Gründers bildete. Dies kann oft eine kurzsichtige Entscheidung sein, die die Konsequenzen einer fehlenden Ausdehnung bei später möglicher Expansion übersieht, so dass dann de facto nur die Verlagerung bleibt. Jedenfalls beziehen viele Gründer wichtige Faktoren der Standortwahl, wie z.B. die Nähe zu Beschaffungs- und Absatzmärkten, Infrastrukturaustattungen oder räumliche Ausdehnungsmöglichkeiten, nicht genügend in ihr Kalkül ein (41).

Sparkassen und Kreditgenossenschaften besitzen in den Personen ihrer Existenzgründungsberater sicherlich ausreichend Know how, um in vielen Aspekten der Standortwahl als ein adäquater Gesprächspartner für die potenziellen Gründer zu fungieren (42). Diese Einschätzung basiert auf der vorhandenen intimen Ortskenntnis und dem Wissen über die wirtschaftlichen und gesellschaftlichen Entwicklungsprozesse in der Region. Zudem besitzen Banken und Sparkassen einen reichhaltigen Fundus an nicht-personengebunden Informationen, der den lokalen Markt in all seinen Facetten zu beschreiben vermag. Denn in den Kreditakten „schlummern" große Datenmengen, die auf dem Wege geeigneter elektronischer Archivierung relativ schnell problemorientiert aufbereitet werden können. Außerdem besitzen Kreditinstitute Zugänge zu externen Datenbanken und das prinzipielle Know how, hieraus Informationen zu generieren. Tatsächlich wird die Unterstützung bei der Informationsbeschaffung jedoch im Allgemeinen als unzureichend empfunden. Das Dortmunder Institut bifego ermittelte bspw. in einer Befragungsstudie von Jungunternehmern, in denen die Bewertung von 681 Bankkontakten (Wahrnehmung von Gründern!) ausgewertet wurde, Defizite bezüglich der Unterstützung bei der Informationsbeschaffung und bei der Hilfestellung bei juristischen und betriebswirtschaftlichen Problemen (43).

In diesem Zusammenhang ist zu erwähnen, dass der Existenzgründungsberater die *Immobilienvermittlung* des Kreditinstitutes mit der Suche nach einem geeigneten Gewerbeobjekt beauftragt. Allgemeine Informationen zur Gestaltung der Kauf- oder Mietverträge für das Gewerbeobjekt werden häufig angeboten. Insbesondere im Hinblick auf die Zurverfügungstellung von Räumen und anderen Sachmitteln, wie PC und Software, besitzen die *Technologie- und Gründerzentren* oft einen wichtigen Schwerpunkt ihres Angebotes (44).

Die *Wahl der Rechtsform* ist ein weiterer, gut zu durchdenkender Schwerpunkt im Rahmen der unternehmerischen Vorentscheidungen. Da eine Änderung der Rechtsform zeitaufwendig und kostspielig ist, wird zumeist die gewählte Form über die gesamte Existenzdauer des Unternehmens beibehalten. Faktoren, die auf die Wahl der Rechtsform maßgeblichen Einfluss ausüben, sind die Zahl der Gründer, die Haftungsfrage, die Möglichkeiten der Kapitalbeschaffung, die Einflussnahme auf die Entscheidungen innerhalb des Unternehmens und nicht zuletzt Kosten, Bilanzierungspflichten und steuerliche Belastungen (45).

Die unternehmerischen Vorentscheidungen sind selbst von den Existenzgründern zu treffen. Eine ausführliche Hilfestellung finden sie zur Rechtsformwahl bei Steuerberatern, bei der IHK oder Handwerkskammer. Auch bei der Wahl des richtigen Standortes und zu Fragen zur privaten und betrieblichen Absicherung finden sie Hilfe bei Kammern und Verbänden.

Die begleitende Einbindung des später finanzierenden Kreditinstitutes kann bereits während dieser Planungsphase wünschenswert sein. „In der Praxis zeigt sich allerdings des öfteren, dass die Kontaktaufnahme zur Sparkasse nicht bereits in der Frühphase erfolgt, wodurch wertvolle Zeit im Hinblick auf kapitalbildende Maßnahmen seitens des Entrepreneurs vertan wird." (46) Allerdings halten sich Kreditinstitute in dieser Phase in ihrem Beratungsangebot generell noch stark zurück bzw. kommunizieren dies ggf. nicht offen nach außen. Das Angebot geht – von Ausnahmen abgesehen – im Wesentlichen über die Zurverfügungstellung von Broschüren oder Berichten (wie z.B. Branchenberichte, Informationen aus der Wirtschaftspresse) kaum hinaus. Das o.a. IFF stellte diesbezüglich fest, dass von einheitlichen Standards in der Existenzgründungsberatung keineswegs gesprochen werden könne. „Dies beginnt beim Umgang mit Informationsmaterial und Checklisten, der sogar in Filialen des gleichen Instituts höchst unterschiedlich ausfiel." (47)

Empirische Studien weisen daraufhin, dass die Mehrheit der potenziellen Gründer *nicht* über ausreichende Kenntnisse verfügt. Es bestehen gravierende *Lücken in der Informationsbeschaffung*. Fast die Hälfte der Existenzgründer bspw. im Land Brandenburg nehmen keine professionelle oder private Beratung – dies gilt selbst für die kostengünstigen Angebote der Kammern – in Anspruch (48). Dies ist um so bedenklicher, als 90% der Gründer, die mit öffentlichen Mitteln gefördert und *entsprechend vorbereitet* werden, die Anfangsphase der ersten schwierigen Jahre unbeschadet überstehen (49). Viele Sparkassen und Genossenschaftsbanken versuchen, mit Hilfe von diversen Seminarangeboten für bereits existierende und für neue Unternehmer, generelle und spezifische Probleme „rund um die Existenzgründung" aufzuarbeiten (50).

Die Sparkassen und Genossenschaftsbanken geben im Hinblick auf das Finden einer innovativen Idee, der Analyse des Marktes und in der Standortfrage allerdings i.d.R. keine über Hinweise und Tipps hinausgehende tiefergehende Unterstützung. Zwar werden *Technologieexperten*, u.a. durch Kooperation mit der Fraunhofer Gesellschaft, zur Erstellung von Technologiegutachten bspw. von Sparkassen-Instituten bei Bedarf hinzugezogen. Eine konkrete Beratung, z.B. hinsichtlich der Standortfindung, wird nur in Ausnahmefällen angeboten. Ein Grund für die defensive Haltung in dieser Phase könnte darin zu finden sein, dass sich das Kreditinstitut ansonsten zu stark in die Rolle des Unternehmerberaters begeben würde. Die Gefahr dürfte für das Kreditinstitut zu groß sein, dass im Falle eines Scheiterns der spätere Unternehmer ihm wegen vermeintlich oder tatsächlich falscher Beratung die Schuld gibt. Darüber hinaus dürften die meisten Sparkassen und Kreditgenossenschaften – zumindest die kleineren – nicht über die Kapazität und das Know how verfügen, kostspielige Marktforschungs- und Strategiearbeit für den Gründer zu übernehmen. Ein Ansatzpunkt wäre die enge Zusammenarbeit zu der in der Region ansässigen Hochschule, die möglicherweise über eine – studentische – Unternehmensberatung verfügt.

Die *Absicherung* von Jungunternehmern gegen persönliche und betriebliche Risiken ist von enormer Bedeutung. Hier werden die Kunden von den Mitarbeitern der Sparkassen und Genossenschaftsbanken häufig direkt hinsichtlich des Abschlusses von Risikolebensversicherungen, von privater Krankenversicherung, von Forderungs-, Gebäude- oder Berufsunfähigkeitsversicherungen angesprochen, ggf. vermitteln sie die Existenzgründer an ihre Kooperationspartner im Versicherungsgewerbe.

Das Fundament für einen guten Start ist ein inhaltlich *gut durchdachtes und attraktiv gestaltetes Konzept*. Ist es unprofessionell aufgebaut, unverständlich geschrieben oder weist es gravierende formelle, vor allem aber inhaltliche Mängel auf, dürfte der Erfolgsgrad sehr niedrig anzusetzen sein. Das Konzept sollte einen gut ausgefeilten Geschäftsplan beinhalten und den Weg von der innovativen Idee bis hin zum Erfolg qualitativ und quantitativ beschreiben. Dabei sind alle Faktoren zu berücksichtigen, die über Erfolg und Misserfolg entscheiden (51).

Als Beispiel (unter vielen) für die Unterstützung im Hinblick auf die Erstellung des Businessplans sei auf die Internet-Seite der Hamburgischen Sparkasse *Haspa* verwiesen (52). Dort werden bspw. Hinweise, Fragen und Bausteine des Konzepts mit Tabellen für Rentabilitätsvorschau, Gesamtkostenzusammenstellung, Finanzpläne etc. dargestellt.

Anders als bei den vorhergehenden (Teil-)Phasen geben die *Sparkassen* verstärkte Hilfestellung beim Aufstellen eines *Businessplans*. Der Sparkassenverband führt in Zusammenarbeit mit dem Stern und McKinsey bspw. jährlich einen Wettbewerb für Existenzgründer durch. Ziel dieses Start*Up* – Programms ist die Erstellung eines professionellen Geschäftsplanes (53). Jeder, der bei diesem Start*Up* teilnimmt, erhält ein individuelles, schriftliches Feedback zum eingereichten Unternehmenskonzept. So wurden bspw. 1997 etwas über 1800 und 1998 knapp 1500 Geschäftspläne eingereicht (54).

Auch in der Gründungsvorbereitungsphase ist der Kapitalbedarf – wenn man einmal von innovativen technologieorientierten Firmen absieht – noch niedrig, er wird ggf. weitgehend durch *eigene Mittel* gedeckt. Sollte es in dieser Phase zu einem Kreditbedarf kommen, so wird ein Kredit nur zu erlangen sein, wenn der Gründer eine hohe persönliche Kreditwürdigkeit besitzt und ausreichende Sicherheiten bereitstellen kann (55). Neben Bürgschaften u.ä. kommen hier prinzipiell – wenn dies in der Realität auch recht selten vorkommen dürfte – die gegen Grundpfandrechte herausgelegten Realkredite oder auch persönliche Ratenkredite, z.B. in Form von Teilzahlungskrediten, in Frage.

6 Aktivitäten in der Gründungsphase i.e.S.

Wie alle vorhergehenden Schritte, muss auch dieser genau durchdacht werden. Bevor Gründer ihr Unternehmen eröffnen, bedarf es insbesondere rechtlicher *Formalitäten*, z.B. hinsichtlich der Anmeldung beim Gewerbeamt (56) oder Finanzamt und branchenspezifischer Zulassungsvoraussetzungen, z.B. im Hinblick auf fachliche Qualifikationen (57). Hier bieten Kreditinstitute im Allgemeinen *Checklisten* an, die alle wichtigen Anforderungen an die Gründungsformalitäten beinhalten (58).

Zu den typischen Problemfeldern einer Existenzgründung in dieser Phase zählen in erster Linie die *Beschaffung benötigter Einsatzfaktoren*, der *Absatz der produzierten Güter* und die *Kapitalbeschaffung* (59). Hierbei werden typische Fehler gemacht, die damit anfangen, dass die Gründer die Konditionen und Leistungen verschiedener Banken nicht miteinander vergleichen. Oft wird der Kapitalbedarf viel zu grob eingeschätzt, das Eigenkapital zu niedrig bemessen, mögliche Fördermittel nicht in Erwägung gezogen bzw. nicht eingesetzt, die Limite der Kredite überzogen, die Finanzierung fristeninkongruent gestaltet. Auch wird die Zahlungsmoral der Kunden oft viel zu optimistisch gesehen, was zu hohen Außenständen führt, so dass ein Kreditausfall rasch zu Liquiditätsproblemen führen kann. Zudem führen hohe Lieferantenschulden zu Zinsverlusten (60).

In der Gründungsphase i.e.S. besteht zum ersten Mal – bspw. durch den Erwerb/Anmietung einer Betriebsstätte – ein *erheblicher Kapitalbedarf* (61). In verschiedenen Untersuchungen wurde immer wieder festgestellt, dass das *Finanzierungsproblem* für eine bedeutende, wenn nicht die schwerwiegendste zu bewältigende Schwierigkeit bei der Unternehmensgründung gehalten wird (62). Aus der nachfolgenden Abbildung sind gängige Finanzierungsquellen in ihrer relativen Bedeutung dargestellt:

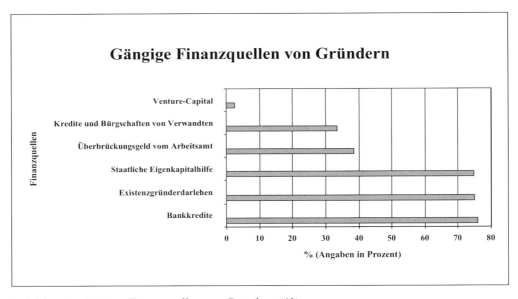

Abbildung 2: Gängige Finanzquellen von Gründern (63)

Da dem Gründer oft nur in eingeschränktem Maße Eigenkapital zur Verfügung steht, kommt der Beschaffung von *Fremdkapital* oder eigenkapitalähnlicher Mittel eine erhebliche Bedeutung zu. *Kreditinstitute sowie die öffentliche Hand* bilden augenscheinlich die wichtigsten externen Finanzierungsquellen. Viele Arbeitslose nutzen aber auch das Überbrückungsgeld, mit dem die Bundesanstalt für Arbeit angehende Selbständige bis zu einem halben Jahr in der Startphase unterstützt (64).

Zur Deckung dieses *Kapitalbedarfs* (65) stellen Banken im Wesentlichen mittel- bis langfristige, endfällige oder laufend zu tilgende *Investitionsdarlehen* oder *Realkredite* bereit (66). Zum Zweck der Beschaffung von Produktionsmitteln wird von Kreditinstituten auch *Leasing* in allen Formen zur Verfügung gestellt.

Allerdings werden hinsichtlich der Kreditvergabe von Seiten der Banken hohe Anforderungen gestellt, die sich in einer *strengen Kreditwürdigkeitsprüfung* und der Stellung entsprechender *Sicherheiten* konkretisieren (67). Der Kreditspielraum ist – verstärkt noch durch geringe Eigenkapitalausstattungen – demnach stark eingeengt. „Grundsätzlich stehen den Existenzgründern mit öffentlichen Förderprogrammen zwar zusätzlich subventionierte Kapitalbeschaffungsalternativen zur Verfügung, die bei der Vergabe allerdings an die Einschaltung weiterer Institutionen, Berater oder Banken gebunden sind und deren Entscheidungs- und Bewilligungsverfahren als intransparent und langwierig charakterisiert werden." (68)

In einer empirischen Studie von SCHULTE wurde zudem festgestellt, dass die *Kreditbewilligungsquoten* für (vergleichsweise) *große Kreditnachfrager* signifikant höher als für kleine sind (69). Passend hierzu werden mit dem Unternehmensalter, dem Kreditbedarf und der Unternehmensgröße die Bewertungen der Gründer zusehends positiver. Große Kreditnachfrager genießen danach eine merklich andere Behandlung als kleine. „Offensichtlich wächst das Ansehen der Gründerbank mit der unternehmerischen Tätigkeit ihrer jungen Firmenkunden." (70)

Da Existenzgründer meist nicht genügend oder gar keine Sicherheiten vorweisen können, bieten die „Bürgschaftsbanken der Bundesländer" oder sog. Kreditgarantiegemeinschaften *Bürgschaften* an (71). Oft werden öffentliche Bürgschaften von den Banken zur Bedingung für eine Kreditzusage gemacht. Die Haftung der Existenzgründer verändert sich dadurch nicht, sie bleibt weiterhin gesamtschuldnerisch. Die Anträge für eine Bürgschaft können direkt bei der Bürgschaftsbank oder über die Hausbank gestellt werden. Sollten die Gründer Sicherheiten bei bestimmten Institutionen vorweisen müssen, bietet es sich für sie auch an, *Avalkredite* in Anspruch zu nehmen.

Wie weiter oben erwähnt, sind die Institute des Sparkassensektors im Gründungsfinanzierungsgeschäft *Marktführer*. Aus der Vielzahl von Beispielen sei nur das der *Berliner Sparkasse* (zusammen mit der *LBB*) herausgegriffen: Zwischen 1993 und 1997 wurden etwa 2 300 Existenzgründungen mit einem Volumen von ca. 690 Mio. DM finanziert. In 1999 belief sich das Volumen der Finanzierungen auf 60 Mio. DM für 380 Darlehen (72).

Auch der *Genossenschaftssektor* ist hinsichtlich der *Kreditvergabe* in großem Umfang beteiligt. Er besitzt Finanzierungsprodukte, mit denen sich die Volks- und Raiffeisenbanken von ihren Wettbewerbern abzuheben versuchen. So bieten sie, um Nachwuchskräften aller Handwerksberufe den künftigen Einstieg in die Selbständigkeit zu erleichtern, bereits seit Jahren ein „*Starthilfepaket für Junghandwerker*" an. Dieses Produkt, das von seiner Konstruktion her dem Bausparen ähnelt, richtet sich speziell an Azubis, Gesellen und Jungmeister des Handwerks und besteht aus Sparprogramm, Kreditprogramm sowie Beratung und fachlicher Betreuung. In ähnlicher Weise ist das *Meisterdarlehen* für angehende Handwerksmeister einzustufen.

Die *Feinabstimmung der Finanzierungsstruktur* im Hinblick auf das jeweilige konkrete Gründungsvorhaben ist die Kernaufgabe jeder Existenzgründungsfinanzierung. Die Finanzierungsplanung ist sowohl unter kurzfristigen Aspekten (Anlaufphase) wie unter langfristigen Überlegungen hinsichtlich der Vermögens- und Kapitalstruktur durchzuführen. Hervorzuheben ist hierbei das *genossenschaftliche Finanzberatungssystem GENO-FBS*, „das der Kundenberater gemeinsam mit dem Existenzgründer einsetzen kann, um auf der Grundlage der Unternehmensplanung den Finanzbedarf zu ermitteln, einen Finanzierungsplan zu erstellen sowie die Auswirkungen auf die künftige Erfolgsrechnung sowie die Kapitaldienstfähigkeit festzustellen" (73).

In der Praxis *aller Bankengruppen* sind allerdings *vielfältige Defizite* auch und gerade in der Existenzgründungs*finanzierung* zu beobachten; diese reichen von falschen Kreditlaufzeiten, über zu geringe Liquiditätsreserven, fragwürdige Besicherungsanforderungen bis hin zum Nichteinbeziehen öffentlicher Fördermittel (74). Der letzte Aspekt soll im Folgenden kurz angesprochen werden.

Kreditinstitute bieten im Gründungsgeschäft nicht nur eigene Kreditleistungen an, sondern vermitteln auch *öffentliche Finanzierungshilfen* (75). Bund und Länder bieten verschiedene *Programme* an, um die Existenzgründer mit Kapital und Managementwissen zu fördern bzw. zu unterstützen. Die Anzahl der Finanzierungs- und Beratungsprogramme hat sich in den letzten Jahren extrem erhöht. *Bundesweit* werden insbesondere das DtA-Existenzgründungsprogramm, das „DtA-Startgeld", das ERP-Existenzgründungsprogramm, das ERP-Eigenkapitalhilfeprogramm, das KfW-Mittelstandsprogramm sowie Bürgschaften von Bürgschaftsbanken angeboten (76). Zu nennen wäre auch das *tbg-Frühphasenmodell*, das sämtliche Aufwendungen im Zusammenhang mit der Errichtung einer Gesellschaft zu finanzieren hilft (bis zu 250 TDM).

Für alle Programme des Bundes gelten bestimmte Fördergrundsätze, die der Existenzgründer zu beachten hat (77). Zu nennen ist hierbei zunächst die *tragfähige Vollexistenz*, d.h. nur wirtschaftlich interessante Projekte, bei denen ein nachhaltiger Erfolg erwartet wird, werden gefördert. Als zweites ist der *Antrag vor Beginn des Vorhabens* zu stellen („Prinzip des ersten Spatenstichs"), damit keine finanziellen Bindungen – wie beispielsweise Warenbestellungen – vor Antragstellung einzugehen sind. Der letzte Grundsatz beinhaltet die *ausgewogene Gesamtfinanzierung*, d.h., dass neben den öffentlichen Fördermitteln auch andere Kredite und Eigenmittel zur Finanzierung des Vorhabens einzubringen sind.

Viele der zuvor erwähnten Programme können mit speziellen *Landesförderprogrammen kombiniert* werden. Auch die *Förderprogramme der Länder* ändern sich ständig und auch hier ist die finanzielle Förderung beschränkt (78). In Brandenburg werden beispielsweise die Programme: „Förderungen von Existenzgründungen im Handwerk" (Meistergründungszuschuss), die Gemeinschaftsaufgabe „Verbesserung der regionalen

Wirtschaftsstruktur", der „Innovationsfonds des Landes Brandenburg" oder der „Kapitalbeteiligungsfonds" neben vielen anderen angeboten (79).

Die *Hausbank* prüft das Finanzierungsvorhaben, beantragt die Fördermittel bei der vom Bund oder Land beauftragten Institution (KfW, DtA, Investitionsbank des jeweiligen Landes) und schließt letztlich den Kreditvertrag mit dem Unternehmen ab. Öffentliche Förderdarlehen müssen i.d.R. ebenso bankmäßig besichert werden wie andere Kredite, mit der Ausnahme der sog. Eigenkapitalhilfeprogramme. Da nahezu alle öffentlichen Förderhilfen *über die jeweilige Hausbank des Gründers* abgewickelt werden, ist also das Verhalten der Kreditberater im Hinblick auf die Kredit- und Bürgschaftsprogramme der öffentlichen Hand von großer Bedeutung. „Erst wenn die Hausbank von dem gesamten Erscheinungsbild des jungen Unternehmers und der Darstellung seines Vorhabens überzeugt ist, wird sie die notwendigen Föderanträge bei den sogenannten Endkreditgebern stellen." (80)

In empirischen Untersuchungen wird immer wieder festgestellt, dass das fehlende Wissen über die Fördermöglichkeiten ein wichtiges Hindernis für Existenzgründungen darstellt (81). Die *Hausbank* übernimmt es (oder besser: sollte es übernehmen), dem Gründer das Förderprogrammspektrum aufzuzeigen, die im Einzelfall günstigsten Mittel zu empfehlen, Anträge zu formulieren und einzureichen (82).

Im *genossenschaftlichen Verband* wird der Firmenkundenbetreuer bei der Finanzierungsberatung unter Einbeziehung öffentlicher Fördermittel durch das dv-gestützte Beratungssystem *GENO-STAR* (83) online unterstützt (84). Das System enthält tagesaktuell sämtliche Daten und Fakten, die für die Vergabe von öffentlichen Fördermitteln entscheidend sind. Die Kreditgenossenschaft vor Ort ist mit Unterstützung von GENO-STAR in der Lage, direkt im Kundengespräch am Computerterminal einen für den Kunden individuell zugeschnittenen Gesamtfinanzierungsvorschlag unter optimaler Ausschöpfung und Kombination öffentlicher Fördermittel zu erstellen. Darüber hinaus erhält der Kunde u.a. einen detaillierten Finanzierungs- und Kapitaldienstplan. Der Antrag kann mittels GENO-STAR direkt elektronisch z.B. zur DtA weitergeleitet werden. Da auch die weitere Abwicklung papierlos erfolgt, werden die Bearbeitungszeiten von Fördermittelanträgen erheblich verkürzt.

„Bei Sparkassen wird in der Regel die volle Ausschöpfung der Fördermittel bei der Gründungsfinanzierung angestrebt." (85) Empirische Resultate von Befragungen kommen dabei allerdings zu einer anderen Einschätzung (86). Nur in jedem achten Fall fand bspw. in der o.a. Teststudie des Dortmunder Instituts bifego eine Fördermittelvergabe statt. Während 25% der Großkreditnachfrager mit der Unterstützung ihrer Bank auch Fördermittel erhielten, waren dies nur etwa über 3% der jungen Unternehmen mit einem geringen Kreditbedarf. Dieser Zusammenhang war statistisch signifikant (87). Das IFF kommt zu einer ähnlichen Einschätzung (88).

Ein wichtiger Grund für die oft zu beobachtende Zurückhaltung der Kreditinstitute könnte in der mangelnden Profitabilität der öffentlichen Förderkredite – vor allem wenn sie eine gewisse Größenordnung nicht überschreiten – liegen. Trotz der Staffelung von

Bearbeitungsentgelten für die Hausbank in Abhängigkeit vom Kreditvolumen bei manchen Förderprogrammen, kann es hier in Verbindung mit dem bankeigenen Kreditgeschäft zu Rationierungen kommen (89). Liegen nur geringe Darlehensbeträge vor, bieten viele Genossenschaftsbanken und Sparkassen deshalb *hauseigene Sonderkreditprogramme* mit subventioniertem Zinssatz und Tilgungsaussetzung in den ersten Jahren für Existenzgründer an (90). So hat die Berliner Volksbank bspw. ein *Spezial-Kreditprogramm* aufgelegt (91).

7 Aktivitäten in der Frühentwicklungsphase

Die typischen Probleme während der First-Stage-Phase, die durch die Etablierung des Unternehmens am Markt und beginnendes Unternehmenswachstum gekennzeichnet ist, ergeben sich teilweise als Konsequenz aus den bereits während der Gründungsphase auftretenden Problembereichen und fokussieren u.a. auf Absatz- und Wettbewerbsprobleme bei nicht innovativen Unternehmen, Schwierigkeiten beim Personaleinsatz und unzureichende Kapitalausstattung (92).

Da im Rahmen der Gründungsphase bewusst oder notgedrungen oft Investitionen zurückgestellt werden, baut sich für die Frühentwicklungsphase ein Investitionsstau auf, der zu sog. *Sprunginvestitionen* führt. Die Auflösung des Staus bedeutet einen hohen einmaligen Kapitalbedarf, für den oft nicht ausreichende Finanzierungsmittel zur Verfügung stehen (93).

In der Frühentwicklungsphase bekommen neben Fremdfinanzierungsmitteln von Banken – deren Möglichkeit zur Aufnahme sich nun tendenziell verbessern – vor allem *Risikokapitalbeteiligungen und öffentliche Fördermittel* ein größeres Gewicht. Die Inanspruchnahme öffentlicher Fördermittel hat in der Phase nach dem Abschluss der Gründungsphase eine sehr viel bedeutendere Rolle als bei der Gründung selbst, denn viele Gründungsunternehmen nehmen zur *Mitfinanzierung der Investitionen* Finanzierungshilfen in Anspruch (94). Von der Gründungs- zur Frühentwickungsphase nimmt – passend hierzu – tendenziell auch die Qualität der Beratung zu, „da mit wachsenden Erfahrungen die Gründer gezielter ihre Bedürfnisse formulieren und die Informationen entsprechend abrufen können" (95). In der Frühentwicklungsphase sind den Gründern die Fördermöglichkeiten oft ausreichend bekannt. Gründer schätzen zwar die attraktiven Zinsen der Förderprogramme, sie *unterschätzen* aber häufig die *frühe Rückzahlungsverpflichtung*. Hier besteht eine wesentliche Aufgabe der Bank, dem Gründer mit Hilfe eines Tilgungsplans sehr deutlich zu zeigen, wann die Ausgaben aufgrund der Kredittilgung stark zunehmen. Dass dies nicht selbstverständlich ist, geht aus verschiedenen Testergebnissen hervor (96). Die häufigsten Mängel in der Finanzierungskonstruktion waren ein unterschätzter Liquiditätsbedarf und die fehlende Fristenkongruenz der eingesetzten Instrumente. Bei der Beurteilung der Finanzierungsqualität ist die *Fristenkongruenz* mitentscheidend. Grundsätzlich lässt sich jede Finanzierung in kurz-, mittel- und langfristige Mittelbindung aufteilen. Investitionen in Maschinen oder Computer sollen daher anders finanziert werden als ein Lager für Rohmaterialien oder die Liquiditätsreserven der Rechnungsabwicklung. Langfristige und mittelfristige Finanzierungsbestandteile können *Mittel aus öffentlichen Förderprogrammen* sein, aber auch Investitionskredite der Bank. Kurzfristiger Kreditbedarf ist in der Regel über einen Kontokorrentkredit oder das eigens für Betriebsmittel eingerichtete DtA-Programm „Betriebsmittel" oder KfW-Programm „Liquiditätshilfe" zu decken (97).

Ausführlicher wollen wir an dieser Stelle auf die *Kapitalbeteiligungsfinanzierung* in der *Frühphase* eingehen (98). Die Bedeutung der Frühphasenfinanzierung nimmt in den letzten Jahren spürbar zu. Bereits im Jahr 1998 hatten die Neuinvestitionen, die erst durch Beteiligungsfirmen möglich werden, mit 3,3 Mrd. DM einen neuen Höchststand erreicht (99). Im Gesamtportfolio der Mitglieder des Bundesverbandes der Kapitalbeteiligungsgesellschaften BVK entfiel auf die Expansionsfinanzierung zwar mit über 41%, gemessen am Volumen, der größte Teil. Auf die Frühfinanzierungen entfielen dann aber schon 23%. Mit 20% folgten MBO/MBO und LBO. Bei den Bruttoinvestitionen standen 1999 mit 33% die Early-Stage-Finanzierungen ebenfalls an zweiter Position (100). In 1999 wurden bspw. über 1 000 Unternehmen in Deutschland mit Hilfe von Risiko- oder Beteiligungskapital gegründet.

Risikokapital (oder Venture Capital) ist die Bereitstellung von haftendem Kapital über einen gewissen Zeitraum, verbunden mit betriebswirtschaftlicher Beratung des kapitalnehmenden Unternehmens. Die Mitarbeiter dieser Gesellschaften sind aufgrund ihres (technischen) Wissens imstande, die Ertragschancen jedes Projektes relativ gut einzuschätzen und eine umfassende betriebswirtschaftliche Beratung, Betreuung und Kontrolle durchzuführen. Der wesentliche Grund für die Kapitalbereitstellung liegt in den Ertragschancen des zu finanzierenden Objekts. Die Kapitalgeber sind spezielle Beteiligungsfonds der Venture-Capital-Gesellschaft, die ihre Mittel von Anlegern erhalten. Potenzielle Wagnisinvestoren sind in Deutschland vor allem Banken, Versicherungen, Pensionsfonds und Industrieunternehmen (101).

Die Venture-Capital-Gesellschaften sind an mehreren verschiedenen Innovationsprojekten aus unterschiedlichen Branchen beteiligt, um das Risiko durch Diversifikation zu verringern. Die Branchenstruktur der Bruttoinvestitionen zeigt immer noch Schwerpunkte in traditionellen Branchen, wie z.B. den Maschinenbau (102). Allerdings werden mittlerweile zunehmend junge, innovative Unternehmen aus zukunfts- und erfolgsträchtigen Branchen, wie z. B. der Gentechnik, von Wagnisfinanzierungsgesellschaften finanziert. Diese Projekte befinden sich bereits am Ende der Entwicklungs- bzw. am Anfang der Markteinführungsphase. Deshalb werden die Finanzmittel (auch) sowohl für die Herstellung der Produkte als auch für eine erfolgreiche Vermarktung bereitgestellt.

Um die Vergabeneigung von Venture Capital an Jungunternehmen zu erhöhen und das Risiko für die Venture-Capital-Gesellschaften zu senken, gibt es von Bund und Ländern verschiedene Förderprogramme. So werden Kreditinstitute von der Kreditanstalt für Wiederaufbau (KfW) durch *Ausfallbürgschaften* für „schief" gegangene Beteiligungen mit bis zu 80 % vom Risiko befreit. Das Tochterunternehmen der DtA, die Technologie-beteiligungsgesellschaft tbg, gibt jungen Unternehmensgründern bis zu 50 % des Eigenkapitals dazu, vorausgesetzt ein privater Investor (z.B. eine Venture-Capital-Gesellschaft) zahlt die erste Hälfte (Lead-Investoren-Konzept) (103).

Viele Venture Capital Gesellschaften haben sich auf *bestimmte Regionen* spezialisiert. Insbesondere *Business Angels* besitzen ihren Wettbewerbsvorteil in der Nähe zum Unternehmen. Gerade in der frühen Phase der Unternehmensentwicklung ist ein Business Angel eine gute Alternative zur professionelleren Beteiligungsgesellschaft. Vor allem die von den Banken und Sparkassen aufgelegten Fonds sind i.d.R. *regional gebunden*. Die Anzahl der Beteiligungsgesellschaften der Sparkassen ist in den letzten Jahren stark gewachsen (104). Von den ca. 140 Beteiligungskapitalgesellschaften, die im BVK e.V. registriert sind, sind 18 reine Sparkassengesellschaften und in weiteren acht sind Sparkassen bzw. Sparkassenverbände Mitgesellschafter. Somit tragen Sparkassen als Haupt- oder Mitgesellschafter etwa ein Fünftel der deutschen Kapitalbeteiligungsgesellschaften. Dieser Anteil dürfte noch wachsen, weil sich noch eine ganze Reihe weiterer Gesellschaften gegründet haben bzw. sich in der Gründung befinden (105). Hinter den im BVK engagierten Beteiligungskapitalgesellschaften stehen ca. 60 verschiedene Sparkassen als Gesellschafter.

Insgesamt zeigt sich, dass sich der deutsche Beteiligungskapitalmarkt weiter differenziert. Die Beteiligungskapitalgesellschaften der Sparkassen sind dabei – wie erwähnt – vorwiegend *regional orientierte* Gesellschaften, die Beteiligungskapital für eine breite Basis von erfolgsträchtigen Firmen bereitstellen. Fast alle Gesellschaften der Sparkassen investieren in Unternehmen, die sich in der Expansionsphase befinden. „Zwei Drittel engagieren sich auch in der Gründungsphase und ein Drittel der Gesellschaften auch schon vor der eigentlichen Gründung, in der so genannten Seed-Phase." (106) Viele Sparkassen sehen das Beteiligungsgeschäft mittlerweile als ein strategisches Geschäftsfeld an (107).

Als Beispiele sollen die UBG aus Nordrhein-Westfalen und die RBB aus Ostsachsen dienen (108).

Die Regionale Beteiligungs- und Beratungsgesellschaft *RBB* – 1994 gegründet, seit 1998 am Markt aktiv – ist eine renditeorientierte Kapitalbeteiligungsgesellschaft, die sich auf den Osten Sachsens (Oberlausitz und Sächsische Schweiz) konzentriert (109). Die Sparkassen Westlausitz und Freital-Pirna, die Kreissparkassen Löbau/Zittau und Bautzen sowie die Niederschlesische Sparkasse sind die Gesellschafter der RBB. Sie beteiligt sich mit haftendem Eigenkapital an Unternehmen, die sich mit innovativen Produkten und/oder Verfahren befassen und eine überdurchschnittliche Wachstums- und Gewinnchance erwarten lassen. Die RBB übernimmt grundsätzlich nur – zeitlich begrenzte – offene oder stille Minderheitsbeteiligungen (auch Co-Finanzierungen z.B. mit der tbg), wobei sie Kontroll- und Informationsrechte wahrnimmt. Zur Refinanzierung und anteiligen Risikoabsicherung der Beteiligungen nimmt die RBB die Programme der KfW in Anspruch. Sie hat keine bestimmte Branchenausrichtung bei der Zusammenstellung ihres Beteiligungsportfolios, stellt Venture Capital aber nur für die Beteiligungsanlässe Start-up, Expansion, MBO und Spin-off zur Verfügung.

Die *S-UBG* Gruppe der Sparkassen der Wirtschaftsregion Aachen, Krefeld, Mönchengladbach existiert seit etwa 12 Jahren (110). Zu dieser Gruppe gehören die S-UBG als Aktiengesellschaft (Fondsvolumen 68 Mio. DM) sowie die S-BG (Fondsvolumen 5 Mio. DM) und die S-VC (Fondsvolumen 19 Mio. DM) als Töchter in der Rechtsform der GmbH. Auch hier werden nur Minderheitsbeteiligungen eingegangen, und zwar von der Existenzgründung bis zum Börsengang in Größenordnungen von 500 TDM bis 10 Mio. DM.

Im Gegensatz zu den Aktivitäten der Sparkassen ist bei den *Kreditgenossenschaften* das Beteiligungskapitalgeschäft, insbesondere mit Blick auf Gründer als Beteiligungspartner, eher schwach ausgeprägt. Die wenigen Beteiligungsgesellschaften der genossenschaftlichen Bankengruppe beteiligten sich in der Vergangenheit fast ausschließlich an eingeführten mittelständischen Unternehmen mit hoher Bonität (111). Eine Verbesserung der Situation wird von einer verstärkten Regionalisierung der VC-Aktivitäten analog der Sparkassen-Organisation durch Kooperation mehrerer Primärbanken erwartet. Deren Schwerpunkt könnte in wachstumsstarken traditionellen Handels- und Handwerksgründungen liegen. Eine relativ enge Zusammenarbeit der Kreditgenossenschaften mit VC-Gesellschaften der genossenschaftlichen Spitzeninstitute ist bereits gängige Praxis. Ein Beispiel hierfür ist die WGZ Venture-Capital Gesellschaft (112).

Wie in der Definition bereits angedeutet, umfasst die Risikokapitalfinanzierung neben der Bereitstellung von Kapital auch eine gründliche und systematische betriebswirtschaftliche *Betreuung, Beratung und Kontrolle der Kapitalnehmer*. Dazu gehört u. a. die Entwicklung eines geeigneten Marketingkonzepts. Die Venture-Capital-Gesellschaft knüpft aber auch Kontakte zu Marktpartnern, z.B. Kunden und Lieferanten zur Unterstützung für die Unternehmen. Allgemein kann man sagen, dass der Betreuungsbedarf von den einzelnen Unternehmensphasen abhängig ist.

8 Schlussbemerkungen

Der Existenzgründungsprozess ist aus Sicht des Gründers u.a. geprägt von komplexen Informationsproblemen und einem enormen physischen und emotionalen Stress bezüglich der persönlichen zukünftigen Entwicklung. In den einzelnen Phasen des Existenzgründungsprozesses sieht sich der Gründer mit unterschiedlichen Problemen konfrontiert.

Erste Anlaufstelle ist in aller Regel ein *Kreditinstitut*. Dort ist es durchaus nicht die Regel, dass Gründer von ausreichend qualifizierten Beratern (z.B. Firmenkundenbetreuern, Spezialisten) empfangen werden. Die Qualität der Beratung ist in Abhängigkeit von der Spezialisierung zwischen den Kreditinstituten unterschiedlich. Insofern bietet es sich an, auch weiter entfernte Kreditinstitute mit Gründerzentren in die Wahl einzubeziehen. Gründungswillige sollten auf eine Beratung durch Fachleute bestehen. Eine erkennbare Auseinandersetzung mit der Geschäftsidee und nicht nur mit dem Finanzierungsplan, muss dabei ersichtlich werden. Im Hinblick auf Informationsbereitstellung und Beratung bezüglich wichtiger Teilaspekte im Rahmen der Konzeptionsarbeit (Markt, Konkurrenz, Standort, Rechtsform etc.) wird der potenzielle Gründer keine wesentliche Hilfe von der Bank erwarten dürfen. Die Einbindung des Kreditinstitutes in ein Beraternetzwerk im Wege der Kooperation dürfte dabei für die Bank eine sinnvolle Strategie sein, von der ein Gründer profitieren kann.

In den ersten beiden Phasen wird der oft sehr hohe Beratungsbedarf durch Banken und Sparkassen – oft bewusst – nicht ausreichend befriedigt, sicherlich auch deswegen, weil sie sich nicht in der Rolle eines Unternehmensberaters sehen und deshalb vielfach auch das notwendige Know how nicht vorhanden ist. Mit der Beurteilung des Business Plans setzt sich der Bankberater oft zum ersten Mal tiefer mit dem Projekt auseinander. Der Gründer muss nicht nur von der eigenen Idee überzeugt, ja begeistert sein, er muss vor allem auch auf die Schlüssigkeit seines Geschäftsplanes achten. Die Kenntnis des eigenen Marktes und Konkurrenzumfeldes ist dabei Grundvoraussetzung. Der größte Teil der Konzeptionsarbeit ist vor der Beratung – ob mit oder ohne Coach – zu leisten.

In vielen Banken und Sparkassen sind die Abläufe aus unterschiedlichen Gründen nicht effizient. Der Prozess der Kreditentscheidung ist stark uneinheitlich und oft wenig transparent. Oft werden die Gründungswilligen buchstäblich „auf die lange Bank geschoben". Hier gilt es für den potenziellen Existenzgründer umgehend nachzuhaken.

In den späteren Phasen der Gründungsphase i.e.S. und der Frühentwicklungsphase wächst der Kapitalbedarf zum Teil sprunghaft an. Gründer sollten hier darauf achten, dass die Kreditinstitute stets auch die Nutzung von öffentlichen Fördermitteln in ihr Finanzierungskonzept einbauen. Dies geschieht – wie gezeigt – durchaus nicht regelmäßig. Auch sollte selbstverständlich auf eine sachgerechte Finanzierungsstruktur (i.S. einer Fristenkongruenz) geachtet werden. Auch hier werden in der Praxis sehr häufig Fehler begangen.

Wie die Ausführungen gezeigt haben, darf der Existenzgründungswillige mit zunehmender Konkretisierung seines Projektes umfangreichere Hilfestellung seitens der Kreditinstitute erwarten, die er i.d.R. auch erhält. Unrealistische Erwartungen über die Haltung der Kreditinstitute insbesondere in der frühen Phase, wo die größten Unsicherheiten existieren, gepaart mit fehlenden Sicherheiten sind jedoch unangebracht. Hat der potenzielle Existenzgründer ein zukunftsfähiges Konzept, braucht ihm vor einem Bankgespräch unter den folgenden Voraussetzungen nicht Bange zu sein: Mit einer gezielten Vorbereitung – z.B. im Hinblick auf mögliche Fragen –, einer fundierten Marktkenntnis, einer anschaulichen Präsentation des mit konkreten Daten gefüllten Geschäftsplanes sowie einer nicht-devoten, selbstbewussten Haltung (als Kunde, nicht als Bittsteller!) gegenüber den Bankern, ist das Fundament für ein erfolgreiches Bankgespräch gelegt.

Anmerkungen

(1) Vgl. zu den gesamtwirtschaftlichen Wirkungen von Unternehmensgründungen WIMMER, R., Regionale Hemmnisse in der Gründungs- und Frühentwicklungsphase, 1996, S. 6ff.

(2) Vgl. hierzu ALBACH, H., Rahmenbedingungen für Existenzgründungen in Deutschland, in: ZfB, Heft 4/1997, S. 444ff.; ders. Unternehmensgründungen in Deutschland – Potentiale und Lücken, in: DStR, Heft 26/1998, S. 988ff.

(3) So das Ergebnis einer Umfrage des Bundesverbandes der Volks- und Raiffeisenbanken unter 400 Jungunternehmern, die seit zwei bis vier Jahren am Markt tätig sind. Vgl. Impulse/Gründerzeit, Sonderheft 1/1999, S. 64.

(4) Vgl. zu den Anbietern von Gründungsleistungen ENGELMANN, A., Das Inkubationsprinzip, in: Finanz Betrieb, Heft 5/2000, S. 329ff.

(5) Mit diesem Aufsatz wird nicht der Anspruch erhoben, eine *repräsentative* Studie über die Tätigkeiten der Kreditinstitute des Sparkassen- und Genossenschaftsbanksektors vorzulegen.

(6) Zur Typologie der Unternehmensgründung vgl. WIMMER, R., Regionale Hemmnisse in der Gründungs- und Frühentwicklungsphase, 1996, S. 43ff.

(7) Wird ein Betrieb neu gegründet, so muss dieser von Grund auf errichtet werden, und die Beziehungen zwischen Kunden und Lieferanten sind erst aufzubauen. Das Gründungsrisiko ist hier besonders hoch. Der Vorteil dieser Gründungsart besteht darin, dass man das Unternehmen nach seinen persönlichen Vorstellungen aufbauen kann. Von Nachteil ist es, wenn starke persönliche Beziehungen zwischen Kunde und Unternehmer bestehen oder das Unternehmen austauschbare Erzeugnisse vertreibt. Der Unternehmer muss dann erst durch viele Kundenbesuche seinen Kundenstamm aufbauen, was viel Zeit in Anspruch nimmt. Die Geschäfts- oder Betriebsübernahme ist die einfachere Form der Gründung. Hierbei verfügt man bereits über eingearbeitete Mitarbeiter, Geschäftsräume und über einen festen Kundenstamm. Diese Gründungsart wird dann gewählt, wenn der Unternehmensgründer über ausreichend Eigenkapital verfügt und Anlaufschwierigkeiten in seinem Unternehmen vermeiden will. In bestimmten Branchen, wie z.B. im Bürofachhandel, ist die Geschäfts- oder Betriebsübernahme vorteilhaft, da zwischen Kunde und Unternehmer ein enges persönliches Verhältnis besteht. Sieht der Existenzgründer dann ein bestimmtes Unternehmen für den Kauf vor, so müssen zuvor noch viele Kriterien überprüft werden. So ist z.B. die vergangene und erwartete Umsatz- und Ertragsentwicklung gegenüberzustellen, die Leistungsfähigkeit der vorhandenen Maschinen und deren technischer Stand zu überprüfen, die Qualifikation und Motivation der Mitarbeiter zu hinterfragen, die Größe des Kundenstamms zu bestimmen, der Ruf des Unternehmens und der Erzeugnisse herauszufinden sowie der Standort und die Branche bezüglich langfristiger Existenz zu prüfen. Hat man diese Kriterien überprüft, so entscheidet letztendlich

nur der Kaufpreis bzw. die über den Kauf hinaus erforderlichen Zahlungen über den Erwerb des Unternehmens.

(8) Ursprünglich war das Geschäft mit Mittelständlern eine Domäne der Sparkassen und Kreditgenossenschaften. Im Firmenkundengeschäft ist seit geraumer Zeit allerdings bei allen großen Bankengruppen eine Hinwendung zum mittelständischen Segment zu beobachten. Auch die Groß- und Regionalbanken haben ihr Geschäft von großen Firmenkunden auch auf Mittelständler ausgedehnt.

(9) SCHRÖDER, J., Der moderne Förderauftrag im Gründungsgeschäft, 1997, S. 38.

(10) Vgl. ECKERT, W., Das Gründungsgeschäft der Banken, 1990, S. 16f.

(11) Vgl. zum Risikogehalt des Existenzgründungsgeschäfts LOMPE, K. u.a., Existenzgründungen, Risikokapital und Region, 1998, S. 13 m.w.N.

(12) Vgl. zur Messung des Erfolges über eine Life-cycle-orientierte Kontokalkulation KNÖBEL, U., Kundenwertmanagement im Retail Banking, 1997, S. 116ff., 152ff.

(13) Diese Daten stammen vom DtA-Förderreport 1998, S. 5. Vgl. Stadtsparkasse München (Hrsg.), Existenzgründungen am Standort München, 2000, S. 6.

(14) Vgl. IFF (Hrsg.), Existenzgründungen – Zugang zu Bankkrediten und Beratungsqualität. Empirische Studie des IFF im Auftrag des Stern (Sept. 1998), in: http://www.iff-hamburg.de/2/stern.html

(15) Vgl. hierzu GÖNNER, M., Firmenkundenbetreuung und Mittelstandsberatung, in: BI/GF, Heft 5/1998, S. 22ff.; LANDROCK, R., Sparkassen-Unternehmensberatung gewinnt immer mehr an Bedeutung, in: Sparkasse, Heft 3/1995, S. 139ff. mit einem Überblick über die Unternehmensberatungsgesellschaften der Sparkassenorganisation. SCHÄFER, H., Banken als Unternehmensberater, in: Die Bank, Heft 6/1993, S. 323ff.

(16) Vgl. hierzu auch PISCHULTI, P., Existenzgründungsberatung als Bankdienstleistung, 1989, S. 13ff.

(17) Vgl. zur bankbetrieblichen Gründungsberatung ECKERT, W., Das Gründungsgeschäft der Banken, 1990, S. 81ff.

(18) Quelle, BENSCH, D., Problemperzeption und Beratungsbedarf bei der Unternehmensgründung, 1992, S. 38

(19) Vgl. ECKERT, W., Das Gründungsgeschäft der Banken, 1990, S. 29ff.

(20) Vgl. ebd., S. 79ff.

(21) Vgl. hierzu ARNOLD, J., Existenzgründung – Von der Idee zum Erfolg!, 2. Aufl., 1997, S. 141ff.

(22) Vgl. ebd., S. 22ff.

(23) Vgl. BOTTERMANN, L., TEC NET – eine innovative Kooperation, in: BI/GF, Heft 9/1999, S. 33ff.

(24) Vgl. IFF (Hrsg.), Existenzgründungen – Zugang zu Bankkrediten und Beratungsqualität. Empirische Studie des IFF im Auftrag des Stern (Sept. 1998), in: http://www.iff-hamburg.de/2/stern.html.

(25) Vgl. Stadtsparkasse München (Hrsg.), Existenzgründungen am Standort München, 2000, S. 9.

(26) Vgl. die Übersicht der Beratungsstellen in http://www.dta.de/services/index.html.

(27) Vgl. DIETERLE, W./WINKLER, E., Unternehmensgründung – Handbuch des Gründungsmanagements, 1992, S. 329.

(28) Vgl. die Nachweise bei SCHRÖDER, J., Der moderne Förderauftrag im Gründungsgeschäft, 1997, S. 66.

(29) Zur Frage, ob die *Unternehmereigenschaft* angeboren sei, ob sie über Lebenswelteinflüsse geprägt, also sozialisiert wird oder ob man gar via Ausbildung Unternehmereigenschaften erlernen kann, wird diskutiert bei ANDERSECK, K., „born or made" – Der Weg zum Unternehmensgründer, 2000.

(30) Vgl. HÜCKER, G./SCHERER, K., Das systematische Assessment des persönlichen Potenzials von Unternehmensgründern, in: Finanz Betrieb 7-8/2000, S. 534ff. Man kann das Profil des persönlichen Potenzials differenzieren in den kongnitiven, den motivationalen, den emotionalen, den interpersonalen und den professionellen Bereich.

(31) Vgl. HUNDSDIECK, D./MAY-STROBL, E., Entwicklungslinien und Entwicklungsrisiken neugegründeter Unternehmen, 1986, S. 50.

(32) Vgl. hierzu MÜLLER, A., Wenn Tüftler Unternehmen gründen. Kein Patent auf Erfolg, in: HB v. 27./28.8.1999, S. K12.

(33) Vgl. ISFAN, K. u.a., Entwicklung und Transfer von Gründungsideen, IfM-Materialien Nr. 141, 2000.

(34) Vgl. ECKERT, W., Das Gründungsgeschäft der Banken, 1990, S. 141.

(35) Vgl. z.B. die Checkliste für Existenzgründer bei der Berliner Sparkasse, http://www.berliner-sparkasse.de.

(36) Vgl. Gründungsideen – brachliegende Ressource in Deutschland? Untersuchung zum systematischen Ideentransfer, in: http://www.ifm-bonn-org/ergebnis/141.htm v. 22.9.2000.

(37) Weitere Gründerinitiativen sind z.B. GET UP Thüringen, H.E.I. (Hamburg), GO (NRW), Exis Sachsen, Existenzgründer-Institut Berlin: Dresden exists, Gründer Support Ruhr, ExZet Stuttgart, Existenzgründer-Werkstatt Trier, vgl. die Übersicht bei Impulse/Gründerzeit, Sonderheft 1/1999, S. 68f.

(38) Vgl. STRATEGO, Gründerzeit in Brandenburg, Ausgabe Oktober 2000, S. 2.

(39) Vgl. zum Gründungskonzept und den wesentlichen Bestandteilen PISCHULTI, P., Existenzgründungsberatung als Bankdienstleistung, 1989, S. 38ff. sowie ARNOLD, J., Existenzgründung – Vor der Idee zum Erfolg!, 2. Aufl., 1997, S. 267ff.

(40) Vgl. zum Konzept des erweiterten Standortes ARNOLD, J., Existenzgründung – Vor der Idee zum Erfolg!, 2. Aufl., 1997, S. 75ff. sowie die Ausführungen zur regionalen Standortanalyse S. 233ff.

(41) Vgl. HUNDSDIECK, D./MAY-STROBL, E., Entwicklungslinien und Entwicklungsrisiken neugegründeter Unternehmen, 1986, S. 103f.

(42) So auch PISCHULTI, P., Existenzgründungsberatung als Bankdienstleistung, 1989, S. 39.

(43) Vgl. SCHULTE, R., Das Risikoverhalten von Banken gegenüber Existenzgründungen, in: RIDINGER, R./WEISS, P. (Hrsg.), Existenzgründungen und dynamische Wirtschaftsentwicklung, 1999, S. 98.

(44) Vgl. http://www.adt-online-de.

(45) Vgl. ARNOLD, J., Existenzgründung – Vor der Idee zum Erfolg!, 2. Aufl., 1997, S. 222ff.

(46) MÜLLER, B./GEISER, A., Existenzgründungsfinanzierung aus Sicht der Sparkassen, in: Sparkasse, Heft 6/1999, S. 272.

(47) Vgl. IFF (Hrsg.), Existenzgründungen – Zugang zu Bankkrediten und Beratungsqualität. Empirische Studie des IFF im Auftrag des Stern (Sept. 1998), in: http://www.iff-hamburg.de/2/stern.html.

(48) Vgl. GRIMM, H., Existenzgründungen in den neuen Bundesländern, 1997, S. 105.

(49) Die Überlebenschancen sinken auf nur 50%, wenn diese Hilfen nicht in Anspruch genommen werden. Vgl. BOLM, P., Prall gefüllte Fördertöpfe, in: Der Tagesspiegel v. 5.5.1999.

(50) Siehe hierzu die auf Motivationssteigerung und aktionsorientierte (Selbst-)Lernprozesse abzielenden *partizipativen Trainingsprogramme*, die abzugrenzen sind von den sog. *konventionellen* Trainingskonzepten, welche die betriebswirtschaftlichen und Management-Kompetenzen der potenziellen Existenzgründer zu verbessern versuchen. Vgl. BRAUN, G., Von der Idee zum Erfolg, Partizipative Trainingskonzepte für Existenzgründer, 1997.

(51) Vgl. zum Aufbau eines Businessplans z.B. GEIGENBERGER, I., Risikokapital für Unternehmensgründer, 1999, S. 58ff.

(52) http://www.haspa.de.

(53) Eine Alternative im Raum Berlin/Brandenburg ist der *Business Plan-Wettbewerb*, mit dem man sich vorwiegend an Studierende richtet. Vgl. Einzelheiten hierzu unter http://www.b-p-w.de.

(54) Start-up gibt eine Mappe heraus und leitet die angehenden Unternehmer durch die einzelnen Phasen hindurch, wie auch durch die Phase des Businessplans. Durch Vordrucke für die Liquiditätsplanung, Rentabilitätsvorschau, den Kapitalbedarfsplan und die Planungsübersicht (nur für den Nachfolger) werden die Jungunternehmer auf die anstehenden Einnahmen und Ausgaben aufmerksam gemacht. Eine CD-ROM „Start*Up* – Kalkulationssoftware" hilft beim Kalkulieren der Kosten.

(55) Zu den Sicherheitsarten, die im Zusammenhang mit Gründungsdarlehen besonders relevant sind, vgl. MÜLLER, B./GEISER, A., Existenzgründungsfinanzierung aus Sicht der Sparkassen, in: Sparkasse, Heft 6/1999, S. 272. Dabei stehen Bürgschaften, Sicherungsübereignungen und Lebensversicherungen im Vordergrund.

(56) Gewerbetreibende unterliegen dem Gewerberecht, das in der Gewerbeordnung (GewO) geregelt ist. Die Ausübung ihrer Tätigkeit schreibt eine Zulassung vor. Erst mit dieser Zulassung kann das Gewerbe beim zuständigen Gewerbeamt der Stadt oder Gemeinde angemeldet werden. Dafür ist die Vorlage des Personalausweises bzw. der Handelsregistereintragung notwendig. Die Gewerbetreibenden werden somit von der Industrie- und Handelskammer überwacht und entrichten entsprechend einen Kammerbeitrag.

(57) Handwerker hingegen benötigen zur Ausübung ihrer handwerklichen Tätigkeit die Ablegung der Meisterprüfung. Erst wenn diese Voraussetzung erfüllt ist, wird das Unternehmen in die Handwerksrolle eingetragen. Die Tätigkeit wird von der jeweiligen Handwerkskammer überwacht

(58) Vgl. PISCHULTI, P., Existenzgründungsberatung als Bankdienstleistung, 1989, S. 87.

(59) Vgl. DAFERNER, S., Eigenkapitalausstattung von Existenzgründungen, 2000, S. 63.

(60) Quelle: www.focus.de/D/DB/DBY/DBY12/DBY12A/DBY12AA/dby12aa.htm.

(61) Vgl. hierzu den Überblick über die Finanzierungsstruktur von Gründungsunternehmen bei WIMMER, R., Regionale Hemmnisse in der Gründungs- und Frühentwicklungsphase, 1996, S. 217f.

(62) Vgl. die Nachweise bei HÜFNER, P./MAY-STROBL, E./PAULINI, M., Mittelstand und Mittelstandspolitik in den neuen Bundesländern, Unternehmensgründungen, 1992, S. 131.

(63) Quelle, http://www.focus.de/D/DB/DBY/DBY12/DBY12A/dby12a.htm.

(64) In 1997 waren dies 77.000 Arbeitslose. Vgl. oV., Die Zurückhaltung der Banken ist ein Gründungshindernis, in: HB v. 23.4.1998. Vgl. auch STRUCK, J., Gründungsfinanzierung und Überbrückungsgeld – zwei Förderansätze, eine Zielgruppe?, in: DtA (Hrsg.), 1998.

(65) Vgl. zur Bestimmung des Kapitalbedarfs HERZ, P., Geldquellen für Existenzgründer, 1997, S. 43ff.

(66) Zu den Kreditarten vgl. EGGER, U.-P., Optimale Finanzierung für Existenzgründer und Kleinunternehmer, 1999, S. 71ff.

(67) Vgl. zu den Anforderungen an die Sicherheiten WIMMER, R., Regionale Hemmnisse in der Gründungs- und Frühentwicklungsphase, 1996, S. 225f.

(68) DAFERNER, S., Eigenkapitalausstattung von Existenzgründungen, 2000, S. 65. Vgl. auch DIW, Wochenbericht 11/1998, S. 3.

(69) Vgl. SCHULTE, R., Das Risikoverhalten von Banken gegenüber Existenzgründungen, in: RIDINGER, R./WEISS, P. (Hrsg.), Existenzgründungen und dynamische Wirtschaftsentwicklung, 1999, S. 104.

(70) Ebd. S. 101.

(71) Vgl. z.B. Bürgschaftsbank NRW GmbH in Neuss oder Bürgschaftsbank Brandenburg, Potsdam.

(72) Vgl. DECKEN, U.-W., Verstärkt Start-ups aus dem Osten zu erwarten, in: BZ v. 13.5.2000.

(73) GÖNNER, M., Die Existenzgründung – aktives Beziehungsmanagement und genossenschaftliche Förderung, in: BI/GF, Heft 8/1999, S. 28.

(74) Vgl. MÜLLER, B./GEISER, A., Existenzgründungsfinanzierung aus Sicht der Sparkassen, in: Sparkasse, Heft 6/1999, S. 274.

(75) Vgl. den Überblick zu den Zielen und Wirkungen von Gründungsförderprogrammen WIMMER, R., Regionale Hemmnisse in der Gründungs- und Frühentwicklungsphase, 1996, S. 388ff.

(76) Vgl. die Übersicht bei DREESBACH, B., Auf dem Sprung in die Selbständigkeit, in: Bank Magazin: Heft 8/1997, S. 15f.

(77) Vgl. HAHN, D./ESSER, K. (Hrsg.), Unternehmensgründungen. Wege in die Selbständigkeit, Chancen für innovative Unternehmen, 1999, S. 118ff.

(78) Vgl. ebd., S. 125.

(79) Vgl. die Übersicht in der Investitionsbank-Homepage des Landes Brandenburg http://www.ilb.de.

(80) PLUM, W., Finanzierungen für junge Unternehmer leicht gemacht (?), in: Finanz Betrieb, Heft 9/1999, S. 276.

(81) Vgl. KULICKE, M., Technologieorientierte Unternehmen in der Bundesrepublik Deutschland, 1987, S. 195ff.

(82) Vgl. zum Antragsweg für öffentliche Förderprogramme RASNER, C./FÜSER, K./FAIX, W., Das Existenzgründerbuch – Von der Geschäftsidee zum sicheren Geschäftserfolg, 2. Aufl., 1997, S. 243.

(83) GENOssenschaftlicher STAatshilfen-Ratgeber.

(84) Vgl. GROLL, M./CURTI, F., Gründungsfinanzierung innovativer Unternehmen, in: BFuP, Heft 3/1998, S. 287.

(85) Vgl. MÜLLER, B./GEISER, A., Existenzgründungsfinanzierung aus Sicht der Sparkassen, in: Sparkasse, Heft 6/1999, S. 274.

(86) Vgl. ARNOLD, J., Existenzgründung – Vor der Idee zum Erfolg!, 2. Aufl., 1997, S. 323.

(87) Vgl. SCHULTE, R., Das Risikoverhalten von Banken gegenüber Existenzgründungen, in: RIDINGER, R./WEISS, P. (Hrsg.), Existenzgründungen und dynamische Wirtschaftsentwicklung, 1999, S. 104.

(88) Vgl. IFF (Hrsg.), Existenzgründungen – Zugang zu Bankkrediten und Beratungsqualität. Empirische Studie des IFF im Auftrag des Stern (Sept. 1998), in: http://www.iff-hamburg.de/2/stern.html.

(89) Vgl. LOMPE, K. u.a., Existenzgründungen, Risikokapital und Region, 1998, S. 57.

(90) Vgl. Vgl. MÜLLER, B./GEISER, A., Existenzgründungsfinanzierung aus Sicht der Sparkassen, in: Sparkasse, Heft 6/1999, S. 274.

(91) Für den von der „Hausbank" zu finanzierenden Anteil bei öffentlichen Kreditprogrammen ab einer bestimmten Größenordnung der Kreditbeträge wird ein effektiver Jahreszins von 6,93% (6,75% p.a. Nominalzins) bei 100%iger Auszahlung und einem tilgungsfreien Jahr fest für die gesamte fünfjährige Laufzeit verlangt. Stand 02/2000, Einzelheiten hierzu s. http://www.berliner-volksbank.de/firmenkunden/finanzierungen/.

(92) Vgl. DAFERNER, S., Eigenkapitalausstattung von Existenzgründungen, 2000, S. 66f.

(93) Die Finanzierungsproblematik wird zusätzlich durch Liquiditätsprobleme verschärft, die durch Einräumung von Zahlungszielen, hohen Außenständen und nicht zuletzt Forderungsausfällen hervorgerufen werden.

(94) Vgl. HUNDSDIECK, D./MAY-STROBL, E., Entwicklungslinien und Entwicklungsrisiken neu gegründeter Unternehmen, 1986, S. 98.

(95) WIMMER, R., Regionale Hemmnisse in der Gründungs- und Frühentwicklungsphase, 1996, S. 408.

(96) Vgl. IFF (Hrsg.), Existenzgründungen – Zugang zu Bankkrediten und Beratungsqualität. Empirische Studie des IFF im Auftrag des Stern (Sept. 1998), in: http://www.iff-hamburg.de/2/stern.html.

(97) Vgl. IFF (Hrsg.), IFF-Tipp Unternehmensfinanzierung, Handlungsanleitung für Gründer, in: http://www.iff-hamburg.de/2/gruender.html.

(98) Zum Lebenszykluskonzept der VC-Finanzierung vgl. EBERT, E., Startfinanzierung durch Kreditinstitute. Situationsanalyse und Lösungsansätze, 1998, S. 19ff.

(99) Vgl. hierzu BETSCH, O./GROH, A./SCHMIDT, K., Gründungs- und Wachstumsfinanzierung innovativer Unternehmen, 2000, S. 77.

(100) Vgl. http://www.bvk-ev.de/fakten/fakten.cfm.

(101) Vgl. BETSCH, O./GROH, A./SCHMIDT, K., Gründungs- und Wachstumsfinanzierung innovativer Unternehmen, 2000, S. 74.

(102) Vgl. http://www.bvk-ev.de/fakten/fakten.cfm.

(103) Vgl. GEIGENBERGER, I., Risikokapital für Unternehmensgründer, 1999, S. 105ff.

(104) Vgl. LAND, G., Stark steigendes Engagement in der Sparkassen-Beteiligungsfinanzierung, in: Sparkasse, Heft 7/1998, S. 314f.

(105) Vgl. NOLTE, B./STUMMER, F., Die Beteiligungskapitalgesellschaften der Sparkassen auf dem deutschen Venture-Capital-Markt, in: ZfgKW, Heft 18/2000, S. 1066.

(106) Ebd. S. 1066.

(107) Vgl. SCHÄFER, B./GERDIKEN, S., Das Beteiligungsgeschäft – ein neues strategisches Geschäftsfeld für die Sparkassen, in: Sparkasse, Heft 6/2000, S. 239ff.; KRÄMER, H.-P., Wagniskapital von der Großsparkasse, ein echtes Geschäftsfeld oder eine edle Tat?, in: ZfgKW, Heft 5/1998, S. 221ff.

(108) Vgl. auch KARY, H., Wirtschaftsförderung am Beispiel der Venture-Finanzierung einer Sparkasse, in: Sparkasse, Heft 2/2000, S. 68ff. mit einem Beispiel aus der Region Freiburg – Nördlicher Breisgau.

(109) Vgl. RBB, Eigenkapital für den Mittelstand, Görlitz 1999, http://www.rbb-beteiligungen.de.

(110) Vgl. http://www.s-ubg.de vom 9.10.2000.

(111) Vgl. SCHRÖDER, J., Der moderne Förderauftrag im Gründungsgeschäft, 1997, S. 196f.

(112) Vgl. PAHLEN, D., WGZ Venture-Capital Gesellschaft, Erwartungen an ein junges Unternehmen, in: ZfgKW, Heft 5/1998, S. 224f.

Literatur

ALBACH, H., Rahmenbedingungen für Existenzgründungen in Deutschland, in: ZfB, Heft 4/1997, S. 444ff.

ALBACH, H., Unternehmensgründungen in Deutschland – Potentiale und Lücken, in: DStR, Heft 26/1998, S. 988ff.

ANDERSECK, K., „born or made" – Der Weg zum Unternehmensgründer, FernUniversität Hagen, Diskussionsbeitrag Nr. 281, Januar 2000.

ARNOLD, J., Existenzgründung – Vor der Idee zum Erfolg!, 2. Aufl., Würzburg 1997.

BENSCH, D., Problemperzeption und Beratungsbedarf bei der Unternehmensgründung, Wien 1992.

BETSCH, O./GROH, A./SCHMIDT, K., Gründungs- und Wachstumsfinanzierung innovativer Unternehmen, München-Wien 2000.

BITZ, M., Finanzdienstleistungen, München, 1993.

BOLM, P., Prall gefüllte Fördertöpfe, in: Der Tagesspiegel v. 5.5.1999.

BOTTERMANN, L., TEC NET – eine innovative Kooperation, in: BI/GF, Heft 9/1999, S. 33ff.

BRAUN, G., Von der Idee zum Erfolg, Partizipative Trainingskonzepte für Existenzgründer, in: Rostocker Arbeitspapiere zu Wirtschaftsentwicklung und Human Resource Development, 8/1997.

DAFERNER, S., Eigenkapitalausstattung von Existenzgründungen, Sternenfels 2000

DECKEN, U.-W., Verstärkt Start-ups aus dem Osten zu erwarten, in: BZ v. 13.5.2000.

DIETERLE, W.K./WINKLER, E. (Hrsg.), Unternehmensgründung – Handbuch des Gründungsmanagements, München 1990.

Deutsches Institut für Wirtschaftsforschung, DIW (Hrsg.), Wochenbericht 11/1998, S. 3ff.

DREESBACH, B., Auf dem Sprung in die Selbständigkeit, in: Bank Magazin: Heft 8/1997, S. 15f.

EBERT, E., Startfinanzierung durch Kreditinstitute. Situationsanalyse und Lösungsansätze, Sternenfels 1998.

ECKERT, W., Das Gründungsgeschäft der Banken, Frankfurt/M. u.a. 1990.

EGGER, U.-P., Optimale Finanzierung für Existenzgründer und Kleinunternehmer, Würzburg 1999.

ENGELMANN, A., Das Inkubationsprinzip – Ein ganzheitlicher Ansatz zur Unterstützung der Existenzgründung, in: Finanz Betrieb, Heft 5/2000, S. 329ff.

GEIGENBERGER, I., Risikokapital für Unternehmensgründer, München 1999.

GÖNNER, M., Firmenkundenbetreuung und Mittelstandsberatung, in: BI/GF, Heft 5/1998, S. 22ff.

GÖNNER, M., Die Existenzgründung – aktives Beziehungsmanagement und genossenschaftliche Förderung, in: BI/GF, Heft 8/1999, S. 26ff.

GRIMM, H., Existenzgründungen in den neuen Bundesländern, die Transformations- und Modernisierungsimpulse kleiner und mittlerer Unternehmen in den neuen Bundesländern unter besonderer Berücksichtigung des Landes Brandenburg, Frankfurt/M./Berlin u.a. 1997.

GROLL, M./CURTI, F., Die Rolle der Kreditgenossenschaften bei der Gründungsfinanzierung innovativer Unternehmen, in: BFuP, Heft3/1998, S. 279ff.

HAHN, D./ESSER, K. (Hrsg.), Unternehmensgründungen, Wege in die Selbständigkeit, Chancen für innovative Unternehmen, Schriftenreihe der Schmalenbach-Gesellschaft für Betriebswirtschaft e.V., Stuttgart, 1999.

HERZ, P., Geldquellen für Existenzgründer, Regensburg-Bonn 1997.

HÜCKER, G. /SCHERER, K., Das systematische Assessment des persönlichen Potenzials von Unternehmensgründern, in: Finanz Betrieb 7-8/2000, S. 534ff.

HÜFNER, P./MAY-STROBL, E./PAULINI, M., Mittelstand und Mittelstandspolitik in den neuen Bundesländern, Unternehmensgründungen, Stuttgart 1992.

HUNDSDIECK, D./MAY-STROBL, E., Entwicklungslinien und Entwicklungsrisiken neugegründeter Unternehmen, Stuttgart 1986.

IFF – Institut für Finanzdienstleistungen, Hamburg (Hrsg.), Existenzgründungen – Zugang zu Bankkrediten und Beratungsqualität. Empirische Studie des IFF im Auftrag des Stern (Sept. 1998).

ISFAN, K. u.a., Entwicklung und Transfer von Gründungsideen, IfM-Materialie Nr. 141, Bonn 2000.

KARY, H., Wirtschaftsförderung am Beispiel der Venture-Finanzierung einer Sparkasse, in: Sparkasse, Heft 2/2000, S. 68ff.

KNÖBEL, U., Kundenwertmanagement im Retail Banking. Kundenprofitabilitätsanalyse und Customer-Life-Cycle Costing am Beispiel einer Universalbank, Diss. St. Gallen 1997.

KRÄMER, H.-P., Wagniskapital von der Großsparkasse, ein echtes Geschäftsfeld oder eine edle Tat?, in: ZfgKW, Heft 5/1998, S. 221ff.

KULICKE, M., Technologieorientierte Unternehmen in der Bundesrepublik Deutschland. Eine empirische Untersuchung der Strukturbildungs- und Wachstumsphase von Neugründungen, Frankfurt/M. u.a. 1987.

LAND, G., Stark steigendes Engagement in der Sparkassen-Beteiligungsfinanzierung, in: Sparkasse, Heft 7/1998, S. 314f.

LANDROCK, R., Sparkassen-Unternehmensberatung gewinnt immer mehr an Bedeutung, in: Sparkasse, Heft 3/1995, S. 139ff.

LOMPE, K. u.a., Existenzgründungen, Risikokapital und Region, Baden-Baden 1998.

MÜLLER, A., Wenn Tüftler Unternehmen gründen. Kein Patent auf Erfolg, in: HB v. 27./28.8.1999, S. K12.

MÜLLER, B./GEISER, A., Existenzgründungsfinanzierung aus Sicht der Sparkassen, in: Sparkasse, Heft 6/1999, S. 272ff.

NOLTE, B./STUMMER, F., Die Beteiligungskapitalgesellschaften der Sparkassen auf dem deutschen Venture-Capital-Markt, in: ZfgKW, Heft 18/2000, S. 1066f.

PAHLEN, D., WGZ Venture-Capital Gesellschaft, Erwartungen an ein junges Unternehmen, in: ZfgKW, Heft 5/1998, S. 224f.

PISCHULTI, P., Existenzgründungsberatung als Bankdienstleistung, Berlin 1989.

PLUM, W., Finanzierungen für junge Unternehmer leicht gemacht (?), in: Finanz Betrieb, Heft 9/1999, S. 274ff.

RASNER, C./FÜSER, K./FAIX, W.G., Das Existenzgründerbuch – Von der Geschäftsidee zum sicheren Geschäftserfolg, 2. Aufl., Landsberg am Lech 1997.

RIDINGER, R./WEIß, P. (Hrsg.), Existenzgründungen und dynamische Wirtschaftsentwicklung, Berlin 1999.

SCHÄFER, B./GERDIKEN, S., Das Beteiligungsgeschäft – ein neues strategisches Geschäftsfeld für die Sparkassen, in: Sparkasse, Heft 6/2000, S. 239ff.

SCHÄFER, H., Banken als Unternehmensberater, in: Die Bank, Heft 6/1993, S. 323ff.

SCHRÖDER, J., Der moderne Förderauftrag im Gründungsgeschäft, Münster 1997.

SCHULTE, R., Das Risikoverhalten von Banken gegenüber Existenzgründungen, in: RIDINGER, R./WEISS, P. (Hrsg.), Existenzgründungen und dynamische Wirtschaftsentwicklung, Berlin 1999.

Stadtsparkasse München (Hrsg.), Existenzgründungen am Standort München, 2000, S. 9.

STRUCK, J., Gründungsfinanzierung und Überbrückungsgeld – zwei Förderansätze, eine Zielgruppe?, in: DtA (Hrsg.), Bonn-Bad Godesberg 1998.

WIMMER, R., Regionale Hemmnisse in der Gründungs- und Frühentwicklungsphase, Dortmund 1996.

Internet-Adressen:

http://www.adt-online-de.
http://www.berliner-sparkasse.de.
http://www.berliner-volksbank.de/firmenkunden/finanzierungen/
http://www.b-p-w.de.
http://www.bvk-ev.de.
http://www.dta.de/services/index.html.
http://www.focus.de/D/DB/DBY/DBY12A/DBY12AA/dby12a.htm.
http://www.haspa.de.
http://www.iff-hamburg.de/2/stern.html.
http://www.ifm-bonn-org/ergebnis/141.htm.
http://www.ilb.de.
http://www.rbb-beteiligungen.de.
http://www.s-ubg.de.

Zur Kreditwürdigkeitsprüfung bei innovativen Technologieunternehmen

Wilhelm Schmeisser

1 Zur wirtschaftlichen Bedeutung von innovativen Existenzgründungen

Die Leistungen junger Technologieunternehmen in den USA an der Entstehung und Weiterentwicklung einzelner High-Tech-Industrien haben dazu geführt, dass in der Bundesrepublik seit Anfang der achtziger Jahre die technologieorientierten Unternehmensgründungen zunehmend Beachtung in der Innovationspolitik auf Bundes- und Länderebene fanden. Durch gezielt betriebene Innovationspolitik entstanden Erfinderzentren, Technologieparks und Innovationsberatungsstellen, um insbesondere kleinen und mittelständischen Unternehmen zu helfen, ihre Ideen technisch und wirtschaftlich zu realisieren (1). Gemäß LICHT/NERLINGER ist die Anzahl von Unternehmen, Beschäftigten und Gründungen in Hochtechnologie-Branchen in der ersten Hälfte der neunziger Jahre eher rückläufig. Aufgrund dieser Entwicklung und der großen Bedeutung innovativer Unternehmen für die Verbreitung neuer Technologien wurden in den meisten EU-Mitgliedsländern spezielle Förderprogramme gestartet, die die Gründungen in diesem Bereich stimulieren sollen (2). Die Vermittlung der Förderprogramme erfolgt durch die Hausbank. Dieses Hausbankprinzip hat aber auch zur Folge, dass die Hausbank für alle gewährten Finanzierungshilfen außer der Eigenkapitalhilfe im Obligo steht. Daher erfolgt eine sorgfältige Auswahl der Gründungsvorhaben, die durch die Bank begleitet werden (3).

2 Zur Entstehung von innovativen Technologieunternehmen

Nach PICOT/LAUB//SCHNEIDER (4) liegt die Besonderheit von innovativen Unternehmensgründungen in dem Neuheitsgrad der Problemlösung, der den gesamten Umsetzungsprozess beeinflusst. Danach ist es um so schwieriger, die Gründungsidee, die Gründerperson und die Gründerorganisation zu beurteilen, je ausgeprägter der Neuigkeitsgrad der Problemlösung ist. Bei der Bewertung des Unternehmens ist es notwendig zu wissen, in welcher Phase des Entstehungsprozesses sich das Unternehmen befindet (5). Die Abbildung 1 skizziert das Innovations-Prozess-Zyklus-Modell. In der Literatur (6) wird der Wachstumszyklus eines innovativen Technologieunternehmens in die folgenden Investitions- und Finanzierungsphasen unterschieden:

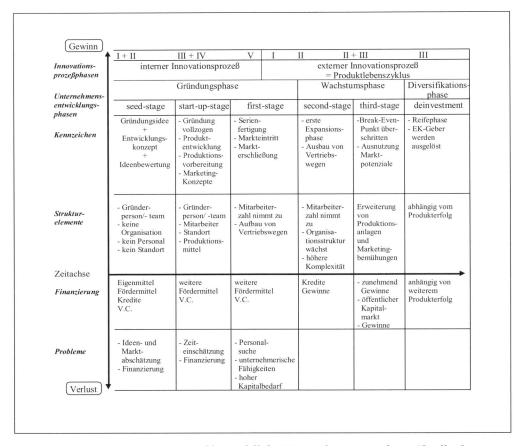

Abbildung 1:   Innovatives Prozesszyklusmodell der Unternehmensentstehung (Quelle: LAUB, U.D., Innovationsbewertung, 1991, S. 28)

- Seed-financing

  In dieser Phase wird Grundlagenforschung betrieben, darauf aufbauend werden Prototypen erstellt. Die Finanzierung erfolgt überwiegend aus Eigenmitteln und öffentlichen Förderprogrammen.

  Die Risiken sind hier stark ausgeprägt, so erreichen z.B. nur ein geringer Prozentsatz aller technisch möglichen Innovationen den Markt.

- Start-up-financing

  Dies ist die Phase, in der die Innovationen zur Marktreife weiterentwickelt und die entsprechenden Marketingkonzepte auf Basis von Marktanalysen erstellt werden. Meist erfolgt zu diesem Zeitpunkt die Gründung.

- First-stage-financing

  In diese Phase fällt die Markteinführung der Produkte, Fertigung, Vertrieb und der organisatorische Rahmen werden aufgebaut. Insbesondere im Personal der Entwicklungsabteilung liegt ein wichtiger strategischer Schlüssel für die Zukunft des Unternehmens.

- Second-stage-financing

  Hier erfolgt die Durchdringung des Marktes und der Ausbau der Vertriebskanäle. In dieser Phase nimmt der Finanzierungsbedarf aufgrund der steigenden Umsätze ab.

- Third-stage-financing

  Um das gesamte Marktpotential ausnutzen zu können, wird in dieser Phase der Produktions- und Vertriebsapparat ausgebaut.

Daraus ergibt sich, dass sich die Gründer junger Technologieunternehmen (JTU) meist in der Finanzierungsphase des seed-financing oder second-financing befinden, wenn sie bei ihrer Hausbank öffentliche Mittel beantragen. In diesen Phasen weisen JTU zahlreiche Besonderheiten auf.

3 Zur Bonitätsprüfung im Rahmen von Kreditentscheidungen

Die Kreditvergabe stellt formal einen Entscheidungsprozess dar, der in das bankbetriebliche Zielsystem eingebettet ist. Für die Kreditentscheidung selbst existieren aber nur wenig verschiedene Handlungsalternativen. Sie bestehen aus der Möglichkeit einer Genehmigung, einer Genehmigung unter Vorbehalt (d.h. mit Auflagen, Einschränkungen etc.) oder einer Ablehnung (7). Die Wahl der Handlungsalternative bestimmt sich nach den Zielen der Kreditpolitik bzw. Risikopolitik. Dabei spielen bei der Kreditentscheidung nach SÜCHTING (8) vor allem die Gewinnmaximierung bei gleichzeitiger Einhaltung von Nebenbedingungen die entscheidende Rolle.

HIERL (9) hingegen bezeichnet die Kreditpolitik als eingebettet in ein multivariables Zielsystem. Danach spielen neben monetären Zielen auch nichtmonetäre Ziele eine Rolle. In der nachfolgenden Abbildung 2 sind die maßgeblichen Subziele für die bankbetriebliche Aktivität im Bereich der Innovationsfinanzierung dargestellt. Danach haben die Kreditinstitute aufgrund des veränderten Wettbewerbs ein Interesse, sich von der Konkurrenz abzuheben, um dadurch eine bessere Ausschöpfung des eigenen Kundenpotenzials zu erreichen. Dies bedeutet im Falle von JTU vor allem eine Intensivierung der mit dem Absatz verbundenen Beratung. Das ausschlaggebende Kriterium im Wettbewerb ist danach die Beratungsqualität.

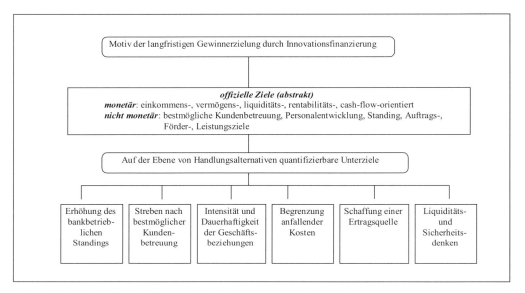

Abbildung 2: Bankbetriebliche Entscheidungskriterien für eine Innovationsfinanzierung (Quelle: HIERL, W., Venture Capital-Finanzierung, 1986, S. 89)

4 Bonitätsmerkmale und Indikatoren von innovativen Technologieunternehmen

4.1 Zu den Beurteilungsbereichen der Kreditwürdigkeitsprüfung

Die Voraussetzung für die Gewährung von Krediten ist die Bonität des Kreditnehmers. Die Kreditentscheidung basiert auf der Prüfung der Kreditwürdigkeit. Diese Prüfung erfolgt durch selektive und gewichtete Bündelung von Informationen, so dass es zu einer entscheidungsbedingten Beurteilung des Kreditwunsches kommen kann (10). Um diese Informationen für die Kreditentscheidung zu gewinnen, müssen zunächst die Beurteilungsbereiche definiert werden. Innerhalb dieser Bereiche wiederum müssen Bestimmungsfaktoren benannt werden, die für die Bonität ausschlaggebend sind. Um diese zu überprüfen, werden Indikatoren benötigt (11). Eine Übersicht über die Beurteilungsbereiche zeigt die Abbildung 3.

Zur Kreditwürdigkeitsprüfung bei innovativen Technologieunternehmen

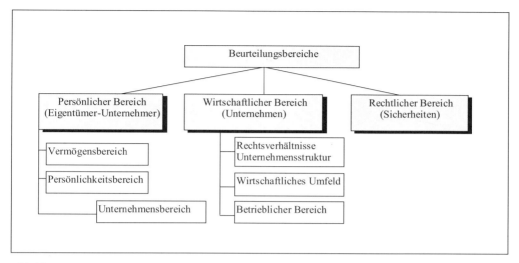

Abbildung 3: Allgemeine Beurteilungskriterien für die Bonität (Quelle: DECKERS, M., Kreditentscheidung, 1990, S. 87; SCHMOLL, A., Kreditüberwachung, 1992, S. 147-148)

Der rechtliche Beurteilungsbereich wird im nachfolgenden nicht weiter betrachtet, weil Sicherheiten bei innovativen Unternehmensgründungen i.d.R. nicht das hohe Risiko dieser Gründungen kompensieren können. Ausschlaggebend ist vielmehr das Fortbestehen des Unternehmens und die Höhe seiner zukünftigen Erträge. Aus diesem Grund sind alle Faktoren zu erfassen und zu bewerten, die den Erfolg des Unternehmens bestimmen, was nach KIRCHHOFF (12) mit einer zukunftsorientierten, dynamischen Kreditwürdigkeitsprüfung realisiert werden kann, die eine ganzheitliche Unternehmensanalyse vornimmt.

LAUB (13) hat daraus für innovative Unternehmensgründungen abgeleitet, dass solche Faktoren bei der Analyse wesentlich sind, die für die Bestimmung des Unternehmenserfolgs am aussagekräftigsten sind. Daraus folgt, dass es zunächst notwendig ist, die zentralen Einflussfaktoren zu erfassen, auf die der gesamte innovative Gründungsprozess zurückgeführt werden kann. Als Bestimmungsfaktoren mit der höchsten Bedeutung für den Gründungserfolg innovativer Existenzgründungen haben PICOT/LAUB/SCHNEIDER (14) in einer empirischen Untersuchung die Gründerperson, die Gründungsidee sowie die Gründungsorganisation identifiziert. Diese Faktoren bilden nach LAUB (15) die Erfolgsfaktoren-Triangel innovativer Unternehmensgründungen, die in Abbildung 4 dargestellt ist.

Diese Erfolgsfaktoren bilden die Grundlage des weiteren Vorgehens. Anhand der nachfolgend ausgearbeiteten Bestimmungsfaktoren können die Kreditinstitute eine innovative Existenzgründung bewerten.

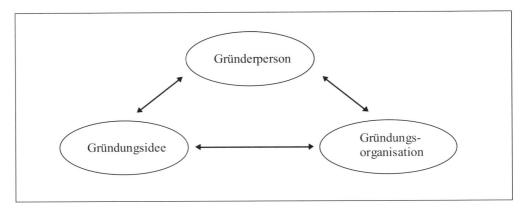

Abbildung 4:   Erfolgsfaktoren innovativer Unternehmensgründungen (Quelle: LAUB, U.D., Innovationsbewertung, 1991, S. 37)

4.2 Zur persönlichen Kreditwürdigkeitsprüfung

Aufgrund der besonderen Bedeutung des Eigentümerunternehmers für das Fortbestehen von kleineren und mittleren Unternehmen (KMU) bzw. JTU hat die persönliche Kreditwürdigkeit in der Bonitätsanalyse einen besonderen Stellenwert, da der Eigentümer u.a. oft allein für das Management verantwortlich ist. Zudem haben Untersuchungen (16) ergeben, dass die persönliche Kreditwürdigkeit vor allem dann eine große Bedeutung hat, wenn die materielle Kreditwürdigkeit nur unzureichend geprüft werden kann. Dies ist insbesondere bei Existenzgründungskrediten der Fall.

Betrachtet man den innovativen Unternehmensentstehungsprozess vereinfacht, so erkennt man nach LAUB (17), dass die Gründerpersönlichkeit dabei eine zentrale Rolle spielt und zugleich die Antriebskraft einer Gründung darstellt.

Ausgangspunkt für weitere ökonomische Aktivitäten ist die Gründungsidee. Die Umsetzung dieser Idee wird durch zahlreiche Möglichkeiten der Organisation beeinflusst. Dabei ist der Gründer zentraler Koordinator des Gründungsprozesses. Den dritten wesentlichen Bestandteil bildet der Markt, der hier als Informationsquelle und letzte Endscheidungsinstanz über den Erfolg der Gründung fungiert (18). Daraus folgt, dass der persönlichen Kreditwürdigkeit zu Recht ein besonderer Stellenwert bei der Kreditwürdigkeitsprüfung von innovativen Existenzgründungen eingeräumt wird.

Der Begriff der persönlichen Kreditwürdigkeit wird in der Literatur unterschiedlich weit ausgelegt. So verstehen z.B. JÄHRIG/SCHUCK (19) darunter nur die persönliche Vertrauenswürdigkeit. Andere wiederum beziehen die Qualifikation des Unternehmers mit ein, wobei sowohl die fachliche Qualifikation als auch die Unternehmensführung und -organisation beurteilt werden (20). Die Abbildung 5 enthält eine Übersicht über die Bestimmungsfaktoren der persönlichen Kreditwürdigkeitsprüfung.

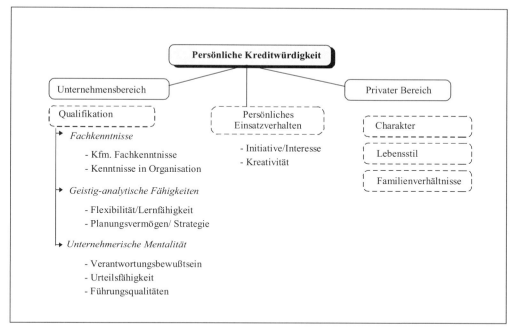

Abbildung 5: Bestimmungsfaktoren der persönlichen Kreditwürdigkeit (Quelle: ROMMELFANGER/ BAGUS/ZERRES, Persönliche Kreditwürdigkeit, 1991, S. 25; SCHMOLL, A., Kreditüberwachung, 1992, S. 147)

Obwohl nach ROMMELFANGER/BAGUS/HIMMELSBACH (21) die Mehrheit der Theoretiker und Praktiker der Aussage zustimmen, dass zu den Grundvoraussetzungen eines jeden Kreditgeschäfts gehört, dass dem Kreditnehmer vertraut wird, besteht auf beiden Seiten Zurückhaltung in der Erforschung der persönlichen Kreditwürdigkeit.

4.3 Zu den unternehmensbezogenen Bonitätsindikatoren

In der Fachliteratur findet man einige wenige Vorschläge für Kriterienkataloge zur Bestimmung der persönlichen Kreditwürdigkeit (22). Um eine Wertung der nötigen Kompetenzen vornehmen zu können, werden Insolvenzstatistiken herangezogen, in denen über die Konkursgründe festgestellt werden kann, in welchem Umfang Qualifizierungsmängel vorlagen, die das Scheitern verursacht haben. Danach kommen sowohl KEISER (23) als auch RESKE/BRANDENBURG/MORTSIEFER (24) sowie HIERL (25) zu dem Schluss, dass der persönliche Bereich die bedeutendste Ursache für Insolvenzen im Bereich der KMU ist. Die in Abbildung 6 aufgeführten Faktoren aus dem persönlichen Bereich werden dabei als insolvenzverursachend bezeichnet.

Insolvenzursachen	insgesamt	
	Häufigkeit des Auftretens in %	Gewicht[1]
Mangelnde Unternehmerqualifikation	29,9	2,5
Unzureichender Informationsstand	23,6	2,4
Ungenügende Führungskenntnisse	21,6	2,4
Charaktermängel	20,5	2,4
Mangelnde Praxiserfahrung	14,0	2,1
Schlechter Führungsstil	13,3	2,3
Krankheit	6,4	2,7
Gering ausgeprägte Unternehmerqualität	3,0	2,3
Zahl der Ursachen in Prozent der Betriebe	132,3	2,4
[1] Einfluss am Zustandekommen der Insolvenz: 1= gering, 2= mittel, 3= stark		

Abbildung 6: Insolvenzverursachende Faktoren in der Betriebsführung
(Quelle: RESKE/ BRANDENBURG/MORTSIEFER, Insolventursachen, 1976, S. 66)

Bemerkenswert ist in diesem Zusammenhang, dass die Charaktermängel und die mangelnde Unternehmerqualifikation als Insolvenzursache mit steigender Betriebsgröße abnehmen. Das die Fehler im Führungsbereich insbesondere bei jungen Betrieben Insolvenzursache sind, belegen dieselben ebenfalls in ihrer Studie. Danach spiegelt sich in dieser Tatsache die mangelnde Praxiserfahrung der Existenzgründer wider. Abschwächend muss aber bemerkt werden, dass auch bei älteren Unternehmen Führungsmängel als Insolvenzursache immer noch sehr stark vertreten sind, was wiederum die zentrale Bedeutung der Betriebsführung verdeutlicht (26).

HESSELMANN/STEFAN (27) warnen jedoch in diesem Zusammenhang vor der pauschalierten Aussage der Unternehmensführung die zentrale und alleinige Auslösefunktion für die Unternehmenskrise zuzuschreiben. Danach führt eine differenzierte Betrachtung zu dem Ergebnis, dass die grundsätzlichen Managementfehler oft nur in einzelnen Bereichen anzusiedeln sind, so z.B. in der kurzfristigen Planung und Kontrolle sowie der strategischen Planung. JÄHRIG/SCHUCK (28) unterscheiden die folgenden drei Hauptfelder von Management- und Unternehmerfehlern, die für KMU relevant sind:

1) Fehlende oder mangelhafte Transparenz der Unternehmenssituation

Dies wird durch den zu geringen Stellenwert der kaufmännischen Komponente in der Geschäftsleitung mit der Folge eines unterentwickelten betrieblichen Rechnungswesen und einer fehlenden Deckungsbeitragsrechnung verursacht.

2) Fehlende oder mangelhafte Kenntnis der relevanten Märkte

Gründe dafür sind mangelnde Konkurrenzbeobachtung, unzureichende Reaktionen auf Marktveränderungen, die mangelhafte Kenntnis über die Branchensituation der wesentlichen Abnehmer sowie bestehende Abhängigkeiten von Abnehmern oder Lieferanten.

3) Mängel im Führungsverhalten

Als Beispiele werden hier die Gliederung der Zuständigkeiten, die Abgrenzung der Ergebnisverantwortung, die unzureichende Aufgabendelegation, das Controlling, die Unternehmensplanung, die Mitarbeiterführung sowie das Nichtbeachten von Finanzierungsgrundsätzen genannt.

Zusätzlich zu diesen unternehmensbezogenen Bonitätsmerkmalen spielt aber auch der private Bereich durch die enge Verbindung des Eigentümer-Unternehmers mit seinem Unternehmen für die persönliche Kreditwürdigkeitsprüfung von KMU eine große Rolle.

4.4 Technologische Bonitätsanalyse

Die Bewertung der im Unternehmen geplanten Produkt- oder Prozesstechnologien ist nach HEIM/KUHN (29) vor allem wegen der langfristigen zukunftsbezogenen Wirkungen dieser Technologien von großer Bedeutung. Dies führt dazu, dass die Verknüpfung von finanzwirtschaftlichen und technischen Erkenntnissen immer mehr in den Vordergrund einer zukunftsorientierten Kreditentscheidung rückt.

Zur Technologiebewertung bestehen aus betriebswirtschaftlicher Sicht nach BAAKEN (30) eine Vielzahl von Ansätzen, wobei hier insbesondere

- die Kosten-Nutzen-Analyse,
- die Kosten-Wirksamkeits-Analyse,
- die Nutzwertanalyse sowie
- das Scoring-Verfahren

zu nennen sind. In Bezug auf die Situation der Gründung ist hierzu aber anzumerken, dass sich die Verfahren alle darauf beziehen, die Auswirkung der Einführung einer bestimmten Technik in einem bestehenden Unternehmen zu untersuchen, d.h. bestimmte Randbedingungen, Gegebenheiten und Strukturen müssen zur Bewertung vorhanden sein. Für die Bewertung im Rahmen von Gründungen sind insbesondere das Technologie-Lebenszyklus-Konzept von FORD/RYAN und die Technologie-Portfolioanalyse von PFEIFFER anwendbar.

Beim Technologie-Lebenszyklus sind Parallelen zum traditionellen Produkt-Lebenszyklus festzustellen. Er beginnt mit der Phase der Technologieentwicklung, bei der die Grundlagenforschung bereits abgeschlossen ist und darauf aufbauend eine marktfähige Technologie entwickelt wird. In der Phase „Beginn der Technologieanwendung" beginnt die Kurve anzusteigen und erreicht mit der Phase der „alternden Technologie" ihren Scheitelpunkt. Obwohl das Konzept z.B. nicht herausgearbeitet hat, wann eine Technologie durch eine neue substituiert wird und mit welchen Messgrößen und Indikatoren die Position einer Technologie eindeutig bestimmt werden kann, leistet es Anhaltspunkte, welchen Reifegrad die zu beurteilende Technologie besitzt.

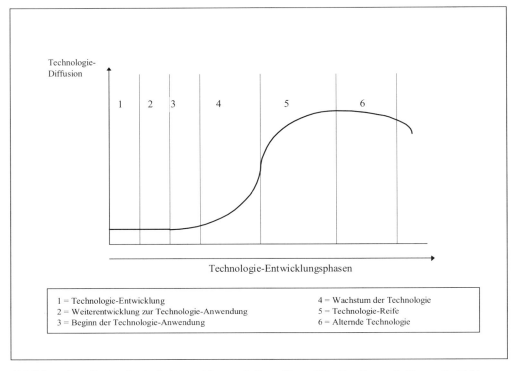

Abbildung 7: Technologie-Lebenszyklus nach FORD/RYAN (Quelle: FORD, D./RYAN, C., Taking Technology to market, 1981, S. 120 zitiert nach BAAKEN, T., Bewertung TOU, 1989, S. 182)

In der Phase eins befindet sich die Technologie in der Anfangsphase, in der Phase fünf und sechs ist davon auszugehen, dass bereits Substitutionen drohen. Die Phasen zwei, drei und vier hingegen deuten auf Wachstum der Technologie hin.

Nach KUHN (31) sind viele unternehmerische Schwierigkeiten und Insolvenzen auf einen verlorenen Marktanschluss zurückzuführen. Bevor es jedoch zu finanzwirtschaftlichen Problemen kommt, treten in den meisten Fällen Krisensignale im Absatz-, Produktions- und Managementbereich auf. Als Gründe werden vor allem Versäumnisse im Technologiebereich angeführt. Durch die immer länger werdenden FuE-Zyklen bei gleichzeitig kürzer werdenden Markt- bzw. Produktzyklen ist die zeitnahe Anwendung neuer Technologien von entscheidender Bedeutung. Der Unternehmenserfolg hängt heute somit wesentlich davon ab, ob technologische Entwicklungen frühzeitig erkannt und in ihren Chancen und Risiken richtig bewertet werden. An die Kreditinstitute stellt sich somit die Anforderung, die Bonitätsprüfung vorrangig an den zukünftigen Chancen der Unternehmen am Markt, dem technologischen Potential, auszurichten. Als wesentliche Punkte müssen danach auch Patente, Lizenzen und generelles Industrie-Know-how in die Bewertung mitaufgenommen werden.

Zur Kreditwürdigkeitsprüfung bei innovativen Technologieunternehmen 97

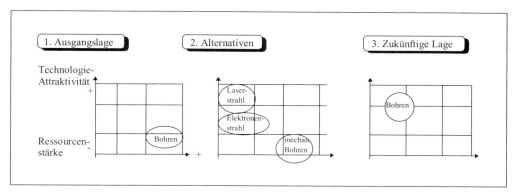

Abbildung 8: Technologie-Portfolio nach PFEIFFER (Quelle: PFEIFFER, W./METZE, G./ SCHNEIDER, R./ AMLER, R., Technologie-Portfolio, 1985 zitiert nach KUHN, W., Bonitätsanalyse, 1992, S. 17)

HEIM/KUHN (32) betonen aber auch, dass das Problem, anhand welcher Kriterien die Kreditinstitute einen Einblick in die technologische Situation eines Unternehmens erhalten können, bisher nur ansatzweise gelöst ist. Ein umfassender Ansatz, Technologien strategisch zu erfassen und zu bewerten, stellt das Konzept des Technologie-Portfolios nach PFEIFFER (33) dar, welches in Abbildung 8 dargestellt ist.

Mit dieser Portfolioanalyse werden komplexe Zusammenhänge zwischen Unternehmen und Markt auf eine zweidimensionale Ordnungsstruktur reduziert und eine Aussage über die zukünftige technologische Entwicklung getroffen. In Anlehnung an das Markt-Portfolio-Konzept bezeichnen die Achsen der Matrix unternehmensexterne (Technologie-Attraktivität) und unternehmensinterne (Ressourcenstärke) Größen. Die Größen werden entsprechend ihrer Gewichtung in die Kategorie „gering", „mittel" oder „hoch" eingeteilt (34).

Beurteilungsmaßstäbe bei dieser Unternehmensanalyse sind die Technologieattraktivität und die Ressourcenstärke der vom Unternehmen angewandten Technologien, die sich aus einer Verdichtung einer Vielzahl interner und externer Faktoren ergeben. Ausgangsbasis ist dabei die verwendete Technologie. Mit einbezogen werden dann die möglichen Alternativen, d.h. künftig konkurrierende Technologien. Diese Alternativen sind meist aufgrund ihres Weiterentwicklungspotenzials besonders attraktiv. Die zukünftige Position wird dann anhand der konkurrierenden Technologien relativiert. Zur Ermittlung der Technologieattraktivität werden sowohl potenzialorientierte als auch bedarfsorientierte Indikatoren herangezogen. Die potenzialorientierten Indikatoren beziehen sich dabei sowohl auf die Weiterentwickelbarkeit der Technologie als auch auf den Zeitfaktor, der angibt, welche Zeitspanne bis zu der nächsthöheren Stufe der Technologie vergeht. Die bedarfsorientierten Indikatoren berücksichtigen die möglichen Anwendungsbereiche und -mengen sowie den Diffusionsverlauf einer Technologie, das heißt ihre Durchdringungsgeschwindigkeit im Zeitverlauf (35).

Dabei müssen die zur Kreditbeantragung erstellten Beurteilungen der entsprechenden Fachinstitutionen dem Kreditinstitut u.a. die folgenden Fragen beantworten:

- Wie entwickelt sich die Zahl der Anwendungsarten in der Zukunft?
- Wie entwickelt sich die Anwendungsmenge?
- In welchem Entwicklungsstadium befindet sich die Technologie?
- Gibt es Substitutionstechnologien (36)?

Die Ressourcenstärke wird anhand des Potenzials des Unternehmens in finanzieller, personeller, fachspezifischer und rechtlicher Hinsicht ermittelt. Die finanzielle Ressourcenstärke bezieht sich auf die Höhe der vorhandenen oder beschaffbaren Mittel und kann daher durch die traditionellen Instrumente der Finanzanalyse beurteilt werden. KUHN hebt aber hervor, dass stabile Ertrags- und Liquiditätszahlen die notwendige Voraussetzung für eine Finanzierbarkeit von langfristig angelegten Forschungs- und Entwicklungsarbeiten darstellen, weil bei langfristig angelegten FuE-Projekten keine gesicherten Erkenntnisse über die Kapitalrückflüsse vorhanden sind. Nun wird die so ermittelte Ist-Situation in die Zukunft transformiert. Die technologische Bonitätsanalyse verbessert somit die Entscheidungsgrundlage der Kreditinstitute, weil das Ergebnis dieser Prognose zeigt, ob Chancen vorhanden sind, bestehende Technologiepotenziale zu nutzen und inwieweit Risiken bestehen, Vorsprung oder Anschluss zu verlieren (37).

ENDRES/KOCH (38) sprechen ausdrücklich davon, dass mit der technologischen Bonitätsanalyse auch die zukünftigen Ertragschancen eines Unternehmens bewertet werden können. Unter technischer Bonität werden hierbei die gesamten Einschätzungen der materiellen und immateriellen Werte und Chancen verstanden, die aus den technisch beeinflussten Einflussfaktoren resultieren.

Diese Einflussfaktoren bestehen sowohl aus inner- als auch aus außerbetrieblichen Faktoren und stützen sich auf die folgenden Unternehmensfelder:

- Produkt und Markt
  (Attraktivität und Risiko der Markt- und Technologieposition),
- Leistungswirtschaft (Produktion und -entwicklung)
  (Technologie-, Innovationspotential, Organisationsniveau, Effizienz, Schnelligkeit),
- Humanressourcen
  (Management, Personalentwicklung, Organisation),
- Umfeld
  (Technologieentwicklung, Standort).

ENDRES/KOCH stützen ihre Bonitätsprüfung somit auf *qualitative Erfolgsfaktoren*, von denen ausgehend die Auswirkungen auf die quantitativen Größen wie Umsatz, Ertrag,

Rentabilität, Eigenkapital oder Kapitaldienstfähigkeit dann separat analysiert werden. Aus diesen Einzelurteilen werden zunächst komplexe Werturteile gebildet, die nun in Bewertungstabellen und Portfoliodarstellungen verdeutlicht werden. Die o.g. Felder (*Produkt/Markt, Leistungswirtschaft; Humanressourcen; Umfeld*) werden mittels einer Skala von eins (schwach) bis fünf (stark) bewertet. Dabei können die Schwächen eines Feldes nicht mit den Stärken eines anderen Feldes verrechnet werden. Die Ermittlung der technischen Bonität erfolgt somit über vier verschiedene Phasen:

1) Vorstudie und Statusanalyse,

2) Einschätzung der strategischen Erfolgsfaktoren,

3) Konzeption zur Ermittlung der strategischen Erfolgsfaktoren und

4) Ermittlung der technischen Bonität.

Um tatsächlich eine Einschätzung der Erfolgsperspektiven vornehmen zu können, müssen Szenarien entwickelt werden, die sich auf objektiv nachvollziehbare Planungsrechnungen beziehen.

Ablauf der Bewertung

Nach PLESCHAK/SABISCH (39) sind Merkmale der Innovation und der Ausgangssituation der Ausgangspunkt beim Bewertungsprozess. Es kann zwischen technischen, organisatorischen, arbeitswissenschaftlichen, zeitlichen und wirtschaftlichen Merkmalen unterschieden werden. Vom Charakter der Innovation ist dann die konkrete Ausprägung dieser Merkmale abhängig. Die Festlegung der Ziele stellt einen der inhaltlich wichtigsten Schritte bei der Bewertung dar. Methodisch ist jedoch die Ermittlung der komplexen Gesamtaussage über den Grad der Zielerfüllung am schwierigsten.

Bewertungsverfahren

Die einsetzbaren Bewertungsverfahren sind in der Abbildung 9 dargestellt. Die quantitative Bewertung setzt voraus, dass für die Merkmale des Bewertungsobjekts Messvorschriften existieren und die tatsächliche Merkmalsausprägung gemessen werden kann. Die Bewertung ist immer dann einfach, wenn nur ein Ziel vorgegeben ist (eindimensionale Bewertung). Oft haben die Projekte aber mehrere, z.T. auch konkurrierende Ziele (mehrdimensionale Bewertung).

Je größer diese Zahl ist, desto unschärfer wird die Bewertungsaussage, so dass es sinnvoll ist, die Bewertung auf entscheidungsrelevante Bewertungsmerkmale einzuschränken. Die Kriterien der qualitativen Bewertung sind nicht objektiv messbar. Die qualitative Bewertung kann sich z.B. auf die subjektive Wertung einer repräsentativen Gruppe von Personen beziehen. Als Beispiele lassen sich Expertenbefragungen und Kundenbefragungen nennen.

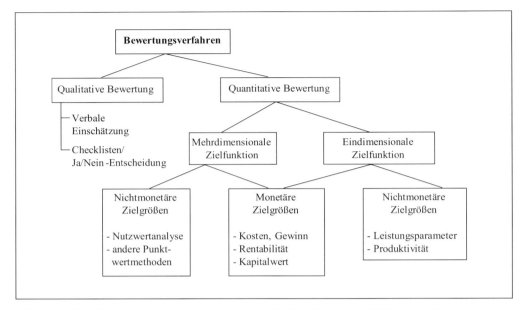

Abbildung 9: Innovationsbewertungsverfahren (Quelle: PLESCHAK, F./SABISCH, H., Innovationsmanagement, 1996, S.179-183)

Zur Bewertung von innovativen Ideen

STROETMANN/STEINLE (40) betonen, dass Innovationen keinesfalls nur technische Phänomene sind, sondern dass sie als komplexe marktbezogene Vorgänge bewertet werden müssen. Damit die Innovation erfolgreich wird, muss nicht nur ein vermarktungsfähiges Wissen vorhanden, sondern auch eine Reihe von externen und internen Voraussetzungen erfüllt sein.

Da die Bewertung von Ideen dadurch gekennzeichnet ist, dass nur sehr wenige und unsichere Daten vorliegen, empfehlen GESCHKA/LAUDEL (41) bei der Auswahl aus mehreren Ideen in Auswahlstufen vorzugehen. Die erste Auswahlstufe erfolgt auf der Grundlage von K.O.-Kriterien, die unbedingt erfüllt sein müssen, in der zweiten Auswahlstufe, werden mit Hilfe einer einfachen Nutzwertanalyse die erfolgversprechendsten Ideen ausgewählt. In der dritten Stufe wird mit einer verfeinerten Nutzwertanalyse die günstigste Lösung ausgewählt. Diese Auswahl stellt die Grundlage für die Projektplanung dar. Zur Bewertung von Ideen existieren in der Literatur verschiedene Modelle zur Nutzwertanalyse (42). PLESCHAK/SABISCH (43) empfehlen, folgende Kriterien zu verwenden:

- Marktattraktivität,
- zu erwartender Umsatz,

- Produktüberlegenheit,
- Technologische Attraktivität,
- Neuheitsgrad der Innovation und
- Entwicklungsaufwand, Entwicklungsdauer.

Nimmt man die Bewertung der Innovationsidee anhand der ökonomischen Bewertung des Zusatznutzens vor, kann die Bewertung somit anhand der Verknüpfung Idee-Markt erfolgen.

Die Bewertung der innovativen Gründungsidee ist nach LAUB (44) daher vor allem problembehaftet, wenn der Nutzenzuwachs des Produkts nicht erkennbar ist oder wenn der Nutzenzuwachs der Idee zwar objektiv nachzuweisen ist, die Reaktion der Marktteilnehmer darauf aber unbekannt ist. So bestehen z.B. folgende Möglichkeiten:

- Der Nutzenzuwachs ist vorhanden, kann aber von Dritten nicht in seiner Tragweite erkennbar sein.
- Der Nutzenzuwachs entspricht bei Markteinführung nicht der Bedürfnisstruktur der Anwender.
- Der Nutzenzuwachs ist geringer als die zusätzlichen Aufwendungen für den Anwender.

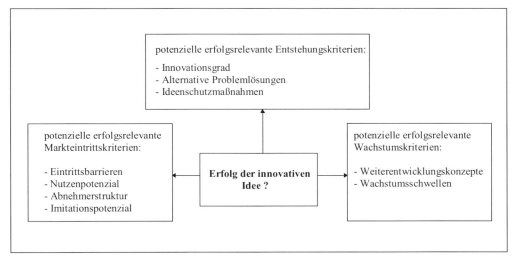

Abbildung 10: Ausgewählte Kriterien zur Bewertung der Gründungsidee (Quelle: LAUB, U.D., Innovationsbewertung, 1991, S. 31)

Erschwerend kommt hinzu, dass sich das Risiko und die Datensicherheit bei innovativen Unternehmensgründungen (z.B. Spitzentechnologie) i.d.R. gegenläufig entwickeln. Je

„neuer" die Gründungsidee ist, desto risikoreicher ist ihre Umsetzung, um so größer ist aber auch ihr Erfolgspotenzial im Erfolgsfall (45). Danach werden die in Abbildung 10 genannten Kriterien zur Bewertung der Gründungsidee herangezogen.

Welche Bedeutung die einzelnen Bewertungskriterien haben und welcher Schwierigkeitsgrad mit der Bewertung verbunden sind, zeigt die folgende Abbildung 11:

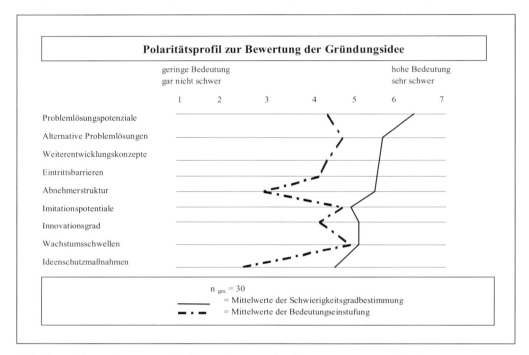

Abbildung 11: *Bedeutung und Schwierigkeit verschiedener Kriterien zur Ideenbewertung (Quelle: LAUB, U.D., Innovationsbewertung, 1991, S. 39)*

Dabei fällt auf, dass beim Vergleich von Bedeutung und Schwierigkeit der untersuchten Kriterien insgesamt alle Kriterien eine hohe Bedeutung für den Bewertungsprozess haben und zugleich offensichtlich enorme Schwierigkeiten bei der Informationsbeschaffung bestehen. Daraus folgt, dass die vorhandenen instrumentellen Ansätze wie Kosten-Nutzen-Analyse, Branchen- und Konkurrenzanalyse wenig nutzen, wenn die notwendigen Informationen nicht vorliegen. Engpassfaktor bei der Bewertung ist somit der zeitliche Aufwand der Informationsbeschaffung. Auffallend bei der Bedeutung der Kriterien ist, dass den Problemlösungspotenzialen und den alternativen Problemlösungen die erste Präferenz eingeräumt wird. Andererseits bestehen aber insbesondere bei der Erfassung alternativer Problemlösungen und der Bestimmung der Wachstumsschwellen Probleme. Daraus leitet LAUB ab, dass sich die Bewertung innovativer Problemlösungspotenziale ohne vergleichbare Erfahrungswerte aus ähnlichen Produktbereichen nicht darstellen lässt. Vorab durchgeführte Marktanalysen können nur Aussagen über das mögliche, nicht aber über das tatsächliche Kaufverhalten der Abnehmer treffen, was wiederum den Ungewissheitsfaktor dieser Analysen verdeutlicht. Für eine fundierte Bewertung sind somit insbesondere die Erfahrungen der Bewerter und die Qualität der Recherchen von Bedeutung (46).

Grundsätzlich muss betont werden, dass die Bewertung der Gründungsidee stets aus zwei Sichtweisen erfolgen muss. Zum einen aus der Sicht des Anbieters, wobei überprüft werden muss, ob die Idee wirtschaftlich erfolgreich und rentabel ist, zum anderen aus der Sicht des Abnehmers, wo die Akzeptanz der angebotenen Leistung beurteilt werden muss (47).

4.5 Zur Beurteilung der Markt- und Wettbewerbssituation

In der deutschsprachigen Gründungsliteratur (48) fällt nach BAAKEN (49) auf, dass dem Problembereich Markt nur eine äußerst geringe Bedeutung beigemessen wird. Die amerikanische Gründungsliteratur hingegen betrachtet das Gründungsprodukt als Bestandteil einer Produkt-Markt-Kombination. Dabei werden vier für das Produkt relevante Systemelemente aus der Produktumwelt abgegrenzt: Unternehmung, Konkurrenz, Absatz- und Beschaffungsmarkt.

Gründerspezifische Faktoren	Innovationsspezifische Faktoren
- technische Ausrichtung des Gründer Know-hows	- Fehlender Überblick über die Einsatzbereiche
- Fehlende Erfahrungswerte und Daten im Gründerunternehmen	- Mangelnde Kenntnis über Entscheiderstrukturen
- Finanzierungsrestriktionen	- Große Erklärungsbedürftigkeit der Erzeugnisse liefert nur vage Prognosen
- Zeitrestriktionen	- Gefahr von Imitatoren
- Fehlende Akzeptanz des Gründers bei Experten und Abnehmern	

Abbildung 12: Erschwerende Faktoren bei der Marktanalyse für technologieorientierte Unternehmen (Quelle: BAAKEN, T., Bewertung TOU, 1989, S. 213)

Die Beurteilung der Erfolgswahrscheinlichkeit einer Gründung erfordert danach eine Marktanalyse, die insbesondere bei innovativen Gründungsunternehmen auf Schwierigkeiten stößt. Schwerpunkt der Marktanalyse ist nach BAAKEN (50) der Absatzmarkt. Obwohl innovative Produkte konkurrenzlos sind, dürfen Konkurrenzanalyse und Wettbewerbsentwicklungen nicht außer acht gelassen werden, da sich das neue Produkt gegen traditionelle Verfahren durchsetzen muss und zudem das frühzeitige Erkennen von ähnlichen Entwicklungstendenzen bei anderen Anbietern vor Imitationsgefahren und Substitutionsprodukten schützt. Eine realistische Einschätzung der Wettbewerbsstärke und damit der Erfolgsaussichten wird erst durch den Vergleich des innovativen Produktes und seiner Potenziale mit dem Produkt des Konkurrenzunternehmens möglich.

Dabei sind die folgenden strategischen Erfolgsfaktoren zur Markterfahrung und Marktkenntnis bei den Gründern empirisch ermittelt worden:

- Durchführung einer Marktanalyse,
- Verständnis für die Bedürfnisse der Kunden,
- Kenntnisse über das Käuferverhalten,
- Überblick über die Wettbewerbslage und
- Kenntnisse über den potenziellen Markt (51).

Diese Erfolgsfaktoren stellen die Verbindung zu den Kriterienbereichen Marktattraktivität und Wettbewerbsstärke (52) her. Mit Durchführung der Marktanalyse erhält der Gründer Angaben zum Marktwachstum, zum Absatzrisiko, zur Marktgröße, zur Beschaffungsmarktattraktivität. Durch die Marktanalyse werden Marktkenntnisse gewonnen, die die Voraussetzung für eine erfolgreiche Einführungsstrategie (53) und die Erreichung hoher Marktanteile bilden. Abschwächend muss dazu aber bemerkt werden, dass eine zuverlässige Beurteilung der Marktakzeptanz erst erfolgen kann, wenn die geplanten Produkte auch tatsächlich vorliegen (54). Einen weiteren wesentlichen Faktor der Wettbewerbsstärke stellt das innovative Produkt dar, das in seiner Stärke durch den Preis, die Qualität und weitere Wettbewerbsvorteile bestimmt wird.

Die Markt- und Brancheneinschätzung aus Sicht des Unternehmensgründers findet sich im Unternehmenskonzept. Die Kreditinstitute nehmen aus der übergeordneten Perspektive eine Bewertung anhand von Branchenvergleichsdaten vor. Instrumente sind hier Branchendienste, und Kontakte zu bestehenden Unternehmen, wobei einige Banken über ständig aktualisierte Branchenstudien verfügen (55).

4.6 Zur Beurteilung der Gründungsorganisation

Bisher wurde der Bewertung der organisatorischen Gestaltung der Ideenumsetzung nach LAUB (56) zuwenig Beachtung geschenkt, da erst die erfolgreiche Einbindung der Ressourcen aus Beschaffungs-, Absatz-, Finanz- und Arbeitsmärkten die erfolgreiche Umsetzung der innovativen Gründungsidee gewährleistet.

Die Abbildung 13 erlaubt einen Überblick über Kriterien zur Bewertung der Gründungsorganisation, die nach LAUB (57) einen Großteil der Merkmalsausprägungen zur Organisationsbewertung repräsentieren und die dem aktuellen Stand der wirtschaftswissenschaftlichen Diskussion entsprechen.

PICOT/LAUB/SCHEIDER (58) haben zur Klärung des Zusammenhangs zwischen Gründungsorganisation und Gründungserfolg empirische Untersuchungen durchgeführt.

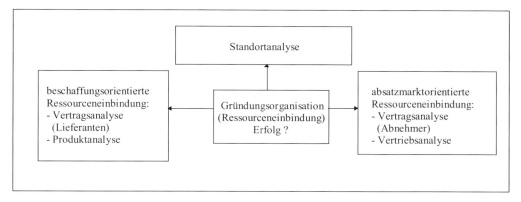

*Abbildung 13: Ausgewählte Kriterien zur Bewertung der Gründungsorganisation
(Quelle: LAUB, U.D., Innovationsbewertung, 1991, S. 32)*

Danach kann die Art und Weise, wie die Abwicklung der Ideenumsetzung organisiert wird, den Gründungserfolg erheblich beeinflussen. Sowohl die vertragliche Einbindung der Ressourcen und der Abnehmer als auch die Organisation der Absatzseite beeinflussen die Kostenstruktur des Gründers und den Nutzen des Anwenders.

Damit wird die Art der Ressourceneinbindung nach PICOT/LAUB/SCHNEIDER (59) zum bedeutenden Faktor, der über Erfolg oder Misserfolg einer innovativen Unternehmensgründung bestimmt. Der Gründer steht daher bei der Verwirklichung seiner innovativen Idee vor einem Organisationsproblem. Dabei ist zu berücksichtigen, dass die von dem Unternehmen intern gefertigten Teilleistungen und die internen Produktionsprozesse den Charakter der Innovation entscheidend mitbestimmen. Da das Wissen über die intern erbrachten Teilleistungen oft nur in dem innovativen Unternehmen selbst vorliegt, die Teilleistungen sehr komplex sind und außerdem auch ein hohes Interesse an der Geheimhaltung innovationsrelevanter Informationen besteht (60), fertigen erfolgreiche innovative Gründungsunternehmen Leistungen mit hohem innovativen Know-How selbst. Ebenso werden von diesen Unternehmen bei Leistungen mit abnehmender Know-How-Spezifizität marktnähere Einbindungsformen (Fremdfertigung) gewählt (61).

Die beschaffungs- und absatzmarktorientierte Ressourceneinbindungsanalyse ist dabei in ihrer Bedeutung bzw. Schwierigkeit wie in Abbildung 14 dargestellt zu beurteilen.

Dabei ist zu erkennen, dass das Bewertungsinteresse überwiegend der Organisation der Absatzmarktbeziehungen gilt. Die Beschaffungsmarktseite hingegen wird in ihrer Bedeutung vergleichsweise gering eingestuft, was nach LAUB (62) darauf zurückzuführen ist, dass in der Gründungsphase die Anzahl externer Beschaffungsmarktbeziehungen meist noch sehr eingeschränkt ist. Die Position „Sonstiges" umfasst die marktorientierte Produktanalyse, künftige Personaleinbindungsstrategien und die innerbetriebliche Ablauforganisation. Der hohe Mittelwert dieser Position verdeutlicht die Bedeutung der genannten Punkte.

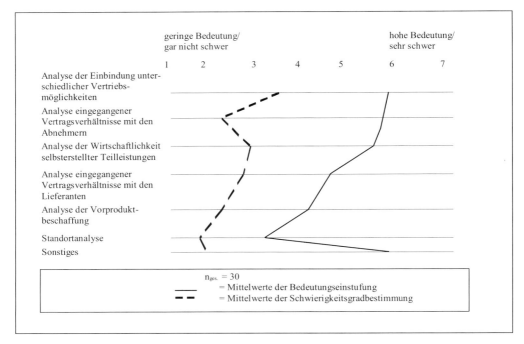

Abbildung 14: Bedeutung und Schwierigkeit von Kriterien zur Organisationsbewertung (Quelle: LAUB, U.D., Innovationsbewertung, 1991, S. 44)

Im Vergleich zur Gründungsidee und zur Gründungsperson werden die Schwierigkeiten bei der Bewertung der Gründungsorganisation deutlich geringer eingestuft. Zurückzuführen ist dies auf die guten Möglichkeiten zur Informationsbeschaffung, der Stabilität der beschafften Informationen sowie der Existenz verwendbarer Vergleichsdaten und Erfahrungswerte.

5 Fazit

Obwohl es für die Kreditinstitute insbesondere aufgrund der steigenden Nachfrage nach Innovationsfinanzierungen sinnvoll wäre, über ein standardisiertes Bewertungsverfahren zu verfügen, existieren heute bisher nur interne Bewertungsleitfäden mit Checklistencharakter. Vor allem fehlen quantitative Bewertungsverfahren zur einfachen Ermittlung von Gegenwarts- oder Zukunftswerten innovativer Gründungen. Begründet werden kann dieses Defizit mit der mangelnden Zusammenarbeit zwischen den verschiedenen Bewertungsinstitutionen und der unzureichenden Beschäftigung der empirischen Forschung mit diesem Gebiet. Hier sind als mögliche Ansprechpartner für Kreditinstitute insbesondere Venture-Capital-Gesellschaften zu nennen, die im Vergleich zu Kreditinstituten über eine hohe Bewertungserfahrung in Bezug auf innovative Gründungen verfügen.

Daraus ergibt sich, dass sich die Bewertung von innovativen Unternehmensgründungen bisher nur auf die individuell vorhandenen Bewertungserfahrungen der Bankangestellten stützt und sich somit hohe Unsicherheiten aus diesem Geschäft ergeben.

Als zentrale Erfolgsfaktoren bei der innovativen Unternehmensgründung wurden die Gründerperson, die Gründungsidee und die Gründungsorganisation identifiziert. Hierbei spielen insbesondere die zu erwartenden Marktpotenziale, die unternehmerischen Fähigkeiten des Gründers und die ökonomisch effiziente Gestaltung der Gründungsorganisation eine bedeutende Rolle. Mit der Identifikation der wesentlichen qualitativen Erfolgsfaktoren ist eine sinnvolle Grundlage zur Beurteilung von innovativen Gründern geschaffen worden. Mit der Entwicklung von Bewertungsverfahren könnte in Zukunft die Beurteilung innovativer Gründungen erleichtert und zugleich auch ein Kontrollinstrument zur Plausibilitätsprüfung externer Bewertungen entwickelt werden.

Anmerkungen

(1) Vgl. BREUEL, B., Venture Capital. In: CHRISTIANS, F.W. (Hrsg.): Finanzierungshandbuch, Wiesbaden 1988, S. 585, vgl. auch SCHMEISSER, W.: Zur Genese neuer Geschäfte in der Industrieunternehmung. Aachen 1997, SCHMEISSER, W.: Venture Capital und Neuer Markt als strategische Erfolgsfaktoren der Innovationsförderung. In: Finanz-Berater 2000/Heft 3, S. 189-193, SCHMEISSER, W./KRIMPHOVE, D. (Hrsg.): Vom Gründungsmanagement bis zum Neuen Markt bzw. der Börse. Wiesbaden 2001

(2) Vgl. RIDINGER, R., Mittelstandsförderung in der EU. In: RIDINGER, R./STEINRÖX, M., (Hrsg.): Mittelstandsförderung in der Praxis, Köln 1996, S. 25 ff; LICHT, G./NERLINGER, E., Junge innovative Unternehmen in Europa: Ein internationaler Vergleich. In: HARHOFF, D. (Hrsg.): Unternehmensgründungen – Empirische Analysen für die alten und neuen Bundesländer, Baden-Baden 1997, S. 203-204.

(3) Vgl. ALBACH, H./ALBACH, R., Das Unternehmen als Institution: Rechtlicher und gesellschaftlicher Rahmen. Eine Einführung, Berlin 1989, S. 93.

(4) Vgl. PICOT, A./LAUB, U.D./SCHNEIDER, D., Innovative Unternehmensgründungen: eine ökonomisch-empirische Analyse, Berlin u.a. 1989, S. 28-55.

(5) Vgl. LAUB, U.D., Innovationsbewertung. Ein Bewertungskonzept für innovative Unternehmensgründungen. In: LAUB, U.D./SCHNEIDER, D., (Hrsg.): Innovation und Unternehmertum. Perspektiven, Erfahrungen, Ergebnisse, Wiesbaden 1991, S. 28.

(6) Vgl. STEDLER, H.R., Venture Capital in der Bundesrepublik Deutschland unter besonderer Berücksichtigung der Rolle des geregelten Freiverkehrs in der Desinvestition, Stuttgart 1987, S. 42-46; BREUEL, B., Venture Capital. In: CHRISTIANS, F.W. (Hrsg.): Finanzierungshandbuch, Wiesbaden 1988, S. 583-584;

SERVATIUS, H.-G., New Venture Management: Erfolgreiche Lösung von Innovationsproblemen für Technologieunternehmen, Wiesbaden 1988, S. 49-50.

(7) Vgl. STAUDT, E./HAFKESBRINK, J./LEWANDOWITZ, T., Kompetenz und Kreditwürdigkeit. Bestandsaufnahme der Kreditwürdigkeitsprüfung in Theorie und Praxis bei Existenzgründern und innovativen Klein- und Mittelbetrieben. In: Berichte aus der angewandten Innovationsforschung, hrsg. von STAUDT, E., Bochum 1996, S. 21.

(8) Vgl. SÜCHTING, J., Bankmanagement, Stuttgart 1992, S. 313-315.

(9) Vgl. HIERL, W., Banken und Venture Capitalfinanzierung – Determinanten bankbetrieblichen Entscheidungsverhaltens zur situationsgerechteren Beteiligung an einer Venture-Capital-Gesellschaft, Unterföhring 1986, S. 87-91.

(10) Vgl. KRONHEIM, L., Bonitätseinstufung und -prognose. In: Die Bank (1984) Heft 4, S. 190.

(11) Vgl. ROMMELFANGER, H./BAGUS, T./ZERRES, B., Persönliche Kreditwürdigkeit eines mittelständischen Unternehmens. In: Kreditpraxis 17. Jhg. (1991) Heft 5, S. 24.

(12) Vgl. KIRCHHOFF, U., Wachsender Wettbewerb der Kreditwirtschaft um mittelständische Unternehmen. Aktuelle Problemlösungsmöglichkeiten durch Sparkassen und Landesbanken. In: Sparkasse (1990) Heft 8, S. 359.

(13) Vgl. LAUB, U.D., a.a.O., 1991, S. 36-38.

(14) Vgl. PICOT, A./LAUB, U.D./SCHNEIDER, D., Innovative Unternehmensgründungen: eine ökonomisch-empirische Analyse, Berlin u.a. 1989, S. 258-261.

(15) Vgl. LAUB, U.D., a.a.O., 1991, S. 37.

(16) Vgl. ROMMELFANGER, H./BAGUS, T./HIMMELSBACH, E., Merkmale der persönlichen Kreditwürdigkeit bei Kreditanträgen mittelständischer Unternehmen. Eine empirische Untersuchung. In: Österreichisches Bankarchiv (1990) Heft 10, S. 796.

(17) Vgl. LAUB, U.D., a.a.O., 1991, S. 30.

(18) Vgl. LAUB, U.D., Innovative Unternehmensgründungen, 1989, S. 71- 72.

(19) Vgl. JÄHRIG, A./SCHUCK, H., Handbuch des Kreditgeschäfts, Berlin 1990, S. 336.

(20) Vgl. z.B. SCHMOLL, A., Kreditprüfung (I), 1983, S. 94-96; KREIM, E., Kreditentscheidung, 1988, S. 100 ff.

(21) Vgl. ROMMELFANGER, H./BAGUS, T./HIMMELSBACH, E., Merkmale der persönlichen Kreditwürdigkeit bei Kreditanträgen mittelständischer Unternehmen. Eine empirische Untersuchung. In: Österreichisches Bankarchiv (1990) Heft 10, S. 786.

(22) Vgl. z.B. HEIGL, A., Die direkte Prüfung der persönlichen Kreditwürdigkeit. In: LINHARDT, H./PENZKOFER, P./SCHERP, P. (Hrsg.): Dienstleistungen in Theorie und Praxis, Stuttgart 1970; BELLINGER, B., Neue Grundlagen und Verfahren der Kre-

ditwürdigkeitsprüfung. In: PASSARDI, A. (Hrsg.): Führung von Banken, Bern/ Stuttgart 1973; HIERL, W., Banken und Venture Capitalfinanzierung Determinanten bankbetrieblichen Entscheidungsverhaltens zur situationsgerechteren Beteiligung an einer Venture-Capital-Gesellschaft, Unterföhring, 1986.

(23) Vgl. KEISER, H., Betriebswirtschaftliche Analyse von Insolvenzen bei mittelständischen Einzelhandlungen, Köln/Opladen 1966, S.102.

(24) Vgl. RESKE, W./BRANDENBURG, A./MORTSIEFER, H.-J., Insolvenzursachen mittelständischer Betriebe. Eine empirische Analyse, Göttingen 1976, S. 66.

(25) Vgl. HIERL, W., a.a.O., 1986, S. 196-197.

(26) Vgl. RESKE, W./BRANDENBURG, A./MORTSIEFER, H.-J., Insolvenzursachen mittelständischer Betriebe. Eine empirische Analyse, Göttingen, 1976, S. 67.

(27) Vgl. HESSELMANN, S./STEFAN, U., Sanierung oder Zerschlagung insolventer Unternehmen: Betriebswirtschaftliche Überlegungen und empirische Ergebnisse, Stuttgart 1990, S. 36.

(28) Vgl. JÄHRIG, A./SCHUCK, H., a.a.O., 1990, S. 523-526.

(29) Vgl. HEIM, E./KUHN, W., Technologiebeurteilung – ein wichtiger Baustein der Kreditwürdigkeitsprüfung. In: Kreditpraxis (1987) Heft 2, S. 23.

(30) Vgl. BAAKEN, T., Bewertung technologieorientierter Unternehmensgründungen. Kriterien zur Bewertung von Gründerpersönlichkeit, Technologie und Markt für Banken und Venture-Capital-Gesellschaften sowie für die staatliche Wirtschafts- und Technologieförderung, Berlin 1989, S. 177-184.

(31) Vgl. KUHN, W., Zukunftsorientierte Bonitätsanalyse. Den technologischen Stand bewerten, In: Kreditpraxis (1992) Heft 5, S. 15-16.

(32) Vgl. HEIM, E./KUHN, W., Technologiebeurteilung – ein wichtiger Baustein der Kreditwürdigkeitsprüfung. In: Kreditpraxis (1987) Heft 2, S. 24.

(33) Vgl. PFEIFFER, W./METZE, G./SCHNEIDER, W./AMLER, R., Technologie-Portfolio zum Management strategischer Zukunftsgeschäftsfelder, Göttingen 1985 zitiert nach KUHN, W., Zukunftsorientierte Bonitätsanalyse. Den technologischen Stand bewerten, In: Kreditpraxis (1992) Heft 5, S. 17; HEIM, E./KUHN, W., Technologiebeurteilung – ein wichtiger Baustein der Kreditwürdigkeitsprüfung. In: Kreditpraxis (1987) Heft 2, S. 24-26.

(34) Vgl. BAAKEN, T., Bewertung technologieorientierter Unternehmensgründungen. Kriterien zur Bewertung von Gründerpersönlichkeit, Technologie und Markt für Banken und Venture-Capital-Gesellschaften sowie für die staatliche Wirtschafts- und Technologieförderung, Berlin 1989, S. 185- 188.

(35) Vgl. HEIM, E./KUHN, W., a.a.O., 1987, S. 24.

(36) Vgl. HEIM, E./KUHN, W., a.a.O., 1987, S. 25; KUHN, W., Bonitätsanalyse, 1992, S. 18.

(37) Vgl. KUHN, W., Zukunftsorientierte Bonitätsanalyse. Den technologischen Stand bewerten, In: Kreditpraxis (1992) Heft 5, S. 18.

(38) Vgl. ENDRES, D. J./KOCH, P., Technische Bonität – Erfolgsmaß für Unternehmen und Kreditindikator für Banken. In: Sparkasse, 111. Jhg. (1994) Heft 9, S. 408-411.

(39) Vgl.PLESCHAK,F./SABISCH, H., Innovationsmanagement, Stuttgart 1996, S. 175-176.

(40) Vgl. STROETMANN, K. A./STEINLE, W., Kleine und mittlere Unternehmen als Adressaten staatlicher Forschungs- und Innovationsförderungspolitik. In: BRUDER, W. (Hrsg.): Forschungs- und Technologiepolitik in der Bundesrepublik Deutschland, Opladen 1986, S. 308.

(41) Vgl.GESCHKA, H./LAUDEL, G., Die Konzeptionsphase von Innovationsprojekten. In: GEMÜNDEN, H.G./PLESCHAK, F. (Hrsg.): Innovationsmanagement und Wettbewerbsfähigkeit, Wiesbaden 1992, S. 55-72.

(42) Vgl. z.B. BROCKHOFF, K., Forschung und Entwicklung- Planung und Kontrolle, München/Wien 1994, S.250 ff; EGGERT-KIPFSTUHL, K./KIRCHHOFF, G., Bewertung von Produktvorschlägen mit Hilfe einer auf empirischen Kenntnissen beruhenden Software namens PRUV. In: ZAHN, E. (Hrsg.): Technologiemanagement, Stuttgart 1994,S. 427-437.

(43) Vgl.PLESCHAK,F./SABISCH, H., Innovationsmanagement, Stuttgart 1996, S. 184.

(44) Vgl. LAUB, U.D., a.a.O., 1991, S. 30-38.

(45) Vgl. UNTERKOFLER, Erfolgfaktoren innovativer Unternehmensgründungen: ein gestaltungsorientierter Lösungsansatz betriebswirtschaftlicher Gründungsprobleme, Frankfurt am Main 1989, S. 121.

(46) Vgl. LAUB, U.D., a.a.O., 1991, S. 39-40.

(47) Vgl. UNTERKOFLER, Erfolgfaktoren innovativer Unternehmensgründungen: ein gestaltungsorientierter Lösungsansatz betriebswirtschaftlicher Gründungsprobleme, Frankfurt am Main u.a., 1989, S. 124.

(48) Vgl. z.B. SZYPERSKI, N./NATHUSIUS, K., Probleme der Unternehmensgründung: eine betriebswirtschaftliche Analyse unternehmerischer Startbedingungen, Stuttgart 1977.

(49) Vgl. BAAKEN, T., a.a.O., 1989, S. 204-206.

(50) Vgl. BAAKEN, T., a.a.O., 1989, S. 213.

(51) Vgl. BAAKEN, T., a.a.O., 1989, S. 245.

(52) Zum Stellenwert von Produktinnovationen für den Erfolg des Unternehmens vgl. HUXOLD, S., Marketingforschung und startegische Planung von Produktinnovationen: ein Früherklärungsansatz, Berlin 1990.

(53) Ausführlich zu Marketingkonzepten JTU vgl. BAIER, W./PLESCHAK, F., Marketing und Finanzierung junger Technologieunternehmen, Wiesbaden 1996, S. 47-97.

(54) Vgl. UNTERKOFLER, a.a.O., 1989, S. 125.

(55) Vgl. STAUDT, E./HAFKESBRINK, J./LEWANDOWITZ, T., Kompetenz und Kreditwürdigkeit. Bestandsaufnahme der Kreditwürdigkeitsprüfung in Theorie und Praxis bei Existenzgründern und innovativen Klein- und Mittelbetrieben. In: Berichte aus der angewandten Innovationsforschung, hrsg. von STAUDT, E., Bochum 1996, S. 32.

(56) Vgl. LAUB, U.D., a.a.O., 1991, S. 42.

(57) Vgl. LAUB, U.D., a.a.O., 1991, S. 32.

(58) Vgl. PICOT, A./LAUB, U.D./SCHNEIDER, D., Innovative Unternehmensgründungen: eine ökonomisch-empirische Analyse, Berlin u.a. 1989, S. 49-50.

(59) Vgl. PICOT, A./LAUB, U.D./SCHNEIDER, D., a.a.O., 1989, S. 186-187.

(60) Vgl. PICOT, A./LAUB, U.D./SCHNEIDER, D., a.a.O., 1989, S. 191.

(61) Vgl. LAUB, U.D., a.a.O., 1991, S. 43.

Öffentliche Maßnahmen der Innovations- und Beteiligungsförderung

Wilhelm Schmeisser/Marko Galler

1 Staatliche Förderprogramme

Zahlreiche staatliche Förderprogramme können im Rahmen der Gründung und des Wachstums junger innovativer Unternehmen zur Kapitalstärkung in Anspruch genommen werden. Die Förderinstrumente können dabei nach direkten und indirekten Maßnahmen zur Förderung des gewerblichen Innovationsprozesses, aber auch nach trägerschaftsorientierten Maßnahmen unterschieden werden. Die direkte Förderung erfolgt in der Regel durch Zuschüsse, Beihilfen Zinsverbilligungen, Sondergarantien und realisierte Ausfallbürgschaften. Die indirekten Maßnahmen umfassen u.a. Steuerbefreiungen, Freibeträge, ermäßigte Steuersätze, Sonderabschreibungen, Investitionszulagen sowie sämtliche Verbesserungen der Rahmenbedingungen für Forschung und Entwicklung. Trägerschaftsorientierte Instrumente der Innovationsförderung sind Förderinstrumente, die entweder vom Bund, von den Ländern, von der Europäischen Union oder anderen „Gremien" zur Verfügung gestellt werden (1). Auf die explizite Einteilung nach direkten, indirekten bzw. trägerschaftsorientierten Fördermaßnahmen wird jedoch bei der nachfolgenden Darstellung wichtiger Förderinstrumente verzichtet. Vielmehr wird in sogenannte traditionelle Fördermaßnahmen, die nicht nur ausschließlich der Förderung innovativer Unternehmen dienen, wie z.B. die Förderung von Existenzgründungen oder Investitionen und in Fördermaßnahmen, die insbesondere auf die Innovations- und Beteiligungsförderung abzielen, unterschieden. Die nachfolgend aufgeführten Förderprogramme stellen wichtige Bausteine innerhalb der staatlichen Wirtschaftsförderung mit ihren über insgesamt 400 bestehenden Förderprogrammen dar (2).

1.1 Traditionelle Fördermaßnahmen

Eine der wichtigsten traditionellen Fördermaßnahmen stellt die Förderung von Existenzgründungen dar. Im Rahmen dieser Förderung haben insbesondere Programme der *Deutschen Ausgleichsbank (DtA)* im Wesentlichen zur Aufgabe, zinsvergünstigte Darlehen zu gewähren.

Hierzu zählen u.a. folgende Förderprogramme (3):

- ERP-Eigenkapitalhilfe-Programm (EKH),
- ERP-Existenzgründungsprogramm,
- DtA-Existenzgründungsprogramm und
- DtA-Startgeld.

Die staatliche Investitionsförderung kann auch den traditionellen Fördermaßnahmen zugerechnet werden. Die eingesetzten Förderinstrumente zielen auf die Förderung von gewerblichen Investitionen ab. Hierzu zählen neben steuerlichen und regionalpolitischen Hilfen, wie Investitionszulagen und GA-Mittel zur Verbesserung der regionalen Wirtschaftsstruktur sowie Förderprogramme der Kreditanstalt für Wiederaufbau (KfW) (4):

- ERP-Aufbau-Programm,
- ERP-Regionalprogramm,
- KfW-Mittelstandsprogramm und
- KfW-Mittelstandsprogramm – Liquiditätshilfe.

Die mit traditionellen Förderprogrammen gewährten Darlehen zeichnen sich durch günstige Konditionsvereinbarungen und langfristige Laufzeiten aus und werden in der Regel mit einem Hausbankdarlehen kombiniert eingesetzt. Auf die unterschiedlichen Voraussetzungen der Antragsberechtigung und des Umfangs der Förderung soll hierbei nicht näher eingegangen werden, da diese Förderprogramme nicht ausschließlich der Förderung von jungen innovativen Unternehmen zuzurechnen sind. Dennoch ist darauf hinzuweisen, dass auch innovative Unternehmen in der Gründungsphase notwendige Investitionen vielmals nur durch Eigenmittel und die Inanspruchnahme von öffentlichen Finanzierungshilfen tätigen können.

Im Zusammenhang mit der Erlangung öffentlicher traditioneller Fördermittel ist für junge innovative Unternehmen die Tilgungsregelung besonders zu beachten. So muss beispielsweise beim ERP-Existenzgründungsdarlehen bereits nach drei Jahren mit der Tilgung begonnen werden. Die daraus resultierenden hohen Belastungen mit Tilgungssätzen von bis zu 12,5 % p.a. kann für junge Unternehmen, die noch nicht über ausreichende Erträge verfügen, sehr schnell zu Liquiditätsengpässen führen. Um diese unnötigen Belastungen zu vermeiden, sollten innovative Unternehmen andere Finanzierungsmöglichkeiten, wie die der Venture Capital-Finanzierung, in Erwägung ziehen (5).

1.2 Finanzierungsprogramme der Forschungs- und Innovationsförderung

Maßnahmen der staatlichen Förderung von Forschung und Innovation zielen insbesondere auf die Förderung von innovativen kleinen und mittleren Unternehmen und Forschungseinrichtungen ab.

Öffentliche Maßnahmen der Innovations- und Beteiligungsförderung 115

Die wesentlichen Besonderheiten wichtiger öffentlicher Finanzierungshilfen im Bereich der Innovationsförderung setzen sich in Anlehnung an die Angaben des *Bundesministeriums für Wirtschaft und Technologie (BMWi),* wie in den nachfolgenden Tabellen dargestellt, zusammen (6):

\multicolumn{2}{c}{Förderung von Forschung, Entwicklung und Innovationen in KMU und externen Industrieeinrichtungen – Fördersäule FuE-Projektförderung}	
Förderleistung	Finanzielle Zuschüsse für FuE-Aufwendungen neuer Erzeugnisse und Verfahren zur Stärkung der Wettbewerbsfähigkeit.
Adressatenkreis	Gefördert werden rechtlich selbstständige kleine und mittlere innovative Unternehmen der gewerblichen Wirtschaft, die: • nicht älter als drei Jahre sind, • industrienahe forschungsintensive Unternehmen sind und • gemeinnützige externe Industrieforschungseinrichtungen mit Geschäftsbetrieb in den neuen Bundesländern (NBL) und höchstens 250 Beschäftigten, einem Jahresumsatz von höchstens 40 Mio. Euro und einer Bilanzsumme kleiner 27 Mio Euro. Das Unternehmen darf sich nicht zu mehr als 25 % des Kapitals im Besitz eines oder mehrerer Unternehmen befinden, die die EU-Mittelstandsklauseln nicht erfüllen.
Finanzierungsanlass	FuE-Vorhaben von der Detailkonzeption bis zur Fertigungsreife, die auf neue Erzeugnisse und Verfahren abzielen.
Förderhöchstgrenze	Die FuE-Projektförderung kann bis zu 45 % der FuE-Kosten abdecken für: • KMU, die nicht älter als drei Jahre sind und • industrienahe forschungsintensive Unternehmen mit 20 %igen Beschäftigungsanteil in FuE und deren Wertschöpfungstätigkeit aus 20 % Produktion und 30 % aus Handel nicht überschreitet. Es können max. 75 % des FuE-Personals gefördert werden. Die FuE-Projektförderung kann bis zu 75 % der FuE-Kosten abdecken für gemeinnützige externe Forschungseinrichtungen mit einem institutionellen Förderungsanteil von 30 % . Max. 50 % des FuE-Personals können gefördert werden.

Tabelle 1: Förderung von Forschung, Entwicklung und Innovation in KMU

\multicolumn{2}{c}{PRO INNO – PROgramm INNOvationskompetenz mittelständischer Unternehmen}	
Förderleistung	Finanzielle Zuschüsse für FuE-Aufwendungen von Einstiegsprojekten, Kooperationsprojekten sowie Personalaustausch.
Adressatenkreis	Forschungseinrichtungen und Unternehmen der gewerblichen Wirtschaft mit weniger als 250 Mitarbeitern und einem Jahresumsatz von max. 40 Mio. Euro oder eine Jahresbilanz von höchstens 27 Mio. Euro. Unternehmen aus den alten Bundesländern (ABL) dürfen nicht zu 25 % oder mehr im Besitz von einem oder mehreren Unternehmen stehen, die die o.g. Mittelstandsklauseln nicht erfüllen.

Finanzierungsanlass	Erstmalige oder nach 5 Jahren neue Forschungsprojekte, gemeinsame FuE-Projekte zwischen Unternehmen und Forschungseinrichtungen bzw. Forschungsaufträge von Unternehmen an Forschungseinrichtungen und Personalaustausch zwischen KMU und Forschungseinrichtung
Förderhöchstgrenze	Max. zwei Förderungen eines Einstiegs- oder Kooperationsprojekts pro Unternehmen: ABL: 35 % der zuwendungsfähigen Ausgaben NBL: 45 % der zuwendungsfähigen Ausgaben Max. 300 TEuro an zuwendungsfähigen Ausgaben pro Projekt Bei Forschungseinrichtungen bis zu 75 % der zuwendungsfähigen Ausgaben, max. 125 TEuro pro Projekt Förderanteil Unternehmen für Personalaustausch: ABL: 40 % der zuwendungsfähigen Ausgaben NBL: 50 % der zuwendungsfähigen Ausgaben

Tabelle 2: Programm Innovationskompetenz mittelständischer Unternehmen

INSTI KMU-Patentaktion	
Förderleistung	Finanzielle Zuschüsse für erste Patent- oder Gebrauchsmusteranmeldungen.
Adressatenkreis	Kleine und mittlere Unternehmen einschließlich Handwerksbetriebe und Existenzgründer des produzierenden Gewerbes und der Landwirtschaft, die FuE selbst betreiben oder betreiben lassen.
Finanzierungsanlass	Recherchen zum Stand der Technik, Kosten-Nutzen-Analyse, Patentanmeldung beim Deutschen Patentamt und Markenamt und Technische Zulassung.
Förderhöchstgrenze	Zu den Kosten für externe Leistungen wird einmalig ein Zuschuss bis max. 7.500 Euro gewährt. Die Zuschussempfänger müssen 50 % der externen sowie die gesamten innerbetrieblichen Aufwendungen selbst tragen.
Förderung von innovativen Netzwerken (InnoNet)	
Förderleistung	Finanzielle Zuschüsse für FuE-Projektaufwendungen, wobei mindestens 2 Forschungseinrichtungen und mindestens 4 kleine und mittlere Unternehmen in einem Verbundprojekt kooperieren müssen.
Adressatenkreis	Forschungseinrichtungen, zu denen Hochschulen einschließlich Fachhochschulen, außeruniversitäre Forschungseinrichtungen, Bundesanstalten sowie gemeinnützige externe Industrieforschungseinrichtungen in den NBL zählen.
Finanzierungsanlass	Forschung und Entwicklung innovativer Produkte, Verfahren und Dienstleistungen.
Förderhöchstgrenze	90 % der Projektaufwendungen der Forschungseinrichtungen bis max. 1,5 Mio. Euro bei einer Laufzeit von max. 3 Jahren. Voraussetzung dabei ist,

Öffentliche Maßnahmen der Innovations- und Beteiligungsförderung

	dass die mitwirkenden Unternehmen eigene FuE-Beiträge von mindestens 20 % der Kosten des Verbundprojektes erbringen und mindestens 10 % der Kosten der Forschungseinrichtungen übernehmen. Der Umsatz der mindestens 4 KMU darf jeweils 125 Mio. nicht übersteigen.
ERP-Innovationsprogramm – Kreditvariante der KfW	
Förderleistung:	Langfristige Darlehen zu günstigen Festzinssätzen für Aufwendungen der FuE-Phase und der Markteinführungsphase von Innovationen.
Adressatenkreis	*In der FuE-Phase*: Unternehmen und Freie Berufe, deren Jahresumsatz in der Regel 125 Mio. Euro nicht überschreiten, bzw. größere Unternehmen (Umsatz max. bis 500 Mio. Euro), wenn die Innovation neu für Deutschland ist. *In der Markteinführungsphase*: Unternehmen und Freie Berufe, welche die KMU-Kriterien der EU erfüllen, d.h. Jahresumsatz max. 40 Mio. Euro, weniger als 250 Beschäftigte und die sich weniger als 25 % im Besitz eines Unternehmens befinden, das oberhalb der genannten Grenzen liegt. (Ausnahme: Venture Capital-Gesellschaften, öffentliche Kapitalbeteiligungsgesellschaften und institutionelle Investoren)
Finanzierungsanlass	*In der FuE-Phase*: Finanzierung der anfallenden Kosten für: Personal, Gemeinkosten, Material, FuE-Aufträge und Beratung, FuE-Investitionen, Weiterentwicklung und Verbesserung von Innovationen, Qualitätssicherung.
Finanzierungsanlass	*In der Markteinführungsphase*: Finanzierung der Kosten für: Unternehmensberatung, Aus- und Fortbildung von Mitarbeitern, Marktforschung, Messebeteiligung, Marktinformationen, Investitionen für Markteinführung.
Förderhöchstgrenze	*In der FuE-Phase*: Max. 100 % der förderfähigen Kosten, max. jedoch 5 Mio. Euro. *In der Markteinführungsphase*: ABL: max. 50 % der förderfähigen Kosten, max. jedoch 1 Mio. Euro, NBL: max. 80 % der förderfähigen Kosten, max. jedoch 2, 5 Mio. Euro.
Besonderheiten	Die Abwicklung erfolgt über die Hausbank. Es werden banküblche Sicherheiten verlangt. Die Kreditinstitute werden von der Haftung teilweise freigestellt. Der Anteil der Haftungsfreistellung ist um so höher je kleiner das zu fördernde Unternehmen ist.

Tabelle 3: Weitere staatliche Förderprogramme

Da die bisher dargestellten öffentlichen Förderprogramme trotz anderslautender Zielsetzung de facto vielfach nur die Phase der Forschung und Entwicklung abdecken, sind sie für die Innovationsfinanzierung i.e.S. als nicht ausreichend zu betrachten (7). Dem Anspruch werden hingegen die Maßnahmen der Innovations- und Beteiligungsfinanzierung, maßgeblich die Fördermaßnahmen mit Venture Capital, gerecht.

1.3 Förderprogramme mit Venture Capital

Durch die Kombination von verschiedenen staatlichen Fördermaßnahmen, soll gerade auch für Venture Capital-Finanzierungen ein Anreiz geschaffen werden, so dass diese VC-Gesellschaften kleinere Beteiligungen an jungen kleinen und mittleren innovativen Unternehmen eingehen. Hierbei wird einerseits die Refinanzierung verbilligt und andererseits das Verlustrisiko verringert (8).

Im Folgenden werden die wichtigsten öffentlichen Finanzierungsprogramme mit Venture Capital in ihren wesentlichen Grundzügen dargestellt, wobei sowohl auf die Finanzierungs- und Beteiligungsaspekte der innovativen Unternehmen als Venture Capital-Nehmer als auch auf die Refinanzierungsaspekte des Venture Capital-Gebers eingegangen wird (9). Zum Teil wird hierbei von der engen begrifflichen Abgrenzung von Venture Capital abgewichen.

Die Kreditanstalt für Wiederaufbau (KfW), an der der Bund zu 80 % und die Länder zu 20 % beteiligt sind, zählt als Körperschaft des öffentlichen Rechts mit ihren zahlreichen Fördermaßnahmen zu einem der wichtigsten Träger der staatlichen Wirtschaftsförderung. Die Venture Capital-Förderung seitens der KfW erfolgt dabei über das sogenannte Refinanzierungsmodell. Die KfW bietet hierbei den Venture Capital-Investoren zinsgünstige Kredite zur Refinanzierung an. Je nach Region und Beteiligungsprojekt kann das investierte Kapital über eine Art Ausfallbürgschaft bis zu einer Höhe von 75 % abgesichert werden (10). Die Abbildung 1 verdeutlicht das Refinanzierungsmodell der KfW.

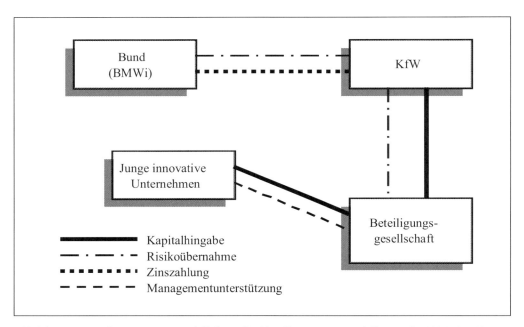

Abbildung 1: Refinanzierungsmodell der KfW (Quelle: BMFT, Modellversuch, 1989, S. 10)

Öffentliche Maßnahmen der Innovations- und Beteiligungsförderung

In den nachfolgenden Tabellen sind die wichtigsten Fördermaßnahmen im Bereich des Venture Capital der Kreditanstalt für Wiederaufbau (KfW) dargestellt. Grundsätzlich werden mit diesen Programmen Kapitalgeber gefördert, die kleinen und mittleren Unternehmen der gewerblichen Wirtschaft Eigenkapital in Form von Beteiligungen zur Verfügung stellen (11).

	ERP-Innovationsprogramm – Beteiligungsvariante
Adressatenkreis	Innovative KMU sowie Freiberufler, deren Jahresumsatz 125 Mio. Euro nicht überschreitet.
Finanzierungsanlass	Finanzierung der während der Seed-Phase und Start-Up-Phase anfallenden Kosten.
Beteiligungshöchstbetrag	5 Mio. Euro.
Beteiligungshöchstdauer	I.d.R. 10 Jahre.
Beteiligungsform	Jede Beteiligungsform ist zulässig.
Beteiligungsvertrag	Grundsätzlich freie Vereinbarungen, jedoch muss eine gewinnabhängige Komponente vereinbart werden.
Kündigungsrecht	12 Monate Kündigungsfrist für den VC-Nehmer.
Einfluss auf die Geschäftsführung des VC-Nehmers	Keine Angaben.
Besonderheiten	Die Finanzierung eines Engagements aus verschiedenen ERP-Programmen ist nicht möglich.
	Refinanzierungskredit
Auszahlungshöhe und Tilgungsmodalitäten	Auszahlung: 100 % Endfällige Tilgung, wobei eine vorzeitige Rückzahlung nur bei Kündigung des VC-Nehmers möglich ist.
Verzinsung	Zinssätze liegen unter Marktzins und sind für gesamte Kreditlaufzeit festgeschrieben. Vierteljährliche nachträgliche Verzinsung.
Kreditlaufzeit	Maximal 10 Jahre.
Haftung	Der Beteiligungsgeber wird zu 60 % von der Haftung für den Kredit freigestellt.
Besonderheiten	Der VC-Geber erhält in: ABL: eine 75 %ige Refinanzierung, NBL: eine 85 %ige Refinanzierung (max. jedoch 5 Mio. Euro).

Tabelle 4: ERP-Innovationsprogramm

	ERP-Beteiligungsprogramm
Adressatenkreis	Innovative KMU in den alten (ABL) und neuen Bundesländern inkl. Berlin (Ost) (NBL) mit weniger als 500 Mitarbeitern und einem max. Jahresumsatz von 50 Mio. Euro (Ausnahmen: bis 70 Mio. Euro).
Finanzierungsanlass	Erweiterung der Eigenkapitalbasis, Konsolidierung der Finanzverhältnisse, um Innovationen oder betriebliche Umstrukturierungen vorzurufen.
Beteiligungshöchstbetrag	ABL: 500 TEuro, NBL: 1 Mio. Euro, aber max. das bisherige vorhandene Eigenkapital des VC-Nehmers.
Beteiligungshöchstdauer	ABL: 10 Jahre, NBL: 15 Jahre.
Beteiligungsform	Jede Beteiligungsform ist zulässig, wobei die Verlustpartizipation nicht ausgeschlossen werden darf. (typisch: Stille Beteiligung).
Beteiligungsvertrag	Grundsätzlich freie Vereinbarungen, wobei Gesamtbelastung für den VC-Nehmer im Durchschnitt der vereinbarten Beteiligungsdauer 12 %p.a. der Beteiligungssumme nicht übersteigen darf.
Kündigungsrecht	12 Monate Kündigungsfrist für den VC-Nehmer.
Einfluss auf die Geschäftsführung des VC-Nehmers	Keine, ausgenommen in der Anlaufzeit bei Unternehmensgründung, wobei der VC-Geber mind. einmal jährlich über die relevanten Betriebsdaten zu informieren ist. Auf Wunsch des VC-Nehmers hat eine kostenlose Beratung in Finanzierungsangelegenheiten zu erfolgen.
Besonderheiten	Nur private Kapitalbeteiligungsgesellschaften sind antragsberechtigt. Die Finanzierung eines Engagements aus verschiedenen ERP-Programmen ist nicht möglich.
	Refinanzierungskredit
Auszahlungshöhe und Tilgungsmodalitäten	Auszahlung: 100 % Endfällige Tilgung, wobei eine vorzeitige Rückzahlung nur bei Kündigung des VC-Nehmers möglich ist.
Verzinsung	Zinssätze liegen unter Marktzins und sind für gesamte Kreditlaufzeit festgeschrieben. Vierteljährliche nachträgliche Verzinsung.
Kreditlaufzeit	ABL: max. 10 Jahre, NBL: max. 15 Jahre, wobei die Kreditlaufzeit der Beteiligungsdauer entspricht.
Haftung	Keine Angaben.
Besonderheiten	Der VC-Geber erhält in: ABL: eine 75 %ige Refinanzierung (max. 500 TEuro), NBL: eine 85 %ige Refinanzierung (max. 1 Mio. Euro).

Tabelle 5: ERP-Beteiligungsprogramm

	KfW-Risikokapitalprogramm
Adressatenkreis	Gewerbliche und innovative KMU, deren Jahresumsatz max. 500 Mio. Euro beträgt.
Finanzierungsanlass	ABL: Erschließung neuer Geschäftsfelder, Nachfolgeregelungen, Bridge-Financing bis zur Börseneinführung. NBL: Alle Maßnahmen, die in der Betriebsstätte in den NBL durchgeführt werden müssen (auch Finanzierung von Kooperationen).
Beteiligungshöchstbetrag	5 Mio. Euro.
Beteiligungshöchstdauer	Maximal 10 Jahre.
Beteiligungsform	Jede Beteiligungsform ist zulässig, wobei die Verlustpartizipation nicht ausgeschlossen werden darf.
Beteiligungsvertrag	Grundsätzlich freie Vereinbarungen, jedoch ist eine gewinnabhängige Komponente zu vereinbaren.
Kündigungsrecht	12 Monate Kündigungsfrist für den VC-Nehmer.
Einfluss auf die Geschäftsführung des VC-Nehmers	I.d.R. Betreuung des VC-Nehmers über die Laufzeit der Beteiligung.
Besonderheiten	Beantragende Kapitalbeteiligungsgesellschaft muss ein Gesellschaftskapital von mind. 1 Mio. Euro ausweisen, aus einem einwandfreien Gesellschafterkreis bestehen sowie Erfahrungen mit Unternehmensfinanzierungen haben.
	Refinanzierungskredit
Auszahlungshöhe und Tilgungsmodalitäten	Auszahlung: 100 % Endfällige Tilgung, wobei eine vorzeitige Rückzahlung nur bei Kündigung des VC-Nehmers möglich ist.
Verzinsung	Zinssätze liegen unter Marktzins und sind für gesamte Kreditlaufzeit festgeschrieben. Vierteljährliche nachträgliche Verzinsung.
Kreditlaufzeit	Max. 10 Jahre.
Haftung	Das KfW-Risikokapitalprogramm kann nicht mit anderen Risikoabsicherungsinstrumenten (z.B. öffentlichen Bürgschaften, Haftungsfreistellungen) kombiniert werden.
Besonderheiten	Der VC-Geber erhält in: ABL: eine 40 %ige Refinanzierung, NBL: eine 50 %ige Refinanzierung (max. jedoch 5 Mio. Euro).

Tabelle 6: KfW-Risikokapitalprogramm

KfW/BMWi – Technologiebeteiligungsprogramm	
Adressatenkreis	Kleine gewerbliche und innovative Technologieunternehmen, die nicht älter als 5 Jahre sind und weniger als 50 Mitarbeiter beschäftigt und deren Jahresumsatz max. 7 Mio. Euro oder deren Bilanzsumme max. 5 Mio. Euro beträgt. Weiterhin darf sich der VC-Nehmer zu höchstens 25 % im Besitz eines Unternehmens befinden, das obige Voraussetzungen nicht erfüllt. (Ausnahme: Kapitalbeteiligungsgesellschaften.)
Finanzierungsanlass	Investitionen für FuE-Arbeiten (einschl. Herstellung und Erprobung von Prototypen) bzw. Anpassungsentwicklungen zur Markteinführung von technisch neuen bzw. wesentlich verbesserten Produkten, Verfahren und Dienstleistungen (Start-Up-Phase).
Beteiligungshöchstbetrag	1,4 Mio. Euro.
Beteiligungshöchstdauer	Maximal 10 Jahre.
Beteiligungsform	Jede Beteiligungsform ist zulässig, wobei die Verlustpartizipation nicht ausgeschlossen werden darf. (I.d.R. wird jedoch eine stille Beteiligung gehalten.)
Beteiligungsvertrag	Grundsätzlich freie Vereinbarungen, jedoch ist eine gewinnabhängige Komponente zu vereinbaren. Eine Obergrenze für die Gesamtbelastung aus der Beteiligung besteht nicht.
Kündigungsrecht	Keine Angaben.
Einfluss auf die Geschäftsführung des VC-Nehmers	Beartung und Unterstützung des VC-Nehmers in sämtlichen finanziellen und wirtschaftlichen Belangen sowie Überwachung der Durchführung des Innovationsvorhabens.
Besonderheiten	Beantragende Kapitalbeteiligungsgesellschaft muss ein Gesellschaftskapital von mind. 1 Mio. Euro ausweisen, aus einem einwandfreien Gesellschafterkreis bestehen sowie Erfahrungen mit Unternehmensfinanzierungen haben. Der VC-Geber darf zum Zeitpunkt der Beantragung max. 49 % der Anteile oder Stimmrechte am VC-Nehmer halten bzw. ausüben (bei mehreren Beteiligungsgebern: 75 %).
Refinanzierungskredit	
Auszahlungshöhe und Tilgungsmodalitäten	Auszahlung: 100 %, Endfällige Tilgung, wobei eine vorzeitige Rückzahlung nur bei Kündigung des VC-Nehmers möglich ist.
Verzinsung	Zinssätze liegen unter Marktzins und sind für gesamte Kreditlaufzeit festgeschrieben. Vierteljährliche nachträgliche Verzinsung.
Kreditlaufzeit	Max. 10 Jahre, wobei die Kreditlaufzeit der Beteiligungsdauer entspricht.
Haftung	Der Beteiligungsgeber wird komplett von der Haftung für den Kredit freigestellt.
Besonderheiten	Der VC-Geber erhält eine bis zu 75 %ige Refinanzierung (max. 1,4 Mio. Euro).

Tabelle 7: KfW/BMWi – Technologiebeteiligungsprogramm

	KfW-Beteiligungsfonds (Ost)
Adressatenkreis	Kleine und mittlere gewerbliche und Technologie entwickelnde Unternehmen, deren Jahresumsatz 250 Mio. Euro nicht überschreitet und die eine Betriebsstätte in den neuen Bundesländern oder Berlin (Ost) (NBL) besitzen.
Finanzierungsanlass	Sämtliche Maßnahmen, die in einer Betriebsstätte in den NBL durchgeführt werden. Hierzu zählen z.B.: FuE-Vorhaben, Erwerb von Grundstücken und Gebäuden, Bauinvestitionen, Anschaffung von Maschinen, Betriebs- und Geschäftsausstattung, Umlaufvermögen, Managementhilfen, Kooperationen, Umstellungs- und Konsolidierungsmaßnahmen,
Beteiligungshöchstbetrag	5 Mio. Euro.
Beteiligungshöchstdauer	I.d.R. 10 Jahre.
Beteiligungsform	Jede Beteiligungsform ist zulässig.
Beteiligungsvertrag	Grundsätzlich freie Vereinbarungen, jedoch ist eine gewinnabhängige Komponente zu vereinbaren.
Kündigungsrecht	Die Kündigungsfrist beträgt für den VC-Nehmer 12 Monate.
Einfluss auf die Geschäftsführung des VC-Nehmers	Förderung des VC-Nehmers mit Know-how der Beteiligungsgeber.
Besonderheiten	Beteiligende Kapitalbeteiligungsgesellschaften, Kreditinstitute, Unternehmen oder Privatpersonen (die beiden Letzteren über ihre Hausbank) haben den Antrag auf Fördermittel zu stellen.
	Refinanzierungskredit
Auszahlungshöhe und Tilgungsmodalitäten	Auszahlung: 100 % Endfällige Tilgung, wobei bei einer vorzeitigen Rückzahlung Vorfälligkeitsentschädigungen verlangt werden können.
Verzinsung	Zinssätze liegen unter Marktzins und sind für gesamte Kreditlaufzeit festgeschrieben. Vierteljährliche nachträgliche Verzinsung.
Kreditlaufzeit	Max. 10 Jahre.
Haftung	Der VC-Geber wird i.d.R. zu 50 % von der Haftung für den Kredit freigestellt.
Besonderheiten	Der VC-Geber erhält eine bis zu 100 %ige Refinanzierung (max. 5 Mio. Euro).

Tabelle 8: KfW-Beteiligungsfonds – Ost (Quelle der Tabellen 4-8: In Anlehnung an: KUßMAUL, H./RICHTER, L., Ablauf und öffentliche Förderprogramme, 2000, S. 1199 ff. und BMWi, Förderung, 1999, S. 29 ff.)

Analog zur *Kreditanstalt für Wiederaufbau (KfW)* stellt die *Deutsche Ausgleichsbank (DtA)* als Anstalt des öffentlichen Rechts sowie Gründer- und Mittelstandsbank eine Förderinstitution des Bundes dar, die ebenfalls eine wesentliche Rolle bei der Förderung kleiner und mittlerer Unternehmen spielt (12). Über die hundertprozentigen Tochtergesellschaften der *Deutschen Ausgleichsbank AG (DtA)*, die *tbg Technologie-Beteiligungs-Gesellschaft mbH (tbg)* und die *gbb Beteiligungs-AG (gbb)*, geht die *DtA* Beteiligungen an junge innovative Unternehmen ein. Der *tbg* und der *gbb* kommt die Aufgabe zu, die Eigenkapitalausstattung von jungen innovativen, technologieorientierten Unternehmen, durch finanzielle Beteiligungen in stiller und/oder offener Form zu stärken (13).

Beteiligungen der *tbg* und der *gbb* sind grundsätzlich an die Voraussetzung geknüpft, dass eine weitere Beteiligung in mindestens gleicher Höhe von einem sogenannten Lead Investor, der im Rahmen der Venture Capital-Finanzierung für die Managementunterstützung verantwortlich ist, erfolgt (14). Die *tbg* bzw. *gbb* treten hierbei als Co-Investoren auf, daher wird auch die Bezeichnung Co-Investormodell für diese Beteiligungsvariante geführt. Die Abbildung 2 verdeutlicht die Beziehungen der Marktteilnehmer innerhalb des Co-Investormodells.

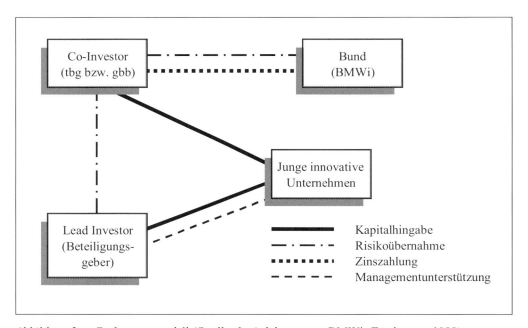

Abbildung 2:   Co-Investormodell (Quelle: In Anlehnung an: BMWi, *Förderung, 1999)*

Dieses Beteiligungsmodell ermöglicht ein sorgfältig abgestimmtes Zusammenspiel von jungen innovativen Technologieunternehmen, Venture Capital-Gebern (Lead Investoren) und öffentlichen Finanzierungsprogrammen als wichtiger Bestandteil der Innovationsförderung. Die wesentlichen Beteiligungsgrundsätze der wichtigsten Förderprogramme im Bereich des Venture Capital der *Deutschen Ausgleichsbank (DtA)* sind in den nachfolgenden Tabellen dargestellt. Diese Förderprogramme bieten grundsätzlich Kapitalbeteiligungsgesellschaften und anderen Beteiligungsgebern Anreize, sich stärker als bisher in der Entwicklungs- und Aufbauphase von jungen innovativen Technologieunternehmen zu engagieren.

Beteiligungsprogramm für kleine Technologieunternehmen (BTU) der tbg Technologie-Beteiligungs-Gesellschaft mbH	
Adressatenkreis	Kleine innovative Technologieunternehmen, die nicht älter als 5 Jahre sind und weniger als 50 Mitarbeiter beschäftigen. Der Jahresumsatz darf max. 7 Mio. Euro oder die Bilanzsumme max. 5 Mio. Euro betragen. Der VC-Nehmer darf sich zu höchstens 25 % im Besitz eines Unternehmens befinden, das obige Voraussetzungen nicht erfüllt.
Finanzierungsanlass	FuE innovativer Produkte, Verfahren und Dienstleistungen und Unterscheidung von den bisherigen Äquivalenten mit erwarteten Wettbewerbsvorteilen und Marktchancen, die ein überdurchschnittliches Umsatz- und/oder Beschäftigungswachstum erwarten lassen (Seed- und Start-Up-Phase), Investitionen zur Markteinführung (First-Stage-Phase).
Beteiligungshöchstbetrag	1,5 Mio. Euro.
Beteiligungshöchstdauer	Orientiert sich an der Beteiligung des Lead Investors, aber max. 10 Jahre.
Beteiligungsform	Stille Beteiligung, die die tbg mit dem VC-Nehmer eingeht. Hierbei wird eine gewinnunabhängige Vergütung und eine gewinnabhängige Vergütung erhoben.
Beteiligungsvertrag	Grundsätzlich freie Vereinbarungen.
Kündigungsrecht	3-monatige Kündigungsfrist jeweils zum 30.06. und 31.12. eines jeden Jahres. Erfolgt die Kündigung bis zum Ablauf des 5. Beteiligungsjahres, ist die tbg-Einlage mit einem Aufgeld von 30 % zurückzuzahlen. (Ausnahme: Kündigung erfolgt wegen Aufgabe des Innovationsvorhabens.)
Einfluss auf die Geschäftsführung des VC-Nehmers	Da stille Beteiligung, beteiligt sich die tbg nicht an der Geschäftsführung. Hierzu wird der Lead Investor herangezogen.
Besonderheiten	Voraussetzung für eine tbg-Beteiligung ist, das sich ein Lead Investor in mindestens gleichem Umfang wie die tbg an dem VC-Nehmer beteiligt, so dass die tbg als Co-Investor fungiert. Der Lead Investor muss die tbg-Beteiligung aufgrund eines abzuschließenden Kooperationsvertrages mitbetreuen. Die tbg kann verpflichtet werden, bis zum Ablauf von 5 Jahren dem Lead Investor bei Ausfall des Engagements max. 50 % seiner Beteiligung zu erstatten. Die tbg kann beim Exit eine Beteiligung an den stillen Reserven verlangen. Eine Kombination mit KfW-Fördermitteln ist ausgeschlossen. Der VC-Geber darf bei Beantragung max. 49 % der Anteile oder Stimmrechte am VC-Nehmer halten.

Tabelle 9: Beteilungsprogramm für kleine Technologieunternehmen der tbg

	DtA-Technologie-Beteiligungsprogramm der tbg Technologie-Beteiligungs-Gesellschaft mbH
Adressatenkreis	Gewerbliche Technologieunternehmen, deren Jahresumsatz 125 Mio. Euro nicht übersteigt.
Finanzierungsanlass	*Finanzierung der Frühphase (Seed-Phase)*: Kosten für den Aufbau geeigneter Organisationsstrukturen, die Erstellung eines prüffähigen Businessplans und die Produkt- und Verfahrensentwicklung. Finanzierung von Innovationsvorhaben, bei denen die Finanzierungsmöglichkeiten aus BTU erschöpft sind (*Innovationsphase*): Kosten der vorwettbewerblichen Entwicklung bis zum Zeitpunkt der Serienreife sowie für die Markteinführung. (Start-Up- bzw. Third-Stage-Phase). *In der Exit-Phase*: Sicherstellung der Langfristfinanzierung durch Aufnahme am geregelten Kapitalmarkt.
Beteiligungshöchstbetrag	*In der Seed-Phase*: 250 TEuro. *In der Innovationsphase*: kann die BTU-Beteiligung parallel zum Lead Investor auf 2,5 Mio Euro aufgestockt werden. (tbg max. 1 Mio Euro) *In der Exitphase*: 5 Mio. Euro.
Beteiligungshöchstdauer	Maximal 10 Jahre.
Beteiligungsform	Je nach Phase sind sowohl stille als auch offene Beteiligungen möglich. *In der Seed-Phase*: häufig offene Beteiligung *In der Innovationsphase*: meist stille Beteiligung *In der Exitphase*: meist stille Beteiligung Es wird eine gewinnunabhängige Vergütung und eine gewinnabhängige Vergütung erhoben.
Beteiligungsvertrag	Grundsätzlich freie Vereinbarungen.
Kündigungsrecht	3-monatige Kündigungsfrist des VC-Nehmers jeweils zum 30.06. und 31.12. eines jeden Jahres.
Einfluss auf die Geschäftsführung des VC-Nehmers	Die tbg beteiligt sich i.d.R. (stille Beteiligung) nicht an der Geschäftsführung des VC-Nehmers. Hierzu wird der Lead Investor herangezogen.
Besonderheiten	Voraussetzung für eine tbg-Beteiligung ist, dass sich ein Lead Investor in mindestens gleichem Umfang wie die tbg an dem VC-Nehmer beteiligt, so dass die tbg als Co-Investor fungiert. Der Lead Investor muss die tbg-Beteiligung aufgrund eines abzuschliessenden Kooperationsvertrages mitbetreuen. Weiterhin kann die tbg beim Exit eine Beteiligung an den während der Beteiligungsdauer gebildeten stillen Reserven verlangen.

Tabelle 10: DtA-Technologie-Beteiligungsprogramm der tbg

	Konsolidierung- und Wachstumsfonds (Ost) der gbb Beteiligungs-Aktiengesellschaft
Adressatenkreis	Kleine und mittlere gewerbliche Unternehmen in den neuen Bundesländern einschließlich Berlin (Ost) (NBL), die weniger als 250 Mitarbeiter und entweder einen Jahresumsatz von weniger als 40 Mio. Euro oder eine Bilanzsumme von nicht mehr als 27 Mio. Euro haben. Der VC-Nehmer darf sich zu höchstens 25 % im Besitz von Unternehmen befinden, die obige Voraussetzungen nicht erfüllten. (Ausnahme: öffentliche Kapitalbeteiligungsgesellschaften, Venture Capital-Gesellschaften.)
Finanzierungsanlass	Finanzierung aller Kosten, die im Zusammenhang mit dem Konsolidierungsvorhaben stehen.
Beteiligungshöchstbetrag	2,5 Mio. Euro.
Beteiligungshöchstdauer	Maximal 10 Jahre.
Beteiligungsform Beteiligungsform	Sowohl stille als auch offene Beteiligungen möglich. (I.d.R. Stille Beteiligung). Offene Beteiligung nur bis max. 25 %. Es wird eine gewinnunabhängige und beim Exit eine gewinnabhängige Vergütung erhoben.
Beteiligungsvertrag	Grundsätzlich freie Vereinbarungen.
Kündigungsrecht	Dem Beteiligungsnehmer kann ein Kündigungsrecht unter Einhaltung von Kündigungsfristen eingeräumt werden.
Einfluss auf die Geschäftsführung des VC-Nehmers	Die tbg beteiligt sich i.d.R. (stille Beteiligung) nicht an der Geschäftsführung des VC-Nehmers. Hierzu wird der Lead Investor herangezogen.
Besonderheiten	Voraussetzung für eine gbb-Beteiligung ist, dass sich ein privater Kapitalgeber (Lead Investor) oder das jeweilige Bundesland (z.B. durch das Landesförderinstitut) parallel mit mindestens 40 % an der Finanzierung des Konsolidierungsvorhabens beteiligt. Handelt es sich um einen Lead Investor, der sowohl Beteiligungskapital zur Verfügung stellt als auch aktiv das Management unterstützt, erhöht sich der Mindestanteil auf 50 %. Dem Lead Investor kann im Kooperationsvertrag eine teilw. Risikoübernahme von 70 % der von ihm geleisteten Einlage eingeräumt werden.

Tabelle 11: Konsolidierung- und Wachstumsfonds (Ost) der gbb Beteiligungs-Aktiengesellschaft
Quelle der Tabellen 9-11: In Anlehnung an: KUßMAUL, H./RICHTER, L., Ablauf und öffentliche Förderprogramme, 2000, S. 1202 f. und BMWi, *Förderung, 1999, S. 35 und o.V., gbb, o.J. S. 4)*

Die *tbg*, als Hauptträger des Venture Capital-Engagements der *DtA,* ist derzeit an ca. 850 Unternehmen beteiligt. Das entspricht einer Investitionssumme von ca. 1 Mrd. Euro. Die meisten Beteiligungen erfolgten dabei über das BTU-Programm (15). Ein weiteres wichtiges Beteiligungsprogramm der *tbg* zur „Förderung und Unterstützung technologieorientierter Unternehmensgründungen in den neuen Bundesländern" (FUTOUR), soll hierbei jedoch nicht näher betrachtet werden, da die Anträge nur bis zum 31.12.1999 gestellt werden konnten (16).

Es kann festgestellt werden, dass im Mittelpunkt der deutschen Wirtschaftsförderung unverändert die Hilfen für Unternehmensgründungen und für kleine und mittlere Unternehmen stehen. Zwar spielen die sogenannten traditionellen Fördermaßnahmen eine bedeutende Rolle innerhalb der bestehenden Fördermaßnahmen, jedoch gewinnt die Unterstützung für innovative Produkte und Verfahren, insbesondere in Form von Venture Capital, immer stärker an Bedeutung (17). Ein Grund hierfür ist sicherlich darin zu sehen, dass sich die Fördermaßnahmen mit Venture Capital stärker als die traditionellen Fördermaßnahmen auf gesamtwirtschaftlich „fruchtbare" Bereiche konzentrieren und die Möglichkeit einer laufenden und steuernden Zusammenarbeit mit dem Management des zu fördernden Unternehmens gewährleistet ist (18).

Allen Fördermitteln ist jedoch gemein, dass sie nur einen begrenzten Umfang haben. Dies bedeutet, dass staatliche Förderprogramme nur so lange möglich sind, wie die notwendigen Mittel zur Verfügung stehen. Des Weiteren ist zu beachten, dass kein Rechtsanspruch auf staatliche Förderung besteht, selbst wenn sämtliche Förderungsvoraussetzungen erfüllt sind (19). Die Vielfalt und die Unübersichtlichkeit von staatlichen Förderprogrammen führen zu einer mangelnden Transparenz des Fördermarktes, die letztlich eine noch stärkere Inanspruchnahme behindert (20).

2 Innovationszentren als Inkubatoren junger innovativer Unternehmen

2.1 Aufgaben und Ziele

Junge innovative Unternehmen benötigen für ein rasches Wachstum einen entsprechenden Rahmen, um Information, Kommunikation und Kooperationen zu ermöglichen. Dieses innovationsfreundliche Umfeld wird von Innovationszentren geboten, die das notwendige Know-how bereitstellen bzw. vermitteln (21). „Der Begriff ‚Innovationszentrum' fasst sowohl Technologie- und Gründerzentren als auch Wissenschafts- und Technologieparks zusammen" (22). Im Gegensatz zu den staatlichen Förderprogrammen bieten die regionalen Innovationszentren keine direkte finanzielle Unterstützung, sondern vielmehr Beratungs- und Vermittlungstätigkeiten. Sie schaffen ein für innovative Gründungs- und Jungunternehmer förderliches Umfeld, damit die hohe Management- und Finanzierungslücke von jungen innovativen Unternehmen schneller geschlossen werden kann (23).

Innovationszentren können als Standortgemeinschaften von relativ jungen und meist neugegründeten Stammunternehmen definiert werden, deren betriebliche Tätigkeit vorwiegend in der Entwicklung, Produktion und Vermarktung technologisch neuer Produkte, Verfahren und Dienstleistungen liegt und die auf ein umfangreiches Angebot an Gemeinschaftseinrichtungen und Beratungsdienstleistungen zurückgreifen können.

Im amerikanischen Sprachgebrauch hat sich in diesem Zusammenhang der Begriff „Incubators" durchgesetzt (24).

In Deutschland beteiligen sich die Bundesländer zusammen mit Kommunen, Kreditinstituten und anderen privaten und öffentlichen Einrichtungen wie z.B. Hochschulen und Universitäten an der Errichtung und dem Betrieb von Innovationszentren (25). Sie unterstützen junge innovative, insbesondere technologieorientierte Unternehmen, wobei sie Beratungs- und Finanzierungsdienstleistungen von Kammern der gewerblichen Wirtschaft, lokalen Kreditinstituten, der kommunalen Wirtschaftsförderung, Hochschulen und anderen Forschungseinrichtungen kombinieren und dadurch zu einer besseren Kommunikation und Kooperation zwischen diesen Einrichtungen beitragen (26). Der Verband *Arbeitsgemeinschaft Deutscher Technologie- und Gründerzentren e.V. (ADT)*, der derzeit bundesweit 193 Innovationszentren wie z.B. den WISTA- Wissenschafts- und Wirtschaftsstandort Berlin-Adlershof, das TGS Technologie- und Gründerzentrum Spreeknie Berlin, das Bremer Innovations- und Technologiezentrum und das Münchener Technologiezentrum vertritt, bildet dabei die Grundlage für ein leistungsfähiges Netzwerk für Innovationen und Kooperationen (27).

„Entscheidend sind die Ziele und Aufgaben, die Innovationszentren realisieren. Im Mittelpunkt steht, dass sie günstige Rahmenbedingungen für die Konzept-, Start- und erste Entwicklungsphase junger innovativer, technologieorientierter Unternehmen schaffen und darüber hinaus günstige Bedingungen für ihr weitergehendes Wachstum gestalten" (28). Folgende Aufgaben kommen diesen Zentren dabei zu (29):

- Unterstützung der Gründung lokaler technologieorientierter Stammunternehmen,
- Förderung der technologischen Weiterentwicklung bereits ansässiger Technologieunternehmen und
- Anwerbung regionsexterner innovativer Wachstumsunternehmen.

Die von Innovationszentren angebotenen Leistungen können den angesiedelten Unternehmen zu einem schnelleren Wachstum im Vergleich zu anderen Unternehmen verhelfen. Zum Leistungsangebot von Innovationszentren zählen u.a. (30):

- die Bereitstellung kostengünstiger Räumlichkeiten,
- die Bereitstellung von zweckbezogener Infrastruktur (z.B. Bürodienste, Kommunikationseinrichtungen, EDV-Kapazitäten, Werkstätten und Labors),
- die Bereitstellung technischer und betriebswirtschaftlicher Beratung sowie
- die Herstellung von Kontakten zu Forschungseinrichtungen, Kapitalgebern, Großunternehmen und öffentlichen Förderungsinstitutionen.

Hauptzielgruppe von regionalen Innovationszentren sind in erster Linie neugegründete innovative kleine und mittlere Unternehmen. Aber auch größere technologieorientierte Unternehmen werden von diesen Zentren „nachgefragt", um den Standort für die Ansiedlung von Niederlassungen mit FuE-Aufgaben oder Betriebsstätten mit hoher Wertschöpfung attraktiv zu machen (31).

2.2 Spezialisierung auf Technologieschwerpunkte

Entscheidend für das erfolgreiche Funktionieren eines Innovationszentrums ist die Herstellung einer Beziehung zwischen den angesiedelten Unternehmen und Einrichtungen, die Synergieeffekte aktiviert. Dies ist dann möglich, wenn die Zentrumskonzeption eine Spezialisierung auf einen Technologiebereich wie z.B. auf Informationstechnologie, Messtechnologie oder Biotechnologie vorsieht. Natürlich darf die Spezialisierung nicht zu eng sein und nur eine Marktnische betreffen. Der Erfolg von jungen Wachstumsunternehmen hängt u.a. von der Spezialisierung ab, die sich erst aus einem Lernprozess und der Kooperation der Unternehmen im Zentrum untereinander ergibt (32).

Die durch die Spezialisierung erworbene Kompetenz eines Innovationszentrums in einem Technologiebereich kann eine entsprechende Schwungkraft für die Region darstellen. Diese Kompetenz und die gegebene Infrastruktur soll bestehende innovative Unternehmen aus anderen Regionen bewegen, Betriebsverlagerungen oder die Verlagerung eines Teilbetriebes in das Zentrum durchzuführen (33).

Für Innovationszentren, die sich auf Technologieschwerpunkte spezialisiert haben, treffen folgende Merkmale zu (34):

- Festlegung des angestrebten Technologieschwerpunktes, aufbauend auf die gegebenen Ressourcen der Region hinsichtlich Forschungs- und Schulungseinrichtungen sowie der bestehenden Unternehmen.
- Enge Einbindung von Einrichtungen der Universitäten und Hochschulen.
- Infrastrukturangebot im Bereich des jeweiligen Technologieschwerpunkts durch Forschungs-, Mess- oder Prüfungseinrichtungen.
- Überregionales Angebot von Beratungsleistungen in dem Technologieschwerpunktbereich durch entsprechende Consulting-Unternehmen.
- Ein oder zwei „Leitunternehmen" in dem Technologieschwerpunktbereich.
- Ausreichend Raum für technologieorientierte Unternehmensgründungen.
- Raum für technologieorientierte Unternehmensansiedlungen bzw. Errichtung von Zweigbetrieben, die in den jeweiligen Technologieschwerpunkt passen.
- Durchführung von Beratungs- und Informationstätigkeiten durch das Technologie- und Innovationszentrum selbst, und zwar nicht nur für die Unternehmen der Region, sondern hinsichtlich des Technologieschwerpunktbereiches über die Standortregion hinaus.
- Durchführung von Spezialkursen und Seminaren, möglichst in Zusammenarbeit mit Universitäten für einen überregionalen Einzugsbereich.
- Entwicklung eines regionalen Technologienetzwerkes hinsichtlich betriebswirtschaftlicher und technologischer Informationen, Finanzierungs- und Förderungsmöglich-

keiten, wobei eine Einbindung in das überregionale Netzwerk sowie in das europäische Netzwerk gegeben sein sollte.

Zusammenfassend kann festgehalten werden, dass Innovationszentren ideale Rahmenbedingungen für die dort angesiedelten innovativen Gründungsunternehmen darstellen (35). Die angebotenen Beratungs- und Vermittlungsleistungen, die enge Kommunikation und Kooperation zwischen den Einrichtungen, hierbei ist auf Kooperationen des Netzwerkes des *ADT* mit Kapitalbeteiligungsgesellschaften, wie der Deutschen Gesellschaft für Innovationsbeteiligung mbH (DGIB) und der Gerling Innovations Fonds GmbH (GIF) (36) hinzuweisen und die Ausnutzung von Synergieeffekten aufgrund der Spezialisierung auf Technologieschwerpunkte sind einem aktiven Innovationsverhalten junger Unternehmen und deren Expansion förderlich. Die Innovationszentren leisten damit einen wichtigen Beitrag zur Innovationsförderung (37). Als Alternative zu Venture Capital-Finanzierungen sind sie jedoch nicht zu betrachten, da sie nicht signifikant zur Verringerung des Kapitalbedarfs junger innovativer Unternehmen beitragen und selbst kein Kapital zur Verfügung stellen (38).

Anmerkungen

(1) Vgl. SCHMEISSER, W./STAUDT, E./SCHWARZ, B., Technologiepolitik, S. 19.
(2) Vgl. O.V., Förderprogramme, 1998, S. 234.
(3) Vgl. DTA, Finanzierungsbausteine, 2000, S. 1 f.
(4) Vgl. BMWI, Förderung, 1999, S. 10 f.
(5) Vgl. BALTZER, K., Bedeutung, 2000, S. 39 f.
(6) Vgl. BMWI, Förderung, 1999, S. 23 f.
(7) Vgl. BÜSCHGEN, H.E., Kreditwirtschaft, 1985, S. 11.
(8) Vgl. LEOPOLD, G./FROMMANN, H., Eigenkapital, 1998, S. 49.
(9) Vgl. KUßMAUL, H./RICHTER, L., Ablauf und öffentliche Förderprogramme, 2000, S. 1199.
(10) Vgl. BRANKAMP, T./TOBIAS, M., Airbag vom Staat, S. 5.
(11) Vgl. BMWI, Förderung, 1999, S. 33.
(12) Vgl. KUßMAUL, H./RICHTER, L., Ablauf und öffentliche Förderprogramme, 2000, S. 1202.
(13) Vgl. DTA, Finanzierungsbausteine, 2000, S. 20 ff.
(14) Vgl. TBG, Markterfolg, 2000, S. 4.
(15) Vgl. BRANKAMP, T./TOBIAS, M., Airbag vom Staat, S. 5.

(16) Vgl. KUßMAUL, H./RICHTER, L., Ablauf und öffentliche Förderprogramme, 2000, S. 1202.
(17) Vgl. BMWI, Förderung, 1999, S. 3.
(18) Vgl. SCHEFCZYK, M., Finanzieren mit Venture Capital, 2000, S. 104.
(19) Vgl. BALTZER, K., Bedeutung, 2000, S. 39.
(20) Vgl. BÜSCHGEN, H.E., Kreditwirtschaft, 1985, S. 11 und SCHWEEN, K., Corporate Venture Capital, 1996, S. 55.
(21) Vgl. HOFSTÄTTER, K., Innovationszentren, 1991, S. 10.
(22) Vgl. ADT., Standorte, 2001.
(23) Vgl. SCHWEEN, K., Corporate Venture Capital, 1996, S. 54.
(24) Vgl SCHWEEN, K., Corporate Venture Capital, 1996, S. 54.
(25) Vgl. KULICKE, M./WUPPERFELD, U., Technologieunternehmen, 1996, S. 15.
(26) Vgl. BMFT, Modellversuch, 1989, S. 14.
(27) Vgl. ADT., Mitglieder, 2001.
(28) Vgl. ADT., Standorte, 2001.
(29) Vgl HOFSTÄTTER, K., Innovationszentren, 1991, S. 23.
(30) Vgl. SCHWEEN, K., Corporate Venture Capital, 1996, S. 54.
(31) Vgl. KULICKE, M./WUPPERFELD, U., Technologieunternehmen, 1996, S. 15.
(32) Vgl HOFSTÄTTER, K., Innovationszentren, 1991, S. 26.
(33) Vgl HOFSTÄTTER, K., Innovationszentren, 1991, S. 27.
(34) Vgl HOFSTÄTTER, K., Innovationszentren, 1991, S. 28.
(35) Vgl. HOFSTÄTTER, K., Small Business, 1992, S. 106.
(36) Vgl. LEOPOLD, G./FROMMANN, H., Eigenkapital, 1998, S 204.
(37) Vgl. SCHWEEN, K., Corporate Venture Capital, 1996, S. 55.
(38) Vgl. SCHWEEN, K., Corporate Venture Capital, 1996, S. 56.

Literatur

Arbeitsgemeinschaft Deutscher Technologie- und Gründerzentren e.V. (ADT) (Hrsg.): Innovationszentren in Deutschland: Mitglieder, URL: http://www.adt-online.de/mitglieder/in-dex.htm (29.01.2001).

Arbeitsgemeinschaft Deutscher Technologie- und Gründerzentren e.V. (ADT) (Hrsg.): Innovationsorte in Deutschland: Standorte: http://www.adt-online.de/zentren/index.htm (29.01.2001).

BALTZER, K.: Die Bedeutung des Venture Capital für innovative Unternehmen. Aachen 2000.

BRANKAMP, T./TOBIAS, M.: Airbag vom Staat. In: Handelsblatt vom 18.12.2000, Montags-Extra, S. 5.

BÜSCHGEN, H.E.: Venture Capital – die Sicht der Kreditwirtschaft. In: Stadtsparkasse Köln: SK-Texte, Bd. 14, Köln 1985.

Bundesministerium für Forschung und Technologie (BMFT) (Hrsg.): Beteiligungskapital für junge Technologieunternehmen. Modellversuch 1989-1994, Bonn 1989.

Bundesministerium für Wirtschaft und Technologie (BMWi) (Hrsg.): Mit Erfolg am Markt: Wirtschaftliche Förderung – Hilfe für Investitionen und Innovationen. Berlin 1999.

Business Angels Netzwerk Deutschland (BAND) e.V. – Initiative für innovative und technologieorientierte Gründer (Hrsg.): Informationen, URL: http://www.business-angels.de/band-info-ausgabe1.htm (20.01.2001).

Deutsche Ausgleichsbank AG (DtA) (Hrsg.): Finanzierungsbausteine für Unternehmen mit Zukunft: Das Förderangebot für Existenz- und Unternehmensgründer sowie mittelständische Betriebe. Berlin 2000.

HOFSTÄTTER, K. (Hrsg.): Innovationszentren und Venture Capital. Linz 1991.

HOFSTÄTTER, K.: Small Business und Venture Capital in den USA und Österreich. Wiesbaden 1992.

KULICKE, M./WUPPERFELD, U.: Beteiligungskapital für junge Technologieunternehmen (BJTU): Ergebnisse eines Modellversuchs. Heidelberg 1996.

KUSSMAUL, H./RICHTER, L.: Betriebswirtschaftliche Aspekte von Venture Capital-Gesellschaften und ihre Bedeutung im Hinblick auf Existenzgründungen: Einordnung, Funktionsweise, Beteiligungsformen, Finanzierungsphasen. In: Deutsches Steuerrecht (DStR), 38. Jahrgang (2000), Heft 27, S. 1155-1160.

KUSSMAUL, H./RICHTER, L.: Betriebswirtschaftliche Aspekte von Venture Capital-Gesellschaften und ihre Bedeutung im Hinblick auf Existenzgründungen: Zeitlicher Ablauf und öffentliche Finanzierungsprogramme. In: Deutsches Steuerrecht (DStR): 38.Jahrgang (2000), Heft 28, S. 1195-1204.

LEOPOLD, G./FROMANN, H.: Eigenkapital für den Mittelstand: Venture Capital im In-und Ausland. München 1998.

o.V.: gbb Konsolidierungs- und Wachstumsfonds Ost: Mit frischem Kapital aus der Krise. In: W&M Verlagsgesellschaft mbH (Hrsg.): Wirtschaft und Markt: Ratgeber Krisenmanagement Extra, Berlin o.J., S. 3-7.

o.V.: Förderprogramme: Auskunft über Internet. In: Zeitschrift für das gesamte Kreditwesen 1998/Heft 5, S. 234.

SCHEFCZYK, M.: Finanzieren mit Venture Capital: Grundlagen für Investoren, Finanzintermediäre, Unternehmer und Wissenschaftler. Stuttgart 2000.

SCHMEISSER, W.: Zur Genese neuer Geschäfte in der Industrieunternehmung. Ein mulikontextualer Erklärungsansatz für technische Innovationen. Aachen 1997.

SCHMEISSER, W.: Venture Capital und Neuer Markt als strategische Erfolgsfaktoren der Innovationsförderung.: In: Finanz Betrieb 2000/Heft 3, S. 189-193.

SCHWEEN, K.: Corporate Venture Capital: Risikofinanzierung deutscher Industrieunternehmen. Wiesbaden 1996.

STAUDT, E./SCHMEISSER, W./SCHWARZ, B.: Der Betrieb als Objekt der Technologiepolitik. In: Staudt, Erich u.a.: Innovationsförderung und Technologietransfer: Einsatz und Bewältigung technologiepolitischer Instrumente in der betrieblichen Praxis. Berlin 1980, S.11-31.

tbg Technologie-Beteiligungs-Gesellschaft mbH der Deutschen Ausgleichsbank (Hrsg.): tbg-Umfrage 1999: Entwicklungsperspektiven junger High-Tech-Unternehmen. Bonn 1999.

tbg Technologie-Beteiligungs-Gesellschaft mbH der Deutschen Ausgleichsbank (Hrsg.): Durch Beteiligung zum Markterfolg: Beteiligungskapital für kleine Technologieunternehmen. Berlin 2000.

Möglichkeiten der Fördermittel-Kombination bei Existenzgründungen: Kombinationslogik

Gerfried Hannemann/Wilhelm Schmeisser

1   Grundsätzliches zur Förderung von Existenzgründern

In Deutschland stehen Unternehmensgründer auch mit vielversprechenden innovativen Geschäftsideen in aller Regel vor großen Schwierigkeiten, ausreichend Kapital zu mobilisieren. Der Gang zur Bank bringt aus guten Gründen oft nicht die Lösung.

Es fällt bekanntlich generell schwer, die Chancen und Risiken neuer Produkte oder Herstellungstechnologien realistisch abzuschätzen. Wenn sie aber in Verbindung mit Existenzgründungen beurteilt werden sollen, potenzieren sich die Probleme.

Abhilfe schaffen **Förderprogramme der „Öffentlichen Hand"**, denen das Interesse der Gesellschaft an wissenschaftlich-technischem Fortschritt, Wettbewerbsfähigkeit, Beschäftigung und Wirtschaftswachstum zu Grunde liegt. In Deutschland steht der Existenzgründer einer verwirrenden Vielfalt von mehr als 1 000 Förderprogrammen gegenüber, darunter:

- vom Bund: 186 Programme bzw.
- von den Ländern: 822 Programme (1).

Über die einzelnen Programme gibt es insbesondere von den Institutionen, die diese Mittel bewirtschaften (Bundesministerium für Wirtschaft und Technologie/BMWi, Deutsche Ausgleichsbank/DtA, Kreditanstalt für den Wiederaufbau/KfW, „Förderbanken" der Länder/z.B. Investitionsbank des Landes Brandenburg – um die wichtigsten zu nennen), vielfältige Informationen. Sie stehen potenziellen Firmengründern zur Verfügung und haben zahlreiche Reflexionen in der Fachliteratur gefunden. Für Gründer ist es aber nicht nur **wichtig zu wissen**, welche finanziellen Hilfen Bund und Länder anbieten sondern auch, wie **verschiedene Förderungen miteinander kombiniert werden können**. Gerade bei neuen Erfindungen bzw. Ideen, die „marktreif" gemacht werden sollen, kann der Anteil der Fördermittel am Gesamtbudget gar nicht hoch genug sein, weil i.d.R. Erfinder über kein nennenswertes Eigenkapital verfügen.

Für die Gründungsfinanzierung mit Fördermitteln gelten **allgemeine Grundsätze**, die wie folgt umrissen werden können:

- die Gründungsprogramme zielen vor allem auf natürliche Personen,
- eine ausreichende fachliche und kaufmännische Qualifikation des Existenzgründers muss gegeben sein,
- die selbständige Tätigkeit muss die Haupterwerbsquelle verkörpern,
- der Unternehmenssitz (oder Ort der Investition) muss in Deutschland liegen,
- das Hausbankprinzip wird gewahrt, d.h. die Förderung wird mittels Hausbank beantragt und realisiert,
- die Anträge werden *vor* der Gründung/Investition gestellt und
- gefördert werden Sachinvestitionen, Betriebsmittel, Markterschließungskosten usw.

Ein gesondertes Problem der Unternehmensförderung, nämlich Förderung über Beteiligungsgesellschaften (Kapitalbeteiligungsgesellschaften, Venture Capital Gesellschaften u.a.m.) privater Art einschließlich ihrer Refinanzierung aus öffentlichen Mitteln, wird in diesem Beitrag nur punktuell angesprochen.

2 Möglichkeiten/Logik der Kombination von Fördermitteln

Wirtschaftliche Förderprogramme lassen sich hinsichtlich der **Art der Finanzierung** in Zuschüsse, Kredite, Bürgschaften und Beteiligungen einteilen. **Zuschüsse/Zulagen** sind Geldleistungen, die einem Gründer gewährt werden, ohne dass dieser eine unmittelbare Gegenleistung erbringen muss. Sie werden i.d.R. nicht rückzahlbar für die Finanzierung von Forschungs- und Entwicklungsaufwendungen ausgereicht.

Kredite, die als Fremdkapital den Gründern langfristig, aber zeitlich begrenzt, zur Verfügung gestellt werden, können zum einen als „ERP-Programme" (ERP=European Recovery Program) über die DtA und die KfW in Anspruch genommen werden. Die wichtigsten Fonds für Existenzgründer sind das ERP-Eigenkapitalhilfeprogramm und das ERP-Existenzgründungsprogramm. ERP-Mittel sind insbesondere wegen der günstigen Zinssätze interessant. Außerdem werden bei Mittelvergabe im Rahmen der ERP-Eigenkapitalhilfe keine banküblichen Sicherheiten verlangt. Neben den ERP-Mitteln bieten die o.g. Banken auch noch eigene Förderprogramme an, die sich aber nicht so zinsgünstig gestalten lassen.

Bürgschaften spielen bei Existenzgründungen als Sicherheiten für Kreditinstitute (bei Kreditausreichung) traditionell eine wichtige Rolle. Auch die Inanspruchnahme der öffentlichen Förderprogramme setzt i.d.R. eine solche Absicherung voraus. Die öffentliche Hand wird hier vor allem durch Bürgschaften der DtA bzw. von Bürgschaftsbanken der Länder aktiv. Die DtA besichert z.B. langfristige Investitionskredite (-darlehen) für die Errichtung von Betrieben.

Beteiligungen dienen der Bereitstellung von Risikokapital im Sinne einer Eigenkapitalergänzung. Sie werden zu einem Teil des Grund- oder Stammkapitals bzw. nehmen die Form der Stillen Beteiligung an, wenn sie direkt dem jungen Unternehmen zufließen. Die Öffentliche Hand fördert die Vergabe von Beteiligungen durch Refinanzierung von Kapitalbeteiligungsgesellschaften in Kombination mit Ausfallabsicherung (in jeweils definierter Höhe). Daneben können z.B. technologieorientierte Unternehmensgründungen auch mit unmittelbaren Stillen Beteiligungen arbeiten, die von der Technologie-Beteiligungs-Gesellschaft/tbg im Auftrag der DtA eingegangen werden. Letzteres ist eine Spezifik der Förderung auf Basis des Programms FUTOURE 2000. Auch hier werden i.d.R. Ausfallbürgschaften benutzt.

Das Problem eines Existenz-/Unternehmensgründers besteht darin, dass er nicht beliebig auf die Finanzierungsalternativen zugreifen kann. Die für die Wirtschaftsförderung zuständigen staatlichen Institutionen (wie das BMWi usw.) haben für die einzelnen Programme sehr differenzierte **Anwendungs- und Ausreichungsregeln** erlassen. Das beinhaltet z.B. die zu fördernden Branchen, aber auch die Gründungsphasen (start-up-Phasen/speziell bei technologieorientierten Unternehmen) usw. Das betrifft in starkem Maße auch die Verknüpfungsmöglichkeiten diverser Programme. Das Interesse eines Gründers geht prinzipiell dahin,

- mit wenig Eigenkapital starten zu dürfen,
- eine möglichst hohe Beteiligung zwecks Verbesserung der Eigenkapitalbasis und das Maximum an nicht rückzahlbaren Zuschüssen/Zulagen für die konkreten Vorhaben zu erhalten,
- die Lücke zwischen Eigenkapital und insgesamt benötigtem Kapital soweit wie möglich mit zinsgünstigen Krediten/Darlehen aus Förderprogrammen zu schließen und
- bei Rückgriff auf „normale" Bankkredite eine Ausfallbürgschaft einsetzen zu können, weil das u.U. Bedingung für die Ausreichung ist und die Zinskosten ermäßigt.

Fördermittel sind nicht nur in vielen Fällen zwingende Voraussetzung dafür, dass Gründungsabsichten überhaupt realisiert werden. Je mehr ein Jungunternehmer solche Mittel erhält, desto weniger belasten Zinskosten seine zukünftige Liquiditätslage, weil öffentlich geförderte Mittel generell zu günstigeren Konditionen als privatwirtschaftlich aufgebrachte ausgereicht werden.

Was kann man nun grundsätzlich zu den **Möglichkeiten** der **Kombination öffentlicher Fördermittel** konstatieren?

1. Die Fonds **ERP-Eigenkapitalhilfe** und **ERP-Existenzgründungsdarlehen** kann man als Varianten der Fremdfinanzierung immer kombinieren, auf Basis eines Mindesteigenkapitals.

2. Die unter 1. erreichte Finanzierungsquote lässt sich durch weitere Kreditmittel, beispielsweise aus dem **DtA-Existenzgründungsprogramm**, aufstocken, theoretisch bis zu 100 % des Bedarfs, wobei insbesondere neue Vollzeitarbeitsplätze gefördert werden können (2).

3. **Ausfallbürgschaften** zur Besicherung (z.B. des ERP-Existenzgründungskredits) können immer bei der DtA bzw. der regionalen Bürgschaftsbank (z.B. der Bürgschaftsbank zu Berlin-Brandenburg GmbH/BBB) beantragt werden und gewähren bis zu 80 % Sicherheit (3).

4. Das Förderprogramm **FUTOUR 2000** (Förderung und Unterstützung von technologieorientierten Unternehmensgründungen in den neuen Bundesländern und Berlin (Ost) des BMWi, das am 06.04.2000 in Kraft trat, institutionalisiert Kombinationsmöglichkeiten auf neue Art innerhalb eines Programms. Es verbindet **Zuschüsse** mit der Vergabe von **Beteiligungen für innovationsorientierte Unternehmen** in den neuen Ländern. Hervorzuheben ist, dass damit die direkte öffentliche Beteiligungsfinanzierung flächendeckend zur Verfügung steht (4). Diese Gelder lassen sich mit den ERP-Mitteln, die die DtA und die KfW verwalten, verbinden, aber auch mit den Eigenprogrammen dieser beiden Banken – wie unter 1. bis 3. exemplarisch genannt. Zu beachten ist die Beschränkung auf technologieorientierte, innovative Unternehmen.

5. Bei Unternehmensgründungen kann auch immer auf **Zulagen** und **Zuschüsse** zurückgegriffen werden:

Investitions**zulagen** können in Höhe von 10 % der Anschaffungs- und Herstellungskosten von beweglichen Wirtschaftsgütern gewährt werden. Investitions**zuschüsse** (aus Mitteln der Gemeinschaftsaufgabe „Verbesserung der regionalen Wirtschaftsstruktur") können mindestens im Umfang von 10% der Investitionen für Gebäude, Maschinen und Einrichtungsgegenstände gewährt werden (5).

3 Beispiel für eine geförderte Finanzierung eines mittelständischen Unternehmens

Wir betrachten als erstes ausführlich die Möglichkeiten der Finanzierung eines mittelständischen Unternehmens im Land Brandenburg unter Zuhilfenahme der Förderprogramme (im Sinne einer „Standard"-Finanzierung). Es handelt sich um ein Vorhaben, das nicht als „technologieorientiert" zu klassifizieren ist. Zwei Gründer wollen 300 000 DM Eigenkapital einbringen und mit 50 Arbeitskräften zukünftig produzieren.

> **Eigenkapital-Anteile**:
>
> 1. Gesellschafter DM 200 000,-
> 2. Gesellschafter DM 100 000,-

Die fachliche und kaufmännische Qualifikation ist erwiesenermaßen gegeben. Es handelt sich bei den Gründern/Geschäftsführern um natürliche Personen, die sich eine zweifelsfrei dauerhaft tragfähige gewerbliche Vollexistenz aufbauen wollen. Für das zu gründende Unternehmen sollen ein Grundstück erworben, eine Werkhalle gebaut, Maschinen, Büroeinrichtungen und Material gekauft werden. Außerdem fallen Marketingkosten an, speziell für Werbung und Messeteilnahme zwecks Markterschließung. Die notwendigen **Investitionen** werden wie folgt quantifiziert:

Investition in	Kosten in DM
Grundstück	1 300 000,-
Gebäude	500 000,-
Maschinen	1 200 000,-
Büroeinrichtung	100 000,-
Warenlager	200 000,-
Zwischensumme:	3 300 000,-
Markterschließungskosten	200 000,-
Summe:	3 500 000,-

Tabelle 1: Notwendige Erstinvestitionen

Außerdem wird ein Bedarf an **Betriebsmitteln** in Höhe von DM 250 000,- prognostiziert. Zur **Finanzierung** können folgende Fördermittel herangezogen werden:

1. ERP-Eigenkapitalhilfeprogramm.

Das ERP-Eigenkapitalhilfedarlehen dient zur Finanzierung der haftenden Einlagen der Gesellschafter. Die Basis für die Berechnung sind die aufgeführten Sachinvestitionen einschließlich des Warenlagers und der Markterschließungskosten. Der Betriebsmittelbedarf ist von der Förderung durch das Eigenkapitaldarlehen ausgeschlossen.

In unserem Fall einer Zweipersonengründung werden entsprechend den Anteilen am Gesellschaftskapital (60 Prozent und 40 Prozent) die Investitionen (einschließlich des Warenlagers und der Markterschließungskosten) gemäß oben genanntem Investitionsplan aufgeschlüsselt. Laut Beteiligungsverhältnis entfallen somit 2,1 Millionen DM der geplanten Investitionen auf Gesellschafter 1 und die restlichen 1,4 Millionen DM auf Gesellschafter 2.

Für den ersten Finanzierungsbaustein, das ERP-Eigenkapitalhilfedarlehen, wird von den Existenzgründern erwartet, dass sie in der Regel mindestens 15 Prozent der Bemessungsgrundlage als Eigenkapital mitbringen. In diesem Fall beträgt der erste Eigenmittelanteil von DM 200 000,-, berechnet auf den Investitionsanteil von 2,1 Millionen DM, nur 9,5 Prozent. Der 2. Gründer kann nur 7,1 Prozent Eigenmittel in das Investitionsvorhaben einbringen. Da beide Gesellschafter aus den neuen Bundesländern stammen und der Investitionsort sich ebenfalls dort befindet, kommt eine Sonderregelung der DtA zum Tragen: Es kann auch bei einer Unterschreitung der 15 Prozent Eigenmittel die Förderung mittels ERP-Eigenkapitalhilfedarlehen vorgenommen werden (6). Bei der Berechnung der Höhe des ersten Finanzierungsbausteins sind noch folgende Obergrenzen zu beachten:

- Es dürfen maximal 40 % (abzüglich der Eigenmittel) der Bemessungsgrundlage unter Verwendung von ERP-Eigenkapitalhilfedarlehen finanziert werden.
- Je Antragsteller gilt die Höchstgrenze DM 977 915,-/EUR 500 000,-.

Daraus folgt, dass der erste Gesellschafter ein ERP-Eigenkapitalhilfedarlehen in Höhe von DM 640 000,- und der zweite ein ERP-Eigenkapitalhilfedarlehen von DM 460 000,- für das Gründungsvorhaben beantragen kann. Die ERP-Eigenkapitalhilfe wird als persönliches Darlehen ohne die Bereitstellung von Sicherheiten gewährt. Eine Mitverpflichtung des Ehepartners des Antragstellers ist beschränkt auf Fälle von Vermögenstransaktionen zugunsten des Ehepartners (7).

2. ERP-Existenzgründungsprogramm.

Nachdem der erste Baustein maximal 40 Prozent des oben genannten Vorhabens abdeckt, müssen weitere Förderhilfen zur Finanzierung herangezogen werden. Durch den zusätzlichen Einsatz des Finanzierungsinstruments ERP-Existenzgründungsprogramm kann die Errichtung und die Festigung und die damit im Zusammenhang stehenden Investitionen (innerhalb von 3 Jahren) sowie die Beschaffung und spätere Aufstockung des Warenlagers oder der Büroausstattung finanziert werden. Analog den Fördervoraussetzungen für die ERP-Eigenkapitalhilfe sind die geschäftsführenden Gesellschafter ebenfalls auch für das ERP-Existenzgründungsprogramm antragsberechtigt. Hier gilt ein Höchstbetrag je Antragsteller von DM 1 955 830 (entspricht EUR 1 Million). (8)

In unserem Fall ergibt sich eine Abweichung der Bemessungsgrundlage gegenüber des ERP-Eigenkapitalhilfeprogramms. Die Markterschließungskosten sind in diesem Programm von der Förderung ausgeschlossen. Resultierend daraus ergibt sich eine Bemessungsgrundlage in Höhe von DM 3 300 000,-, d.h. für den einen Gesellschafter entspricht das einem Investitionsvolumen von DM 1 980 000,- und für den anderen von DM 1 320 000,-. Der Finanzierungsanteil der ERP-Mittel darf in den neuen Bundesländern 75 Prozent der förderfähigen Kosten nicht überschreiten. In Verbindung mit anderen öffentlichen Förderhilfen, zum Beispiel Investitionszuschüssen, Investitionszulagen, Landesdarlehen dürfen nicht mehr als 85 Prozent der Bemessungsgrundlage unter Verwendung von öffentlichen Förderhilfen finanziert werden (9).

Unter Beachtung dieser Einschränkungen können in unserem vorliegenden Fall entsprechend den Anteilen am Gesellschaftskapital für den einen Gründer ein ERP-Existenzgründungsdarlehen in Höhe von DM 935 000,- und für den zweiten eines von DM 590 000,- beantragt werden. Die Hausbank kann dabei auf Wunsch bis zu 50 % von der Haftung freigestellt werden.

Mit diesen beiden Bausteinen sind bereits etwa 84 Prozent des gesamten Finanzierungsbedarfs abgedeckt. Für die restlichen 16 Prozent können verschiedene Finanzierungsalternativen genutzt werden.

3. Weitere Fördermittel.

Es besteht noch ein Finanzierungsbedarf in Höhe von 575 000,- DM. Dieser kann aus unterschiedlichen Quellen gespeist werden. Zum einem besteht die Möglichkeit zur Inanspruchnahme von **Investitionszuschüssen und -zulagen**.

Da sich das neugegründete Unternehmen in den neuen Bundesländern befindet, kann eine **Investitionszulage** beantragt werden. Förderfähig sind Kosten der Anschaffung und Herstellung von neuen abnutzbaren Wirtschaftsgütern des Anlagevermögens. Bei der Berechnung der Investitionszulage in unserem Fall werden nachstehende Investitionen berücksichtigt:

Maschinen	DM	1 200 000,-
Büroeinrichtung	DM	100 000,-
(nur neue Wirtschaftsgüter über jeweils DM 800)		
Summe:	**DM**	**1 300 000,-**

Tabelle 2: Investitionszulageberechtigte Investitionen des Beispiels

Für diese Zwecke kann somit eine Investitionszulage bis zu 10 Prozent der Anschaffungs- oder Herstellungskosten, d.h. in diesem Fall maximal DM 130 000,- beantragt werden.

Darüber hinaus besteht die Möglichkeit der Inanspruchnahme von **Investitionszuschüssen** aus den Mitteln der Gemeinschaftsaufgabe „Verbesserung der regionalen Wirtschaftsstruktur". Die Grundförderung beträgt 10 Prozent der Anschaffungs- oder Herstellungskosten. Der Förderhöchstsatz für ein Vorhaben beträgt 28 %. Dieser kann jedoch im Einzelfall nur durch Vorliegen besonderer Struktureffekte voll ausgeschöpft werden. Die Bemessungsgrundlage würde sich wie folgt zusammensetzen:

Gebäude	DM	500 000,-
Neue Maschinen	DM	1 200 000,-
Büroeinrichtung	DM	100 000,-
(nur neue Wirtschaftsgüter über jeweils DM 800)		
Summe:	**DM**	**1 800 000,-**

Tabelle 3: Bemessungsgrundlage für Investitionszuschüsse

Für kleinere und mittlere Unternehmen erhöht sich der Fördersatz um 15 %. (Es gilt die Definition der Europäischen Kommission für kleinere und mittlere Unternehmen). Die Investitionszuschüsse werden begrenzt durch den maximal möglichen Förderhöchstsatz (Subventionswert). Dieser wird ermittelt aus den für das beantragte Investitionsvorhaben aus öffentlichen Mitteln insgesamt gewährten Zuschüssen, Zulagen, zinsverbilligten Darlehen und ähnlichen Finanzierungshilfen.

Jedes Bundesland legt diesen Wert für sein Fördergebiet selbst fest, so dass an dieser Stelle auf eine genauere Berechnung aufgrund der vielen Einflussfaktoren verzichtet wird. Die Entscheidung über diese Förderhilfe für unser Gründungsvorhaben liegt bei der Investitionsbank des Landes Brandenburg.

In Ergänzung zu den Investitionszuschüssen und -zulagen kann der restliche Kapitalbedarf auch durch ein **Hausbankdarlehen** abgedeckt werden. Es empfiehlt sich für das Hausbankdarlehen eine **Bürgschaft der Bürgschaftsbank**, in unserem Fall des Landes Brandenburg, zu beantragen, denn ohne Sicherheit wird kaum eine Bank den restlichen, noch notwendigen Anteil an der Gesamtfinanzierung tragen. Nach positiver Entscheidung der Bürgschaftsbank wird die Hausbank zu 80 % vom Kreditrisiko entlastet.

Alternativ besteht aber auch die Möglichkeit, die noch erforderlichen DM 575 000,- über die Förderhilfe **DtA-Existenzgründungsprogramm** zu finanzieren. Denn bei Schaffung von zusätzlichen Arbeitsplätzen kann das Gründungsvorhaben von Förderinstitutionen bis zu 100 % des Kapitalbedarfs unterstützt werden. Jeder zusätzliche Arbeitsplatz wird mit EUR 25 000,- gefördert. In unserem Fall wurde als Prämisse festgelegt, dass bei der Errichtung dieses mittelständischen Unternehmens etwa 50 Arbeitsplätze neu geschaffen werden. Damit wird eine Finanzierungshilfe wie folgt möglich:

$$50 \text{ Arbeitsplätze} * \text{EUR } 25\ 000{,}- * 1{,}95583 = \text{DM } 2\ 444\ 787{,}50.$$

Weil aber nur eine Finanzierung bis zu 100 % des Kapitalbedarfs möglich ist, können nur maximal die restlichen DM 575 000,- beantragt werden. Damit ist die Gesamtfinanzierung geschlossen. Die unentbehrlichen Betriebsmittel in Höhe von DM 250 000,- können ebenfalls über öffentliche Fördermittel finanziert werden. In diesem Fall kann unser Unternehmen bei seiner Hausbank den Antrag auf **Förderung mittels dem DtA-Existenzgründungsprogramm – Betriebsmittelvariante –** stellen. Somit kann die ungünstige Finanzierung der Betriebsmittel über einen teuren Kontokorrentkredit der Hausbank vermieden werden. Die Hausbank kann dabei bis zu 50 % von der Haftung freigestellt werden. Zusammenfassend lässt sich die Finanzierung wie folgt darstellen:

Finanzierungsbausteine	Ingesamt (100%) in DM	1. Gesellschafter (60 %) in DM	2.Gesellschafter (40 %) in DM
Eigenmittel	300 000	200 000	100 000
+ ERP-Eigenkapitalhilfe	1 100 000	640 000	460 000
= **Haftende Mittel**	**1 400 000**	**840 000**	**560 000**
+ ERP-Existenzgründungsdarlehen	1 525 000	935 000	590 000
Zwischensumme:	**2 925 000**	**1 775 000**	**1 150 000**
Hausbankdarlehen/ Investitionszuschüsse/ Investitionszulagen/ DtA-Existenzgründungsprogramm	575 000	325 000	250 000
Summe:	**3 500 000**	**2 100 000**	**1 400 000**

Tabelle 4: Finanzierungsbausteine

4 Beispiele für die Förderung einer technologieorientierten Unternehmensgründung

Zum besseren Verständnis der nachfolgenden Beispiele sollen folgende **Vorbemerkungen** dienen:

- **Technologieorientierte** Unternehmen zeichnen sich dadurch aus, dass sie Innovationen marktreif entwickeln und Produktion und Absatz solcher neuen Produkte gestalten. Es handelt sich z.B. um Innovationen in den Biotechnologien, der Biomedizin, der Mikroelektronik und bei der Gewinnung neuer Materialien.
- Das BMWi unterstützt zielgerichtet (vor allem in sogenannten Modellversuchen) Gründungen solcher Unternehmen bzw. ihr Wachstum schon seit 1983. Gegenwärtig findet die Förderung auf Basis des Förderprogramms **FUTOUR 2000** in den neuen Bundesländern statt (vgl. auch Abschnitt 2 dieses Beitrags).
- Das Schwergewicht öffentlicher Förderung technologieorientierter Unternehmen im Rahmen von FUTOUR 2000 liegt bei **Zuschüssen** und bei **Beteiligungen**.

- **Zuschüsse** werden für Phase 1/erste **Machbarkeitsprüfung/Konzeptionsphase** gewährt, vor allem aber für Phase 2/**Forschungs- und Entwicklungs-Phase** (FuE-Phase).
- Für Phase 1 liegt der Höchstbetrag bei 50 000,- DM resp. 25 564 EUR (10). In der Phase 2 werden maximal 45 % der Kosten gefördert, absolut ausgedrückt aber in Form von Zuschüssen nicht mehr als 600 000,- DM resp. 306 775 EUR (11). Die Mittel in Phase 2 sind also **FuE**-Zuschüsse (speziell aus dem Programm FUTOUR 2000) und insofern anders reglementiert als die Investitionszuschüsse, die im Abschnitt 3 schon angesprochen wurden.
- **Beteiligungen** am Unternehmen können in der direkten (u. stillen) Form in der o.g. Phase 2 eine Förderung von 90 % des Gesamtbetrages (für diese Phase) sicherstellen, allerdings zusammen mit den Zuschüssen. Die Haftungsfreistellung (für die Beteiligung) liegt dabei i.d.R. bei 85 % (12).
- Mittels des Programms FUTOUR 2000 kann **nicht** die Phase 3 – **Markteinführung/ Produktion** – gefördert werden. Dafür muss immer auf andere Fördermittel zurückgegriffen werden bzw. auf „am Markt" beschafftes Geld.
- Technologieorientierte Unternehmen können sich des Angebotes von FUTOUR 2000 bedienen, müssen das aber nicht. Sie können alternativ ihre Finanzierung auch gänzlich aus anderen Förderprogrammen zusammenstellen bzw. den Versuch machen, das Programm FUTOUR 2000 mit anderen Fördermitteln zu kombinieren.
- Bei der Inanspruchnahme von Fördermitteln sind Bestimmungen der EU betreffs der relativen **Begrenzung der Subventionierung** eines konkreten Vorhabens einzuhalten. Nichtrückzahlbare **Zuschüsse** beispielsweise besitzen den Charakter von „Beihilfen". Deren Anteil darf gegenwärtig in den neuen Bundesländern **45 %** nicht übersteigen. Will man also im Rahmen von FUTOUR 2000 Zuschüsse in der maximal möglichen (absoluten) Höhe von 600 000,- DM in Anspruch nehmen, hängt es von der Höhe der insgesamt anfallenden FuE-Kosten ab, ob man damit unter oder über der 45%-Grenze liegt. Wird diese Grenze unterschritten, können weitere subventionierte Fördermittel, wie bürgschaftsgesicherte Beteiligungen, genutzt werden. Hier werden dann (auf Basis vorgegebener Formeln) „Beihilfeäquivalente" berechnet. Die „**Förderquote**" von 45 % kann also „additiv" (Beihilfe + Beihilfeäquivalente) ausgelastet werden (13).

Alle nachfolgenden Beispiele sind so konstruiert, dass die „Förderquote" eingehalten wird. Es wird aber darauf verzichtet, die „Beihilfeäquivalente" jeweils zu berechnen. Betrachten wir nunmehr das **1. Beispiel** einer Finanzierung einer technologieorientierten Firma:

Es soll sich um ein Unternehmen in einem neuen Bundesland handeln, so dass es auf FUTOUR 2000 zurückgreifen kann. Den **Finanzierungsbedarf** unterstellen wir in einer Höhe von 3 Mio. DM, so wie er in empirischen Untersuchungen als durchschnittliche Größe ermittelt wurde. Er teilt sich je hälftig auf die Phasen 2 und 3 auf.

Möglichkeiten der Fördermittel-Kombination bei Existenzgründungen

Investition in	Kosten in DM
Personal	500 000,-
Gemeinkosten	450 000,-
Laborausstattung	200 000,-
Testmaterial	100 000,-
Patent	250 000,-
Summe:	1 500 000,-

Tabelle 5: Phase Forschung und Entwicklung (FuE)

Investition in	Kosten in DM
Produktionsanlagen	1 250 000,-
Marktforschung	150 000,-
Messebeteiligung	100 000,-
Summe:	1 500 000,-

Tabelle 6: Phase Markteinführung/Produktion

Für die **Phase 2/FuE** bietet das **FUTOUR-Programm** – wie schon erwähnt – die Möglichkeit, 90 % der Kosten zu finanzieren, 10 % müssen über Eigenmittel aufgebracht werden:

Finanzierungsbausteine	Anteile (in %)	Beträge (in DM)
Zuschuss (aus FUTOUR 2000)	40	600 000,-
Stille Beteiligung (der tbg/aus FUTOUR 2000)	50	750 000,-
Eigenmittel (des Gründers)	10	150 000,-
Summe:	100	1 500 000,-

Tabelle 7: Finanzierungsbausteine Beispiel 1

Im Rahmen des o.g. Programms ist die Förderung des Projektes auf 1 350 000,- DM begrenzt, so dass sich als **Nachteil** die Notwendigkeit darstellt, die noch offenen 1,5 Millionen DM der Phase 3 über Eigenmittel, „klassische" Bankkredite usw. zu finanzieren (14).

Weil die Aufbringung großer Beträge in Form von Bankkrediten bei technologieorientierten Unternehmen am Fehlen banküblicher Sicherheiten scheitern kann, wurde bisher in der Praxis der Ausweg z.T. in der Zerlegung des Kapitalbedarfs in zwei Projekte gesucht:

2. Beispiel: Das **1. Projekt** umfasst die Aufgaben/Kosten in der 2. Phase/FuE und die Finanzierung dieser erfolgt so, wie im vorgenannten Beispiel beschrieben. In einem **2. Projekt** (3. Phase/Markteinführung und Produktion) werden weitere 1,5 Millionen DM beschafft. Zu diesem Zweck muss ein „Leadinvestor" am Markt gefunden werden, z.B. in Gestalt einer Venture Capital Gesellschaft (VCG), der eine Beteiligung platziert. In selber Höhe kann dann die tbg (der DtA) aktiv werden und Mittel aus dem Programm „Beteiligungskapital für kleine Technologieunternehmen – BTU" einsetzen. Es ergibt sich folgendes Bild:

Finanzierungsbausteine	Anteile (in %)	Beträge (in DM)
Beteiligung (z.B. einer VCG)	50	750 000,-
Stille Beteiligung (der tbg)	50	750 000,-
Summe:	100	1 500 000,-

Tabelle 8: Finanzierungsbausteine Beispiel 2

Es muss also ein „Co-Investment" (auch „Co-Venturing" genannt) zustande kommen, wenn auf das Förderprogramm „BTU" zurückgegriffen werden soll. Aber gerade kleine Technologieunternehmen haben es (immer noch) schwer, am Markt eine Beteiligung von Wagnis-Kapital zu finden, so dass die im Beispiel skizzierte Finanzierungsvariante u.U. irreal ist.

Als Ausweg bietet sich dann ein Vorgehen mit Hilfe der anderen Förderprogramme an, speziell der ERP-Programme, bei Verzicht auf eine Nutzung des Programms FUTOUR 2000:

3. Beispiel: Der Kapitalbedarf von 1,5 Mio. DM in der 2. Phase (FuE) und 1,5 Mio. DM in der 3. Phase (Markteinführung/Produktion) soll auf Basis von **ERP-Mitteln** gedeckt werden. Für die **Kosten aus FuE** wird auf das **ERP-Innovationsprogramm** – Programmteil 1 (FuE-Phase) – der KfW zurückgegriffen. Es kann hierbei in voller Höhe von 1,5 Mio. DM beschafft werden (vgl. dazu Tabelle 9).

Der **Investitionsbedarf** für **Markteinführung/Produktion** kann dagegen wahlweise

- über das o.g. **ERP-Innovationsprogramm (Programmteil 2**/Markteinführungen) gedeckt werden, wobei maximal 2,5 Mio. EUR für Anlagen und Bauvorhaben zur Verfügung stehen und die übrigen Konditionen wie bei FuE sind. Es handelt sich um **Kreditgewährung** (Fremdkapital – Beschaffung).

Konditionen	
Höchstbetrag	5 Mio. Euro
Laufzeit	max. 10 Jahre
Tilgungsfreizeit	max. 2 Jahre
Zinssatz	4,75 % p.a.
Auszahlsatz	100 %

Tabelle 9: Konditionen der ERP-Programme (15)

- Oder aber es kommt (in Form der Mitfinanzierung) ergänzend neben dem o.g. Programmteil 2 auch der Programmteil 3 zur Nutzung: hier geht es um **Refinanzierung** (durch langfristige Darlehen) von **Beteiligungsgebern**, also um (indirekte) Hilfe bei der Beschaffung von Eigenkapital. Das ist z.B. dann von Interesse, wenn das Vorhaben die Obergrenze von 2,5 Mio. EUR beim Programmteil 2 übersteigt und durch die Kombination der Teile 2 und 3 ein größerer Betrag aufgebracht werden kann (16).

4. Beispiel: Es ist schließlich auch denkbar, dass ein Gründer/Investor das Programm FUTOUR 2000 mit anderen Fördermitteln kombiniert. Er kann dabei die **Zuschüsse** in maximaler absoluter Höhe nutzen. Und, wenn dann (wie bei den bisher veranschlagten Projektkosten von 1,5 Mio. DM für die FuE-Phase bzw. 3 Mio. DM insgesamt) noch Spielraum für weitere Subventionen ist, kann er zusätzlich subventionsbehaftete **Fördermittel anderer Programme** beanspruchen.

Das kann z.B. wieder das **ERP-Innovationsprogramm** sein. Problematisch kann hierbei eventuell der Umstand sein, dass 10 % Eigenmittel (und zwar hier bezogen auf die insgesamt benötigten 3 Mio. DM) gemäß Konditionen von FUTOUR 2000 mobilisiert werden müssen. Das Finanzierungsmodell stellt sich wie folgt dar:

Finanzierungsbausteine	Anteile (in %)	Beträge (in DM)
Zuschuss (FUTOUR 2000)	20	600 000,-
ERP-Innovationsdarlehen	70	2 100 000,-
Eigenmittel (des geförderten Unternehmens)	10	300 000,-
Summe:	100	3 000 000,-

Tabelle 10: Finanzierungsbausteine Beispiel 4

5 Versuch eines Fazits

In den Ausführungen werden im Interesse der Übersichtlichkeit und Verständlichkeit bewusst Vereinfachungen bzw. Verkürzungen und Auslassungen praktiziert. Das betrifft z.B. die Darlegungen zu einzelnen Förderprogrammen oder die gesamte Problematik der „Förderquoten" und „Beihilfeäquivalentberechnung" (vor dem Hintergrund der EU-Bestimmungen und der Umsetzungsregelungen des BMWi bzw. der befassten Banken).

Es ist das Anliegen des Beitrags, das Verständnis für Möglichkeiten/Logik der Kombination von Fördermitteln bei Unternehmensgründungen in Deutschland zu vertiefen bzw. zu schärfen. Dabei wird vom gegenwärtigen Stand der Förderprogramme ausgegangen und besonderes Gewicht auf Innovationsförderung gelegt. Die angeführten Zahlen-Beispiele sollen die oben schon angesprochene Verständlichkeit gewährleisten.

Der gesamte Kreis der Fragen der (ergänzenden) Finanzmittelbeschaffung zu marktüblichen Konditionen (speziell über Banken, aber auch über Kapitalbeteiligungs-Gesellschaften) wurde ebenfalls bewusst nicht näher berührt, um den Umfang des Beitrages nicht zu weit auszudehnen.

Anmerkungen

(1) Deutsche Bank AG (Hrsg.), db-select – Die aktuelle Datenbank über öffentliche Förderprogramme in Bund, Ländern u. EU, 8. Auflage, Frankfurt a.M. 1999, S. 13.

(2) Vgl. Deutsche Ausgleichsbank (Hrsg.), Wir fördern Existenzgründungen, Umweltschutz u. neue Technologien – Programme, Richtlinien, Merkblätter, Bonn 2000.

(3) Siehe dazu z.B. Deutsche Ausgleichsbank (Hrsg.), Existenzgründung – DtA-Bürgschaftsprogramm, Bonn 2000.

(4) Vgl. Bundesministerium für Wirtschaft und Technologie (Hrsg.): futoure 2000 – Zukunft innovativ gestalten (Programm, Information), Berlin 2000.

(5) Die Grundlage für Zuschüsse bildet das Gesetz über die Gemeinschaftsaufgabe „Verbesserung der regionalen Wirtschaftsstruktur" vom 6. Oktober 1969 (BGBl I, S. 1861), ROSARIUS, L., Die neue Investitionsförderung – Alle Investitionszulagen für die Neuen Bundesländer und Berlin ab 1999, Freiburg 1998.

(6) Vgl. Deutsche Ausgleichsbank (Hrsg.) Ratgeber für Berater, Bonn 1999, S. 11.

(7) Vgl. Deutsche Ausgleichsbank (Hrsg.): Wir fördern Existenzgründungen, Umweltschutz und neue Technologien – Programme, Richtlinien, Merkblätter, Bonn 1999, S. 10.

(8) S.o., S. 11.

(9) S.o., S. 15.

(10) Vgl. Bundesministerium für Bildung u. Forschung/Bundesministerium für Wirtschaft und Technologie (Hrsg.): Unternehmen Zukunft – Innovationsförderung (Hilfen für Forschung u. Entwicklung), Bonn 1999, S. 43.

(11) Siehe auch Bundesministerium für Wirtschaft und Technologie (Hrsg.): futoure 2000..., S. 19 ff.

(12) Ebenda.

(13) Vgl. ebenda.

(14) Vgl. Deutsche Ausgleichsbank (Hrsg.): Wir fördern Existenzgründungen, Umweltschutz und neue Technologien – Programme, Richtlinien, Merkblätter, Bonn 2000, S. 74 ff.

(15) Siehe auch Bundesministerium für Wirtschaft und Technologie (Hrsg.): ERP-Programme 2000 – Wirtschaftsförderung für den Mittelstand (Förderprogramme und Richtlinien) Berlin 2000.

(16) Siehe z.B. Investitionsbank Berlin (Hrsg.): Förderfibel – Ein Ratgeber für Existenzgründungen, Unternehmen und Selbständige, Berlin 1999, S. 100.

Förderung von Unternehmensgründungen, Verringerung der Lohnkosten zur Stärkung des Betriebsergebnisses und Verbesserung der betrieblichen und außerbetrieblichen Infrastruktur durch Kooperation mit der Arbeitsverwaltung

Wilhelm Schmeisser/Till Corte

Das Ziel des Staates, durch Gesetzgebung und administratives Handeln Einfluss auf die Komponenten des „Magischen Sechsecks" zu nehmen, beinhaltet auch die Verringerung der Arbeitslosigkeit (§ 1 SGB III) (1).

Mit dieser Aufgabenstellung korrespondiert der Nutzen für den Arbeitgeber, der mit Steuergesetzen, der staatlichen Förderung und der Sozialgesetzgebung etc. die Schaffung und Erhaltung von Arbeitsplätzen stimuliert. Der vorliegende Beitrag beschränkt sich auf die durch die Zusammenarbeit mit der Arbeitsverwaltung gegebenen Möglichkeiten. Die Chancen der Arbeitsmarktpartner stehen in unmittelbarer Wechselbeziehung zur Entwicklung des Arbeitsmarktes. Sie variieren folglich hinsichtlich der Rechts- und Weisungslage sowie des Haushaltsgeschehens kurz-, mittel- und langfristig. Hier greift die Hilfestellung; die fachlich fundierte Begleitung ist eines der Ziele des Sozialgesetzbuches, um das staatliche Handeln in der betrieblichen Umsetzung zu optimieren.

Der Bundesanstalt für Arbeit (BA) wird unter anderem mit dem Sozialgesetzbuch III die vorgenannte aktive Rolle zugewiesen. Im Wege der Arbeitsmarktberatung (§ 34 SGB III) wird den Arbeitsmarktpartnern die Übersicht über die Lage und Entwicklung des Arbeitsmarktes gegeben; sie erhalten Entscheidungshilfen für die Deckung des Arbeitskräftebedarfs (2), des Arbeitsumfeldes und zu den Möglichkeiten der Qualifizierung. Letztendlich werden die Leistungen der Arbeitsmarktförderung nahegebracht.

Die persönlichen Bemühungen des Arbeitsamtes werden durch das Stelleninformationssystem (SIS) und das Arbeitgeberinformationssystem (AIS) sowie den Ausbildungsstelleninformationsservice (ASIS) unterstützt. Bei besonders qualifizierten Bewerberanforderungen wird neben der bundesweiten auch die staatlich übergreifende Akquisition (Zentrale Arbeitsvermittlung ZAV) sichergestellt. Das Beratungsgeschehen bewegt sich in den Grenzen unserer Wirtschaftsordnung; Grundsätze wie die Vermeidung der Wettbewerbsverzerrung, der Wirtschaftlichkeit, der rechtzeitigen Kontaktaufnahme, der Kooperationsbereitschaft und der Subsidiarität staatlicher Leistungen werden von der Arbeitsverwaltung beachtet. Staatliches Handeln darf nicht wettbewerbsfähige Arbeitsplätze gefährden (§ 1, Abs. 2, SGB III). Die Beratung appelliert an die Mitverantwortung des Arbeitgebers. Betriebliche Maßnahmen für Qualifizierung und zum Erhalt der Arbeitsplätze haben Vorrang.

Die Hilfen der Arbeitsverwaltung sind subsidiär einzuordnen. Hierbei sind neben den explizit genannten Arbeitgeberleistungen (§ 2, Abs. 2, SGB III) (3) auch bestimmte Arbeitnehmerleistungen zusätzlich für den Arbeitgeberalltag hilfreich (§ 3, Abs. 1, SGB III). In der Folge werden zu der institutionellen Einflussnahme Kooperationsmodelle für drei verschiedene betriebliche Situationen mit den Möglichkeiten der Arbeitsverwaltung begleitet:

- Unternehmensgründungen,
- der laufende Betrieb und
- der Betrieb mit Konsolidierungsbedarf.

Anhand von Beispielen wird die relevante Rechts- und Weisungslage für Betriebe bzw. Unternehmen dargestellt.

1 Einflussnahme auf die Rahmenbedingungen des Arbeitsmarktes durch die Arbeitgeberseite in der Selbstverwaltung der Bundesanstalt für Arbeit

1.1 Träger der Arbeitsförderung

Träger der Arbeitsförderung ist die Bundesanstalt für Arbeit (BA) als rechtsfähige Bundes-Körperschaft des Öffentlichen Rechts mit Selbstverwaltung (4). Die Selbstverwaltung wird drittelparitätisch neben den Arbeitnehmern (Arbeitnehmerbank), den öffentlichen Körperschaften (öffentlich-rechtliche Bank) auch durch Mitwirkung der Arbeitgeber (Arbeitgeberbank) (5) ausgeübt. Die dem föderalen System der Bundesrepublik Deutschland entsprechende Gliederung der BA (Hauptstelle – Bundesebene, Landesarbeitsämter – Landesebene, Arbeitsämter – Kreise und Kommunen) gibt den Arbeitgebern folglich durch Mitarbeit auf Bundes-, Landes- und Kommunalebene Gestaltungsmöglichkeiten in den Selbstverwaltungsorganen (6).

1.2 Aufgaben der Bundesanstalt für Arbeit

Zu den Aufgaben gehören die Mitwirkung beim Haushalt (7) auf Bundesebene (Hauptstelle) im Rahmen des Gesetzesvorbehalts und die Übernahme befristeter Arbeitsmarktprogramme auf Landesarbeitsamtsebene (8). Schließlich ist der Arbeitsamtsebene die Möglichkeit eröffnet, nach Abstimmung mit Kreisen und Gemeinden, den Einsatz arbeitsmarkt- und strukturpolitischer Maßnahmen zu regeln (9). Mit den vorgenannten Entscheidungen nimmt die Arbeitgeberseite mittelbar und unmittelbar Einfluss auf die Arbeitsmarktsituation der Region und bestimmt das Investitionsgeschäft der Bundesanstalt für Arbeit entscheidend mit.

Beispiel: Innovative Modellprojekte des Bundesprogramms „Förderung der Erprobung und Entwicklung innovativer Maßnahmen zur Bekämpfung der Arbeitslosigkeit" (10). Der Vorläufer dieses Programms „Zusätzliche Wege in der Arbeitsmarktpolitik" ist – wie das vorgenannte Programm – ein Bundesprogramm, das über den Bundeshaushalt finanziert wird. Es besteht für Arbeitgeber die Möglichkeit, über die Selbstverwaltung Modellprojekte zu entwickeln.

1.3 Umfang des Haushalts der BA und Chancen für die Arbeitgeberseite durch Einflussnahme auf den Zweiten Arbeitsmarkt

Die Berufung der Mitglieder der Verwaltungsausschüsse erfolgt durch den Arbeitgeberverband. Die Arbeitgeber gestalten hierdurch im Rahmen der Selbstverwaltung das Fördergeschehen der BA. Der Gesamtumfang des Haushalts lässt erkennen, dass der Selbstverwaltung ein wesentliches Steuerungselement zur Verfügung steht. Zur Größenordnung des Haushalts sei hier auf Tabelle 1 verwiesen, die die Haushaltsentwicklung in den letzten zehn Jahren aufzeigt.

Der Bundesanstalt stehen Instrumente zur Begleitung des Ersten und Zweiten Arbeitsmarktes zur Verfügung (11). Der Erste Arbeitsmarkt bezieht sich auf Arbeitsverhältnisse der freien Wirtschaft, die allenfalls gering subventioniert sind.

Im Zweiten Arbeitsmarkt finanziert die Bundesanstalt allein oder im Kontext mit Gebietskörperschaften vollständig oder teilweise die Arbeitsverhältnisse. Die Förderung erfolgt im wesentlichen durch den sog. Eingliederungstitel. In dem Eingliederungstitel sind u.a. Leistungen wie Arbeitsbeschaffungsmaßnahmen (ABM), Förderung der beruflichen Weiterbildung (FbW) und Lohnkostenzuschüsse enthalten.

Die Verringerung der Beschäftigungsdefizite durch den Haushalt wird anhand von Tabelle 2 über die Haushaltsansätze des Eingliederungstitels bzw. weiterer Leistungsarten dargestellt.

Übersicht über die Abschlussergebnisse der Haushalte der Bundesanstalt (bis 1998 Ist-Ergebnisse, 1999 und 2000 Soll-Beträge) in TDM			
Haushaltsjahr	Einnahmen	Ausgaben	Überschuss/Fehlbetrag (-)
1991	70 190 475	71 923 152	-1 732 677
1992	79 681 457	93 522 078	-13 840 621
1993	85 109 177	109 535 286	-24 426 109
1994	89 657 484	99 864 519	-10 207 035
1995	90 210 576	97 103 082	-6 892 506
1996	91 824 629	105 587 795	-13 763 166
1997	93 148 724	102 723 176	-9 574 452
1998	91 087 537	98 851 705	-7 764 168
1999	94 219 141	105 219 141	-11 000 000
2000	96 413 860	104 142 316	-7 728 456

Tabelle 1: Haushaltsentwicklung der Bundesanstalt für Arbeit
(Quelle: Haushaltspläne der Bundesanstalt für Arbeit)

Ein differenzierter Überblick über die Entlastungsfunktion des Haushalts ergibt sich aus Tabelle 3, in der die Haushaltsgrößen des Zweiten Arbeitsmarktes und Leistungsarten, die die Arbeitslosigkeit reduzieren, zusammengefasst sind.

2 Förderung von Unternehmensgründungen

2.1 Einleitung

Der Erstkontakt bei einer Unternehmensgründung kann über Verbände, Kammern oder die Arbeitsämter erfolgen. Die angesprochenen Partner werden ihrerseits auf die erforderlichen Beratungsmöglichkeiten hinweisen.

Im Rahmen der Arbeitsmarktberatung (§ 34 SGB III) wird eine wesentliche Voraussetzung für den Unternehmenserfolg – die Bereitstellung der Personalressource – geklärt.

Je nach Betriebs- bzw. Unternehmensgröße werden differenzierte Anstrengungen der Arbeitsmarktpartner erforderlich.

Verringerung der Beschäftigungsdefizite durch den Haushalt der BA
(Eingliederungstitel und weitere Leistungsarten) in TDM

Maßnahme	1991	1992	1993	1994	1995
Trainingsmaßnahmen	0	0	0	0	0
Unterhaltsgeld	6 472 600	9 041 500	9 570 800	9 332 600	10 446 800
Förderung der beruflichen Weiterbildung	6 300 200	6 602 400	6 451 600	5 232 700	4 692 600
Eingliederungszuschüsse	772 500	1 122 100	205 300	236 800	251 900
ABM	5 602 600	9 366 200	9 902 000	9 600 000	9 598 000
Kurzarbeitergeld	7 312 800	6 404 800	4 153 600	3 072 700	1 376 900
Wintergeld	630 000	800 000	1 000 000	1 000 000	1 100 000
Winterbauförderung/ Winterausfallgeld	500	500	82 750	3 100	2 100
Altersteilzeit/Vorruhestands- und Altersübergangsgeld	1 696 700	3 618 800	12 078 000	7 878 810	2 484 270
Förderung der Aufnahme einer selbständigen Tätigkeit	0	0	0	0	0
LKZ Ost/Strukturanpassungs- maßnahmen	0	0	600 000	1 074 000	2 110 800

Maßnahme	1996	1997	1998	1999	2000
Trainingsmaßnahmen	0	274 750	548 100	574 600	565 800
Unterhaltsgeld	10 633 600	8 659 800	8 637 800	9 164 400	8 518 100
Förderung der beruflichen Weiterbildung	4 917 790	4 054 800	3 970 300	4 513 900	5 453 100
Eingliederungszuschüsse	131 700	1 158 700	1 000 500	1 355 500	2 159 000
ABM	9 848 000	8 810 000	8 000 000	8 346 600	7 801 700
Kurzarbeitergeld	774 100	772 200	786 800	786 000	660 000
Wintergeld	900 000	600 000	530 000	400 000	450 000
Winterbauförderung/ Winterausfallgeld	150 000	130 000	350 000	200 000	250 000
Altersteilzeit/Vorruhestands- und Altersübergangsgeld	42 125	294 000	65 100	290 000	300 000
Förderung der Aufnahme einer selbständigen Tätigkeit	890 000	1 010 000	1 177 250	1 200 000	1 750 000
LKZ Ost/Strukturanpassungs- maßnahmen	1 768 700	3 568 700	2 777 000	3 500 000	3 286 000

Tabelle 2: Verringerung der Beschäftigungsdefizite durch den Haushalt der BA
Quelle: Haushaltspläne der Bundesanstalt für Arbeit

Haushaltsgrößen des Zweiten Arbeitsmarktes und ausgewählte Leistungsarten in TDM				
Ausgaben	**1997**	**1998**	**1999**	**2000**
Unterstützung Beratung/Vermittlung	40 625	41 500	49 600	55 100
Trainingsmaßnahmen	274 750	548 100	574 600	565 800
Mobilitätshilfen	24 345	60 260	63 300	76 800
Arbeitnehmerhilfe	0	20 000	2 100	2 000
Unterhaltsgeld	8 659 800	8 637 800	9 164 400	8 518 100
Maßnahmekosten	4 054 800	3 970 300	4 513 900	5 453 100
Eingliederungszuschüsse	1 158 700	1 000 500	1 355 500	2 159 000
Einstellungszuschüsse	0	100 000	203 300	258 500
Eingliederungsvertrag	0	60 000	62 600	10 000
Benachteiligte Auszubildende	1 581 000	1 710 000	1 880 100	1 813 800
Sozialplanmaßnahmen	0	240 000	146 100	100 000
ABM	8 810 000	8 000 000	8 346 600	7 801 700
Jugendwohnheime	2 100	240	3 000	2 300
Reha-Ersteingliederung (Kann)	57 300	101 400	192 400	211 600
Reha-Wiedereingliederung (Kann)	727 514	844 900	842 500	772 200
Summe	**25 390 934**	**25 335 000**	**27 400 000**	**27 800 000**
Berufsausbildungsbeihilfe	933 600	1 158 700	1 150 000	1 400 000
Reha-Ersteingliederung (Pflicht)	2 056 400	2 355 800	2 499 600	2 660 300
Reha-Wiedereingliederung (Pflicht)	1 173 439	1 165 400	1 020 400	1 020 800
Anschlussunterhaltsgeld	0	585 400	750 000	900 000
Kurzarbeitergeld	772 200	786 800	786 000	660 000
Wintergeld	600 000	530 000	400 000	450 000
Winterausfallgeld (WAG)	130 000	350 000	200 000	250 000
SV-Zuschüsse für umlagefin. WAG	0	35 000	35 000	70 000
Altersteilzeit	294 000	65 100	290 800	300 000
Förderung selbständige Arbeit	1 010 000	1 177 250	1 200 000	1 750 000
Sofortprogramm Jugendarbeitslosigkeit	0	0	2 000 000	2 000 000
Eingliederung bei Berufsrückkehr	5 300	6 200	7 000	20 300
Institutionelle Förderung	147 300	130 000	119 841	111 371
Strukturanpassungsmaßnahmen	3 568 700	2 777 000	3 500 000	3 286 000
Europäischer Sozialfonds	61 500	871 000	389 000	691 000
Sonstige Ausgaben	212 300	169 000	10 100	2 400
Summe	**10 964 739**	**12 162 650**	**14 357 741**	**15 572 171**

Tabelle 3: Haushaltsgrößen des Zweiten Arbeitsmarktes und ausgewählte Leistungsarten (Quelle: Haushaltspläne der Bundesanstalt für Arbeit)

2.2 Gründungsphase von Groß- und Mittelbetrieben

2.2.1 Personalgewinnung durch Eigenbemühungen und Vermittlung durch das Arbeitsamt

Personalgewinnung für größere Betriebe: Neben den Eigenbemühungen (Anzeigen, Übernahme von Mitarbeitern aus vorhandenen Strukturen, der gewerblichen Vermittlung und Personalberatungsagenturen (Head-Hunter), der Eigeninformation über ASIS (Ausbildungsstelleninformations-Service), SIS (Stelleninformations-Service) und AIS (Arbeitgeberinformations-Service) hat der persönliche Kontakt zwischen Arbeitgeber und Arbeitnehmer (vermittelt durch das Arbeitsamt) für die Planung der zukünftigen Mitarbeiterschaft einen besonderen Stellenwert; insbesondere die frühzeitige Bekanntgabe der zu erwartenden Arbeitsplätze (§ 39 SGB III) ist essenziell. Die erforderlichen Qualifikationen, die Altersstruktur und wesentliche zusätzliche Merkmale (z.B. Mobilität, Persönlichkeitsanforderungen, Bereitschaft zum Schichtbetrieb etc.) erleichtern dem Arbeitsamt die Hilfestellung (§ 2 Abs. 1 Ziff. 3, SGB III).

Bei der (grundsätzlich) unentgeltlichen Vermittlung durch das Arbeitsamt (§ 43 SGB III) stellt sich heraus, welche Arbeitslosen (12) bzw. Arbeitsuchenden dem Arbeitgeber direkt (also allein aufgrund der einschlägigen Fähigkeiten) vorgeschlagen werden können (§ 4 SGB III) (13). Bei einer größeren Zahl von offenen Stellen kann mit dem Arbeitgeber vereinbart werden, z.B. im Rahmen einer Arbeitsmarktbörse, eine Vorauswahl oder direkte Auswahl des Probanden vorzunehmen (§ 37 Abs. 3 SGB III).

2.2.2 Instrumente der aktiven Arbeitsmarktförderung

2.2.2.1 Vorbereitende Maßnahmen zur Personalgewinnung

Zum Aufbau des Personalkörpers wird der vorgenannte Weg regelmäßig nicht allein zum Ziel führen. Um dennoch die erforderliche Qualifikation anbieten zu können, ermöglicht § 5 SGB III (14) dem Arbeitsamt, die Instrumente der aktiven Arbeitsmarktförderung einzusetzen (der Gesetzgeber verfolgt damit das Ziel, die Lohnersatzleistung nicht nur vorübergehend zu vermeiden). Der rechtzeitige Kontakt mit dem Arbeitsamt ist auch deshalb wichtig, weil insbesondere bei den Ermessensleistungen nur in den Grenzen des Haushalts die Kostenübernahme abgesichert werden kann.

Im Sondierungsgespräch zwischen Arbeitgeber und Arbeitsamt werden anhand des im Arbeitsamt geführten Klientel einzelfallbezogen die am besten geeignete Maßnahme und Leistung (gegebenenfalls auch kombiniert) gewählt (15). Die autonome Auswahlentscheidung des Arbeitgebers steht in einem Spannungsfeld zwischen der präsenten optimalen Personalausstattung und der Berücksichtigung des förderungsbedürftigen Personenkreises. Hierbei ist die Arbeitsverwaltung legitimiert, die besondere Verantwortung von Arbeitgebern für die Beschäftigung von Arbeitnehmern mit Handicaps (16) durch Förderleistungen zu stimulieren.

Die Minimierung des Risikos bei der Personalgewinnung liegt im Interesse beider Arbeitsmarktpartner. Hierbei empfehlen sich die nachfolgenden Schritte:

1. Vorauswahl durch die Vermittlung des Arbeitsamtes unter Berücksichtigung der Arbeitgeberangaben; dies kann z.B. im Arbeitsamt oder im Betrieb erfolgen.
2. Durch einschlägige Trainingsmaßnahmen, mit denen der Erwerb der notwendigen Kenntnisse oder die weitere Qualifizierung vorbereitet wird (17), kann zusätzlich Aufschluss über die Eignung der Mitarbeiter erlangt werden.
3. Insbesondere dann, wenn konkret erforderliche Qualifikationen zu erwerben sind, ist mit dem Bestehen des Lehrgangs ein weiteres Auswahlkriterium für den Arbeitgeber ersichtlich.
4. Darüber hinaus kann das interessierte Unternehmen den Bewerber im Rahmen eines Praktikums (18) betriebsbezogen kennen lernen; der Mitarbeiter seinerseits wird mit der Firmenphilosophie vertraut und kann sich auf den potenziellen Arbeitsplatz einstellen.
5. Der Vollständigkeit halber ist noch darauf zu verweisen, dass dem Arbeitgeber im Rahmen der Probezeit die Feststellung der Eignung des Mitarbeiters vorbehalten bleibt.

2.2.2.2 Weiterbildungsförderung (19)

Die Förderung der beruflichen Weiterbildung hat janusköpfige Wirkung; einerseits wird dem Arbeitnehmer die Chance eröffnet, durch Teilnahme an Qualifikationsmaßnahmen seinen Arbeitsplatz zu erhalten bzw. seine Vermittlungschancen zu verbessern, andererseits ergibt sich für den Arbeitgeber durch die Bereitschaft, Arbeitsplätze zu schaffen, Einfluss auf die Ausbildungsplanung des Arbeitsamtes bei der Einrichtung der erforderlichen beruflichen Weiterbildung zu nehmen. Die von der Bundesanstalt getragenen Kosten stellen sich als Vorleistung für die Schaffung von Arbeitsplätzen dar.

Tatbestandsvoraussetzung für die berufliche Eingliederung des Arbeitslosen ist die *Notwendigkeit der Weiterbildung* (20). Die Notwendigkeit kann grundsätzlich unterstellt werden, da der Arbeitgeber sein Investitionsvorhaben nur dann verwirklicht, wenn er auf betriebsgerecht qualifizierte Arbeitskräfte zurückgreifen kann. Das Arbeitsamt übernimmt an dieser Nahtstelle eine Funktion der Wirtschaftsförderung.

Es ist nicht erforderlich, im Einzelnen auf die individuellen Fördervoraussetzungen (21) einzugehen; das Arbeitsamt prüft den Leistungsanspruch von Amts wegen. Der Leistungsumfang für den Qualifikanten enthält neben dem Unterhaltsgeld auch die Weiterbildungskosten (22). Dies sind Lehrgangskosten, Kosten für die Eignungsfeststellung, Fahrtkosten, Kosten für die auswärtige Unterbringung und Verpflegung sowie Kinderbetreuungskosten. Es ist ersichtlich, dass die Weiterbildung grundsätzlich ohne Kostenanteil für den Arbeitgeber finanziert wird; dies ist gerade in der Aufbauphase eines Betriebes/Unternehmens eine wesentliche Kostenentlastung.

Die Qualifizierung von bereits im Betrieb tätigen Mitarbeitern kann im Rahmen von § 10 SGB III (Freie Förderung) auch betrieblich erfolgen, wenn der Arbeitnehmer von Arbeitslosigkeit bedroht ist.

2.2.2.3 Qualifizierung durch Bildungsträger

Die Finanzierung der Qualifizierung kann über eine institutionelle Förderung (der Ausnahmefall) oder die Förderung der Arbeitnehmer erfolgen – siehe unten 2.2.2.4 – Leistungsgewährung).

Die Bildungsträger sind ein wichtiger Partner für die Wirtschaft und die Arbeitsämter, um strukturelle Umbrüche (Beispiele: Kohleförderung, Stahlindustrie, Druckindustrie) sowie die strukturellen Anpassungsprozesse (insbesondere in den Neuen Bundesländern) abzufedern. Die Arbeitslosen müssen schnell in die Reintegrationsbemühungen einbezogen werden, um Langzeitarbeitslosigkeit zu vermeiden. Dabei hat die Neuansiedlung von Betrieben die Vorgaben zu erstellen, die für die Inhalte der Qualifizierung erforderlich sind. Die Bildungsträger sind zur Erreichung dieses Zieles dann erfolgreich, wenn die Entwicklung des regionalen Arbeitsmarktes gekannt wird und enge Betriebskontakte geknüpft werden.

Die Arbeitgeber erwarten Allround-Qualifikation und soziale Kompetenz. Im kaufmännischen Bereich ist die Vermittlung erfolgreich, wenn ein ausgeprägtes Grundverständnis über die betrieblichen Abläufe hinzukommt; es werden nicht nur betriebswirtschaftliche Kenntnisse vorausgesetzt, sondern es werden auch klassische Arbeitstugenden wie Einsatzbereitschaft, Flexibilität, Pünktlichkeit, Kommunikationsfähigkeit und Bereitschaft zur Mehrarbeit erwartet. Die vorgenannten Schlüsselqualifikationen werden von Betrieben als Mindeststandard im Kontakt mit den Bildungsträgern vorausgesetzt. Des Weiteren wird erwartet, dass die Fachkräfte die Ausbildung mit einem Abschluss erreichen und überfachliche Kompetenz vermittelt wird.

Ständige Nachfrage besteht bei Fachkräften im Hotel- und Gaststättengewerbe und Facharbeiterinnen im gewerblich-technischen Bereich, bei IT-Berufen und technischen Berufen allgemein, die mit EDV-Kenntnissen angereichert sind. Häufig gewünschte Zusatzqualifikationen sind Sprachkenntnisse und Berechtigungen (Beispiel: Gabelstaplerschein etc.).

Der Arbeitgeber hat an die Bildungsträger auch die Erwartung, dass statt anonymer Bewerbungsprozeduren eine Personalentscheidung mit durch die Bildungseinrichtungen übermitteltem Hintergrundwissen über die Lehrgangsteilnehmer erfolgt. Eine Schnittstelle und Chance ist das bei der Qualifizierung vorgesehene Praktikum, bei dem der Betrieb eigene Erkenntnisse über den Probanden erhält. Der direkte Kontakt zwischen Arbeitgeber und Bildungsträger bringt gleichzeitig die Chance, Einfluss auf betriebsnahe Unterrichtsinhalte zu nehmen, damit eine marktgerechte Ausbildung erfolgen kann.

2.2.2.4 Leistungsgewährung

Eine weitere Zielsetzung der aktiven Arbeitsmarktförderung zur Eingliederung von Arbeitnehmern ist die Gewährung von Leistungen nach dem SGB III und nach den

Richtlinien des Bundesministeriums für Arbeit „Aktion Beschäftigungshilfen für Langzeitarbeitslose 1999-2001" (BHI). Der Arbeitgeber muss beachten, dass die Förderleistungen vor dem Abschluss des Arbeitsvertrages – spätestens vor dem Tag der Arbeitsaufnahme – zu beantragen sind und nur haushaltsabhängig zur Verfügung stehen. Die gemeinsame Planung der Arbeitsmarktpartner für die Inanspruchnahme der vorgenannten Ermessensleistungen ist daher auch hier unverzichtbar.

2.2.2.5 Übersicht über die Leistungsarten

Gewährt werden können die in Tabelle 4 dargestellten Leistungsarten.

2.3 Kleinbetriebe und Selbständige

Grundlage für eine solide Geschäftspolitik ist eine Wirtschaft, die sich den ständig ändernden Voraussetzungen anpasst. Die Arbeitsplätze in der verarbeitenden Industrie gehen zurück (Rationalisierung der Großbetriebe, Robotereinsatz), der Dienstleistungsbereich hingegen wächst und ist in seiner Vielseitigkeit das ideale Betätigungsfeld für Neugründungen, insbesondere von Kleinbetrieben und Selbständigen. Durch die Bundesanstalt für Arbeit wird diese Entwicklung durch Leistungen und Zuschüsse gefördert. Konkret sind dies:

2.3.1 Die Förderung der Aufnahme einer selbständigen Tätigkeit (§§ 57, 58 SGB III),
2.3.2 Der Einstellungszuschuss bei Neugründungen (§§ 225 ff SGB III),
2.3.3 Freie Förderung (§ 10 SGB III) und
2.3.4 SAM/OFW (§ 415 Abs. 3 SGB III).

2.3.1 Die Förderung der Aufnahme einer selbständigen Tätigkeit

Der Gesetzgeber verfolgt mit § 57 SGB III das Ziel, den Existenzgründern den Lebensunterhalt zu sichern. Hierfür wird ein Zuschuss „Überbrückungsgeld" gezahlt. Er beinhaltet auch die Kosten für die Kranken-, Alters- und Pflegeversicherung. Ohne diese Hilfestellung wäre die Risikobereitschaft im Rahmen einer selbständigen Tätigkeit nahezu ausgeschlossen. Für die Versichertengemeinschaft rechnet sich die Gewährung des Zuschusses, da die Arbeitslosigkeit und damit der Leistungsbezug – Arbeitslosengeld oder Arbeitslosenhilfe – beendet wird und der Zuschuss die Höhe der bisherigen Lohnersatzleistung nicht übersteigt (23).

Die Gewährung des Überbrückungsgeldes setzt den Leistungsbezug oder eine der Existenzgründung vorgeschaltete Teilnahme an einer Maßnahme voraus, zu deren Vorbereitung mindestens vier Wochen Arbeitslosengeld, Arbeitslosenhilfe oder Kurzarbeitergeld in einer eigenständigen betriebsorganisatorischen Einheit bezogen wurde (24). Dem Tatbestandsmerkmal vor Bezug der Lohnersatzleistung ist eine Beschäftigung in einer ABM oder Strukturanpassungsmaßnahme gleichgestellt (25).

Leistungsart	Voraussetzungen	Förderumfang
Eingliederungs-Zuschuss gemäß §§ 217-224 SGB III	Mit diesen Zuschüssen zu den Arbeitsentgelten sollen die Minderleistungen von förderungsbedürftigen Arbeitnehmern ausgeglichen werden, wenn sie ohne die Leistung nicht oder nicht dauerhaft in den Arbeitsmarkt integriert werden können. Förderungsbedürftig sind Arbeitnehmer, die	Vom tariflichen bzw. ortsüblichen Arbeitsentgelt einschließlich des Anteils des Arbeitgebers am Gesamtsozialversicherungsbeitrag
bei Einarbeitung	⇒ einer besonderen Einarbeitung bedürfen,	bis zu 30%; 6 Monate (Regelförderung) bis zu 50%; 12 Monate (erhöhte Förd.)
bei erschwerter Vermittlung	⇒ wegen in ihrer Person liegender Umstände nur schwer vermittelt werden können oder	bis zu 50%; 12 Mon. (Regelförderung) bis zu 70%; 24 Monate (erhöhte Förd.)
für ältere Arbeitnehmer	⇒ langzeitarbeitslos sind und das 55. Lebensjahr vollendet haben.	bis zu 50%; 24 Mon. (Regelförderung) bis zu 70%; 60 Monate (erhöhte Förd.)
Einstellungszuschuss bei Neugründungen gemäß §§ 225-228 SGB III	Für Arbeitslose, die z.B. mindestens drei Monate Arbeitslosengeld, -hilfe oder Kurzarbeitergeld bezogen haben und ohne diese Leistung nicht oder nicht dauerhaft in den Arbeitsmarkt eingegliedert werden können. Der neu gegründete Betrieb darf nicht älter als zwei Jahre sein, nicht mehr als fünf Arbeitnehmer beschäftigen und muss nach der Stellungnahme einer sachkundigen Stelle (z.B. IHK oder Handwerkskammer) tragfähig sein.	50% vom tariflichen bzw. ortsüblichen Arbeitsentgelt einschließlich des Anteils des Arbeitgebers am Gesamtsozialversicherungsbeitrag. Der Zuschuss kann für höchstens zwölf Monate gewährt werden.
Eingliederungsvertrag gemäß §§ 229-234 SGB III	Für Arbeitslose, die mindestens zwölf Monate arbeitslos gemeldet sind oder sechs Monate arbeitslos gemeldet sind und bei denen zusätzlich ein Vermittlungserschwernis vorliegt.	Übernahme des Arbeitsentgelts und des hierauf entfallenden Arbeitgeberanteils am Gesamtsozialversicherungsbeitrag für Zeiten *ohne* Arbeitsleistungen. Die Dauer des Eingliederungsvertrages beträgt mindestens zwei Wochen und längstens sechs Monate.

Strukturanpassungs-maßnahmen Ost für Wirtschaftsunter-nehmen gemäß §§ 236-239 SGB III	Die Förderung kann für zusätz-liche Einstellungen von Arbeit-nehmern gewährt werden, die arbeitslos geworden oder von Arbeitslosigkeit bedroht sind, vor der Einstellung die Voraus-setzungen für Arbeitslosengeld/-hilfe erfüllt haben und ohne die Einstellung auf absehbare Zeit nicht in Arbeit vermittelt werden können.	Gewährung eines pauschalen Lohnkostenzuschusses von bis zu DM 2 180,- monatlich je Arbeitnehmer für maximal ein Jahr. In kleineren Unter-nehmen bis zu zehn Beschäftigten ist die Förderung auf zwei zugewiesene Arbeitnehmer und in Betrieben mit einer höheren Beschäftigtenzahl auf zehn Prozent der Beschäftigten und maximal zehn zusätzliche Arbeitnehmer beschränkt. Der pauschale Zuschuss wird jährlich neu festgelegt.
Förderung der beruflichen Eingliederung Behinderter	Für Behinderte soll durch die Gewährung der Leistungen an Arbeitgeber die berufliche Aus- und Weiterbildung bzw. die dauerhafte berufliche Eingliederung erreicht oder gesichert werden.	Zuschüsse zur Ausbildungsvergütung für die betriebliche Aus- und Weiterbildung, für eine behindertengerechte Ausgestaltung von Ausbildungs- und Arbeitsplätzen sowie für eine befristete Probebeschäftigung zur Feststellung der Eignung im erforderlichen Umfang
Beschäftigungshilfe Richtlinien BHI	Die Förderung kann gewährt werden für Arbeitnehmer, die vor der Einstellung ein Jahr oder länger beim Arbeitsamt arbeitslos gemeldet waren und mit denen ein unbefristetes Arbeitsverhältnis mit einer Wochenarbeitszeit von mindestens fünfzehn Stunden begründet wird.	Gewährung eines Lohnkostenzuschusses für längstens zwölf Monate. Die Höhe ist abhängig von der Dauer der Arbeits-losigkeit. Der Zuschuss beträgt: 80% für sechs Monate und 60% für weitere sechs Monate bei mindestens dreijähriger Arbeitslosigkeit, 70% für sechs Monate und 50% für weitere sechs Monate bei mindestens zweijähriger Arbeitslosigkeit, 60% für sechs Monate und 40% für weitere sechs Monate bei mindestens einjähriger Arbeitslosigkeit, des tarif-lichen bzw. ortsüblichen Arbeitsentgelts *zu Beginn* des Arbeitsverhältnisses.

Tabelle 4: Leistungsarten (Quelle: Arbeitshilfe des AA Neuruppin)

Die soziale Mitverantwortung des Gesetzgebers hat in § 57 Abs. 2, Ziff. 2 SGB III seinen Niederschlag gefunden. Hiernach hat eine fachkundige Stelle zur Tragfähigkeit der Existenzgründung Stellung zu nehmen. Das Überbrückungsgeld wird im Regelfall sechs Monate geleistet (26).

2.3.2 Einstellungszuschuss bei Neugründung

Mit dem Normzweck, Existenzgründer durch Lohnsubventionen bereits zu einem frühen Zeitpunkt der unternehmerischen Tätigkeit zur Einstellung von Arbeitnehmern zu bewegen, wird die in der Gründungsphase durch eine Unterkapitalisierung bestehende Risikolage abgeschwächt.

2.3.2.1 Grundsatz (§ 225 SGB III)

- Die als Zuschuss definierte Leistung verringert die Aufwendung des Arbeitgebers für das Arbeitsentgelt. Sie wird folglich dem Arbeitgeber als dem Anspruchsberechtigten ausgezahlt.

- Als Arbeitgeber ist definiert, wer die Arbeitsleistung des Arbeitnehmers kraft Arbeitsvertrag fordern kann und dafür Arbeitsentgelt schuldet (Arbeitgeberbegriff des Arbeitsrechts) (27). Fallen Arbeitgeberrecht und Arbeitgeberpflicht auseinander, ist der Arbeitsentgelt Zahlende als Zuschussempfänger bestimmt.

- Die Rechtsform (28) (natürliche oder juristische Personen, selbständige Tätigkeit) und das Geschäftsfeld des Arbeitgebers sind für die Anspruchsberechtigung unerheblich.

- Zur sogenannten Scheinselbständigkeit wird auf das „Gesetz zur Förderung der Selbständigkeit (29)" verwiesen. Der, der nach dem Gesamtbild seiner Arbeitsleistung unter Berücksichtigung der Verkehrsauffassung tatsächlich in einem abhängigen Arbeitsverhältnis ist (30), kann nicht Zuschussempfänger sein.

- Das Tatbestandsmerkmal „Neugründung" soll den Zuschussbonus auf „echte" Existenzgründungen (31) beschränken. Eine bloße Umgründung, d.h. Aufgabe der alten Unternehmung und Weiterführung als neue Unternehmung soll nicht präferiert werden. Dagegen kann ein Arbeitgeber, der bereits ein wirtschaftlich und rechtlich eigenständiges Unternehmen besitzt, durchaus ein neues Unternehmen gründen oder sich neu im Sinne der Neugründung betätigen (32).

- Der Zeitraum, in dem die Neugründung anspruchsbegründend stattfinden soll, ist auf zwei Jahre beschränkt. Der Beginn ergibt sich aus der Bewertung des Begriffs „echter" Neugründung; ein formaler Anknüpfungspunkt (z.B. Eintrag in das Handelsregister, Gewerbeanmeldung nach § 14 Gewerbeordnung oder Anzeige beim zuständigen Finanzamt gemäß § 18 EStG) ist hier nicht gemeint; vielmehr ist das Auftreten des Selbständigen (mit Außenwirkung) in dem vorgesehenen Betätigungsfeld in einem auf Gewinn ausgerichteten Bereich der maßgebliche Zeitpunkt (33). Die Vorbereitung der Existenzgründung ist nicht zuschussfähig; es wäre unbillig, dem Beitragszahler die mit den Unwägbarkeiten der Betriebsgründung verbundenen Risiken über eine frühe Förderung aufzuerlegen.

- Unbefristete Beschäftigung des Arbeitnehmers. Aus systematischen Erwägungen ist grundsätzlich davon auszugehen, dass das Förderungsrecht des SGB von „normalen"

Arbeitsverhältnissen ausgeht; wenn dies nicht der Fall sein soll (Eingliederungsvertrag gemäß § 289 SGB III), wird es ausdrücklich normiert. Da dies hier nicht der Fall ist, folgt schlüssig, dass der Zuschuss nur Arbeitsverhältnisse stützen soll, die auf unbestimmte Dauer abgeschlossen werden.

- Da die Gewährung des Zuschusses für den Arbeitgeber in der Einstellungsphase offen ist, ist es zulässig, den Arbeitsvertrag mit einer aufschiebenden Bedingung zu versehen, das heißt, die Wirksamkeit des Vertrages mit dem Eingang der Bewilligung zu verknüpfen oder die auflösende Bedingung für den Fall zu vereinbaren, dass der Antrag auf den Zuschuss abgelehnt werden würde.
- Neugeschaffener Arbeitsplatz: Voraussetzung ist, dass keine Wiederbesetzung eines schon vorhandenen Arbeitsplatzes erfolgt. Unschädlich ist es, wenn die Aufgaben bisher vom Existenzgründer wahrgenommen wurden. Es entspricht gerade der Zielsetzung des § 226 SGB III, Arbeit über Neueinstellungen auf mehrere Schultern zu verteilen.
- Zahl der Zuschussfälle: Der Gesetzgeber hat der Typik der Existenzgründung, wonach in dieser Phase mit wenigen Mitarbeitern ausgekommen werden muss, dadurch Rechnung getragen, dass er nur zwei Förderfälle gleichzeitig bezuschusst (34). Teilzeitbeschäftigte können die Zahl der geförderten Arbeitnehmer erhöhen (35). Der Zuschuss ist auf maximal ein Jahr begrenzt und bezieht sich auf einen 50%-Anteil am berücksichtigungsfähigen Arbeitsentgelt (36).

Die Förderung kann auch einen kürzeren Zeitraum erfassen (es kann die Streckung des BA-Haushaltes erforderlich sein, um durch kürzere Förderzeiträume mehr Existenzgründer erreichen zu können). Das Ermessen kann sich auch auf die Entscheidung beziehen, eine Förderung nicht vorzunehmen. Die Höhe des Zuschusses ist dagegen der Ermessensentscheidung nicht zugänglich, sie ist normiert.

Das Ermessen (37) kann besondere Zielgruppen zur Förderung vorsehen und damit zur Grundlage der Entscheidung machen (z.B. Ältere, Schwerbehinderte, Langzeitarbeitslose). Ermessensfehlerhaft wäre es jedoch, ausschließlich die besonderen Personenkreise zu berücksichtigen; hierdurch könnte der Normzweck, die üblicherweise schwache Gründungsfiguration zu stärken, verfehlt werden. Es müssen vielmehr die besonderen Umstände des Einzelfalles berücksichtigt werden.

- Der Antrag auf Gewährung des Zuschusses ist vor der Einstellung des Arbeitslosen zu stellen (38).

2.3.2.2 Anordnungsermächtigung

Die Bundesanstalt hat von der Ermächtigung, durch Anordnung das Nähere über Voraussetzungen, Art, Umfang und Verfahren der Förderung zu bestimmen, keinen Gebrauch gemacht.

2.3.3 Freie Förderung

Die Hilfestellung für den sich schnell ändernden Arbeitsmarkt ist mit dem § 10 SGB III (39) um eine flexible Antwort bereichert. Mit den „Freien Leistungen" werden die Möglichkeiten der gesetzlich geregelten aktiven Arbeitsförderleistungen erweitert; zum Verständnis ist darauf hinzuweisen, dass diese arbeitsmarktpolitische Reaktion des Arbeitsamtes nicht die Grenzen der Grundsätze der gesetzlichen Leistungen verletzen darf. Hierzu zählt das Aufstockungsverbot gesetzlicher Leistungen und das Verbot der Wettbewerbsverfälschung (40). Die Leistungen im Rahmen der Freien Förderung sind bisher durch keine Rechtsverordnung untersetzt beziehungsweise definiert (41), so dass den besonderen regionalen Erfordernissen des jeweiligen Arbeitsamtsbezirkes konkret Rechnung getragen werden kann. Die Arbeitgeberseite hat, wie bereits dargestellt (42), über die Verbände, aber auch direkt die Möglichkeit, die Instrumente der Freien Förderung über die Selbstverwaltung zu kreieren.

Beispiele für den kreativen Umgang mit dem Institut der Freien Förderung ergeben sich aus den Merkblättern des Landesarbeitsamtes Berlin-Brandenburg im Vergleich der Jahre 1999 und 2000. Im Jahre 1999 wurde ausschließlich die Zielgruppenförderung in Angriff genommen, für das Jahr 2000 wurden zusätzliche Schwerpunkte zur Beseitigung struktureller Probleme und Förderung des zukunftsträchtigen Wirtschaftsgeschehens (IT-Berufe) in der Weisungslage gesetzt. Die konkrete Umsetzung ist unter Punkt 2.1.4 wiedergegeben.

Die flexible Handhabung des § 10 soll am Beispiel der Weisungslage in Brandenburg dargestellt werden. Zielsetzung ist es, das Arbeitgeberinteresse an benachteiligten Zielgruppen des Arbeitsmarktes zu stärken. Die Arbeitsmarktstatistiken des Jahres 1998 unterlegen die Feststellung für das Land Brandenburg als Region der Neuen Bundesländer, dass die sich in der Konsolidierungsphase befindliche Wirtschaft immer weniger Mitarbeiter beschäftigt, denen es an beruflicher Qualifikation, Leistungsfähigkeit oder Berufserfahrung mangelt oder deren Arbeitskraft zum Beispiel aufgrund besonderer Schutzrechte nicht kostengünstiger ist. Als Zielgruppen kristallisierten sich

- Langzeitarbeitslose (43),
- Jugendliche (44),
- Frauen,
- Ältere, ab 50 Jahren und
- Rehabilitanden

heraus. Zur Überwindung der Handicaps bzw. der Frauenquote werden dem Arbeitgeber Förderleistungen in Aussicht gestellt. Die Förderrahmen und die Förderhöhe wurden unter dem Gesichtspunkt Chancengleichheit zu erreichen, am Arbeitgeberinteresse gemessen. Die Selbstverwaltung des Arbeitsamtes Neuruppin beschloss für ihren Amtsbezirk in Abstimmung mit dem Landesarbeitsamt Berlin-Brandenburg das Programm „Freie Förderung des Landesarbeitsamtes Neuruppin" für 1999.

Im Einzelnen sah es die folgenden Leistungen vor:

- Einstellungszuschüsse für Zielgruppenangehörige, die nicht die Fördervoraussetzungen für SAM (45), BHI (46), EGZ/EZN (47) erfüllen; Arbeitslosigkeit oder unmittelbare Arbeitslosigkeit sind die Voraussetzungen. Als Förderhöhe wurden DM 500,- bis DM 2 000,- monatlich, maximal für zwölf Monate, bei befristeten oder unbefristeten Arbeitsverhältnissen festgelegt.
- Weiterbeschäftigungszuschüsse für die genannten Zielgruppen zur Umwandlung befristeter in unbefristete Arbeitsverträge (das Merkmal der unmittelbar drohenden Arbeitslosigkeit muss vorliegen, andere ungeförderte Vermittlungsmöglichkeiten dürfen nicht bestehen).
- Diese Zuschüsse sind Folge des Appells der Politik an die Arbeitgeber, Nachwuchskräfte – über den Eigenbedarf hinaus – auszubilden; diese Lehrlinge erhielten keine Übernahme zugesagt. Um sie für den Arbeitsmarkt interessanter zu machen, dienen die Weiterbeschäftigungszuschüsse; hierdurch kann Berufserfahrung gesammelt werden. Für den Betrieb ergibt sich die Chance, kostengünstig eine Personalaufstockung vorzunehmen.
- Qualifizierungszuschüsse für von Arbeitslosigkeit bedrohte und arbeitslose Bewerber mit Einstellungszusagen, wenn diese Qualifikation zur Arbeitsaufnahme oder zum Erhalt der Arbeit notwendig ist.
- Die Kostenübernahme erfolgt nach Rechnungslegung Dritter (z.B. Bildungsträger). Der Förderumfang muss individuell geprüft und begründet werden.
- Erntehelferzuschüsse zur Erweiterung des Bewerberpools für Personen, die die ALHi-Voraussetzungen (48) nicht erfüllen. Förderhöhe DM 25,- pro Tag.
- Führerscheinzuschüsse, wenn ein konkretes Stellenangebot mit KfZ-Stellung oder eine Einstellungszusage des Arbeitgebers vorliegt. Förderhöhe: individuell unter Würdigung der sozialen Aspekte, Kostenübernahme durch Rechnungslegung (Orientierungsgröße DM 2 000,-).
- Förderung der „Konkurs-Lehrlinge" in außerbetrieblichen Maßnahmen.
- Von diesem Programm abweichende individuelle Fördereinzelfälle können mit ausführlicher Begründung bei Relevanz für den Arbeitsmarkt anerkannt werden (z.B. Sonderprogramm für überbetriebliche Ausbildung von Jugendlichen, Mobilitätshilfen).

Die Festlegung des Programms für das Jahr 2000 legte die Erfahrungen des Vorjahres mit der Zielgruppenförderung zugrunde. Es wurde festgestellt, dass sich an der wirtschaftlichen und Arbeitsmarktsituation keine grundlegende Änderung ergab. Das Förderprogramm des Jahres 1998 hatte daher weiterhin seine Berechtigung; es wurde weitergeführt.

Auf die sich abzeichnende zukünftige Entwicklung der Wirtschaft sollte durch eine Erweiterung des Programms eingegangen werden; dabei wurde in Kauf genommen, dass zukunftsträchtige Handlungsfelder noch nicht durch konkrete Nachfrage am Arbeitsmarkt präsent waren. Dieses Vorgehen war aber dennoch gerechtfertigt, da die Nachfrage im IT-Bereich absehbar war. Das Ergebnis der Umsetzungsstrategie der Verwaltungsausschüsse des Arbeitsamtes Neuruppin und des Arbeitsamtes Berlin-Brandenburg wurde daher in dem nachfolgenden „Programm 2000" beschlossen.

Umsetzungsstrategien gemäß § 10 SGB III

1. Schaffung von Dauerarbeitsplätzen

   - Weiterbeschäftigungszuschuss zur Beseitigung der zweiten Schwelle (Berufspraxis nach der Erstausbildung, wenn nach der Berufsausbildung Arbeitslosigkeit droht).
   - Zielgruppenförderung zur Erreichung von Dauerarbeitsplätzen (Jugendliche, Ältere, Behinderte).
   - Weiterqualifizierung von Arbeitslosigkeit bedrohter Arbeitnehmer zur Erhaltung eines Dauerarbeitsverhältnisses.

2. Schaffung von zusätzlichen Beschäftigungsmöglichkeiten, z.B.

   - Kommunales Sonderprogramm für Jugendliche (analog zur Vergabe-ABM),
   - Qualifizierung und Berufspraxis in neuen Technologien,
   - Beschäftigungskontor Zeitarbeit (Überstundenabbau, Mobilitätstraining),
   - Erntehelferzuschüsse zur Erweiterung des Bewerberpools,
   - Existenzgründungsförderung,
   - Jugendförderbetriebe und
   - Sonderprogramm für überbetrieblich ausgebildete Jugendliche zur Erreichung einer mindestens einjährigen Berufspraxis im erlernten Beruf zur Wettbewerbssteigerung.

3. Einzelfallhilfen

   - Führerscheinzuschüsse, wenn diese zur Beendigung der Arbeitslosigkeit notwendig sind und der Arbeitgeber ein Fahrzeug stellt, unter Würdigung der sozialen Aspekte.
   - Mobilitätshilfen für Saisonarbeitnehmer (z.B. geteilte Schicht, erschwerte Arbeitsbedingungen).
   - Förderung notwendiger kurzfristiger Fortbildungsmaßnahmen in Verbindung mit einer anstehenden Arbeitsaufnahme, welche nicht als FbW oder Trainingsmaßnahme anerkannt ist.
   - Berufspraktika zur Erreichung einer staatlichen Anerkennung, wenn andere Leistungsträger nicht zuständig waren.
   - Förderung von „Konkurs-Lehrlingen".
   - Förderung der Eigeninitiative von Arbeitsuchenden (Bewerberagenturen).

4. Begleitung der strukturellen Entwicklung in Schwerpunktbereichen
   - Projektzuschüsse, z.B. Entwicklungsgesellschaft Wassertourismus Nordwest-Brandenburg,
   - Kultur- und Arbeitsplätze,
   - Klosterbauhütte,
   - IT-Bereiche (z.B. Call Center),
   - Integrationsbüro für Sozialhilfeempfänger (Vernetzung und Koppelung der Arbeitsamts- und Sozialleistungen),
   - Förderung von ausgewählten Projekten in dem Bereich Multimedia außerhalb der klassischen Förderinstrumente und
   - Bauforum (Poolbildung von Klein- und Mittelbetrieben zur Bildung von Arbeitsgemeinschaften und Erweiterung der Märkte).

2.3.4 Strukturanpassungsmaßnahmen Ost für Wirtschaftsunternehmen (SAM/OfW) – Lohnkostenzuschüsse (49)

Der Einführung dieses Förderinstrumentes liegt die Überlegung zugrunde, anstelle von Lohnersatzleistungen den ersparten und kapitalisierten Betrag am ersten Arbeitsmarkt in den Neuen Bundesländern anzusetzen. Arbeitslose Arbeitnehmer sollen von Betrieben zusätzlich eingestellt werden und erhalten hierfür einen Zuschuss zum Arbeitsentgelt. Damit ist die Brückenfunktion aus der Arbeitslosigkeit in den ersten Arbeitsmarkt beschrieben. Die vorgenannte Zielsetzung konnte durch die Vollförderung der Lohnkosten im Rahmen der Arbeitsbeschaffungsmaßnahmen nicht ausreichend verwirklicht werden. Auch deshalb der Ansatz, den Unternehmer mit der Förderung in die Verantwortung zu nehmen.

Die auf die Neuen Bundesländer, einschließlich Berlin West, begrenzte Förderung hat sich in der Praxis als gut handhabbare Arbeitgeberleistung erwiesen. SAM OfW ist insbesondere für Kleinbetriebe oder Selbständige interessant. Betriebe bis zu zehn Beschäftigten erhalten für zwei zugewiesene Arbeitnehmer den Zuschuss zum Lohn. Betriebe mit einer höheren Beschäftigungszahl können zehn Prozent der Beschäftigten, maximal jedoch nur zehn Arbeitnehmer zusätzlich gefördert erhalten.

Bei Teilzeitbeschäftigten gelten dieselben Regeln wie bei dem „Einstellungszuschuss für Neugründungen"; die Höchstzahl von zwei Beschäftigten kann also überschritten werden. Der Zuschuss im Rahmen von SAM OfW schließt eine Förderung über den Einstellungszuschuss bei Neugründungen nicht aus; der Existenzgründer hat damit die Möglichkeit, vier Mitarbeiter subventioniert zu bekommen.

Das Förderinstrument SAM OfW besteht seit 1997 und wird als pauschaler Zuschuss jährlich neu festgelegt. Im Januar 1999 wurde er bis zu einer Höhe von DM 2 180,-

monatlich gezahlt und führte zu einer starken Inanspruchnahme (allein in Brandenburg ca. 25 000 Förderfälle).

Im April 1999 erfolgten ermessenslenkende Weisungen, die den Zuschuss auf DM 1 090,- begrenzten; zusätzlich wurden für den zu fördernden Personenkreis Zielgruppen festgelegt. Im August 1999 wurde mit dem zweiten Änderungsgesetz die Beschränkung auf Zielgruppen gesetzlich sanktioniert (Jugendliche, Langzeitarbeitslose, Arbeitnehmer, die im letzten Jahr mindestens sechs Monate arbeitslos waren, Behinderte und Ältere [über 50-Jährige]). Vom Januar 2000 an ist der Förderhöchstbetrag von SAM OfW auf DM 1 355,- (50) fixiert, dies entspricht einer Jahreslohnentlastung für den Arbeitgeber von DM 16 260,-.

- Anspruchsvoraussetzung für den Zuschuss ist die *zusätzliche* Einstellung von Arbeitslosen. In dem der geplanten Einstellung des Arbeitslosen vorausliegenden Halbjahr darf die Zahl der in dem Betrieb beschäftigten Arbeitnehmer, ebenso wie während des Zuweisungszeitraumes, nicht verringert werden (51).

- Während der Beschäftigung ist für den Arbeitnehmer zugleich eine berufliche Qualifizierung vorzunehmen, die dessen Vermittlungschancen im Anschluss an die Maßnahme verbessern soll.

2.4 Beispiel für die Umsetzung bei einer Unternehmensgründung

Der Inhaber einer Qualifizierungsgesellschaft bildet für Fremdfirmen EDV-Berufe aus und beschließt, ein Call-Center zu gründen. Aufgrund seiner zahlreichen Kontakte zu Firmen, die bereits mit seiner Qualifizierungsfirma kooperiert haben, wird das zu erwartende Auftragsvolumen des Call-Centers ermittelt. Ihm werden mehrere Betriebsgrundstücke auf ehemaligen GUS-Liegenschaften angeboten (ehemaliges Kasernengelände), die noch zu Gewerbegebieten entwickelt werden müssen. Er entschließt sich für einen Standort in Brandenburg. Zur Betriebsgründung treten drei grundsätzliche Fragen auf:

2.4.1 Beschaffung einer Betriebsstätte,
2.4.2 Personalgewinnung und
2.4.3 Finanzierung von Investitions- und Betriebskosten.

2.4.1 Konversion des Militärgeländes und Entkernung des Kasernengebäudes

In Gesprächen mit der Kommune meldet der Investor den Bedarf für 500 Quadratmeter Gewerberaum an. Ihm wird in Aussicht gestellt, ein Kasernengebäude für diesen Zweck kaufen zu können. Da der Bebauungsplan noch nicht verabschiedet ist, sind vertragliche Beziehungen nicht sinnvoll. Die Absichten der Partner werden in einem „letter of intent" festgehalten. Es wird u.a. festgehalten, dass der Firmengründer nicht bereit ist, mehr als DM 1 000,- für den Quadratmeter Bürofläche zu zahlen.

Die Kommune, die auf ein schnelles Wachstum der Gewerbesteuern angewiesen ist, vereinbart mit der Bodengesellschaft Brandenburg und dem Arbeitsamt einen Entwicklungsplan, der mit einer minimalen kommunalen Beteiligung auskommt. Es werden die Konversionsmittel (LaPro KONVER 2 (52)) des Landes zur Beseitigung der Altlasten und Entkernung des Militärgebäudes eingestellt. Diese Förderung bedarf jedoch einer Co-Finanzierung, die durch eine Arbeitsbeschaffungsmaßnahme zur Deckung von Lohnkosten gestellt werden kann. Die Co-Finanzierung durch Mittel der Bundesanstalt für Arbeit ist zulässig, da die Landesmittel steuerfinanziert und die BA-Mittel beitragsfinanziert sind.

Dabei sind die Voraussetzungen für die Durchführung einer Arbeitsbeschaffungsmaßnahme (ABM) zu prüfen. Gemäß § 260 SGB III können Träger von ABM für die Beschäftigung von zugewiesenen Arbeitnehmern durch Zuschüsse gefördert werden, wenn in den Maßnahmen zusätzliche und im öffentlichen Interesse liegende Arbeiten durchgeführt werden. Dabei sind die Maßnahmen besonders zu fördern (53), wenn sie strukturverbessernde Arbeiten vorbereiten oder ergänzen. Die genannten Voraussetzungen konkretisiert § 261 SGB III. Arbeiten werden hier als zusätzlich definiert (54), wenn sie ohne die Förderung nicht oder erst zu einem späteren Zeitpunkt durchgeführt werden. Unser Fallbeispiel zeigt auf, dass die Beseitigung der Konversionsprobleme über den Haushalt der Gemeinde nicht finanziert werden könnte. Die vorgesehenen Arbeiten zur Entwicklung des Kasernengeländes sind daher als „zusätzlich" zu bezeichnen. Als weitere Voraussetzung muss § 261 Abs. 3 SGB III erfüllt sein. Danach liegen Arbeiten im öffentlichen Interesse, wenn das Arbeitsergebnis der Allgemeinheit dient. Arbeiten, deren Ergebnis überwiegend erwerbswirtschaftlichen Interessen oder den Interessen eines begrenzten Personenkreises dienen, liegen nicht im öffentlichen Interesse. Der Investor, der ein Call-Center errichten will, hat zwar das erwerbswirtschaftliche Interesse, seine Betriebsstätte und das Umfeld kostengünstig von der Gemeinde zu erwerben, er ist aber nicht unmittelbar (vertraglich) Begünstigter der Konversionsmaßnahme. Diese Maßnahme wird von der Gemeinde, ohne dass vertragliche Beziehungen mit dem Investor bestehen, durchgeführt. Ein „letter of intent" ist als Absichtserklärung und nicht als vertragliche Bindung zu werten.

Im Rahmen der Durchführung der ABM sind durch den Gemeindehaushalt lediglich 10% der Maßnahmekosten zu finanzieren. Die Konversion kann als Voraussetzung für das Investitionsvorhaben eines Call-Centers erreicht werden.

Rekonstruktion des Kasernengebäudes zu einem Bürogebäude: Die Sanierung und Rekonstruktion des Hauses und die Erstellung der Infrastruktur wird im Rahmen einer Vergabe-ABM (siehe C.II) bewerkstelligt. Zwischenzeitlich wird der Bebauungsplan realisiert. Damit sind die Voraussetzungen für eine Vergabe-ABM (55) zu prüfen. Mit der Durchführung der Arbeiten soll ein Wirtschaftsunternehmen beauftragt werden. Das Vorhaben wird ausgeschrieben. Der Betrieb, der den Zuschlag erhalten hat, führt die Arbeiten unter Berücksichtigung zugewiesener, geförderter Arbeiter durch.

Zwischen der Kommune und dem Investor wird ein Vorvertrag zum Kaufvertrag abgeschlossen.

2.4.2 Personalgewinnung

Für das Call-Center sind neben dem Geschäftsführer, einer Sekretärin und zwei Akquisiteuren in der ersten Phase sechszehn Call-Agenten erforderlich. Da das Baugeschehen eine sofortige Geschäftsaufnahme nicht zulässt und die Call-Agenten zu diesem Zeitpunkt noch zu qualifizieren sind, wird zwischen dem Arbeitsamt und dem Investor vereinbart, im Rahmen einer Übungsfirma Mitarbeiter für die Tätigkeit in einem Call-Center zu schulen. Diese Schulung ist so angelegt, dass auch anderen Call-Centern der Region ausgebildete Mitarbeiter zur Verfügung gestellt werden können. Der Zeitraum der Qualifizierung beträgt ein halbes Jahr. Mit dem Ende der Ausbildung sind die Räumlichkeiten fertiggestellt. Für die Betriebsaufnahme wird ein Teil der Qualifikanten zur Einstellung vorgesehen. Die Mitarbeiterstruktur berücksichtigt auch die Fördermöglichkeiten der Arbeitsverwaltung. Die in der Verwaltung tätigen vier Mitarbeiter werden wie folgt gefördert:

- Ein Langzeitarbeitsloser durch die Beschäftigungshilfe des Bundes (60% der Bruttolohnsumme (inkl. Sozialabgaben) im ersten halben Jahr, 40% im zweiten halben Jahr).
- Zwei Mitarbeiter erhalten den Zuschuss für Neugründungen.
- Ein Mitarbeiter erhält SAM/OFW.

Für die sechszehn Call-Agenten werden während der Ausbildung in der Übungsfirma Leistungen der FbW (Förderung der beruflichen Weiterbildung) erbracht (Unterhaltsgeld, Arbeitsmittel, Fahrtkosten, etc.). Nebeneffekt: Die Qualifizierungsgesellschaft des Investors partizipiert über die Ausbildung und die vom Arbeitsamt festgelegten Stundensätze ihrerseits von der Maßnahme:

- Einer der Call-Agenten ist noch über SAM/OFW förderbar (siehe Teil B, II, Nr. 5).
- Drei weitere Langzeitarbeitslose werden über BHI gefördert.
- Ein Rehabilitand.
- 11 Mitarbeiter werden über § 10 SGB III für ein Jahr lang unterhalb der Schwelle von SAM/OFW i.H.v. DM 1 000,- monatlich bezuschusst.

Die Förderung im Anschluss an die Qualifizierung in der Übungsfirma ist möglich, da die Zeit des Unterhaltsgeldbezuges (UhG) dem Arbeitslosengeldbezug als Lohnersatzleistung gleichgestellt ist. Durch die Fortbildung wird die Arbeitslosigkeit nicht unterbrochen.

2.4.3 Finanzierung von Investitions- und Betriebskosten

Die Investitionsbank des Landes Brandenburg wird zur Kreditierung der Landesförderprogramme einbezogen. Insbesondere werden die Investitionskosten und die Finanzierung der Betriebsmittel des ersten Jahres berücksichtigt.

3 Verringerung der Lohnkosten zur Stärkung des Betriebsergebnisses

3.1 Förderung der ganzjährigen Beschäftigung in der Bauwirtschaft (56)

3.1.1 Ziele

Die Ziele des Gesetzgebers sind neben der Sicherung der Beschäftigung in der Bauwirtschaft vor allem der Erhalt der Arbeitsplätze durch die Bekämpfung der Winterarbeitslosigkeit sowie die Entgeltersatzleistung bei witterungsbedingtem Arbeitsausfall.

Die vorgenannte Zielsetzung hat für den Arbeitgeber die Bedeutung, dass sein Betrieb durch die ganzjährige Beschäftigung stabilisiert und seine Mitarbeiter durch Überwindung der saisonalen Lohneinbußen der Baubranche treu bleiben. Die mit dem AFG dem Arbeitgeber gewährten Zuschüsse im Winterbau sind allerdings entfallen (es waren dies: der Investitionskostenzuschuss – IKZ –, für Investitionsvorhaben zum Schutz der Baustelle gegen Witterungseinflüsse und Mehrkostenzuschuss – MKZ –, für den entstehenden Mehraufwand durch den Betrieb der Winterbaustelle).

3.1.2 Leistungen

Zu den Leistungen im Einzelnen:

1. Mehraufwandswintergeld – MWG – gemäß § 212 SGB III. Es handelt sich hier um einen Zuschuss zur Guthabenleistung.
2. Zuschuss zum Wintergeld:
    a) Zuschuss zu Guthabenstunden – ZWG1 – gemäß § 213 für das Bauhauptgewerbe.
    b) Zuschuss zur Winterausfallgeldvorausleistung – ZWG2 –. Die Anwendung erstreckt sich auf die übrigen Tarifbereiche des Baugewerbes.
3. Winterausfallgeldvorausleistung.
4. Winterausfallgeld (57).
5. Erstattungspflicht bei witterungsbedingtem Arbeitsausfall (58).

Für die Arbeitgeberseite im Baugewerbe sollte die Erstattungspflicht nach § 147 b beachtet werden. Hiernach erstattet der Arbeitgeber, der das Arbeitsverhältnis mit dem Arbeitslosen unter Missachtung eines tarifvertraglichen Ausschlusses der witterungsbedingten Kündigung gekündigt hat, das Arbeitslosengeld, das dem Arbeitslosen in der Schlechtwetterzeit gezahlt worden ist. Die Sanktion umfasst einen Zeitraum von längstens zwölf Wochen, der aber auch nach dem Schlechtwetterzeitraum liegen kann, wenn ein Anspruch auf ALG besteht. Die Sozialversicherungsbeiträge sind in die Erstattung mit einzubeziehen.

3.2 ABM-Vergabe

3.2.1 Einleitung

Die Vergabe von öffentlichen Aufträgen (59) ist für den gewerblichen Bereich (Bauwirtschaft, Garten- und Landschaftsbau und Dienstleistung), insbesondere in strukturschwachen Regionen, eine Möglichkeit, sichere Vertragserfüllung des Auftraggebers mit der Chance zu verbinden, Mitarbeiter zu gewinnen, die in der Aufgabe wachsen und in den Betrieb qualifiziert integriert werden können.

Geregelt ist das Arbeitsmarktinstrument in den §§ 262 ff. SGB III i.V.m. der Anordnungsermächtigung des § 271 SGB III. Von der Ermächtigung hat die Bundesanstalt für Arbeit mit der ABM-Anordnung (ABM-A) vom 23.10.1997, ergänzt durch das zweite Änderungsgesetz zum SGB III vom 21.07.1999 (BGBl. I S.1648), Gebrauch gemacht. Die Grundsätze für Arbeitsbeschaffungsmaßnahmen gemäß § 260 SGB III (Regie-ABM) gelten auch für die ABM-Vergabe soweit nicht § 262 SGB III als lex speziales Besonderheiten regelt.

Die ABM-Vergabe ist geeignet, Finanzierungsengpässe von Land, Kreis und Kommune durch gemeinsame Anstrengungen der durch die Vergabe gewonnenen Betriebe, der kommunalen Entwicklungsplanung und der Arbeitsverwaltung zu überwinden. Die Vergabe einer Arbeitsbeschaffungsmaßnahme setzt voraus, dass der Maßnahmeträger, die öffentliche Hand, die geplanten Arbeiten öffentlich ausschreibt und durch das privatwirtschaftliche Unternehmen (60) ausführen lässt, das im Ausschreibungsverfahren den Zuschlag erhalten hat. Das Arbeitsamt weist dem Unternehmen anteilig arbeitslose Kräfte zu (61). Bei der Auswahl findet eine Verständigung zwischen Arbeitsamt und Arbeitgeber statt.

Für das Arbeitgeberinteresse an der Durchführung von Vergabe-Arbeiten sprechen folgende Argumente:

- Die Unternehmer erhalten Aufträge, die aufgrund der schwierigen Haushaltslage der öffentlichen Hand sonst nicht ausgelobt worden wären.

- Die Arbeiten führen zu marktgerechtem Handeln, da der Auftrag nicht durch Arbeitsfördergesellschaften durchgeführt wird.

- Die zugewiesenen Arbeitnehmer sind ein zusätzliches Kräftepotenzial des Unternehmers, das im Rahmen der Durchführung der Maßnahme zu einem wertvollen Mitarbeiterstamm entwickelt werden kann.

- Der Betrieb, der sich dieser besonderen Form der Auftragserteilung gestellt hat, kann von diesem Wissen und den Erfahrungen bei weiteren Ausschreibungsverfahren Gebrauch machen (mit der gewonnenen Erfahrung wird man gerne auf den Betrieb zurückgreifen, wenn in beschränkter Ausschreibung ohne öffentlichen Wettbewerb bzw. bei freihändiger Vergabe der Betrieb als verlässlicher Partner bekannt ist) (62).

Zu beachten sind bei der Arbeitsförderung über ABM-Vergabe ferner folgende Punkte:

- Erforderlich ist die Auseinandersetzung mit den Vergabebestimmungen lt. Verdingungsordnung für Bauleistungen (VOB). Das Vorhaben bedarf einer intensiven Vorbereitung; die Einschätzung der ABM-Kräfte muss realistisch erfolgen und der Qualifizierungsbedarf der neuen Arbeitnehmer sowie die Planung des Arbeitseinsatzes dürfen nicht unterschätzt werden.
- Während der Maßnahme kann sich der Kostenrahmen ändern.
- Mit allen Geldgebern sind exakte Absprachen zu treffen.

3.2.2 Tatbestandsvoraussetzungen für die ABM-Vergabe

a) Die Arbeiten liegen im öffentlichen Interesse und sind nicht Pflichtaufgaben des Trägers.

b) Arbeiten, die sonst nicht oder erst zu einem späteren Zeitpunkt durchgeführt werden könnten, sind durch das Finanzierungsinstrument ABM dennoch durchführbar. Sie können durch die Gewährung von Zuschüssen der BA an den Maßnahmeträger gefördert werden (63).

c) Die Vergabe erfolgt an Wirtschaftsunternehmen.

d) § 262 SGB III regelt als Grundlage für die ABM-Vergabe, dass für den Durchführungszeitraum die ABM-Kräfte in dem beauftragten Wirtschaftsunternehmen mit befristeten Arbeitsverträgen beschäftigt werden.

e) Die Ausnahmeregelungen zu der Vergabe sind in § 262 Abs. 2, Ziff. 1-3 geregelt:
- Eine sogenannte „Regie-ABM" kann von dem Träger durchgeführt werden, wenn ein besonderer Personenkreis (64) betroffen ist oder wenn der Personenkreis sozialpädagogisch begleitet werden muss.
- Die Regie-ABM kann auch dort zum Tragen kommen, wo es dem einschlägigen Wirtschaftszweig nicht möglich und wirtschaftlich nicht zumutbar ist, sich der ABM-Vergabe zu stellen (65).

f) Die Ausnahme von Ausnahmetatbeständen des § 262 Abs. 1, Satz 1, Ziff. 1-3 SGB III.

Zu a) Das Erfordernis des öffentlichen Interesses an geförderten Arbeiten unterstellt, dass eine Wertschöpfung zu Gunsten der Allgemeinheit erfolgen soll (Beispiel: Bau einer Dorfstraße, Renaturierung von Brachflächen etc.). Um die Verantwortung für die Beachtung des öffentlichen Interesses sicherzustellen, sind die Kommunen als Träger bei der Durchführung der Maßnahmen in der Pflicht.

Zu c) Für die Durchführung der Maßnahme ist ein Wirtschaftsunternehmen nach Ausschreibung zu bestimmen. Hierbei sind nicht nur die Betriebe des Bauhaupt- und Baunebengewerbes sowie des Garten- und Landschaftsbaus zu berücksichtigen, sondern es müssen auch die Bereiche mitgeprüft werden, in denen eine Konkurrenz zu Wirtschaftsunternehmen in Betracht kommen kann (66). Die Arbeitsämter haben über ihre Selbstverwaltung in den Ausschüssen sicherzustellen, dass die sachkundige Begleitung durch die Handwerkskammer und die IHK, bzw. die Landesfachverbände, zur Vermeidung von Wettbewerbsverzerrungen einbezogen werden. Von ihnen werden sogenannte Unbedenklichkeitsbescheinigungen erstellt.

Zu f) Unverhältnismäßigkeit von Beschäftigten in Regie-ABM zu Beschäftigten im Ersten Arbeitsmarkt: Gemäß § 262 Abs. 1, Satz 3 SGB III sind die Ausnahmetatbestände, die zu einer Regie-ABM gemäß § 262 Abs. 1, Satz 1, Ziff 1-3 SGB III führen dürfen, ihrerseits wieder durch ein Übermaßverbot des § 262 Abs. 1, Satz 3 SGB III eingeschränkt. Hiernach darf der Träger eine Maßnahme dann nicht in Eigenregie durchführen, wenn in dem in Frage kommenden Wirtschaftszweig und dem regional betroffenen Arbeitsmarkt die Zahl der durch Arbeitsbeschaffungsmaßnahmen geförderten Arbeitnehmer bereits unverhältnismäßig hoch im Vergleich zu der Zahl, der in dem Wirtschaftszweig tätigen, nicht geförderten Arbeitnehmer ist. Zur Unverhältnismäßigkeit ist nach der Durchführungsanordnung ABM (DA-ABM), Rdnr. 262.07 die Entscheidung des Direktors des zuständigen Arbeitsamtes im Einvernehmen mit dem Verwaltungsausschuss gefordert. Bei zusammenhängenden Wirtschaftsräumen, die mehr als einen Arbeitsamtsbezirk umfassen, ist eine arbeitsamtsübergreifende Abstimmung zweckmäßig.

3.2.3 Förderleistungen

Die Leistungen der Bundesanstalt für Arbeit bestehen aus Lohn- und Sachkosten. Innerhalb der Gesamtfinanzierung muss der Maßnahmeträger einen Anteil von mindestens 10% (bei Sanierungsprojekten bis zu 20%) beitragen, soweit er neben den Lohnkosten weitere Zuschüsse der BA (Sachkosten) beantragt.

3.2.3.1 Zuschüsse der BA (67)

Die BA gewährt Zuschüsse zum berücksichtigungsfähigen Arbeitsentgelt. Ist ein Arbeitnehmer besonders förderungsbedürftig (Zugehörigkeit zu einer von der Arbeitsverwaltung festgelegten Zielgruppe) und ist der Träger zum Ausgleich des Mehraufwands finanziell nicht in der Lage, kann der Zuschuss bis zu 90% betragen. Einer lokal schlechten Arbeitsmarktsituation wird darüber hinaus Rechnung getragen, dass in Arbeitsamtsbezirken, deren Arbeitslosenquote in den letzten sechs Monaten 30% über dem Bundesdurchschnitt lag, grundsätzlich ein Fördersatz von 90% zum berücksichtigungsfähigen Arbeitsentgelt gewährt wird. Der Zuschuss kann 100% betragen, wenn z.B. die regelmäßige wöchentliche Arbeitszeit der zugewiesenen Arbeitnehmer 90% der Arbeitszeit einer vergleichbaren Vollbeschäftigung nicht überschreitet (68). Das berücksichtigungsfähige Arbeitsentgelt beträgt maximal 80% des Arbeitsentgeltes, das für gleiche oder vergleichbare ungeförderte Tätigkeit gezahlt wird.

3.2.3.2 Verstärkte Förderung (69)

Länderspezifisch können durch die BA und die Länderregierungen zusätzlich Sachkosten zur Verfügung gestellt werden. Dieser Subventionsmechanismus wird nachfolgend am Beispiel Brandenburgs dargelegt. Hier können unter der Voraussetzung, dass ein besonderes arbeitsmarktpolitisches Interesse besteht, die BA und das Ministerium für Arbeit, Soziales, Gesundheit und Frauen (MASGF) zu jeweils gleichen Teilen die verstärkte Förderung gemäß § 266 SGB III zur Verfügung stellen. Sie sind eine ergänzende Förderung in Form von Zuschüssen, die in Abhängigkeit von der durch die BA bewilligte Leistung gewährt wird. Darüber hinaus können Mehraufwendungen bei der ABM-Vergabe durch weitere Zuschüsse im Rahmen des § 266 SGB III durch die BA ausgeglichen werden. Die zwei Formen der zusätzlichen Leistungen der BA dürfen 30% der Gesamtkosten der Maßnahme nicht überschreiten.

Die Inanspruchnahme der verstärkten Förderung muss grundsätzlich durch die Eigenleistung des Trägers von mindestens 10% der Gesamtkosten der Maßnahme ergänzt werden; handelt es sich um Sanierungsmaßnahmen, geht man von einem erhöhten Eigeninteresse des Trägers aus, das es rechtfertigt, 20% Eigenleistung (70) zu erbringen. Die Förderdauer und -höhe werden anhand des Maßnahmezwecks festgelegt. Grundsätzlich sollte ein Zeitraum zwischen sechs und zwölf Monaten vorgesehen werden.

Im Rahmen des Landesprogramms „Qualifizierung und Arbeit" besteht durch das MASGF die Möglichkeit, die BA-Förderung durch die ABM-Grundförderung aufzustocken; mit diesem Programm können nicht nur Personalkosten für die Teilnehmer, sondern auch Sach- und Personalkosten erstattet werden, die durch erhöhten Verwaltungsaufwand entstehen; damit soll die fachliche Anleitung, bzw. die Qualifizierungsbemühung für die Teilnehmer abgegolten werden.

3.2.3.3 Verringerung des Planungsrisikos

Im Vorfeld der Genehmigung der ABM-Vergabe entstehen erhebliche Planungskosten. Diese können durch eine Aussage des Arbeitsamtes hinsichtlich der grundsätzlichen Förderungswürdigkeit verringert werden. Von der Kommune (Träger) ist die Art der Maßnahme, deren Dauer, die Zahl der voraussichtlich betroffenen Arbeitslosen und die ungefähre Höhe der mit der Maßnahme anfallenden Kosten darzulegen (71). Die Förderungsaussage lässt sich jedoch nicht dazu ein, dass möglicherweise die Voraussetzungen einer Maßnahmedurchführung in Eigenregie gegeben sind. Der Aussage des Arbeitsamtes muss der Antrag spätestens nach drei Monaten folgen.

3.3 Schutzrechte und Fördermöglichkeiten für Schwerbehinderte

Unternehmen sind bei der Mitarbeiterauswahl und -beschäftigung zur Beachtung von Schutzrechten verpflichtet. Eines dieser Schutzrechte ist das Schwerbehindertengesetz (72). Es normiert die Pflicht zur Beschäftigung von Schwerbehinderten, wenn mindestens sechszehn Arbeitnehmer im Betrieb tätig sind. Wenn die vorgeschriebene Zahl Schwerbehinderter (6% der Belegschaft) nicht beschäftigt wird, wird für jeden unbesetzten Pflichtplatz eine Ausgleichsabgabe von DM 200,- monatlich fällig (73). Unabhängig von moralischen Überlegungen wird sich ein Arbeitgeber auch aus betriebswirtschaftlichen Erwägungen zu der Beschäftigung Schwerbehinderter entschließen; neben der Bundesanstalt für Arbeit werden auch durch die Hauptfürsorgestelle begleitende Hilfen im Berufsleben gegeben. Bei der Schaffung neuer Arbeits- und Ausbildungsplätze für Schwerbehinderte werden die behindertengerechte Einrichtung von Arbeitsplätzen und Zuschüsse bei außergewöhnlichen Belastungen gewährt. Ist der ausgewählte Schwerbehinderte gleichzeitig ein anerkannter Rehabilitand, können zusätzlich Leistungen nach dem SGB III gewährt werden.

Der komplexe Förderrahmen erschließt sich dem Arbeitgeber auch hier durch Inanspruchnahme der Beratung durch die Bundesanstalt zur Auswahl und Förderung der Schwerbehindertenbeschäftigung. Hierfür steht eine besondere organisatorische Einheit in den Arbeitsämtern zur Verfügung, die die Schwerbehinderten- und ReHa-Berufsberatung und Vermittlung besorgen.

Gleichzeitig werden hier die Anträge auf Leistungen für die Förderung der Einstellung Schwerbehinderter gestellt. Zusätzlich zu den in Tabelle 1 aufgeführten Leistungsarten werden Hilfen für die Eingliederung Behinderter gewährt, deren Rechtsgrundlagen im Schwerbehindertengesetz (SchwbG), in der Schwerbehinderten-Ausgleichsabgabenverordnung (SchwbAV) und den Richtlinien des Bundesministers für Arbeit und Sozialordnung – „Aktion Beschäftigungshilfen für Langzeitarbeitslose 1999 – 2001" (BHI) verankert sind. Als Zielgruppen werden unter dem Oberbegriff „Behinderte" erfasst:

- *Rehabilitanden*, Behinderte, deren Aussichten, beruflich eingegliedert zu werden oder zu bleiben, wegen Art und Schwere ihrer Behinderung nicht nur vorübergehend wesentlich gemindert sind und deshalb Hilfen der beruflichen Eingliederung bedürfen (74).

- *Behinderte* sind Personen, die auf Dauer (über sechs Monate) körperlich, seelisch oder geistig beeinträchtigt sind.

- *Schwerbehinderte*, sind Personen mit einem Grad der Behinderung von mindestens 50% (75).

- Den *Schwerbehinderten Gleichgestellte,* sind Personen mit einem Grad der Behinderung von mindestens 30% und weniger als 50% (76). Sie werden nach den meisten Vorschriften des Schwerbehindertengesetzes den Schwerbehinderten gleichgestellt, z.B. beim Kündigungsschutz und bei der Anrechnung auf die Pflichtplätze.

- *Mehrfachanrechnung*: Anrechnung eines Schwerbehinderten ist auf maximal drei Pflichtplätze möglich, wenn seine Eingliederung in das Arbeits- und Berufsleben besonders schwer ist. Die Anrechnung eines schwerbehinderten Azubis kann bis auf zwei Pflichtplätze erfolgen. Das Arbeitsamt kann die Anrechnung auf bis zu drei Pflichtplätze zulassen, wenn die Vermittlung in eine Ausbildungsstelle wegen Art und Schwere der Behinderung besonders schwer ist.

Leistungsart	Förderumfang	Voraussetzungen
Leistungen zur Förderung der Einstellung und Beschäftigung Schwerbehinderter gemäß § 33 Abs. 2 SchwbG i.V.m. §§ 1-13 SchwbAV Arbeitsentgeltzuschuss und Zuschuss bei befristeten Probearbeitsverhältnissen	Bis zu 80% des zum Zeitpunkt der Einstellung maßgeblichen tariflichen oder ortsüblichen Arbeitsentgelts, degressiv je 10% im zweiten und dritten Jahr bis zu drei Jahren. Bei befristeten Probearbeitsverhältnissen längstens sechs Monate. Bis zu fünf Jahren, wenn der Behinderte 55 Jahre und älter ist. Im Anschluss an den Förderzeitraum besteht eine Weiterbeschäftigungspflicht von mindestens einem Jahr	Förderung der Einstellung von Arbeitslosen oder von Arbeitslosigkeit unmittelbar bedrohten, beim Arbeitsamt gemeldeten Schwerbehinderten, die z.B. - nach Art und Schwere der Behinderung besonders betroffen sind - das 50. Lebensjahr vollendet haben - unmittelbar vor der Einstellung länger als zwölf Monate arbeitslos gemeldet waren - wegen Art und Schwere der Behinderung nur kürzer als betriebsüblich, insbesondere weniger als achtzehn Stunden wöchentlich arbeiten können - vorher in einer Werkstatt für Behinderte beschäftigt waren (in diesem Fall ohne Rücksicht auf Arbeitslosigkeit) - wegen Art und Schwere der Behinderung keine Ausbildung oder sonstige berufliche Bildung erreichen können (in diesem Fall ohne Rücksicht auf Arbeitslosigkeit) - im Anschluss an ein befristetes Probearbeitsverhältnis – der Schwerbehinderte muss unmittelbar vorher länger als zwölf Monate arbeitslos gemeldet gewesen sein – in ein Dauerarbeitsverhältnis übernommen werden
Zuschuss zur Ausbildungsvergütung oder zu Vergütungen bei sonstiger beruflicher Bildung gemäß § 33 Abs.2. SchwbG i.V.m. §§ 1-13 SchwbAV	Zuschuss bis zu 80% der Ausbildungsvergütung, in Ausnahmefällen bis zu 100% Keine Degression für die Dauer der Ausbildung oder sonstiger beruflicher Bildung	Betriebliche Ausbildung oder sonstige berufliche Bildung von beim Arbeitsamt gemeldeten Schwerbehinderten

Tabelle 5: Leistungsarten, -umfang und -voraussetzungen bei Schwerbehinderten Teil I (Quelle: Arbeitshilfe des Arbeitsamtes Neuruppin)

Leistungsart	Förderumfang	Voraussetzungen
Arbeitsentgeltzuschuss bei befristeten Arbeitsverhältnissen gemäß Richtlinien des Bundesministeriums für Arbeit und Sozialordnung 1998-2001 i.V.m. §§ 1-13 SchwbAV	Zuschuss bis zu 70% und bis zu 36 Monaten, jedoch nur für die Hälfte der Dauer des befristeten Arbeitsverhältnisses; Leistungen gemäß § 33 Abs. 2 SchwbG werden nur unter Anrechnung vergleichbarer Leistungen der Bundesanstalt für Arbeit und anderer Rehabilitationsträger gewährt	Arbeitgeber müssen beim Arbeitsamt arbeitslos gemeldete oder von Arbeitslosigkeit bedrohte Schwerbehinderte in ein befristetes Arbeitsverhältnis von mindestens sechs Monaten Dauer einstellen
Beschäftigungshilfen für Langzeitarbeitslose gemäß Richtlinien des Bundesministeriums für Arbeit und Sozialordnung 1998-2001	Zuschuss für längstens zwölf Mon. - bei Beschäftigung eines Arbeitnehmers, der drei Jahre oder länger arbeitslos war, in den ersten sechs Monaten bis zu 80% und in den zweiten sechs Monaten bis zu 60% - bei Beschäftigung eines Arbeitnehmers, der zwei Jahre bis unter drei Jahre arbeitslos war, in den ersten sechs Monaten bis zu 70% und in den zweiten sechs Monaten bis zu 50% - bei Beschäftigung eines Arbeitnehmers, der ein Jahr bis unter zwei Jahre arbeitslos war, in den ersten sechs Monaten bis zu 60% und in den zweiten sechs Monaten bis zu 40% des tariflichen ortsüblichen Arbeitsentgelts zu Beginn des Arbeitsverhältnisses bis zur Höhe von 75% der Bemessungsgrenze für die Beiträge zur Bundesanstalt für Arbeit	Begründung eines unbefristeten sozialversicherungspflichtigen Arbeitsverhältnisses mit mindestens 15 Stunden wöchentlich mit einem ein Jahr und länger beim Arbeitsamt gemeldeten Arbeitnehmer (Langzeitarbeitslose) Die Beschäftigungshilfe muss für die berufliche Eingliederung des Langzeitarbeitslosen erforderlich sein Gefördert werden Beschäftigungsverhältnisse, die bis zum 31.12.2001 begonnen werden
Förderung von Arbeitsbeschaffungsmaßnahmen (ABM)	- In der Regel 30-75% des berücksichtigungsfähigen Arbeitsentgelts als Zuschuss. Unter bestimmten Voraussetzungen ist auch ein höherer Zuschuss möglich - Das Arbeitsentgelt ist berücksichtigungsfähig, soweit es 80% des bis	Die Beschäftigung von zugewiesenen Arbeitnehmern in ABM kann gefördert werden, wenn: - in den Maßnahmen zusätzliche und im öffentlichen Interesse liegende Arbeiten durchgeführt werden und - die Träger oder durchführenden

Leistungsart	Förderumfang	Voraussetzungen
Lohnkosten-zuschüsse/Darlehen gemäß §§ 260 ff SGB III	zu einer Obergrenze (150% der Bezugsgröße nach § 18 SGB IV) maßgeblichen Arbeitsentgelts für eine gleiche oder vergleichbare ungeförderte Tätigkeit, höchstens jedoch 80% des tariflichen Arbeitsentgelts nicht übersteigt - bei Einstiegstarifen für Langzeitarbeitslose oder besonders niedrigen Arbeitsentgelten gelten abweichende Regelungen - eine verstärkte Förderung mit zusätzlichen Zuschüssen und Darlehen ist in bestimmten Fällen möglich	Unternehmen Arbeitsverhältnisse mit vom Arbeitsamt zugewiesenen Arbeitnehmern begründen, die durch die Arbeit beruflich stabilisiert oder qualifiziert und deren Eingliederungsaussichten dadurch verbessert werden können - Träger sind natürliche und juristische Personen, die Maßnahmen der Arbeitsförderung selbst durchführen oder durch Dritte durchführen lassen - Maßnahmen im gewerblichen Bereich müssen an ein Wirtschaftsunternehmen vergeben werden; in Ausnahmefällen können solche Maßnahmen auch in eigener Regie des Trägers durchgeführt werden
Schaffung neuer Arbeits- und Ausbildungsplätze für Schwerbehinderte gemäß § 15 SchwbAV	Zuschuss und/oder Darlehen zu den Investitionskosten; angemessene Beteiligung des Arbeitgebers an den Gesamtkosten, einschließlich der Ausbildung im Gebrauch der (technischen) Arbeitsmittel	- Einstellung von Schwerbehinderten ohne gesetzliche Verpflichtung oder über die Pflichtquote hinaus - Einstellung eines besonders betroffenen Schwerbehinderten (§ 6 SchwbG) - Einstellung eines Schwerbehinderten nach einer Arbeitslosigkeit von mehr als zwölf Monaten - Zur Verbesserung der Arbeitsbedingungen oder zur Abwendung einer drohenden Kündigung d. Behinderten
Behindertengerechte Einrichtung von Arbeits- und Ausbildungsplätzen gemäß § 26 SchwbAV	Zuschuss und/oder Darlehen bis zur Höhe der notwendigen Kosten unter Berücksichtigung der Umstände des Einzelfalles einschließlich Ersatzbeschaffungen, Beschaffungen zur Anpassung an die technische Weiterentwicklung, deren Wartung und Instandsetzung; Ausbildung des Schwerbehinderten im Gebrauch der geförderten Gegenstände	- Behindertengerechte Einrichtung und Unterhaltung der Arbeitsstätten - Einrichtung von Teilzeitarbeitsplätzen für Schwerbehinderte - Ausstattung von Arbeits- oder Ausbildungsplätzen mit notwendigen technischen Arbeitshilfen - sonstige Maßnahmen zur dauerhaften behindertengerechten Beschäftigung Schwerbehinderter

Leistungsart	Förderumfang	Voraussetzungen
Leistungen bei außergewöhnlichen Belastungen gemäß § 27 SchwbAV	Zuschuss, dessen Höhe und Dauer sich nach den Umständen des Einzelfalles richtet (bei der Beschäftigung Schwerbehinderter)	- überdurchschnittlich hohe finanzielle Aufwendungen oder sonstige Belastungen bei der Beschäftigung besonders betroffener oder in Teilzeit tätiger Schwerbehinderter (§§ 6 Abs. 1 Nr. 1 Buchst. A bis d, 9 Abs. 2 SchwbG), z.B. besondere Aufwendungen bei Einarbeitung und Betreuung für eine besondere Hilfskraft oder zur Abgeltung einer wesentlich verminderten Arbeitsleistung - vorherige Ausschöpfung aller anderen Hilfsmöglichkeiten (z.B. behindertengerechte Gestaltung des Arbeitsplatzes) - Unzumutbarkeit für den Arbeitgeber, die Kosten zu tragen

Tabelle 6: Leistungsarten, -umfang und -voraussetzungen bei Schwerbehinderten Teil II (Quelle: Arbeitshilfe des Arbeitsamtes Neuruppin)

4 Verbesserung der betrieblichen und außerbetrieblichen Infrastruktur durch Kooperation mit der Arbeitsverwaltung (Konsolidierungsbedarf des Unternehmens)

4.1 Freie Förderung

4.1.1 Gesetzestext

Die Freie Förderung ist in wesentlichen Teilen in § 10 SGB III geregelt.

Teil 1: a) Die Arbeitsämter können bis zu zehn Prozent der im Eingliederungstitel enthaltenen Mittel für Ermessensleistungen der aktiven Arbeitsförderung einsetzen, um die Möglichkeiten der gesetzlich geregelten aktiven Arbeitsförderungsleistungen durch freie Leistungen der aktiven Arbeitsförderung zu erweitern. b) Die freien Leistungen müssen den Zielen und Grundsätzen der gesetzlichen Leistungen entsprechen und dürfen nicht gesetzliche Leistungen aufstocken. c) Bei Leistungen an Arbeitgeber ist darauf zu achten, Wettbewerbsverfälschungen zu vermeiden. d) Projektförderungen sind unzulässig.

Teil 2: Das Bundesministerium für Arbeit und Sozialordnung wird ermächtigt, durch Rechtsverordnung das Nähere zu der Freien Förderung, insbesondere zu den Voraussetzungen, den Grenzen und zum Verfahren zu regeln.

§ 10 SGB III normiert die Freie Förderung. Geregelt wird die Befugnis der Arbeitsverwaltung, Leistungen im Ermessen insbesondere der einzelnen Ämter zu kreieren, die für die aktive Arbeitsförderung einzusetzen sind; die bereits vorhandenen Instrumente dürfen *erweitert* werden, müssen aber den „übergeordneten" Zielen und Grundsätzen des Sozialgesetzbuches entsprechen. Die Freie Förderung muss etwas anderes Neues regeln als in den Förderbestimmungen des Sozialgesetzbuches bereits institutionalisiert wurde. Eine bloße Aufstockung der Leistungen ist ausgeschlossen. Gegenüber der Erstfassung des § 10 sind in § 10 Abs. 1, Sätze 3 und 4 zwei neue Gesichtspunkte eingefügt worden:

- die Subventionierung von Arbeitgebern steht ausdrücklich unter dem Verbot der Wettbewerbsverfälschung und

- die Möglichkeit der Projektförderung ist ausdrücklich anerkannt (dieses Ziel wurde ursprünglich mit dem Projekt der Bundesregierung „Neue Wege in der Arbeitsmarktpolitik" verfolgt).

Von der Ermächtigung für den Verordnungsgeber (Bundesministerium für Arbeit und Sozialordnung) durch den Bundestag, im Wege der Rechtsverordnung die Rahmenvorschrift des § 10 Abs. 1 auszufüllen, also die Voraussetzungen festzulegen, die Inhalte, Grenzen und das Verfahren regeln, ist bisher kein Gebrauch gemacht worden. Damit ist der Arbeitsverwaltung die Chance eröffnet, regionale, wirtschaftstypische und sogar betriebsbezogene Lösungen zu entwickeln, um das Arbeitsmarktgeschehen an der konkreten Entwicklung zu fördern. Die durch die BA erzielten Ergebnisse werden in der Folge besonders unter dem Gesichtspunkt des Arbeitgeberinteresses zusammengefasst.

4.1.2 Weisungslage

Als Arbeitsunterlage dient den Arbeitsämtern der Runderlass (Rderl.) vom 04.11.1997, I a 4 – 5509 A. Er ist, angereichert durch die gesetzliche Zulassung der Projektförderung, die Grundlage für die Ziele und Grundsätze, die allgemein zu beachten sind. Im einzelnen sind dies:

a) Die Vermeidung bzw. Beendigung der Arbeitslosigkeit und damit die Reduzierung der an die Arbeitslosen zu zahlenden Lohnersatzleistungen. Nichtleistungsempfänger können nur einbezogen werden, wenn sie in ein sozialversicherungspflichtiges Arbeitsverhältnis geführt werden.

b) Individuelle Förderung aus dem Kreis der Zielgruppen (förderungsbedürftige Personengruppen wie Langzeitarbeitslose, Jugendliche – und hier besonders ausländische

– und Frauen). Schon vor der Zulassung der Projektförderung war es möglich, mehrere Einzelförderungen zusammenhängend auszusprechen, wenn sie der normierten Zielförderung entsprachen.

c) Im Verhältnis zu den klassischen Förderleistungen ist die Freie Förderung nicht als subsidiär zu verstehen; vielmehr findet eine Erweiterung der Regelinstrumente statt. Damit ist dem kreativen Vorgehen mit der Absicht, neue Förderformen und Arten zu entwickeln, Raum gegeben. Dem Arbeitsamt wird unter dem Gesichtspunkt der Evaluation das Auswahlermessen eingeräumt. Für dieses Ermessen gelten die Grundsätze der Erforderlichkeit, der Wirtschaftlichkeit und der Wirksamkeit (Allgemeine Haushaltsgrundsätze).

- Erforderlich sind die Maßnahmen, die eine dauerhafte Eingliederung des Leistungsempfängers in ein ungefördertes Arbeitsverhältnis bewirken. Ein Übermaß der Förderung ist zu vermeiden. Die Notwendigkeit und die besondere Eignung der Maßnahme sind zu fördern.
- Wirtschaftlichkeit bedeutet, das Ziel mit einem möglichst geringen Kostenaufwand zu erreichen.
- Diese Position steht in Wechselbeziehung zu der Wirksamkeit, die die Eignung der Konzeption beinhaltet (Erfolgsaussichten und erwarteter Eingliederungserfolg).

d) Das bereits normierte Leistungs- und Förderspektrum der aktiven Arbeitsförderung darf durch die Zielsetzung der Freien Förderung nicht unterlaufen werden, das heißt, sowohl die inhaltliche als auch die Erweiterung des gesetzlichen Rahmens ist nicht zulässig (Grundsatz der Gesetzmäßigkeit der Verwaltung).

Der Runderlass vom 04.11.1997 räumt die Verknüpfung der Gestaltungsräume mit dem regionalen Arbeitsmarktgeschehen ein. Die Arbeitsamtsebene (die untere Entscheidungsebene im dreistufigen Verwaltungsaufbau der Bundesanstalt) besitzt mit der Haushaltskompetenz das Recht und die Pflicht, Initiative, Konzeption und Durchführung im Rahmen des § 10 SGB III an den Erfordernissen des Arbeitsamtsbezirkes auszurichten.

Mit dem vorgenannten Ansatz ist die Möglichkeit geschaffen, auch in strukturschwachen Regionen den Arbeitsmarkt zu entwickeln. Hierbei können Arbeitnehmer und Arbeitgeber sowie Träger bei der Entwicklung und Ansiedlung von neuen Unternehmen subventioniert werden. Nachhaltige Erfolge ergeben sich selten sofort. Als Teil einer aktiven Arbeitsmarktpolitik steht zur Überbrückung der Beschäftigungsdefizite die Chance der Freien Förderung zur Verfügung, um Übergangskonzeptionen für die Vorbereitung des regulären Arbeitsmarktes zu entwickeln. Die Arbeitsämter können:

- frühzeitig einen Wiedereingliederungsprozess zur Vermeidung von Langzeitarbeitslosigkeit in Gang setzen;
- Arbeitsmarktpolitik mit regionaler und überregionaler Entwicklungs- und Strukturplanung verknüpfen (Verbindung von Individualförderung als Eingliederungshilfen mit Förderprogrammen der Kommunal-, Landes-, Bundes- und EU-Ebene);

- die Regelinstrumente durch ergänzende Module und Kombination von Instrumenten inhaltlich optimieren. Das Zwischenschalten der Freien Förderung bei mehreren Maßnahmeteilen kann zu einer marktgerechten Vorbereitung des Arbeitnehmers gereichen;
- den Beginn der betrieblichen Erstausbildung durch Förderung der Mobilität unterstützen;
- Hilfen bei unverschuldeter Unterbrechung der Ausbildung durch Konkurs oder Stilllegung des Ausbildungsbetriebes in Richtung einer Verbundausbildung gewähren;
- durch Unterstützung von Existenzgründungen und Begleitung von Ausgründungen durch Leistungen zum Erreichen des ersten Arbeitsmarktes beitragen;
- die soziale Stabilisierung von Jugendlichen und Erwachsenen durch Bereitstellung individueller Hilfen in Zusammenarbeit mit Trägern und Betrieben und die Überwindung von Zugangsschwierigkeiten (Suchtprobleme, finanzielle Hemmnisse) bewirken. Auch die begleitende Betreuung im Arbeitsprozess durch Dritte ist leistbar;
- die Arbeitsaufnahme oder auch Qualifizierung im europäischen Ausland absichern. Dies kann u.a. bei ausländischen Investoren erforderlich sein, um den zukünftigen Ansatz im Inland durch Kenntnis der Betriebsstrukturen, des Maschinenparks etc. des Mutterunternehmens vorzubereiten;
- Jugendliche für den grenzüberschreitenden Arbeitsmarkt vorbereiten. Das Erlernen der Sprache des aufnehmenden Landes stärkt die beruflichen Chancen in der EU.

Für die Durchführung des § 10 SGB III ist den Arbeitsämtern ein großer finanzieller Spielraum eingeräumt (10% des Eingliederungstitels) (77).

4.1.3 Die innovativen Ansätze der Freien Förderung

4.1.3.1 Erwachsenenförderung

Die bundesweiten Förderleitlinien sind durch das Landesarbeitsamt Berlin-Brandenburg auf Landesebene wie folgt ergänzt worden (78):

- Die Freie Förderung kann zur Flexibilisierung der Personalplanung (u.a. Abbau der Überstunden) eingesetzt werden. Arbeitnehmerüberlassung kann als zeitlich begrenzter Personalpuffer aber auch als Daueraufgabe begleitet werden, um Dauerarbeitsplätze im Unternehmen oder der Verleihfirma zu erreichen. Bei der gemeinnützigen Arbeitnehmerüberlassung muss die Intention auf den ersten Arbeitsmarkt ausgerichtet sein.
- Kommunale Projekte, deren Wertschöpfung Arbeitnehmern, Arbeitgebern und der öffentlichen Hand gleichermaßen zugute kommt, bringen mittelbar oder unmittelbar Beschäftigungseffekte.

- Facettenreiches Vorgehen bei der Förderung von Existenzgründungen.
- Integration von Sozialhilfeempfängern. Sie stellen keine homogene Problemgruppe dar und müssen entsprechend ihren Fähigkeiten beschäftigt bzw. qualifiziert werden. Damit ergibt sich mit der anziehenden Konjunktur die Entwicklung eines zusätzlichen Arbeitskräftereservats.

Am Beispiel der Arbeitsämter, also auf der Kreis- und Kommunalebene, wird das Eingehen auf die regionalen Erfordernisse aufgezeigt. Aus den für den Erwachsenenbereich entwickelten Förderansätzen sollen folgende exemplarisch dargestellt werden:

- Förderung der betrieblichen Eingliederung,
- Förderung der beruflichen Ausbildung,
- Existenzgründerhilfen,
- Unterstützende Einzelfallhilfen mit dem Ziel der beruflichen Wiedereingliederung (Förderung von Qualifizierungselementen, Berechtigungen etc.) und
- Förderung der Mobilität.

Für den Arbeitgeber ist es hilfreich, mit Beispielen aus der Praxis der Freien Förderung den Bezug zu seinem Unternehmen herzustellen. In der Folge wird differenziert auf Beispiele eingegangen, die für die Unternehmenspraxis relevant sind:

a) *Das Bewerbungs- und Beratungszentrum (BBZ) des Arbeitsamtes Köln (Hauptamt).*

- Gründerzentrum: Die Arbeitsverwaltung nimmt Dienstleistungen eines privatrechtlichen Partners in Anspruch, der beauftragt wird, schnelle und marktgängige Reaktionen auf die sich ständig verändernde Arbeitskräftenachfrage sicherzustellen.
- Projektberatung im Rahmen von Neugründungen.
- Zielgruppen für den Arbeitsmarkt erschließen, die z.B. für den konjunkturellen Aufschwung an den Arbeitsmarkt herangeführt und, soweit erforderlich, qualifiziert werden.

Das *BBZ* ist durch Auftragsvergabe an das Arbeitsamt Köln gebunden und ist als lernendes, offenes System angelegt. Betriebs-, Unternehmens- und Branchenkontakte können mit der Tiefe begleitet werden, die Reibungsverluste zwischen Angebot und Nachfrage an Arbeitskräften verringert. Durch Seminare wird die Bewerbungssituation des Arbeitnehmers gestärkt (Bewerbermappe, Vorstellungsgespräche, Vorbereitung für die Vorstellung bei einem Assessment-Center, Gesprächsführung, Anreicherung der EDV-Kenntnisse, Internet- und E-mail-Kenntnisse). Für den Arbeitgeber sind die so vorbereiteten Arbeitnehmer effektiv und aussagekräftig einzuordnen.

Zum *Gründerzentrum*: Für die Arbeitsverwaltung ist die begleitende Aufgabe, für Existenzgründer Überbrückungsgeld zu gewähren und gegebenenfalls Zuschüsse für die Mitarbeiter zu bewilligen, nicht erschöpft. Auf weitergehende Dienstleistungen, wie z.B. das Coaching, ist die BA jedoch nicht eingerichtet; hierfür wäre die IHK sicherlich als weiterer Ansprechpartner in die Pflicht zu nehmen. Aber auch hier bleiben Wünsche offen, denen sich das hier zu beschreibende Gründerzentrum verschrieben hat. Ziel ist es, das Gründungsvorhaben unter betriebswirtschaftlichen, marketingspezifischen und persönlichen Aspekten zu beleuchten (79) und die Realisierungschancen zu beurteilen. Existenzgründungen sollen durch beratende und koordinierende Begleitung Hilfestellung erhalten, um ihre Aufgaben im Strukturwandel zu erfüllen. Hierdurch überwindet nicht nur der Existenzgründer seine Arbeitslosigkeit, sondern er wird bei einem Erfolg neue Arbeitsplätze schaffen.

b) Das Arbeitsamt Augsburg verfolgt mit dem Angebot für Jugendliche über einen Zuschuss an den Arbeitgeber (Startgeld) das Ziel, für Jugendliche, denen im Ausbildungsvertrag die Übernahme nicht zugesichert wurde, das Arbeitgeberinteresse zu wecken; hierdurch wird die erforderliche Berufspraxis möglich. Es ist für den Arbeitgeber interessant, unter dem Schirm der Lohnsubvention, den praxistauglichen Arbeitnehmer zu entwickeln.

c) Die Existenzgründung für Personen ohne Anspruch auf Überbrückungsgeld wird wie bei der Leistungsgewährung nach §§ 57 ff SGB III finanziell abgesichert. Vom Arbeitsamt Bautzen wird die Erwartung, den neuen Selbständigen auf dem Weg zum Arbeitgeberstatus zu begleiten, als Legitimation der neuen Leistung angesehen.

d) Die Akquise freier Stellen durch unkomplizierte Kontaktpflege über ein vom Arbeitsamt Berlin-Mitte beauftragtes Call-Center kombiniert mit der ständigen Aufgabe, 1 000 Bewerberangebote zu betreuen, ist der Denkansatz zur Erweiterung der traditionellen Vermittlung. Dieser Ansatz kann durch Inanspruchnahme Dritter noch vertieft werden, indem die Qualifizierungswünsche systematisch erfasst und zur Bildungsnachfrage objektiviert werden. Auf diese Weise erhält der Betrieb (zusammen mit den Eigenbemühungen der innerbetrieblichen Qualifizierung) eine größere Chance, die richtig spezialisierten Mitarbeiter zur Verfügung zu haben.

e) *Förderung von Betriebsnachfolgern*: Die Zahl der Klein- und Mittelbetriebe, insbesondere des Handwerks, ist durch den Generationenwechsel rückläufig. Da gerade in diesem Teil der Wirtschaft eine hohe Arbeitsplatzrelevanz gegeben ist, hat das Arbeitsamt Heilbronn die Dienstleistung „Beratung und Coaching" und die Gewährung von Leistungen, die die Übernahme der Kosten für Weiterbildungsseminare und der Förderung von Betriebsnachfolgern ermöglichen, thematisiert. Angesprochen wird der Interessentenkreis, der keinen Anspruch auf Leistungen durch den Europäischen Sozialfonds (ESF) hat.

Die Umsetzung der Betriebsnachfolge kann nicht isoliert vom Arbeitsamt geleistet werden, so dass die am Wirtschaftsleben beteiligten Personen (Arbeitgeberverbände, Kammern und Fachverbände) in die Zusammenarbeit einbezogen werden müssen.

f) Entwicklung von *Nebenjobs zu einer sozialversicherungspflichtigen Tätigkeit*: Das Arbeitsamt Bad Hersfeld hat die Umwandlung von Arbeitsverhältnissen, die bisher lediglich als Nebenverdienst von Arbeitslosen angelegt waren, in sozialversicherungspflichtige Beschäftigungsverhältnisse betrieben. In diesem Modell erhalten Arbeitgeber, die einen Leistungsbezieher einstellen, der nicht bereits die Voraussetzungen von EGZ (80) und BHI (81) erfüllt und Nebenverdienst zur Lohnersatzleistung bezieht, eine Prämie von DM 5 000,- (Einmalzahlung), wenn die Tätigkeit zu einem sozialversicherungspflichtigen Beschäftigungsverhältnis erweitert wird.

g) *Existenzgründerhilfe*: Mit einer Existenzgründungshilfe unterstützt das Arbeitsamt Jena die Zielgruppe der Hochschul- und Fachschulabsolventen. Ihnen wird zur Lebensunterhaltssicherung ein Betrag von DM 2 000,- monatlich über einen Zeitraum von 26 Wochen gewährt, wenn eine Unternehmensidee mit wirtschaftlich tragfähigem Konzept vorgelegt wird.

h) Förderung der *Arbeitsaufnahme im europäischen Ausland*: Die Globalisierung der Wirtschaft berücksichtigt das Arbeitsamt Limburg auch bei der Begleitung des Arbeitsmarktes. Hierbei wird über Darlehen bzw. Zuschüsse zu den Kosten wegen doppelter Haushaltsführung und zu den Anreise- und Umzugskosten die Mobilität gesteigert. Länder der EU mit Vollbeschäftigung (Holland, Irland, Skandinavien, Belgien) sind als aufnehmende Staaten bereits verstärkt in die Vermittlung durch deutsche Arbeitsämter einbezogen.

i) *Sprachförderung*: Die Wirtschaftssprache Englisch ist bei Geschäftskontakten im Ausland und im Geschäftsverkehr eine der wichtigen Voraussetzungen, die ein Arbeitnehmer aufweisen muss, um das Arbeitgeberinteresse zu wecken. Das Angebot des Sprachkurses „Business English" für arbeitslos gemeldete Kaufleute, Techniker und Akademiker überwindet das Vermittlungshemmnis des Sprachdefizits. Je Teilnehmer wurden DM 1.200,- aufgewendet. Ähnlich ist das Arbeitsamt Wedel verfahren, indem es Arbeitslose mit einem Crash-Kurs in Holländisch auf die Arbeitsaufnahme in den Niederlanden vorbereitete. Es wurden die Lehrgangskosten bei gleichzeitiger Zahlung der Lohnersatzleistungen übernommen.

j) *Erlangung von Berechtigungen*: Zuschüsse zur Erlangung von Berechtigungen werden vom Arbeitsamt Zwickau gewährt, wenn mit dem Erwerb der Qualifikation vom Arbeitgeber konkret die Arbeitsaufnahme zugesagt wurde. Berechtigungen sind z.B.:

- Gesundheitszeugnis,
- PKW-Führerschein (z.B. für Frauen in ambulanten Pflegediensten),
- Gabelstaplerschein,
- Gefahrgut-Berechtigung,
- Ergänzungsberechtigungen für LKW/Bus,
- Fahrlehrerberechtigung (auch ergänzende Berechtigungen),
- Personenbeförderungsschein (potenzielle Taxifahrer),
- Ausbildereignungsnachweis und
- Bedienungsberechtigung für spezielle Werkslokomotiven.

k) Zuschüsse für *individuelle Qualifizierungsinstrumente*: Wiederum für den Fall der Einstellungszusage bewilligt das Arbeitsamt Zwickau Zuschüsse für vom Arbeitgeber geforderte Qualifizierungselemente wie z.B.:

- Einzelschweißer-Pässe,
- Lymphdrainagekurs (Physiotherapeut),
- PC-Spezialkurse,
- Sprachkurs Fachenglisch,
- Bauüberwachung nach VOB (82),
- Energieberater,
- Posaunenunterricht (Voraussetzung für eine Anstellung im Orchester),
- Modeschneiderin und
- Sachverständiger/Gutachter zur Grundstücksbewertung.

Der Maßnahmeinhalt muss über die betriebliche Einarbeitung hinausgehen. Bezuschusst werden neben den Maßnahmekosten auch damit im Zusammenhang entstehende Fahrtkosten, sowie Kosten für auswärtige Unterbringung und Verpflegung.

4.1.3.2 Förderung von Ausbildungsverhältnissen

Bei Betrachtung der Alterspyramide ist es für Betriebe ersichtlich, dass mit dem Jahr 2004 die geburtenschwachen Jahrgänge beginnen. Das Nachwuchspotenzial wird also geringer werden. So geht die Berufsberatung des Arbeitsamtes Neuruppin von folgender Prognose aus:

Abgangsjahr	Schulentlassene gesamt
2000	8 603
2001	8 555
2002	8 925
2003	8 760
2004	8 760
2005	8 463
2006	8 113
2007	7 127
2008	6 009
2009	5 292

Tabelle 7: Schulentlassene (Quelle: Prognose der Schulentlassenen bis 2009, Stand 11/99, Arbeitsamt Neuruppin)

Das unternehmerische Handeln sollte bereits jetzt die Ausbildung des Nachwuchses betreiben. Dies kann aber nicht von Betrieben geleistet werden, die unterkapitalisiert sind, die die Betriebsgründung gerade abgeschlossen haben oder die vom Umbruch der Wirtschaft betroffen sind. Damit das Ausbildungspotenzial dennoch genutzt wird, haben Arbeitsämter nach Stützungsmöglichkeiten gesucht und folgende Förderansätze nach § 10 SGB III für den Ausbildungsmarkt entwickelt:

- Unterstützung der Vermittlung in betriebliche Ausbildung,
- Unterstützung der Berufsfindung,
- Unterstützung der Berufsvorbereitung,
- Ausbildungsaufnahme,
- Förderung der Ausbildung,
- Unterstützung der Ausbildung im Verbund,
- Einrichtung außerbetrieblicher Ausbildungsstellen und
- sonstige Förderansätze.

Im Folgenden seien einige praktische Beispiele für die Umsetzung näher betrachtet:

a) *Konkurslehrlinge*: Das Arbeitsamt Brühl hat nur die Subventionierung von Auszubildenden aus Konkursbetrieben als wichtige Aufgabe im Amtsbezirk geregelt; als Fördersumme wurden DM 6 000,- festgelegt.

b) *Verbundausbildung*: Die Verbundausbildung ist ein inzwischen etabliertes Verfahren. Es ist geeignet, zusätzliche Ausbildung zu bewirken. Deshalb hat das Arbeitsamt Flensburg für jeden beteiligten Betrieb Sachkosten i.H.v. DM 2 000,- bezuschusst.

c) *Eingliederung von Ausbildungsabbrechern*: Betriebe, die Ausbildungsabbrechern die Fortsetzung der Ausbildung ermöglichen, erhalten durch das Arbeitsamt Kaiserslautern einen monatlichen Zuschuss i.H.v. DM 150,-; er wird längstens für 24 Monate gewährt, so dass die Gesamtsumme DM 3 600,- betragen würde.

Der vorgenannte Fördergedanke wurde auch im Arbeitsamt Nagold übernommen. Der Personenkreis wurde hier um Absolventen des Berufsvorbereitungsjahres und um Jugendliche im Sinne des § 242 SGB III sowie um allgemein schwer zu Vermittelnde erweitert.

d) Im Programm „*Freie Förderung*" des Arbeitsamtes Neuruppin für 1999 sind förderbare Zielgruppen:

- Langzeitarbeitslose,
- Jugendliche bis 25 Jahre,
- Frauen,
- Rehabilitanden und Schwerbehinderte sowie
- Ältere ab 55 Jahren.

Konkret sind die Förderungen der „Freien Förderung" in Neuruppin wie folgt ausgestaltet:

1. Einstellungszuschüsse für Zielgruppenangehörige, die nicht die Fördervoraussetzungen für SAM, BHI, EGZ/EZN erfüllen bei Arbeitslosigkeit oder unmittelbar drohender Arbeitslosigkeit. Förderhöhe: DM 500,- bis DM 2 000,- monatlich, maximal für zwölf Monate bei befristeten oder unbefristeten Arbeitsverhältnissen.

2. Weiterbeschäftigungszuschüsse für die genannten Zielgruppen zur Umwandlung befristeter in unbefristete Arbeitsverträge (das Merkmal der unmittelbar drohenden Arbeitslosigkeit muss vorliegen, andere ungeförderte Vermittlungsmöglichkeiten dürfen nicht bestehen). Förderhöhe DM 5 000,-.

3. Qualifizierungszuschüsse für von Arbeitslosigkeit bedrohte und arbeitslose Bewerber mit Einstellungszusage, wenn diese Qualifikation zur Arbeitsaufnahme notwendig ist. Kostenübernahme durch das Arbeitsamt nach Rechnungslegung Dritter (z.B. Bildungsträger). Der Förderumfang muss individuell geprüft und begründet werden.

4. Erntehelferzuschüsse zur Erweiterung des Bewerberpools für Personen, die die ALHi-Voraussetzungen nicht erfüllen. Förderhöhe DM 25,- pro Tag.

5. Führerscheinzuschüsse, wenn ein konkretes Stellenangebot mit KfZ-Stellung oder eine Einstellungszusage des Arbeitgebers vorliegt. Förderhöhe: individuell unter Würdigung der sozialen Aspekte, Kostenübernahme durch Rechnungslegung (Orientierungsgröße DM 2 000,-).

6. Förderung von Konkurslehrlingen in außerbetrieblichen Maßnahmen.

4.2 Kurzarbeitergeld

4.2.1 Einleitung

Mit dem Kurzarbeitergeld sind dem Arbeitgeber über zwei Wege Chancen eröffnet. Der erste Weg stellt im Wesentlichen die Übernahme der Rechts- und Weisungslage des Arbeitsförderungsgesetzes dar und wird als konjunkturelles Kurzarbeitergeld (KUG) bezeichnet (83). Der zweite Weg bezieht sich auf die bis zum 31.12.2002 geltende Sonderform des KUG, das Strukturkurzarbeitergeld (84). Der Unternehmer kann mit dem KUG vorübergehend auftretende wirtschaftliche Schwierigkeiten überwinden und ist darüber hinaus mit dem strukturellen Kurzarbeitergeld in der Lage, strukturellen Verwerfungen zu beggnen, indem er Betriebe oder Betriebsteile ausgliedert oder sogar eine Betriebsschließung vorbereitet. Speziell in den neuen Bundesländern wird so die Überwindung zeitlich begrenzter, struktureller Schwierigkeiten erleichtert.

4.2.2 Konjunkturelles Kurzarbeitergeld

Das herkömmliche KUG (konjunkturelles KUG) beinhaltet drei wesentliche Ziele:

1. Der Arbeitgeber soll bei vorübergehender Auftragsschwäche (korrespondierend mit vorübergehendem Arbeitsausfall) von seiner vertraglichen Hauptpflicht, den Arbeitnehmer zu beschäftigen, entbunden sein. Das Kurzarbeitergeld ist die Lohnersatzleistung, die den Arbeitnehmer finanziell schützt und zugleich den Arbeitgeber im Wesentlichen von der Lohnleistung befreit (bis auf die Sozialversicherungsbeiträge und Restlohnzahlungen).
2. Durch die Anpassung der Arbeitszeit an die Auftragslage wird der Betrieb wirtschaftlich in die Lage versetzt, Arbeitsplätze zu erhalten.
3. Für den Arbeitgeber ist auch der qualitative Aspekt wichtig. Er vermeidet durch die KUG-Regelung die Entlassung eingearbeiteter Kräfte.

Tatbestandsvoraussetzungen für das konjunkturelle KUG sind:

a) die Erheblichkeit des Arbeitsausfalls mit Entgeltausfall (85),

b) die Erfüllung der betrieblichen Voraussetzungen durch den Arbeitgeber (86),

c) die Erfüllung der persönlichen Voraussetzung durch den Arbeitnehmer (87) und

d) Anzeige des Arbeitsausfalls beim Arbeitsamtes des Betriebssitzes (88).

Zu a) Die Erheblichkeit des Arbeitsausfalles ist bei wirtschaftlichen Gründen gegeben (§ 170 Abs. 1 Nr. 1 und Abs. 2 SGB III), nicht jedoch dann, wenn sie zum Betriebsrisiko des Unternehmers gehört (§ 170 Abs. 4 Satz 2 SGB III). Ein Eingriff in den Wettbewerb ist zu vermeiden, daher können Managementfehler kein Grund für die Gewährung von Kurzarbeitergeld sein (89). Gedacht ist bei den wirtschaftlichen Ursachen an „allgemein mit der Wirtschaftslage zusammenhängende Ausfälle" (90). Positive (KUG-immanente) Beispiele sind konjunkturelle Veränderungen und Strukturwandel als äußere Ursachen. Betriebliche Strukturveränderungen müssen, damit sie unschädlich sind, auf diese allgemeinwirtschaftliche Entwicklung zurückzuführen sein.

Der Arbeitsausfall im Sinne der KUG-Regelung setzt voraus, dass der Arbeitnehmer seine arbeitsvertraglichen Pflichten erfüllen will, der Arbeitgeber jedoch seine Pflicht zur Annahme der Arbeitskraft nicht erfüllen kann. Fehlt die Bereitschaft des Arbeitnehmers, arbeiten zu wollen, ist folglich die KUG-Zahlung ausgeschlossen.

Auch ein unabwendbares Ereignis (91) führt zur Erheblichkeit des Arbeitsausfalles. Angesprochen ist, dass trotz zumutbarer Risikovorsorge und der Beachtung von Schadensverhütungspflichten das Ereignis eingetreten ist. Arbeitgeber und Arbeitnehmer haben nur das individuell betriebliche Risiko zu vertreten, die Solidargemeinschaft das nicht vorhersehbare außergewöhnliche Risiko (92).

Beispiele für das unabwendbare Ereignis werden in § 170 Abs. 3 SGB III aufgezählt. Zunächst wird die Kausalität zwischen Arbeitsausfall und einem ungewöhnlichen Witterungsverlauf normiert. Dieser unbestimmte Rechtsbegriff hat die Abweichung von Prognosen zu bewerten. Ein Jahrhunderthochwasser, das den Deichschutz überfordert, ist sicherlich tatbestandsmäßig. Eine betriebliche Vorsorge ist nicht zumutbar – die Versichertengemeinschaft ist in der Pflicht. Nicht abwendbar ist auch ein auf behördliches Eingreifen zurückzuführender Arbeitsausfall, auf den der Arbeitgeber keinen Einfluss hat. Zum Beispiel sind angeordnete Straßenbauarbeiten, die den Kundenverkehr beeinträchtigen, als nicht abwendbare Ursachen für die Kurzarbeit zu werten.

Gemäß § 170 Abs. 1 Nr. 2 SGB III muss der Arbeitsausfall vorübergehend sein. Die Prognose lautet: Vollarbeit kann demnächst nicht geleistet werden (BSG SozR. 4100 § 63 AFG). Sinn der Lohnersatzleistung ist es, letztendlich die Arbeitsplätze zu erhalten. Diese Erwartungshaltung muss, z.B. durch die zukünftige Auftragslage betriebsbezogen, begründet und nachvollziehbar sein. Bei der Prüfung durch das Arbeitsamt muss auch beachtet werden, dass die Gefahr einer Betriebsschließung drohen kann. In diesem Fall wären die Lohnsubventionen unzulässig; eine Betriebsunterbrechung ist dagegen unschädlich. Das Tatbestandsmerkmal „vorübergehender Arbeitsausfall" besagt, dass nur die Mitarbeiter des Betriebes, die eine reale Chance auf Rückkehr in die Vollzeitarbeit haben, Kurzarbeitergeld beanspruchen können. Die unternehmerische Entscheidung muss daher berücksichtigen, dass für den Fall, dass die Arbeit dauerhaft wegfällt, die Trennung von einem Teil der Belegschaft oder die solidarische Verteilung der Arbeitszeit zwingend ist. In diesen Fällen sollten die Arbeitsmarktpartner auch überlegen, ob das Strukturkurzarbeitergeld sozialverträglicher ist.

Betriebe in finanziellen Schwierigkeiten, insbesondere an der Schwelle zum Insolvenzverfahren können nur im Ausnahmefall Kurzarbeitergeld erwarten, nämlich dann, wenn explizit die Überwindung der Probleme erkennbar wird.

Die Legaldefinition der Unvermeidbarkeit eines Arbeitsausfalles (93) besagt, dass Arbeitsausfall nicht vermeidbar ist, wenn im Betrieb alle zumutbaren Vorkehrungen getroffen wurden, um seinen Eintritt zu verhindern. Es handelt sich wiederum um einen unbestimmten Rechtsbegriff, der im Kontext der Risikobewertung und einer zumutbaren wirtschaftlichen Belastung zur Abwendung des Arbeitsausfalles der Arbeitgeberseite zu sehen ist. Die Grundsicherung des Betriebes (Einbruch, Feuerschutz etc.) ist ein Beispiel für die Anstrengung des Arbeitgebers, Arbeitsausfall zu vermeiden.

Innerbetriebliche Abläufe sind beeinflussbar, grundsätzliche unternehmerische Entscheidungen dagegen sind es nicht (Beispiel: Die Auswahl des Warensortiments kann den Markt verfehlen; in diesem Risikobereich ist der Arbeitsausfall unvermeidbar). Korrespondierend mit der Vermeidbarkeit des Arbeitsausfalles sind unter dem Gesichtspunkt der Schadensminderung vom Arbeitgeber auch personalwirtschaftliche Maßnahmen zu verlangen. Arbeitsausfall, verbunden mit der Lohnersatzleistung, darf nur im unumgänglichen Umfang der Solidargemeinschaft zugemutet werden (Mitarbeiter sind gegebenenfalls auch umzusetzen).

Für die Arbeitsämter besteht ein Prüfungsgebot, das durch engen Kontakt mit dem Betrieb und dem Betriebsgeschehen die „Sichtweite des verständigen Arbeitgebers" (94) zugrunde zu legen hat. Die Entscheidung des Arbeitsamtes darf nicht wettbewerbsverzerrende Wirkung haben. Kann der Arbeitsausfall während des KUG-Bezuges vermieden werden, ist die Leistung einzustellen.

Die in § 170 Abs. 4 Satz 2 Ziff. 1-3 SGB III aufgeführten Beispiele zur Vermeidbarkeit des Arbeitsausfalls sind nicht abschließend; sie beschreiben lediglich die üblich auftretenden vermeidbaren Arbeitsausfälle. Weitere Beispiele sind in der Anlage aufgeführt. Es handelt sich hier um branchenübliche bzw. betriebsorganisatorische Gründe. Liegen unterschiedliche Ursachen für den Arbeitsausfall vor, ist die wesentliche Bedingung zu ermitteln und zur Grundlage für die Entscheidung zu machen (95).

Das Bemühen des Arbeitgebers, Arbeitsausfall zu vermeiden, findet seine Grenze u.a. an den Schutzgesetzen für die Arbeitnehmer. In diesen Fällen kann dann vom Arbeitgeber z.B. die Auflösung eines Arbeitszeitguthabens nicht verlangt werden (96). Weiter ist es unzulässig, der durch Ansparung von Arbeitszeitguthaben vorbereiteten Freistellung aus Altersgründen (97) in den Arbeitsausfallausgleich mit einzubeziehen. Das gleiche gilt für die Winterausfallgeld-Vorleistung und den Zeitguthabenbestandsschutz (98).

Die geforderte Erheblichkeit des Arbeitsausfalles (Mindestarbeitsausfall gemäß § 170 Abs. 1 Nr. 4 SGB III) ist gegeben, wenn ein Drittel der Betriebsangehörigen betroffen ist. Zugrunde zu legen sind die im jeweiligen Kalendermonat im Anspruchszeitraum beschäftigten Arbeitnehmer – ohne die Auszubildenden – bezogen auf den Gesamtbetrieb oder die Betriebsabteilung. Die Auszubildenden werden bei der Quote nicht berücksichtigt, um es dem Arbeitgeber leichter zu ermöglichen, die Voraussetzungen für Kurzarbeit zu erfüllen; er hat sich der sozialverträglichen Ausbildungsaufgabe gestellt. Ansonsten sind auch geringfügig Beschäftigte als Arbeitnehmer mit zu zählen, wenn sie im Stellenplan aufgeführt sind. Der Ausschluss der Arbeitnehmer vom KUG bei Krankheit und Urlaub ist bei der Bezugsgröße der betrieblichen Arbeitnehmer zu berücksichtigen (Ausnahme: der langfristig geplante Urlaub) (99). Kündigende oder gekündigte Arbeitnehmer sind zu berücksichtigen, soweit das Arbeitsverhältnis besteht.

Die Erheblichkeit des Arbeitsausfalles setzt weiterhin voraus, dass bei einem Drittel der Arbeitnehmer mindestens 10% des Bruttoarbeitsentgelts als Entgeltausfall hingenommen werden muss. Der Entgeltausfall von weniger als 10% der Gesamtbelegschaft würde nicht weiterhelfen.

Zu b) Die Entlastung des Arbeitgebers durch KUG erfordert das Vorliegen der betrieblichen Voraussetzungen (100). Der Betriebsbegriff, der die technisch-organisatorische Einheit postuliert (101), erfüllt gegenüber dem Unternehmensbegriff als rechtlich-wirtschaftliche Einheit geringere Anforderungen. Bei dem Betrieb ist lediglich eine einheitliche Organisation mit einer personenverantwortlichen Leitung die Voraussetzung. Da in Abgrenzung zum Unternehmen kein erwerbswirtschaftlicher Zweck erforderlich ist, können auch Dienstleister Betriebe bilden. Betriebe innerhalb eines Unternehmens müssen, um als Betrieb anerkannt zu werden, über ein Mindestmaß an Eigenständigkeit verfügen (bloße Hilfsfunktionen wie Lagerhaltung oder Platzdienst reichen nicht aus).

Der Betrieb muss mindestens einen Arbeitnehmer beschäftigen. Es reicht aus, dass dieser ein Auszubildender ist. Gemäß § 171, Satz 2 SGB III ist ein Betrieb im Sinne der Vorschriften über das Kurzarbeitergeld auch eine Betriebsabteilung. Sie ist als unselbständige Organisation in den Betrieb eingegliedert, muss aber von einiger Größe und Bedeutung sowie durch ihre Dauerhaftigkeit klar abgegrenzt sein. Eine eigene personalpolitische Selbständigkeit und eine räumliche Trennung ist nicht erforderlich (102).

Der Arbeitgeber muss sich bei der Anzeige auf Kurzarbeit dahingehend erklären, ob für den Betrieb oder die Betriebsabteilung Kurzarbeit vorgesehen ist. Änderungen müssen zur neuen Anzeige führen. Nur auf diese Weise kann sichergestellt werden, dass Beteiligungsrechte des Betriebsrates gewahrt und die Rechtsfolgen zu Beginn der Gewährung von KUG geschaffen werden.

Zu c) Besonderheiten sind bei einem potenziellen Auslandsbezug von Kurzarbeitergeld zu beachten. Die Entsendung des Arbeitnehmers lässt die Verbindung zwischen dem inländischen Betrieb und dem Arbeitnehmer nach deutschem Arbeitsrecht fortbestehen; lediglich die Örtlichkeit liegt im Ausland. Damit ist es grundsätzlich gerechtfertigt, Kurzarbeitergeld auch im Ausland zu gewähren.

§ 172 SGB III beschreibt weitere persönliche Voraussetzungen des Arbeitnehmers: Der Arbeitgeber kann nur für die Mitarbeiter eine Entlastung bei der Entgeltzahlung durch KUG erwarten, die auch die persönlichen Voraussetzungen zum Bezug der Lohnersatzleistungen erfüllen. Tatbestandsvoraussetzung ist, dass der Arbeitnehmer arbeitsvertraglich durch eine versicherungspflichtige Beschäftigung in dem KUG-Zeitraum gebunden ist. Dies kann sich 1. aus dem bestehenden Arbeitsverhältnis (103) oder 2. durch eine zwingende Arbeitsaufnahme während der Kurzarbeit ergeben (104) (Beispiel: Vor der Kurzarbeit wurde ein Arbeitsvertrag mit festem Arbeitsbeginn vereinbart) oder 3. eine solche durch Beschäftigung nach der Ausbildung (105) (Beispiel: Bereits im Lehrvertrag wurde die Übernahme nach Lehrabschluss vereinbart) ergeben.

Zu 1. Eine Versicherungspflicht besteht nicht für Personen nach Vollendung des 65. Lebensjahres sowie für Schüler und Studenten als geringfügig Beschäftigte. Beim Ausländer ohne gültige Arbeitserlaubnis ist das Arbeitsverhältnis grundsätzlich wirksam (106); das Beschäftigungsverbot führt nicht zwingend zur Nichtigkeit des Vertrages. Es handelt sich um ein faktisches Arbeitsverhältnis, das bis zur Entdeckung des Fehlers fortbesteht. Dieses Arbeitsverhältnis ist bei Kenntnis von dem Mangel durch Kündigung zu beenden. Kündigungsgrund ist das Arbeitsverbot.

Zu 2. Eine solche Arbeitsaufnahme kommt in der Praxis während der Kurzarbeit in Betracht, wenn es sich um eine im Betrieb dringend gebrauchte Fachkraft handelt, die zum Beispiel eine kurzfristig freigewordene Stelle besetzen soll. Die Norm des § 172 Abs. 1 Nr. 2 SGB III regelt ausdrücklich, dass KUG dem nicht zusteht, dessen Arbeitsverhältnis gekündigt oder durch Auflösungsvertrag beendet wurde. Der Zweck des Kurzarbeitergeldes, den Bestand des Arbeitsplatzes zu sichern, ist definitiv nicht mehr zu erreichen. Ist die Beendigung arbeitsrechtlich streitbefangen, ist KUG bis zum Ende des gerichtlichen Verfahrens weiter zu bezahlen, da der Erhalt des Arbeitsplatzes insoweit offen geblieben ist (107).

Die persönlichen Voraussetzungen nach § 172 liegen nicht vor, wenn der Arbeitnehmer vom Kurzarbeitergeldbezug ausgeschlossen ist (108). Ein solcher Ausschlustatbestand ist gegeben, wenn ein weiterer Leistungsbezug vorliegt (z.B. Krankengeld, Unterhaltsgeld, Übergangsgeld).

Der Vollständigkeit halber ist noch auf die Besonderheit hinzuweisen, die sich auf Mitarbeiter von Betrieben des Schaustellergewerbes, der Theater-, Lichtspiel- und Konzertunternehmen bezieht. In diesen Betrieben ist der Arbeitsausfall typischerweise schwankend und stellt das Betriebsrisiko dar. Es kann daher von der Solidargemeinschaft nicht getragen werden. Ein Ausschlusstatbestand vom KUG-Bezug liegt auch vor, wenn die Arbeitnehmer nicht in der vom Arbeitsamt verlangten und gebotenen Weise mitwirken (109). Diese Regelung bewirkt, dass die Versichertengemeinschaft davor bewahrt wird, Kurzarbeit zu zahlen, obwohl sich durch Arbeitsaufnahme in einem anderen Betrieb die Leistung erübrigen würde. Die besondere Sperrzeitregelung beim Kurzarbeitergeld ist der allgemeinen Sperrzeitregelung entsprechend anzuwenden. Allerdings sind an das Tatbestandsmerkmal „Wichtiger Grund bei Ablehnung des Arbeitsangebotes" höhere Anforderungen zu stellen. Der Kurzarbeiter behält seinen Arbeitsplatz und seine Aufgabe im Betrieb. Der Arbeitslose ist in keiner arbeitsrechtlichen Bindung und steht vor einem Neuanfang.

Aus der Sicht des Arbeitgebers ist zu prüfen, ob ein Kündigungsrecht des Arbeitnehmers existent ist, wenn eine Sperrzeit ausgesprochen wird. Der Arbeitnehmer würde bei Kurzarbeit ohne Lohnersatz auskommen müssen. Von einem Wegfall der Geschäftsgrundlage als Kündigungsgrund kann jedoch nicht gesprochen werden, da der Arbeitnehmer bei einem zumutbaren Arbeitsangebot die Sanktionen hingenommen hat; er kann die Folgen seines eigenen Verhaltens damit nicht auf den Arbeitgeber abwälzen.

Zu d) Anzeige des Arbeitsausfalles. Eine wichtige Aufgabe des Arbeitgebers (oder der Betriebsvertretung) ist die Anzeige des Arbeitsausfalls (110). Geht sie vom Arbeitgeber aus, ist die Stellungnahme der Betriebsvertretung beizufügen. Die Anzeige ist die Grundlage für den Beginn des Verfahrens und die Fristen sowie die Voraussetzung für die Antragstellung.

Der Eingang der Anzeige ist für die Festsetzung des Beginns der KUG-Zahlung ausschlaggebend. Das Arbeitsamt bescheidet darauf das Vorliegen des Arbeitsausfalls und der betrieblichen Voraussetzungen. Dem der Anzeige folgenden Antragsverfahren (111) ist das Vorliegen der persönlichen Voraussetzungen vorbehalten (112). Zu beachten ist die dreimonatige Ausschlussfrist von dem Zeitpunkt des Ablaufs des Zeitraumes ab, für den KUG beantragt wird (113).

Die Anzeige muss inhaltliche Mindestanforderungen erfüllen, um als solche erkennbar und wirksam zu sein. So ist zu fordern, dass Absender, Adressat (Arbeitsamt) und der Umfang des Arbeitsausfalls enthalten sind und die KUG-Gewährung angestrebt ist. Weitere Substantiierung kann nach Rücksprache mit dem Arbeitsamt nachgereicht werden. (Beispiel: Festlegung auf den Gesamtbetrieb oder die Betriebsabteilung.)

Die Aussagekraft und der Erklärungsinhalt der Anzeige sind in der, der Kurzarbeit vorausgehenden Phase nicht bis ins Einzelne untersetzbar. Es reicht dem Gesetzgeber daher die Glaubhaftmachung (114) des erheblichen Arbeitsausfalls. Es müssen nicht alle Zweifel ausgeräumt sein, wenn die Wahrscheinlichkeit überwiegt.

Rechtswirkungen der Anzeige (115) Die Anzeige für den Beginn der Kurzarbeit ist wesentlich, da die Wiedereinsetzung in den vorigen Stand ausgeschlossen ist (116); dies folgt der Tatsache, dass es sich um eine materiell-rechtliche Tatbestandsvoraussetzung handelt.

Lediglich unter dem Gesichtspunkt von Treu und Glauben ist eine rechtsmissbräuchliche Verhaltensweise des Arbeitsamtes bei der Festsetzung des Zeitpunktes erheblich. So kann sich das Arbeitsamt nicht auf das Verstreichen der Frist berufen, wenn das Arbeitsamt nicht erreichbar war (Beispiel: Umzug eines Amtes).

Eine Ausnahme von der ausschließenden Wirkung des rechtzeitigen Eingangs kann letztendlich auch ein unabwendbares Ereignis sein (Beispiel: Naturereignis, Großbrand etc.). Mit dem Anerkennungsbescheid (117) wird eine Entscheidung dem Grunde nach getroffen. Die Bestandskraft gibt dem Betrieb Planungs- und Rechtssicherheit. Es können nunmehr über den ordnungsgemäßen Antrag auf KUG die persönlichen Voraussetzungen dargelegt werden. Mit der Schlüssigkeit des Vorbringens ergibt sich die Rechtsfolge, dass Kurzarbeitergeld für die Dauer des Arbeitsausfalls, maximal bis zur Höchstdauer (118), gezahlt wird.

Kurzarbeitergeld wird im Rahmen der Bezugszeiträume gemäß § 177 SGB III gewährt, die beim konjunkturellen KUG grundsätzlich maximal sechs Monate, beim strukturellen KUG in einer betriebsorganisatorischen Einheit längstens zwölf Monate (119) betragen. Der zwölfmonatige Bezugszeitraum ist nur zulässig, wenn Zeiten, die sechs Monate überschreiten, für Maßnahmen der beruflichen Qualifizierung der Arbeitnehmer oder andere geeignete Maßnahmen zur Eingliederung genutzt werden (120). Die Bezugsfrist ist damit erkennbar so bemessen, dass keine längerfristige Überwindung der betrieblichen Schwierigkeiten akzeptiert wird, um die Existenz eines Betriebes zu schützen; sie hat, um Wettbewerbsverzerrung zu verhindern, nur vorübergehenden Charakter (121).

Zu dieser grundsätzlichen Bezugsrechtsregelung haben Gesetz und Verordnungsgeber zusätzliche flexible Gestaltungsmöglichkeiten eingeräumt, die sich zum Beispiel auf erneute Antragstellung nach einem Zeitraum von drei Monaten seit dem letzten Kalendermonat, für den Kurzarbeitergeld geleistet worden ist, beziehen (122). Mit der erneuten Antragstellung müssen auch alle Anspruchsvoraussetzungen wiederum vorliegen das heißt, dass die Betrachtung ex ante zu dem Ergebnis führen muss, dass wiederum ein nur vorübergehender Arbeitsausfall zu erwarten ist (zum Beispiel ein erwarteter Großauftrag). Der sich durch erneute Antragstellung maximal ergebende Bezugszeitraum für konjunkturelles KUG beträgt zur Zeit zwei Jahre innerhalb eines Zeitraumes von drei Jahren (123).

Wird die Bezugsfrist (maximal sechs Monate) nicht ausgeschöpft (die Unterbrechung muss mindestens einen Monat zusammenhängend betragen), kann sie entsprechend verlängert werden (124).

Die vorgenannten gesetzlichen Bezugsfristen sind durch den Verordnungsgeber (125) erweiterbar, und zwar bis zu einer Dauer von zwölf Monaten, wenn in bestimmten Wirtschaftszweigen oder Bezirken außergewöhnliche Verhältnisse auf dem Arbeitsmarkt vorliegen und bis zur Dauer von 24 Monaten, wenn außergewöhnliche Verhältnisse auf dem gesamten Arbeitsmarkt vorliegen.

Der Verordnungsgeber hat aufgrund der aktuellen problematischen Arbeitsmarktsituation für das konjunkturelle KUG 15 Monate und das strukturelle KUG 24 Monate Bezugsfrist (126) festgelegt. Der einmalige KUG-Bezug innerhalb des Zweijahreszeitraumes ist problemlos; anders verhält es sich jedoch bei wiederholtem verlängerten KUG-Bezug unter Beachtung der Dreimonatsfrist und gegebenenfalls durch den sich an den KUG-Bezug anschließenden Sozialplan (127). Die Begrenzung der Zweijahresfrist wird hier überschritten.

4.2.3 Strukturelles Kurzarbeitergeld

Mit dem strukturellen Kurzarbeitergeld (128) ist den Veränderungen in der Wirtschaftsstruktur Rechnung getragen worden. Mit dem Vorläufer des strukturellen Kurzarbeitergeldes, dem § 63 Abs. 4 Arbeitsfördergesetz, ist die Intention, grundlegende Veränderungen in ganzen Wirtschaftszweigen durch Gewährung von KUG abzufedern, bereits erprobt. Durch die Einführung des § 175 SGB III ist insbesondere für die Neuen Bundesländer ein Instrument geschaffen worden, mit dem Massenentlassungen entgegengewirkt wird. Abgehoben wird jetzt auf die Strukturveränderungen für einen Betrieb (129). Diese Regelung erleichtert die Entscheidung für die Arbeitsämter, da nicht mehr auf die Kausalität im Rahmen einer volkswirtschaftlichen Betrachtung „der Veränderung in Wirtschaftszweigen" abgehoben wird, sondern die betriebswirtschaftliche Seite zu beurteilen ist.

Tatbestandsvoraussetzungen nach § 175 SGB III sind ebenso wie das konjunkturelle Kurzarbeitergeld Teil des fünften Unterabschnitts Kurzarbeitergeld. Die Voraussetzungen der §§ 170 – 173 SGB III sind daher grundsätzlich anwendbar. Der grundlegende Unterschied zum konjunkturellen Kurzarbeitergeld ist, dass bei dem strukturellen Kurzarbeitergeld der Arbeitsausfall nicht vorübergehend sein muss. Der Betrieb, der alte Märkte verloren hat, und sich, was das Produktionsniveau betrifft, oft in einer Umbruchsituation befindet, ist nicht primär auf die Erhaltung, sondern auf die dauerhafte Umstellung (z.B. Rationalisierung) angelegt. Der Abbau von Arbeitsplätzen ist in der Regel zwingend, die Qualifizierung für neue Aufgabenfelder aber auch das Heranführen an den Vorruhestand sind Ziele, die die Instrumentalisierung des KUG im Sinne des § 175 rechtfertigen.

Das Tatbestandsmerkmal der Strukturveränderung umreißt die Ursache für den Wandel, dem der Betrieb und der Arbeitsmarkt unterliegen. Vom Anpassungsprozeß betroffen sein müssen der Betrieb oder wesentliche Betriebsteile (130). Die Reaktion des Betriebes auf Strukturveränderungen muss die Einschränkung oder sogar die Stillegung der Organisationseinheit mit sich bringen (Beispiel: Einstellung einer nicht marktgängigen Produktionslinie, entscheidende Kapazitätsverringerungen etc.). Zur Vermeidung von Entlassungen können Mitarbeiter, die vom Arbeitsausfall betroffen sind, in einer betriebsorganisatorischen eigenen Einheit zusammen gefasst werden.

Bei dieser Personalanpassungsmaßnahme muss eine erhebliche Anzahl von Arbeitnehmern eines Betriebes (i.S.v. § 17 Abs. 1 KSchG) (131) betroffen sein. Es handelt sich in der betriebsorganisatorisch eigenständigen Einheit (BeE) um Mitarbeiter, deren Arbeitsplätze durch den Strukturwandel und die Änderung der Betriebsabläufe weggefallen sind (132). Der Einsatz erfolgt innerhalb des Betriebes/des Unternehmens in der Verantwortung des bisherigen Arbeitgebers. Begrifflich setzt die BeE die Trennung von der übrigen Belegschaft voraus. Eine Rotation von Mitarbeitern zwischen Betrieb und BeE ist ausgeschlossen, da die Eigenständigkeit der BeE verneint werden müsste.

Mit dem strukturellen KUG sollen neue Arbeitsplätze (in der BeE) geschaffen und besetzt werden. Es entspräche also nicht dem § 175 Abs. 2 SGB III, wenn es sich um neue Arbeitsplätze im alten Betrieb handeln würde. Von dem Arbeitgeber wird erwartet, dass die in der BeE zusammen gefassten Mitarbeiter in einen beruflichen Anpassungsprozeß einbezogen werden; die berufliche Qualifizierung (133) gibt die Chance, bessere Vermittlungsaussichten zu erreichen. Diese Vorgehensweise ist für den Arbeitnehmer wichtig, da das Arbeitsverhältnis in der BeE befristet ist.

Erfolgt die Qualifizierung durch eine Qualifizierungsmaßnahme mit UHG (134)-Bezug, entfällt insoweit der Anspruch auf KUG (135). Die Qualifizierung kann auch durch zeitlich begrenzte Beschäftigung bei einem anderen Arbeitgeber gefördert werden (Beispiel: Es werden neue und marktübliche Produktions- und Managementmethoden etc. vermittelt). Zahlt der letztgenannte Arbeitgeber ein gesondertes Entgelt, ist dieser Betrag voll auf das KUG anzurechnen (136). Gemäß § 177 Abs. 1, Satz 4 SGB III ist bei verlängertem KUG-Bezug (also über sechs Monate hinaus) die Durchführung von Qualifizierungsmaßnahmen zwingend.

§ 175 Abs. 2 SGB III schließt aus, dass Mitarbeiter in der BeE „geparkt" werden, um sie anschließend im selben Betrieb erneut zu beschäftigen. Hier wäre gegebenenfalls dem vorübergehenden Arbeitsausfall mit dem konjunkturellen KUG zu begegnen. Es sind jedoch auch Fallgestaltungen aus einer gegenwärtigen Betrachtung heraus denkbar, die bei einer neuen, nicht vorhersehbaren, Marktentwicklung zu einer (Rück-) Übernahme von Arbeitnehmern führen kann.

Die Gewährung von KUG ist auch für Arbeitnehmer begründet, deren Arbeitsverhältnis zum alten Betrieb gekündigt oder durch Aufhebungsvertrag aufgelöst ist, da auch sie in die BeE übernommen werden können (137). Es spielt also keine Rolle, ob man direkt oder nach einer Kündigung in die BeE übernommen wird, entscheidend ist, dass man aus dem selben Betrieb kommt.

4.3 Überwindung von Liquiditätsproblemen im Zusammenhang mit dem Insolvenzgeld

4.3.1 Einleitung

Unternehmen können in Liquiditätsschwierigkeiten geraten; angesichts der Unterkapitalisierung vieler Betriebe ist die Gefahr des Anschlusskonkurses des eigenen Betriebes hoch. Die unternehmerische Entscheidung (z.B. bei einer soliden Auftragslage) den Betrieb fortzuführen, findet Hilfestellung in den Gegebenheiten des sechsten Unterabschnitts des achten Abschnitts (Entgeltleistungen) des SGB III (138).

Der Arbeitgeber gewinnt Zeit zur Konsolidierung durch Verbesserung der betrieblichen Infrastruktur. Dadurch, dass der Arbeitnehmer anlässlich einer Insolvenzlage die in dem rückliegenden Dreimonats-Zeitraum anfallenden Arbeitsentgeltansprüche aus dem Arbeitsverhältnis bei Nichtzahlung durch den Arbeitgeber bei dem Arbeitsamt geltend machen kann, bedeutet seine Entscheidung, in dem Betrieb weiterzuarbeiten, hinsichtlich der Lohnbestandteile quasi ein Zahlungsmoratorium für den Arbeitgeber.

Die BA ist mit der Durchführung der sich aus dem zehnten Kapitel des achten Abschnitts des sechsten Unterabschnitts des SGB III ergebenden Aufgaben betraut. Die entstehenden Kosten werden umlagefinanziert. Gemäß § 358 SGB III erstatten die Unfallversicherungsträger (Berufsgenossenschaften etc.) der BA die Aufwendungen für das Insolvenzgeld (inkl. Gesamtsozialversicherungsbeiträge, Verwaltungskosten und sonstige Kosten). Die Unfallversicherungsträger wiederum bringen die Mittel für die Erstattung durch eine Umlage der Unternehmen auf (§ 359 SGB III).

Das dargelegte mittelbare Interesse des Arbeitgebers an dem Vorliegen der Voraussetzungen für die Gewährung von Insolvenzgeld rechtfertigt ein Eingehen auf die Anspruchsvoraussetzungen:

1. Anspruch auf Insolvenzgeld hat nur der Arbeitnehmer. Der Arbeitnehmerbegriff (139) im Sinne des Insolvenzgeldes stellt darauf ab, dass eine Erwerbstätigkeit in persönlicher Abhängigkeit zum Arbeitgeber geleistet wird. Arbeitnehmer ist daher nicht nur der Beitragszahler, sondern auch der versicherungsfrei Tätige (140). Arbeitende Studenten und Schüler, geringfügig Beschäftigte etc. entsprechen also ebenfalls dem Arbeitnehmerbegriff.

   Der Begriff „persönliche Abhängigkeit" erfordert eine Eingliederung in den Betrieb bei Vorliegen eines Weisungsrechts des Arbeitgebers, insbesondere in Bezug auf Zeit, Dauer und Ort der Arbeitsleistung (141).

   Zur Abgrenzung zwischen abhängiger Beschäftigung und Selbständigkeit ist auch auf das Gesetz zur Förderung der Selbständigkeit (Vermeidung der Scheinselbständigkeit) vom 20.12.1999 (Bundesgesetzblatt 2000 I, Seite 2) zu verweisen. Die Gesamtumstände des Einzelfalles sind zu berücksichtigen (142). Entscheidungsträger ist auf Antrag die Bundesversicherungsanstalt für Angestellte (BfA).

2. Die Entgeltersatzleistung ist für die dem Insolvenzereignis vorausgehenden drei Monate des Arbeitsverhältnisses zu zahlen, in denen noch Ansprüche auf Arbeitsentgelt bestehen (143).

3. § 183 SGB III normiert drei Insolvenzereignisse. Das erste, die Eröffnung des Insolvenzverfahrens über das Vermögen des Arbeitgebers und das zweite, die Abweisung des Antrages auf Eröffnung des Insolvenzverfahrens mangels Masse, sind über den Eröffnungsbeschluss des Amtsgerichts als Tatsachenfeststellung einfach zu bestimmen (bei der Stellung eines Insolvenzverwalters ist zu beachten, dass Arbeitsentgeltansprüche aus einem mit dem Insolvenzverwalter begründeten Arbeitsverhältnis nicht durch das Insolvenzgesetz geschützt sind).

Zeitaufwendiger ist dagegen die Feststellung der dritten Alternative des Insolvenzereignisses, die vollständige Beendigung der Betriebstätigkeit im Inland, wenn ein Insolvenzantrag nicht gestellt und ein Insolvenzverfahren offensichtlich mangels Masse nicht in Betracht kommt. Das Arbeitsamt hat von Amts wegen zu ermitteln. Die Kooperation des Arbeitgebers erleichtert die Entscheidungsfindung. Die vorgenannten drei Alternativen führen dazu, einen (sogenannten) „Insolvenztag" zu bestimmen. Für die Alternativen 1 und 2 ist es der Tag, der dem Beschlusstag des Amtsgerichts folgt. Das dritte Insolvenzereignis bestimmt den Insolvenztag aufgrund der vollständigen Beendigung der Betriebstätigkeit.

Der maximale Anspruchszeitraum umfasst die letzten, dem Insolvenzereignis vorausgehenden drei Monate. Mit der Festlegung des Insolvenztages ist das Datum festgelegt, vor dem der Zahlungszeitraum spätestens endet. Als Ausnahme regelt § 183 Abs. 2 SGB III, dass ein Arbeitnehmer, der in Unkenntnis eines Insolvenzereignisses weitergearbeitet hat, vor dem Tag der tatsächlichen Kenntnisnahme im Rahmen des dreimonatigen Insolvenzzeitraumes seinen Anspruch geltend machen kann.

Im Rahmen des Insolvenzverfahrens kann ein Arbeitgeberwechsel zum Beispiel mit dem Betriebsübergang gemäß § 613 a BGB stattfinden. Für den Anspruch auf Insolvenzgeld (InsG) ist es unbeachtlich, dass neben dem insolvent gewordenen Arbeitgeber noch ein weiterer Rechtsträger in Anspruch genommen werden kann (144); der Arbeitnehmer hat sich an seinen ursprünglichen Arbeitgeber zu halten. Eine weitere Frage könnte sich aus der Arbeitnehmerüberlassung ergeben. Es ist zu klären, ob auf die Insolvenz des Verleihers oder die des Entleihers abzustellen ist.

Da im Rahmen der erlaubten gewerbsmäßigen Arbeitnehmerüberlassung nur ein Beschäftigungsverhältnis zwischen dem Leiharbeitnehmer und dem Verleiher begründet wird, ist auch für das InsG nur der Arbeitsvertrag mit dem Verleiher relevant (hinsichtlich des Gesamtsozialversicherungsbeitrags haftet jedoch der Entleiher) (145).

4. Der Leistungsumfang des InsG ergibt sich aus § 183 Abs. 1 Satz 2 SGB III und umfasst die offenen Ansprüche auf Arbeitsentgelt, also alle anstehenden Bezüge. Dazu zählen rückständiges Arbeitsentgelt, Jahressondervergütung, Urlaubsgeld, Reisekosten, Spesen und Provisionen. Ausgeschlossen ist dagegen der Anspruch auf Ausgleich der Urlaubsabgeltung.

Für den Insolvenzzeitraum werden darüber hinaus die Sozialversicherungsbeiträge (Kranken-, Pflege- und Rentenversicherungsbeiträge sowie die Arbeitslosenversicherungsbeiträge) an die Einzugsstelle der Krankenkassen abgeführt.

5. Die besondere Vorschussregelung beim InsG: In der kritischen betrieblichen Insolvenzsituation ist mit der Möglichkeit der Vorschussgewährung der Intention der Insolvenzordnung (und damit des Arbeitgebers) Rechnung getragen, die Betriebstätigkeit solange wie vertretbar aufrecht zu erhalten. Mit der Regelung des § 186 SGB III kann dieser Vorschuss bereits gewährt werden, wenn lediglich die Antragstellung auf Eröffnung des Insolvenzverfahrens erfolgt ist. Angesichts der schwierigen Praxis, von dem Arbeitgeber Aufklärung über das rückständige Arbeitsentgelt zu erlangen, ist vom Gesetzgeber nicht der Beweis, sondern die Glaubhaftmachung unter dem Gesichtspunkt der hinreichenden Wahrscheinlichkeit der Anspruchsvoraussetzungen nachzuweisen. Die Höhe des Vorschusses ist nach pflichtgemäßem Ermessen festzustellen.

6. Die Gewährung eines Vorschusses kann auch auf § 42 SGB I – lex generalis – gestützt werden. Allerdings müssen die Anspruchsvoraussetzungen nach § 183 SGB III bereits erfüllt sein. Dies setzt letztendlich den bearbeitungsreifen Antrag voraus. Die allgemeine Vorschussregelung hat daher an Bedeutung verloren.

7. Die Vorfinanzierung des InsG als Instrument zur Hilfestellung für den Arbeitnehmer angesichts der Erfüllung seiner arbeitsvertraglichen Verpflichtungen ist gesondert geregelt (146) (die Arbeitnehmer sollen zur Weiterarbeit in die Lage versetzt werden). Hiernach können Verfügungen (z.B. Abtretung der Forderung an Dritte) über das Arbeitsentgelt in Höhe des InsG getroffen werden, um den Lebensunterhalt der Arbeitnehmer sicherzustellen. Die Arbeitnehmer treten ihre Forderung auf Arbeitsentgelt an einen Dritten (regelmäßig eine Bank) ab und erhalten die Finanzierung entsprechend dem rückständigen Arbeitslohn. Die Übertragung und Verpfändung müssen vor dem Insolvenzereignis erfolgen und bedürfen der Zustimmung des Arbeitsamtes. Zustimmen wird das Arbeitsamt, wenn die Annahme gerechtfertigt ist, dass ein „erheblicher Teil" der Arbeitsplätze erhalten bleibt. Der unbestimmte Rechtsbegriff „erheblicher Teil der Arbeitsplätze" ist in § 112 a Betriebsverfassungsgesetz normiert.

8. Mitwirkungspflichten des Arbeitgebers: Im Zusammenhang mit dem Insolvenzgeschehen entstehen für den Arbeitgeber Pflichten gegenüber dem Arbeitnehmer und dem Arbeitsamt, um die Bewilligung der Lohnersatzleistungen zu ermöglichen. So ist der Beschluss über die Abweisung des Antrages auf Insolvenzeröffnung mangels Masse dem Betriebsrat respektive den Arbeitnehmern unverzüglich mitzuteilen (147).

Die Höhe des Arbeitsentgelts für den Insolvenzzeitraum ist vom Arbeitgeber zu bescheinigen (148); dies gilt auch für die Tatbestandsvoraussetzung gemäß § 183 Abs. 1 Satz 1 Ziffer 1 und 3 SGB III. Legalzession: Ansprüche der Arbeitnehmer gegen den Arbeitgeber auf Arbeitsentgelt gehen mit dem Antrag auf Insolvenzgeld auf die BA über. Der Arbeitgeber ist somit Schuldner der BA. Auch die gegen die Arbeitnehmer gerichtete Möglichkeit der Anfechtung entsprechend der Insolvenzordnung findet folglich nunmehr gegen die BA statt (149). Die übergegangenen Ansprüche werden von der BA zur Insolvenzliste angemeldet, wenn ein Insolvenzverfahren eröffnet oder ein Anspruch beim Arbeitgeber geltend gemacht wurde.

Prozessökonomische Überlegungen der BA sind bei der Durchsetzung der abgetretenen Forderung zu beachten. Ansprüche gegen einen persönlich haftenden Gesellschafter, einen neuen Arbeitgeber nach Betriebsübergang (§ 613 a BGB) und Schadensersatzansprüche allgemein gegen natürliche Personen haben einen anderen Stellenwert als Ansprüche gegen Gesellschaften, deren Haftung auf das Gesellschaftsvermögen beschränkt ist.

4.3.2 Beispiele für die Berechnung des Zahlungszeitraumes für Insolvenzgeld (InsG)

Im Folgenden sei ein Beispiel für die Berechnung der Höhe des InsG gemäß § 185 SGB III kurz skizziert:

1. Eröffnung des Insolvenzverfahrens
   Datum des Gerichtsbeschlusses: 27.04.2000
   Arbeitsverhältnis endete am: 31.03.2000
   InsG-Zeitraum: 01.01.2000 – 31.03.2000

2. Abweisung mangels Masse
   Datum des Gerichtsbeschlusses: 27.04.2000
   Arbeitsverhältnis gekündigt zum: 30.06.2000
   InsG-Zeitraum: 27.01.2000 – 26.04.2000

Das InsG beträgt 100% des Nettoentgelts, das der Arbeitnehmer im InsG-Zeitraum noch zu beanspruchen hat. Nettoentgelt ist das um die gesetzlichen Abzüge verminderte Arbeitsentgelt.

Per Beschluss vom 05.06.2000 wird über das Vermögen einer GmbH das Insolvenzverfahren eröffnet. Ein Arbeitnehmer dieser GmbH erhielt im Januar 2000 für die von ihm geleistete Arbeit nur einen Abschlag i.H.v. DM 1 000,-. Da er fortan kein Arbeitsentgelt mehr von seinem Arbeitgeber erhielt, kündigte er sein Arbeitsverhältnis zum 30.04.2000 fristlos. Der Arbeitnehmer beantragt bei dem zuständigen Arbeitsamt InsG in Höhe seines noch ausstehenden Arbeitsentgelts von Januar bis April 2000. Die von der GmbH ausgestellte InsG-Bescheinigung enthält folgende Angaben:

Januar 2000:

Bruttoarbeitsentgelt	2 400,- DM
Gesetzliche Abzüge	800,- DM
Gewährter Abschlag	1 000,- DM
Noch ausstehendes Nettogehalt	600,- DM

Februar 2000:

Bruttoarbeitsentgelt	2 300,- DM
Gesetzliche Abzüge	750,- DM
Noch ausstehendes Nettogehalt	1 550,- DM

März 2000:

Bruttoarbeitsentgelt	2 500,- DM
Gesetzliche Abzüge	830,- DM
Noch ausstehendes Nettogehalt	1 670,- DM

April 2000:

Bruttoarbeitsentgelt	2 400,- DM
Gesetzliche Abzüge	800,- DM
Noch ausstehendes Nettogehalt	1 600,- DM

Das an den Arbeitnehmer zu zahlende InsG wird wie folgt ermittelt. *InsG-Zeitraum:* Die dem Insolvenzereignis vorausgehende letzten drei Monate des Arbeitsverhältnisses werden berücksichtigt, d.h. der Zeitraum vom 01.02.2000 – 30.04.2000 (gemäß § 183 Abs. 1 SGB III).

Auszuzahlendes Nettoarbeitsentgelt im InsG-Zeitraum: Da der Januar 2000 außerhalb des InsG-Zeitraumes liegt, kann er für die Berechnung nicht berücksichtigt werden.

Februar 2000:	1 550,- DM
März 2000:	1 670,- DM
April 2000:	1 600,- DM
Ergibt *auszuzahlendes InsG*:	4 820,- DM

Des weiteren übernimmt das Arbeitsamt die Zahlung der Pflichtbeiträge bei einer Insolvenz gemäß § 208 SGB III. Das Arbeitsamt zahlt hierbei auf Antrag der zuständigen Einzugsstelle (§ 28 i SGB IV) den Gesamtsozialversicherungsbeitrag (§ 28 d SGB IV), der auf Arbeitsentgelte für den InsG-Zeitraum entfällt und bei Eintritt des Insolvenzereignisses noch nicht gezahlt ist.

4.4 Gesetz zur Regelung der gewerbsmäßigen Arbeitnehmerüberlassung (AÜG)

4.4.1 Der Arbeitgeber als Verleiher

Die gewerbsmäßige Arbeitnehmerüberlassung ist eine Möglichkeit für den Betrieb, den Ausgleich von Arbeitnehmernachfrage und Arbeitgeberangebot gewerblich zu nutzen.

Als Teil des Dienstleistungsgewerbes hat sich insbesondere seit Beginn der 90er Jahre die Verleiharbeit (auch Zeitarbeit genannt) als Branche entwickelt. Bereits 1997 waren in Deutschland ca. 500 000 Arbeitnehmer im Rahmen der Arbeitnehmerüberlassung tätig. Im Vergleich zum europäischen Ausland (150) hat die Bundesrepublik mit einem Prozent Verleiharbeitnehmer (1997) ein erhebliches Entwicklungspotenzial, das sich in zweistelligen jährlichen Steigerungsraten widerspiegelt.

Die Verleiharbeit ist neben den etablierten Firmen gerade für Existenzgründer, die sich in Marktnischen betätigen (z.B. IT-Berufe) eine große Chance. Besonders erfolgreich ist die Arbeitnehmerüberlassung, wo Marktanpassungsprozeße das Unternehmen veranlassen, schlanke Personalstrukturen zu gestalten oder wo erhebliche Auftragsschwankungen den Betrieb zwingen, nur eine Stammbelegschaft vorzuhalten. Zu den Betätigungsfeldern gibt das nachfolgende Diagramm interessante Aufschlüsse.

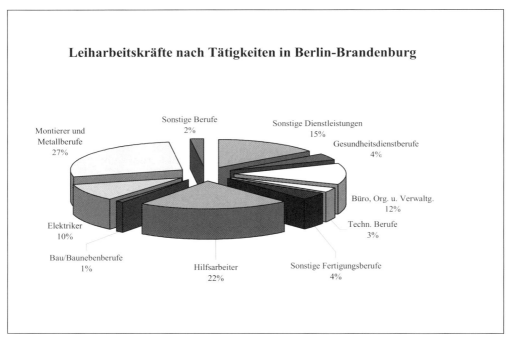

*Abbildung 1: Leiharbeitskräfte nach Tätigkeiten in Berlin-Brandenburg
(Quelle: brand aktuell, 1-2/1999, S. 4)*

Es zeigt sich, dass zwei große Segmente (Metall- und Elektrosegment) den Schwerpunkt der Leiharbeit wiederspiegeln. Gerade diese beiden Bereiche waren dem Effizienzgebot nach dem Wegfall der Berlin-Förderung besonders ausgesetzt. Dies hatte zur Folge, dass in diesen Segmenten die Verleihfirmen besonders erfolgreich waren. Dem Diagramm ist auch zu entnehmen, dass die Hilfsarbeiterquote als drittgrößte Gruppe besonders hoch ist. Damit ergibt sich eine besondere sozialpolitische Komponente.

Die Verleihunternehmer sind aufgrund der Flexibilität und Mobilität der Arbeitnehmer im Dienstleistungsmarkt erfolgreich. Aber auch in dieser Branche, insbesondere beim Jungunternehmer, ist infolge der Existenzgefährdung durch Unterkapitalisierung eine öffentliche Förderung sinnvoll.

Der Erhalt und die Erweiterung der Unternehmung durch zusätzliche Einstellungen sind unter dem Integrationsgedanken der Verringerung der Langzeitarbeitslosigkeit als Hilfe für die Arbeitsmarktentwicklung wichtig. Das Wachsen der Betriebe wird jedoch in vielen Fällen durch die Strukturschwäche des Verleihgeschäfts, die Verleihpausen, relativiert. Die Hilfestellung des Arbeitsamtes, in diesen Zeiten der Unterbeschäftigung zu stützen, wird von dem klassischen Instrumentarium nur hinsichtlich der Gewährung von Kurzarbeitergeld einsetzbar. Sinnvoller ist es dagegen, diese „Auszeit" als Anpassungsqualifizierungschance zu nutzen. Diese Möglichkeit kann mit der Freien Förderung (§ 10 SGB III) geschaffen werden, insbesondere dann, wenn die Zeitarbeitnehmer ohne weitere Qualifikation von Arbeitslosigkeit bedroht werden.

4.4.2 Der Arbeitgeber als Entleiher

Für das Entleihen von Zeitarbeitnehmern sind wesentliche Kostengründe bestimmend. Der Entleiher trägt nicht die Risiken eines unbefristeten Arbeitsverhältnisses; Ausfallzeiten und Sozialpflichten gehen nicht zu seinen Lasten. Er trägt nicht die Risiken der Schutzgesetze (Mutterschutz, Urlaubszeiten, Schwerbehindertenquote, Lohnfortzahlung im Krankheitsfall). Die Unterbeschäftigung von Mitarbeitern wird vermieden. Eine Erstattungspflicht von Lohnersatzleistungen entfällt, der Betrieb muss keine zusätzlichen Arbeitsplätze einrichten, die Kosten für die betriebliche Qualifizierung entfallen, da die Qualität des Leiharbeitnehmers bereits Vertragsbestandteil ist.

4.4.3 Tatbestandsvoraussetzungen des Arbeitnehmerüberlassungsgesetzes (151)

Normiert ist die Leiharbeit in dem Gesetz zur Regelung der gewerbsmäßigen Arbeitnehmerüberlassung (ArbeitnehmerüberlG – AÜG) und in der Fassung der Bekanntmachung vom 03.02.1995 (BGBl. I S. 158). Per Gesetzesdefinition ist die Arbeitnehmerüberlassung (ANÜ) durch die Besonderheit des Arbeitsvertrages zwischen Arbeitgeber (Verleiher) und dem Arbeitnehmer (Leiharbeitnehmer) gekennzeichnet. Diese besteht darin, dass der Arbeitnehmer zeitlich befristet seine Arbeitsleistung bei dem Dritten (Entleiher) erbringt. Diese gewerbsmäßige Betätigung des Arbeitgebers ist erlaubnispflichtig (152). Sie ist bei den Dienststellen der BA zu beantragen (153).

Tatbestandsmerkmale: Gewerbsmäßig ist ANÜ, wenn Gewinn- und Wiederholungsabsicht vorauszusetzen ist (154). Bei wiederholter ANÜ ist grundsätzlich die Gewerbsmäßigkeit zu unterstellen (Unentgeltlichkeit der Hilfe ist im Gegensatz zur Kundenserviceleistung, die zwar als solche nicht besonders abgegolten wird, aber dennoch Teil der Gesamtleistung ist, nicht Arbeitnehmerüberlassung).

Der Arbeitnehmerbegriff in diesem Zusammenhang ist arbeitsrechtlich zu definieren. Die Weisungsgebundenheit, die Form und der Grad der Eingliederung in das Unternehmen, die Form der Vergütung und die Fixierung der Arbeitszeiten sind insbesondere zur Beurteilung des Tatbestandsmerkmales heranzuziehen. Im Übrigen ist die Überlassung eines Leiharbeitnehmers zur Ausbildung unzulässig.

Die Formen des drittbezogenen Personaleinsatzes sind von der ANÜ des AÜG jeweils im Rahmen einer Gesamtwertung abzugrenzen. In der Folge wird auf ähnliche Vertragsformen eingegangen. Die Vertragsinhalte sind herauszuziehen und gegebenenfalls anhand der tatsächlichen Durchführung zu beurteilen.

Bei der *Abgrenzung zum Werkvertrag* (§§ 631 ff BGB) wird auf die ständige Rechtsprechung des Bundesarbeitsgerichts (BAG) (155) verwiesen. Demnach sind die entscheidenden Kriterien:

- Das zu erstellende Werk muss ausreichend bestimmt sein, eine Vertragsformulierung „Mitarbeit im Betrieb" würde zum Beispiel gegen das Vorliegen eines Werkvertrages sprechen.

- Von werkvertraglichen Leistungen kann nicht gesprochen werden, wenn der zu erstellende Arbeitserfolg über kleinste Projektbeschreibungen zusammengestellt wird. Diese Tätigkeiten hätten im Verhältnis zum Gesamtwerk nachgeordnete Bedeutung. Die Anwendung des AÜG wäre zwingend.

- Das Unternehmen muss sich als werkvertragsfähig darstellen. Ist der Verleiher nicht werkvertragsfähig, ist ein weiteres Indiz für Arbeitnehmerüberlassung gegeben. Hiervon ist auszugehen, wenn die Ausstattung des Verleihers nicht für eigenständige Aufträge ausreicht.

- Weitere Hinweise der Trennung von der Arbeitnehmerüberlassung zum Werkvertrag können die eingesetzten Arbeitsmittel, die Anwendung bestimmter Ordnungsvorschriften (Handwerksbetriebe haben sich im Rahmen der Handwerksordnung zu bewegen), die Dispositionsfreiheit des Unternehmers, die organisatorische Eingliederung in den Betrieb, die Weisungsbefugnis, das Unternehmerrisiko und die Vergütungsgefahr etc. sein (156).

Bei der Abgrenzung der ANÜ vom selbständigen Dienstvertrag ist zu beachten, dass ein selbständiger Dienstvertrag grundsätzlich dann vorliegt, wenn eine Integration in die Betriebsorganisation des Drittbetriebes gegeben ist (157).

ANÜ und Dienstverschaffungsvertrag lassen sich dadurch abgrenzen, dass bei einem Dienstverschaffungsvertrag nicht die Arbeitsleistung des Dritten unter der Regie des Entleihers vereinbart, sondern die selbständige Dienstleistung eines Dritten verschafft wird (Beispiel: Ein Wirtschaftsprüfer wird verpflichtet, für einen Dritten gutachterlich tätig zu werden).

Keine Arbeitnehmerüberlassung ist die Abordnung von Arbeitnehmern zu einer, zur Herstellung eines Werkes gebildeten Arbeitsgemeinschaft (ARGE) (158), wenn der Arbeitgeber Mitglied der ARGE ist, für alle Mitglieder der ARGE Tarifverträge des gleichen Wirtschaftszweiges gelten und alle Mitglieder aufgrund des ARGE-Vertrages zur selbständigen Erbringung von Vertragsleistungen verpflichtet sind.

Das AÜG ist nicht anzuwenden auf die Arbeitnehmerüberlassung zwischen Arbeitgebern des selben Wirtschaftszweiges zur Vermeidung von Kurzarbeit oder Entlassungen, wenn ein für den Entleiher und den Verleiher geltender Tarifvertrag dies vorsieht (159). Ebenso nicht zwischen Konzernunternehmen i.S.v. § 18 AktG (160), wenn der Arbeitnehmer seine Arbeit vorübergehend nicht bei seinem Arbeitgeber leistet sowie bei einer Überlassung in das Ausland, z.B. in ein deutsch-ausländisches Gemeinschaftsunternehmen.

In § 1 b, Satz 1 AÜG besagt die Ausnahmeregelung, dass die gewerbsmäßige Arbeitnehmerüberlassung (ANÜ) in Betrieben des Baugewerbes für Arbeiten, die üblicherweise von Arbeitern verrichtet werden, unzulässig ist; § 16 Abs. 1, Nr. 1 b AÜG normiert die Ordnungswidrigkeit bei Verleih und Entleih im Baugewerbe (161). Keiner Erlaubnis bedarf (obwohl es sich um Arbeitnehmerüberlassung handelt) ein Arbeitgeber mit weniger als 50 Beschäftigten, der zur Vermeidung von Kurzarbeit oder Entlassungen an einen Arbeitgeber einen Arbeitnehmer bis zur Dauer von zwölf Monaten überlässt, wenn die Überlassung vorher schriftlich dem zuständigen Landesarbeitsamt angezeigt wird (162).

Gewerbsmäßige Arbeitnehmerüberlassung in Betrieben des Baugewerbes für Arbeiten, die üblicherweise von Arbeitern des Baugewerbes verrichtet werden, ist grundsätzlich unzulässig. Gestattet ist jedoch die Überlassung zwischen Betrieben des Baugewerbes, wenn diese Betriebe von den selben Rahmen- und Sozialkassen-Tarifverträgen oder von deren Allgemeinverbindlichkeit erfasst werden. Diese Arbeitnehmerschutzvorschrift soll folglich eine Schlechterstellung des Bauarbeitnehmers verhindern, die durch den Wechsel zu einem dritten Betrieb eintreten könnte.

Die Verleiherlaubnis kann versagt werden, wenn Arbeitgeberpflichten nicht erfüllt werden oder nicht erfüllt werden können (163). Der Verleiher unterliegt der Pflicht, nicht von dem grundsätzlichen Gebot des unbefristeten Arbeitsvertrages unzulässig abzuweichen (164). Der Überlassungszeitraum darf zwölf Monate nicht überschreiten (165). Weitere Pflichten des Verleihers sind:

- Mitwirkung im Rahmen der Anzeigen- und Auskunftspflicht in Zusammenarbeit mit den Arbeitsämtern (166).
- Einhaltung von Mindeststandards bei Erstellung des Urkundeninhalts (Festlegung der vertraglichen Beziehung) (167); Schriftform des Arbeitsvertrages (168).
- Die Ordnungsvorschriften, die sich gegen den missbräuchlichen Verleih von Ausländern (Nicht-EU-Angehörigen) ohne Arbeitserlaubnis richten, sind hinsichtlich des Verleihers (169) und Entleihers (170) gesondert geregelt. Sonstige Ordnungswidrigkeiten sanktioniert § 16 AÜG.

4.5 Kombilohn

4.5.1 Mainzer Modell

4.5.1.1 Einführung

Das Sonderprogramm zur Erprobung von Modellansätzen zur Förderung der Beschäftigung von gering Qualifizierten und Langzeitarbeitslosen ist auch als sog. Mainzer Modell bekannt.

Besondere Zielgruppen haben im ersten Arbeitsmarkt geringere Chancen. Der Hilfsarbeiter der traditionellen Industriegesellschaft ist durch Automatisierung und Spezialisierung der Wirtschaft nicht stark nachgefragt. Die einmal eingetretene Arbeitslosigkeit verfestigt sich vielfach zur Langzeitarbeitslosigkeit. Darüber hinaus sind besonders zwei Gruppen von Arbeitnehmern mit Problemen behaftet: Aussiedler und Alleinerziehende. Für den Arbeitgeber werden durch mittelbare Lohnsubventionierung (171) Anreize gegeben, zusätzliche Arbeitsplätze zu schaffen, neue Dienstleistungen anzubieten und das Angebot an Teilzeitarbeitsplätzen zu erhöhen. Erfolgversprechend ist dieses Modell in Regionen, in denen die „Stille Reserve" für den Arbeitsmarkt erschlossen werden soll. Darüber hinaus sind aber auch strukturschwache, landwirtschaftlich geprägte Regionen mit der Lohnsubventionierung sinnvoll zu begleiten.

Der Einzelhandel, Wachschutz und das Hotel- und Gaststättengewerbe sind Branchen, für die das Mainzer Modell des Kombilohns besonders geeignet ist. Darüber hinaus ist die Land- und Forstwirtschaft sowie der Gartenbaubereich mit den niedrigen Tarifen geeignet. Auch für den Dienstleistungssektor insgesamt ist das Modell interessant, weil es die Möglichkeit bietet, Kunden neue, bisher nicht angebotene und nachgefragte Dienstleistungen zu offerieren (z.B. Tankstellen- und Parkhausservice, Einpackhilfen, Hol- und Bringservice für Dienstleistungen aller Art). Darüber hinaus ist im traditionellen (industriellen, handwerklichen und gewerblichen) Unternehmen zu prüfen, ob nicht für einfache Helfertätigkeiten in unteren Lohngruppen neue Arbeitsplätze entwickelt werden können. Das Mainzer Modell unterstützt auch Branchen, die von Teilzeitarbeit geprägt sind (Reinigungsdienste etc.). Nicht zuletzt ist es aber mit Hilfe des Modellprojektes auch möglich, in privaten Haushalten (Putzfrauen, Kinderbetreuung) Tätigkeiten in reguläre Beschäftigungen umzuwandeln.

Gefördert werden Arbeitnehmer, die eine Beschäftigung in unteren Lohngruppen aufnehmen. Mit Zuschüssen zu deren Sozialversicherungsbeiträgen und einem besseren Familienlastenausgleich (Aufstockung des Kindergeldes) soll der Schritt aus der Arbeitslosigkeit mit Sozial- oder Arbeitslosenhilfebezug für die Geringverdienenden in den Ersten Arbeitsmarkt unterstützt werden.

4.5.1.2 Wesentlicher Inhalt der Richtlinie

Das Wohnort-Arbeitsamt des geförderten Arbeitnehmers muss in den Arbeitsamtsbezirken Neuruppin oder Eberswalde (bisher zwei *Modellarbeitsämter*) liegen, der Arbeitsort kann auch in einem anderen Arbeitsamtsbezirk sein.

Wie wird der *Zuschuss* bei dem Mainzer Modell nun gestaltet? Arbeitnehmer erhalten einen linear degressiven Zuschuss zu den Arbeitnehmerbeiträgen zur Sozialversicherung, so dass bei einem Monatsentgelt von DM 631,- der Arbeitnehmer seinen Beitrag voll erstattet bekommt. Der Erstattungsbeitrag sinkt bis zu einem Arbeitsentgelt von DM 1 740,- auf Null ab. Bei Ehepaaren werden die Arbeitnehmerbeiträge bis zu Bruttolöhnen von DM 1 260,- voll bezuschusst, danach nimmt der Zuschuss ab und entfällt bei Bruttolöhnen von DM 3 317,- DM.

Zusätzlich sieht das Mainzer Modell ein erhöhtes Kindergeld für Geringverdiener vor. Der zusätzliche Kindergeldzuschlag beträgt monatlich für jedes förderungsfähige Kind DM 150,-. Die Höhe des Zuschusses zum Kindergeld ist nach Einkommen gestaffelt.

4.5.2 Saarbrücker Modell

Dieses Modell unterstützt den Arbeitgeber durch Übernahme des Arbeitgeberanteils an den Sozialversicherungsbeiträgen. Der Gedanke ist, die Lohnnebenkosten als Kostenfaktor für den Arbeitgeber auszuschließen.

4.6 Altersteilzeit

4.6.1 Einleitung

Mit dem Altersteilzeitgesetz ist neben der beschäftigungspolitischen Zielsetzung für den Arbeitgeber die Chance eröffnet, die Verbesserung der Altersstruktur (abhängig von dem jeweiligen Tarifvertrag) nahezu kostenneutral zu erreichen. Zugleich ist mit der Variante der Weiterbeschäftigung des erfahrenen Mitarbeiters (halbtags) der Wissenstransfer auf die neu eingestellten Mitarbeiter möglich. Ein weiteres wesentliches Argument für die Altersteilzeitbestimmungen, von denen der Arbeitgeber auch mittelbar partizipiert, ist die Entlastung der Sozialversicherung.

Das bisher praktizierte Verfahren der Frühverrentung würde über kurz oder lang die Sozialversicherung überfordern. Grundgedanke der Altersrente wegen Arbeitslosigkeit war die soziale Absicherung derjenigen Arbeitslosen, die wegen ihres Alters nur noch sehr geringe Chancen auf dem Arbeitsmarkt für eine Wiedereinstellung hatten. Viele Betriebe missbrauchten allerdings diese soziale Absicherung als Teil ihrer Personalpolitik. So konnten ältere Mitarbeiter ohne größeren Kostenaufwand entlassen werden. Die sich aus dem Arbeitsverhältnis ergebende Fürsorgepflicht wurde vernachlässigt. In 1992 nahmen von allen Männern, die erstmals eine Altersrente erhielten, ca. 21% die vorgezogene Altersrente wegen Arbeitslosigkeit in Anspruch (172). Bis 1994 verdoppelte sich diese Zahl nahezu.

Eine Stichprobe des Landesrechnungshofes ergab, dass in der Altersgruppe der 55jährigen Arbeitnehmer ca. 66% bei Beendigung ihres Arbeitsverhältnisses eine durchschnittliche Abfindung von DM 75 000,- erhielten. Der größte Teil dieser Arbeitnehmer gaben ihren Arbeitsplatz demzufolge im Rahmen personalpolitischer Maßnahmen auf. Durch diese Praxis entstanden folgende Kosten:

Durch 100 000 Arbeitnehmer, die aufgrund von Sozialplanregelungen ab Vollendung des 58. Lebensjahres für 24 Monate Arbeitslosengeld und vom 60. Lebensjahr an Altersrente wegen Arbeitslosigkeit, statt einer Altersrente mit 63, bezogen, entstanden der Bundesanstalt für Arbeit Mehrkosten i.H.v. DM 9.2 Mrd. und den Rentenversicherungsträgern i.H.v. DM 12,7 Mrd. Den größten Teil der Frühverrentungspraxis trugen bisher nicht die Unternehmen und Arbeitnehmer, die diese Maßnahmen durchführten, sondern alle Arbeitgeber und Arbeitnehmer durch ständig steigende Beiträge für die Sozialversicherung.

Mit den vorgenannten Vorteilen für den Arbeitgeber wird zugleich das Ziel des Altersteilzeitgesetzes, insbes. jüngere Arbeitslose in betrieblich feste Arbeitsplätze zu bringen, erleichtert. Für den Arbeitnehmer, der sich freiwillig für Altersteilzeit entscheidet, ergibt sich ein fließender Übergang in den Ruhestand, der finanziell attraktiv abgefedert ist (siehe Beispiel 4.6.3). Auch Mitarbeiter, die bereits in einem Teilzeitarbeitsverhältnis stehen, haben die Möglichkeit, mit der Hilfestellung des Altersteilzeitgesetzes weitergehend die Arbeitszeit zu reduzieren.

Das Altersteilzeitgesetz steht in der Reihe der gesetzgeberischen Bemühungen, eine Entlastung des Arbeitsmarktes durch vorgezogene Altersbezüge zu erreichen. Zwar ist die alte Regelung des § 105 c AFG mit der Erstattungspflicht der durch das Arbeitsamt gezahlten Lohnersatzleistungen in § 438 SGB III fortgeschrieben, sie hat jedoch neben der betrieblich erwünschten Trennung von älteren Arbeitnehmern nicht zu der gewünschten Neubesetzung der frei werdenden Arbeitsplätze geführt. Vielmehr haben Arbeitgeber schlankere Betriebsstrukturen entstehen lassen, ohne dass in der Regel Kosten für Sozialpläne bzw. Kosten durch die Erstattungspflicht für vom Arbeitsamt gezahlte Lohnersatzleistungen das Betriebsergebnis belastet haben. Hierbei ist die vom Gesetzgeber vorgesehene Erstattungspflicht durch die weitreichenden Befreiungsmöglichkeiten des § 128 AFG in praxi ausgehebelt worden.

Das führte dazu, dass fortan die Mitverantwortung des Arbeitgebers beschäftigungseffektiv eingefordert werden sollte. So sollte mit dem Altersteilzeitgesetz und der Wiederbesetzungspflicht besonders der Jugendarbeitslosigkeit entgegengewirkt werden.

4.6.2 Grundsatz des Altersteilzeitgesetzes und Begriffsbestimmungen

Grundsatz gemäß § 1 ATG (173):

Durch Altersteilzeitarbeit soll älteren Arbeitnehmern ein gleitender Übergang vom Erwerbsleben in die Altersrente ermöglicht werden. Leistungen nach diesem Gesetz werden für die Teilzeitarbeit älterer Arbeitnehmer gewährt, die ihre Arbeitszeit ab Vollendung des 55. Lebensjahres spätestens ab 31. Juli 2004 vermindern und damit die Einstellung eines sonst arbeitslosen Arbeitnehmers ermöglichen.

Begriffsbestimmungen:

§ 4 ATG regelt die Leistungen wie folgt: Die Bundesanstalt erstattet dem Arbeitgeber für längstens fünf Jahre den Aufstockungsbetrag nach § 3 Abs. 1 Nr.1 a ATG in Höhe von 20 vom Hundert des für die Altersteilzeit gezahlten Arbeitsentgeltes, jedoch mindestens den Betrag zwischen dem für die Altersteilzeit gezahlten Arbeitsentgelt und dem Mindestnettobetrag und den Betrag, der nach § 3 Abs. 1 Nr. 1 b ATG in Höhe des Beitrages geleistet worden ist, der auf den Unterschiedsbetrag zwischen 90 vom Hundert des Vollzeitarbeitsentgelts im Sinne des § 6 Abs. 1 und dem Arbeitsentgelt für die Altersteilzeit entfällt.

Bei Arbeitnehmern, die nach § 6 Abs. 1 Satz 1 Nr. 1 ATG oder § 231 Abs. 1 und Abs. 2 des Sozialgesetzbuch VI von der Versicherungspflicht befreit sind, werden Leistungen nach Absatz 1 auch erbracht, wenn die Voraussetzung des § 3 Abs. 1 Nr. 1 b ATG nicht erfüllt ist. Dem Betrag nach Absatz 1 Nr. 2 ATG stehen in diesem Fall vergleichbare Aufwendungen des Arbeitgebers bis zur Höhe des Beitrags gleich, den die Bundesanstalt nach Abs. 1 Nr. 2 zu tragen hätte, wenn der Arbeitnehmer nicht von der Versicherungspflicht befreit wäre.

§ 6 ATG regelt folgende Begriffsbestimmungen: Vollzeitarbeitsentgelt im Sinne dieses Gesetzes ist das Arbeitsentgelt, das der altersteilzeitarbeitende Arbeitnehmer für eine Arbeitsleistung bei tariflicher regelmäßiger wöchentlicher Arbeitszeit zu beanspruchen hätte, soweit es die Beitragsbemessungsgrenze des Dritten Buches Sozialgesetzbuch nicht überschreitet. § 134 Abs. 2 Nr. 1 des Dritten Buches Sozialgesetzbuch gilt entsprechend. Als tarifliche regelmäßige wöchentliche Arbeitszeit ist die Arbeitszeit zugrunde zu legen, die sich für den Arbeitnehmer im Jahresdurchschnitt wöchentlich ergibt, wenn ein Tarifvertrag eine wöchentliche Arbeitszeit nicht oder für Teile eines Jahres eine unterschiedliche wöchentliche Arbeitszeit vorsieht, die Arbeitszeit, die sich im Jahresdurchschnitt ergibt; wenn ein Tarifvertrag Ober- und Untergrenzen für die Arbeitszeit vorsieht, die tarifliche Arbeitszeit für gleiche oder ähnliche Beschäftigungen oder, falls eine solche tarifliche Regelung nicht besteht, die für gleiche oder ähnliche Beschäftigungen übliche Arbeitszeit.

§ 7 ATG regelt die genaue Berechnungsvorschrift: Für die Berechnung der Zahl der Arbeitnehmer nach § 3 Abs. 1 Nr. 3 ATG ist der Durchschnitt der letzten zwölf Kalendermonate vor dem Beginn der Altersteilzeitarbeit des Arbeitnehmers maßgebend. Hat ein Betrieb noch nicht zwölf Monate bestanden, ist der Durchschnitt der Kalendermonate während des Zeitraumes des Bestehens des Betriebes maßgebend. Schwerbehinderte und Gleichgestellte im Sinne des Schwerbehindertengesetzes sowie Auszubildende werden nicht mitgezählt. § 10 Abs. 2 Satz 6 des Lohnfortzahlungsgesetzes gilt entsprechend.

4.6.3 Leistungen des Arbeitsamtes und Beispiel (174)

Die Höhe der späteren Rente hängt von einer Reihe persönlicher Daten ab. Dazu gehören als wichtigster Faktor die während des Arbeitslebens durch Beiträge versicherten Arbeitsentgelte und Arbeitseinkommen. Außerdem ist wichtig, ob zusätzliche Beiträge zur Rentenversicherung bezahlt worden sind, um die mit dem vorzeitigen Bezug verbundene Rentenminderung auszugleichen, ob der Rente Arbeitslosigkeit oder Altersteilzeitarbeit vorausgeht und ob es sich um einen Versicherten in den Alten oder Neuen Bundesländern handelt.

Beispiel (175): Angenommen sei ein Arbeitnehmer, der verheiratet und ohne Kinder, geboren im Oktober 1941, mit einem Bruttoarbeitsentgelt von monatlich DM 3 000,-- zum 1. April 1999 von der Vollzeittätigkeit in die Altersteilzeitarbeit wechselt (alle Beträge in DM):

	Vollzeittätigkeit	Altersteilzeitarbeit
Bruttoentgelt	3000,00	1 500,00
-Lohnsteuer	10,66	0,00
-Kirchensteuer	0,95	0,00
-Solidaritätszuschlag-		
-Krankenversicherung (6,81%)	204,30	102,50
-Rentenversicherung (9,75%)	292,50	146,25
-Pflegeversicherung (0,85%)	25,50	12,75
-Arbeitslosenversicherung (3,25%)	97,50	48,75
Nettoentgelt	**2 368,59**	**1 190,10**
Aufstockung (20% des Bruttoentgelts für Altersteilzeitarbeit)		300,00
Zwischensumme:		**1 490,10**
aber: Aufstockung auf mindestens 70% des Vollzeitnettoentgelts, in diesem Beispiel 1 649,68 DM (Mindestnettobetragsverordnung)		159,68
Altersteilzeit-Netto		**1 649,68**
Rentenversicherungsbeitrag (19,5%) für die Differenz zwischen dem Altersteilzeitarbeit-Entgelt und 90% des Vollzeitarbeit-Entgelts		234,00

Rente nach Altersteilzeitarbeit: Dieser Versicherte wechselt am 1. November 2001 von der Altersteilzeitarbeit in die Rente wegen Arbeitslosigkeit oder nach Altersteilzeitarbeit. Dabei wird angenommen, dass der Arbeitnehmer 36 Renten-Entgeltpunkte besitzt. Das entspricht 45 Versicherungsjahren mit 80% des Durchschnittsentgelts aller Versicherten. Die Auswirkungen der Rentenanpassungen bis November 2001 werden in dieser Beispielrechnung nicht berücksichtigt.

Rente ab November 2001: DM

Aktueller Rentenwert – West (48,29)
x persönliche Entgeltpunkte (36)   1 738,44

-Minderung wegen 58 Monaten vorzeitiger
Inanspruchnahme (pro Monat - 0,3%)   -302,49

Bruttorente   1 435,95

-je ½ Beitrag für Kranken- und Pflegeversicherung   109,13

= Rentenzahlbetrag   **1 326,82**

Zusätzlicher Beitrag: Es besteht die Möglichkeit, die Rentenminderung wegen vorzeitiger Inanspruchnahme der Rente durch zusätzliche Beiträge in Höhe von insgesamt 78 497,10 DM auszugleichen. Dafür können u.a. besondere Mittel aus Sozialplänen eingesetzt werden oder – wie unter III. 2.2. angeführt – die Abfindungszahlungen als Rentenausgleich verwandt werden. Die Voraussetzungen für die Förderung der Altersteilzeit durch das Arbeitsamt bezogen auf die Arbeitgeber respektive die Arbeitnehmer gestalten sich wie folgt:

a) **Arbeitgeber** (176): Voraussetzung für die Erstattung der Arbeitgeberleistungen (Aufstockungsbetrag und zusätzliche Beiträge zur Rentenversicherung) ist, dass der freigewordene Arbeitsplatz durch einen Arbeitslosen oder einen nach der Ausbildung übernommenen Arbeitnehmer wiederbesetzt wird bzw. in Kleinunternehmen ein Auszubildender eingestellt wird. Außerdem muss der Arbeitgeber folgende Leistungen erbringen:

Aufstockung des Arbeitsentgelts: Beim Übergang zur Altersteilzeitarbeit muss das Arbeitsentgelt um mindestens 20% des für die Altersteilzeitarbeit gezahlten Bruttoarbeitsentgelts aufgestockt werden.

Zusätzliche Rentenbeiträge: Der Arbeitgeber muss zusätzliche Beiträge zur gesetzlichen Rentenversicherung mindestens in Höhe des Beitrages, der auf den Unterschiedsbetrag zwischen 90% des Vollzeitarbeitslohnes und dem Arbeitsentgelt für die Altersteilzeitarbeit entfällt, entrichten. Obergrenze ist dabei die Beitragsbemessungsgrenze der Arbeitslosenversicherung. 1999 ist dies ein Monatsbruttoentgelt von DM 8 500,-- (West) und DM 7 200 (Ost).

Kündigungsschutz: Die Berechtigung eines Arbeitnehmers zur Inanspruchnahme von Altersteilzeit gilt nicht als Kündigungstatsache nach § 1 Abs. 2 Satz 1 Kündigungsschutzgesetz. Sie kann auch nicht bei der sozialen Auswahl zum Nachteil des Arbeitnehmers berücksichtigt werden.

Vertragliche Verpflichtungen: Für den Arbeitgeber kann sich aus einem Tarifvertrag oder einer Betriebsvereinbarung die Verpflichtung ergeben, eine Altersteilzeitvereinbarung abzuschließen. Soweit allerdings mehr als 5% der Arbeitnehmer eines Betriebes die Altersteilzeitarbeit in Anspruch nehmen wollen, muss auch die freie Entscheidung des Arbeitgebers gewährleistet sein.

b) **Arbeitnehmer** (177): Die Entscheidung, ob ein Arbeitnehmer Altersteilzeit in Anspruch nehmen will, bleibt ausschließlich ihm überlassen. Folgende Bedingungen greifen:

- Über einen Gesamtzeitraum von bis zu drei Jahren wird die Arbeitszeit im Durchschnitt halbiert. Dieser Zeitraum kann auf bis zu zehn Jahre erweitert werden, wenn der Tarifvertrag dies zulässt.
- Die Altersteilzeitvereinbarung muss in jedem Fall mindestens bis zum Rentenalter reichen.
- Der Arbeitnehmer hat jedoch noch keinen Anspruch auf ungeminderte Rente.
- Der Arbeitnehmer war in den letzten fünf Jahren vor Beginn der Altersteilzeit mindestens drei Jahre vollzeitbeschäftigt.
- Der Arbeitnehmer hat mindestens das 55. Lebensjahr vollendet.

4.6.4 Zusammenfassung

Mit dem Beschluss des Entwurfes eines Gesetzes zur Fortentwicklung der Altersteilzeit vom 01.09.1999 hat das Bundeskabinett einen weiteren Schritt zur Bekämpfung der Arbeitslosigkeit getan. Ziel dieser Novelle war es vorrangig, die Altersteilzeitregelungen auch für mittlere und kleinere Unternehmen attraktiv zu machen. So können nunmehr auch in Teilzeit beschäftigte Personen ihre Arbeitszeit halbieren und trotzdem in der Arbeitslosenversicherung bleiben. Somit wird der gleitende Ausstieg aus dem Arbeitsleben für die Betroffenen annehmbar. Außerdem bieten die neuen Regelungen auch den Unternehmen mit bis zu 50 Arbeitnehmern durch die Erleichterung bei der Wiederbesetzung eine Chance, ihre Personalpolitik flexibler zu gestalten. So erhalten diese Unternehmen künftig auch dann Fördermittel vom Arbeitsamt, wenn sie mit einem neu eingestellten Mitarbeiter nicht die konkret durch Altersteilzeit frei gewordene Stelle besetzen, sondern sie diese in anderen Bereichen des Unternehmens einsetzen. Damit kann künftig der Unternehmer schneller und flexibler auf Änderungen der Unternehmensstruktur, geänderte Marktbedingungen und Änderungen des Personalbedarfes reagieren.

Der zweite Vorteil liegt in der Möglichkeit, die durch Altersteilzeit frei gewordene Stelle durch einen Auszubildenden zu besetzen. Somit wird künftig der Ausbildungsnotstand in einigen Regionen hoffentlich wirkungsvoll bekämpft werden können.

4.7 Erstattungspflicht des Arbeitgebers nach § 147 a SGB III mit Befreiungstatbeständen

Der Gesetzgeber hatte mit § 128 AFG die Erstattungspflicht von Lohnersatzleistungen (Arbeitslosengeld/Arbeitslosenhilfe) für die Arbeitgeber normiert, die die Altersstruktur ihres Betriebes durch Kündigung älterer Arbeitnehmer verjüngen oder Personalabbau betreiben wollten. Dies geschah vor dem Hintergrund, soziale Verpflichtungen nicht auf die Solidargemeinschaft der Beitragszahler abzuwälzen.

Der Begriff des Arbeitgebers spielte sowohl im § 128 AFG wie auch im § 147 a SGB III unter dem Gesichtspunkt des Betriebsüberganges (178) eine wichtige Rolle, da die Erstattungspflicht und gegebenenfalls die Befreiungstatbestände gerade in kritischen betrieblichen Situationen den Arbeitgeber erkennen lassen müssen. Das Bundessozialgericht (179) hatte in einer grundlegenden Entscheidung die Abgrenzungskriterien erarbeitet. Das Urteil steht unter dem nachfolgenden Leitsatz: „Trat der Arbeitgeber durch einen Betriebsübergang (§ 613 a BGB) in die Rechte und Pflichten eines bestehenden Arbeitsverhältnisses ein, so waren ihm die, bei dem früheren Arbeitgeber zurückgelegten Beschäftigungszeiten bei der Beurteilung der Erstattungspflicht nach § 128 Abs. 1 AFG a.F. zuzurechnen".

Diese Vorschrift ist im Wesentlichen in das Sozialgesetzbuch III, § 147 a übernommen worden. Die Grundvoraussetzungen (180) sind:

- das Ausscheiden des Arbeitnehmers nach Vollendung des 56. Lebensjahres,
- der AlG/AlHi-Bezug zwischen Vollendung des 58. und 65. Lebensjahres und
- 24 Monate versicherungspflichtige Beschäftigung innerhalb der vier Jahre, die dem Tag vorausgehen, durch den nach § 124 SGB III die Rahmenfrist bestimmt wird (Entstehungstag des Anspruchs).

Für den Arbeitgeber ergibt sich durch die Erstattungspflicht ein erheblicher Kostenaufwand in Höhe der Lohnersatzleistungen. Es liegt daher im Arbeitgeberinteresse, sich mit den Ausnahmen und Befreiungstatbeständen des § 147 a SGB III vertraut zu machen.

Der Gesetzgeber regelt folgende **Ausnahmen und Befreiungstatbestände**:

- Eine Befreiung nach § 147 a, Abs. 1, Satz 2, 1. Alternative SGB III ist gegeben, wenn das Ende der Beschäftigung vor dem Ende des 56. Lebensjahres des Arbeitnehmers liegt.
- Die Befreiung nach § 147 a, Abs. 1, Satz 2, 2. Alternative SGB III ist gegeben, wenn Anspruch auf andere, konkurrierende Sozialleistungen bestehen.
- Die Befreiung nach § 147 a, Abs. 1, Satz 2, Nr. 1, SGB III bei Nichterreichung der Gesamtbeschäftigungszeiten.
- Die Befreiung nach § 147 a, Abs. 1, Satz 2, Nr. 2, SGB III von Kleinunternehmen (maximal 20 Arbeitnehmer).

Neben den vorgenannten Befreiungsgründen hat der Gesetzgeber drei weitere Gründe für die Befreiung von der Erstattungspflicht akzeptiert:

a) erheblicher Personalabbau (betriebsbezogen),

b) die Beendigung des Arbeitsverhältnisses, die nicht vom Arbeitgeber zu vertreten ist und

c) unzumutbare wirtschaftliche Belastung, die eine Gefährdung des Unternehmens und damit der verbleibenden Arbeitsplätze mit sich bringen würde (181).

Zu a) Erfolgt der Personalabbau von mehr als 3% innerhalb eines Jahres, ist der Arbeitgeber grundsätzlich von der Erstattungspflicht befreit. Dies setzt allerdings voraus, dass nicht mehr 56-jährige und ältere Arbeitnehmer ausscheiden, als es ihrem Anteil an der Gesamtbelegschaft entspricht. Beträgt der Personalabbau mindestens 10%, darf der Anteil der älteren Arbeitnehmer doppelt so hoch sein. Der hier normierte Grundgedanke entspricht dem der Kurzarbeiterregelung. Es ist wichtiger, einen Personalabbau hinzunehmen, als den Gesamtbetrieb mit allen Beschäftigten zu gefährden (182).

Die Befreiung von der Erstattungspflicht erfasst bei *kurzfristigem, drastischen Personalabbau* Betriebe, die sich in einer dramatischen Situation der Überbeschäftigung befinden. Kurzfristig ist der Personalabbau, wenn er innerhalb von drei Monaten erfolgt, drastisch ist er, wenn mindestens 20% der Belegschaft erfasst werden. Dazu ist zu fordern, dass der Personalabbau für den örtlichen Arbeitsmarkt aktuell erhebliche Bedeutung hat. In dieser gravierenden Situation tritt die Erstattungspflicht auch dann nicht ein, wenn ausschließlich ältere Arbeitnehmer entlassen werden.

Zu b) Vom Arbeitgeber ist die Kündigung nicht zu vertreten, wenn der Arbeitnehmer das Arbeitsverhältnis kündigt (183). Zugleich darf der Arbeitnehmer aber auch keine Abfindung erhalten, da es sich damit nicht um eine einseitige Kündigung handeln würde, sondern um eine zweiseitige vertragliche Beendigung.

Ein Befreiungstatbestand liegt auch vor, wenn die Kündigung sozial gerechtfertigt ist (184). Sozial gerechtfertigt ist sie, wenn die Kriterien des § 95 BetrVG erfüllt sind. Es reicht hierbei nicht aus, dass der Arbeitgeber lediglich zu einer ordentlichen Kündigung berechtigt war. § 7 KSchG (185) findet keine Anwendung. Bei unkündbaren Arbeitnehmern besteht dennoch eine Befreiungsmöglichkeit, wenn im Tarifvertrag mit einer sogenannten Unkündbarkeitsklausel Ausnahmen zugelassen werden (Betriebsstilllegung, grundlegende betriebliche Änderungen, Vorliegen eines Sozialplanes).

Unschädlich für die Anwendung des Befreiungstatbestandes sind die personenbedingte Kündigung (die Gründe liegen in den persönlichen Eigenschaften, Fähigkeiten und mit Einschränkung in dem Gesundheitsstatus des Arbeitnehmers), die verhaltensbedingte Kündigung (vorsätzliche oder fahrlässige Vertragsverletzung des Arbeitnehmers, grundsätzlich nach Abmahnung) und die betriebsbedingte Kündigung (dieser Kündigung geht stets eine unternehmerische Entscheidung zur Durchführung von Rationalisierungsmaßnahmen, Betriebseinschränkungen oder Stilllegungen etc. voraus). Es müssen dringende, betriebliche (inner- oder außerbetriebliche) Erfordernisse der Weiterbeschäftigung von Mitarbeitern entgegenstehen.

Zu c) *1. Alternative:* Von einer besonderen Verantwortung des Arbeitgebers für die bei ihm über einen langen Zeitraum beschäftigten Mitarbeiter und damit einer Erstattungspflicht ist dann nicht auszugehen, wenn der Fortbestand des Unternehmens gefährdet ist. Dabei muss die Erstattungsforderung durch Höhe und Umfang kausal für die Überforderung des Unternehmens sein. Dies ist z.B. der Fall, wenn die von den Banken eingeräumten Kreditlinien ausgeschöpft sind und eine Erstattungspflicht zur Zahlungsunfähigkeit oder Überschuldung führen würde. Damit ist zugleich in den Fällen, in denen die Eröffnung des Insolvenzverfahrens bereits erfolgt ist oder ein Insolvenzantrag mangels Masse abgelehnt wurde, in der Regel kein Erstattungsanspruch des Arbeitsamtes begründet.

Die Befreiung von der Erstattungspflicht kann jedoch nicht von der öffentlichen Hand geltend gemacht werden, da hier gegebenenfalls der Haftungsdurchgriff über den Haushalt gewährleistet ist.

Zu c) *2. Alternative*: Von einer Erstattungspflicht wird auch dann abgesehen, wenn die Erstattungsforderung die verbleibenden Arbeitsplätze des Betriebes gefährden würde. Damit ist bereits eine unzumutbare Belastung normiert, die unterhalb der Existenzgefährdung liegt, wenn nach dem bereits durchgeführten Personalabbau mit der Erstattung die verbleibenden Arbeitsplätze gefährdet sind. Man kann hier also von einer Vorstufe der Existenzgefährdung sprechen. Dabei brauchen nicht alle verbleibenden Arbeitsplätze betroffen sein. Es reicht vielmehr aus, dass weitere Arbeitsplätze gefährdet wären.

4.8 Beispiel für die Kombination von Instrumenten der Arbeitsverwaltung

4.8.1 Sachverhalt

Ein aus einer Produktionsgenossenschaft (PGH) hervorgegangener Meisterbetrieb im sogenannten Speckgürtel Berlins beschäftigt 100 Mitarbeiter (darunter neun Lehrlinge ohne Übernahmeverpflichtung). Ihm drohte im September 1999 die Insolvenz; der Hauptauftraggeber der Firma, die MEWAG, hatte die Wartungsverträge halbiert. Die vertragliche Verbindung machte 60% des Firmenumsatzes aus. Eine verstärkte Akquisition in Berlin scheiterte daran, dass die Brandenburger Zertifizierung in Berlin nicht anerkannt wurde. Der Betrieb wurde unterkapitalisiert geführt, der Mitarbeiterstamm war überaltert; jedoch hatte der Betrieb vertraglich einen Großauftrag akquiriert, der die Wiederbeschäftigung von acht Kräften ermöglichen sollte.

Die Hausbank hatte den Neubau des Betriebes im Gewerbegebiet kreditiert und befürchtete aufgrund der regionalen Verschlechterung der Nachfrage nach Firmengelände und Gebäuden, im Verwertungsfall nicht aus dem zu erwartenden Erlös befriedigt zu werden.

Die Bank war jedoch bereit, den Kontokorrentrahmen aufrecht zu erhalten, wenn eine akzeptable Personalanpassung und eine Verringerung der Lohnkostenanteile die Bonität des Betriebes stützten. Ein Sozialplan schied als Lösungsansatz aus (Kostengründe). Der Betrieb bat die Hausbank, die Kreishandwerkerschaft und das Arbeitsamt an einer tragfähigen Lösung mitzuarbeiten.

4.8.2 Aufgabe

Sie bestand nunmehr darin, die Lohnkosten und den Überhang des Personalbestandes um 30 Mitarbeiter zu verringern sowie die Altersstruktur zu verbessern. Darüber hinaus musste die Qualifizierungsaufgabe von Mitarbeitern hinsichtlich der Erlangung der Zertifizierung erfolgen.

4.8.3 Lösung

Für die Verbesserung der Altersstruktur regte die Firma an, für zehn ältere Arbeitnehmer (über 55 Jahre) die Altersteilzeit zu vereinbaren. Mit dem Betriebsrat und in Einzelgesprächen mit den in Frage kommenden Mitarbeitern wurde wegen der fehlenden Alternative die Akzeptanz hergestellt. Die Arbeitnehmer waren mit der Halbtagstätigkeit einverstanden. Gemäß § 4 ATG war die Erstattung eines Aufstockungsbetrages durch die BA i.H.v. 20% des für die Altersteilzeit gezahlten Arbeitsentgelts gesichert. Für den Arbeitgeber blieb die Verpflichtung, zusätzliche Beiträge zur gesetzlichen Rentenversicherung in Höhe des Betrages, der auf den Unterschiedsbetrag von 90% des Vollzeitarbeitlohnes und dem Arbeitsentgelt für die Altersteilzeit entfällt, zu zahlen. Damit waren für 40% des Arbeitslohnes Rentenbeiträge durch den Arbeitgeber zu leisten.

Somit stand die Arbeitszeit von zehn Vollzeitkräften halbiert zur Verfügung; fünf Arbeitskräfte waren daher zur Erfüllung des Tatbestandes gemäß § 4 ATG einzustellen bzw. zu übernehmen. Dieser Personalausgleich ergibt sich aus dem nachfolgenden Ansatz. Die Betriebsleitung überprüfte den Personalbestand und zeigte Interesse, die ausgelernten Auszubildenden zum 30.09.1999, bis auf eine Nachwuchskraft, zu übernehmen, wenn sich die Senkung des Kostenrahmens sicherstellen ließe.

Der Betrieb übernahm fünf ehemalige Auszubildende unbefristet. Durch diese Maßnahme ergab sich eine Lohnentlastung, da weniger Jahre der Betriebszugehörigkeit ein geringeres Arbeitsentgelt nach sich zog.

Für drei Azubis wurde die Übernahme für ein Beschäftigungsjahr mit der Hilfestellung des Arbeitsamtes gesichert. Mit der Freien Förderung wurde der Projektansatz, Jugendlichen Berufspraxis nach der Ausbildung zu verschaffen, umgesetzt. Das bedeutete, dass dem Betrieb für jeden Azubi DM 2 000,- monatlich als Lohnkostenzuschuss bewilligt wurde. Damit ergab sich ein Gesamtförderungsvolumen i.H.v. DM 72 000,-.

Vier Mitarbeiter wurden über einen Auflösungsvertrag als von Arbeitslosigkeit bedrohte Mitarbeiter in eine Betriebsneugründung übernommen, die vom Sohn des Betriebsinhabers gegründet wurde. Der Betriebszweck besteht in der Arbeitnehmerüberlassung von Mitarbeitern für Arbeiten im Elektro-/Elektronikbereich. Für zwei dieser Mitarbeiter wurden Zuschüsse aus dem Budget SAM/OfW i.H.v. DM 1 355,- pro Mitarbeiter und Monat für ein Jahr in Anspruch genommen. Zwei Mitarbeiter wurden über den Einstellungszuschuss für Neugründungen gemäß § 228 SGB III subventioniert. Der ehemals arbeitslose Sohn des Betriebsinhabers erhielt Überbrückungsgeld für die Aufnahme der selbständigen Tätigkeit als Inhaber der Zeitarbeitsfirma bewilligt. Die erforderliche Genehmigung für die gewerbsmäßige Überlassung von Arbeitnehmern wurde von dem dafür zuständigen Arbeitsamt Berlin-Brandenburg bewilligt.

Für die Zeit bis zur Abarbeitung des Großauftrages war für acht Mitarbeiter keine Arbeit vorhanden. Für sie wurde Kurzarbeitergeld ohne Beschäftigung (186) vereinbart. Das Arbeitsamt zahlte das Kurzarbeitergeld für die Vollzeit, der Arbeitgeber hatte die Sozialversicherungsbeiträge anteilig zu leisten.

Zwölf Mitarbeiter wurden in einer betriebsorganisatorisch eigenen Einheit gem. § 175 Abs. 1 SGB III zusammengefasst. Die Zeit wurde dazu genutzt, die Mitarbeiter zur Erlangung der besonderen Zertifizierung über ein Jahr zu qualifizieren. Der Betrieb war um die Lohnkosten entlastet. Die Mitarbeiter wurden für die Übernahme in die Zeitarbeitsfirma vorbereitet.

4.8.4 Ergebnis

43 Mitarbeiter wurden in den betrieblichen Anpassungsprozeß einbezogen. 17 Mitarbeiter haben den Betrieb verlassen. Die soziale Abfederung erfolgte durch das Arbeitsamt. 11 Mitarbeiter wurden über die kritische Ein-Jahresfrist hinweg subventioniert. Die Verjüngung der Altersstruktur wurde erreicht. Die Qualifizierung für die benötigte Zertifizierung wurde durch das Arbeitsamt bezahlt.

5 Fazit

Mit der Rechts- und Weisungslage und den aufgeführten Beispielen wurden die Chancen der Unternehmung in der Zusammenarbeit mit der Arbeitsverwaltung aufgezeigt. Dem Unternehmen, dem Betrieb oder dem Selbständigen stehen facettenreiche Dienste und Leistungen der Arbeitsämter zur Seite, die in unterschiedlichen betrieblichen Situationen, von der Gründungsphase über die Verbesserung des Betriebsergebnisses bis hin zur Strukturanpassung dem Arbeitgeber zugute kommen.

Es wurde auch deutlich, dass das Arbeitsförderungsrecht den sich ständig ändernden Marktverhältnissen permanent angepasst wird. Hier greift die Verbandsarbeit der Arbeitgeberseite, die durch Mitarbeit in den Selbstverwaltungsgremien der BA Einfluss auf die Gestaltung der Aufgaben der Arbeitsverwaltung nehmen kann.

Kritisch ist anzumerken, dass die Kooperation in der betrieblichen Praxis (z.B. im täglichen Bankgeschäft mit Firmenkunden und wirtschaftlich Selbständigen) trotz des großen BA-Haushalts und der Dienstleistungsangebote der Arbeitsämter nicht den Möglichkeiten gerecht wird. Hier ist Aufklärung erforderlich.

Anmerkungen

(1) SGB = Sozialgesetzbuch; hier § 1.
(2) Die private Arbeitsvermittlung spielt zur Zeit eine untergeordnete Rolle.
(3) Siehe Gesetzestext zu § 2, Abs. 2 SGB III.
(4) § 367 Satz 1 SGB III.
(5) § 367 Satz 2 SGB III.
(6) § 368 SGB III.
(7) § 370 Abs. 1, SGB III.
(8) § 370 Abs. 2, SGB III.
(9) § 370 Abs. 4, SGB III.
(10) Erlass der BA vom 17.07.2000, I a 4-5516.3.
(11) Eine Legaldefinition der Begriffe Erster und Zweiter Arbeitsmarkt existiert nicht.
(12) § 15 SGB III, § 16 SGB III: Legaldefinitionen.
(13) In Verbindung mit § 35 SGB III: Das unmittelbare Vermittlungsangebot.
(14) Aktive Arbeitsmarktförderung.
(15) § 7 SGB III.
(16) § 2 SGB III.
(17) Verbesserung der Eingliederungsaussichten (§ 48 SGB III).
(18) § 89 SGB III.
(19) § 77 ff. SGB III.
(20) § 77 Abs. 1, Ziff. 1 SGB III.
(21) §§ 77-80 SGB III.
(22) §§ 81 ff. SGB III.
(23) § 57 Abs. 3 SGB III.
(24) § 57 Abs. 2, Ziff. 1 a SGB III.
(25) § 57 Abs. 2, Ziff. 1 b SGB III.
(26) § 57 Abs. 3 SGB III.
(27) BAG AP Nr. 1 zu § 611 BGB.
(28) BT-DruckS. 13/4941 S. 193 zu § 223 SGB III.

(29) BGBL 2000 I S. 2.
(30) § 7 Abs. 1 SGB IV.
(31) BT-DruckS. 13/4941 S. 193 zu § 223 SGB III.
(32) Voelzke in Hauck/Noftz, SGB III, K § 225 Rz. 18.
(33) Voelzke in Hauck/Noftz, SGB III, K § 225 Rz. 18.
(34) § 226 Abs. 2 SGB III.
(35) § 226 Abs. 4 SGB III.
(36) § 227 Abs. 1 und Abs. 2, Satz 1 und 2 SGB III.
(37) § 39 Abs. 1 SGB I.
(38) § 324 Abs. 1 SGB III.
(39) Freie Förderung.
(40) § 10 Abs. 1 SGB III.
(41) § 10 Abs. 2 SGB III.
(42) Siehe Teil 1.
(43) Länger als ein Jahr Arbeitslosigkeit.
(44) 25 Jahre und jünger.
(45) Strukturanpassungsmaßnahme.
(46) Beschäftigungshilfe.
(47) Eingliederungszuschuss.
(48) Arbeitnehmerhilfe.
(49) § 415 Abs. 3 SGB III.
(50) Der Zuschuss beträgt höchstens 70% der SAM „klassisch" gemäß § 275 Abs. 1, Satz 1 SGB III und wird höchstens bis zur Höhe des monatlich ausgezahlten Arbeitsentgelts bezahlt.
(51) § 415 Abs. 3, Satz 2, Ziff. 1 SGB III.
(52) Landesprogramm Konversion 2.
(53) § 260 Abs. 2, Ziff. 3 SGB III.
(54) § 261 Abs. 2 SGB III.
(55) § 262 SGB III.
(56) §§ 209 ff SGB III.
(57) § 214 SGB III.
(58) § 147 b SGB III.
(59) § 262 SGB III.
(60) § 262 Abs. 1, Satz 1 SGB III.
(61) §§ 262 Abs. 2 i.V.m. § 269 SGB III.

(62) Vgl. „Konzipierung beschäftigungswirksamer Projekte nach § 249 h AFG", Hrsg.: MASGF 1995 S. 11/12.
(63) §§ 260, 261 SGB III.
(64) § 262 Abs. 1, Satz 1, Ziff. 1,2 SGB III.
(65) § 262 Abs. 1 Satz 1, Ziff. 3 SGB III.
(66) § 262 Abs. 1 SGB III.
(67) § 264 SGB III.
(68) § 416 SGB III gilt, wenn Bewilligung und Arbeitsaufnahme im Beitrittsgebiet bis zum 31.12.2000 erfolgen.
(69) § 266 SGB III.
(70) § 5 ABM-A.
(71) § 3 ABM-A.
(72) Schwerbehindert sind Personen mit einem Grad der Behinderung von mindestens 50%.
(73) § 11 SchwbG.
(74) § 19 SGB III.
(75) § 1 SchwbG.
(76) § 2 SchwbG.
(77) Der Eingliederungstitel sichert die Eingliederungsleistungen im Haushalt der Bundesanstalt ab. Zu den einschlägigen Leistungen gehören z.B. ABM, Qualifizierungsmaßnahmen und diverse Zuschüsse.
(78) Beschluss des Verwaltungsausschusses Berlin-Brandenburg von 1999.
(79) ibv Nr. 18, S. 1669.
(80) Eingliederungszuschuss.
(81) Beschäftigungshilfe.
(82) Verdingungsordnung Bauwirtschaft.
(83) §§ 169 ff SGB III.
(84) §§ 175 ff SGB III.
(85) § 170 SGB III.
(86) § 171 SGB III.
(87) § 172 SGB III.
(88) § 173 SGB III.
(89) SCHMALZ in HAUCK/NOFTZ, SGB III, K § 170, Rz. 6.
(90) SCHMALZ in HAUCK/NOFTZ, SGB III, K § 170, Rz. 6.
(91) § 170 Abs. 1 Nr. 1 und Abs. 3 SGB III.
(92) BSG Soz. R 3, 4100 § 64 AFG Nr. 3.

(93) § 170 Abs. 1 und Abs. 4 SGB III.
(94) SCHMALZ in HAUCK/NOFTZ, SGB III, K § 170, Rz. 20.
(95) SCHMALZ in HAUCK/NOFTZ, SGB III, K § 170, Rz. 21.
(96) § 170 Abs. 4 Satz 3 SGB III.
(97) § 170 Abs. 4 Satz 3 Ziff. 1 SGB III.
(98) § 170 Abs. 4 Satz 3 Ziff. 3 und 4 und Satz 4 SGB III.
(99) SCHMALZ in HAUCK/NOFTZ, SGB III, K § 170, Rz. 30.
(100) § 171 SGB III.
(101) SCHAUB, Arbeitsrechtshandbuch, 8. Auflage, 1996, § 18 I 1 m.w.N.
(102) SCHMALZ in HAUCK/NOFTZ, SGB III, K § 171, Rz. 9.
(103) § 172 Abs. 2, Nr. 3 SGB III.
(104) § 177 Abs. 1, Ziff. 1 b SGB III.
(105) § 172 Abs. 1, Satz 1, Nr. 1 c SGB III.
(106) SCHMALZ in HAUCK/NOFTZ, SGB III, K § 170, Rz. 7.
(107) BSG SozR 4100 § 65 AFG.
(108) § 172 Abs. 1, Nr. 3, und Abs. 2 SGB III.
(109) § 172 Abs. 3 SGB III.
(110) § 173 SGB III.
(111) §§ 323-325 SGB III.
(112) § 172 SGB III.
(113) § 323 Abs. 2 SGB III.
(114) § 23 Abs. 1, Satz 2, SGB X.
(115) § 173 Abs. 2 SGB III.
(116) § 27 Abs. 1, Satz 1 SGB X.
(117) § 173 Abs. 3 SGB III.
(118) § 177 SGB III.
(119) § 177 Abs. 1, Satz 1 SGB III.
(120) § 177 Abs. 1, Satz 4 SGB III.
(121) BSG SozR 4100, § 67 Nr. 1 AFG.
(122) § 177 Abs. 3 SBG III.
(123) § 177 Abs. 4, Satz 2 SGB III.
(124) § 177 Abs. 2 SGB III.
(125) Artikel 80 GG, Das Bundesministerium für Arbeit ist im Gesetz als Verordnungsgeber genannt.
(126) § 182 Ziff. 3 b SGB III.

(127) § 177 Abs. 4, Satz 2, Ziff. 1 und 2 SGB III.
(128) § 175 SGB III.
(129) § 175 Abs. 1, Satz 1 SGB III.
(130) § 175 Abs. 1, Ziff. 1 SGB III.
(131) Kündigungsschutzgesetz.
(132) SCHMALZ in HAUCK/NOFTZ, SGB III, K § 175, Rz. 7.
(133) § 175 Abs. 1, Satz 2 SGB III.
(134) Unterhaltsgeld.
(135) § 172 Abs. 2, Nr. 1 SGB III.
(136) § 179 Abs. 3 SGB III.
(137) § 175 Abs. 3 SGB III.
(138) Seit der Einführung der Insolvenzordnung am 01.01.99 ist zeitgleich das Konkursausfallgeld durch das Insolvenzgeld ersetzt worden.
(139) § 7 SGB IV.
(140) § 25 Abs. 1 SGB III: „Wer gegen Arbeitsentgelt oder zur Berufsausbildung beschäftigt ist".
(141) VOELZKE in HAUCK/NOFTZ, SGB III, K § 183, Rz. 26.
(142) § 7 a SGB IV.
(143) § 183 SGB III.
(144) BSG 64, 24.
(145) § 28 e Abs. 2, Satz 1 SGB IV.
(146) § 188 Abs. 4 SGB III.
(147) § 183 Abs. 4 SGB III.
(148) § 314 SGB III: Insolvenzgeldbescheinigung.
(149) § 187 SGB III.
(150) Großbritannien und Frankreich weisen drei Prozent Beschäftigung im Rahmen der Zeitarbeit aus.
(151) Fassung der Bekanntmachung vom 03.02.1995 (BGBl. I S. 158).
(152) § 1 Abs. 1, Satz 1 AÜG.
(153) § 17 AÜG.
(154) Durchführungsanweisungen (DA) zum AÜG I.10.
(155) BAG Urteil vom 08.11.1978, NJW 1984 2912.
(156) Im einzelnen siehe DA-AÜG 1.41.3.
(157) BSG vom 23.06. 1982 in SozR § 13 Nr. 6.
(158) § 1 Abs. 1, Satz 2 AÜG.
(159) § 1 Abs. 3, Ziff. 1 AÜG.

(160) Unternehmen innerhalb eines Konzerns können auf Mitarbeiter eines anderen Konzernunternehmens zurückgreifen.

(161) Weitere Ordnungswidrigkeitstatbestände sind in dem § 16 Abs. 1, Ziff. 1-9 festgelegt.

(162) § 1 a Abs. 1 AÜG.

(163) § 3 Abs. 1 AÜG.

(164) § 3 Abs. 1, Ziff. 3,4 und 5 AÜG.

(165) § 3 Abs. 1, Ziff. 6 AÜG.

(166) § 7 AÜG.

(167) § 11 AÜG.

(168) § 12 AÜG.

(169) § 15 AÜG.

(170) § 15 a AÜG.

(171) Mit dem Kombilohn kann der Arbeitgeber (z.B. auch als Verleiher) konkurrenzfähig und marktgängig im unteren Einkommensbereich entlohnen und gewinnt durch die seinen Mitarbeitern gewährten Aufstockungsbeträge akzeptable Beschäftigte.

(172) Vgl. http://www.flexible-unternehmen.com/salterst.htm (25k), S. 1.

(173) Vgl. Sozialgesetzbuch, Drittes Buch: Arbeitsförderung, 2. Ausgabe, Stand: 1.4.1999 Bundesanstalt für Arbeit, Altersteilzeitgesetz §§ 1 ff.

(174) Vgl. http://www.arbeitsamt.de/hast/geldleistung/merkblatt/mg_atg/index.html.

(175) Vgl. Altersteilzeit, Bundesministerium für Arbeit und Sozialordnung, Juli 1999, http://www.bma.bund.de.

(176) Vgl. http://www.arbeitsamt.de/hast/geldleistung/merkblatt/mg_atg/index.html.

(177) Vgl. http://www.arbeitsamt.de/hast/geldleistung/.

(178) § 613 a BGB.

(179) Urteil des BSG vom 18.09.97, veröffentlicht in DiR der BA vom 23.10.98, Nr. 4419 a zu § 128 AFG.

(180) § 147 a Abs. 1 SGB III.

(181) § 147 a Abs. 2, Ziff. 2 SGB III.

(182) § 147 a Abs. 1, Satz 2, Ziff. 6 SGB III.

(183) § 147 a Abs. 1, Satz 2, Ziff. 3 SGB III.

(184) § 147 a Abs. 1, Satz 2, Ziff. 4 SGB III.

(185) Kündigungsschutzgesetz.

(186) Sog. KUG 0.

Venture Capital und Neuer Markt als strategische Erfolgsfaktoren der Innovationsförderung für Erfinder und technologieorientierte Unternehmensgründungen

Wilhelm Schmeisser

1 Einleitung

Seit den 70er Jahren verstärkt sich die Diskussion in Deutschland, ob *Venture Capital* und nun der *Neue Markt* strategische Erfolgsfaktoren bei der Innovationsförderung für Erfinder und technologieorientierte Gründungsunternehmen sein können. Eine Fragestellung, die hier untersucht wird. Schon damals zeigten die deutschen Kapitalbeteiligungs- und Venture Capital-Gesellschaften wenig Neigung zur Gründungs- und Innovationsfinanzierung. Die Begründung hierfür bestand zum Teil aus dem Argument, dass für eine derartige Bonitätsprüfung bei den deutschen Kapitalbeteiligungsgesellschaften bis dato noch nicht verfügbares Spezial-Know how erforderlich ist. Als weiteres Argument verwiesen sie als gute „Töchter" von Kreditinstituten darauf, dass bereits Risiken beim Beteiligungsgeschäft mit etablierten kleinen und mittleren Unternehmen sich als nicht unerheblich erweisen (1). Die Besonderheit Erfinder, innovative Unternehmensgründungen und Innovationen zu beurteilen, liegt in dem Neuheitsgrad der Problemlösung, der den gesamten Implementierungs- und Unternehmensprozess beeinflusst. Entsprechend ist es um so schwieriger, die Gründungsidee, die Innovation, die Gründungsperson oder Innovator und die Gründungsorganisation bzw. die innovative Organisation zu beurteilen, je ausgeprägter der Neuheitsgrad der Problemlösung ist (2).

2 Venture Capital im Rahmen eines integrierten Lebenszyklusphasenmodells und Venture-Strategien

Risikokapital (Equity) ist der Motor wirtschaftlicher Innovation, so die Propagandisten. Da Risikokapital Beteiligungskapital/Haftungskapital darstellt, ist es zugleich die Gegenwartsbasis der Kreditwürdigkeit, und will man nicht auf Zukunftserwartungen abstellen, so bleibt es sogar die einzige tangible Basis. Es stärkt die Sicherheit des Unternehmens, da es der entscheidende Puffer einmal zwischen Überlebensfähigkeit und Untergang/Sanierung des Unternehmens bildet; es bezeichnet aber auch das Eigenkapital, welches jungen Technologieunternehmen zur Verfügung gestellt wird, die ihr Wachstum nicht aus eigener Kraft finanzieren können und von Banken mangels Sicherheiten keine bzw. keine ausreichenden Kredite erhalten.

Der deutsche Markt für Beteiligungskapital (Private Equity oder Venture Capital) ist nicht zuletzt darum in den letzten zwei Jahren enorm gewachsen. Dieses Geld fließt nicht börsennotierten Unternehmen in Form von Eigenkapital zu. Laut Erhebungen des Bundesverbandes deutscher Kapitalbeteiligungsgesellschaften – German Venture Capital Association (BVK) – sind die Bruttoinvestitionen von 2,3 Mrd. DM 1997 auf 3,3 Mrd. DM in 1998 gestiegen.

2.1 Phasenmodell der Venture Capital-Finanzierung

Die idealtypische Venture Capital-Finanzierung (3) vollzieht sich in mehreren Finanzierungsstufen, die in Abbildung 1 näher dargestellt werden.

2.1.1 Early-Stage-Financing

Die Finanzierung der Gründung eines Unternehmensstarts, auch Early-Stage-Financing genannt, läuft i.d.R. in drei verschiedenen Phasen ab:

1. Phase: Seed-Financing. In dieser Phase wird im Wesentlichen die Unternehmensgründung durch Finanzierung der Ausreifung und Umsetzung einer Idee in verwertbare Resultate vorbereitet. Es werden der Grundstein für die Unternehmensgründung gelegt, Ziele formuliert, der anvisierte Markt definiert und bestimmte Marktsegmente ausgeklammert. Bei einem erfolgreichen Unternehmensstart kann Seed-Money für den Kapitalgeber eine äußerst rentable Kapitalanlage darstellen, wobei den großen Gewinnchancen aber auch überdurchschnittliche Verlustrisiken gegenüberstehen. Aufgrund des überproportionalen Verlustpotenzials erfolgt in der Regel in dieser Phase noch keine Beteiligungsfinanzierung mit Venture Capital. Der Unternehmer muss vorwiegend auf eigene Mittel sowie gegebenenfalls auf zusätzliche öffentliche Fördermittel zurückgreifen.

2. Phase: Start-up-Financing. In dieser Phase beteiligt sich die Venture Capital-Gesellschaft an der eigentlichen Unternehmensgründung. Die Produktentwicklung ist weitgehend abgeschlossen und der Schwerpunkt der Aktivitäten liegt auf ersten Marketingschritten und der Produktionsvorbereitung von Unternehmen im Aufbau, die ihr Produkt bislang noch nicht verkauft haben.

3. Phase: First-Stage-Financing. Die Phase des First-Stage-Financing beginnt mit der Aufnahme der Produktion und Einführung der Produkte am Markt. Diese Phase ist in aller Regel durch einen erheblichen Kapitalbedarf gekennzeichnet.

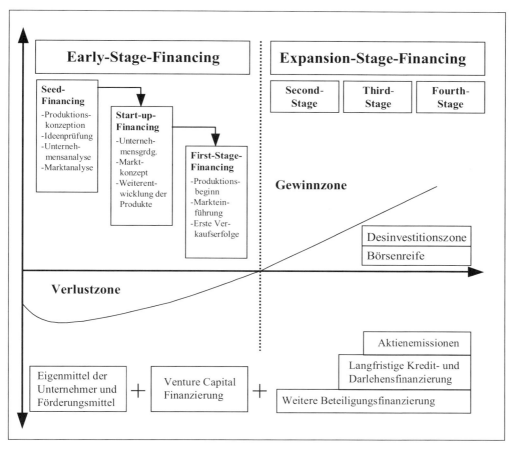

Abbildung 1: Finanzierungsphasen in der VC-Finanzierung
  (Quelle: In Anlehnung an BUSSE, F.-J.: Finanzwirtschaft, 1996, S. 101)

Mit den drei genannten Phasen ist der Bereich des Early-Stage-Financing, der normalerweise mit Verlusten auf der Seite des Portfoliounternehmens, (d.h. der VC-Gesellschaft) verbunden ist, abgeschlossen. Weitere Probleme können bei der Suche geeigneter Führungs- und Fachkräfte hinzukommen, so dass in der Summe der Early-Stage-Bereich der risikoreichste für ein Venture Capital-Investment ist.

2.1.2 Expansion-Stage-Financing

Nachdem die Talsohle der Verlustphase durchschritten ist, die Produktion begonnen hat und die Markteinführung erfolgreich verlaufen ist, wird das Unternehmen in die Gewinnzone eintreten. Auch hier lassen sich wiederum im idealtypischen Fall verschiedene Finanzierungsphasen unterscheiden.

1. Phase: Second-Stage-Financing. Durch das sogenannte Second-Stage-Financing erfolgt die Finanzierung der Wachstumsphase von Unternehmen. Die ersten Erfolge am Markt sind eingetreten, so dass nunmehr Produktionsprobleme, Kapazitätsauslastungsprobleme und Kostensenkung im Vordergrund stehen. Es werden Organisationstrukturen geschaffen und ausgebaut. Der Umsatz steigt stark an und der Break-even-Punkt ist erreicht.

2. Phase: Third-Stage-Financing. Mittlerweile ist das sogenannte „Pionierwachstum" abgeschlossen und es folgt die Phase des Wettbewerbswachstums. Es wird versucht, die Marktpotentiale optimal auszuschöpfen. Da sich das Unternehmen in einer soliden Gewinnzone befindet, erfolgen erstmals auch langfristige Kreditfinanzierungen, um den expansiven betrieblichen Umsatzprozess zu finanzieren.

3. Phase: Fourth-Stage-Financing (Bridge-Financing). Das Portfoliounternehmen hat mittlerweile die Börsenreife erreicht und die Venture Capital-Gesellschaft wird versuchen, das von ihr investierte Kapital durch Verkauf ihrer Geschäftsanteile an der Börse zu realisieren. Bei der Bridge- bzw. Überbrückungsfinanzierung wird dem Unternehmen Kapital zur Vorbereitung eines Börsenganges oder zur Überwindung von Wachstumsschwellen vor Verkauf an einen industriellen Investor zur Verfügung gestellt. Mit der Desinvestition ist das Engagement der Venture Capital-Gesellschaft schließlich abgeschlossen.

2.1.3 Spin-offs und Management-buy-outs

Neben den dargestellten verschiedenen Finanzierungsphasen können noch zwei besondere Formen der Venture Capital-Finanzierung unterschieden werden.

1. Spin-offs: Unternehmensgründungen durch erfahrene Manager oder Wissenschaftler, die aus bestehenden Unternehmen mit oft schwerfälligen Organisationsstrukturen ausscheiden und innovatives Potenzial auf ein neues Unternehmen transferieren, werden Spin-offs genannt. Der Austritt aus dem Unternehmensverbund erfolgt hierbei mit Wissen und oft auch mit Förderung dieser Unternehmen.

2. Management-buy-outs: Auch die sogenannten Management-buy-outs (MBO) und Management-buy-ins (MBI) können mit Venture Capital finanziert werden. Hierunter wird die Finanzierung der Übernahme eines Unternehmens durch das vorhandene (MBO) bzw. ein externes (MBI) Management verstanden.

2.1.4 Venture-Capital-Strategien: Anwendungsfälle und Schwerpunktbildungen

Drei Strategie-Gruppen bzw. Geschäftsfelder können beim Venture Capital unterschieden werden. Strategien für Innovations-Spezialisten, Strategien für Financial Engineers und schließlich Strategien für Allrounder. Für die verschiedenen Strategien wird von den Venture Capital-Betreuern unterschiedliches Know how benötigt.

In Form einer VC-Strategie-Matrix (vgl. Tabelle 1) werden die Zusammenhänge Strategie-Geschäftsfelder der VC-Gesellschaften veranschaulicht (4).

Strategie	(1) Innovations-Spezialisten	(2) Financial Engineers	(3) Allrounder
Geschäftsfeld	Geschäftsschwerpunkte		
A. Frühphasenfinanzierung (Early-Stage-, Seed-, Start-up-Finance)	XXX		
B. Finanzierung reifer Unternehmen			
a) Wachstumsfinanzierung (Expansion-Finance)	x	X	XXX
b) Ablösung von Gesellschaftern		x	XXX
c) MBO/MBI-Finanzierung und Spin-offs		XXX	x
d) „Bridging"		X	x
C. Sonderanlässe			
a) Turn around		XXX	XXX
b) Branchenkonzepte		XXX	XXX
XXX = stark betonter Geschäftsschwerpunkt; x = weniger stark ausgeprägter Geschäftsschwerpunkt			

Tabelle 1: VC-Strategie-Matrix (Quelle: LEOPOLD/FROMMANN 1998, S. 16)

Das Betätigungsfeld der Innovations-Spezialisten ist vorwiegend bei jungen und neugegründeten Unternehmen zu finden, die vor allem eine Erfindung und Innovation voranbringen und vermarkten wollen. Financial Engineers-Spezialisten betreiben schwerpunktmäßig die Geschäftsfelder MBO/MBI-Finanzierung sowie Turn around/ Sanierungsfälle in ausgesuchten Branchen. Allrounder sehen ihre Betätigungen mehr in der Wachstumsfinanzierung und bei Gesellschafterwechsel/Unternehmensnachfolge einschließlich Börsengang am „Neuen Markt". Aus dieser Standortbestimmung typischer Geschäftsfelder im Rahmen der VC-Strategie-Matrix ergibt sich unter anderem, welches Fachpersonal („Professionals") vorhanden sein oder ausgebildet werden muss, um die gestellten oder ausgewählten Aufgabenkomplexe der einzelnen Geschäftsfelder erfolgreich zu bewältigen. Dies ist auch ein Grund, weshalb die Venture Capital-Philiosophie in ihren Anfängen in der BRD gescheitert ist.

3 Finanzierungsstruktur von Venture Capital-Gesellschaften an technologieorientierten Unternehmen

3.1 Finanzierungsstruktur

Prinzipiell existieren für technologieorientierte Unternehmen zwei institutionalisierte Wege zur Beschaffung von Eigenkapital: der Gang an die Börse und die Finanzierung über Kapitalbeteiligungsgesellschaften. Während von 1992 bis 1997 in der BRD lediglich 86 Gesellschaften Eigenkapital über den Börsengang schöpften, wurden von Venture Capital-Gesellschaften mehr als 2 000 neue Beteiligungstransaktionen durchgeführt.

In diesen lapidaren Feststellungen sehen die Befürworter des Venture Capital-Gedankens ihre Legitimation. Einer Studie von COOPERS und LYBRAND (vgl. Abbildung 2) (5) zufolge generieren Venture Capital-finanzierte Unternehmen ein Umsatzwachstum von 35,0 % p.a. gegenüber 14,0 % p.a. der Top 500 Europas (Zeitraum 1991-1995), sowie ein Wachstum der Arbeitsplätze von 15 % p.a. gegenüber 2,0 % p.a. Diese relativen Zahlen verdeutlichen zumindest die Bedeutung, die sich Kapitalbeteiligungsgesellschaften im volkswirtschaftlichen Kontext zugute halten, obwohl sie sicherlich absolut weniger ins Gewicht fallen.

Der bis vor drei Jahren verbaute Weg für kleine und mittlere Unternehmen an die Börse zu gelangen „bzw. von Venture Capital-Gesellschaften mittels Beteiligungsfinanzierung" an die traditionelle Börse gebracht zu werden, hat sich inzwischen geöffnet. Seit zwei Jahren ist mit dem *Neuen Markt* eine Forderung der Innovationsförderungsproblematik der VC- Gesellschaften eingelöst.

Kapitalbeteiligungsgesellschaften (Beteiligungsgesellschaften, Unternehmensbeteiligungsgesellschaften, Venture Capital-Gesellschaften) sind Intermediäre, die Fonds aus Mitteln von Banken, Versicherungen, Unternehmen und Privatpersonen verwalten und diese Mittel als Investitionen in Portfoliounternehmen tätigen. Dem extrem hohen Ausfallrisiko eines VC-Investments wird durch die breite Streuung der finanzierten Projekte, VC-Strategien und Geschäftsfelder Rechnung getragen. Gleichzeitig übernimmt die Venture Capital-Gesellschaft die unternehmerische Beratung und Betreuung des Beteiligungsunternehmens. VC-Unternehmen sind Investoren mit langfristiger Perspektive, die ihren Zins- und Renditeanspruch für einen späteren Kapitalgewinn (*capital gain*) an der Börse/ am Neuen Markt zurückstellen. Das heißt, die Krönung des Investmentprojektes ist erreicht, wenn ihr nach erfolgreicher Innovation am Markt ein *Exit* mit attraktivem Veräußerungsgewinn, dem *capital gain,* gelingt, beispielsweise durch einen Gang an die Börse, das Going Public/Initial Public Offering (IPO) am Neuen Markt.

Die Tabellen 2 und 3 geben einen Einblick in die nationale und internationale Struktur des Venture Capital-Marktes (6).

Venture Capital und Neuer Markt als strategische Erfolgsfaktoren

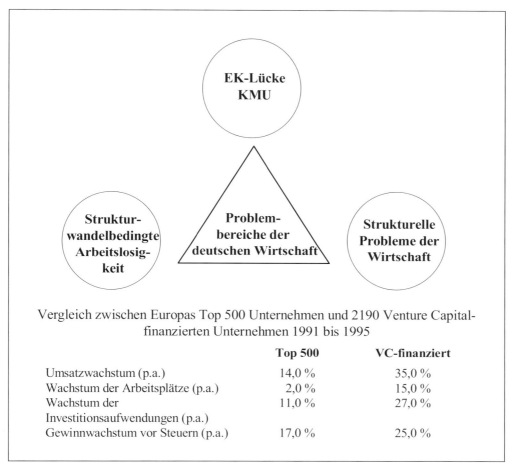

Abbildung 2: Studie von COOPERS und LYBRAND (in Anlehnung an WEIMERS/KIRCH 1998, S. 6)

3.2 Beteiligungsprozess

Der Beteiligungsprozess (vgl. Abbildung 3) beginnt mit der Identifikation/Suche/ Scannings des potenziellen Beteiligungsunternehmens/Portfoliounternehmens (*Targets*). Dabei greift das Investmentmanagement einer Venture Capital-Gesellschaft auf zwei Vorgehensweisen zurück (7):

- auf das eigene Netzwerk, bestehend aus Kontakten zu Kreditinstituten, Unternehmen, Steuerberatern, Wirtschaftsprüfern, Gründungs- und Technologiezentren sowie
- auf direkte Verbindungen zu *Targets* durch Marketingaktivitäten, Gründungs- und Franchise-Messen, Investmentforen, Verbandspräsentationen o.ä.

	Deutschland	**Frankreich**	**Großbritannien**	**USA**
Investoren	Banken (ca. 60%) Pensionsf. (12%) Versicher.(11%)	Banken (20-40%) Pensionsf. (20%) Versicher.(20%)	Pensionsf. (45%) Versicher.(17%) Banken (15%)	Pensionsf. (38%) Stiftungen (23%) Versicher.(21%) Private (18%)
Exitkanäle	Trade Sale (47%) Buy Back (29%) Going Public (8%)	Trade Sale (50%) Going Public (12%)	Trade Sale (28%) Going Public (12%)	überwiegend Going Public
Volumen des VC-Marktes	6,6 Mrd.	9,1 Mrd.	21,4 Mrd.	ca. 50 Mrd.
Investitionskanäle nach Finanzierungsphasen	Expansionsf.(55%) MBO/MBI (22%) Early-Stage (14%)	Expansionsf.(43%) MBO/MBI (12%) Early-Stage (12%)	MBO/MBI (70%) Expansionsf.(15%) Early-Stage (1%)	überwiegend Later-Stage Early-Stage (27%)

Tabelle 2: Deutschland im internationalen Vergleich

Portfoliobewegungen der Kapitalbeteiligungsgesellschaften in Deutschland (in Mio. DM)					
Jahr	**1991**	**1992**	**1993**	**1994**	**1995**
Stand per 1.1.	3 451	4 297	4 973	5 480	6 015
Erstinvestitionen	885	1 011	763	1 070	831
Folgeinvestitionen	193	219	349	378	310
Neugeschäft	+1 078	+1 229	+1 112	+1 448	+1 141
Teilverkäufe	52	143	93	76	143
Totalverkäufe	256	211	471	509	568
Totalverluste	29	42	111	167	150
Abgänge	-338	-395	-675	-752	-891
Stand per 31.12.	4 141	5 131	5 375	6 176	6 266

Tabelle 3: Entwicklung des Venture Capital-Marktes in Deutschland (Quelle: SCHEFCZYK, M. 1998, S. 90 und LEOPOLD, G./FROMMAN, H. 1998, S. 81)

Ziel ist es, möglichst viele potenzielle Portfoliounternehmen anzusprechen, zu bewerten, zu filtern (*Screening*) und hinsichtlich des in der Beteiligungsgesellschaft bestehenden Know hows (Kompetenztransfer) auszuwählen. Die Beteiligungskapital suchenden Unternehmen werden einem mehrstufigen Prüfungsprozess unterworfen (*Due Diligence*) (8) unterworfen, in dem das Beteiligungsprofil mit den Anforderungen der Venture Capital-Gesellschaft verglichen wird.

Dem Abschluss des Venture Capital-Vertrages folgt typischerweise eine 3-8 Jahre dauernde Beteiligung. In dieser Zeit leisten die Kapitalbeteiligungsgesellschaften ihren Portfoliounternehmen vielfach Kompetenztransfer in Form von Managementunterstützung, Strategiedefinition und betriebswirtschaftlichen Know how-Transfer. Das Investmentmanagement der Venture Capital-Gesellschaft greift normalerweise nicht aktiv in das Tagesgeschäft des Portfoliounternehmens ein.

Das Beteiligungsverhältnis wird durch das Desinvestment bzw. den Exit der Beteiligungsgesellschaft beendet.

Abbildung 3: Zeitlicher Ablauf der Beteiligung einer Venture Capital-Gesellschaft an einem technologieorientierten Gründerunternehmen

Problematisch ist die Frage, ob den „wirklich kleinen" technologieorientierten Unternehmen in relevantem Umfang Beteiligungskapital zur Verbesserung der Eigenkapitalausstattung zur Verfügung gestellt wird. Bereits 1966/67 verneinte dies KARL HAX (9), weil es für diese Kapitalgesellschaften nicht wirtschaftlich sei, sehr kleine Beteiligungen zu erwerben. Selbst bei relativ hoher Rendite eines technologieorientierten Unternehmens stünden die absoluten Beträge der zu erwartenden Gewinnanteile der Venture Capital-Gesellschaft in keinem angemessenem Verhältnis zu den Aufwendungen, die durch Beteiligungsprüfung und laufende Verwaltungskosten der Beteiligung verursacht werden. HAX ging davon aus, dass die Untergrenze für wirtschaftliche Beteiligungen in der Regel bei etwa 500 000 DM liege. Er kam zu dem Ergebnis, dass Beteiligungen an

Kleinunternehmen oder an Erfindungen nur mit staatlicher Hilfe zustande kommen würden, nicht zuletzt wegen des hohen Risikos.

4 Voraussetzungen für die Verbreitung von Venture Capital

Es verwundert deshalb nicht, dass die Erkenntnisse von HAX und die der amerikanischen Venture Capital-Philosophie schnell zu Forderungskatalogen des Bundesverbandes deutscher Kapitalbeteiligungsgesellschaften – German Venture Capital Association e.V. (BVK) – wurden (vgl. Abbildung 4), auf die hier außer auf die Forderung nach dem Neuen Markt nicht weiter eingegangen werden sollen. Die Venture Capital-Philosophie (10) wird gern durch den Vergleich der Gründerkulturen in Deutschland und in den USA belegt (vgl. dazu Tabelle 4). Auch diese kann hier nicht weiter vertieft werden.

Rechtliche Rahmenbedingungen	**Steuerliche Rahmenbedingungen**
• flexibles Gesellschaftsrecht • flexibles Arbeitsrecht • wenige administrative Hemmnisse • flexibles Börsenrecht	• niedrige oder keine Steuern auf Veräußerungen • keine steuerliche Benachteiligung gegenüber Alternativanlagen • Steuervorteile für VCG
Wirtschaftliche Rahmenbedingungen	**Gesellschaftliche und soziale Rahmenbedingungen**
• möglichst großer Binnenmarkt • öffentliche Forschungs- und Entwicklungsaufträge • funktionierender Exitkanal Börse	• hohe Qualifikation des Unternehmers • gründungs- und technologiefreundliches Klima • risikofreudige Privatanleger

Abbildung 4: Voraussetzungen für die Verbreitung von Venture Capital

In Deutschland hat der Staat wiederholt Maßnahmen zur Förderung der Eigenkapitalbeschaffungsmöglichkeiten von kleinen und mittleren Unternehmen getroffen und damit

Gründerkultur	
USA	**Deutschland**
• Ziel = Reich zu werden • Planen starkes Unternehmenswachstum • Bereitschaft, nach Erfolg Kasse zu machen • Kein Problem mit anderen Gesellschaftern • Teamgeist • Reichtum = Stolz • Scheitern wird akzeptiert • Hohes EK bereits bei bzw. vor Gründung	• Ziel = Selbstverwirklichung • Meistens kleine Unternehmen (Mäuse) • „Blut, Scholle, Erde"-Denken • Herr-im-Hause Denken • Einzelunternehmer • Reichtum = Peinlich • Scheitern führt zum sozialen Abstieg • Beginnen mit geringem EK

Tabelle 4: Gründerkultur in Deutschland und den USA
(Quelle: in Anlehnung an KRÄMER, H.-P. 1998, S. 222)

einen Beitrag zur Einlösung des Forderungskataloges des Venture Capital-Bundesverbandes geleistet. Exemplarisch werden im Folgenden einige benannt. Erst nach langjähriger Lobbyarbeit wurde das dritte Finanzmarktförderungsgesetz verabschiedet, das u.a. die Streichung der meisten hinderlichen Regulierungen und eine „steuerschonendere" Behandlung von Veräußerungsgewinn aus Beteiligungen an Kapitalbeteiligungsgesellschaften im Rahmen des § 6b EStG vorsieht.

Des Weiteren wurde den Venture Capital-Gesellschaften mit dem Neuen Markt in Deutschland ein neuer Exitkanal (11) eröffnet, der in der Logik der Venture Capital-Philosophie nur konsequent als Mosaikbaustein gelten kann. Abbildung 5 gibt einen Überblick über die Verteilung der Exit-Kanäle in Deutschland.

Dabei bedeuten:

Trade Sale	→	Veräußerung der Beteiligung an industriellen Investor
Buy Back	→	Rückkauf der Beteiligung durch Mitgesellschafter des Unternehmens
Going Public	→	Einführung des Unternehmens an der Börse
Secondary Purchase	→	Veräußerung der Beteiligung an einen anderen Finanzinvestor
Liquidation/ Kündigung	→	i.d.R. (Total-)Verlust durch Konkurs des Unternehmens

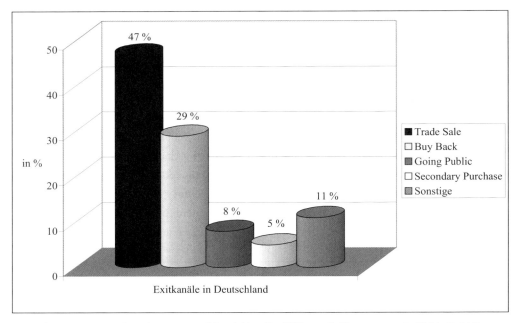

Abbildung 5: VC-Exitkanäle in Deutschland (Quelle: WÖHE, G./BIELSTEIN, J. 1994, S. 122)

5 Der Neue Markt als Börse für technologieorientierte Wachstumsunternehmen

Per Definition handelt es sich beim Neuen Markt um ein neues Marktsegment neben den traditionellen Segmenten *Amtlicher Handel* und *Geregelter Markt* sowie dem unregulierten *Freiverkehr*. Der Neue Markt stellt eine Handelsplattform des Geregelten Marktes dar. Da es eine solche Institution in der Vergangenheit in dieser Form nicht gab, kommt dem Neuen Markt zur Vitalisierung der Innovationsförderung, der Venture Capital-Förderung als neuer Exitweg und der Börsenkultur besondere Bedeutung zu (vgl. Abbildungen 6 und 7).

Ziel

Erschließung neuer Anlegerkreise sowie zusätzlicher Potenziale an zukunftsträchtigen börsennotierten Unternehmen

Verbesserung der Kapitalausstattung deutscher Unternehmen und Förderung von Wachstumsindustrien

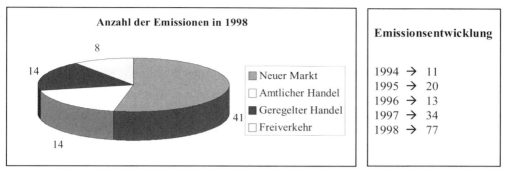

Abbildung 6: Der Neue Markt als Börse für technologieorientierte Wachstumsunternehmen (Quelle: FRANCIONI, R. 1998, S. 14 f.)

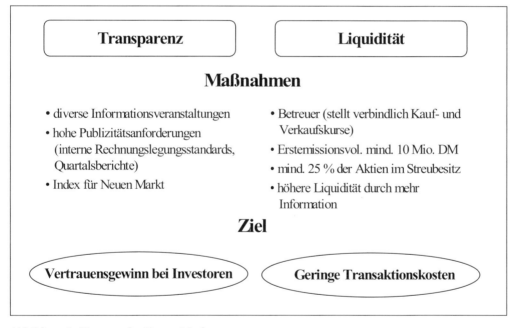

Abbildung 7: Konzept des Neuen Marktes

Der Neue Markt ist als ein besonderes Forum für die Börsenzulassung von Aktien primär kleinerer und mittlerer in- und ausländischer Gesellschaften angelegt, welche die Transparenz- und Publizitätskriterien nach internationalen Standards erfüllen. Die Auswahl der Emittenten zielt dabei auf Wachstumsbranchen wie Telekommunikation/ Media, Software, Bio-, Informations- und Umwelttechnologie, aber auch innovative Dienstleistungen ab. Damit erhalten technologieorientierte Wachstumsunternehmen die Vor- und Nachteile der Börse (vgl. Abbildung 8).

Vorteile

- Nur geringer Einfluss fremder Gesellschafter auf das Unternehmen aufgrund der breiten Eigentümerbasis
- Möglichkeit der Realisierung einer Liquiditätsprämie bei der Einführung der Anteile an der Börse
- Nahezu keine Bewertungsproblematik bei der Preisfindung der Unternehmensanteile

Nachteile

- Unsicherheiten bezüglich der Identität der Anteilseigner
- Hohe Kosten bei der Börseneinführung
- Hohe Publizitätsanforderungen an börsennotierte Unternehmen

- Kapitalaufnahmeerleichterungsgesetz
- Flexibilisierung des Aktienrechts
- Drittes und Viertes Finanzmarktförderungsgesetz
- Richtlinienumsetzungs- und Richtlinienbegleitgesetz

Abbildung 8: Vor- und Nachteile der Börse als Exitkanal

6 Zukunftsperspektiven der Innovationsförderung mittels Erfolgsfaktoren wie Venture Capital und Neuer Markt

Der Beitrag hat kurz beleuchtet, dass es Venture Capital-Gesellschaften nun möglich ist, technologieorientierte Unternehmen in nahezu allen Entwicklungsphasen – von der Existenzgründung bis zum Gang an die Börse – zu begleiten. Trotz der Vielfalt der VC-Strategien und Geschäftsfelder sind Venture Capital-Gesellschaften jedoch primär auf die Probleme schnell wachsender, technologieorientierter Unternehmen spezialisiert. Mit dem Angebot an Beteiligungskapital und Managementberatung sind sie die maßgerechten Gesprächs- und Finanzpartner für den sich schnell entwickelnden Mittelstand. Der Neue Markt verstärkt nur noch ihr Angebot.

Venture Capital und Neuer Markt taugen sicherlich nicht für ein weites Feld der Erfinder- und Gründungsunternehmensszenerie. Hier müssen nach wie vor die Forschungs- und Entwicklungsförderungsprogramme der öffentlichen Hand die Lücke in der Innovationsförderung stützen.

Anmerkungen

(1) Vgl. SCHMEISSER, W./JAHN, S., Bonitätsprüfung bei innovativen technologieorientierten Existenzgründungen. In: Finanz Betrieb 5/1999, S.49-57.

(2) Vgl. SCHMEISSER, W., Zur Genese neuer Geschäfte in der Industrieunternehmung. Ein multikontextualer Erklärungsansatz für technische Innovationen. Aachen 1997.

(3) Vgl. BUSSE, F.J., Grundlagen der betrieblichen Finanzwirtschaft. 4. Aufl., Wien/Oldenburg 1996, S. 101 und SCHMEISSER, W./MATTICK, G., Venture Capital für junge Technologieunternehmen. In: STAUDT, E. (Hrsg.): Das Management von Innovationen. Frankfurt am Main 1986, S. 499-509.

(4) Vgl. LEOPOLD, G./FROMMANN, H.: Eigenkapital für den Mittelstand. Venture Capital im In- und Ausland. München 1998, S.15 ff.

(5) Vgl. WEIMERSKIRCH, P., Finanzierungsdesign bei Venture Capital – Verträgen. Wiesbaden 1998, S. 6.

(6) Vgl. SCHEFCZYK, M.: Erfolgsstrategien deutscher Venture Capital – Gesellschaften. Stuttgart 1998.

(7) Vgl. BETSCH, O./GROH, A./LOHMANN, L.: Corporate Finance. München 1998, S. 227 f.

(8) Vgl. SCHMEISSER, W./CLERMONT, A., Due Diligence-Prüfung im Personalcontrolling. In: Personalwirtschaft 6/1999, S. 50-55.

(9) Vgl. HAX. K., Kapitalbeteiligungsgesellschaften zur Finanzierung kleiner und mittlerer Unternehmen. Köln 1969, S. 25 ff.

(10) Vgl. KRÄMER, H.-P., Wagniskapital von der Großsparkasse: ein echtes Geschäftsfeld oder eine edle Tat ? In: Zeitschrift für das gesamte Kreditwesen 5/1998, S. 221-223.

(11) Vgl. FRANCONI, R., Zehn Monate Neuer Markt: Anlass zu Optimismus. In: Zeitschrift für das gesamte Kreditwesen 1/1998, S. 14-18.

Tendenzen in der Venture Capital Finanzierung in den USA

Daniel M. Evans

Viele Venture Capital Firmen im Silicon Valley arbeiten nach wie vor mit ihrem, über die Jahre hinaus erprobten Modell – d.h. mit einer Partnerschaft, die nur wenige Partner umfasst und mit intensivem persönlichen Engagement in höchstens fünf bis sechs „High-Tech-Objekte" im Raum Silicon Valley investiert. Ihre Tätigkeiten bleiben mehr oder weniger im persönlichen Rahmen, die Partner beabsichtigen nur in solche Gesellschaften zu investieren, die es den Teilhabern erlauben, persönlich die geschäftlichen Tätigkeiten zu beobachten und zu kontrollieren. Falls ein Fonds zu groß wird, besteht die Gefahr, dass die einzelnen Partner die persönliche, beinahe intime Übersicht verlieren. Internationale Investitionen werden von Venture Capital Partnern meist als zu kompliziert betrachtet und es bestehen ohnehin genügend Anlagemöglichkeiten im Raum San Francisco und Umgebung.

Kommerzielle Banken in den USA passen nicht in das obige Modell, weil sie bisher unzureichende Erfahrungen in Risikogeschäften gesammelt haben. Eine „Venture Capital" Mentalität ist ihnen fremd, daher ist eine Verbindung mit Venture Capital Firmen bisher immer recht begrenzt geblieben.

Eine Verbindung zwischen Venture Capital Firmen und Investment Banken wurde schon immer gepflegt, aber vorwiegend nur, um den Venture Capital Partnerschaften eine „Exit Strategie" für einen eventuellen Börsengang („Initial Public Offering" – IPO) zu bieten, nicht aber als Geldquelle in den frühen Etappen des Anlagefonds. Das Glass-Steagall Gesetz von 1933 bewirkte, dass sich bis vor kurzer Zeit die amerikanischen Commercial Banken und Investment Banken in stark getrennten Tätigkeitsbereichen bewegt haben.

Gelegentlich beteiligten sich auch größere Industriekonzerne an VC Fonds, vorwiegend um zwar risikoreiche, aber vielversprechende Entwicklungen der Hochtechnologie zu verfolgen. In solchen Fällen war diese Anteilnahme weitgehend passiv und die VC Partner behielten alle entscheidenden Funktionen.

Ansonsten verbleibt die Welt an der „Sand Hill Road" in San Francisco weitgehend stabil. Das VC-Geschäft ist lukrativ, eine Partnerschaft von 11 der besten VC-Profis hat in den letzten zwei Jahren 5 Milliarden USD umgesetzt („The Most Successful VC Isn't Who You Think", Fortune, S. 56, 30.10.2000). Gleichzeitig sind aber seit einigen Jahren vier Tendenzen festzustellen, welche zwar die erprobten, privaten Anlagefonds im Silicon Valley nicht gefährden, jedoch die Welt des Venture Capital gründlich verändern:

1. Investment Banken erweitern ihr Tätigkeitsfeld und nähern sich den klassischen Venture Capital Aktivitäten an.
2. Die Dimensionen des Kapitalangebotes für risikoreiche Investitionen steigt dramatisch. Dieser Punkt ändert nicht nur die Dimensionen des Venture Capitals, er beeinträchtigt erheblich auch die Anwendung der Bewertungsmaßstäbe eines Investitionsobjektes.
3. Neue Teilnehmer binden sich meist an Industriegesellschaften, welche nicht nur als stille Partner zu fungieren wünschen, sondern eine aktive Rolle tragen möchten. Sogar einige traditionelle amerikanische Commercial Banks, gerade solche, die früher niemals solche Risiken eingehen wollten, zeigen zum ersten Mal Interesse an diesem Geschäft. Einige Commercial Banks bemühen sich nun immer mehr, wie „Investment Banks" zu fungieren.
4. Die Welt des Venture Capital wird international.

1 Annäherung von Investment Banken und Venture Capital

1.1 Investment Banken

Investment Banken spielten schon immer eine traditionelle Rolle, z.B. als „Underwriters" in einer IPO Transaktion, als Vermittler für Kapital oder sogar als Anleger in „Mergers & Acquisitions" (Fusionen) und „Buy-Outs". Die IPO Rolle ist für Venture Capitalist Fonds besonders wichtig, da ein IPO immer die klassische „Exit Strategie" für ein erfolgreiches Investmentobjekt dargestellt. Gerade diese Funktion beweist den überwältigenden Unterschied zwischen den USA und Europa – insbesondere gegenüber Deutschland –, wo bis vor kurzem keine IPO Exit Strategie für junge Unternehmen angeboten worden war. Mit dem Erfolg des Neuen Markts in Frankfurt/M. sowie im Hinblick auf andere Neuentwicklungen entstand die Frage, inwiefern sich traditionelle U.S. Investment Banken in Europa engagieren und durchsetzen würden.

1.2 Convergence

Es entwickelte sich darüber hinaus noch ein etwas anderes Modell, nämlich „Convergence". Darin erweitern U.S. Investment Banken ihr Tätigkeitsfeld in den

Venture Capital Bereich. Goldman Sachs z.B. mit ihrem Internet Tollkeeper Fund, bietet jetzt ihre Investment Banker Dienste direkt an VC-Investoren an und diese können auch noch ohne VC-Partner Expertise von außerhalb in Anspruch genommen werden. Goldman Sachs ist wahrscheinlich zu der Ansicht gekommen, solche VC-Management Dienste innerhalb des Hauses anbieten zu können. Ebenfalls gründete Merrill Lynch vor kurzem ihren Internet Strategies Fund. Beide Fonds haben bereits 4 Milliarden USD akquiriert (vgl. KAHN, „We Still Love the Net", Fortune, S. 130, 30.10.2000; vgl. „Financiers Change Gear", Financial Times, 13.09.2000). Phil Horsley, Managing Director der Horsley Bridge Partners, behauptet: „Es kommt eine ganz andere Form der Investitionsfirma, welche eine Kombination von Investment Bank, Merchant Bank und klassischer Venture Capital Firma sein wird" (PERKINS, op. cit. supra).

Investment Banken haben einen Vorteil gegenüber klassischen VC-Firmen. Großfonds, wie z.B. Pensions- und Versicherungsfonds, handeln vorzüglich mit einer kleinen Zahl von Wagnisspezialisten, mit welchen sie über Jahre hinaus persönliche Verbindungen aufgebaut haben. Investmentbankiers bedienen sich bereits dieser Verbindungen, sofern sie sich in New York befinden und nicht im Westen der USA. Einige Finanzmarktbeobachter sehen bereits den Tag voraus, an dem sich VC-Partnerfirmen, Investment Banken, und LBO Fonds einander annähern und eine generische „Privatanlage" Sparte aufbauen. Aus Sicht der klassischen VC-Partner ist dieses wohl unwahrscheinlich, allein weil die Mentalitätsunterschiede zu enorm sind.

1.3 Ankunft der Commercial Banken

Convergence mag ein Zeichen dafür sein, dass das Bankwesen überhaupt seinen Charakter ändert – in Amerika sowie auch in Deutschland. Sogar die amerikanischen Commercial Banken spielen zögernd mit. Vor kurzer Zeit hat die Chase Manhattan Bank, die größte New Yorker Commercial Bank, einen Fonds „Chase Capital Partners" mit 5 Milliarden USD Investitionskapital aufgestellt. Zukünftige Dimensionen mit über 20 Milliarden USD werden auch angekündigt (vgl. „Banks Tap Outsiders for Capital", Wall Street Journal, 27.09.2000). Da die meisten Commercial Banken zukünftige Absichten abstreiten, stellt der „Chase Capital Partners" Fonds eine dramatische Entwicklung dar, welche die Frage aufwirft, inwiefern eine typische Bank ihre traditionellen geschäftlichen Tätigkeiten ändern kann? Der Commercial Bankier muss immer auf reguläre Kriterien wie Kreditwürdigkeit, Sicherheiten und Bonität ausgerichtet sein. Diese konservative Stellung ist wohl korrekt, um einfache Darlehensgeschäfte abzuwickeln, nicht aber für risikoreiche Beteiligungskapital-Gewährungen an junge Unternehmen. In allen Fällen, wenn etablierte Banken sich in riskante Bereiche zu begeben versuchen, wird dies wohl zu internen Unstimmigkeiten zwischen den konservativen Bankiers und den Risikobankiers führen.

2 Steigendes Kapital für Venture Investitionen

Wir erleben eine dramatische Zunahme verfügbaren Kapitals für Ventures. Im ersten Halbjahr 2000 sind bereits 11 neue Fonds mit je mehr als 1 Milliarde USD Einlage gezeichnet worden. Im Jahre 1999 wurden nur vier Fonds in solchen Dimensionen geschaffen; und im Jahre 1998 ein Fonds (vgl. Wall Street Journal Europe, 08.08.2000). In den gesamten USA rechnet man damit, dass z.Zt. etwa 70 Milliarden USD im Venture Capital arbeiten, dies ist eine Verdoppelung in nur fünf Jahren. 1999 wurden insgesamt 48 Milliarden USD in völlig neue „start-ups" investiert, dies ist mehr als in den vorgehenden drei Jahren zusammen. Der Trend hält an: 25,9 Milliarden USD wurde in 1 774 Anlageobjekte im dritten Quartal 2000 investiert (vgl. National Venture Capital Association, Los Angeles Times, 03.11.2000). Investitionen in High-Tech VC-Fonds haben sich in fünf Jahren verzehnfacht (vgl. PERKINS, op. cit. supra; vgl. auch Financial Times, 13.09.2000).

2.1 Gibt es zu viel Geld?

VC-Spezialisten stellen nun die unbequeme Frage: Besteht ein Überschuss an Kapital? Jagt zu viel Geld eine begrenzte Zahl realistischer, vernünftiger Objekte? Ist das Angebot höher als die Nachfrage? Überall beklagen sich VC-Spezialisten, dass sie nicht mehr genügend Zeit haben, um die Bonität der Objekte zu bewerten. „Due Diligence" (die gründliche Überprüfung eines Unternehmens, hauptsächlich vor einer Aktienausgabe) wird vernachlässigt. Früher hat ein typischer VC-Spezialist ständig etwa sechs Objekte betreut, und dazu gleichzeitig weitere sechs Neuobjekte für zukünftige Anlagen überprüft. Diese Zahlen haben sich nun verdoppelt („A Squeeze in the Valley", The Economist, S. 72, 07.10.2000). Früher hat der typische VC-Spezialist etwa 20% seiner Zeit der Überprüfung neuer Objekte gewidmet. Nun sind daraus 50% geworden. Dazu kommt noch die zeitliche Inanspruchnahme, um neue Management-Talente für neuerworbene Objekte anzuwerben (PERKINS, op. cit. supra, S. 408).

Der oben erwähnte Zeitdruck nimmt dem VC Spezialisten die Möglichkeit, das neue Management genügend einzuführen. Nach Aufstellung eines Management Teams verbleibt nicht genug Zeit zur korrekten Einteilung und weiteren Überwachung der Arbeitsmethoden seiner Leute. Unerfahrene Objektmanager verschwenden das investierte Kapital und entwickeln sonstige negative Gewohnheiten. Vor wenigen Jahren wurde für ein normales Anlageobjekt etwa 500 000 USD pro Monat berechnet, aber diese Summe stieg inzwischen auf eine „Burn Rate" von etwa 2 Millionen USD pro Monat (Ibid).

Viele weniger solide Objekte wurden finanziert. David Roux, Mitgründer der Buy-Out Firma Silver Lake Partners: „In enorm viel Wasser schwimmen viele Sachen, die wie Boote aussehen. In enorm viel Kapital schwimmen viele Sachen, die wie Unternehmen aussehen." (UNSEEM, „What Have We Learned?", Fortune, S. 85, 30.10.2000.)

2.2 Sorgen über die Berufsethik

Zusätzlich merkt man auch einen Nachlass der beruflichen Ethik in der Welt der Venture Capitalisten. Neben ihren knallharten Geschäftsmethoden gab es früher immer noch einen beinahe etwas idealistischen Sinn und eine kreative Ader, wohl versteckt, aber bemerkbar und einen persönlichen Stolz dazu beizutragen, die Zukunft zu formen. Seit etwa fünf Jahren aber sind Spekulanten, ungeduldige Streber und einige Zocker mit einer „get-rich-quick" Mentalität auf der VC-Bühne aktiv. Die sehr beschäftigten VC-Spezialisten haben nicht mehr die Zeit, ihre jungen Kollegen vor solchen Trends zu schützen. Einige ältere VC-Profis bedauern, dass manch jüngerer Kollegen zu sehr von geldgierigem Egoismus getrieben werden, zum Nachteil für die Investmentobjekte und den Berufsstand (vgl. PERKINS, op. cit. supra; vgl. „Show Me the Money", Forbes, 13.11.2000).

3 Neue Spieler auf der Bühne des Venture Capital

Das Kapital fließt aus allen Ecken zusammen: von individuellen „Engeln", von Industriekonzernen, von „LBO" Fonds sowie VC-Gesellschaften. Diese überbieten die besseren Objekte und das Management-Talent. Hewlett-Packard, Microsoft, Intel, Cisco, Lucent und seit neuestens hat auch noch Anderson Consult einen eigenen Wagniskapitalfonds aufgestellt. Sogar die CIA hat einen Hi-Tech Fonds geschaffen. Ferner haben „Buy-out" oder „LBO" Fonds die vorher meist ihr Kapital für Fusionen und „Management Buy-out" Transaktionen benutzt haben, nun stark investiert. Z.B. will Hicks, Muse, Tate & Ernst 2 Milliarden USD für Internet Communications aufbringen. (Vgl. PERKINS, op. cit. supra).

Die Finanzabteilungen der großen Konzerne bewegen sich immer mehr wie VC-Firmen. Intel Capital, z.B., investierte früher in Objekte, die sich womöglich als Lieferanten oder Kunden für die Mutterfirma bewähren würden (eine Art F&E außerhalb des Budgets). Jetzt investiert Intel Capital in diverse Objekte, die dem gesamten Internet dienen können, ohne Rücksicht ob Intel damit selber direkt begünstigt wird. Etwa 350 solcher Investmentfirmen wurden bisher aufgestellt, eine Verfünffachung in drei Jahren. Im Gegensatz zu den Investment Banken kooperieren solche Fonds meist mit klassischen VC-Partnern, um Wagnisexpertise und Managementkenntnisse zu erwerben.

Des Weiteren sind die sogenannten „Internet Investment Companies" im Spiel, wie ICG, Softbank und CMGI, welche sich langfristiger und gezielter als VC-Firmen zu profilieren versuchen (vgl. Financial Times, 13.09.2000).

3.1 Veränderte Machtpositionen

Durch die Tatsache, dass immer mehr neue Konkurrenten im Spiel sind, kann sich auch das Verhältnis zwischen VC-Partnern und ihren Investitionsobjekten gründlich verändern. Qualitäts-Objekte müssen nicht mehr um Kapital betteln, die Fonds konkurrieren unter sich um die besseren Investitionsobjekte. Wie in allen anderen Wirtschaftsbereichen dieser Welt müssen VC-Fonds nunmehr echte Marketing-Bemühungen vornehmen. Jeder Fonds spürt, dass er sich mit den besten Verbindungen zu Investment Banken und mit den besten Erfolgsbeweisen – „Track Record" – vorstellen muss.

3.2 Bewertung

Es ist jedoch für VC-Fonds schwieriger geworden, ihre finanzielle Leistung zu bewerten. „Net Internal Rate of Return", ein Prozentsatz des Investoren-Gewinns pro Jahr, früher eine klassische Bewertungsmethode, ist weniger nützlich geworden. Der überhitzte Internetmarkt vor April 2000 (mehrere Fonds haben während des Internet-Booms mehr als 100% pro Jahr Gewinn gemacht) und ungenügende Erfahrung einiger jüngerer VC-Fonds führten oft zu abnormen Resultaten. Ähnlich steht es mit „Multiples", d.h. wie viel der Investor von seiner Gesamtinvestition zurückbekommt. Eine normale Gewinn-rate war bis vor wenigen Jahren das dreifache der Anlage. Einige Fonds dagegen zeigten Multiples von 20 bis sogar 50-fachen Resultaten auf, die einem wiederum unglaublich vorkommen. Da vertraute Wirtschaftlichkeits-Untersuchungen nur ungenügend vorkommen, wenden Investoren subjektive Faktoren zur Bewertung von VC-Fonds an. Z.B. werden Faktoren wie inneres Management, Teamarbeit, Kompetenz und Stabilität analysiert.

3.3 Der Internet-Boom

Diese zwei Faktoren – „Zuviel Kapital" und „Neue VC-Spieler" – führten maßgeblich dazu, einige Venture Capital Gesellschaften in Verlegenheit zu bringen. Über viele Monate hinaus bis April 2000 entstand eine Euphorie und Hybris über eine „Neue Wirtschaft", welche den alten Wirtschaftsmaßstäben der vorherigen alten Wirtschaft (old economy) nicht mehr unterworfen war. Das Internet veränderte angeblich alle Regeln. Man hat sich dazu überreden lassen, dass es nicht mehr nötig wäre, Profite aufzuweisen. Es genügte lediglich ein Business-Konzept für die tapfere neue Welt des Internets vorzustellen. Faktoren wie solides Management, starke Marktposition, Erfahrung und Umsätze wurden all zu oft übersehen. Egal, sagte man, in der Neuen Wirtschaft ist nur „Potenzial" wichtig geworden. Sogar einige erfahrene VC-Profis haben in der Euphorie der Reichtumserwartungen („Goldgräberstimmung") ihre Vernunft verloren und Due Diligence wurde u.a. vernachlässigt.

Es wurden „B2C" (Business-to-Consumer) Websites bevorzugt, also ungeprüfte Konzepte, die an Konsumenten via Internet etwas verkaufen wollten, z.B. Bücher, Gartenwerkzeuge oder alles für die Haustiere. 400 der existierenden 1 100 klassischen VC-Fonds wurden erst in den Internet-Boom Jahren gegründet, und zwar von VC-Investoren, die einen echten „Shakeout" noch nie erfahren haben. Vorwiegend diese weniger Erfahrenen haben in den letzten drei Jahren rund 65 Milliarden USD in diese sogenannten dot-com-Firmen investiert (vgl. WARNER, „Fallen Idols", Fortune, S. 108, 30.10.2000).

Dieses Phänomen dauerte bis April 2000. Dann setzte langsam die wirtschaftliche Vernunft wieder ein. Aktien der Internet dot-com Firmen haben rasch bis 90% des Wertes verloren. Der „dot-com Crash" von April 2000 erschütterte die Welt der VC Investoren. In den USA haben sich viele Internet-Unternehmen seit dem Crash wieder aufgelöst.

Man hat mit dem dot-com Crash (man spricht über eine „Market Correction") etwas über die „kalte", wirtschaftliche Realität gelernt, aber der Optimismus, wohl aber nicht ganz die Euphorie, der VC-Investoren im Internet hält erstaunlicherweise an. Die vorher erwähnten zwei Faktoren blieben intakt, es ist immer noch zu viel Kapital vorhanden und die vielen neuen Spieler wollen weiterspielen. Seit dieser Zeit, im zweiten Quartal 2000, sind weitere 7 Milliarden USD in die Hi-Tech Firmen des Silicon Valley investiert worden – wieder ein neuer VC-Rekord (vgl. „A Squeeze in the Valley", The Economist, S. 71, 07.10.2000). Man investiert allerdings nicht mehr in B2C dot-coms, sondern in Broadband Networking und Optische Technologie. 124 Optische Network-Unternehmen sind in den letzten sechs Monaten gegründet worden. Im Juli 2000 z.B. hat eine dreijährige Firma namens Corvis, ein Hersteller von optischen Networking Geräten, für 20 Milliarden USD Aktien verkauft, ohne bisher Profite aufweisen zu können. Die VC-Firma Kleiner Perkins und ihre Mitarbeiter verdienten damit 3,5 Milliarden USD. Kleiner Perkins hat noch weitere 820 Millionen USD mit dem Aktienverkauf des Internet Infrastrukturunternehmen Oplinks sowie ONI Systems verdient (vgl. WARNER, „Fallen Idols", Fortune, S. 121, 30.10.2000). Man wendet wieder Investitionsprinzipien der alten Wirtschaft (old economy) – z.B. Profittendenzen – an. Die positive Einstellung des Venture Capital Systems verbleibt intakt, wenn auch ernüchtert.

Ein Beispiel dafür ist der neue Jacob Internet Fund, der bis Juni 2000 41% seines Anlagewertes verloren hatte. Trotzdem legen Investoren Geld in dem Fond an. Die Tatsache, dass Investoren, trotz des Crashs, ihr Kapital in den VC-Fonds lassen, ist vielleicht ein Hinweis dafür, dass amerikanische Investoren jetzt langfristiger investieren (vgl. FOX, „A Ton of Funds", Business 2.0, S. 210, 08.08.2000.)

Das Vertrauen in alles, was mit dem Internet zu tun hat, hat zwar nachgelassen, trotzdem sucht man optimistisch nach besseren Anwendungsmethoden für das Internet und damit für Investitionsgelder. Accel Partners, eine VC-Investitionsfirma in Palo Alto, Kalifornien, versucht nun nicht mehr, ein völlig neues Verkaufssystem von unten aufzubauen, sondern bemüht sich durch „Carve-Outs" etablierte Großkonzerne wie WalMart auf das Internet aufmerksam zu machen sowie den Gebrauch bzw. die Verwendung zu empfehlen oder zumindest nahe zu bringen (vgl. WARNER, op. cit. supra). Trotz des Crashs gibt es immer Investoren, die ihre Vorliebe für das Internet begeistert zeigen.

4 Internationalisierung von Venture Capital

Die Internationalisierung des Venture Capitals geht viel schneller und breiter vorwärts als man dies im Silicon Valley bisher gesehen hat. Klassische VC-Firmen sind zu sehr auf Individualleistungen der Mitarbeiter bezogen und diese sind – wie bereits erwähnt – mit viel Kapital, viel Konkurrenz und vielen Objekten überfordert. Ein VC-Partner hat kaum Zeit, den Blick ins Ausland zu forciert anzugehen. Eine Ausnahme ist Benchmark Capital, die kürzlich einen 750 Millionen USD Fonds für europäische High-Tech-Firmen aufgestellt haben (vgl. „Fund Raising in Europe", Venture Capital Journal Suppl., Summer 2000.)

Investitionen im Ausland zu tätigen, ist für Investment Banker, die bereits in größeren Organisationen arbeiten, leichter. Warburg Pincus z.B. hat beinahe so viele Mitarbeiter in Europa und in Asien wie in den USA. Die Firma hofft und vertritt die Ansicht, dass sich nach vielen Verzögerungen in ihr eine internationale Unternehmens- und Finanz-Kultur etablieren wird (vgl. „American Venture Capitalists can learn from Europe Model", Wall Street Journal, 03.10.2000).

Einige VC-Profis sprechen zwar über „Internationalisierung" des Silicon Valley-Modells, die Aufbauarbeit und Implementierung aber lässt noch auf sich warten. Es ist wahrscheinlicher, dass europäische VC-Firmen, die noch nicht darunter leiden, über eine zu große Menge von Kapital und Investitionsobjekten zu verfügen, eher die nötigen Impulse für eine Internationalisierung der VC-Profis aufbringen werden.

Going Public am Neuen Markt: Börsenreife – Bewertung – Preisfindung

Uwe Christians

1 Börsengang am Neuen Markt – zurück auf dem Boden der Tatsachen!

Deutschland war bei *Börseneinführungen/Going Publics* (1) – also dem erstmaligen Zutritt eines kapitalsuchenden Unternehmens zum öffentlichen Kapitalmarkt durch Veräußerung verbriefter Anteile des Grundkapitals an externe Kapitalgeber – vor allem im Vergleich zu den angelsächsischen Ländern – lange Zeit erheblich im Rückstand. In jüngster Zeit haben sich die Rahmenbedingungen für den Börsengang von zukunftsträchtigen kleinen und mittleren Unternehmen allerdings erheblich verbessert. Dazu hat entscheidend die *Einführung des Neuen Marktes* im März 1997 beigetragen. Der Erfolg dieses neuen Börsensegments wird belegt z.B. durch die Anzahl der Erstnotierungen am Neuen Markt (2). Neben dem Neuen Markt in Frankfurt am Main sind an allen wichtigen Finanzplätzen Europas neue Börsensegmente entstanden, deren Zielgruppe Unternehmen sind, die bisher nur unter schwierigen Bedingungen oder gar keinen Zugang zum Kapitalmarkt hatten (3).

Der Neue Markt verschafft jungen, innovativen und wachstumsträchtigen Unternehmen mit *ausgeprägtem Chance/Risiko-Profil* einen *institutionellen Zugang* zu funktionierenden und ergiebigen Kapitalmärkten. Viele Unternehmen haben daher den Börsengang als adäquate Form der *Wachstumsfinanzierung* erkannt und genutzt (4). Er schließt damit eine gravierende Finanzierungslücke. Börsengänge schaffen nach einer Untersuchung des Deutschen Aktieninstituts aufgrund der hierdurch ermöglichten Expansion auch neue Arbeitsplätze: Deutsche Unternehmen, die zwischen 1987 und 1997 erstmals Aktien emittierten, erhöhten drei Jahre vor und nach dem Börsengang die Mitarbeiterzahl um durchschnittlich 70% (5).

Die Anfangseuphorie ist mittlerweile jedoch einer zunehmenden Skepsis gegenüber Going Publics gewichen (6). Unter der hohen Zahl von Neuemissionen am Neuen Markt litt in der Vergangenheit die Qualität. Viele Firmen waren und sind oft noch gar nicht börsenreif (7). Die dortigen – teilweise besonders sensitiven – Anleger nehmen nun wesentlich genauer die möglichen Kandidaten „unter die Lupe". Von rund 80 Börsendebütanten im ersten Halbjahr 2000 notierten zur Jahreshälfte nur gut 50% über ihrem Ausgabekurs. Die übrigen Firmen haben ihren Aktionären zum Teil erhebliche Kursverluste beschert.

Der Gang an die Börse ist ein äußerst gravierender Einschnitt in der Entwicklung eines Unternehmens, der erhebliche *Wertsteigerungswirkungen* nach sich ziehen kann (8). Deshalb ist dieser Schritt sehr sorgfältig zu planen. Aus der folgenden Graphik sind der Prozess und die damit verbundenen finanzstrategischen Arbeiten eines Going-Public-Projektes zu entnehmen (9).

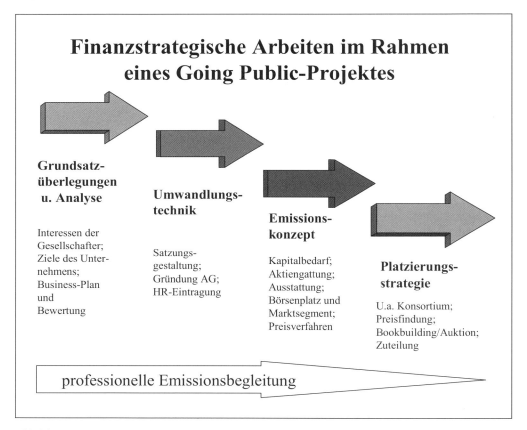

Abbildung 1:   Finanzstrategische Arbeiten im Rahmen eines Going Public-Projektes

Im Rahmen des folgenden Beitrags werden einige ausgewählte Aspekte dieses Prozesses besonders beleuchtet und eine Zusammenschau über aktuelle Entwicklungen in Forschung und Praxis zu diesen Punkten gegeben. Hierzu wird zunächst auf die Probleme der Kapitalbeschaffung junger Unternehmen und die Motive für den Börsengang eingegangen (Kapitel 2). Sodann sollen die börsenrechtlichen Zulassungskriterien kurz skizziert werden (Kapitel 3). Ein zentraler und – wie gezeigt – sehr aktueller Problemkreis kommt in der Frage zum Ausdruck, ob und inwieweit ein Unternehmen überhaupt reif ist für den Neuen Markt (Kapitel 4) und wenn dies bejaht wird, wie der Wert des Going-Public-Unternehmens zu ermitteln ist (Kapitel 5). Darüber hinaus werden die gängigen Platzierungsvarianten betrachtet und gegenübergestellt (Kapitel 6). Gesellschaftsrechtliche Fragen, z.B. Fragen der Umwandlung oder der Satzung, Einzelheiten zur Börsenzulassung oder steuerrechtliche Probleme, werden hier ausgeblendet (10). Auch sollen investor-relations-strategische Probleme hier nicht im Mittelpunkt stehen (11).

2 Probleme der Kapitalbeschaffung junger Unternehmen und Motive für den Börsengang

In der *Seed-Phase* (12) (von Firmen, die später an den Neuen Markt gehen) stellen die *eigenen Mittel* – also das persönliche Vermögen des Unternehmers oder dessen Familie – mit Abstand die wichtigste Finanzierungsquelle dar, mit großem Abstand gefolgt von Bankkrediten, öffentlichen Fördermitteln und Wagniskapital (13). Erst in der Start-up-Phase – Entwicklung zur Produktionsreife – *gewinnen Hausbank- und kurzfristige Lieferantenkredite* zunehmend an Bedeutung, während öffentliche Fördermittel und Venture Capital immer noch eine untergeordnete Rolle spielen. Diese bilateralen Finanzierungsverhältnisse haben allerdings primär die *Liquiditätssicherung* zum Ziel; Kostenüberlegungen stehen demgegenüber bei den Kapitalnehmern notgedrungen zurück. Die in dieser Phase des Auf- und Ausbaus der Produktionskapazitäten und Marktinvestitionen notwendigen längerfristigen externen Finanzierungsmittel sind aufgrund *massiver Qualitätsprobleme* – sowohl was Intention, Verhalten und Qualität der Unternehmensleitung als auch was die zukünftigen Zahlungsströme anbelangt – sehr teuer oder gar überhaupt nicht erhältlich (14). Diese Qualitäts- und Verhaltensunsicherheiten erhöhen die *Agency-Kosten* (15) dieser Finanzierungsformen, zumal oft nur spezifisches, nicht fungibles Vermögen und das Humankapital des Gründers vorhanden sind.

In der *Expansionsphase*, die den Kernbereich der Wachstumsfinanzierung darstellt, bleibt die Dominanz der eigenen Mittel zwar erhalten; Kreditinstitute stellen nun aber schon in größerem Umfang Finanzierungsmittel zur Verfügung. Öffentliche Fördermittel werden auch in dieser Phase nicht signifikant in Anspruch genommen (16). Da ex-ante über die wertmäßige Weiterentwicklung des Unternehmens ein hohes Maß an Unsicherheit existiert, würde ein potenzieller Börsengang in der frühen Expansionsphase das Problem des *Underpricings* virulent werden lassen und damit die Kosten der Finanzierung in die Höhe treiben. Stärker noch als in der Frühphase sind in der Expansionsphase aber bestimmte *Kapitalbeteiligungsgesellschaften* bereit, wachstumsträchtigen Unternehmen Risikokapital zur Verfügung zu stellen. Insbesondere *Venture-Capital-Gesellschaften* spielen dabei eine wichtige Rolle als *Starthilfe* bzw. zur Begleitung der ersten

Wachstumsphasen bei jungen Unternehmen (17). Die *Beteiligungsfinanzierung* von Finanzintermediären, die oft zu einer Einbindung in strategische Unternehmensentscheidungen – und damit zu einer Minimierung der Qualitätsrisiken – führt, reduziert die Wahrscheinlichkeit des Insolvenzrisikos, dem junge und wachstumsstarke Unternehmen aufgrund ausgeprägt volatiler Zahlungsströme vielfach ausgesetzt sind. Durch die spätere *Exit-Chance am Neuen Markt* erhöht sich die Wahrscheinlichkeit erheblich, eine Kapitalbeteiligungsgesellschaft als Partner zu finden.

Nachfolgend und an späteren Stellen sei ergänzend das Beispiel der *INTERSHOP Communications AG* (18) herangezogen, das schon fast als Muster für den Werdegang eines erfolgreichen Going Public anzusehen ist:

INTERSHOP gewann Anfang 1996 die Münchener Technologieholding VC GmbH durch eine Annonce in einer überregionalen Zeitung als Kapitalbeteiligungspartner. Die Technologieholding VC GmbH ist eine banken- und industrieunabhängige Venture-Capital-Gesellschaft, die Finanzierungslösungen und Managementberatungen für innovative Technologieunternehmen anbietet. Sie hat gemeinsam mit der Technologie-Beteiligungsgesellschaft, einer Tochter der Deutschen Ausgleichsbank, 1,4 Millionen DM „Starthilfe" gegeben. In Zusammenarbeit mit der Technologieholding VC GmbH wurde ein Businessplan erarbeitet. Außerdem wurden in mehreren kleinen Finanzierungsrunden strategische Partner, wie die Deutsche Telekom, aufgenommen (19).

Ist eine bestimmte Unternehmensphase erreicht, so stellt der *Börsengang* eine geeignete Alternative zur Aufnahme von *zusätzlichem Eigenkapital* dar. Eine Stärkung der Eigenkapitaldecke ist nur durch Risikokapitalzuführung von der Börse oder durch Private Equity, also von einem außenstehenden Investor (z.B. Business Angels), möglich (20). Dieses aufgenommene Eigenkapital wird häufig zur Realisierung weiterer Expansionschancen genutzt (21). Durch das Going Public kann der für das angestrebte Wachstum notwendige Kapitalbedarf gedeckt werden, wobei eine Verbesserung der Eigenkapitalbasis durch die Gewinnung einer großen Anzahl von Investoren erfolgt und die Option der künftigen Nutzung des Kapitalmarktes erhalten bleibt. Die erfolgreiche Erstplatzierung bildet den *Grundstein* für eine langfristige Nutzung der Börse als Eigenkapitalquelle. Denn Investoren, die positive Erfahrungen mit Neuemissionen gemacht haben, werden eher bereit sein, sich an späteren Kapitalerhöhungen zu beteiligen. Es vergrößert sich für das börsenfähige Unternehmen also die *Flexibilität* hinsichtlich der Aufnahme zusätzlichen Kapitals und damit der finanzielle Spielraum für weitere Investitionen. Eine erfolgreiche Neuemission führt auf dieser Basis zur *Bildung von Vertrauen* bei den Anlegern. In diesem Zusammenhang ist auch eine *Verringerung der Kapitalkosten* zu erwarten. Positive Auswirkungen kann eine breitere Eigenkapitalbasis z.B. auch in der Absicherung gegen konjunkturelle Schwankungen haben, da sie die Widerstandsfähigkeit des Unternehmens erhöht. Zudem wird der Bekanntheitsgrad der Firma vergrößert, wodurch die Vertriebs-, Marketing- und Personalpolitik positiv beeinflusst wird (22).

Den Vorteilen, welche aus der Erhöhung der Eigenkapitalbasis resultieren, stehen aber auch gewisse *Nachteile*, insbesondere eingeschränkte Rechte der Gesellschafter in der Aktiengesellschaft, verringerte Beteiligungsquoten, Publizitätsvorschriften sowie einmalige und laufende Kosten, gegenüber (23). Die *einmaligen Kosten* für den Börsengang bestehen im Wesentlichen aus den Provisionen für die Emissionsbegleiter, einem erhöhten Werbeaufwand zur Vermarktung der Emission, der Börsenzulassungsgebühr und den Gebühren juristischer Berater. Letztere fallen z.B. bei einer Umwandlung der Rechtsform in eine AG an.

Eine Konsequenz aus der Trennung von Leitung und Kontrolle besteht in der Implementierung eines *Monitoring*. Viele Börsenneulinge haben diesbezüglich oft große Vorbehalte, da sie mit den externen Publizitätsvorschriften nicht vertraut sind und interne Anreiz- und Informationssysteme kostenträchtige Investitionen verlangen. Mit dem Kapitalmarktzugang und dem damit verbundenen zunehmenden Anteil der Außen- an der Gesamtfinanzierung steigen also die Agency-Kosten. Die *laufenden Kosten* nach der Börseneinführung, insbesondere Aufwendungen, um die Beziehungen zu den Kapitalgebern zu pflegen (Investor Relations-Maßnahmen), Gebühren der Börse, die Kosten eines detaillierten externen Berichtswesens und die Aufwendungen zur Durchführung der jährlichen Hauptversammlung, sind nicht zu unterschätzen.

3 Börsenrechtliche Zulassungsvoraussetzungen für den Börsengang am Neuen Markt (24)

Eine maßgebliche Rolle spielt beim Börsengang – neben anderen involvierten Institutionen – das *begleitende Emissionshaus* (25). Es steht dem Management des emissionswilligen Unternehmens in fast allen Phasen des Going-Public-Prozesses *beratend* zur Verfügung und nimmt Organisation, Koordination sowie die technische Abwicklung des Projekts wahr (26).

Beispiel INTERSHOP: Das Emissionskonsortium der INTERSHOP Communications AG bestand aus dem Schweizer Bankhaus J. Vontobel, der Commerzbank, Bankhaus Sal. Oppenheim und dem US-Institut Hambrecht & Quist. Konsortialführer: Bankhaus J. Vontobel, Betreuer im Handel sind die Commerzbank und auch das Bankhaus J. Vontobel.

Dabei bedarf es einer umfassenden Aufklärung über die besonderen *Zulassungsvoraussetzungen*, bzw. es ist von der Bank zu prüfen, ob das Unternehmen diese erfüllen kann (27). Die Zulassung zum *öffentlich-rechtlich Geregelten Markt* ist Voraussetzung für eine privatrechtliche Zulassung am Neuen Markt, über die der Vorstand der Deutschen Börse AG entscheidet (28). Hierzu sollte das Unternehmen mindestens seit *drei Jahren* bestehen. Die *Zulassungsantragstellung* hat der Emittent schriftlich *zusammen* mit einem Kreditinstitut, einem Finanzdienstleistungsinstitut oder einem dem KWG nach tätigen Unternehmen vorzunehmen.

Beispiel INTERSHOP: Die Wurzeln der INTERSHOP Communications AG gehen auf das Jahr 1992 zurück. Zur Zeit der Börseneinführung 1998 bestand das Unternehmen bereits seit 6 Jahren.

Hinsichtlich *Liquidität und Emissionsauflagen* besteht die Verpflichtung, ein Mindestvolumen von 500 TDM Gesamtnennbetrag an *Stammaktien* (bei Mindestkurswert 10 Mio. DM) zu platzieren. Hiervon sollen mindestens *die Hälfte* aus einer Kapitalerhöhung stammen. Die Altaktionäre unterliegen einer *sechsmonatigen Haltepflicht* ihrer Anteile, und für den *Free Float* ist eine Untergrenze von 25 % des Gesamtnennbetrags festgelegt (29). Der Umfang des Platzierungsvolumens sollte im Vorfeld der Emission rechtzeitig festgelegt werden, weil zwischen dem Platzierungsvolumen und der Höhe des Grundkapitals sowie dem Unternehmenswert Interdependenzen bestehen. Es sollte den EK-Bedarf der nächsten Jahre decken.

Beispiel INTERSHOP: *Im Falle der INTERSHOP Communications AG wurden 800.000 Stück auf den Inhaber lautende Stammaktien zu DM 5 aus dem Eigentum der abgebenden Aktionäre und 1.000.000 Stück Inhaberaktien zu DM 5 aus einer eingetragenen Kapitalerhöhung von 5.000.000 am Markt begeben. Nach dem Abschluss der öffentlichen Platzierung verfügte die Gesellschaft über ein Grundkapital von knapp DM 26 Mio.* (30).

Ein besonderes Aufnahmekriterium des Neuen Marktes ist die Verpflichtung *zweier Betreuer*, die ihre Aufgaben für die Dauer von mindestens 12 Monaten wahrnehmen. Durch die Betreuer im Neuen Markt erfährt der Handel in diesem Segment eine neue Dimension (31). Der Betreuer, dessen Rolle meist von der *emissionsbegleitenden Bank* wahrgenommen wird, hat die Aufgabe, als *Market Maker* den Handel der Aktie jederzeit sicherzustellen (32). Die Sicherstellung von Liquidität im täglichen Handel wird durch die Betreuer dadurch gewährleistet, dass sie auf Anfrage Preise für den Ankauf und Verkauf der Aktien stellen (33). Durch *regelmäßiges Research* werden sie damit zu bevorzugten Handelspartnern in diesen Werten.

Dem erhöhten Risikopotenzial der Neuen-Markt-Unternehmen begegnet die Deutsche Börse AG mit den strengsten Publizitätsvorschriften aller börslichen Segmente. Die damit erreichte Transparenz schafft Akzeptanz bei einem breiten Anlegerpublikum und sorgt zugleich für günstige Finanzierungskosten des Emittenten. Die Möglichkeit einer angemessenen Unternehmensbewertung wird somit gewährleistet. Die Deutsche Börse AG legt besonderen Wert auf die Ausrichtung der Publizität nach *international* anerkannten Standards. Die Betreuerfunktion sowie die aktive Unterstützung der Deutschen Börse AG bei der Vermarktung und Informationsstreuung garantieren eine hohe Marktqualität und ausreichende Liquidität des Marktes. Aus informationspolitischer Sicht nimmt der Neue Markt eine Vorbildwirkung für alle am Kapitalmarkt agierenden Unternehmen ein.

Die *Publizitätsvorschriften* gliedern sich in einmalige an die Zulassung geknüpfte und jährlich wiederholende Auskunftspflichten. Eine zentrale Aufgabe des Emittenten und der – konsortialführenden – Bank ist die *Erstellung des Emissionsprospekts*, der im Zuge des Börsenzulassungsverfahrens einzureichen und nach den Vorschriften der §§ 13-32 BörsZulV zu erstellen ist. Er richtet sich speziell an den Informationsbedürfnissen der Financial Community zur Bewertung des zuzulassenden Wertpapiers aus (34). Im Mittelpunkt steht das *Platzierungskonzept*, in dem der angestrebte Investorenmix und die gewünschte regionale Streuung der Aktien anzugeben sind. Dabei lassen sich Beziehungen der jeweiligen Konsortialbank zu Technologie- oder zu sog. Small-Cap-Fonds nutzen, um eine institutionelle Investorenbasis aufzubauen (35). Weitere Angaben beziehen sich auf die *Herkunft* (Kapitalerhöhung oder Umplatzierung) und die *Gattung der Aktien*, das *Emissionsvolumen* und die *Zusammenstellung des Emissionskonsortiums* (36).

Weitere Bestimmungen zielen darauf ab, dem *internationalen Anspruch* des Neuen Marktes gerecht zu werden und dem *erhöhten Investitionsrisiko* der platzierten Unternehmen aufgrund ihres Firmenalters und ihrer -größe resp. ihres Tätigkeitsfeldes Rechnung zu tragen. Um dem Anspruch der Internationalität Genüge zu tun, besteht die Auflage, den Prospekt in deutscher und englischer Sprache abzufassen. Insbesondere muss neben der handelsrechtlichen auch eine internationale Rechnungslegung entweder nach IAS oder US-GAAP erfolgen. Zumindest ist eine Überleitungsrechnung vom Handelsrecht nach IAS/US-GAAP aufzustellen. Ein Unternehmen, das Investor Relations als finanzwirtschaftliche Strategieausrichtung glaubhaft umsetzen will, sollte einen Jahresabschluss nach internationalen Maßstäben veröffentlichen (37).

Der Emittent muss – um eine bessere *Risikoeinschätzung* bezüglich der aktuellen und künftigen Wettbewerbslage zu ermöglichen – seine zukünftige Strategie erläutern und klar über geplante Unternehmensveränderungen (38) berichten und ausführlich begründen. Außerdem hat der Prospekt eine Aufstellung über interne und externe Unternehmensfaktoren zu enthalten, „die einen erheblichen negativen Einfluss auf die wirtschaftliche Lage des Emittenten haben oder dessen Geschäftserfolg gefährden können" (39). Darüber hinaus müssen zur Erleichterung für den Anleger der Ausgabepreis der Aktie sowie wesentliche Kennzahlen angegeben werden.

Auch nach der Emission unterstehen die Unternehmen des Neuen Marktes einer verschärften *Auskunftspflicht* (40). Ziel ist die kontinuierliche Information des Marktes über die Unternehmensentwicklung jeweils in deutscher und englischer Sprache. Angefangen vom jährlichen Jahresabschluss bis hin zur Ad-hoc-Publizität wird eine permanente Verbindung zum Kapitalmarkt geschaffen. Zur Erleichterung der Unternehmensanalyse sind dem Anleger bestimmte Bilanz-, Finanz- und Erfolgskennzahlen zur Verfügung zu stellen. Zusätzlich sind *Quartalsberichte* in Form verkürzter Jahresabschlüsse zu veröffentlichen (41). Den Investoren soll damit die Möglichkeit gegeben werden, bestimmte Unternehmensentwicklungen frühzeitig zu erkennen bzw. die Einhaltung der im Geschäftsbericht genannten Planziele zu kontrollieren. Dazu dient die Aufstellung von Kennzahlen aus Bilanz-, GuV- und Kapitalflussrechnung, welche in vergleichender Darstellung zu erfolgen hat. Darüber hinaus sind alle wesentlichen Faktoren näher zu erläutern, wenn sie die Geschäftstätigkeit und das Ergebnis positiv oder negativ beeinflusst haben. Der *Unternehmenskalender* fasst die wichtigsten Finanztermine eines Jahres, wie z.B. von Hauptversammlung, Bilanzpressekonferenzen oder Analystentreffen, zusammen, und ist am Anfang des Geschäftsjahres öffentlich bekannt zu geben.

Über wichtige Unternehmensereignisse hat das Unternehmen die Investoren während des gesamten Jahres sofort zu informieren. Das können kursrelevante Daten im Sinne der Ad-hoc-Publizität (sog. *ad-hoc-Berichterstattung, s. Graphik*) oder Informationen im Zusammenhang mit dem Aktienbesitz (42) sein (43).

Ad-hoc-Publizität

nach § 15 Abs. 1 Satz 1 WpHG

„Der Emittent von Wertpapieren, die zum Handel an einer inländischen Börse zugelassen sind, muß unverzüglich eine neue Tatsache veröffentlichen, die in seinem Tätigkeitsbereich eingetreten und nicht öffentlich bekannt ist, wenn sie wegen der Auswirkungen auf die Vermögens- oder Finanzlage oder auf den allgemeinen Geschäftsverlauf des Emittenten geeignet ist, den Börsenpreis der zugelassenen Wertpapiere erheblich zu beeinflussen..."

Ziel: Bildung unangemessener Börsenpreise aufgrund fehlerhafter oder unvollständiger Unterrichtung zu vermeiden
=> Sicherung der Funktionsfähigkeit des Kapitalmarktes
=> Präventivmaßnahme gegen den Mißbrauch von Insiderinformationen

Insider: 1. Personen, die wegen ihrer Nähe zum Unternehmen oder aufgrund eines Vertragsverhältnisses mit dem Unternehmen unmittelbaren Zugang zu Insiderinformationen haben
= Primärinsider (§ 13 Abs. 1 WpHG)
2. Personen, die Kenntnis von einer Insidertatsache besitzen und dies erkennen
= Sekundärinsider (§ 14 Abs. 2 WpHG)

Abbildung 2: Ad-hoc-Publizität und Insider-Begriff

Die *überwachte Preisbildung* ist ein herausragendes Qualitätsmerkmal des Neuen Marktes. Dies gilt für alle Preise, die während der Börsenzeit zustande kommen. Die Börsenaufsichtsbehörde und die Handelsüberwachungsstelle kontrollieren die ordnungsgemäße Preisfindung im Markt, so dass Chancengleichheit der Handelsteilnehmer, die Transparenz und damit das Vertrauen der Anleger in die Fairness der Preisfestlegung gewährleistet sind. Die laufende Veröffentlichung von aktuellen Preisen, Umsätzen und Geld-Brief-Spannen tragen ebenfalls zur hohen Qualität bei.

4 Die Börsenreife des Unternehmens für den Neuen Markt

Der Gang an die Börse stellt einen wichtigen und sorgfältig zu planenden Schritt in der Geschichte eines Unternehmens dar. Zu Beginn des Projekts sind die *finanzstrategischen Unternehmensziele* und die *Interessen der Gesellschafter* eingehend zu analysieren. Bestehende Diskrepanzen müssen beseitigt werden, um die „*innere Börsenreife*" zu erreichen. Die Bereitschaft eines jungen Unternehmens, ein Going Public zu wagen, drückt sich in seiner *Emissionswilligkeit* aus. Außerdem muss durch die Beachtung *subjektiver und objektiver* Kriterien geklärt werden, unter welchen Mindestvoraussetzungen ein Unternehmen überhaupt börsen*fähig* ist.

Zu den *objektiven Voraussetzungen*, die rechtlich vorgegeben und zwingend erfüllt werden müssen, zählen – wie gezeigt – z.B. die Rechtsform der AG, die Vorschriften über die Publizität sowie die weiteren Vorgaben in den Zulassungsvoraussetzungen zu den einzelnen Börsensegmenten (44).

Die Herstellung der Börsenfähigkeit ist eine zentrale Voraussetzung zum Zugang zu einem *Börsensegment* (45) für das emittierende Unternehmen. In wirtschaftlicher Hinsicht ist ein Unternehmen reif für die Kapitalmarktöffnung, wenn sich die Erwartungen der verschiedenen Anlegergruppen und die des Unternehmens in Übereinstimmung befinden. Die beiden Kategorien „Börsenreife" und „keine Börsenreife" stellen dabei lediglich Endpunkte dar; dazwischen liegen verschiedene Reifegrade (46). Bei der Auslegung und Beurteilung der *subjektiven Voraussetzungen* ergeben sich nicht unerhebliche Gestaltungsspielräume.

Ob ein Unternehmen börsenreif ist oder nicht, oder in welchen Reifegrad es einzuordnen ist, geschieht in der Praxis mit Hilfe von *Kriterien*, welche aus den Erwartungen der Anleger abgeleitet werden. Welche Kriterien einzubeziehen sind und in welcher Ausprägung sie vorliegen sollten, ist allgemein bislang nicht geklärt und unterliegen zudem einer dynamischen Entwicklung (47). Nach den ersten praktischen Erfahrungen am Neuen Markt dürfte diese Frage immer mehr *unternehmensindividuell* zu beantworten sein. Dabei zeigt sich, dass gerade die Größenkriterien für Umsatz und Ertrag einem Wandel unterliegen.

4.1 Anforderungsprofil für Börsenkandidaten

MÜLLER hat ein *Anforderungsprofil* an potenzielle Börsenkandidaten entwickelt, das auf einer Befragung von Experten basiert (48). Zu beachten ist allerdings, dass dieses Profil nicht direkt auf Neue Markt-Firmen zugeschnitten ist, als Basis aber durchaus sinnvoll und übertragbar ist.

Ausgangspunkt dieses Anforderungsprofils ist die Existenz eines nachvollziehbaren, schlüssigen *Zielsystems*, das mit plausiblen Zielvorgaben und inhaltlicher Präzisierung aufwartet. Zwingend ist eine dokumentierte *strategische Planung*, die aus einem plausiblen Strategiekonzept, den Motiven für den Börsengang und einer ertrags- bzw. wertorientierten Ausrichtung der Planung besteht. Aus der strategischen Planung ist eine mittelfristige Erfolgs-/Finanzplanung abzuleiten, die die geplante Kapitalverwendung und ihre Auswirkungen auf die zukünftigen Zahlungsströme beinhaltet. Die Existenz einer regelmäßigen Kontrolle der Plandaten ist ebenfalls obligatorisch. Die Stellung des börsenwilligen Unternehmens im Markt und im Wettbewerb spielt eine Rolle für die Beurteilung der zukünftigen Ertragssituation. Besonders wichtig ist dabei die klare Abgrenzung und Unterscheidung des Börsenkandidaten von seinen Konkurrenten (49). Die potenzielle *Marktführerschaft* in den definierten und sich oft auch rasch ändernden Marktsegmenten sollte dabei stets im Auge behalten werden (50).

Eng mit der strategischen Planung hängt die Beurteilung der Marktsituation und der Perspektiven der Branche ab. Hohes Marktpotenzial, expandierendes Marktwachstum und möglichst hohe Markteintrittsbarrieren für potenzielle Konkurrenten sind wesentliche Kriterien. Die Existenz von hohen Skaleneffekten, Branchenkonzentration und Kapitalintensitäten sind bspw. Einflussfaktoren auf das Überleben von jungen Firmen (51).

In den letzten Jahren wird neben dem sog. *market-based-view* besonders der *ressourcenorientierte* Ansatz zur Erklärung von dauerhaftem Unternehmenserfolg diskutiert. Dieser Ansatz stellt den Aufbau von spezifischen Ressourcen, Fähigkeiten und Fertigkeiten, die eine Profilierung im Wettbewerb ermöglichen, in den Mittelpunkt der Suche nach den Quellen eines Corporate Advantage (52). Die Ressourcenausstattung bestimmt danach im Wesentlichen die wettbewerbliche Effektivität und funktionale Effizienz eines Unternehmens. Auf dem Wege der Bündelung lassen sich alle materiellen und immateriellen Ressourcen und Fähigkeitspotentiale zu sog. *Kernkompetenzen* entwickeln. „Eine Kernkompetenz stellt ein Bündel von Fertigkeiten und technologiespezifischem Wissen dar und nicht eine spezifische Fertigkeit, Ressource oder ein bestimmtes Sachgut." (53) Von besonderer Relevanz sind die *intangiblen* Kernkompetenzen, wie spezielle loyale Marktbeziehungen, einzigartige Unternehmenskulturen, Ruf und Image des Unternehmens (54). Aus sozialen „Soft-Facts" ergeben sich kaum imitierbare und deshalb oft dauerhafte Differenzen. Ihre strategische Relevanz äußert sich eben darin, dass sie als *immaterielle Aktiva* schwer *handel- und transferierbar* und somit nur begrenzt verfügbar sind. Auf die Beurteilung der Ressourcen und Kernkompetenzen sollte in der Analyse viel Wert gelegt werden (55).

Bezüglich der *Unternehmensstruktur* wird ein effizientes Kontroll- und Steuerungssystem sowie ein schlüssiges, für Dritte durchschaubares *Organisationskonzept* erwartet. Dabei sollten – falls vorhanden – die Geschäftsfelder separat geprüft und hinsichtlich ihrer strategischen Positionierung analysiert werden. Die Wertbeiträge der Geschäftsfelder bzw. des Geschäftsfeldes sind zu bemessen. Auch und insbesondere die Rolle der Zentrale als Wertgenerierer ist im Einzelnen zu begutachten. In diesem Punkt ist die klare Trennung von Unternehmenssphäre und Gesellschaftersphäre zu beachten (56).

Ein weiterer wichtiger Faktor bei der Öffnung eines Unternehmens für das Publikum ist die *Qualität der Führung* (57). Ausschlaggebend bei der erfolgreichen Börseneinführung ist die *Kompetenz der Führungskräfte*. Die Qualität und die Integrität des Managements spielt z.B. eine wesentliche Rolle für die Plausibilität der Unternehmensplanung. Vom *Management* werden hinsichtlich seiner Qualifikation Anpassungsfähigkeit an veränderte Gegebenheiten, betriebswirtschaftliches Know how und analytische Fähigkeiten erwartet. Die Fähigkeit zur Menschenführung sowie Branchenerfahrung sind ebenfalls essentiell. Hohe Überzeugungsfähigkeit, Verantwortungsbewusstsein, Festigkeit und Entscheidungsfreudigkeit, gepaart mit der notwendigen unternehmerischen Vision, sind Persönlichkeitsmerkmale, die von einem Manager eines Börsenkandidaten zu erwarten sind. Darüber hinaus wird selbstverständlich eine *positive Einstellung zur Börse* verlangt, was sich z.B. in der Informationsbereitschaft ausdrückt.

Für viele Unternehmen des Mittelstands stellt die *Publizität* eines der größten Hemmnisse auf dem Weg der Börse dar. Wenn sich die Publizitätsscheu nicht überwinden lässt, ist die Möglichkeit einer Börseneinführung nicht mehr gegeben. Die mit dem Börsengang verbundenen Publizitätspflichten werden allerdings längst nicht mehr skeptisch nur als eine Möglichkeit für die Konkurrenz betrachtet, sich über Interna der Unternehmung zu informieren, sondern immer öfter als *zusätzliches Marketinginstrument* verstanden (58). Die meisten Unternehmen im Neuen Markt begegnen dem Kapitalmarkt mit einer *offensiven Publizität*. Sie stehen dem *Shareholder-Value-Gedanken* positiv gegenüber und befriedigen aktiv das Informationsbedürfnis der Investoren (59). Die Transparenz sorgt i.a. dafür, dass Investoren das Unternehmen besser bewerten können und im Handel einen fairen Marktpreis erhalten. Es zeigt sich, dass die Unternehmen ihre Pflicht zur Information und Transparenz geradezu als Chance zur Kommunikation ergreifen. Teilweise wird schon die überhandnehmende Ad-hoc-Publizität beklagt.

Für die Anleger dürfte die Einschätzung des Management-Erfolgsfaktors a priori schwierig sein (60). Sehr genau sind deshalb – nach dem Börsengang – die Planzahlen mit den tatsächlichen Quartalszahlen zu vergleichen. Vorstände, die pausenlos „gute Stimmung verbreiten" und Investoren mit Meldungen überhäufen, sind sehr kritisch zu beurteilen (61).

Die *Schlüsselqualifikationen* müssen richtig besetzt und der Leistungswille der Mitarbeiter hoch sein. „Zur Realisierung dieses Kriteriums empfiehlt es sich, bereits vor dem Börsengang attraktive Einstellungskonditionen und Mitarbeiter-Bindungsprogramme anzubieten. Die Perspektive, am Stock-Option-Plan des Unternehmens beteiligt zu werden, ist für viele Mitarbeiter Anreiz, in ein Unternehmen einzutreten." (62)

Hinsichtlich der Produktmerkmale ist auf den hohen Bekanntheitsgrad der Produkte (Branding) und damit deren Qualitäts- und Differenzierungsgrad darauf zu achten, dass die Gefahr durch Substitutsprodukte eingeschränkt ist. Die (wertorientierte) Investitionstätigkeit ist insbesondere auf deren Art und Zukunftsperspektiven abzuklopfen. Die Innovationskraft, z.B. gemessen am F&E-Aufwand, sollte hoch sein (63).

Für die Entscheidung der Anleger sind nicht so sehr die absolute Höhe des augenblicklichen bzw. vergangenen Gewinns als vielmehr eine gewisse *Ertragskontinuität* sowie günstige *Ertragsperspektiven* für die Zukunft wichtig. Dabei kommt es in der New Economy weniger darauf an, ob die Unternehmung ihre Gewinne *ausschüttet*. Ganz im Gegenteil ist es möglich, dass die Investoren dies sogar als Schwäche auslegen, weil eine Ausschüttung signalisieren könnte, dass zur Zeit nicht genügend profitable Investitionsmöglichkeiten vorhanden sind. Unabhängig von der Frage, ob eine Ausschüttung tatsächlich erfolgt, wird als wesentliche Voraussetzung für die *Ausschüttungsfähigkeit* die Möglichkeit des Unternehmens gesehen, mittel- bis langfristig einen *positiven Cash-Flow* zu erwirtschaften (64).

Der Vorteil für den Anleger besteht in dem *Wachstumspotenzial*. Als Maßstab der Expansion spielt das *Umsatzwachstum* eines börsenwilligen Unternehmens eine besondere Rolle (65). Zu beachten ist hierbei eine überproportionale Wachstumsrate gegenüber vergleichbaren Branchenunternehmen. Da die Börseneinführung zur Finanzierung von Wachstum erfolgt, ist in den Unternehmensplanungen der Emissionskandidaten häufig eine deutliche *Unternehmenswachstumsrate* zu erkennen. Das Wachstum wird oft *extern* und weniger intern erfolgen, d.h. es wird durch Zukäufe anderer Firmen gespeist. Der Erfolg des *externen Wachstums* hängt allerdings maßgeblich davon ab, zu welchen Preisen die gekauften Firmen übernommen werden, wie sie in die Organisation integriert werden – was auch eine Frage der Unternehmenskultur ist – und wie sich das Target weiterentwickeln wird (66). Es sind also relativ viele Unbekannte in dem Kalkül zu berücksichtigen.

Um die abstrakten Anforderungen transparenter zu machen, sollen im Folgenden die Markt- und Wettbewerbssituation sowie Grundzüge der strategischen Vorhaben des erfolgreichen Going Public *INTERSHOP* zusammenfassend skizziert werden.

Nach Angaben des INTERSHOP-Managements hatte das Unternehmen seinerzeit einen Marktanteil von 10%, wobei dieser Markt äußerst fragmentiert und von starkem Wettbewerb gekennzeichnet ist. Der Markt für den elektronischen Handel ist jung, schnell wachsend, und unterliegt einem schnellen technologischen Wandel. Laut einer Studie von Forrester Research wird in den nächsten Jahren eine Konsolidierung erwartet (67). *Dank der guten Positionierung der INTERSHOP rechnete das Bankhaus Vontobel mit einer weiteren Zunahme ihres Marktanteils auf rund 13-15% bis ins Jahr 2001, was durch die Punkte globales Service- und Supportnetz, schnelle Produkterneuerungszyklen und technologische Führerschaft gestützt wird* (68).

Bei einer Analyse der Konkurrenzsituation muss zuerst erkannt werden, dass die eigenen Informatikabteilungen der Unternehmen die größte Konkurrenz für INTERSHOP darstellen. Es wird davon ausgegangen, dass rund 70% der Unternehmen, die im Internet aktiv sind, die Webseite in der eigenen Informatikabteilung kreieren lassen. Unter den unabhängigen Konkurrenten der INTERSHOP werden zwei Kategorien unterschieden:

Konkurrenten der Gegenwart: Da es sich um einen sehr jungen Markt handelt, sind die Gesellschaften, welche eCommerce Software entwickeln, oft sehr klein und nur lokal tätig. Da von einer Konsolidierung des Marktes in nächster Zeit ausgegangen wird, werden nur einige wenige, die bereits heute über die technologische Führerschaft und die globale Distribution verfügen, überleben. Zeichen für eine Konsolidierung sind bereits erkennbar: Technologiezusammenarbeit mit Konkurrenten; Übernahme kleiner Gesellschaften, die nur einen Teilbereich des eCommerce Marktes abdecken; Konzentration der Internet Service Provider in den nächsten Jahren auf große ISP´s.

Konkurrenten der Zukunft: Mit erhöhter Aufmerksamkeit müssen die Unternehmen beobachtet werden, die heute in den eCommerce Markt eintreten oder in Zukunft eintreten werden. Das sind z.B. die großen Softwarehäuser wie Microsoft, Oracle oder SAP aber auch Gesellschaften, die aus dem verwandten EDI-Markt (69) kommen. Obwohl die Markteintrittsbarrieren (Aufbau eines globalen Verteilernetzes, technologische Führerschaft, Zuverlässigkeit des Produktes und eine genügend große installierte Basis) vergleichsweise hoch sind, besteht für INTERSHOP das Risiko, dass die Konkurrenten bei einem Markteintritt schnell einen großen Marktanteil erreichen können. Viele der Mitbewerber verfügen über längere Geschäftserfahrung und über bedeutend umfangreichere finanzielle, technische Mittel als die INTERSHOP Communications AG. Hierdurch könnten sie in der Lage sein, schneller auf Kundenbedürfnisse zu reagieren oder sich verändernden Technologien und Herausforderungen anzupassen (70).

Die INTERSHOP Communications AG war zum IPO-Zeitpunkt bereits global tätig und besaß eine Führerschaft mit ihrer standardisierten Softwarelösung. Durch den Börsengang bekam sie neue finanzielle Mittel, die es ihr erlaubten, eine kritische Größe zu erreichen. INTERSHOP konnte damit innerhalb sehr kurzer Zeit eine sehr starke globale Stellung im eCommerce Markt aufbauen. Neben der globalen Positionierung kann sich das Unternehmen auch mit dem Produktangebot klar von den Konkurrenten unterscheiden. Das Bankhaus Vontobel glaubte deshalb, dass INTERSHOP mit seinem bestehenden Produktangebot und der vorhandenen Strategie bestens auf die zunehmende Konkurrenz der großen Softwarehäuser sowie die möglichen Veränderungen innerhalb der einzelnen Kundengruppen gerüstet ist (71).

INTERSHOP plante, weiterhin in den Aufbau von Ressourcen zu investieren, um die Position der technologischen Führung beizubehalten und dem elektronischen Handel branchenführende Lösungen anzubieten. Bestehende Kooperationen zu Technologiepartnern sollten intensiviert werden, um ihre zukünftigen Produkte auf Gebieten wie Datenaustausch, elektronischer Absatz von Software oder im Versand auszudehnen. Außerdem plante INTERSHOP den weiteren Ausbau ihrer strategischen Allianzen mit Marketingpartnern und weiteren strategischen Partnern. Daneben waren Akquisitionen von Unternehmen zum Erwerb von Schlüsseltechnologien, geistigem Vermögen und Ressourcen, verbesserter Positionierung im Markt, Zugang zu Vertriebskanälen und langfristigem Wachstumspotenzial, geplant (72).

Für den Erfolg eines Going Public spielt also – zusammengefasst – eine ausgereifte und erfolgreiche *Equity Story* (hohes Wachstumspotenzial, innovatives Angebot, etablierter Markenname, internationale Ausrichtung, überzeugende Strategie, kompetentes Management, wertorientierte Unternehmensphilosophie) eine große Rolle (73). Die *Individualität* und *Flexibilität* sowie die *zukünftige Ertrags- und Innovationskraft* des Börsenunternehmens, stehen am Neuen Markt deshalb im Mittelpunkt (74).

4.2 Ein Stufenselektionsmodell

Die Mid Cap Group der Deutschen Bank hat ein sog. *Vier-Stufenselektionsmodell* entwickelt, nach der sie zukunftsträchtige Unternehmen in einer frühen Phase ihres Lebenszyklus erkennen will. In der *ersten Stufe* dieses Modells werden das *Marktwachstum* und die *Marktstellung* des Unternehmens analysiert. Hohes Marktwachstum und eine starke Marktstellung stellen die Eingangsvoraussetzungen dar. Dabei interessieren vor allem die Stärke sowie die Dauer und Nachhaltigkeit des Marktwachstums. Marktwachstum wird dabei als Zunahme der durch das Unternehmen adressierbaren Nachfrage definiert (75). Für die Einstufung einer Frühphasenunternehmung ist entscheidend, zu wissen, wie stark das Unternehmen den Markt aktiv gestalten, also Trends und Standards setzen kann. Die Marktstellung spielt hierfür ein markante Rolle. Ein hoher Marktanteil – als wichtigster quantitativer Ausdruck einer starken Marktstellung – lässt auf die Realisierung von Kostenersparnissen aufgrund von Erfahrungskurven- und Skaleneffekten schließen. Dies dürfte in der Regel positive Wirkungen auf die Rendite haben. Die Problematik liegt jedoch in der klaren Abgrenzung des Marktes (stark fragmentiert, schlecht überschaubar ?). Weitere alternative Maßstäbe zur quantitativen Markstellung sind z.B. personelle Maßstäbe („Pioniergeist und „Managing Growth") und die Innovationskraft. Von besonderer Bedeutung ist dabei das *Time-to-Market*. Das dynamische Wachstum junger Unternehmen basiert häufig auf neuen technologischen Entwicklungen oder veränderten Rahmenbedingungen. In diesen Märkten stellen sich diejenigen Unternehmen langfristig als die erfolgreichsten heraus, „die neue Entwicklungen für sich nutzen konnten oder sich am schnellsten auf die veränderten Rahmenbedingungen eingestellt haben (*First mover advantage*)" (76). Durch den frühen Markteintritt und die dadurch geschaffenen Basisinvestitionen (z.B. notwendige Kenntnisse oder Kontakte → Medienbranche) werden gleichzeitig Markteintrittsbarrieren für spätere Wettbewerber geschaffen. Aber auch der Marktanteil eines Produktes selbst kann durch die faktische Produktbindung als Eintrittsbarriere dienen.

In *Stufe 2* wird analysiert, ob das Unternehmen über ein geeignetes Investor-Relations-Konzept mit klarer Shareholder-Value-Orientierung verfügt. Differenziert man in IR-aktive und -passive Firmen, so zeigen diese beiden Gruppen bezüglich der Performance, der Volatilität und dem Anteil institutioneller Investoren am Free Float deutliche Unterschiede (77). Die Analyse der relativen Stärke bildet die *Stufe 3* des Modells. In einem *abschließenden Schritt* überprüft das Modell die Bewertung, dabei fokussierend auf die langfristigen Bewertungspotenziale. Anwendung findet hierbei das *Discounted-Cash-Flow-Zyklusmodell*, welches wir weiter unten noch ansprechen werden.

Mit Hilfe von Effizienzkennzahlen wie EBIT/Mitarbeiter (78) und EBIT/Eigenkapital wird eine Überprüfung der effizienten Ressourcenverwendung vorgenommen. Die Verwendung dieser Kennzahlen führt – angesichts des hohen Investitionsbedarfs der Branchen, in denen sich junge Wachstumsunternehmen behaupten, sowie der expansiven Geschäftspolitik dieser Unternehmen – zu der Frage, ob die Etablierung eines *Kennzahlen-Ratings* sinnvoll und möglich ist.

4.3 Bilanz-Rating für Börsenkandidaten?

Ein *Rating* kann dem zukünftigen Börsenaspiranten helfen, Vertrauen bei Anlegern zu gewinnen (79). Ohne hier auf die vielschichtige Problematik eines Ratings für Wachstumsunternehmen eingehen zu können, soll ein auf neuronalen Netzen basierendes Konzept – das *Bilanzbonitätsrating* von BAETGE & Partner *BP-14™* – in gebotener Kürze vorgestellt und im Hinblick auf seine Übertragbarkeit auf Börsenkandidaten (an)diskutiert werden (80).

Künstliche Neuronale Netze sind Computerprogramme, die den vereinfachten physikalischen Strukturen von Gehirnen nachempfunden sind. Sie erlangen aufgrund ihrer guten Klassifikationsergebnisse immer größere Bedeutung im Rahmen der Jahresabschlussanalyse und in der Prognose anderer Sachverhalte. Ihr wesentliches Charakteristikum ist, dass sie ihre Entscheidungsregeln nicht von außen vorgegeben bekommen, sondern sie im Rahmen der Lernphase, und zwar entweder über assoziatives oder entdeckendes Lernen, quasi von selbst erlernen.

Mit Hilfe des sog. *BP-14™* wurde ein Netz-Wert ermittelt, der anhand von 14 „intelligenten", trennfähigen und sogar bilanzpolitische Maßnahmen erkennenden (81) Jahresabschluss-Kennzahlen (82) anzeigt, wieviel *Potenzial* ein Unternehmen zur Bekämpfung möglicher künftiger Widrigkeiten besitzt. In die Funktion gehen Kennzahlen aus der Vermögens-, Finanz- und Ertragslage ein, wobei besonders einflussreiche Kennzahlen dieser Funktion die kurzfristige Verschuldungsquote und die Cash-Flow-Gesamtkapitalrentabilität sind. *BP-14™* wird nicht nur zur Bonitätsbeurteilung (i.S. solvent/insolvent) verwendet, sondern soll auch das künftige Potenzial an Insolvenzgefährdung abgestuft nach *disjunkten Güte- und Risikoklassen* prognostizieren. Dabei handelt es sich um eine *reine Potenzialbetrachtung*, die nichts darüber aussagt, ob dieses Potenzial der angegebenen Bestandsfestigkeit von der Unternehmung auch genutzt wird. In den Modellen konnten insolvent werdende Firmen drei Jahre vor dem Scheitern mit hoher Zuverlässigkeit erkannt werden, während die gesunden mit ausreichender Zuverlässigkeit klassifiziert wurden (83). Auf diese Weise wird ein vergleichsweise objektives Kredit- und Profit-Rating geschaffen.

Zwar ist *BP-14™* mit *hohen Ausschlusskriterien* behaftet. Kleinstunternehmen sind z.B. wegen der schwierigen Trennung von privatem und geschäftlichem Vermögen ausgeschlossen. Schwierig ist sicherlich auch die Bewertung von Neue-Markt-Kandidaten, weil Wachstumsunternehmen gewisse strukturelle Besonderheiten aufweisen. Folgende Unterschiede sind in der Ertragsstruktur zwischen Going Public-Firmen und bereits börsennotierten Unternehmen zu beobachten: Junge Börsenkandidaten weisen teilweise verzerrte Ertragsstrukturen auf (hoher Anteil von – nach deutschem Recht – nicht bilanzierungsfähigen Investitionen, vor allem F&E). Zusätzlich werden gerade in der Startphase dieser Unternehmen hohe Investitionen für die Geschäftserweiterung getätigt und oft direkt erfolgswirksam erfasst. Das Erfolgspotenzial wird also nicht richtig dargestellt (84). Es stellt sich unter diesen Umständen die Frage, ob *BP-14™ unmodifiziert* auf junge, schnellwachsende Börsenkandidaten angewendet werden kann. Allerdings gibt es bereits ein konkretes Beispiel: Die am Neuen Markt gelistete Firma *PC-Spezialist* hat sich einem Rating auf Basis von *BP-14™* unterzogen und dabei ein „AA"-Rating erhalten (85). Sicherlich wäre es wünschenswert, eine spezifische Untersuchung über die Validität und Prognosefähigkeit eines Bilanzratings von Börsenkandidaten durchzuführen. Allerdings dürfte die *Datenlage* (insbesondere hinsichtlich der Zahl der Insolvenzen) zur Zeit hierfür noch zu dünn sein.

Zwangsläufig werden diejenigen, die Aktien an die Börse bringen wollen, mit der Bewertungsfrage konfrontiert. Die Ermittlung des Emissionspreises ist – angesichts der entgegenlaufenden Interessen zwischen Investoren, Emittenten und Konsortialbanken – eine außerordentlich schwierige Frage innerhalb des Börsenganges. Hierauf soll im folgenden Abschnitt ausführlich eingegangen werden.

5 Bewertung von Going Public-Unternehmen

Um dem Ziel, die Aktie der Gesellschaft in den Mittelpunkt des Investoreninteresses zu bringen, gerecht zu werden, besteht eine weitere wichtige Aufgabe von Unternehmen und Konsortialbank darin, die *„Equity-Story"* zu formulieren. Basierend auf einer Analyse der Aktivitäten des Unternehmens, der Märkte auf denen es agiert und des dort herrschenden Wettbewerbs, sind bezüglich der strategischen Ausrichtung des Unternehmens und seiner Positionierung im Markt Aussagen zu treffen, die mittels einer umfangreichen, an den Kapitalmarkt gerichteten *Kommunikationskampagne* transportiert werden (86). Besonders wichtig hierbei ist es, die *Zukunftsperspektiven* der Gesellschaft *transparent* zu gestalten. Eine glaubwürdige Inaussichtstellung von Umsatz- und Ertragswachstum lässt i.d.R. ein positives Kurspotenzial für die Aktie entstehen.

Das *Emissionskonsortium* tritt bei der späteren Platzierung als Verkäufer der Aktien auf (87). Um die Interessen und den Schutz der Anleger zu wahren, ist es für den Konsortialführer notwendig, ein umfassendes Bild vom Unternehmen zu gewinnen. Dies geschieht in der sogenannten *Due Diligence*, in der auch und vor allem die Unternehmensrisiken heraus gearbeitet werden (88). Einer besonderen Prüfung unterzogen werden die Leistungsfähigkeit des Rechnungswesens und Controlling, die Produktpalette sowie die Position auf den Absatz- und Beschaffungsmärkten. Eventuell auftretende Schwachstellen müssen noch vor dem Börsengang beseitigt werden. Die Due Diligence wird durch ein Plausibilitätsgutachten eines Wirtschaftsprüfers ergänzt (89).

5.1 Bewertung auf Basis von Vergleichsdaten

Anhand einer *ertragsorientierten Unternehmensbewertung* ermitteln i.d.R. die Corporate Finance-Spezialisten der Konsortialbank den *Börsenwert des Unternehmens*. Basis für diese Ermittlung bilden die Planergebnisse der Gesellschaft, die hinsichtlich ihrer Plausibilität einer differenzierten Analyse zu unterziehen sind. Gerade bei jungen Wachstumsunternehmen ist hinsichtlich dieser Thematik die Expertise der Konsortialbank von besonderer Bedeutung. Es ist hier genau zu prüfen, inwieweit das geplante starke oder sogar überproportionale Ertragswachstum und die dahinter stehenden Analysen realistisch sind. Da viele Börsenkandidaten junge und dynamisch wachsende Firmen sind, die oft erst seit einer begrenzten Zeit bestehen, und zudem in jungen Branchen agieren, für die es noch keine festen Regeln gibt, wird die Repräsentativität der Vergangenheit für die Zukunft eingeschränkt. Die beiden in der Praxis etablierten Methoden der Unternehmensbewertung für Börseneinführungen sind die *Multiplikatorenverfahren* und die *fundamentalanalytischen Verfahren* (90).

Hinsichtlich der Multiplikatorenverfahren sind die Kurs-Gewinn-Vergleichs- oder Kurs-Cash Flow-Vergleichs-Methode (91), die Enterprise Value (EV-)Methoden und wachstumsorientierte Kennzahlen zu unterscheiden (92). Zwingend ist bei all diesen Methoden, dass die bewertenden Bankhäuser auf Bewertungsrelationen vergleichbarer Firmen zurückgreifen müssen. Gerade dies ist in dynamisch wachsenden, jungen Märkten recht schwierig. Junge Unternehmen zeichnen sich gerade durch ihre relative Einzigartigkeit aus, widerspiegelnd in einem spezifischen Konzept mit besonderem Wachstumspotenzial. Somit entsteht das Problem, geeignete Vergleichsunternehmen zu finden (93).

Auch in unserem Beispiel der Firma *INTERSHOP* wurden Multiplikatoren-Verfahren zur Bewertung herangezogen (94).

Im Rahmen der Bewertung der INTERSHOP Communications AG mit internationalen Konkurrenten wurden vom Bankhaus Vontobel vor allem amerikanische Gesellschaften herangezogen, die eine Beziehung zum Internet haben. Bei den in Frage kommenden Unternehmen handelt es sich um eCommerce Gesellschaften (z.B. Open Market oder Netscape), EDI Gesellschaften (z.B. Edify Corporation, Sterling Commerce) und Internet Gesellschaften (American Online Inc., YAHOO! Inc.).

Anhand eines Preis/Umsatz-Vergleichs, eines Preis/Buchwert-Vergleichs und eines P/E (KGV)-Vergleichs wurde für INTERSHOP eine Bewertungsrange gebildet. Außerdem wurde eine Bewertungsrange anhand eines Regressionsvergleichs ermittelt. Die Regressionsanalyse ging von der Annahme aus, dass der Unternehmenswert einer Gesellschaft u.a. von der EBITDA-Marge (95) *abhängt.*

5.2 Fundamentalanalytische Discounted-Cash-Flow-Verfahren für junge Wachstumsunternehmen

Prinzipiell kommen verschiedene fundamentalanalytische Verfahren zur Bewertung von Unternehmen in Frage. Theoretisch und praktisch akzeptiert sind jedoch nur die zukunftsorientierten Gesamtbewertungsverfahren, wie das Ertragswert- oder das Discounted-Cash-Flow-Verfahren (96). Wir wollen anschließend nur das letztere Verfahren weiter verfolgen (97).

Das *Discounted-Cash-Flow-(DCF)-Verfahren* kommt vor allem jungen, schnell wachsenden Unternehmen entgegen, bei denen der bspw. für die KGV-Multiplikatormethode zugrunde gelegte Ertrag auf lange Sicht meist nicht adäquat ist. Im Gegensatz zu den Multiplikatorverfahren, die auf ein oder zwei einzelne Jahre aufbauen, berücksichtigt das *DCF-Verfahren* die Barwerte der gesamten künftigen Einnahmenüberschüsse. Das DCF-Modell ermittelt den Unternehmenswert als *Barwert künftiger Zahlungsströme* (s. nachfolgende Graphik).

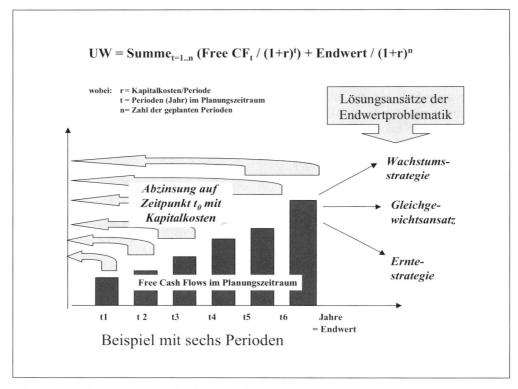

Abbildung 3: Grundkonzeption des DCF-Verfahrens

Ein einheitliches DCF-Modell existiert nicht. Es muss den jeweiligen Finanzierungsprämissen und den Belangen des Bewerters angepasst werden. Ob und unter welchen Voraussetzungen die maßgeblichen Verfahren – Entity-, Equity- und Konzept des angepassten Barwerts (APV)-Methode – zu unterschiedlichen Ergebnissen führen können, ist Gegenstand ausführlicher Debatten (98).

Nach dem Entity-Ansatz bspw. werden die Free Cash Flows (99) in der *ersten Planungsphase* detailliert prognostiziert. Die Free Cash Flows stellen *erwartete Zahlungen an die Kapitalgeber* dar. Je nach Konzept sind sie unterschiedlich definiert (Brutto-/Nettokapitalisierung). Für die sich anschließende *zweite Phase* wird ein sog. *Endwert* angesetzt. In den Gesamtkapitalwert des Unternehmens wird auch der Wert des nicht betriebsnotwendigen Vermögens einbezogen.

Die Problematik dieser Bewertung liegt darin, dass das Bewertungsmodell von mehreren intersubjektiv nur schwer bestimm- und überprüfbaren Parametern abhängt. So stellt sich die Prognose der *zukünftigen Free Cash-Flows* um so schwieriger dar, je länger der Prognosezeitraum ist und je weniger Vergangenheitsdaten man zur Prognosestützung zur Verfügung hat. Insbesondere stellt sich die Frage, auf wie viele Jahre der Free Cash Flow überhaupt seriös abgeschätzt werden kann. Oft wird ein überschaubarer Zeitraum von 3-5 Jahren zugrunde gelegt. Bei der Bewertung von jungen, dynamisch und überproportional wachsenden Unternehmen ist an sich eine lange Detailprognosephase notwendig, bis unterstellt werden kann, dass sich die Zukunftserfolge weitgehend stabilisiert haben (100). In dieser Phase werden die zahlreichen Einflussgrößen meist einzeln zur Prognose der finanziellen Überschüsse veranschlagt. Insbesondere der sog. *Endwert*, dessen Höhe gerade bei jungen Unternehmen eine dominierende Rolle spielt, ist schwer zu quantifizieren (101).

Da man von einer *Strukturkonstanz* bei den Unternehmenstypen, die an den Neuen Markt gehen, kaum sprechen kann, ist nicht davon auszugehen, durch die Anwendung (eher simpler) *mathematisch-statistischer Prognoseverfahren* zu sachgerechten Prognoseergebnissen zu gelangen. Das Prognoseproblem sollte deshalb durch eine *mehrwertige Prognose* entschärft werden. Möglichkeiten hierfür bieten *Sensitivitätsanalysen* (102) und *Risikoanalysen*, die auf der Monte-Carlo-Methode aufbauen. (103) *Szenario-Analysen* (104) sind praktisch sinnvolle und akzeptierte Lösungen. Inwiefern allerdings mit der Szenario-Technik und der hierauf basierenden Bestimmung der szenario-spezifischen Strategien die Bandbreite der potenziellen Zukunftserfolge weitgehend ermittelt werden kann, hängt größtenteils von den Fähigkeiten der am Bewertungsprozess beteiligten Personen ab. „Denn die Qualität des Ergebnisses wird unmittelbar von der Güte der Eingangsinformationen sowie der in den einzelnen Schritten zu treffenden Entscheidungen determiniert." (105)

5.3 Endwertproblematik

Der *Residual- oder Endwert* wird unter der Annahme der Fortführung oder der Liquidation (Auflösung) des Unternehmens ermittelt (106). Der Liquidationserlös ist der Nettobetrag, der dem Verkäufer nach Veräußerung des Anlage- und Umlaufvermögens – bereinigt um das Fremdkapital – zufließt. Unterstellt man die Weiterführung des Unternehmens (Going concern-Prämisse), entspricht der Residualwert dem Barwert der Cash Flows nach Ablauf des Detailprognosezeitraums. Die Planungsjahre der ferneren zweiten Phase basieren zumeist auf mehr oder weniger pauschalen Fortschreibungen der Detailplanungen der ersten Phase. Zu untersuchen ist dabei, ob sich die Vermögens-, Finanz- und Ertragslage des zu bewertenden Unternehmens nach der Detailphase signifikant verändert, um die jährlichen finanziellen Überschüsse zu variieren oder fortzuschreiben. Dabei werden die gewogenen Kapitalkosten i.d.R. als *konstant* angenommen.

Der Endwert hat insbesondere bei jungen, innovativen Unternehmen eine zentrale Bedeutung. Dies ist einmal auf die Unstrukturiertheit und damit sehr große Unsicherheit der Zukunft zurückzuführen. Darüber hinaus ist das Verhältnis von Endwert zum Prognosewert von erheblicher Bedeutung. Während man in stabilen Wirtschaftszweigen, die die Reifephase erreicht haben, von relativ gleichverteilten Verhältnissen von Prognose- zu Endwert ausgehen kann, verschiebt sich das Verhältnis signifikant – oft bis weit über 100% – zu Gunsten des Endwertes bei Investments in der Frühphasenentwicklung (107). Mit zunehmendem Gewicht des Endwertes sinkt dann aber zwangsläufig die Aussagekraft der Prognosephase (108).

Junge Geschäfte zielen darauf ab, eine strategische Position aufzubauen. Da Investitionen meist *sequentiell* erfolgen, besteht in Abhängigkeit von der Werthaltigkeit der geschaffenen Position eine gewisse Flexibilität, das Projekt aufzubauen oder abzubrechen. Für junge Geschäfte wird der Endwert „besonders von der Wachstumsoption bestimmt, die sich als Call-Option verstehen lässt." (109) Wir gehen weiter unten darauf noch näher ein.

5.4 Kapitalkosten von Wachstumsunternehmen

Jedes Wirtschaftssubjekt zieht für einen gegebenen Betrag eine sofortige Verfügbarkeit einer zukünftigen vor. Mit Hilfe der *Abzinsung* ist der Vergleich von Geldbeträgen (zum konstanten Wert), die aus verschiedenen Zeitpunkten aus- oder eingezahlt werden, möglich. Jede Investition, die über einen bestimmten Zeitraum mehr Einnahmenüberschüsse erzielt, als eine Alternativinvestition in Form eines vorher festgelegten *Kapitalkostensatzes*, ist wertschöpfend i.S. des Shareholder-Value-Gedankens. Die Bestimmung der Wertschöpfung einer Investition wird also durch die Abzinsung aller Cash Flows mit Hilfe des Kapitalkostensatzes erreicht. Die Bestimmung dieses *Kapitalisierungszinsfusses* ist der weitere kritische Faktor (110). Er setzt sich aus der Laufzeitprämie (Zeitwert des Geldes) und einer Risikoprämie zusammen.

Bei der Festlegung des *Basiszinssatzes* ist zu berücksichtigen, dass die Geldanlage im zu bewertenden Unternehmen mit einer laufzeitkonformen Alternative zu vergleichen ist. Ausgangspunkt ist dabei die Zinsstrukturkurve des Geld- und Kapitalmarktes, aus der arbitragefreie Zerobondabzinsungsfaktoren und die dazugehörigen impliziten Terminzinssätze (Forward Rates) abgeleitet werden (111). Oft wird aber vereinfachend auf den Zinssatz für öffentliche Anleihen mit fester Restlaufzeit von zehn oder mehr Jahren zurückgegriffen.

Die *Unsicherheit* zukünftiger finanzieller Überschüsse kann unter Berücksichtigung der verschiedenen Risikoeinstellungen grundsätzlich durch *zwei Vorgehensweisen* in die Bewertung eingehen. Möglich ist sowohl ein Abschlag vom Erwartungswert der finanziellen Überschüsse *(Sicherheitsäquivalenzmethode),* als auch ein Zuschlag zum Kapitalisierungszinsfuss *(Risikozuschlagsmethode)* (112). Der auf die zuletzt genannte Art festgelegte Basiszinssatz ist also um einen *Risikozuschlag* zu erhöhen (113).

Die konkrete Höhe des Risikozuschlags wird hinsichtlich des Grades der Risikoaversion oft typisierend festgelegt. Der unternehmensspezifische Risikozuschlag hat sowohl das *operative Risiko* als auch das vom Verschuldungsgrad beeinflusste *Kapitalstrukturrisiko* abzudecken (114).

Der *WACC-Ansatz* – als eine Variante des Bruttoverfahrens – unterstellt, dass der Gesamtkapitalwert unabhängig von der Art der Finanzierung ist. Die Kapitalkosten von fremdfinanzierten Unternehmen ergeben sich aus den *gewogenen Kosten des Eigenkapitals (EK) und Fremdkapitals (FK)* (→ *WACC*). Die Gewichtung erfolgt hierbei entsprechend der Anteile der *Marktwerte* des EK und des FK am Unternehmenswert. Die Fremdkapitalkosten sind dabei steueradjustiert (Tax-Shield) (115). Erst in einem weiteren Schritt wird der Gesamtkapitalwert auf das Eigen- und Fremdkapital aufgeteilt. Den *Marktwert des Fremdkapitals* erhält man, indem die Cash Flows an die Fremdkapitalgeber mit einem das Risikopotenzial dieser Zahlungsströme widerspiegelnden Zinssatz diskontiert werden. Die Differenz aus Gesamtkapitalwert und Marktwert des Fremdkapitals entspricht dem *Marktwert des Eigenkapitals*.

Bei der Unternehmensbewertung nach dem Entity-Ansatz führt die Verwendung eines einzigen gewichteten Kapitalkostensatz für den *gesamten Betrachtungszeitraum* allerdings dann zu Problemen, wenn *konstante* Kapitalstrukturrelationen im Zeitablauf nicht erwartet werden können. Sollten sich die Einflüsse in der Zukunft ändern, sind zwangsläufig *Adjustierungen* an den Vergangenheitsprämien vorzunehmen. Dies könnte gerade bei stark wachsenden Unternehmen der Fall sein, die sich durch eine zunehmende Verschuldung im Wachstumsprozess auszeichnen. Grundsätzlich sollte bei jungen und dynamisch wachsenden Unternehmen deshalb eine *periodenspezifische Bestimmung der Kapitalstruktur* erfolgen. Es ist folglich ein unter Berücksichtigung der voraussichtlichen Kapitalstruktur in den einzelnen Perioden zu berechnender, *periodenspezifischer, gewichteter Kapitalkostensatz* zu verwenden (116). In diesem Falle wäre der Adjusted-Present-Value-*APV-Ansatz* – der eine Verallgemeinerung der Entity-Methode darstellt – heranzuziehen (117).

APV basiert auf *zwei Arten* von Cash Flows: „reelle" Cash Flows, die sich direkt aus dem operativen Geschäft ableiten lassen und denjenigen Cash Flows, die sich aus den Finanzierungseffekten ergeben. Mit dem APV wird also ein Projekt in seine verschiedenen Komponenten zerlegt, separat bewertet und schließlich addiert. Es wird also dadurch möglich, zu analysieren, woher die Werte stammen und wie sie generiert werden. Für die Bewertung des operativen Cash Flows wird dabei davon ausgegangen, dass das ganze Projekt exklusiv mit Eigenkapital finanziert wird. Das ergibt den Basiswert. In einer zweiten Phase wird dann der Wert ermittelt, welcher aus der Finanzierungsstrategie resultiert (i.d.R. Effekte aus eingesparten Steuern).

Die marktgestützte Ermittlung des *Risikozuschlages* kann insbesondere nach den Grundsätzen des *Kapitalpreisbildungsmodells (CAPM)* vorgenommen werden. Wesentliches

Ergebnis des CAPM ist, dass sich die *Opportunitätskosten* des Eigenkapitals (EK-Kosten) aus dem Basiszinssatz (der Rendite risikofreier Wertpapiere), zuzüglich des Produkts aus dem Marktpreis des Risikos (Marktrisikoprämie) und dem systematischen Risiko des Unternehmens ergibt. Das systematische Risiko für Investments in Unternehmen ist nicht wegzudiversifizieren, also durch Mischen mit andersgearteten Risiken nicht zu kompensieren und auf Null zu bringen. Maßstab für seine Höhe ist der sog. *Beta-Faktor* (118).

Die Ermittlung der Risikoprämie als Differenz zwischen dem Erwartungswert der Rendite des Marktportefeuilles und dem risikolosen Zinssatz sollte auf der Grundlage eines langen Zeitraums erfolgen, um die Effekte kurzfristiger Anomalien auszuschalten. Empirische Untersuchungen kommen auf diese Weise zu Prämien in einer Größenordnung von 5-6% (119).

Allerdings ist zu bedenken, dass sich das Marktportefeuilles aus börsennotierten Unternehmen zusammensetzt. Nur unter der Annahme, dass die Risikostruktur börsennotierter Unternehmen der Risikostruktur von jungen Unternehmen, die an die Börse wollen, entspricht, ist eine solche Übertragung sinnvoll (120).

Die Übertragung des CAPM auf junge Börsenkandidaten wird bei der Bestimmung des Beta-Faktors deutlich. Beta-Faktoren werden i.d.R. durch lineare Regressionen der vergangenen Aktienrenditen über die Renditen ausgewählter Marktindizes ermittelt. Entscheidend ist, dass die *direkte* Ermittlung unternehmensspezifischer Beta-Faktoren nur für börsennotierte Unternehmen gelingt, die nun jedoch für Börsenkandidaten nicht vorliegen. Eine *indirekte* Möglichkeit zur Bestimmung besteht in der Verwendung von *Branchenbetas*. Unterstellt wird hierbei, dass die durchschnittlichen Risikostrukturen der Unternehmen der relevanten Branche auch dem zu analysierenden Unternehmen möglichst nahe kommen (121). Mit der weiteren Etablierung von Branchenindizes bspw. für Internet- oder Biotechnologiewerte – die am Neuen Markt in großer Zahl vorzufinden sind – könnten die daraus ermittelten Branchen-Beta-Faktoren *Anhaltspunkte* darstellen (122). Insgesamt ist mit HAYN aber zu konstatieren, dass für eine „entscheidungsorientierte Bewertung junger, dynamischer und überproportional wachsender Unternehmen das CAPM zur Schätzung des risikoangepassten Eigenkapitalkostensatzes generell nicht zu präferieren ist" (123).

5.5 Unternehmenslebenszyklus und Cash Flow-Zyklusmodell

Unterschiedliche Phasen des Unternehmenslebenzyklus (s. Graphik) erfordern unterschiedliche Stärken des Unternehmens in den jeweiligen funktionalen Bereichen.

Das *Lebenszykluskonzept* liefert Anhaltspunkte für die Anforderungen an die Unternehmenspolitik, die in der jeweiligen Zyklusphase entscheidend für den Erfolg sind (124). „So verschiebt sich der funktionale Schwerpunkt von F&E in der Frühphase über Marketing, Produktion und Einkauf in der Wachstums- und Reifephase schließlich zum Finanzbereich in der Degenerationsphase des Unternehmens. Gleichzeitig wandelt sich

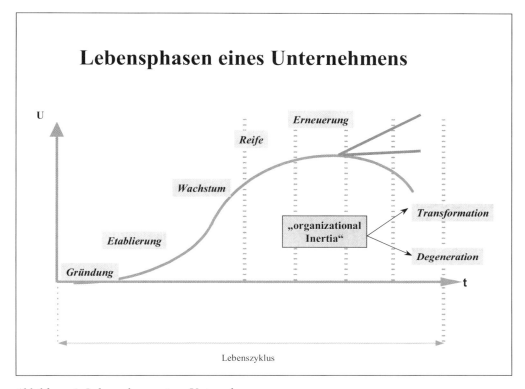

Abbildung 4: Lebensphasen eines Unternehmens

der strategische Fokus von der Marktdurchdringung und Steigerung des Marktanteils über den Aufbau von Kundenbindung und die Entwicklung von Nachfolgeprodukten hin zu einer Abschöpfungsstrategie." (125)

Die Deutsche Morgan Grenfell stellte einen konkreteren Ansatz des DCF-Modells vor, der sich an das Lebenszyklusmodell anlehnt: das *Cash Flow-Zyklusmodell* (126). Mit dessen Hilfe soll die Plausibilität der Ermittlung von Zahlungsströmen eines Wachstumsunternehmens unterstützt werden. Gerade junge Unternehmen weisen oft das Merkmal auf, dass nur ein einziges Produkt bzw. Verfahren als *Wachstumstreiber* zu definieren ist. Um die Free Cash Flows im Zeitablauf zu ermitteln, wird die Entwicklung des Unternehmens *in einzelne Phasen* zerlegt (127). In der Produktbewertung hat sich die Anwendung des *Produktlebenszyklus* durchgesetzt.

In der Anlaufphase ist der Cash Flow aufgrund der geringen Umsatzzahlen und der hohen Investitionen in Markteinführung, Produktentwicklung und Produktionsanlagen negativ. Bei steigenden Einnahmen in der Wachstumsphase und sinkenden Ausgaben für die Produkteinführung und Produktionserweiterung erfährt der Cash Flow ein ausgeglichenes Niveau, um dann in der Reife- und Sättigungsphase hohe Überschüsse auszuweisen, die als Gewinn abgeschöpft oder zur Existenzabsicherung in die Neuentwicklung von Produkten gesteckt werden können. Durch die sinkenden Umsätze in der Auslaufphase nimmt der Cash Flow wieder ab.

Ist das Wachstum von einem Wert- oder Wachstumstreiber abhängig, kann dessen Entwicklung ausschlaggebend für die gesamte Entwicklung des jungen Unternehmens sein. Aus diesem Grund wird eine an den Produktlebenszyklus angelehnte Phasenentwicklung für junge Wachstumsunternehmen unterstellt. Um die Entwicklung der Free Cash Flows zu ermitteln, wird bei den jeweiligen Börsenkandidaten konkret also nur derjenige *Wachstumstreiber* bewertet, der das Charakteristikum des Unternehmens darstellt. Der Wert des Unternehmens ergibt sich aus dem zum Bewertungszeitpunkt relevanten *Entwicklungspotenzial dieses Wachstumstreibers* (128). Der Vorteil dieser Vorgehensweise besteht darin, dass die Entwicklung der Zahlungsströme und deren Veränderung modellmäßig – und damit für Dritte nachvollziehbar – abbildbar ist. Das Grundproblem besteht jedoch darin, möglichst genau die Länge der einzelnen Phasen sowie die Ausprägungen der Zahlungsströme in den Phasen zu prognostizieren. So kann sich z.B. die Länge einer Periode durch Produktvariationen oder durch neue Verfahren signifikant ändern. Die Zuordnung eines Unternehmens zu einer konkreten Phase dürfte ebenfalls oft schwierig sein (129).

5.6 Wertsteigerungswirkungen eines Going Public

Ein Going Public hat einen zeitlich beschränkten, relativ klar zu quantifizierenden *unmittelbaren Wertsteigerungseffekt*. In Abbildung 5 sind die sog. *Werttreiber* abgebildet, die den Shareholder Value maßgeblich beeinflussen (130).

Der Gang an die Börse, verbunden mit einer Kapitalerhöhung, ist eine spezielle Form der Beteiligungsfinanzierung. Die Erhöhung des Shareholder Values resultiert deshalb im Wesentlichen aus dem Wert des neu zufließenden Kapitals, welcher den Nennwert des Ausgabekapitals übersteigt. Voraussetzung ist, dass die der Gesellschaft zufließenden Mittel ertragreicher eingesetzt werden können, als das bereits vorhandene Kapital (131). Die Höhe des Agio-Gewinnes für das Unternehmen ist stark abhängig von der Struktur des Going Public. Erfolgt die Aktienausgabe bspw. vollständig aus dem Bestand der Alteigentümer, so fließt der Agio-Gewinn auch ausschließlich den Alteigentümern zu, d.h. für das Unternehmen selbst gäbe es keine unmittelbaren Wertsteigerungswirkungen. Auch verändert das Going Public die Zusammensetzung der Kapitalstruktur und wirkt sich somit – wie gezeigt – auf die Höhe der Kapitalkosten aus (132).

Die *mittelbaren Wirkungen* einer Publikumsöffnung auf das Rentabilitätswachstum des Unternehmens sind bedeutend komplexer und können auf Imagewirkungen, Attraktivität für Führungskräfte und Marktzugängen zurückzuführen sein. Sie sind im Einzelfall nur schwer zu quantifizieren (133).

Die Auswirkungen eines Going Public auf die *Werttreiber* seien in Abbildung 6 kurz skizziert (134).

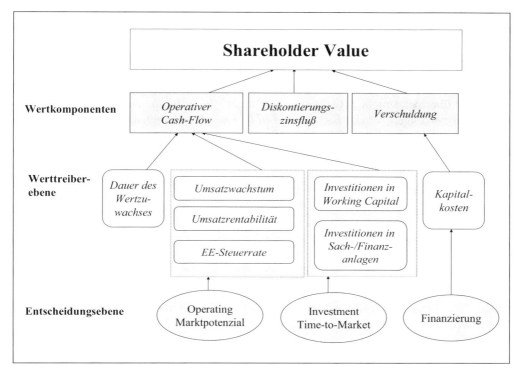

Abbildung 5: Werttreiber und Entscheidungsparameter im Shareholder Value-Konzept

Werttreiber	Potenzielle Wertsteigerungswirkungen
Umsatzwachstum	Expansiver Charakter, da herbeigeführtes Kapital zur Schaffung zusätzlicher Kapazitäten, Vertriebsstrukturen und Akquisitionen etc. zur Verfügung steht. Imagegewinn; Personalpolitik: Führungskräftegewinnung leichter
Umsatzrentabilität	Einmaliger Cash-Inflow in Höhe des Agio-Gewinnes, ansonsten keine unmittelbare Wirkungen
Steuerrate	Keine unmittelbare Wirkung, mittelbar abhängig von Investitionspolitik
Investitionsrate	Grundsätzlich steigend, da breitere Kapitalbasis
Kapitalkosten	Tendenziell kurzfristig höher, da der teurere EK-Anteil zunimmt. Mittelfristig abhängig von Finanzierungsart des Wachstums.

Abbildung 6: Werttreiber und Wertsteigerungswirkungen

5.7 Flexibilität und Realoptionsansatz

Eine sehr wichtiger Aspekt bei der Bewertung einer Investition ist die Berücksichtigung der *Flexibilität der Entscheidung*. Die DCF-Methode – wie sie oben skizziert worden ist – unterstellt implizit, dass der Entscheider entweder sofort die Investition durchführt oder aber überhaupt nicht *(„Ganz-oder-gar-nicht"-Investition)*. Dies kann zu *systematischen Verzerrungen bei der Bewertung (i.d.R. Unterbewertungen)* führen, da die Möglichkeiten der Unternehmensführung, auf veränderte Bedingungen zu reagieren und in den Projektverlauf oder die Strategieumsetzung korrigierend einzugreifen, bei der Bewertung nicht berücksichtigt werden (135).

Am Neuen Markt dominieren Branchen mit völlig neuen Geschäftsmodellen. Die dortigen Unternehmen sehen sich einem Umfeld konfrontiert, zu dessen Hauptmerkmalen große Unsicherheit der nahen Zukunft und hoher Wettbewerbsdruck durch niedrige Markteintrittsbarrieren zählen. Es liegt nahe, dass Unternehmen, die schneller und flexibler auf Diskontinuitäten der Branche reagieren können, unter sonst gleichen Umständen einen höheren Unternehmenswert besitzen müssten. Insofern bietet sich die *Realoption* als Bewertungsmethode an (136).

In der New Economy eröffnen sich erst viele Handlungsräume durch unkonventionelle Strategien, ohne Verpflichtung zu ihrer Umsetzung. *Flexibilität* und *geschaffene Handlungsspielräume* durch Anfangsinvestitionen – die erst die Möglichkeiten eröffnen, Folgeinvestitionen durchzuführen oder sie zu unterlassen – stellen bei der Realoptionsmethode einen *Mehrwert* dar. Der Wert eines solchen Handlungsspielraums lässt sich analog zu der einer *Aktienoption* herleiten (137). Hierbei stellt die Realoption einen in Zukunft entstehenden Handlungsspielraum dar, also eine Investitionsmöglichkeit durch die Fähigkeit der Unternehmensleitung, während des Investitionsprozesses auf Veränderungen der Umwelt adäquat zu reagieren (138). Die bestehenden Möglichkeiten zur Intervention begrenzen zum Preis der Initialinvestition potenzielle Verluste („Downside Protection") und eröffnen gleichzeitig Erfolgspotenziale („Upside Potential") (139). Der Einsatz der Realoptionen bietet sich gerade in allen Bereichen der New Economy an, weil diese Unternehmen in vielen Fällen lediglich eine Option auf die Zukunft (also eine Wachstumsoption) darstellen (140).

Der *Wert der Realoption* entspricht dem *passiven Kapitalwert* **plus** dem Wert der (durch Flexibilität, Schnelligkeit und Beweglichkeit) *geschaffenen Handlungsspielräume* (141). Die Asymmetrie zwischen dem Wert der Option und dem Wert des Basisobjekts stellt das grundlegende Problem der Optionsbewertung dar. Die Lösung des Problems erfolgt durch das *Konzept der dynamischen Replikation*. Es ist prinzipiell möglich, ein sog. „duplizierendes Portfolio" aus Basisobjekt und Kreditaufnahme/Geldanlage zu konstruieren, das die Auszahlung der Option in jedem möglichen Umweltzustand exakt nachbildet. Der Preis beider Positionen muss – nach der Ausschöpfung aller Arbitrage-Möglichkeiten – identisch sein, weil die Zahlungsströme aus dem Duplikationsportfolio und der Option gleich sind. Da man die Werte von Basisobjekt und Anleihe ermitteln kann, lässt sich auch der Optionswert errechnen (142).

Der Wert der impliziten *Call-Option*, die das Unternehmen hält, leitet sich aus den folgenden *Bestimmungsfaktoren* ab (143):

- Abdiskontierter Wert der angestrebten strategischen Position (=> aktueller Kurs des „underlying assets"). Der Wert der Realoption als derivatives Recht hängt unmittelbar von dem statischen Kapitalwert des Basisinstruments ab (144). Der potenzielle Wert der strategischen Position ist verbunden mit dem Erfolgsfaktor *Marktpotenzial*.
- Der zukünftigen Auszahlungen der Investitionen, die notwendig sind, um diese strategische Positionen zu erreichen (=> Basispreis/Bezugspreis der Option)
- Volatilität als Maß der Unsicherheit (=> Schwankungsbreite der Wertsteigerung). Hier können z.B. Monte-Carlo-Simulationen zum Einsatz kommen.
- Risikofreier Zinssatz, der von der Zinsstrukturkurve vorgegeben wird.
- Zeitraum, bis zu dessen Ende mit der Investitionsentscheidung gewartet werden kann (Laufzeit bis zum Verfall der Option). Hier ist die oft vorhandene oligopolistische Interdependenz zu bedenken. D.h. eine Optionsausübung durch ein Unternehmen impliziert eine Verminderung des Marktpotenzials und damit eine Wertminderung des Basisinstruments. So verbindet sich mit dem Verlust des First Mover-Advantage i.d.R. auch eine Reduktion der Optionslaufzeit. Mit der Laufzeit der Option in engem Zusammenhang steht der Erfolgsfaktor *Time-to-Market*.

Aufgrund der Einzigartigkeit der dortigen Geschäftsfelder und des Nichtvorhandenseins von Erfahrungs- oder Marktdaten kann – wie gezeigt – bei der Bewertung allerdings nur auf Plandaten zurückgegriffen werden, die naturgemäß schwer zu verifizieren sind (145). Anhand eines Beispiels soll die Vorgehensweise demonstriert werden (146):

Es handelt sich um einer Firma, die heute (t_0) eine Investition von a = 800 (z.B. einen Werbefeldzug oder den Kauf einer Spezialmaschine) durchführen könnte. 100 sei der Gegenwartsmarktpreis des aufgrund der Investition produzierten Gutes. Die auf den späteren Investitionszeitpunkt t_1 diskontierten möglichen Einzahlungen des Folgeprojektes beziffern sich auf 1650 im positiven Fall *(Szenario 1)* und auf 550 im schlechten Fall *(Szenario 2)*. Es ist heute nicht bekannt, ob Szenario 1 oder 2 eintreten wird. Beide Szenarien seien gleich wahrscheinlich (w = 50%). Der Zinssatz für risikolose Anlagen r betrage 10%. Der Erwartungswert des Kapitalwertes beträgt 300 (147). Es besteht also die Möglichkeit, in einem Jahr die Investition zu starten, jedoch nicht die Verpflichtung. Im absehbar schlechten Fall wird die Investition unterlassen (-800 + 550 < 0). Im anderen Fall, wenn absehbar ist, dass der Markt sich positiv entwickelt, gilt für den Kapitalwert der zukünftigen Investition 1650 – 800 = 850. Im Fall des Eintretens von Szenario 1 beträgt der Ertrag also 850, im anderen Fall 0. Wie der Wert der *Call-Option* berechnet wird, soll in Abbildung 7 und Abbildung 8 gezeigt werden.

Bei der Berechnung des Wertes der Realoption werden im Beispiel zwei Perioden unterschieden. Für den Investor ist eine Investition in Periode 1 nur bei einer positiven Entwicklung sinnvoll (148). Das Investitionskalkül wird unter diesen Umständen vom Wert der Investitionsgelegenheit in dieser Periode (→ CR_1 = 850) bestimmt. Das Entschei-

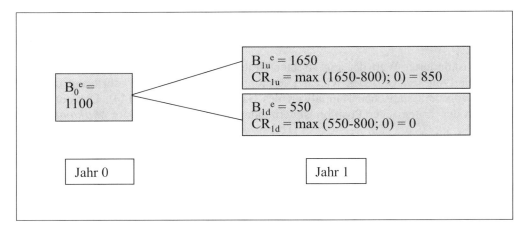

Abbildung 7: Berechnung des Wertes einer Call-Option

dungsproblem in der Periode 0 besteht darin, dass die Investition entweder zu diesem Zeitpunkt durchgeführt werden kann – mit dem erwarteten Kapitalwert C_0^e (= 300) – oder die Realisierung auf die Folgeperiode zu vertagen ist – mit dem erwarteten Wert der Investitionsgelegenheit CR_0^e (=386,36). Die Differenz zwischen diesen beiden Werten beträgt 86,36 – es ist der *Wert des Wartens*.

Ein Unternehmen muss die Vorteile einer frühzeitigen Ausübung der Investitionsmöglichkeit gegen den Verlust des Optionswertes abwägen. Eine frühe Investition wird um so attraktiver, je höher mögliche Vorteile aus der Early-Mover-Position sind und je mehr potenzielle Konkurrenten existieren. Pionierstrategien können auch bei geringer Volatilität der unsicheren Größen oder niedriger Zinssätze vorteilhaft sein. Bei mittleren bis niedrigen Wettbewerbsvorteilen wird ein negativer Kapitalwert bei hoher Unsicherheit durch wertvolle Verzögerungsmöglichkeiten hingegen überkompensiert, so dass die Anwendung der Kapitalwertmethode in diesem Fall zur Ablehnung einer wertvollen Investitionschance führen würde (149). Verfügt das Unternehmen über Handlungsspielräume, so erhöht Unsicherheit deren Wert, weil das Unternehmen von günstigen Entwicklungen profitiert, von negativen Trends aber abgeschirmt ist. Zu beachten sind allerdings Interaktionen zwischen mehreren Optionen. Der Realoptionsansatz führt so – unter der Voraussetzung, dass die notwendigen Daten zu erhalten sind – zu einer differenzierten und operationalen Ermittlung der optimalen Investitionsstrategie.

6 Platzierungsverfahren und Preisbildung

Für die Festlegung auf den tatsächlichen Emissionspreis ist es von Bedeutung, welches Verfahren zur Platzierung der Aktien angewandt wird. Zur Auswahl stehen das Festpreis-, das Bookbuilding- und das Auktionsverfahren.

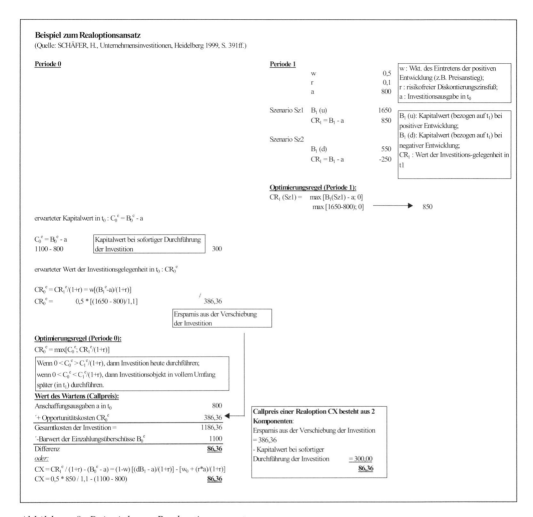

Abbildung 8: Beispiel zum Realoptionsansatz

Die einfachste Form unter den Platzierungsarten stellt das *Festpreisverfahren* dar. Es ist dadurch gekennzeichnet, dass das Unternehmen und das Konsortialhaus einen Preis für die Aktie aushandeln. Dieser Preis basiert auf einer Analyse und einer Bewertung des Unternehmens. Zu dem festgelegten Preis können interessierte Anleger die Aktie zeichnen. Somit steht der Emissionserlös für den Emittenten schon vor der Platzierung fest. Das Platzierungsrisiko trägt das Emissionshaus.

In jüngerer Zeit hat sich das *Bookbuilding-Verfahren* als Standard durchgesetzt. Daneben wird vor allem in der Theorie das *Auktionsverfahren* diskutiert.

Die *Phasen* des Bookbuilding-Verfahrens können folgendermaßen kurz skizziert werden (150): Beim *Pre-Marketing* werden Fondsgesellschaften und andere institutionelle Anleger befragt, Analystentreffen und Roadshows finden statt, bei denen der zukünftige Börsenneuling präsentiert wird. Dazu entwickelt der Konsortialführer eine *Research-Studie* (151) die das Für und Wider eines Investment in die Aktie des Unternehmens abwägt. Pressearbeit und Marketingkampagnen im Vorfeld des Going-Public-Prozesses werden vom Unternehmen in enger Abstimmung mit der Konsortialbank vorgenommen. Am Neuen Markt wird dabei – wie gezeigt – besonderer Wert auf die Darstellung der Unternehmensstrategien und der Wachstumsperspektiven gelegt. Die Dauer des Bookbuilding-Verfahrens beträgt wenige Wochen. Dabei ist darauf zu achten, dass der Zeitraum nicht zu lang ist, damit der Preis nicht von der allgemeinen Marktentwicklung überrollt wird.

Gerade für junge, noch relativ unbekannte Unternehmen sind die *Einzelgespräche und Präsentationen mit institutionellen Investoren* wichtig, um bei den Akteuren auf dem Kapitalmarkt einen gewissen Bekanntheitsgrad zu erreichen. Eine erste Bewährungsprobe bedeuten diese Veranstaltungen für den Vorstandsvorsitzenden des Emittenten, meist gleichzeitig der Gründer der Gesellschaft. Zur Optimierung des Auftritts bieten Emissionsbanken hier ein umfassendes *Coaching* an, das vor allem der Vorbereitung auf die detaillierten Fragen der Analysten und Fondsmanager dient.

Als Ergebnis des Pre-Marketings ergibt sich aus der ermittelten Preis-Absatz-Funktion unter Berücksichtigung des errechneten Unternehmenswertes eine *Bookbuilding-Spanne*, innerhalb derer sich die Aktien zum Ausgabetermin bewegen werden. Der Konsortialführer baut auf diese Weise ein Verzeichnis auf, das alle Zeichnungswünsche mit den Angaben über Investor, Menge und Preis enthält. Anschließend beginnt das eigentliche *Marketing*, bei dem mittels Werbung die breite Bevölkerung auf den Börsengang angesprochen und über die festgelegte Preisspanne informiert wird. Während des *Ordertakings* gehen die Zeichnungsaufträge ein. Anleger sagen, zu welchem Preis innerhalb der vorgegebenen Spanne sie wie viel Aktien zeichnen würden. Diese Werte dienen wiederum für den endgültigen Ausgabekurs, der bei der *Preisfixierung* festgelegt wird.

Konsortialführer und Emittent legen anschließend gemeinsam den *Ausgabepreis* für die zu platzierenden Aktien fest und nehmen die *Zuteilung* vor. Oft ist eine vielfache Überzeichnung der Neuemissionen am Neuen Markt zu beobachten (hier kommt bspw. das Losverfahren für die Kleinanleger zum Zuge) (152). Dabei ist die Qualität der Investoren bzw. der Investorenmix von großer Bedeutung. Die Zuteilung an langfristig orientierte private und institutionelle Anleger ist deshalb wünschenswert, um eine stabilere Kursentwicklung nach der Platzierung zu gewährleisten.

Um auf eine hohe Aktiennachfrage flexibel reagieren zu können, empfiehlt sich der Einbau eines sogenannten *Green Shoes (Mehrzuteilungsoption)* in das Emissionskonzept (153). Diese Option erlaubt bei Überzeichnung der Neuemission eine zusätzliche Platzierung von Aktien, die aus einer weiteren Kapitalerhöhung oder aus dem Bestand der Altaktionäre stammen können. Die Bank veräußert dadurch Wertpapiere, die sich noch nicht in ihrem Eigentum befinden.

Das *Bookbuilding-Verfahren* hat sich unter dem Druck steigender Transparenzerfordernisse des Kapitalmarktes als *Standardplatzierungsverfahren* herausgebildet. Eine Alternative zum Bookbuildingverfahren stellt das *Auktionsverfahren* dar. Beim Auktionsverfahren werden die Aktien versteigert. In seiner *klassischen Form* werden die Gebote in absteigender Reihenfolge ihrer jeweiligen Preise berücksichtigt. Anschließend erfolgt eine Zuteilung der Höhe nach von oben nach unten. Zuerst erhalten die höchsten Gebote den Zuschlag, dann die etwas niedrigeren bis das gesamte Platzierungsvolumen aufgebraucht ist. Das niedrigste Gebot, zu dem noch Aktien zugeteilt werden können, wird als *Ausgabepreis* festgelegt. Zu diesem Preis *werden alle Aktien* zugeteilt (154).

Vorteilhaft erweist sich beim Auktionsverfahren, dass das Zuteilungsverfahren und die Preisbildung *transparent und fair* aufgezeigt werden, womit eine Chancengleichheit der Zeichner erreicht wird. Der Preis spiegelt die Nachfrage wider. Weil sich eine Gleichgewichtslage des Kurses bei einer an einem Auktionsverfahren orientierten Preisfestsetzung eher einstellt, werden erratische Preisschwankungen in den ersten Handelstagen verringert. Da sich die Preisschwankungen verringern würden, gäbe es auch weniger Anlegerbeschwerden. Die Zeichner müssten bei einem Auktionsverfahren limitieren. Das zwingt zu einem rationalen Verhalten und auch zu einer intensiveren Auseinandersetzung mit dem Unternehmen. Weiterhin werden Vorteile darin gesehen, dass Umschichtungen seitens der institutionellen Anleger nach der Handelsaufnahme abnehmen würden. Eine stärker langfristige Orientierung könnte damit einhergehen.

Allerdings wird das (reine) Auktionsverfahren vielfach auch kritisch gesehen. Bei der Anwendung des Verfahrens stellt sich bspw. die Frage, wer die Aktien anschließend an der Börse erwerben soll. Bei diesem Verfahren kann an sich kein Einfluss auf die Aktionärsstruktur genommen werden. Als kritisch ist auch die mögliche Außerachtlassung der fundamentalen Bewertung des Unternehmens zu sehen, da sich der Preis an Angebot und Nachfrage orientiert. Der Anleger muss sich sehr intensiv mit dem Börsenkandidaten auseinandersetzen, was für private Anleger normalerweise schwierig darzustellen ist. Demzufolge könnte das dazu führen, dass Privatanleger (zu) hohe Preise bieten würden, um überhaupt an der Zuteilung beteiligt zu sein. Problematisch kann auch die Zuteilung an institutionelle Investoren gesehen werden. Aufgrund ihrer auf fundamentalen Daten basierenden Preisvorstellungen (Grenzpreis der Unternehmensbewertung), bieten sie tendenziell zu wenig. Eine ausgewogene Platzierungsstruktur könnte so verfehlt werden (155). Zu bedenken sind nicht zuletzt technische Engpässe beim Bietungsverfahren.

Ein Lösungsansatz könnte in der *Ausweitung der Bookbuilding-Spanne* liegen, um Markteffekte zu berücksichtigen. Hier hätten Anleger, die einen höheren Preis zahlen würden, größere Chancen, die Aktien zu erwerben. Außerdem hätte eine Ausweitung zur Folge, dass die deutlich höhere Zahlungsbereitschaft der Investoren dem Emittenten zufließen würde. Diese preisorientierte Verteilung könnte zudem dazu führen, dass Anleger sich stärker mit dem Unternehmen auseinandersetzten (156).

Im Rahmen einer *modifizierten Auktion* wird der *Mindestpreis festgelegt*, nach oben ist die Spanne offen (157). Die abgegebenen Gebote, aus denen der Emissionspreis ermittelt wird, werden auch auf ihre Qualität im Hinblick auf die anvisierte Aktionärsstruktur geprüft. Auch wird der Preis so gewählt, dass die Nachfrage das Angebot um ein x-faches übertrifft, damit das anschließende Interesse am Sekundärhandel gesichert bleibt. Ziel ist es, die Differenz zwischen Ausgabepreis und erstem Kurs möglichst gering zu halten.

Auch in unserem Beispielsfall der *INTERSHOP* wurde das Bookbuilding-Verfahren angewendet:

Der Börsengang der INTERSHOP Communications AG am deutschen Markt, stieß auf sehr große Nachfrage bei privaten und institutionellen Anlegern. Das Bookbuilding endete mit einer 50facher Überzeichnung. 80 Prozent der Aktien wurden an langfristig orientierte institutionelle Anleger im In- und Ausland verkauft. Am 16. Juli 1998 wurden erstmalig 1 800 000 INTERSHOP-Aktien am Neuen Markt der Frankfurter Wertpapierbörse gehandelt. Die Zeichnungsfrist lief vom 6.07.-15.07.1998, die Bookbuilding-Spanne lag bei DM 80,00 – 100,00. Bei einem Emissionskurs von DM 100, also im obersten Bereich der Bookbuilding-Spanne, lag der erste Kassakurs bei DM 242 – ein Plus von 142 Prozent für die Aktionäre der ersten Stunde. Damit erreichte die INTERSHOP Communications AG auf Anhieb eine Marktkapitalisierung von über DM 1,2 Mrd. In den darauffolgenden Tagen machten die Venture-Capital-Investoren aufgrund des hohen Kursniveaus von ihrem bereits im Verkaufsprospekt angekündigtem Recht Gebrauch, weitere 539 100 Aktien zu platzieren, und sorgten damit für zusätzliche Investitionssicherheit im Markt. Der Emissionserlös betrug nach Abzug der Bankenprovisionen DM 95 Mio.; die sonstigen Kosten für den Börsengang beliefen sich auf rund DM 4 Mio.

Nach erfolgreichem Abschluss der Platzierung beginnt der *Handel im Sekundärmarkt*. Wie bereits erwähnt, übernimmt der Konsortialführer eines Unternehmens am Neuen Markt i.d.R. auch die Funktion des Betreuers, mit dem Ziel die Liquidität im Handel zu gewährleisten. Der Betreuer ist zudem für den Emittenten ein *Coach* in allen Fragen des Aktienmarktes. So kann er dem Unternehmen regelmäßig über den Aktienhandel Bericht erstatten, bei der Pflege der Investor Relations behilflich sein und zukünftige Kapitalerhöhungen begleiten.

7   Ausblick

Die Implementierung des Neuen Marktes kann als ein sehr bedeutender Einschnitt in der deutschen Kapitalmarktgeschichte begriffen werden. Zum ersten Mal gelang es, einen liquiden und funktionierenden Sekundärmarkt zu etablieren, der für wachstumsorientierte Firmen – weitgehend unabhängig von der Unternehmensgröße – Finanzierungsmöglichkeiten durch die EK-Beschaffung über einen organisierten Kapitalmarkt zur Verfügung stellt. Allerdings dämpften die zwischenzeitlich deutlich gesunkenen Kurse die Euphorie der Anleger erheblich. Nunmehr steht die Frage der *Börsenreife* sowie die *angemessene Bewertung* und *faire Preisfindung* im Vordergrund des Interesses.

Der Aufsatz zeigte in einer *Zusammenschau* die wichtigsten Aspekte und Facetten dieses sehr aktuellen Themas auf. In diesem Zusammenhang wurde deutlich, dass die Bemühungen um die wissenschaftlich fundierte Einschätzung der *Börsenfähigkeit* eines Unternehmens durchaus noch ausbaufähig sind. Zwar ist es möglich, ein allgemeines Anforderungsprofil für Börsenkandidaten auf Basis von Banken-Befragungen zu erstellen. Die konkreten, oft von der Branche und deren Wettbewerbsstruktur abhängenden Ausprägungen erfolgreicher Going Publics wurden bislang jedoch kaum empirisch untersucht. Die Forschung sollte sich in Zukunft im Hinblick auf die Beurteilung eines Börsenkandidaten auch mit dem Thema *Rating bzw. Bilanz-Rating* verstärkt auseinandersetzen. Der Sinn eines Ratings für Börsenkandidaten ist unmittelbar ersichtlich, weil es die Prinzipal-Agenten-Konflikte drastisch reduzieren könnte. Das methodische Rüstzeug (Künstliche Neuronale Netze, Fuzzy Sets, multivariate statistische Verfahren) besteht seit längerem, es sollte nun – insofern das Datenmaterial vorliegt und ähnlich, wie es bereits für Entrepreneurs geschieht (158) – empirisch auf die Gruppe der Going Public-Unternehmen angewendet werden (159).

Im Zusammenhang mit der fundamentalen DCF-*Bewertung* einer Going-Public-Firma sind noch viele Aspekte, so insbesondere die der Prognosemethodik, der Behandlung des Endwertes und der angemessenen Kapitalkosten näher zu untersuchen. Ohne die differenzierte Betrachtung, Analyse und Prognose der *Erfolgsfaktoren* von Wachstumsunternehmen, die – wie erwähnt – weitgehend branchenabhängig sein dürften (160), sind fundierte Prognosen kaum zu erwarten. Das Lebenszykluskonzept kann hierbei als ein tragfähiges Paradigma angesehen werden, das allerdings – obwohl schon zum Teil interessante Studien vorliegen – noch stärker empirisch auszudifferenzieren wäre (161). Besonders hinsichtlich der adäquaten Endwert-Behandlung sollten sich Theorie und Praxis wesentlich stärker mit dem Thema *Realoptionen* in der Frühphasenentwicklung von Unternehmen beschäftigen. Hier scheinen Fortschritte greifbar zu sein. Im Hinblick auf die Bestimmung der Kapitalkosten dürfte die Entwicklung von IPO-Branchen-Indizes neue Möglichkeiten eröffnen.

Die *Preisfindung* wird zur Zeit vom Bookbuilding-Verfahren dominiert. Allerdings sprechen verschiedene Argumente auch für ein stärker auktionsorientiertes Verfahren. Die Zukunft wird zeigen, ob ein modifiziertes Auktionsverfahren die Oberhand gewinnen kann.

Der angewandten Forschung bietet das Thema Going Public also ein weites Betätigungsfeld. Angesichts der Aktualität und Bedeutung, die Börsengänge für die wirtschaftliche Entwicklung haben, sind weitere Fortschritte auf diesem Gebiet dringend zu wünschen.

Anmerkungen

(1) Synonym: Initial Pubic Offering/IPO; Neuemission; Börsengang.

(2) Vgl. KLEIN, H.-D., IPO's in der EU, in: Die Bank, Heft 3/1999, S. 152ff.; ACKERMANN, J., Neuer Markt – ein Erfolgskonzept par excellence, in: Visionaire 5/2000, S. 81f.

(3) Die Gründe für die früheren Defizite der kleinen und mittleren-Börsenunternehmen in diesem Zusammenhang waren Illiquidität und damit zu hohe Kosten und Risiken des Handels.

(4) Vgl. BETSCH, O./GROH, A./SCHMIDT, K., Gründungs- und Wachstumsfinanzierung innovativer Unternehmen, 2000, S. 203.

(5) Vgl. o.V., in: BM v. 26.7.2000. Vgl. auch die Untersuchung von Roland Berger in: Die Welt v. 16.8.2000, S. 11.

(6) Vgl. www.nemwax.de.

(7) Maximal 50% der Börsenaspiranten seien – so das Bankhaus Julius Bär – überhaupt emissionsfähig. Vgl. Die Welt v. 4.8.2000.

(8) Vgl. CALABRETTI, T., Erhöhung des Unternehmenswertes durch Ausschöpfen von Finanzpotenzialen, 1998, S. 76ff.

(9) In Anlehnung an BLÄTTCHEN, W./JACQUILLAT, B., Börseneinführung, 1999, S. 85.

(10) Vgl. dazu die Beiträge in dem Sammelband von VOLK, G., Going Public, 1996.; WIESE, T./SCHÄFER, P., Die betriebswirtschaftlichen, steuerrechtlichen und gesellschaftsrechtlichen Auswirkungen von Kapitalmaßnahmen bei Börsengängen, in: DStR, Heft 50/1999, S. 2084ff.

(11) Vgl. HAUBROCK, A., Gezielte Kommunikation als Voraussetzung für den Gang an die Börse, 1996, S. 85ff.

(12) Phase der Konzeptionsentwicklung.

(13) Vgl. die empirische Studie von Neue Markt-Firmen von BETSCH, O./GROH, A./SCHMIDT, K., Gründungs- und Wachstumsfinanzierung innovativer Unternehmen, 2000, S. 178.

(14) Vgl. KAUFMANN, F./KOKALJ, L, Risikokapitalmärkte für mittelständische Unternehmen, 1995, S. 1ff.

(15) Versucht der Prinzipal, bspw. durch geeignete Kontraktspezifikationen, das Verhalten des Agenten i. S. der Zielsetzungen des Kapitalgebers zu beeinflussen, so entstehen ganz spezifische Transaktionskosten, die als Agency-Kosten bezeichnet werden. Vgl. SCHÄFER, H., Unternehmensinvestitionen, 1999, S. 411.

(16) Zu den Gründen hierfür vgl. BETSCH, O./GROH, A./ SCHMIDT, K., Gründungs- und Wachstumsfinanzierung innovativer Unternehmen, 2000, S. 185ff.

(17) Vgl. TROBITZ, H.H./WILHELM, S., Eigenkapital für KMU, 1998, S. 247ff.; GEIGENBERGER, I., Risikokapital für Unternehmensgründer, 1999; Wirtschaftswoche, Heft 14/1998, S.131.

(18) Die Wurzeln des Unternehmens gehen auf das Jahr 1992 zurück, als Stefan Schambach und Karsten Schneider den Vorgänger „NetConsult Communications GmbH" gründeten, eine Firma, die sich mit Beratung und Systemintegration von Next Workstations befasste. In den Jahren 1993 und 1994 wurden die ersten e-commerce Anwendungen entwickelt, ein eigener Hard- und Softwarevertrieb ging 1994 online. Mitte 1995 umfasste die Palette des Unternehmens bereits 13.000 Produkte und es war somit einer der größten Anbieter im Internet. Um vom Boom des sich rasant entwickelnden Marktes für e-commerce-Anwendungen zu profitieren, entschied sich das Unternehmen, eigene Software zu verkaufen und „off the shelf"-Anwendungen zu entwickeln. Den Preis „innovativste Software des Jahres" erhielt das Produkt INTERSHOP online, wodurch es Unternehmen ermöglicht wurde, ein virtuelles Geschäft im Web einzurichten und gleichzeitig die Bestellungen mit geeigneten Instrumenten abzuwickeln. Mit dem anschließend entwickelten Modell, INTERSHOP Mall, wurde dieses Modell zu einer Multi-Store-Version für Internet Provider und Telekommunikationsgesellschaften erweitert. Im März 1996 gründeten die Self-mades die „NetConsult Communications, Inc." in Kalifornien nach amerikanischen Recht, welche im Dezember 1997 in die heutige INTERSHOP umbenannt wurde.

(19) Vgl. oV., Wie Intershop an 95 Millionen kam, in: impulse, Heft 10/1998, S. 140f.

(20) Vgl. ACHLEITNER, A.-K., Handbuch Investment Banking, 1999, S. 254f.

(21) Vgl. zum Folgenden BEHR, M./LSCHKE, A., Going Public: ein Erfahrungsbericht, in: ZfgKW, Heft 10/1998, S. 561f.

(22) Vgl. GERKE, W./BANK, M., Die Entscheidung zum Going Public unter besonderer Berücksichtigung der Marktmikrostruktur und Informationsquerwirkungen, 1997, S. 553ff.

(23) Vgl. zu den Kosten einer Emission sowie zu weiteren Nachteilen RÖDL, B./ZINSER, T., Going Public, 1999, S. 89ff.; CARLS, A., Das Going-public-Geschäft deutscher Banken, 1996, S. 20ff.; VOLK, G., Die Kosten einer Börseneinführung, in: FINANZ BETRIEB, Heft 5/2000, S. 318ff.

(24) Vgl. Regelwerk des Neuen Marktes, in: www.neuer.markt.de

(25) Vgl. WINTERSTETTER, B., u.a., Going Public, in: DStR, Heft 31/2000, S. 1323.

(26) Vgl. zur Emissionsberatung beim Börsengang BLÄTTCHEN, W., Emissionsberatung beim Börsengang mittelständischer Unternehmen, in: DStR, Heft 39/1997, S. 1547ff.; ACHLEITNER, A.-K., Handbuch Investment Banking, 1999, S. 242ff.

(27) Vgl. BETZ, R., Konsortialbank für junge Wachstumsunternehmen, in: ZfgKW, Heft 1/1998, S.34f. Unterstützend wirkt sich dabei aus, dass die bereits durchgeführten Neuemissionen eine *erhebliche Presseaufmerksamkeit* fanden, und so vor allem Kreditinstitute, die sich bei der Begleitung zum Gang an die Börse in diesem

Marktsegment besonders hervorgetan haben, oft von den Wachstumsunternehmen selbst angesprochen werden.

(28) Vgl. TEMPORALE, R./ISMANN, B., Zulassungsvoraussetzungen und Folgepflichten im Rahmen des IPO konkretisiert am Neuen Markt, in: FINANZ BETRIEB, Heft 9/1999, S. 263ff.

(29) Die Einhaltung dieser Haltepflicht ist auch wesentlicher Bestandteil der sog. IPO-Norm. Als Konsequenz der in jüngster Zeit steigenden Zahl an Fehlschlägen bei der Börseneinführung hat die *Schutzgemeinschaft der Kleinaktionäre in Deutschland* versucht, über die Veröffentlichung und Beurteilung von Qualitätskriterien – die sog. *IPO-Norm* – ausgewogene Investitionsentscheidungen zu ermöglichen. *Vier Kriterien* – die zwei Wochen vor dem Beginn der Zeichnungsfrist nachzukommen sind - werden aufgestellt: Rechtzeitige Veröffentlichung des Verkaufsprospekts; Offenlegung der Haltefristen der Altaktionäre; Offenlegung der Beteiligung bzw. Abgabequote der Emissionsbanken beim IPO und Verpflichtung, die Zuteilungsschlüssel nach Abschluss der Emission offenzulegen. Vgl. http://www.ipo-norm.de.

(30) Vgl. Bank J. Vontobel & Co AG, IPO, Juni 1998, S. 13.

(31) Vgl. HANSEN, H., Der Neue Markt – Handel und Betreuer, in: Die AG, Heft 5/1997, S. R164ff.

(32) Vgl. zum Market-Maker-Prinzip HÄUSER, K./ROSENSTOCK, A., Börse und Kapitalmarkt, 1997, S. 163ff.

(33) Vgl. zur Bedeutung des Betreuers GEHRKE, W./BOSCH, R., Die Betreuer am Neuen Markt – eine empirische Analyse, 1999.

(34) Vgl. RÖDL, B./ZINSER, T., Going Public, 1999, S. 297ff.

(35) Die Institutionellen Investoren prägen immer stärker den Neuen Markt. Vgl. RUHKAMP, S., in: Börsen-Zeitung v. 1.7.1999.

(36) Vgl. ACHLEITNER, A.-K., Handbuch Investment Banking, 1999, S. 262ff.

(37) Zu bedenken ist für den Investor aber, dass die internationalen Rechnungslegungsvorschriften teilweise gravierend von den handelsrechtlichen abweichen und dadurch insbesondere im Bereich der Bewertung von immateriellen Vermögensgegenständen, F&E-Kosten und bei der Goodwill-Bilanzierung Freiheiten existieren, die das deutsche Recht nicht kennt. Hierdurch entsteht ein nicht unerheblicher Spielraum, der von den Firmen am Neuen Markt kräftig genutzt wird. Vgl. die Studie von KÜTING zitiert in FOCKENBROCK, D./ZDRAL, W., Die Tricks der Finanz-Jongleure, in: Capital, Heft 20/2000, S. 66ff.

(38) Bezüglich neuer Absatzmärkte und Verfahren bei Beschaffung, Produktion od. Absatz, neue Produkte bzw. Dienstleistungen; siehe Regelwerk Neuer Markt „Jüngster Geschäftsgang und Geschäftsaussichten".

(39) Siehe Regelwerk Neuer Markt „Risikofaktoren".

(40) Vgl. zu den Folgepflichten RÖDL, B./ZINSER, T., Going Public, 1999, S. 63.

(41) Diese Quartalsberichte werden vom WP nicht geprüft, erst der vollständige Jahresabschluss wird den Prüfern vorgelegt. Deshalb sind Quartalsbericht oft ein Marketinginstrument der Firmen.

(42) Z.B. Einberufung der Hauptversammlung, Mitteilungen über Ausschüttung und Auszahlung der Dividende.

(43) Im Kampf gegen nichtssagende und verschleiernde Pflichtmitteilungen von AGs droht die Wertpapier-Handelsaufsicht nun mit strengeren Regeln. Die Behörde hat die Unternehmen darauf hingewiesen, dass ad-hoc-Mitteilungen nicht für Werbezwecke missbraucht werden dürfen. Vgl. http://www.bawe.de

(44) Vgl. KERSTING, M.O., Der Neue Markt der Deutschen Börse AG, in: Die AG, Heft 5/1997, S. 222ff.

(45) Vgl. zu den einzelnen Börsensegmenten in Deutschland CARLS, A., Das Going-public-Geschäft deutscher Banken, 1995, S. 145ff.

(46) Vgl. GLOGOWSKI, E./MÜNCH, M., Neue Finanzdienstleistungen, 1990, S. 80ff.

(47) Vgl. MÜLLER, U., Going Public, 1997, S. 140.

(48) Vgl. ebd., S. 151ff.

(49) Ein Großteil der Börsenaspiranten wird unter diesem Aspekt als „überflüssig" eingeschätzt. Vgl. HIRSCH vom DIT, in: Die Welt v. 4.8.2000.

(50) Vgl. SCHLÜTZ, J./KÖTTNER, A., Internet-Aktien, 2000, S. 81.

(51) Vgl. AUDRETSCH, D.B., New-Firm Survival and the Technological Regime, in: The Review of Economics and Statistics 1991, S. 441ff.

(52) Vgl. BÜRKI, D.M., Der „resource-based view" Ansatz als neues Denkmodell des Strategischen Managements, 1996, S. 74ff.; BAMBERGER, I./WRONA, T., Der Ressourcenansatz und seine Bedeutung für die Strategische Unternehmensführung, in: zfbf, Heft 2/1996, S. 130ff.

(53) SCHÄLI, S., Kernkompetenzen im Private Banking, 1998, S. 55.

(54) Vgl. RÜHLI, E., Ressourcenmanagement, in: Die Unternehmung, Heft 2/1995, S. 97.

(55) Vgl. BOUNCKEN, R.B., Dem Kern des Erfolgs auf der Spur?, in: ZfB, Heft 07.08.2000, S. 865ff.

(56) Vgl. KOCH, W./WEGMANN, J., Going Public im Mittelstand, in: BFuP, Heft 3/1998, S. 294.

(57) Vgl. hierzu BEHR, G./KIND, A., Wie können junge Wachstumsunternehmen beurteilt werden?, in: Der Schweizer Treuhänder, Heft 1/1999, S 63ff.; BEHRINGER, S., Unternehmensbewertung der Klein- und Mittelbetriebe, 1999, S. 160ff.

(58) Vgl. LEDERMANN, S./MARXSEN, S., Mit dem Start-up-Market zur ersten Börsennotiz, in: ZfgKW, Heft 1/1998, S. 29.

(59) Vgl. NESKE, M./MAYER, M./TELLKAMP, C./BALTHASAR, D., Investor Relations – Schlüsselfaktor für Investitionen in Mid Caps, 1999, S. 105ff.

(60) Vgl. SCHMEISSER, W./JAHN, S., Zur Bonitätsprüfung bei innovativen technologieorientierten Unternehmensgründungen, in: FINANZ BETRIEB, 5/1999, S. 51f.

(61) GUTOWSKI, K./REIMER, H., Mehr Schein als Sein, in: WiWo, Heft 26/2000, S. 220f.

(62) BRINTRUP, J., IPO – Chance und Herausforderung, in: Visionaire, Heft 5/2000, S. 23.

(63) Vgl. allgemein SPAHR, R., Innovationsorientierung und Erfolg, 1999.

(64) Vgl. KOCH, W./WEGMANN, J., Going Public im Mittelstand, in: BFuP, Heft 3/1998, S. 294.

(65) Vgl. hierzu die empirische Untersuchung von ANDERS, U./SZCZESNY, A., Prognose von Insolvenzwahrscheinlichkeiten mit Hilfe logistischer neuronaler Netzwerke, 1996, S. 13f.

(66) GUTOWSKI, K./REIMER, H., Mehr Schein als Sein, in: WiWo Heft 26/2000, S. 226: „Immer wieder spielen Unternehmen die Fusionskarte. Sie versuchen, die fehlenden Umsätze dazuzukaufen und diese in den Bilanzen als organisches Wachstum auszugeben. Oder sie machen Anlegern mit der Aussicht auf interessante Zukäufe den Mund wässerig."

(67) Vgl. Sal. Oppenheim jr. & Cie., Finanzanalyse, Juni 1998, S. 17.

(68) Vgl. Bank J. Vontobel & Co AG, IPO, Juni 1998, S. 39f.

(69) EDI: Electronic Data Interchange; ein umfassender Standard für die Kodierung und Übermittlung von verschiedenen Geschäftsdokumenten, der ausserdem die unterschiedlichen Bedürfnisse verschiedener Berufszweige berücksichtigt.

(70) Vgl. Verkaufsprospekt/Unternehmensbericht INTERSHOP vom 15.07.1998, S. 9.

(71) Vgl. Bank J. Vontobel & Co AG, IPO, Juni 1998, S. 39f.

(72) Vgl. Verkaufsprospekt/Unternehmensbericht INTERSHOP vom 15.07.1998, S. 40ff.

(73) Vgl. SCHMID, O., Die „Equity Story" entscheidet über Erfolg, in: Visionaire Heft 5/2000, S. 48ff.

(74) Vgl. KOCH, W./WEGMANN, J., Going Public im Mittelstand, in: BFuP, Heft 3/1998, S. 291f.

(75) Vgl. BÄUMER, M./MICHALKIEWICZ, C., Marktwachstum und Marktstellung, 1999, S. 92.

(76) Ebd., S. 97f.

(77) Vgl. NESKE, M./MAYER, M./TELLKAMP, C./BALTHASAR, D., Investor Relations – Schlüsselfaktor für Investitionen in Mid Caps, 1999, S. 105ff.

(78) EBIT = Earnings before interest and taxes.

(79) Vgl. zur diesbezüglichen Diskussion MÜLLER, U., Going Public, 1997, S. 182ff.

(80) Vgl. BAETGE, J./BAETGE, K./KRUSE, A., Grundlagen moderner Verfahren der Jahresabschlussanalyse, in: DStR, Heft 33/1999, S. 1371ff.; dies., Moderne Ver-

fahren der Jahresabschlussanalyse: Das Bilanz-Rating, in: DStR, Heft 39/1999, S. 1628ff.

(81) Vgl. BAETGE, J., Stabilität eines Bilanzbonitätsindikators und seine Einsatzmöglichkeiten im Kreditgeschäft, in: Der Schweizer Treuhänder, Heft 6/7/1998, S. 605ff.

(82) Zu den Kennzahlen vgl. BAETGE, J./JERSCHENSKY, A., Beurteilung der wirtschaftlichen Lage von Unternehmen mit Hilfe von modernen Verfahren der Jahresabschlussanalyse, in: Der Betrieb, Heft 32/1996, S. 1582.

(83) Vgl. BAETGE, J., Stabilität eines Bilanzbonitätsindikators und seine Einsatzmöglichkeiten im Kreditgeschäft, in: Der Schweizer Treuhänder, Heft 8/1998, S. 751ff.

(84) Vgl. NESKE, M./BENNER, C., Charakteristika eines typischen IPO 1998, 1998, S. 63f.

(85) Vgl. http://www.pc-spezialist.de.

(86) Vgl. BETZ, R., Konsortialbank für junge Wachstumsunternehmen, in: ZfgKW, Heft 1/1998, S.35f.

(87) Vgl. zum Emissionskonsortium CARLS, Das Going-public-Geschäft deutscher Banken, 1996, S. 57ff.

(88) Zu den Funktionen und Anforderungen an eine Due Diligence vgl. RÖDL, B./ZINSER, T., Going Public, 1999, S. 133ff.; ACHLEITNER, A.-K., Handbuch Investment Banking, 1999, S. 283; KOCH, J./WEGMANN, W., Due Diligence, in: DStR, Heft 24/2000, S. 1027ff.

(89) Vgl. BETZ, R., Konsortialbank für junge Wachstumsunternehmen, in: ZfgKW, Heft 1/1998, S.35.

(90) Vgl. BLÄTTCHEN, W./JACQUILLAT, B., Börseneinführung, 1999, S. 130; WULLENKORD, A., New Economy Valuation, in: FINANZ BETRIEB, Heft 7-8/2000, S. 522ff.

(91) Vgl. hierzu RÖDL, W./ZINSER, T., Going Public 1999, S. 257ff.

(92) Vgl. SCHLÜTZ, J./KÖTTNER, A., Internet-Aktien, 2000, S. 84ff. und WULLENKORD, A., New Economy Valuation, in: FINANZ BETRIEB, Heft 7-8/2000, S. 525f. zu den diesbezüglich relevanten Ertragskennzahlen, wie z.B. dynamisches KGV, Kurs-Umsatz-Verhältnis oder mitarbeiterorientierte Kennzahlen.

(93) Vgl. KRÄMLING, M./SCHNATZ, O., Zeit für neue Wege ... IPO-Börsenbewertung von Wachstumspotential, 1998, S. 76ff.

(94) Vgl. Bank J. Vontobel & Co AG, IPO, Juni 1998, S. 49ff.

(95) EBITDA = Earnings Before Interest, Taxes, Depreciation and Amortization. Analysten bewerten es i.a. als positiv, wenn in den Anfangsjahren Einnahmen bereits in einer Höhe erzielen, dass zumindest die Kosten für Material und Personal gedeckt werden können. Erst nach Berücksichtigung von Zinsen, Steuern und Abschreibungen entsteht ggf. ein Verlust.

(96) Vgl. BETSCH, O./GROH, A./LOHMANN, L., Corporate Finance, 1998, S. 152ff.

(97) Dieses Verfahren hat sich international etabliert und gewinnt auch in Deutschland deutlich an Einfluss. Vgl. die empirische Studie von SCHWETZLER, B./SEELIGER, C., IPOs am Neuen Markt, 1998, zitiert nach: BLÄTTCHEN, W./JACQUILLAT, B., Börseneinführung, 1999.

(98) Vgl. BETSCH, O./GROH, A./LOHMANN, L., Corporate Finance, 1998, S. 163 m.w.H.; IDW, Entwurf IDW-Standard: Grundsätze zur Durchführung von Unternehmensbewertungen (IDW ES 1), in: WPg, Heft 5/1999, S. 211. Zu den Unterschieden DRUKARCZYK, J., Unternehmensbewertung, 1998, S. 178ff.

(99) Der *Free Cash Flow* ergibt sich aus dem Jahresüberschuss + Abschreibungen, abzüglich Zuschreibungen, Veränderungen der langfristigen Rückstellungen, plus Desinvestitionen im Anlagevermögen, abzüglich Investitionen in Anlagevermögen und den Veränderungen im Working Capital.

(100) Vgl. HAYN, M., Bewertung junger Unternehmen, 1998, S. 441.

(101) Vgl. SIEGERT, T./BÖHME, M. /PFINGSTEN, F./PICOT, A., Marktwertorientierte Unternehmensführung im Lebenszyklus, in: zfbf, Heft 5/1997, S. 471ff.

(102) Vgl. hierzu SCHÄFER, H., Unternehmensinvestitionen, 1999, S. 261ff.

(103) Vgl. MRZYK, A.P., Ertragswertorientierte Kreditwürdigkeitsprüfung bei Existenzgründungen, 1999, S. 124ff.

(104) Vgl. HAYN, M., Bewertung junger Unternehmen, 1998, S. 313ff.

(105) Ebd., S. 443.

(106) Vgl. ebd., S. 248ff.

(107) Vgl. MRZYK, A.P., Ertragswertorientierte Kreditwürdigkeitsprüfung bei Existenzgründungen, 1999, S. 114f.

(108) Vgl. SIEGERT, T./BÖHME, M. /PFINGSTEN, F./PICOT, A., Marktwertorientierte Unternehmensführung im Lebenszyklus, in: zfbf, Heft 5/1997, S. 475.

(109) Ebd. S. 480.

(110) Vgl. HAYN, M., Bewertung junger Unternehmen, 1998, S. 367ff.; BLÄTTCHEN, W./JACQUILLAT, B., Börseneinführung, 1999, S. 159ff.

(111) Zur Herleitung des risikolosen Basiszinsfusses vgl. MRZYK, A.P., Ertragswertorientierte Kreditwürdigkeitsprüfung bei Existenzgründungen, 1999, S. 172ff.

(112) Vgl. DRUKARCZYK, J., Unternehmensbewertung, 1998, S. 66.

(113) Vgl. BEHRINGER, S., Unternehmensbewertung der Klein- und Mittelbetriebe, 1999, S. 73f.

(114) Vgl. IDW, Entwurf IDW-Standard: Grundsätze zur Durchführung von Unternehmensbewertungen (IDW ES 1), in: WPg, Heft 5/1999, S. 211.

(115) Vgl. zu dem hierbei (scheinbar) auftretenden Zirkularitätsproblem SCHWETZLER, B./DARIJTSCHUK, N., Unternehmensbewertung mit Hilfe des DCF-Methode, in: ZfB, Heft 3/1999, S. 295ff.

(116) Vgl. HAYN, M., Bewertung junger Unternehmen, 1998, S. 204.

(117) Vgl. LUEHRMANN, T., Using APV, in: Harvard Business Review, Heft 3/1997, S. 51ff.; BÜHLER, R., APV – Adjusted Present Value, in: Schweizer Treuhänder, Heft 9/1998, S. 873ff.
(118) Vgl. BAETGE, J./KRAUSE, C., Die Berücksichtigung des Risikos bei der Unternehmensbewertung, in: BFuP, Heft 5/ 1994, S. 433ff.
(119) Vgl. die Nachweise bei MRZYK, A.P., Ertragswertorientierte Kreditwürdigkeitsprüfung bei Existenzgründungen, 1999, S.136.
(120) Vgl. ebd. S. 136f.
(121) Vgl. ebd. S. 137.
(122) Vgl. SCHLÜTZ, J./KÖTTNER, A., Internet-Aktien, 2000, S. 179.
(123) HAYN, M., Bewertung junger Unternehmen, 1998, S. 416; kritisch auch HÄCKER, J., New Economy – Quo Vadis (I), in: FINANZ BETRIEB, Heft 7-8/2000, S. 530.
(124) Vgl. zu den strategischen Handlungsoptionen in Abhängigkeit vom Reifegrad HÄCKER, J., New Economy – Quo Vadis (I), in: FINANZ BETRIEB, Heft 7-8/2000, S. 528f.
(125) Vgl. SIEGERT, T./BÖHME, M./PFINGSTEN, F./PICOT, A., Marktwertorientierte Unternehmensführung im Lebenszyklus, in: zfbf, Heft 5/1997, S. 476.
(126) Vgl. KRÄMLING, M./SCHNATZ, O., Zeit für neue Wege ... , 1998, S. 90ff.
(127) Vgl. HAYN, M., Bewertung junger Unternehmen, 1998, S. 231ff.
(128) Vgl. z.B. den Early Stage Approach von HÄCKER, J., New Economy – Quo Vadis (I), in: FINANZ BETRIEB, Heft 7-8/2000, S. 531f., der ausgehend von einer Kundenertragsanalyse das Ertragspotenzial des einzelnen Kunden schätzt, die EBT-Marge mit einem Senkungsfaktor versieht, das Marktpotenzial und die Penetrationsquote prognostiziert und daraus die Summe der Kundenwerte errechnet
(129) Vgl. zur kritischen Diskussion des Produktlebenszyklusmodell zum Zwecke der Unternehmensbewertung OSSADNIK, W., Rationalisierung der Unternehmensbewertung durch Risikoklassen, 1984, S. 238ff.
(130) Vgl. SCHIERENBECK, H./LISTER, M., Finanzcontrolling und Wertorientierte Unternehmensführung, 1998, S. 26.
(131) Vgl. RASTER, M., Shareholder-Value-Management, 1995, S. 140ff.
(132) Vgl. CALABRETTI, T., Die Erhöhung des Unternehmenswertes, 1998, S. 76.
(133) Vgl. ebd. S. 76.
(134) Vgl. ebd. S. 82.
(135) Durch das Aufschieben einer Investition können Zahlungen verloren gehen, die in der Zwischenzeit erwirtschaftbar wären. Zudem ist das Verhalten der Konkurrenz von Bedeutung. Wird dies berücksichtigt, muss es nicht immer optimal sein, mit der Investitionsentscheidung bis zum Ende der Optionsfrist zu warten. Vgl.

CRASSELT, N./TOMASZEWSKI, C., Realoptionen – eine neue Theorie der Investitionsrechnung?, in: Diskussionspapier Ruhr-Universität Bochum Okt. 1997, S. 15.

(136) Vgl. hierzu MEISE, F., Realoptionen, 1998.

(137) Vgl. EBLE, S./VÖLKER, R., Die Behandlung von Optionen in der betrieblichen Investitionsrechnung, in: DU, Heft 5/1993, S. 410ff.

(138) Vgl. SCHÄFER, H./SCHÄSSBURGER, B., Realoptionsansatz in der Bewertung forschungsintensiver Unternehmen, in: FINANZ BETRIEB, Heft 9/2000, S. 587f.

(139) Die möglichen Varianten der Realoptionen sind mannigfaltiger strategischer oder operativer Art, z.B. Akquisitions-, Wachstums- und Desinvestitionsoptionen, Umstellungs- und Kapazitätsoptionen.

(140) Vgl. HOMMEL, U./VOLLRATH, R./WIELAND, A., Relevanz des Realoptionsansatzes aus Sicht des Finanzintermediärs, in: ZfgKW, Heft 8/2000, S. 425f.

(141) Vgl. hierzu SCHÄFER, H., Unternehmensinvestitionen, 1999, S. 366ff.; CRASSELT, N./TOMASZEWSKI, C., Realoptionen – eine neue Theorie der Investitionsrechnung?, in: Diskussionspapier Ruhr-Universität Bochum Okt. 1997.S. 13.

(142) Vgl. MEISE, F., Realoptionen als Investitionskalkül, 1998, S. 60f. und das Beispiel ebd. S. 61f.

(143) Vgl. SIEGERT, T./BÖHME, M./PFINGSTEN, F./PICOT, A., Marktwertorientierte Unternehmensführung im Lebenszyklus, in: zfbf, Heft 5/1997, S. 480f.

(144) Vgl. zur Bestimmung des Projektwerts HOMMEL, U./PRITSCH, G., Marktorientierte Investitionsbewertung mit dem Realoptionsansatz, in: Finanzmarkt und Portfolio Management, Heft 2/1999, S. 131

(145) Kritisch hierzu POPP, W./SCHMITT, M., Zur Bewertung strategischer Projekte mit der Black-Scholes-Formel: Eine kritische Analyse, 1999, S. 93ff.

(146) Das Beispiel stammt aus SCHÄFER, H., Unternehmensinvestitionen, 1999, S. 391ff.

(147) = -800 + 100 + (100/0,1)

(148) Unterstellt man ein Biotechnologieunternehmen: dort wird bspw. aufgrund von Tests zwischen Periode 0 und 1 deutlich, dass das in der Grundlagenforschung entwickelte Medikament markttauglich ist Vgl. zu einem Beispiel aus der Biotechnologie SCHÄFER, H./SCHÄSSBURGER, B., Realoptionsansatz in der Bewertung forschungsintensiver Unternehmen, in: FINANZ BETRIEB, Heft 9/2000, S. 589ff.

(149) Vgl. zum Vorgenannten MEISE, F., Realoptionen als Investitionskalkül, 1998, S. 193f.

(150) Vgl. zum Bookbuilding-Verfahren WEILER, L., Bookbuilding, 1998, S. 263ff.; RÖDL, B./ZINSER, T., Going Public 1999, S. 291ff.

(151) Seit Mitte 1999 gibt es Standards für Analysen am Neuen Markt :„DVFA-Standards für Research-Berichte am Neuen Markt". Vgl. FAZ v. 28.5.1999.

(152) Eine große Zahl von Privatinvestoren sind der Meinung, dass die angewendeten Zuteilungsverfahren „ungerecht" seien. Die Deutsche Börse AG selbst trägt diesem Eindruck der Anlegerschaft mit der seit Mitte 2000 geltenden Änderung des Regelwerks Neuer Markt dabei Rechnung, dass interessierte Investoren bei der Zuteilung von Aktien den Gerechtigkeitssinn berücksichtigt sehen: Die Einhaltung der Grundsätze für die Zuteilung von Aktienemissionen an Privatanleger der Börsensachverständigenkommission beim BMFi" wird dazu beitragen, geeignete Transparenz bei zeichnungswilligen Anlegern herbeizuführen.

(153) Vgl. RÖDL, B./ZINSER, T., Going Public, 1999, S. 296.; DAUTEL, R., Der Greenshoe, in: DStR, Heft 20-21/2000, S. 891ff.

(154) Vgl. hierzu RÖDL, B./ZINSER, T., Going Public, 1999, S. 291f.; vgl. weiterhin zu den verschiedenen Varianten BLÄTTCHEN, W./JACQUILLAT, B., Börseneinführung, 1999, S. 188ff.

(155) Vgl. zur Diskussion FLACH, U. E. und SCHÄFER, A., Streitfrage, in: WiWo, Heft 14/1999, S. 140.

(156) Vgl. ROSEN, R. von, Bookbuilding-Spanne erweitern, in: Blick durch die Wirtschaft v. 17.4.1998, S. 1.

(157) Vgl. VON GEBSATTEL, in: BZ v. 28.1.2000.

(158) In einer Studie, die in Kooperation des ZEW/Mannheim, dem Institut für Mittelstandsforschung/Mannheim sowie der WP-Gesellschaft Ernst & Young durchgeführt wird, soll untersucht werden, was erfolgreiche Entrepreneurs von erfolglosen unterscheidet. Vgl. o.V., „Auch im Wachstum eine Start-up-Kultur erhalten", in: FAZ v. 18.9.2000, S. 36.

(159) Ein Ansatz könnte bspw. ein „Rating-System für High-Tech-Unternehmen" (RASY) sein, das von der ESI Service Managementberatung (www.esi.de) von 1996-99 mit wissenschaftlicher Begleitung im Auftrag der Hessischen Technologiestiftung durchgeführt wurde.

(160) Vgl. CHRISTIANS, U., Planung des Firmenkundengeschäfts in Kreditinstituten, 1998, S. 420 ff.

(161) Vgl. z.B. PÜMPIN, K./PRANGE, J., Management der Unternehmensentwicklung, 1991; PERICH, R., Zur Entwicklungsfähigkeit von Organisationen aus zeitlich – dynamischer Sicht, 1995; MÜLLER, R. Erfolgsfaktoren schnell wachsender Software-Startups, 1999 mit einer Übersicht über empirische Erfolgsfaktorenforschung S. 114ff.; RÜGGEBERG, H., Strategisches Markteintrittsverhalten junger Technologieunternehmen, 1997; WANZENBÖCK, H., Überleben und Wachstum junger Unternehmen, 1998; HENNING, W., Junge Technologieunternehmen. Entwicklungsverläufe und Erfolgsfaktoren, 2000.

Literatur

ACHLEITNER, A.-K. (Hrsg.), Handbuch Investment Banking, Wiesbaden 1999.

ACKERMANN, J., Neuer Markt– ein Erfolgskonzept par excellence, in: Visionaire 5/2000, S. 81f.

ANDERS, U./SZCEZESNY, A., Prognose von Insolvenzwahrscheinlichkeiten mit Hilfe logistischer neuronaler Netzwerke – Eine Untersuchung von kleinen und mittleren Unternehmen –, Diskussionspapier ZEW, Mannheim, November 1996.

AUDRETSCH, D.B., New-Firm Survival and the Technological Regime, in: The Review of Economics and Statistics 1991, S, 441ff.

BAETGE, J., Stabilität eines Bilanzbonitätsindikators und seine Einsatzmöglichkeiten im Kreditgeschäft, in: Der Schweizer Treuhänder, Heft 6/7/1998, S. 605ff. und 8/1998, S. 751ff.

BAETGE, J./KRAUSE, C., Die Berücksichtigung des Risiko bei der Unternehmensbewertung, in: BFuP, Heft5/1994, S. 433ff.

BAETGE, J./JERSCHENSKY, A., Beurteilung der wirtschaftlichen Lage von Unternehmen mit Hilfe von modernen Verfahren der Jahresabschlussanalyse, in: Der Betrieb, Heft 32/1996, S. 1581ff.

BAETGE, J./BAETGE, K./KRUSE, A., Grundlagen moderner Verfahren der Jahresabschlussanalyse, in: DStR, Heft 33/1999, S. 1371ff.

BAETGE, J./BAETGE, K./KRUSE, A., Moderne Verfahren der Jahresabschlussanalyse: Das Bilanz-Rating, in: DStR, Heft 39/1999, S. 1628ff.

BÄUMER, M./MICHALKIEWICZ, C., Marktwachstum und Marktstellung, in: DEUTSCHE BANK (Hrsg.): IPHORIA– The Millenium Fitness Programme, November 1999, S. 89ff.

BAMBERGER, I./WRONA, T., Der Ressourcenansatz und seine Bedeutung für die Strategische Unternehmensführung, in: zfbf, Heft 2/1996, S. 130ff.

BEHR, G./KIND, A., Wie können junge Wachstumsunternehmen beurteilt werden?, in: Der Schweizer Treuhänder, Heft 1/1999, S. 63ff.

BEHR, M./LASCHKE, A., Going Public: ein Erfahrungsbericht; in: ZfgKW, Heft 10/1998, S. 561ff.

BEHRINGER, S., Unternehmensbewertung der Mittel- und Kleinbetriebe. Betriebswirtschaftliche Verfahrensweisen, Berlin 1999.

BETSCH, O./GROH, A./LOHMANN, L., Corporate Finance, München 1998.

BETSCH, O./GROH, A./SCHMIDT, K., Gründungs- und Wachstumsfinanzierung innovativer Unternehmen, München-Wien 2000.

BETZ, R.M., Konsortialbank für junge Wachstumsunternehmen, in: ZfgKW, Heft 1/1998, S. 34ff.

BITZ, M., Finanzdienstleistungen; 3. Völlig überarbeitete und wesentlich erweiterte Auflage; München-Wien 1997.

BLÄTTCHEN, W., Antriebsfedern für einen Börsengang aus praktischer Sicht; in: ZfgKW, Heft 1/1998, S. 38ff.

BLÄTTCHEN, W., Emissionsberatung beim Börsengang mittelständischer Unternehmen, in: DStR, Heft 39/1997, S. 1547ff.

BLÄTTCHEN, W./JACQUILLAT, B., Börseneinführung. Theorie und Praxis, Frankfurt am Main 1999.

BOUNCKEN, R.B., Dem Kern des Erfolgs auf der Spur: State of the Art zur Identifikation von Kernkompetenzen, in: ZfB, Heft 7/8/2000, S. 865ff.

BRINTRUP, J., IPO– Chance und Herausforderung, in: Visionaire, Heft 5/2000, S. 22ff.

BÜRKI, D.M., Der „resource-based view" Ansatz als neues Denkmodell des strategischen Managements, Diss. St. Gallen 1996.

BÜHLER, R., APV– Adjusted Present Value, in: Schweizer Treuhänder, Heft 9/1998, S. 873ff.

CALABRETTI, T., Die Erhöhung des Unternehmenswertes durch Ausschöpfen von Finanzpotentialen, Diss. St. Gallen 1998.

CARLS, A., Das Going-public-Geschäft deutscher Banken. Markt- und risikopolitische Implikationen, Wiesbaden 1996.

CHRISTIANS, U., Planung des Firmenkundengeschäfts in Kreditinstituten. Nutzung empirischer Erkenntnisse im Rahmen einer branchenorientierten Geschäftsfeldplanung, Berlin 1998.

CRASSELT, N./TOMASZEWSKI, C., Realoptionen– eine neue Theorie der Investitionsrechnung?, in: Diskussionspapier/Ruhr-Universität Bochum Okt. 1997.

DAUTEL, R., Der Greenshoe– wirtschaftliche Funktionsweise, zivilrechtliche Ausgestaltung und Besteuerung, in: DStR, Heft 20-21/2000, S. 891ff.

DRUKARCZYK, J., Unternehmensbewertung, 2. Aufl., München 1998.

EBLE, S./VÖLKER, R., Die Behandlung von Optionen in der betrieblichen Investitionsrechnung, in: DU, Heft 5/1993, S. 407ff.

FOCKENBROCK, D./ZDRAL, W., Die Tricks der Finanz-Jongleure, in: Capital Heft 20/2000, S. 66ff.

FRANCIONI, R., Zehn Monate Neuer Markt: Anlass zu Optimismus; in: ZfgKW, Heft 1/1998, S. 14ff.

FLACH, U.E. und SCHÄFER, A., Die Streitfrage: Sollen bei Neuemissionen Aktien künftig im Auktionsverfahren zugeteilt werden?, in: WiWo, Heft 14/1999, S. 140.

GEBSATTEL, K. VON, Börsenkandidaten in den Startlöchern, in: Börsen-Zeitung v. 28.1.2000.

GERKE, W., Der Neue Markt, in: WiSt, Heft 4/1999, S. 204ff.

GERKE, W./BANK, M., Die Entscheidung zum Going Public unter besonderer Berücksichtigung der Marktmikrostruktur und Informationsquerwirkungen, in: HUMMEL, D./BÜHLER, W./SCHUSTER, L. (Hrsg.), Banken in globalen und regionalen Umbruchsituationen, Stuttgart 1997, S. 553ff.

GERKE, W./BOSCH, R., Die Betreuer am Neuen Markt – eine empirische Analyse, in: CFS Working Papers No. 1999/12.

GEIGENBERGER, I., Risikokapital für Unternehmensgründer. Der Weg zum Venture-Capital, München 1999.

GLOGOWKSI, E./MÜNCH, M., Neue Finanzdienstleistungen– Bankenmärkte im Wandel– 2. Aufl., Wiesbaden 1990.

GUTOWSKI, K./REIMER, H., Mehr Schein als Sein, in: WiWo, Heft 26/2000, S. 220ff.

HÄCKER, J., New Economy – Quo Vadis (I), in: FINANZ BETRIEB, Heft 7-8/2000, S. 527ff.

HÄUSER, K./ROSENSTOCK, A., Börse und Kapitalmarkt, Frankfurt/M. 1997.

HANSEN, H., Der Neue Markt– Handel und Betreuer, in: AG-Report, Heft 5/1997, S. 164ff.

HAYN, M., Bewertung junger Unternehmen, Herne-Berlin 1998.

HAUBROCK, A., Gezielte Kommunikation als Voraussetzung für den Gang an die Börse, in: VOLK, G. (Hrsg.), Going Public, Stuttgart 1996, S. 85ff.

HEIDEMANN, O., Möglichkeiten und Verfahrensweisen bei der Rechtsformumwandlung, in: VOLK, G. (Hrsg.), Going Public, Stuttgart 1996, S. 101ff.

HENNING, W., Junge Technologieunternehmen. Entwicklungsverläufe und Erfolgsfaktoren, Wiesbaden 2000.

HOMMEL, U./PRITSCH, G., Marktorientierte Investitionsbewertung mit dem Realoptionsansatz, in: Finanzmarkt und Portfolio Management, Heft 2/1999, S. 121ff.

HOMMEL, U./VOLLRATH, R./WIELAND, A., Relevanz des Realoptionsansatzes aus Sicht des Finanzintermediärs, in: ZfgKW, Heft 8/2000, S. 423ff.

IDW Institut der Wirtschaftsprüfer (Hrsg.): Entwurf IDW-Standard: Grundsätze zur Durchführung von Unternehmensbewertungen (IDW ES 1), in: WPg, Heft 5/1999, S. 200ff.

KAUFMANN, F./KOKALJ, L., Risikokapitalmärkte für mittelständische Unternehmen, Stuttgart 1996.

KERSTING, M.O., Der Neue Markt der Deutschen Börse AG, in: Die AG, Heft 5/1997, S. 222ff.

KLEIN, H.-D., IPO's in der EU: Neuer Markt sorgt für Furore, in: Die Bank, Heft 3/1999, S. 52ff.

KRÄMLING, M./SCHNATZ, O., Zeit für neue Wege ... IPO-Börsenbewertung von Wachstumspotential, in: IPHORIA–Rocketing into an New Age, DEUTSCHE MORGAN GRENFELL (Hrsg.), Dezember 1998, S. 73ff.

KOCH, W./WEGMANN, J., Going Public im Mittelstand– Erfahrungsberichte vom Neuen Markt; in: BFuP, Heft 3/1998, S. 289ff.

KOCH, W./WEGMANN, J., Praktiker-Handbuch Börseneinführung: Ablauf des Börsengangs mittelständischer Unternehmen– mit Erfahrungen vom Neuen Markt, 2. Aufl., Stuttgart 1998.

KOCH, W./WEGMANN, J., Due Diligence– Unternehmensanalyse durch externe Gutachter, in: DStR, Heft 24/2000, S. 1027ff.

LEDERMANN, T./MARXSEN, S., Mit dem Start-up-Market zur ersten Börsennotiz, in: ZfgKW, Heft 1/1998, S. 28ff.

LÜHRMANN, T., Using APV, in: Harvard Business Review, Heft 7/8/1998, S. 51ff.

MRYZYK, A.P., Ertragswertorientierte Kreditwürdigkeitsprüfung bei Existenzgründungen, Wiesbaden 1999.

MÜLLER, R., Erfolgsfaktoren schnell wachsender Software-Startups. Eine lebenszyklusorientierte Untersuchung von Softwareunternehmen des Produktgeschäfts, Franfurt/M. 1999.

MÜLLER, U., Going Public im Geschäftsfeld der Banken, Sternenfels 1997.

NESKE, M./BENNER, C.: Charakteristika eines typischen IPO 1998, in: IPHORIA – Rocketing into an New Age, DEUTSCHE MORGAN GRENFELL (Hrsg.), Dezember 1998, S. 49ff.

NESKE, M./MAYER, M./TELLKAMP, C./BALTHASAR, D., Investor Relations – Schlüsselfaktor für Investitionen in Mid Caps, in: DEUTSCHE BANK (Hrsg.): IPHORIA – The Millenium Fitness Programme, November 1999, S. 105ff.

OSSADNIK, W., Rationalisierung der Unternehmensbewertung durch Risikoklassen, Thun-Frankfurt am Main 1984.

o.V.: Wie Intershop an die 95 Millionen kam; in: Impulse Heft 10/1998.

o.V.: Interview: „Sehr gute Chancen", in: Wirtschaftswoche: Heft 14/1998, S.130.

PERICH, R., Zur Entwicklungsfähigkeit von Organisationen aus zeitlich-dynamischer Sicht, Diss. St. Gallen 1995.

POPP, W./SCHMITT, M., Zur Bewertung strategischer Projekte mit der Black-Scholes-Formel: Eine kritische Analyse, in: GRÜNING, R./PASQUIR, M. (Hrsg.). Strategisches Management und Marketing, Bern-Stuttgart-Wien 1999, S. 93ff.

PÜMPIN, K./PRANGE, J., Management der Unternehmensentwicklung, Frankfurt am Main/New York 1991.

RASTER, M., Shareholder-Value-Management. Ermittlung und Steigerung des Unternehmenswertes, Wiesbaden 1995.

RÖDL, B./ZINSER, T., Going Public. Der Gang mittelständischer Unternehmen an die Börse, Frankfurt am Main 1999.

ROSEN, R. VON Bookbuilding-Spanne erweitern, in: Blick durch die Wirtschaft v. 17.4.1998, S. 1.

RÜGGEBERG, H., Strategisches Markteintrittsverhalten junger Technologieunternehmen, Wiesbaden 1997.

RÜHLI, E., Ressourcenmanagement, in: DU, Heft 2/1995, S. 91ff.

RUHKAMP, S., Institutionelle prägen den Neuen Markt, in: BZ v. 1.7.1999.

SCHÄFER, H., Unternehmensinvestitionen, Heidelberg 1999.

SCHÄFER, H./Schässburger, B., Realoptionsansatz in der Bewertung forschungsintensiver Unternehmen, in: FINANZ BETRIEB, Heft 9/2000, S. 586ff.

SCHÄLI, S.D., Kernkompetenzen im Private Banking, Diss. St. Gallen 1998.

SCHIERENBECK, H./LISTER, M., Finanz-Controlling und Wertorientierte Unternehmensführung, in: BRUHN, M./LUSTI, M./MÜLLER, W.R./ SCHIERENBECK, H./ STUDER, T. (Hrsg.), Wertorientierte Unternehmensführung. Perspektiven und Handlungsfelder für die Wertsteigerung von Unternehmen, Wiesbaden 1998, S. 13ff.

SCHLÜTZ, J./KÖTTNER, A., Internet-Aktien, Stuttgart 2000.

SCHMEISSER, W./JAHN, S., Zur Bonitätsprüfung bei innovativen technologieorientierten Unternehmensgründungen, in. FINANZ BETRIEB, Heft 5/1999, S. 49ff.

SCHWETZLER, B./SEELIGER, C., IPOs am Neuen Markt unter besonderer Berücksichtigung der von den Konsortialführern zur Emissionspreisfindung verwendeten Unternehmensbewertungsmethoden, Diplomarbeit an der Handelshochschule Leipzig (HHL), 1998.

SCHWETZLER, B./DARIJTSCHUK, N., Unternehmensbewertung mit Hilfe der DCF-Methode– eine Anmerkung zum „Zirkularitätsproblem", in: ZfB, Heft 3/1999, S. 295ff.

SCHMID, O., Die „Equity Story" entscheidet über Erfolg, in: Visionaire Heft 5/2000, S. 48ff.

SPAHR, R., Innovationsorientierung und Erfolg, Frankfurt am Main 1999.

STARK, J., Risikokapitalfinanzierung über die Börse– die Rolle der Politik; ZfgKW, Heft 1/1998, S. 7ff.

TEMPORALE, R./ISMANN, B., Zulassungsvoraussetzungen und Folgepflichten, in: FINANZ BETRIEB, Heft 9/1999, S. 263ff.

TROBITZ, H.H./WILHELM, S., Eigenkapital für kleine und mittlere Unternehmen – Beteiligungsfinanzierung und Börsengang, in: VOLK, G. (Hrsg.), Going Public. Der Gang an die Börse, 2. Aufl., Stuttgart 1998, S. 247ff.

VOLK, G., Die Kosten der Börseneinführung, in: FINANZ-BETRIEB, Heft 5/2000, S. 318ff.

WANZENBÖCK, H., Überleben und Wachstum junger Unternehmen, Wien 1998.

WEILER, L., Bookbuilding – Die neue Plazierungsform beim Gang an die Börse, in: VOLK, G. (Hrsg.), Going Public. Der Gang an die Börse, 2. Aufl., Stuttgart 1998, S. 263ff.

WIESE, T./SCHÄFER, P., Die betriebswirtschaftlichen, steuerrechtlichen und gesellschaftsrechtlichen Auswirkungen von Kapitalmaßnahmen bei Börsengängen, in: DStR, Heft 50/1999, S. 2084ff.

WINTERSTETTER, B./PAUKSTADT, M./HEGEMANN, G./WONNEMANN, R., Going Public: Börseneinführung mittelständischer Unternehmen und ihre Emissionsbegleiter, in: DStR, Heft 31/2000, S. 1322ff.

WULLENKORD, A., New Economy Valuation, in: FINANZ BETRIEB, Heft 7-8/2000, S. 522ff.

Deutsche Börse AG (Hrsg.): Regelwerk des Neuen Marktes, Stand: Juli 2000.

Bank J. Vontobel & Co AG: Swiss Research: INTERSHOP surft auf der eCommerce-Welle: IPO; Juni 1998.

Sal. Oppenheim jr. & Cie., Oppenheim Finanzanalyse; Aktienanalyse INTERSHOP Communications AG Juni 1998.

Verkaufsprospekt/Unternehmensbericht INTERSHOP: The eBusiness People; Juli 1998.

Internet-Adressen

www.bawe.de
www.esi.de
www.intershop.de

www.ipo-norm.de
www.nemwax.de
www.neuer-markt.de
www.pc-spezialist.de
www.technologieholding.de

Bilanzpolitische Aspekte der Umstellung der Rechnungslegung auf US-GAAP

Manfred Kühnberger/Thomas Gruber

1 Problemstellung

Unternehmen, die eine Notierung am Börsensegment Neuer Markt anstreben, unterliegen kraft privatvertraglicher Bindung dem Regelwerk Neuer Markt (NM) der Deutschen Börse AG. Da dieses Börsensegment für wachstumsstarke, innovative Kapitalgesellschaften eingerichtet wurde, umfasst das Regelwerk sehr viel strengere Auflagen als andere Börsenzulassungsregeln in Deutschland: wegen des besonderen Rendite-Risiko-Profils der Unternehmen sollen (potenzielle) Investoren besonders geschützt werden (1). Der Kapitalmarktschutz wird durch Regelungen über Designated Sponsors, Ad-hoc-Mitteilungen usw. und vor allem umfassende Rechnungslegungsvorschriften angestrebt. Das Regelwerk sieht eine laufende Rechnungslegung nach den (als kapitalmarktorientiert geltenden) IAS oder US-GAAP vor. Nachdem die Ankündigung einer Handelsaufnahme am NM zunächst eine „euphorische Aktiennachfrage" (2) auslöste, ist inzwischen bekanntlich eine deutliche Ernüchterung eingekehrt. Es hat sich auch gezeigt, dass einige Unternehmen offenbar nicht in der Lage oder willens waren, den Rechnungslegungsanforderungen gerecht zu werden und die verlangte Transparenz für Investoren herzustellen. Die Erreichung des Zieles, die Unsicherheit der Investoren durch die strengen Bedingungen des Regelwerkes zu reduzieren und damit die Kapitalkosten der Unternehmen zu senken, ist in Gefahr.

Der folgende Beitrag soll verdeutlichen, welche Anforderungen an die Regelpublizität (Jahresabschlüsse, Konzernabschlüsse) von den Unternehmen am NM zu erfüllen sind. Dazu werden zunächst einige Rahmenbedingungen für die Wahl des Rechnungslegungssystems (IAS oder US-GAAP) skizziert (Abschnitt 2), konzeptionelle Unterschiede zwischen HGB und US-GAAP vorgestellt (Abschnitt 3) und ausgewählte Unterschiede anhand einzelner Regelungsbereiche (Leasing, Wertpapiere, Steuerlatenzen) detaillierter vorgestellt (Abschnitt 4). Dabei wird vor allem folgenden Fragen nachgegangen:

- Wo liegen die zentralen Unterschiede in den genannten Bereichen?
- Werden die US-GAAP den selbst gesteckten Zielen einer kapitalmarktorientierten Rechnungslegung gerecht?

- Welche bilanzpolitischen Folgen ergeben sich für die Unternehmen, wenn sie vom HGB auf US-GAAP umstellen (Einfluss auf Ergebnis und Eigenkapital)?
- Welche Folgen ergeben sich für Nutzer der Abschlüsse?

2 Wahl des Rechnungslegungssystems und Umsetzungsmöglichkeiten

Das Regelwerk NM sieht zwar eine befristete Befreiung von der Pflicht, internationale Konzernabschlüsse (Jahresabschlüsse werden im Weiteren ausgeklammert) zu erstellen vor, aber eine solche Freistellung wurde in letzter Zeit nicht mehr ausgesprochen (3). Unternehmen, die ein Listing am Neuen Markt (NM) anstreben, müssen demnach in ihrem Emissionsprospekt einen Abschluss nach Internationalen Standards vorlegen, wobei Vorjahreszahlen für die letzten beiden Geschäftsjahre anzugeben sind. Um die GuV-Zahlen für diesen Zeitraum ermitteln zu können, sind Bilanzen für drei Jahre nach diesen Standards vonnöten. Besondere Probleme treten hierbei auf, wenn der Konzern erst kürzlich in der gegenwärtigen Form entstanden ist (z.B. durch Ausgliederung, Umwandlung, Unternehmenszukäufe etc.). In diesem Fall ist für die neue Einheit rückwirkend eine Darstellung vorgesehen, als ob sie schon während des Berichtszeitraumes bestanden hätte (Als-ob- oder Pro-forma-Abschlüsse) (4). Sind die ursprünglichen Jahres-/Konzernabschlüsse nach HGB erstellt worden, lässt das Regelwerk aber eine Überleitung der HGB-Größen auf das Konzernergebnis und -Eigenkapital nach Internationalen Standards zu, wobei umfangreiche Erläuterungen verlangt werden. Dauerhaft sind solche Überleitungsrechnungen aber weder zulässig noch sinnvoll, da sie für die Unternehmen mit Mehraufwand verbunden sind (z.B. sind nationale Abschlüsse ausländischer Konzerntöchter auf HGB und Internationale Standards überzuleiten). Außerdem veröffentlicht der Konzern dann zwei, regelmäßig differierende Ergebnis- und Eigenkapitalgrößen. Die Erfahrungen von Daimler Benz zeigen, dass dies bei Kapitalmarktteilnehmern (und wohl auch intern) das Vertrauen in die Glaubwürdigkeit des Rechenwerks erschüttert (5). Auch die von einigen Konzernen in der Vergangenheit gepflegte Praxis, sog. duale Konzernabschlüsse vorzulegen, die zugleich HGB und Internationalen Standards genügen, ist künftig kaum noch möglich und sinnvoll. Einmal dürfte ein dualer Abschluss nur in ganz wenigen Sonderfällen sein, wenn tatsächlich kein einziger Sachverhalt im Abschluss auftritt, der in beiden Rechnungslegungssystemen unterschiedlich behandelt wird. Zum Anderen haben duale Abschlüsse wenig Akzeptanz am Kapitalmarkt gefunden (6); die abschätzige Bezeichnung „IAS-/US-GAAP light" charakterisiert dies deutlich.

Unternehmen am NM müssen deshalb davon ausgehen, dass eine „reine" Rechnungslegung nach Internationalen Standards notwendig ist, die aber auch Befreiungswirkung nach § 292 a HGB entfaltet, also einen zweiten HGB-Konzernabschluss obsolet macht (dies gilt nicht für den im Emissionsprospekt einzureichenden Konzernabschluss, da eine

Börsennotierung noch nicht vorliegt). Zu beachten ist hierbei, dass ein US-GAAP-Abschluss nach den US-amerikanischen Generally Accepted Auditing Standards geprüft werden muss und ein IAS-Abschluss nach den International Accounting Standards. Quartalsabschlüsse sind aber nicht zu prüfen. Die Veröffentlichungsfrist für Abschlüsse beträgt drei Monate nach Geschäftsjahresende.

Bereits diese Bemerkungen lassen deutlich werden, dass Unternehmen möglichst früh die Umstellung des Rechnungswesens auf Internationale Standards planen und realisieren sollten, um für die Anforderungen des NM „fit" zu sein. Eine solche Umstellung ist keinesfalls eine rein „technische" Änderung, sondern ein komplexes Projekt (7), das für das gesamte Rechnungswesen Bedeutung hat. Neben einer veränderten Einstellung zur Transparenz (Pflege der Investor Relations), können sich insbesondere Änderungen im Hinblick auf das interne Rechnungswesen und Anreizsysteme für das Management ergeben. So sind einige Unternehmen, die nach Internationalen Standards bilanzieren, dazu übergegangen, das interne Rechnungswesen und das Controlling auf Basis der externen Rechnungslegung aufzubauen (Stichworte: unternehmenswertorientiertes Controlling, Konvergenz von externem und internem Rechnungswesen).

Die Frage, für welches Rechnungslegungssystem (IAS oder US-GAAP) sich ein Unternehmen entscheidet, hängt von einer Fülle von Randbedingungen ab, wobei den Motiven für den Börsengang und den konkret angestrebten Börsenplätzen (8) eine zentrale Bedeutung zukommt. Auf einige bedeutsame Einflussfaktoren soll knapp eingegangen werden (9):

- *Kapitalmarktumfeld*: Aus welchen Ländern sollen Investoren gewonnen werden? Wird dauerhaft eine breite Aktienstreuung angestrebt oder sollen auch gezielt institutionelle Anleger gewonnen werden? Derzeit setzt z.B. eine Börsennotierung in den USA zwingend einen US-GAAP-Abschluss voraus und amerikanische Pensionsfonds dürfen nur Aktien von an US-Börsen gehandelten Unternehmen erwerben. Sollen Aktien später als Transaktionswährung für Unternehmenskäufe in den USA genutzt werden, ist eine Börsennotierung in den USA ebenfalls sinnvoll.

- *Wettbewerbsumfeld*: Ist es notwendig, Vergleichbarkeit mit Wettbewerbern herzustellen, die bereits IAS oder US-GAAP anwenden? Gibt es wichtige Kunden oder Lieferanten, die ein System bevorzugen? Welches System ist in den Sitzstaaten der Konzernglieder bekannter/angesehener und erleichtert die Rekrutierung von hochqualifizierten Mitarbeitern? Werden nicht nur Anleger und Mitarbeiter, sondern auch die Konkurrenz „zu gut" informiert?

- *Rechtliches Umfeld*: Nähe zum HGB? Einflussmöglichkeiten auf die Standards und Handlungsspielräume innerhalb der Standards. Resultieren Ausschüttungserwartungen aufgrund der (regelmäßig volatileren) Konzernergebnisse? Gibt es de facto Rückwirkungen auf die Besteuerung (obwohl die Maßgeblichkeit gem. § 5 Abs. 1 EStG nur auf den handelsrechtlichen Jahresabschluss abstellt)? Gibt es Haftungsrisiken für Unternehmen und Abschlussprüfer, wenn z.B. ein Abschluss unzutreffenderweise als US-GAAP-konform testiert wird oder Prognosen im Lagebericht unzutreffend sind (10)?

- *Konzernstruktur/Internes Rechnungswesen*: Gibt es ausländische Konzernglieder, die bereits nach IAS oder US-GAAP bilanzieren? Welches System ist für die Mitarbeiter leichter umzusetzen? Gibt es branchenspezifische Besonderheiten? Welche internen Ziel- und Steuerungsgrößen sollen genutzt werden (11)? Während die IAS weitgehend überschaubare und konsistente Regelungen enthalten, sind die US-GAAP extrem detailliert und z.T. widersprüchlich (cook book approach) Es besteht sogar Unklarheit darüber, welche Standards zu den US-GAAP zählen (12). Die potenziellen Freiheiten der IAS bergen allerdings die Gefahr einer uneinheitlichen (nationalen) Auslegung, so dass sie gerade nicht zum einheitlichen Weltstandard taugen.

- *Kommunikationspolitik*: Welche Standards versprechen den größten Reputationsgewinn? Welche bilanzpolitischen Möglichkeiten verbleiben? Wie sehen für Anwender wichtige Kennzahlen aus, wenn auf IAS oder US-GAAP umgestellt wird? Insgesamt enthalten die US-GAAP weniger Wahlrechte und engen bilanzpolitische Spielräume stärker ein. Bedeutsam ist dies vor allem im Hinblick auf weniger erfolgreiche Perioden, da negative Entwicklungen genauso transparent sind wie positive (13).

Diese (unvollständige) Auflistung verdeutlicht, dass die Wahl nur unternehmensindividuell getroffen werden kann. Dabei sollten auch folgende Aspekte berücksichtigt werden:

a) Es sieht so aus, als werden die IAS auf Dauer das Rechnungslegungssystem sein, das von der EU-Kommission und dem nationalen Gesetzgeber präferiert wird und alleine Befreiungswirkung nach § 292 a HGB entfaltet (bis 2004 werden die US-GAAP auch akzeptiert).

b) Das Verhalten der US-amerikanischen Börsenaufsichtsbehörde (SEC) ist noch unklar: einerseits hat sie signalisiert, dass sie IAS auch für den amerikanischen Kapitalmarkt unter bestimmten Bedingungen akzeptieren wird. Andererseits wird auch immer wieder deutlich, dass sie die US-GAAP bezüglich Inhalt und Rationalität des Standard-Setting-Prozesses für deutlich überlegen hält. Eine Inländerdiskriminierung amerikanischer Unternehmen könnte die SEC nur dadurch vermeiden, dass sie die IAS auch amerikanischen Unternehmen zugesteht. Damit würde die SEC aber den nationalen Standardsetter (FASB) seiner Kompetenzen berauben und die eigenen Möglichkeiten, auf Standards und deren Durchsetzung Einfluss zu nehmen, deutlich verringern (14).

Da eine solche Selbst-Entmachtung kurzfristig nicht ohne Weiteres zu erwarten ist, müssen Unternehmen, die ein Listing in den USA anstreben, die US-GAAP anwenden. In diesem Fall kann die unerfreuliche Situation auftreten, dass diese Unternehmen künftig einen zweiten Konzernabschluss nach HGB oder IAS erstellen müssen, um den Rechnungslegungspflichten nach §§ 290 ff., 292 a HGB zu genügen. Zusätzlich sind Jahresabschlüsse und Steuerbilanzen nach dem nationalen Recht der einzelnen Konzernglieder zu erstellen.

Angesichts der Unsicherheit der künftigen Entwicklungen (auch die IAS und die US-GAAP selbst werden laufend weiterentwickelt) und der Komplexität der Umstellungsarbeiten kommen auf Unternehmen und Mitarbeiter erhebliche Belastungen zu. Entscheidet sich ein Unternehmen für die US-GAAP, so sind jährlich folgende Berichtsteile zu veröffentlichen: Bilanzen (für zwei Jahre), GuV (3 Jahre), Kapitalflussrechnungen (3 Jahre), Eigenkapitalveränderungsrechnung und statement of comprehensive income (3 Jahre), Anhang (3 Jahre), Angaben zu den earnings per share nach FAS 128. Außerdem ist ein Lagebericht nach Art. 36 der 7. EU-Richtlinie zu publizieren, da ein befreiender Abschluss gem. § 292 a HGB nicht hinter den Anforderungen der EU-Richtlinien zurückbleiben darf (15). Zu beachten ist, dass nicht nur das Zahlenwerk in Bilanz/GuV vom HGB stark abweichen kann, sondern auch, dass der Anhang nach US-GAAP („Notes) wesentlich mehr Zusatzinformationen als das HGB enthalten muss, insbesondere auch eine Segmentberichterstattung nach FAS 131. Sowohl Mitarbeiter als auch Informationstechnologie müssen darauf vorbereitet sein, wesentlich andere und mehr Informationen als bisher rechtzeitig bereitzustellen, aufzubereiten und weiterzuleiten.

3 Konzeptionelle Unterschiede der Rechnungslegung nach HGB und US-GAAP

BUSSE VON COLBE spricht bezüglich der möglichen Rechnungslegungszwecke von einem „magischen Dreieck" (16):

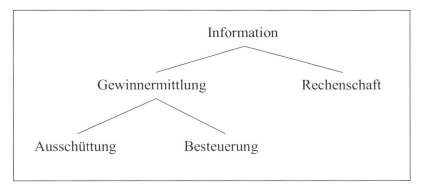

Abbildung 1: Magisches Dreieck

Gewinnermittlung dient der Bestimmung des Betrages, der ohne Schaden für das Unternehmen ausschüttbar und steuerbar ist. In Deutschland dominieren Vorsichts- und Objektivierungsprinzipien die Gewinnermittlung, so dass in erheblichem Umfang stille Reserven gelegt und aufgelöst werden können. Der Informationswert von HGB-Abschlüssen wird deshalb als eher gering eingestuft und die gläubigerschützende Wirkung zumindest in den Phasen bezweifelt, in denen die Auflösung stiller Reserven zur Ergebnisverbesserung genutzt wird.

Der Rechenschaftszweck zielt auf die Ermittlung eines periodengerechten, möglichst ermessensfrei, ermittelten Erfolges ab. Die Rechnungslegung des Verfügungsberechtigten (z.B. Vorstand) gegenüber den Kapitalgebern (Eigentümer, Gläubiger) steht im Zentrum (Steward-ship-function). Dieser Zweck erfordert eher eine dynamische Bilanz i.S.v. SCHMALENBACH, während die Gewinnermittlung eine statische Bilanz impliziert (17).

Die Informationsaufgabe ist zukunftsbezogen: Die Rechnungslegung für das abgelaufene Jahr soll eine plausible Prognosebasis für künftige Cash Flows liefern. Bilanz-/GuV-Werte in US-GAAP-Abschlüssen sollen einen predictive value haben, sie sind nicht „itself a prediction" (FASB CON 2.53). Diese auf Investorensicht basierende Konzeption wird häufig als kapitalmarktorientiert oder shareholder-value-orientiert bezeichnet.

Egal welches Rechnungslegungssystem (HGB, IAS, US-GAAP) man zugrunde legt: keines kann zugleich allen drei Zwecken gerecht werden. So bestehen zwischen dem Zweck der vorsichtigen Ermittlung des ausschüttbaren Gewinnes (Gläubigerschutz durch Kapitalerhaltung) und den anderen Zwecken unüberbrückbare Konflikte (18). Aber auch Informations- und Rechenschaftsaufgabe sind nicht immer kompatibel. Der Grundwiderspruch lässt sich durch die Anforderungen der Relevanz (Entscheidungsnützlichkeit) und Reliabilität (Zuverlässigkeit) charakterisieren.

Soll ein möglichst objektiver, nachprüfbarer Periodenerfolg ermittelt werden, der möglichst auch noch die Leistung des Managements zutreffend misst, so darf es keine Wahlrechte und Ermessensspielräume geben, „harte" Gewinnermittlungsregeln sind notwendig. Konsequenterweise wird in den meisten Rechnungslegungssystemen auf Objektivierungs-/Vereinfachungsgrundsätze zurückgegriffen (in unterschiedlichem Umfang): Einzelbewertung, Anschaffungskostenprinzip, Nichtaktivierung von Forschungs- und Entwicklungsausgaben oder selbstgeschaffener Firmenwerte etc. Soll hingegen eine Basis für die Prognose von Höhe, zeitlichem Anfall und Risiko künftiger Zahlungsströme gelegt werden, müsste eine Gesamtbewertung nach dem Ertragswert- oder einem DCF-Verfahren vorliegen. Deshalb spricht MOXTER zurecht von einem „Bilanzvermögensmythos", wenn die Bilanz den Firmenwert nicht enthält und die GuV nicht die Firmenwertänderung (19). Selbst wenn man eine Gegenüberstellung von einzeln bewerteten Vermögenswerten und Schulden in Form einer Bilanz noch als kapitalmarktorientiert akzeptiert und ihr die Qualität eines Indikators für künftige Cash Flows beimisst, müssten diese jedenfalls durchgängig mit Barwerten (diskontierten Einzahlungsüberschüssen) angesetzt werden. Dies müsste auch für F&E-Ausgaben gelten (20).

Der Nachteil einer solchen Rechnungslegung liegt natürlich in den erheblichen Ermessensspielräumen, da im wesentlichen Zahlungserwartungen abgebildet werden, die auch noch einzelnen Bilanzposten zuordenbar sein müssten. Solche Erwartungen sind zwar unstritig relevant, aber wenig reliabel. Zwar ist die Definition von assets und liabilities nach US-GAAP auf den ersten Blick kapitalmarktorientiert im angesprochenen Sinne (es wird auf künftige Zahlungen abgestellt), aber die konkreten Aktivierungs- und Passivierungsregeln weichen aus Objektivierungsgründen von dieser Linie deutlich ab (21).

Zwar kann man auch einen (vorsichtig ermittelten) Periodenerfolg als Indikator für künftige Dividendenzahlungen an die Eigentümer deuten und die Politik der Dividendenglättung durch stille Reserven wird gerade mit dem Argument gerechtfertigt, dass eine nachhaltig ausschüttbare Gewinngröße ausgewiesen wird. Ein solches Signalling setzt aber einmal die subjektive Ehrlichkeit des Bilanzierenden voraus. Zum Anderen ändert sich durch diese Absichten nichts an der Tatsache, dass vergangene Erfolge nur wenig mit künftigen Dividenden zu tun haben (22).

Berücksichtigt man, dass jedes Rechnungslegungssystem ökonomische Konsequenzen hat, die für die verschiedenen Interessengruppen (Eigentümer, Gläubiger, Unternehmensleitung, Staat etc.) häufig nicht gleichermaßen vorteilhaft sind, so wird offenbar, dass die Wahl für ein bestimmtes System ein klassisches Problem der Sozialwahlfunktion darstellt. Beim Übergang von einem System zum anderen ergeben sich Risiko- und Wohlfahrtsumverteilungen zwischen Individuen, es ergeben sich andere Allokations- und Distributionswirkungen (23). Da sowohl HGB als auch US-GAAP letztlich dem Schutz der Kapitalgeber dienen sollen, liegen die Unterschiede weniger in der allgemeinen Zielsetzung, als in der Wahl der Mittel (z.B. Gläubigerschutz durch Information oder Ausschüttungssperre) und der Gewichtung der verschiedenen Interessen. Deshalb sind drei Folgerungen u.E. zwingend:

1. Kein Rechnungslegungssystem kann konfliktfrei allen o.g. Zwecken zugleich gerecht werden.

2. Da jedes System unterschiedliche ökonomische Konsequenzen hat, ist die Herausbildung von nationalen Standards abhängig von ökonomischen, rechtlichen, politischen u.a. Rahmenbedingungen und Machtverhältnissen im jeweiligen Land.

3. Aufgrund dieser Kontextabhängigkeit lassen sich Rechnungslegungssysteme nur sehr begrenzt vergleichen (24). So macht es wenig Sinn, wenn man den US-GAAP vorwirft, sie seien für einen auf Ausschüttungssperren fußenden Gläubigerschutz nicht geeignet oder dem HGB-Abschluss Defizite bezüglich der Informationsfunktion nachweist, wenn dies gar keine Ziele der jeweiligen Rechnungslegung sind.

Bezüglich der Kontextabhängigkeit gibt es zwar eine Fülle von Untersuchungen, die zu 58 (!) potenziellen Einflussfaktoren führten, mit denen Unterschiede von Rechnungslegungssystemen „erklärt" werden sollen (25), aber es gibt keine einigermaßen umfassende Theorie darüber, wie der politische Prozess und die Interessenbildung und -durchsetzung bei der Herausbildung von Standards aussieht (26). Insofern kommt den üblicherweise genannten Kontextfaktoren eher der Status von plausiblen, heuristisch einleuchtenden Gründen für eine nationale Rechnungslegungspraxis zu. So ist es plausibel, dass die in Deutschland besonders enge Verbindung von Handels- und Steuerbilanz den Unternehmen einen starken Anreiz bietet, den Gewinn möglichst niedrig zu bemessen und wenig Anlass besteht, die vorsichtsgeprägten Gewinnermittlungsregeln in Frage zu stellen. US-amerikanische Unternehmen unterliegen solchen Bindungen kaum, so dass keine Notwendigkeit besteht, eine an steuerlichen Vorteilhaftigkeitskriterien ausgerichtete Handelsbilanzpolitik zu betreiben. Hinzu kommt, dass die Ausschüttungskompetenzen anders als in Deutschland verteilt sind und die Höhe der Dividenden kaum vom Abschluss abhängen (27). Demgegenüber knüpfen die Kapitalerhaltungsregeln im AktG und GmbHG direkt an Jahresabschlussgrößen an.

Auch die in Deutschland traditionell vorherrschende Form der Finanzierung (offene und stille Selbstfinanzierung und Gläubigerfinanzierung) sind durchaus mit einer HGB-Bilanz kompatibel. Will man dagegen Investoren an einem anonymen Kapitalmarkt von der Vorteilhaftigkeit einer Beteiligungsfinanzierung überzeugen, so zeigt sich, dass der HGB-Abschluss wenig geeignet ist, die Gewinnchancen darzustellen. In dem Maße, wie deutsche Unternehmen internationale Kapitalmärkte aus Finanzierungs- oder anderen Gründen in Anspruch nehmen, ist ein Übergang zu einer Rechnungslegung, die für Informations- oder Rechenschaftszwecke geschaffen wurde (wie IAS, US-GAAP) interessanter.

Üblicherweise wird darauf hingewiesen, das auch das Rechtssystem Rechnungslegungsunterschiede erklären kann. Nach dem deutschen legalistischen System regelt der Gesetzgeber umfassend und detailliert alle wichtigen Fragen, während das angloamerikanische common law eher eine geringe Regelungsdichte aufweist und der Gerichtsbarkeit mehr Raum lässt, um dem Ziel der Einzelfallgerechtigkeit Rechnung zu tragen (case law). Gerade was die Rechnungslegung angeht, ist dieser Unterschied aber nicht erkennbar: die US-GAAP haben einen Detaillierungsgrad erreicht und die SEC hat Sanktionsmöglichkeiten, die weit über das hinausreichen, was das HGB vorsieht (28). Eher auf Deutschland passt das Bild der wenigen, allgemeinen Normen und einer ausufernden Rechtsprechung durch (i.d.R.) Finanzgerichte.

Schon diese wenigen Bemerkungen zeigen Folgendes: während in Deutschland die Rechnungslegung eng mit Steuer- und Gesellschaftsrecht verknüpft ist und den Gläubigerschutz durch Ausschüttungssperren sichert, steht bei den US-GAAP der Investorenschutz durch Information im Zentrum. Entsprechend soll die Rechnungslegung kapitalmarktorientiert sein und wird letztlich durch die Börsenaufsichtsbehörde gesteuert. Es hat sich in den letzten Jahren außerdem eine gewisse Problemverschiebung ergeben: es wird weniger Nachdruck auf die Veröffentlichung einer bestimmten Erfolgsgröße gelegt als auf das Offenlegen von Zusatzinformationen, die eine Interpretation von Erfolgsgrößen erlauben. Die Forderung nach Publizität von „soft data" (29) und einer Fülle von ergänzenden Informationen (notes, Kapitalflussrechnung, Segmentbericht, Eigenkapitalspiegel etc.) entlasten Bilanz und GuV und erlauben, auch konfliktäre Zwecke mit einem Abschluss zu verfolgen.

So zeigt der US-GAAP-Abschluss denn auch zwei „Erfolge", das net income und das comprehensive income, ohne eine Priorität vorzugeben, welches das „richtige" Ergebnis sei oder eine bessere Prognosebasis liefere. Zu bedenken ist jedoch, dass auch die US-Rechnungslegung eine pagatorische Basis hat und deshalb die Höhe des Totalerfolges mit dem HGB-Erfolg übereinstimmt. Er wird nur abweichend periodisiert. Es wird i.A. davon ausgegangen, dass die Erfolge nach US-GAAP volatiler sind als handelsrechtliche Erfolge, die durch stille Reserven geglättet werden. Dass die US-GAAP deshalb besser geeignet sind, dem Kapitalmarkt relevante Informationen zu liefern ist damit aber noch nicht gesagt. Dies ist weder theoretisch noch empirisch nachgewiesen (30). Andererseits gelten die Rechnungswesendaten nach US-GAAP als geeigneter für interne Steuerungskonzepte, während HGB-Daten als verzerrt gelten und eine getrennte interne Rechnungslegung (Kostenrechnung) genutzt wird (vgl. HALLER 1997, 272 ff.). Deutsche Unternehmen wie DaimlerChrysler, Siemens, Bayer, VEBA u.a. haben inzwischen sog. unternehmenswertorientierte Controlling-Kennzahlen eingeführt, die auf US-GAAP- oder IAS-Abschlüssen basieren. Dies kann man, bei unterstellter Rationalität des Managements, als Indikator dafür werten, dass diese Standards betriebswirtschaftlich geeignetere Erfolgsgrößen abbilden.

4 Ausgewählte Regelungsbereiche im Überblick

4.1 Bilanzierung von Leasingverhältnissen

Seit Leasing in den letzten 30 Jahren stark wachsende Bedeutung erlangte, wird die bilanzielle Darstellung umfangreich diskutiert, wobei in jüngerer Zeit der Vergleich mit Internationalen Standards die Literatur prägt (32). Den Schwerpunkt der Literaturdiskussion bildet die Frage der Zuordnung des Leasinggegenstands. Während zivilrechtlich das Eigentum immer dem Leasinggeber (LG) zusteht, wird im Bilanzrecht auf das sog. wirtschaftliche Eigentum abgestellt. Grundlegend ist die Frage, wer als wirtschaftlicher Eigentümer den Leasinggegenstand bilanziert.

Im Hinblick auf die Funktionen des Abschlusses wirken sich die Zuordnungsregeln für das Leasingobjekt auf die in Bilanz und GuV von LG und Leasingnehmer (LN) zu vermittelnden Informationen aus. Außerdem führen unterschiedliche Zuordnungsregeln zu einer unterschiedlichen Ergebnisperiodisierung. Ist der LG wirtschaftlicher Eigentümer, aktiviert er das Leasingobjekt, die Leasingraten werden ertragswirksam vereinnahmt, während Abschreibungen und Refinanzierungskosten aufwandswirksam werden. Die Verpflichtung zur Überlassung des Leasinggegenstandes und der Anspruch auf die zukünftigen Leasingraten bleiben bilanziell zunächst unberücksichtigt (Nicht-Bilanzierung schwebender Geschäfte). Entsprechend bleiben beim LN die Verpflichtungen zur Leistung der Leasingraten außer Ansatz, nur die laufenden Raten tauchen als Periodenaufwand in der GuV auf.

Liegt das wirtschaftliche Eigentum beim LN, so aktiviert er das geleaste Objekt und passiviert in Höhe des Barwertes der künftigen Leasingraten eine Verbindlichkeit. Der LG weist spiegelbildlich eine Forderung aus. Laufende Leasingraten sind in der Folge in einen Zins- und Tilgungsanteil aufzuspalten, wobei der Zinsanteil in der jeweiligen GuV erfolgswirksam wird, während der Tilgungsanteil erfolgsneutral die Forderung (LG)/ Verbindlichkeit (LN) mindert. Im Falle der Bilanzierung beim LN werden somit in den Bilanzen von LG und LN umfassende Informationen über künftige Zahlungen aus dem Vertrag ausgewiesen, während im Falle der Bilanzierung beim LG die Nichtbilanzierung der Ansprüche und Verbindlichkeiten aus dem Vertrag den Informationswert der Bilanz einschränkt.

Bei der Auslegung des Begriffes ‚wirtschaftliches Eigentum' im Hinblick auf die Gewinnermittlungsfunktion des Abschlusses fordern Vorsichtsprinzip und Objektivierungsaspekte einen weitgehend ermessensfrei feststellbaren Eigentumsübergang. Deshalb erfolgt die Bilanzierung so lange beim LG, bis keine wesentlichen Risiken der Gewinnrealisierung mehr anzunehmen sind. Die Informationsfunktion des Abschlusses würde hingegen besser durch eine Zuordnung zum LN erfüllt, da die künftigen Zahlungsansprüche bilanziert werden.

Mangels expliziter HGB-Regelungen wird in Deutschland bei der Frage der Zuordnung des Leasinggegenstands überwiegend auf die steuerlichen Leasingerlasse zurückgegriffen, die i.A. als GoB akzeptiert werden. Wirtschaftlicher Eigentümer ist demnach „derjenige, bei dem Besitz, Gefahr, Nutzen und Lasten der Sache liegen." (33) Operationalisiert wird dies in den Leasingerlassen zu Mobilien durch das Verhältnis von Grundmietzeit des Leasingvertrages zur betriebsgewöhnlichen Nutzungsdauer und ggf. durch günstige Kauf- oder Mietverlängerungsoptionen nach der Grundmietzeit (34).

Auch die US-GAAP stellen auf das wirtschaftliche Eigentum ab, wobei die Verteilung von Chancen und Risiken des Leasingobjektes entscheidend für die Qualifizierung als Operate Lease (LG bilanziert) oder Capital Lease (LN bilanziert) ist. Allerdings erfolgt die Präzisierung in einer vom deutschen Recht teilweise abweichenden Art. So wird z.B. auch auf das Verhältnis Grundmietzeit zu geschätzter wirtschaftlicher (Rest-)Nutzungsdauer abgestellt. Diese Nutzungsdauer ist aber regelmäßig länger als die betriebsgewöhnliche Nutzungsdauer i.S.d. deutschen Steuerrechts. Außerdem erfolgt die Zuordnung zum LN, wenn die Grundmietzeit mindestens 75% dieser Nutzungsdauer übersteigt („economic life test"), während in Deutschland eine Grundmietzeit von mehr als 90% (oder weniger als 40%) der Nutzungsdauer verlangt wird. FAS 13 enthält außerdem ein in Deutschland unbekanntes Barwertkriterium: beträgt der Barwert der künftigen Leasingraten zu Beginn der Grundmietzeit mindestens 90% des Verkehrswertes des Leasingobjektes, so ist es dem LN zuzurechnen. Insgesamt wird es nach den US-GAAP häufiger zu einer Zurechnung des wirtschaftlichen Eigentums beim LN kommen. Für die Sales-Type-Leases (Hersteller-Leasing) führt dies zur früheren Realisierung des Händlererfolges in der GuV.

Bezüglich der Bewertung der Leasingverträge ergeben sich ebenfalls Unterschiede, insbesondere:

- Die der Abschreibung des Leasingobjektes zugrunde gelegten Nutzungsdauern können differieren.
- Direkte Vertragsabschlusskosten (vor allem Vermittlungsprovisionen) und interne Kosten, die in unmittelbarem Zusammenhang mit dem Vertragsabschluß stehen, sind nach US-GAAP zu aktivieren (Ausnahme: Sales-Type-Leases) und über die Vertragsdauer zu verteilen. Nach HGB sind diese Kosten im Jahr des Anfalles als Auf-

wand zu erfassen, da sie nicht zu einem einzelverwertbaren Vermögensgegenstand führen.
- Wird beim LN bilanziert, ergeben sich noch einige Unterschiede in der Ermittlung der fiktiven Anschaffungskosten des Leasingobjektes (Barwert der Leasingraten).

Aus der Sicht eines LG ergeben sich bei einer Umstellung vom HGB auf US-GAAP deshalb folgende Arbeitsschritte:

1. Untersuchung aller Verträge auf ihre Klassifikation nach US-GAAP.
2. Verträge, die nach HGB Operate Leases sind (LG bilanziert den Gegenstand), sind ggf. nach US-GAAP in Capital Leases umzugliedern, mit der Folge, dass Forderungen aktiviert werden. Der umgekehrte Fall, dass Operate Leases i.S.d. US-GAAP als Capital Leases i.S.d. HGB einzustufen sind, dürfte dagegen praktisch kaum vorkommen.
3. Infolge einer Umgliederung in Capital Leases sind beim LG auch erhaltene Einmalzahlungen (Anzahlungen, Mietsonderzahlungen) aus dem Leasingverhältnis umzugliedern. Während bei der Bilanzierung als Operate Lease die Einmalzahlungen als passiver Rechnungsabgrenzungsposten ausgewiesen und über die Restlaufzeit des Vertrages aufgelöst werden, kürzen sie bei einer Bilanzierung als Capital Lease unmittelbar den Forderungsbuchwert.
4. Die Umgliederung in Capital Leases macht eine Aufteilung der erhaltenen Leasingzahlungen in einen erfolgsneutralen Tilgungsanteil und einen erfolgswirksamen Zinsanteil erforderlich. Während bei Operate Lease Verträgen in der GuV die gesamten Leasingraten als Erträge (i.d.R. Umsatzerlöse) auszuweisen sind, werden bei Capital Leasingverträgen nur die Zinsanteile ertragswirksam ausgewiesen, während die Tilgungsanteile den Forderungsbuchwert reduzieren.
5. Schließlich führt eine Umgliederung in Capital Lease auch zu einer entsprechenden Umbewertung der Verträge. Anstatt der Anschaffungs-/Herstellungskosten des Leasingobjektes wird der Forderungswert ausgewiesen, statt aufwandswirksamer Abschreibungen mindern erfolgsneutrale Tilgungen den Buchwert des Aktivums.
6. Letztendlich sind (auch bei Operate Leases i.S.d. US-GAAP) die direkten Vertragsabschlußkosten zu ermitteln, zu aktivieren und über die Vertragslaufzeit zu verteilen (Ausnahme: Sales-type leases).

Anhand eines Beispieles sollen die Konsequenzen einer solchen Umgliederung in ein Capital Lease aufgezeigt werden. Folgende Daten eines Vertrages liegen vor:
- Zu Beginn des Jahres t1 wird ein Fahrzeug mit Anschaffungskosten (=Marktwert) von 100 TDM verleast. Die Grundmietzeit betrage 3 Jahre, die betriebsgewöhnliche Nutzungsdauer 4 Jahre. Der kalkulierte, ungarantierte Restwert nach 3 Jahren betrage 10 TDM. Das Fahrzeug geht nach Ablauf der Grundmietzeit vereinbarungsgemäß wieder in den Besitz des LG über.

- Auf Basis des internen Zinssatzes des LG von 8% ergibt sich die jährlich zu leistende Leasingrate von 35 720 DM.
- Der Refinanzierungssatz beläuft sich auf 5%, wobei aus Vereinfachungsgründen 100%ige Fremdfinanzierung unterstellt wird. Die jährliche Annuität beträgt 33 550 DM. Die Aufteilung in Zins und Tilgung erfolgt nach der Zinsmethode.
- Die Vertragsabschlußkosten betragen 900 DM.

Nach HGB ist der Leasinggegenstand beim LG zu bilanzieren, wobei die Vertragsabschlußkosten in t1 voll als Aufwand erfasst werden. Die Abschreibung erfolgt linear über die Grundmietzeit auf den kalkulierten Restwert von 10 TDM, also mit 30 TDM per annum. Bilanz und GuV des LG zeigen folgendes Bild:

Bilanz in TDM	t1	t2	t3
Kasse	1,3	3,4	5,6
Leasingvermögen	70,0	40,0	10,0
Aktiva	**71,3**	**43,4**	**15,6**
Gewinn (kumuliert)	- 0,2	2,0	5,6
Verbindlichkeiten	71,5	41,4	10,0
Passiva	**71,3**	**43,4**	**15,6**

Tabelle 1: Bilanz des LG nach HGB

GuV in TDM	t1	t2	t3
Umsatzerlöse (Leasingraten)	35,7	35,7	35,7
Abschreibungen	- 30,0	- 30,0	- 30,0
Vertragsabschluß-kosten	- 0,9	--	--
Zinsaufwand	- 5,0	- 3,5	- 2,1
Gewinn	- 0,2	2,2	3,6

Tabelle 2: GuV des LG nach HGB

Nach US-GAAP ist aufgrund des Barwertkriteriums ein Capital Lease anzunehmen, da der Barwert der Leasingraten auf Basis des internen Zinssatzes von 8% 92 050 DM beträgt und damit mehr als 90% des Marktwertes des Fahrzeuges. Nach der Konvertierung des Vertrages und Aktivierung der Vertragsabschlußkosten ergibt sich:

Bilanz in TDM	t1	t2	t3
Kasse	1,3	3,4	5,6
Nettoinvestition Forderung	72,3	42,3	10,0
+ Vertragsabschluß kosten	0,6	0,3	0,0
= Forderung	72,9	42,6	10,0
Aktiva	**74,2**	**46,1**	**15,6**
Gewinn (kumuliert)	2,7	4,6	5,6
Verbindlichkeiten	71,5	41,5	10,0
Passiva	**74,2**	**46,1**	**15,6**

Tabelle 3: Bilanz des LG nach US-GAAP

GuV in TDM	t1	t2	t3
Zinserträge	8,0	5,8	3,4
Vertragsabschluß-kosten	- 0,3	- 0,3	- 0,3
Zinsaufwand	- 5,0	- 3,6	- 2,1
Gewinn	2,7	1,9	1,0

Tabelle 4: GuV des LG nach US-GAAP

Vergleicht man die beiden Abschlüsse, zeigen sich neben einer anderen Bilanz- und GuV-Struktur insbesondere folgende Unterschiede:

1. Der Gesamtgewinn über die Vertragslaufzeit ist gleich groß. Jedoch führen die Umgliederung in Forderungen und die Aktivierung der Abschlusskosten dazu, dass der Gewinn nach US-GAAP früher ausgewiesen wird als nach HGB. Während bei der Bilanzierung als Forderung der Ergebnisverlauf durch die Zinsmarge auf das Nettoinvestment geprägt wird, ergeben sich nach HGB auch bei linearer Abschreibung typischerweise „Anlaufverluste" für den LG.

2. Infolge der Gewinnvorverlagerung ist das Eigenkapital nach US-GAAP in t1 und t2 höher als nach HGB.

3. Betrachtet man nicht einen einzelnen Leasingvertrag, sondern ein ganzes Portfolio von Verträgen, ergeben sich bei einem wachsenden Bestand die gleichen Ergebnistrends, während sich bei einem schrumpfenden Portfolio ein umgekehrter Effekt ergibt.

4. Bis zum Auslaufen des Gesamtportfolios ergibt sich aber auch bei schrumpfendem Bestand nach US-GAAP ein höheres Eigenkapital, was aufgrund der unter diesen Voraussetzungen vergleichsweise geringeren Ergebnisse nach US-GAAP zu niedrigeren US-GAAP-Eigenkapitalrenditen führt.

4.2 Bilanzierung und Bewertung von Wertpapieren

Im Folgenden soll nur auf Wertpapiere eingegangen werden, die als solche im Konzernabschluss auszuweisen sind (Anteile an verbundenen Unternehmen, Gemeinschafts- und assoziierten Unternehmen entfallen). Ebenso werden Derivate nicht behandelt, die nach HGB als schwebende Geschäfte weitgehend bilanzunwirksam sind, während sie nach US-GAAP als asset/liability mit Zeitwerten anzusetzen sind (FAS 133), wodurch eine off-balance-sheet-Politik verhindert werden soll. Außerdem werden solche Eigentümerpapiere ausgeklammert, für die kein angemessener Tageswert an einer durch die SEC anerkannten Börse existiert, da diese wie im HGB mit ihren Anschaffungskosten zu bewerten sind (FAS 115.3).

Während nach HGB die verbleibenden Wertpapiere mit den Anschaffungskosten oder einem niedrigeren Zeitwert nach Maßgabe des strengen oder gemilderten Niederstwertprinzips anzusetzen sind (§§ 253f., 279) und eine Wertaufholung geboten ist (§ 280), hängt die Bewertung nach FAS von der Einstufung in eine der drei folgenden Gruppen ab:

1. In die Gruppe der Held-to-Maturity-Securities fallen Gläubigerpapiere, für die die Absicht und Fähigkeit besteht, sie bis zur Endfälligkeit zu halten. Obwohl sich die Zeitwerte für diese Papiere infolge von Zinsschwankungen etc. ändern können, haben diese Wertänderungen keinen Einfluss auf die künftigen Zahlungen an das Unternehmen, die aufgrund der Vertragsbedingungen konstant bleiben. Entsprechend werden sie mit fortgeführten Anschaffungskosten bewertet. (Dis-)Agien, Gebühren usw. werden über die Laufzeit verteilt, um in der GuV eine Abbildung der Effektivzinsen zu gewährleisten (FAS 115.14). Dauerhafte Wertminderungen führen aber zu erfolgswirksamen Abschreibungen und spätere Wertaufholungen sind unzulässig (FAS 115.16).

2. In die Gruppe der Trading-Securities fallen Eigentümer- und Gläubigerpapiere, die mit der Absicht erworben wurden, durch kurzfristigen Handel Kursgewinne zu erzielen. (FAS 115.12 a). Haltefristen betragen bis drei Monate, liegen jedoch i.d.R. deutlich kürzer (35). Trading-Securities sind mit Zeitwerten anzusetzen, Wertänderungen gehen in die GuV ein (net income), sie werden als realisierte Erfolge gezeigt.

3. Die Klasse der Available-for-Sale-Securities stellt ein Sammelbecken für alle anderen Wertpapiere dar. Auch sie werden mit Zeitwerten angesetzt, wobei die unrealisierten Kurserfolge aber direkt gegen das Eigenkapital gebucht werden (other comprehensive income), also die GuV nicht berühren (36). Eine abweichende Behandlung ist bei dauerhaften Wertminderungen vorgesehen: diese sind in der GuV zu

erfassen, während spätere Wertaufholungen wiederum direkt in die Rücklagen einzustellen sind.

Gibt es eine Umgruppierung von Wertpapieren, so erfolgt der Zugang in der neuen Klasse grundsätzlich mit dem Zeitwert. FAS 115.15 regelt detailliert, wie bisher erfolgsneutral oder erfolgswirksam behandelte Wertänderungen dann auszuweisen sind. So sind z.B. bisher erfolgsneutral gebuchte Kursänderungen von Available-for-Sale-Securities bei einer Umgliederung in Trading-Securities sofort in voller Höhe als realisierter Erfolg in der GuV zu zeigen.

Die Behandlung der Wertpapiere nach US-GAAP hat vielfach Kritik erfahren. So wird zurecht eingewendet, dass die Bilanz eine Mischung aus Zeitwerten und Buchwerten enthält, die GuV realisierte und unrealisierte Erfolge und unklar ist, welches Ergebnis (das net income oder das comprehensive income, das auch das other comprehensive income umfasst) das richtige Jahresergebnis sei. Außerdem ermöglichen die US-GAAP in erheblichem Umfange Bilanzpolitik, z.B. durch die Klassifikation der Wertpapiere und das sog. gains-trading: Wertpapiere außerhalb der Trading-Securities können gezielt veräußert oder in die Trading-Securities umgegliedert werden, um erfolgswirksam Kurserfolge auszuweisen. Insgesamt können Unternehmen mit unterschiedlicher Vermögensstruktur bezüglich Erfolg und Eigenkapital kaum verglichen werden und es wird die Gefahr gesehen, dass für das Management Anreize für suboptimale Investitionen bestehen, da z.B. Sachanlagen zu Anschaffungskosten bewertet werden, während Trading-Securities zu Zeitwerten angesetzt werden. Besonders bei erfolgsabhängigen Vergütungssystemen kann dies zu einer unerwünschten Vermeidung von Investitionen in langfristig rentable Sachanlagen oder Forschung und Entwicklung führen.

Bei diesen durchaus berechtigten Kritikpunkten ist jedoch zu berücksichtigen, dass das HGB ebenfalls Bilanzpolitik in erheblichem Maße ermöglicht und gerade bei Wertpapieren die imparitätische Bewertung zu stillen Reserven führen kann, die gezielt realisiert werden können.

Grundsätzlich ist auch zu berücksichtigen, dass die Zeitbewertung einzelner oder sämtlicher Bilanzposten niemals den gesamten Unternehmenswert abbilden kann, da hierfür eine Unternehmensbewertung notwendig wäre. Eine Zeitwertbilanz wird deshalb zurecht als „Renaissance des Substanzwertes" (37) bezeichnet. Auch innerhalb des FASB gab es Bestrebungen, die Wertpapiere zusammen mit Verbindlichkeiten als Portfolio mit dem Zeitwert zu bilanzieren, da Unternehmen nicht nur ein Asset-, sondern auch ein Liability-Management haben und eine isolierte Zeitbewertung nur von Aktivposten zu nicht repräsentativen Ergebnissen führt (38). Aus Objektivierungs- und Vereinfachungsgründen wurde von einem solchen Verfahren letztlich abgesehen. Theoretisch kann man eine Zeitwertbilanzierung mithin nur damit rechtfertigen, dass Zeitwerte (zumindest auf effizienten Märkten) den besten Schätzer künftiger Zahlungsströme darstellen, wobei Unabhängigkeit der einzelnen Aktiva/Passiva unterstellt wird.

Die o.a. Kritik ist aber auch aus einem anderen Grunde zu relativieren: die US-GAAP schreiben eine Fülle ergänzender Erläuterungen in den notes vor. So sind fortgeführte

Anschaffungskosten und Zeitwerte der Available-for-Sale- und Held-to-Maturity-Securities anzugeben, unrealisierte Bruttogewinne und -verluste dieser Gruppen, Bruttogewinne und -verluste aus der Veräußerung von Available-for-Sale-Securities oder aus einer Umgliederung in Trading-Securities, Nettoerfolge der Trading-Securities etc. Aufgrund dieser Angaben können einige bilanzpolitische Gestaltungen extern nachvollzogen und ggf. korrigiert werden, um ein bereinigtes oder nachhaltiges Ergebnis zu ermitteln. Dies ist zwar durchaus mit Aufwand verbunden, aber auch die Ergebnisbereinigung eines HGB-Abschlusses nach DVFA ist zeitraubend und viele Angaben fehlen, die nach US-GAAP vorgeschrieben sind.

Auch die durchaus problematische Regelung, zwei Erfolgsgrößen zu publizieren, kann positiv gedeutet werden: wenn unklar ist, welche Erfolgsgröße die „betriebswirtschaftlich richtige" ist und Unklarheit besteht, welche Informationen Analysten nutzen, ist es zweckmäßig, mehrere Größen zu publizieren und zu erläutern und es damit Adressaten zu überlassen, auf welche Daten sie ihre Entscheidung stützen. Auf einem informationseffizienten Kapitalmarkt im halbstrengen Sinne spielt es bekanntlich keine Rolle, an welchem Ort im Abschluss eine Information zu finden ist (Bilanz/GuV oder Anhang). Allerdings scheinen praktisch Informationen aus Bilanz/GuV eher Berücksichtigung zu finden als Anhangangaben. Erklärt wird dies damit, dass sie als zuverlässiger gelten und leichter in ein Auswertungsschema aufzunehmen sind (39).

Für Unternehmen, die auf US-GAAP umstellen wird es erforderlich, die vorhandenen Wertpapiere zu klassifizieren und eine Fülle zusätzlicher Daten zu erheben und zu pflegen. Im Hinblick auf bilanzpolitische Gestaltungen sind die unterschiedlichen Wirkungen auf Ergebnis und Eigenkapital zu bedenken, besonders wenn eine Politik der Ergebnisglättung angestrebt wird. Unterstellt man z.B., ein Unternehmen verfüge über Aktien mit schwankenden Börsenkursen bei jährlich gleichbleibender Dividende, so ergeben sich folgende typische Unterschiede für die Rendite (net income/Eigenkapital) im Vergleich zu einer HGB-Bewertung (Jahreserfolg/Eigenkapital):

- Bei Held-to-Maturity-Securities entsprechen die Renditen weitgehend denen nach HGB. Unterschiede treten aber bei Wertaufholungen nach HGB auf, die nach FAS unzulässig sind.
- Bei Available-for-Sale-Securities ergeben sich die niedrigsten Renditen, da nur die Dividenden und ggf. Abschreibungen ergebniswirksam werden und die Basisgröße Eigenkapital durch die Rücklagenerhöhungen bei Kursanstiegen größer als nach HGB ist. Bei kurzfristigen Kurssenkungen dreht sich dies.
- Bei den Trading-Securities, deren Kursänderungen sowohl Zähler als auch Nenner direkt ändern, ergeben sich relativ höhere Renditen bei Kurssteigerungen, geringere Renditen bei Kurssenkungen.

Die Beispiele zeigen, dass Bilanzpolitik zwar möglich ist, aber ein neues Instrumentarium geübt werden muss und einige der Maßnahmen extern erkennbar sind.

4.3 Latente Steuern

Das Thema latente Steuern stellt sich immer dann, wenn das handelsrechtliche Ergebnis vom steuerlichen Gewinn abweicht und deshalb der Ertragsteueraufwand in keinem plausiblen Zusammenhang mit dem HGB-Erfolg steht. Aufgrund der (Umkehr-)Maßgeblichkeit spielten latente Steuern in Deutschland traditionell eine untergeordnete Rolle, während in den USA wegen der geringen Bindungen der Steuer- an die Handelsbilanz Steuerlatenzen ein vielbeachtetes und besonders komplexes Problem darstellen.

Für die latente Steuerabgrenzung gibt es zwei Grundkonzepte. Nach dem GuV-orientierten Timing-Konzept sind Steuerabgrenzungen immer dann vorzunehmen, wenn in der handelsrechtlichen GuV Erträge/Aufwendungen anders periodisiert werden als in der steuerlichen Gewinnermittlung und sich die Ergebnisunterschiede in der Zukunft zwingend umkehren (z.B. eine handelsrechtliche Abschreibung oder Rückstellung wird steuerlich nicht akzeptiert). Permanente Ergebnisunterschiede und sog. quasipermanente Unterschiede führen dagegen nicht zu einer Steuerlatenz. Quasipermanente Differenzen sind dadurch gekennzeichnet, dass die Ergebnisumkehr nicht automatisch erfolgt, sondern einer unternehmerischen Disposition bedarf. So gleicht sich z.B. eine Beteiligungsabschreibung nur aus, wenn die Beteiligung veräußert wird, während eine außerplanmäßige Abschreibung auf Sachanlagen durch planmäßige Abschreibungen immer kompensiert wird.

Das bilanzorientierte Temporary-Konzept knüpft dagegen an Bilanzierungs- oder Bewertungsunterschiede einzelner Bilanzposten an, unabhängig davon, ob diese Unterschiede GuV-wirksam waren oder nicht. Während permanente Differenzen auch hier nicht abgegrenzt werden, führen die o.a. quasipermanenten Differenzen zu latenten Steuern. Das Temporary-Konzept ist damit wesentlich umfassender als das deutsche Timing-Konzept. Auf den ersten Blick mag es erstaunen dass FAS 109 auf das Temporary-Konzept abstellt, da in der GuV Steueraufwendungen/Steuererträge erfasst werden, die den „richtigen" Periodenerfolg verzerren können. Aktive und passive latente Steuern stellen aber nach Ansicht des FASB assets/liabilities dar, die zu künftigen Zahlungen führen und mithin zu bilanzieren sind. Nach HGB sind aktive latente Steuern aber keinesfalls Vermögensgegenstände, sondern Bilanzierungshilfen (§274 Abs. 2) und passive latente Steuern werden zwar als Steuerrückstellungen ausgewiesen, aber auch dann, wenn die Voraussetzungen nach § 249 Abs.1 S. 1 nicht erfüllt sind (z.B. latente Steuern auf aktivierte Ingangsetzungsaufwendungen gem. § 269 HGB).

Ein weiterer wichtiger Unterschied zwischen HGB und US-GAAP besteht darin, dass nach HGB für aktive latente Steuern ein Ansatzwahlrecht im Einzelabschluss besteht und nur passive Steuerlatenzen zwingend anzusetzen sind. Im Konzernabschluss sind Ergebnisunterschiede nach § 306 HGB aber immer abzugrenzen, wenn sie auf Konsolidierungsvorgängen beruhen. Nach US-GAAP sind latente Steuern immer abzugrenzen. Die folgende Tabelle zeigt die wichtigsten Unterschiede zusammenfassend:

Sachverhalt	HGB (Timing Differences)	US-GAAP (Temporary Differences)
Unterschiede Jahresabschluss – Steuerbilanz	aktive Abgrenzung wahlweise, passive zwingend	Abgrenzung zwingend
Unterschiede Jahresabschluss – Handelsbilanz II	aktive Abgrenzung wahlweise, passive zwingend	Abgrenzung zwingend
Umrechnung HB II in Konzernwährung	Ergebnisunterschiede gelten als quasipermanent, keine Abgrenzung	Abgrenzung zwingend
Unterschiede Summenabschluss – vorläufiger Konzernabschluss (Konsolidierung)	Abgrenzung zwingend (§ 306)	Abgrenzung zwingend
Unterschiede durch Equity-Bewertung	Abgrenzung nach § 274 oder § 306 (strittig)	Abgrenzung zwingend (verändert Equity-Wert)

Tabelle 5: Unterschiede HGB vs. US-GAAP im Bereich latente Steuern

Das Schema zeigt deutlich, dass die US-GAAP eine viel umfassendere Abgrenzung verlangen. Einige Beispiele sollen dies verdeutlichen:

1. Wertpapiere aus dem Available-for-Sale-Bestand werden um 100 ergebnisneutral aufgewertet. Es handelt sich um eine quasipermanente Differenz, die nicht nach HGB, aber nach FAS abzugrenzen ist. Die Steuerabgrenzung erfolgt aber ebenfalls ergebnisneutral nach dem Grundsatz „let the tax follow the income" (40). Die Buchung bei einem Steuersatz von 30% würde dann lauten:

    per Wertpapiere 100   an   Rücklage 70
                                   Steuerabgrenzung 30.

    Genauso wären Neubewertungen bei der erstmaligen Erstellung der HB II zu erfassen.

2. Im Rahmen der erstmaligen Kapitalkonsolidierung nach der Erwerbsmethode werden stille Reserven und Lasten und ein positiver oder negativer Firmenwert erfolgsneutral aufgedeckt. Die US-GAAP sehen nach dem Temporary-Konzept eine Steuerabgrenzung zwingend vor (inkonsistenter Weise aber nur für die stillen Reserven/Lasten), was in der Folge zu einer plausiblen Synchronisation von Steueraufwand und Konzernerfolg führt. Nach HGB ist eine Abgrenzung nach dem Timing-Konzept unzulässig, da die Aufdeckung stiller Reserven/Lasten ergebnisneutral ist (41).

3. Soweit Verlustvorträge mit künftigen steuerlichen Gewinnen verrechnet werden können, sind diese künftigen Steuerentlastungen nach den US-GAAP zwingend

aktivisch abzugrenzen, sie gelten als asset. Da Verlustvorträge aber nicht auf Ergebnisunterschiede in GuV und Steuerbilanz zurückgehen, ist eine Abgrenzung nach HGB unzulässig (42).

4. Ein besonderes Problem deutscher Abschlüsse geht auf den in der Vergangenheit gespaltenen Körperschaftsteuersatz zurück, der zu Eigenkapitalbestandteilen in der Bilanz führte, die gar nicht oder mit anrechenbarer Körperschaftsteuer belastet sind (in unterschiedlichem Umfang). Nach HGB sind hierfür keine Steuerabgrenzungen möglich, da die erwartbaren Anrechnungsguthaben z.B. einen Ausschüttungsbeschluss voraussetzen, also als quasipermanent gelten (43). Insofern spiegelt das bilanzielle Eigenkapital keinesfalls das potenzielle Ausschüttungsvolumen (künftige Cash Flows) wider.

Neben solchen konzeptionellen Abweichungen führen auch die Bewertungsregeln für die latenten Steuern zu möglichen Unterschieden. Obwohl grundsätzlich in beiden Rechnungslegungssystemen nach der Liability-Methode eigentlich auf den künftigen Steuersatz abzustellen ist, wird aus Vereinfachungs- und Objektivierungsgründen auf den aktuellen Steuersatz abgestellt. In Deutschland wird im Konzernabschluss regelmäßig mit einem (fiktiven) Konzernsteuersatz gerechnet (44), während nach FAS 109.17/ 109.42 eine detaillierte Steuersatzermittlung vorgesehen ist und zwar gesellschafts- und sachverhaltsbezogen. Außerdem unterliegen aktive latente Steuern als asset besonderen Bewertungsvorschriften. Anders als andere assets werden sie aber nicht mit dem Barwert angesetzt, auch wenn es sich um langfristige Posten handelt (FAS 109.198 f.).

Schließlich ist zu berücksichtigen, dass nach HGB latente Steuern eine Saldogröße darstellen und unabhängig von ihrer Entstehung (Jahres- oder Konzernabschluss) in einem Posten zusammengefasst werden dürfen, während US-GAAP einen Bruttoausweis vorschreiben (zu einer Ausnahme vgl. FAS 109.42). Außerdem sehen die US-GAAP sehr detaillierte Erläuterungen vor, z.B. eine Aufteilung der latenten Steuern auf einzelne Bilanzposten, nach Fristigkeit, Angaben zu Wertberichtigungen und deren Änderungen, Überleitungen vom tatsächlichen zum erwarteten Steueraufwand, Gliederung nach Steuerarten und Regionen (FAS 109.43 ff.). Schließlich ist im Rahmen einer sogenannten intraperiod allocation eine Zuordnung zu bestimmten Teil-Ergebnissen erforderlich (continued und discontinued operations, extraordinary operations, kumulative Änderungen von Bilanzierungs-/Bewertungsmethoden usw.) (45).

Insgesamt kann an den US-GAAP sicher kritisiert werden, dass sie nicht so konsequent ausgestaltet sind, dass die Synchronisation von Steueraufwand und Konzernergebnis voll gelingt oder dass die zugehörigen Bilanzposten die erwarteten Steuerzahlungen zutreffend abbilden (46). Die Regelungen sind jedoch wesentlich umfassender als nach HGB und aufgrund der detaillierten Erläuterungen sind vielfältige Auswertungsmöglichkeiten geboten. Der Preis für diese Mehrinformation besteht aber in einem erheblichen Mehraufwand für die Ermittlung und Aufbereitung der entsprechenden Informationen.

5 Schlussfolgerungen

Wenn sich ein deutsches Unternehmen dazu entschließt, einen Konzernabschluss nach US-GAAP zu erstellen, ist dieser mit einem HGB-Abschluss nicht mehr (direkt) vergleichbar. In den näher untersuchten Bereichen ergeben sich z.T. gravierende Unterschiede.

US-GAAP-Abschlüsse führen deshalb regelmäßig zu einem anderen Erfolg und abweichenden Bilanzstrukturen. Dabei kann aber nur sehr bedingt unterstellt werden, dass a) der betriebswirtschaftlich „richtige" Periodenerfolg und b) eine geeignete Basis zur Schätzung künftiger Cash Flows geliefert wird.

Beiden Zielen kommt der US-Abschluss aber deutlich näher als ein HGB-Abschluss (der solche Informationen de lege lata auch gar nicht liefern soll), wenn neben Bilanz/GuV auch die zusätzlichen Erläuterungen systematisch ausgewertet werden. Dabei ist zu berücksichtigen, dass Informationen außerhalb von Bilanz/GuV offenbar weniger kapitalmarktrelevant sind.

Eine umfassende Auswertung von US-GAAP-Abschlüssen dürfte aufgrund der Informationsfülle und Komplexität regelmäßig sehr aufwendig sein. Auf Unternehmensseite steht dem ein erhöhter Aufwand für die Bereitstellung und Prüfung der Informationen gegenüber sowie eventuell Kosten durch Wettbewerbsnachteile infolge der Transparenz. Abschlusspolitik ist auch nach US-GAAP möglich. Allerdings unterscheiden sich die Instrumente deutlich und Gestaltungen sind besser erkennbar. Deshalb und weil Wahlrechte den US-GAAP weitgehend fremd sind und weil die Ergebnisse regelmäßig volatiler als nach HGB sind, werden auf die Unternehmen erhöhte Anforderungen an die Bilanzpolitik zukommen, wenn sie ein über Jahre geglättetes Ergebnis und Eigenkapital zeigen wollen.

Anmerkungen

(1) Vgl. DÀRCY/LEUZ DB 2000, S. 385; RÖMER/HÜTTEN DB 2000, S. 1674 ff.
(2) Vgl. LANGEMANN: Ökonomische Vorteile eines Börsengangs, Berlin u.a. 2000, S. 53.
(3) Vgl. DÀRCY/LEUZ DB 2000, S. 386.
(4) Vgl. IDW PH 9.400.4, FN-IDW 2000, Rz. 16ff.
(5) Vgl. BRUNS: Einzelfragen zu Auswirkungen der Rechnungslegung: Aus der Sicht des Konzernmanagements, in: AUER (Hrsg.): Die Umstellung der Rechnungslegung auf IAS/US-GAAP, Wien 1998, S. 73 ff.
(6) Vgl. KPMG: Die Umstellung der Rechnungslegung auf IAS oder US-GAAP, Berlin 2000, S. 22.

(7) Vgl. zum zeitlichen und organisatorischen Ablauf des Umstellungsprozesses den Erfahrungsbericht von WIRTZ/FISCHER in AUER (Anm. 5), S. 45 ff.

(8) Vgl. AUER: Umstellung der Rechnungslegung: Motive und Einflussfaktoren, in AUER (Anm. 5), S. 23 ff.; LANGEMANN (Anm. 2).

(9) Vgl. KPMG (Anm. 6), S.25 ff.

(10) Vgl. ebenda S. 35.

(11) Vgl. BALLWIESER ZfbF 2000, S. 160 ff.; Paper BB 2000, S. 711 ff.; MÄNNEL/KÜPPER (Hrsg.): Integration der Unternehmensrechnung, SH 3/1999 krp; BRUNS (Anm. 5) zu einer Anpassung von Managementvergütungen an neue Incentives.

(12) Vgl. HÜTTEN: Der Geschäftsbericht als Informationsinstrument, Düsseldorf 2000, S. 121 ff.; SCHILDBACH: US-GAAP 2000, S. 29 ff.

(13) Vgl. AUER (Anm. 8), S. 15.

(14) Vgl. BIENER: Stand und Möglichkeiten der internationalen Anerkennung der IAS, in BAETGE (Hrsg.): Zur Rechnungslegung nach International Accounting Standards (IAS), Düsseldorf 2000, S. 4 ff.

(15) Vgl. IDW (Anm. 3) Rz. 11.

(16) Vgl. Busse von COLBE: Rechnungslegungsziele und Ansätze zur internationalen Harmonisierung der Rechnungslegung deutscher Unternehmen, in BALLWIESER (Hrsg.): US-Amerikanische Rechnungslegung, 3. Aufl., München 1998, S. 372.

(17) Vgl. STREIM: Internationalisierung von Gewinnermittlungsregeln zum Zwecke der Informationsvermittlung: Zur Konzeptionslosigkeit der Fortentwicklung der Rechnungslegung, FS BÖRNER, Düsseldorf 1998, S. 334 ff. STREIM weist darauf hin, dass weder HGB noch IAS konsequent statisch oder dynamisch ausgerichtet sind. Das gilt auch für die US-GAAP.

(18) Vgl. ebenda S. 330.

(19) Vgl. MOXTER BB 2000, S. 2143.

(20) Vgl. PELLENS/FÜLLBIER: Ansätze zur Erfassung immaterieller Werte in der kapitalmarktorientierten Rechnungslegung, in BAETGE (Anm. 14), S. 35 ff.

(21) Vgl. SCHILDBACH (Anm. 12), S. 67 ff.

(22) Vgl. MOXTER BB 2000, S. 2147, der von einem Extrapolationsmythos spricht.

(23) Vgl. BEAVER: Financial Reporting: An Accounting Revolution, 2. Aufl., Englewood Cliffs 1989, S. 17.

(24) Vgl. BALLWIESER: Grenzen des Vergleichs von Rechnungslegungssystemen – dargestellt anhand von HGB, US-GAAP und IAS, FS KROPFF, Düsseldorf 1997, S. 372 ff.

(25) Vgl. BÖCKEM/DÀRCY ZfbF 1999, S. 60 ff.

(26) Vgl. ORDELHEIDE, SH 40/1998 ZfbF, S. 1 ff.

(27) Vgl. WÜSTEMANN WPg 1996, S. 424 ff.

(28) Vgl. BÖCKEM DB 2000, S. 1188; HÜTTEN/BRAKENSIEK BB 2000, S. 870 ff.
(29) Vgl. KÜTING BB 2000, S. 452 ff.
(30) Vgl. AUER ZfB 1999, S. 979 ff. mwN zu empirischen Arbeiten.
(31) Vgl. HALLER krp 1997, S. 272 ff.
(32) Vgl. FINDEISEN RIW 1997, S. 838 ff.; KÜTING/BRAKENSIEK BB 1998, S. 1465 ff.; REICHERTZ/FREY WPg 1997, S. 662 ff.
(33) BFH vom 8.3.1977 BStBl II, S. 629.
(34) Vgl. zu weiteren Details COENENBERG: Jahresabschluss und Jahresabschlussanalyse, 17. Aufl., Landsberg a.L. 2000, S. 103 f, 198 ff.
(35) Vgl. KIESO/WEYGANDT: Intermediate Accounting, 9. Aufl., New York u.a. 1998, S. 911.
(36) Vgl. ausführlich zur Erfolgskonzeption der US-GAAP HOLZER/ERNST WPg 1999, S. 358 ff.
(37) Vgl. SCHILDBACH BfuP 1998, S. 587.
(38) Vgl. KIESO/WEYGANDT (Anm. 35), S. 925; FAS 115.49 ff.
(39) Vgl. PELLENS/FÜLLBIER ZGR 2000, S. 585.
(40) Vgl. HOLZER/ERNST WPg 1999, S. 360.
(41) Vgl. COENENBERG (Anm. 34), S. 667; HOYOS/FISCHER in BeBiKo, 4. Aufl., München 1999, § 306 Rz. 11 halten eine ergebnisneutrale Abgrenzung für zulässig.
(42) Vgl. ADS: Rechnungslegung und Prüfung der Unternehmen, 6. Aufl., Stuttgart 1995 ff., § 274 Rz. 28.
(43) Vgl. PELLENS u.a. WPg 1998, S. 899 ff.
(44) Vgl. HOYOS/FISCHER (Anm. 41) § 306 Rz. 42 ff.
(45) Vgl. KIESO/WEYGANDT (Anm. 35), S. 1047.
(46) Vgl. HEURUNG/KURTZ BB 2000, S. 1777 ff.

Bedeutung der Financial Public Relations für ein erfolgreiches Initial Public Offering am Neuen Markt

Holger Clemens Hinz/Wilhelm Schmeisser

1 Einleitung

Mit dem Start des Neuen Marktes am 10. März 1997 an der Frankfurter Wertpapierbörse schlug die Deutsche Börse AG ein neues Kapitel in der Geschichte der Eigenkapitalfinanzierung für junge, innovative und wachstumsstarke Unternehmen auf. Der Gang an die Börse war zuvor für diese Unternehmensgruppe eher die Ausnahme. Die Anforderungsprofile der bisher vorhandenen Börsensegmente für kleine und mittlere Unternehmen, Geregelter Markt und Freiverkehr, waren nicht auf sie zugeschnitten. Hinzu kam die mangelhafte Liquidität im Sekundärmarkt in beiden Börsensegmenten, die sich in der geringen Transparenz, in dem kaum vorhandenen Unternehmensresearch und der damit verbundenen geringen Attraktivität für die Marktteilnehmer begründen ließ. Es bestand somit zunehmend die Gefahr, dass zukunftsträchtige, mittelständische Unternehmen an ausländische etablierte Venture-Capital-Börsenplätze wie die US-amerikanische NASDAQ (National Association of Securities Dealers Automated Quotation System) abwandern könnten.

Aus der anfänglichen Hoffnung der Etablierung eines qualitativ hochwertigen Marktsegments mit internationalen Standards ist nunmehr über drei Jahre nach seiner Einführung die Gewissheit geworden, dass dieses neue Marktsegment von Anlegern, Emittenten und Investmentbanken national und international anerkannt wird und sogar zu einer Keimzelle für die deutsche Aktienkultur geworden ist.

Der Markterfolg und die im Vergleich zu den anderen Wachstumssegmenten in Europa hohe Bewertung der Wachstumsunternehmen am Neuen Markt haben konsequenterweise dazu geführt, dass immer mehr in- und ausländische Emittenten den Weg an den deutschen Neuen Markt suchen. Im Gegensatz dazu bedingt die hohe Zahl der Neuemissionen und Segmentwechsler zum gegenwärtigen Zeitpunkt Ermüdungserscheinungen bei den Investoren. Die reine Zugehörigkeit zum Neuen Markt ist keine Garantie mehr für markante Kurssteigerungen und Zeichnungsgewinne. Die Investoren selektieren bei der großen Auswahl an Emittenten stärker und betreiben ein ausgeprägtes Stockpicking, um die Gesellschaften herauszufiltern, die ein hohes Kurssteigerungspotential aufweisen.

Der vorliegende Beitrag stellt sich in diesem Zusammenhang die Aufgabe, die zentralen Bestandteile der Kapitalmarkt- und Unternehmenskommunikation vor, während und nach einem Börsengang am Neuen Markt analytisch darzustellen. Aufgrund des größeren Chance-Risiko-Verhältnisses der Emittenten am deutschen Wachstumssegment kommt der professionellen Gestaltung der Financial Public Relations eine wesentliche Bedeutung für den Emissionserfolg und die Sekundärmarktentwicklung zu. Vorab wird die Struktur und Entwicklung des Neuen Marktes grundlegend herausgearbeitet und die Anforderungen sowie die kritischen Erfolgsfaktoren an ein Initial Public Offerings (1) benannt.

Anhand einer empirischen Untersuchung, in die alle bis zum 14. Juli 1999 am Neuen Markt gelisteten Unternehmen einbezogen wurden, soll die Frage beantwortet werden, welche Bedeutung die Financial Public Relations für einen erfolgreichen Börsengang im deutschen Wachstumssegment haben. 65 Unternehmen nahmen an der Befragung teil. Die Rücklaufquote betrug somit 48,51 %.

2 Neuer Markt – Börsensegment für Wachstumsunternehmen in Europa

2.1 Historische Entwicklung

2.1.1 Entwicklungsschritte zum Neuen Markt

Mittelständische Unternehmen waren in Deutschland benachteiligt, wenn sie ihren Eigenkapitalbedarf über die organisierten Kapitalmärkte decken wollten. Der Gesetzgeber ging davon aus, dass für mittelständische Unternehmen die Rechtsform einer Personengesellschaft bzw. Gesellschaft mit beschränkter Haftung zweckmäßig sei. Die Bestimmungen des Aktiengesetzes orientierten sich daher an den Anforderungen für große Publikumsgesellschaften (2). Eine starke Trennung der Finanzierungsquellen zwischen Großunternehmen in der Rechtsform der Aktiengesellschaft und kleinen bzw. mittelgroßen Unternehmen, die als Personengesellschaft oder Gesellschaft mit beschränkter Haftung firmierten, war lange Zeit die Folgeerscheinung. Während sich die Großunternehmen die erforderlichen finanziellen Mittel über die Börse beschaffen konnten, standen der Mehrzahl der kleinen und mittleren Unternehmen in Deutschland nur die Innen- oder Fremdfinanzierung über Kreditinstitute als Quellen für die notwendigen Investitionen zur Verfügung (3). Da ein für Venture-Capital-Gesellschaften üblicher Exitkanal, das Going Public an einem Börsensegment für Wachstumsunternehmen, zudem in Deutschland fehlte, waren nur wenige finanzkräftige und risikofreudige Investorengruppen im Bereich der Innovationsförderung aktiv (4).

Die Entwicklung stimmte bedenklich, denn die Bedeutung des unternehmerischen Mittelstands für die deutsche Wirtschaft ist nicht zu übersehen. Beschäftigen die kleinen und mittelgroßen Unternehmen doch über zwei Drittel aller Arbeitnehmer, erwirtschaften nahezu 60 % des Bruttosozialprodukts, tätigen 45 % aller Investitionen und bilden den überwiegenden Teil des Berufsnachwuchses im dualen System aus (5).

Eine weitere Ursache für die Zurückhaltung der Unternehmen kann in der mangelnden Aufgeschlossenheit der deutschen Privatanleger gegenüber der Aktie gesehen werden. Sie setzten eher auf das aus ihrer Sicht solidere Sparbuch oder ähnliche Geldanlagen (6). Gegenüber finanzwissenschaftlichen Studien, welche die besseren Ertragschancen einer Aktienanlage zweifelsfrei belegten, waren die privaten Anleger wenig zugänglich (7).

Zwei Faktoren hatten schließlich entscheidenden Einfluss darauf, die bestehenden Marktsegmente Amtlicher Handel, Geregelter Markt und Freiverkehr um ein weiteres zu ergänzen:

1. Drei deutsche mittelständische Unternehmen, die Qiagen N.V., die Rofin Sinar Technologies AG und die Pfeiffer Vacuum AG, beschlossen 1996, ihren Börsengang am US-amerikanischen Kapitalmarkt vorzunehmen.

2. Des weiteren starteten 1996 in Europa zwei Vergleichssegmente zur NASDAQ, und zwar am 14. Februar der national orientierte Nouveau Marché in Paris (8) sowie am 27. November (9) die pan-europäische Handelsplattform EASDAQ (European Association of Securities Dealers Automated Quoted System) in Brüssel (10).

Vor allem die Erstemissionen der Qiagen N.V. und der Rofin Sinar Technologies AG an der Technologiebörse NASDAQ warfen diverse Fragen zum Finanzplatz Deutschland auf. Eine Hinterfragung der Kriterien der Börsenreife in Deutschland war demnach zwingend notwendig, da die zwei genannten Unternehmen gerade einmal die äußersten Minimum-Erfordernisse der damaligen deutschen Corporate-Finance-Beratung erfüllten (11).

Die Reaktion der Deutschen Börse AG bestand in der Bildung einer aus Banken- und Börsenvertretern zusammengesetzten Arbeitsgruppe, welche die Entwicklung, den Aufbau und die zügige Umsetzung eines vergleichbaren deutschen Börsensegments zur NASDAQ zum Ziel hatte. Eine gesetzliche Grundlage vergleichbar dem Amtlichen Handel oder dem Geregelten Markt konnte es aufgrund dessen nicht geben. Da für eine Vielzahl institutioneller Investoren die Anlage auf regulierte Marktsegmente beschränkt ist, wurde erstmalig eine kombinierte Lösung herbeigeführt (12): Der Neue Markt ist wie der Freiverkehr privatrechtlich organisiert. Der Handel der Aktien setzt deren Zulassung zum Geregelten Markt voraus. Um eine Doppelnotiz zu verhindern, verzichtet der Emittent auf die Notierungsaufnahme im öffentlich-rechtlichen Börsensegment (13). Das privatrechtliche Regelwerk der Deutschen Börse AG für den Neuen Markt ergänzt den rechtlichen Rahmen durch international etablierte, qualitative Anforderungen der Börsensegmente für Wachstumsunternehmen, die sie zu einer aktiven Financial-Public-Relations-Politik verpflichtet (14).

2.1.2 Dornröschen erwacht – Quo vadis, Neuer Markt?

Die bisherige Erfolgsgeschichte des Neuen Marktes hat die meisten Fachleute überrascht. Der Start am 10. März 1997 mit nur zwei Unternehmen, der MobilCom AG und der Bertrandt AG, fiel auch eher zurückhaltend aus (15). Diese Tatsache haben viele Beobachter voreilig als einen klassischen Fehlstart gewertet. Kritiker begründeten die Skepsis u.a. mit dem risikoaversen Anlageverhalten der deutschen Anleger, der zu geringen Anzahl an Wachstumsunternehmen in Deutschland, dem mangelnden Interesse der Investmentbanken, kleine Emissionen junger Unternehmer zu begleiten und den für die Unternehmen abschreckend hohen Anforderungen an eine Notierung am Neuen Markt (16).

Aus heutiger Sicht hätte der Neue Markt zu keinem besseren Zeitpunkt ins Leben gerufen werden können. Der Beginn des Handels fiel mit der seit Jahrzehnten größten Aufwärtsbewegung am deutschen Kapitalmarkt zusammen. Von dieser Hausse profitierten natürlich auch nachhaltig die Neuemissionen, nach denen eine starke Nachfrage bestand und heute noch, wenn auch bei einzelnen Branchen phasenweise abgeschwächt, besteht (17).

Das Going Public der Deutschen Telekom AG im November 1996, einer der Meilensteine in der deutschen Börsengeschichte, und die vorangegangene Aufklärungskampagne haben zahlreiche Privatanleger aus ihrem Dornröschenschlaf geweckt und das allgemeine Interesse in noch nie da gewesenem Umfang auf Börsenneulinge gelenkt (18). Die Emittenten am Neuen Markt konnten sich deshalb über mangelnde Beachtung durch Privatanleger nicht mehr beklagen. Da eine übergroße Nachfrage zunächst auf ein geringes Angebot an Aktien stieß, waren Zeichnungsgewinne von über 100 % und spektakuläre Kursveränderungen an den ersten Handelstagen keine Seltenheit (19). Der Wandel der Deutschen von einem Volk risikoscheuer Sparer zu Aktionären ist zwar noch lange nicht abgeschlossen, das Interesse der Privatanleger an der Aktienanlage nimmt jedoch aufgrund der anhaltenden Diskussion um die Zukunft der gesetzlichen Altersversorgung und der Kurssteigerungen am deutschen Kapitalmarkt weiter zu (20).

Die hohe Zahl der Neuemissionen am Neuen Markt weist zudem darauf hin, dass Deutschland über eine Vielzahl von High-Tech-Unternehmen verfügt. Die Ergebnisse der vom Bundesforschungsministerium in Auftrag gegebenen Delphi-Studie 1998, für die etwa 2 000 Experten aus Wissenschaft und Wirtschaft zu ihren Zukunftseinschätzungen befragt wurden, attestieren Deutschland eine Spitzenposition in sämtlichen Zukunftstechnologien (21). Die Unternehmer des Mittelstands haben die Börse als Finanzierungsinstrument entdeckt. Deutschland steht am Anfang einer Strukturveränderung. Die Bewegung führt weg von einer bislang deutlich fremdfinanzierten Wirtschaft hin zu einer risikoadäquaten Finanzierung der Unternehmen über die Aufnahme von Eigenkapital auf dem organisierten Kapitalmarkt (22).

Abbildung 1 belegt die Belebung des deutschen Kapitalmarkts. Sie zeigt zudem die vier Phasen in der Entwicklung des deutschen Neuemissionsmarktes seit dem Börsencrash 1987 auf. Derzeit ist ein wahrer Boom, bedingt durch die Etablierung des Neuen

Marktes in Frankfurt am Main, zu erkennen. Viele Kreditinstitute arbeiten an ihren Kapazitätsgrenzen und vertrösten Börsenkandidaten auf Monate später (23).

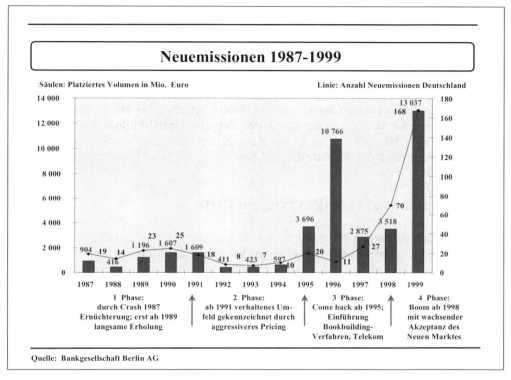

Abbildung 1: Neuemissionen 1987-1999

Die vielfältigen Verbesserungen der rechtlichen Rahmenbedingungen durch den Gesetzgeber haben zudem zur Erhöhung der Attraktivität der Aktie beigetragen (24). In dieser Legislaturperiode soll nun die Neugestaltung der rechtlichen Strukturen der deutschen Börsenlandschaft eingeleitet werden. Sofern die Umsetzung der Maßnahmen erfolgreich verläuft, würde die Risikokapitalfinanzierung über die Börse endlich die Bedeutung erhalten, die der wirtschaftlichen Stellung Deutschlands entspricht. Die sich gerade formierende Aktienkultur könnte dadurch nachhaltig gestärkt werden (25).

Die hohen Anforderungen der Deutschen Börse AG an die Unternehmen, die eine Notierung am Neuen Markt anstreben, haben sich ebenfalls nicht als Hindernis erwiesen. Das zwei Säulen-Konzept, Transparenz und Liquidität, hat im Gegenteil dazu geführt, dass sich diese Standards als eine Art Gütesiegel etabliert haben (26). Die Publizitätsvorschriften schufen bei in- und ausländischen Investoren Vertrauen und ermöglichten eine intensive Marktbeobachtung der Wachstumsbranchen durch internationale Researchhäuser (27). Die Einführung eines Market-Maker-Systems, das Konzept der Designated

Sponsors, als Garant für einen liquiden Sekundärmarkt war und ist die entscheidende Voraussetzung für den nachhaltigen Erfolg des Neuen Marktes (28).

Ein wesentlicher Erfolgsfaktor ist des Weiteren in der aktiven Vermarktung des Neuen Marktes durch die Deutsche Börse AG zu sehen. Sie hat es verstanden den Neuen Markt innerhalb kürzester Zeit als das Marktsegment für junge, innovative, schnell wachsende Unternehmen mit ausgeprägtem Chance-/Risikoprofil in Europa zu etablieren (29). Das belegt die zunehmende Internationalisierung am Neuen Markt (30).

Nicht zuletzt durch die Gründung des Neuen Marktes ist der deutsche Markt für Beteiligungskapital, auch Venture Capital genannt, in den letzten zwei Jahren enorm gewachsen (31). Der Neue Markt – in der Logik der Venture-Capital-Philosophie der fehlende Mosaikstein als Exitkanal – wird in der Zukunft erheblich zur Vitalisierung der Innovationsförderung und der Venture-Capital-Förderung im Mittelstand beitragen können (32).

2.1.3   Neuer Markt auf dem Weg zur Reife

1999 ist für den deutschen Aktienmarkt seit dem zweiten Weltkrieg ein historisches Jahr mit 168 Aktienemissionen (33). War es in den ersten 24 Monaten des Bestehens des Neuen Marktes für Anleger und Analysten noch schwer bzw. teilweise sogar unmöglich, Bewertungsvergleiche zwischen Unternehmen einer Branche herzustellen, so hat das Börsensegment heute mit mittlerweile über 160 gelisteten Unternehmen erheblich an Transparenz gewonnen. Viele junge, dynamische und aufstrebende Unternehmen haben den Weg an die Börse gefunden und damit das Angebot an neuen Branchen erhöht (34). Der Beispieleffekt hat zur Bildung von ausgeprägten Branchenschwerpunkten beigetragen (35). Gemessen an der Unternehmensanzahl und auch an der Marktkapitalisierung ist der Bereich Informationstechnologie mit den Segmenten Software, Hardware, Service und Internet am stärksten vertreten. Es folgen die Branchen Medien und Telekommunikation (36). Die Branchenstruktur macht deutlich, dass der Neue Markt die Bezeichnung Wachstumsmarkt wirklich verdient (37).

Die ursprüngliche Konzeption des Marktsegments war auf risikofreudige private Anleger ausgerichtet. Seit Anfang 1999 verstärkt sich jedoch der Zustrom institutioneller Anleger aus dem In- und Ausland am Neuen Markt. Institutionelle Anleger waren sowohl für die Kurssteigerungen am Anfang letzten Jahres als auch für die erhebliche Korrektur im Februar 1999 verantwortlich. Um der veränderten Investorenstruktur am Neuen Markt Rechnung zu tragen, hat die Deutsche Börse AG den Nemax-50-Index (38) eingeführt. Dieser Blue-Chip-Index erhöht die Übersichtlichkeit des Marktes und unterstützt die Performance-Einschätzung der institutionellen Anleger (39).

Der Neue Markt ist erwachsen geworden, und die Zeit der großen Kurssteigerungen, die mit einem Listing am Neuen Markt einhergingen, ist vorbei (40). Durch die Flut der Neueinführungen am deutschen Kapitalmarkt in den Jahren 1999 und 2000 leidet der Markt derzeit an Verstopfungserscheinungen. Von einer wirklichen kapitalmäßigen Überforderung kann allein aufgrund der geringen Emissionsvolumina im Vergleich zu den liquiden Sparmitteln der privaten Haushalte nicht gesprochen werden. Die Ermüdungserscheinungen der Investoren dürften vielmehr mit einem Gewöhnungsprozess zu erklären sein. Die große Zahl an Neuemissionen hat die deutschen Research-Gesellschaften schnell an ihre Kapazitätsgrenzen stoßen lassen. Der allgemeine Ausbau dieses Geschäftsfeldes bei den Investmentbanken lässt jedoch vermuten, dass in absehbarer Zeit wieder eine gute Markttransparenz über die Unternehmen des Neuen Marktes für die Investoren gegeben sein wird (41).

Abschließend bleibt festzuhalten, dass das postulierte Ziel der Deutschen Börse AG, durch den Neuen Markt die Finanzierung wachstumsstarker Unternehmen über die Börse zur Regel werden zu lassen, sich schneller als erwartet zu erfüllen scheint: Der Neue Markt ist mittlerweile zum dominierenden Börsensegment für Wachstumsunternehmen in Europa herangewachsen (42).

2.2 Junge Märkte in Europa im Vergleich

Der deutsche Neue Markt ist nur eine von mehreren Initiativen in Europa, die diese Zielgruppe ansprechen. Jeder größere europäische Finanzplatz verfügt über eine solche Wachstumsbörse (43). Im Zeichen des Euro und vor dem Hintergrund der Schaffung eines einheitlichen Marktes für Standardaktien in Europa ab November 2000 durch die elektronische Vernetzung der Börsen London, Frankfurt, Paris, Zürich, Amsterdam, Mailand, Madrid und Brüssel (44) stellt sich zunehmend die Frage, ob und wann sich konstruktive Ansätze für eine einheitliche Börse für Wachstumsunternehmen in Europa umsetzen lassen. Die Zersplitterung der europäischen Börsenlandschaft wird jedenfalls auch im Bereich der Wachstumswerte nicht von Dauer sein. Vielmehr müssen in absehbarer Zeit alle nationalen Interessen zugunsten eines einheitlichen, pan-europäischen Marktmodells für Wachstumsunternehmen in den Hintergrund treten. Dabei ist zu erwarten, dass dieses der US-amerikanischen Technologiebörse NASDAQ sehr ähnlich sein wird (45).

Im Konkurrenzkampf um die Vorherrschaft als Wachstumsbörse in Europa zwischen dem europäischen Netzwerk nationaler Neuer Märkte EURO.NM und der pan-europäischen Börse für Wachstumsunternehmen EASDAQ kristallisiert sich – quasi als lachender Dritter – der deutsche Neue Markt als führend heraus. Er hat die besten Voraussetzungen, um sich als „die" europäische Börse für Wachstumsunternehmen in Europa durchzusetzen. Diese Annahme wird durch folgende Gründe und Tatsachen realistisch untermauert (46):

- Eine Marktkapitalisierung von knapp 86,6 % im EURO.NM-Verbund per Stichtag 1. Oktober 1999 und einem vielfachen im Vergleich zur EASDAQ (47),
- eine spektakuläre Performance und

- eine vorbildliche Marktorganisation mit richtungsweisenden Handelsregeln und Zulassungsbedingungen sowie dem vollelektronischen Handelssystem Xetra, das sich durch Schnelligkeit und günstige Kosten auszeichnet (48).

Der verstärkte Zustrom ausländischer Unternehmen und institutioneller Investoren bestätigt zudem diese Entwicklung: Bis zum 31. Dezember 1999 haben sich 31 ausländische Unternehmen für das deutsche Qualitätssegment zur Eigenkapitalbeschaffung entschieden (49). Die Veränderung der Investorenstruktur am Neuen Markt zog die Einführung eines Blue-Chip-Indizes, des bisher einzigen für Wachstumsunternehmen in Europa, nach sich (50).

3 Initial Public Offering – der Gang an den Neuen Markt

Vor dem Hintergrund der aufgezeigten Entwicklung hat ein Börsengang am Neuen Markt für viele Unternehmer stark an Bedeutung gewonnen. Die Entscheidung für einen Börsengang hat stets strategischen Charakter. Dem Management muss bewusst sein, dass sie in der Regel nicht bzw. nur sehr schwer revidierbar ist (51). Erfahrungsgemäß unterschätzen viele Börsenkandidaten in ihrer Euphorie für den Börsengang die elementare Notwendigkeit, diesen Schritt gründlich vorzubereiten (52). Der Gang an den Neuen Markt ist ein komplexes Projekt, das eines professionellen Projektmanagements zu seiner erfolgreichen Abwicklung bedarf (53). Nur die wenigsten Unternehmen, die den Börsengang planen, werden schon zum Zeitpunkt der strategischen Entscheidung in einer börsenfähigen Rechtsform geführt. Eine der wichtigsten Aufgaben ist deshalb die Optimierung der gesellschafts- und steuerrechtlichen Struktur im Rahmen der Umwandlung des Unternehmens (54). Weitere Schritte können die Restrukturierung des Unternehmens- und Konzernaufbaus, die Reorganisation des internen und externen Rechnungswesens sowie die Implementierung von Managementsystemen sein (55).

Eine wichtige Rolle spielt zunächst die zeitliche Dimension. Selbst bei einer straffen Projektorganisation liegt der Zeitaufwand für die Vorbereitung und Durchführung eines Börsengangs erfahrungsgemäß bei mindestens einem Jahr. Die gesellschaftsrechtliche Ausgangsbasis des Unternehmens und der vorhandene Entwicklungsgrad der betriebswirtschaftlichen Instrumente sind hierbei die ausschlaggebenden Zeitfaktoren (56). Da viele Unternehmen dem hohen Komplexitätsgrad des Projekts alleine nicht gewachsen sind, hat die Deutsche Börse AG das Konzept der Partnerunternehmen ins Leben gerufen. Den jungen Börsenkandidaten steht somit ein Fundus von externen Spezialisten aus den verschiedensten Bereichen zur Verfügung. Dazu zählen namhafte Kreditinstitute, Investor-Relations-, Public-Relations- und Werbeagenturen, Emissions- und Unternehmensberater, Wertpapierhandelshäuser und Börsenmakler ebenso wie Wirtschaftsprüfer, Steuerberater und Rechtsanwälte (57).

3.1 Motive für einen Börsengang

3.1.1 Eigenkapital als strategischer Erfolgsfaktor

Insbesondere junge, innovative Unternehmen leiden vor dem Hintergrund der zunehmenden Integration der Märkte und einer sich immer schneller wandelnden Wettbewerbssituation unter den begrenzten Finanzierungsmöglichkeiten ihres Wachstums (58). Neben der Aufnahme von Beteiligungskapital kommt für diesen Unternehmenstypus nur der Börsengang an einer Venture-Capital-Börse in Frage (59).

Die Ergebnisse der Umfragen des Deutschen Aktieninstituts unter den Neuemittenten der Jahre 1994-97 und 1998 belegen das dargelegte Hauptmotiv. Sämtliche Emittenten am Neuen Markt gaben die Finanzierung des weiteren Wachstums und die Stärkung der Eigenkapitalbasis als Triebfedern für den Börsengang an (60). Die verstärkte Eigenkapitalbasis eröffnet dem Emittenten neue Finanzierungsmöglichkeiten und erhöht seine Widerstandsfähigkeit im Rahmen konjunktureller Zyklen. Die Beschaffung von Fremdkapital wird dem Unternehmen erleichtert und zukünftige Kapitalerhöhungen bieten die Möglichkeit, die Mittel für weitere Wachstumspotenziale zu generieren (61).

3.1.2 Fungibilität des Grundkapitals als Chance

Erst durch die Börseneinführung wird das Grundkapital einer Kapitalgesellschaft fungibel. Ohne den organisierten Kapitalmarkt ist es oftmals schwierig, einen Käufer für einen nicht notierten Unternehmensanteil zu finden, da die Bewertung in der Regel mit Problemen verbunden ist (62). Aktionäre börsennotierter Unternehmen haben hingegen grundsätzlich die Möglichkeit, ihre Anteile in den Handelszeiten der Börse zu einem Marktpreis zu veräußern (63).

Mittelständische Unternehmer haben durchschnittlich 90 % ihres Vermögens in ihrer Firma gebunden und damit ihre wirtschaftliche Existenz unmittelbar an deren Erfolg gekoppelt. Mit der Börseneinführung bietet sich den Altgesellschaftern durch den Verkauf von Anteilen die Chance, eine Vermögensdiversifikation vorzunehmen (64). Venture-Capital-Gesellschaften erhalten im Rahmen eines IPOs die ideale Möglichkeit, erfolgreiche Beteiligungen teilweise oder vollständig zu veräußern und ihren Gewinn zu realisieren (65).

Der mit einem Börsengang verbundene Publizitätseffekt steigert zudem den Bekanntheitsgrad des Unternehmens, was sich meist auch auf den Produkt- und Personalmarkt auswirkt. Ein börsennotiertes Unternehmen weist eine höhere Attraktivität für qualifizierte Führungskräfte auf (66). Dieser Effekt wird durch die Ausgabe von Aktienoptionen bzw. von Belegschaftsaktien noch verstärkt (67). Es bietet sich ebenso die Möglichkeit, die Mitarbeiter am Unternehmen zu beteiligen. Davon verspricht sich der Emittent eine stärkere Identifikation mit dem Unternehmen und eine größere Motivation (68).

Außerdem begünstigt das gestärkte Wettbewerbsprofil den Einsatz des börsennotierten Aktienkapitals der Gesellschaft als Akquisitionswährung. Durch die eigene Aktie können Beteiligungen, Akquisitionen und Fusionen von Unternehmen nunmehr „bargeldlos" eingegangen bzw. durchgeführt werden (69).

3.2   Anforderungen an den Emittenten

Spätestens seit der Schaffung des Neuen Marktes gelten für die Kapitalmarktreife kaum noch unumstößliche Kriterien. Sie hängen primär von den Zulassungsvoraussetzungen des gewählten Marktsegments ab, in dem die Wertpapiere notiert werden sollen (70). Potenzielle Investoren erwarten von den Emittenten ein Höchstmaß an Transparenz und gleichzeitig sollen die Voraussetzungen für einen liquiden Sekundärmarkt geschaffen werden. Diese Zielsetzungen finden Ausdruck in den folgenden inhaltlichen Anforderungen des Kapitalmarktes, der emissionsbegleitenden Banken sowie den formalen Zulassungsbedingungen der Deutschen Börse AG für eine Notierung am Neuen Markt (71).

3.2.1   Kriterien des Kapitalmarktes und der Emissionsbanken

Von den Emissionsbanken und der Deutschen Börse AG muss zunächst die wichtige Frage geklärt werden, ob das Unternehmen der Zielgruppe des Neuen Marktes zugeordnet werden kann. Dazu zählen der erforderliche Reifegrad für den organisierten Kapitalmarkt sowie der Nachweis der charakteristischen Merkmale eines Neuer-Markt-Unternehmens (72). Bereits im allgemeinen Teil des Regelwerkes Neuer Markt wird von innovativen Unternehmen gesprochen. In diesem Zusammenhang werden kleine und mittelgroße Emittenten aus innovativen, zukunftsweisenden Branchen mit überdurchschnittlichen Umsatz- und Gewinnperspektiven sowie Firmen aus traditionellen Sektoren genannt, sofern sie neuartige Produkte oder Dienstleistungen anbieten bzw. Prozesse innovativ gestalten (73). Eine allgemeingültige und präzise Definition für die Börsenreife existiert jedoch nicht (74). Ihre Beurteilung erfolgt vor allem anhand des Markt- und Innovationspotenzials sowie des strategischen Konzepts. Daneben werden auch die Effizienz der Unternehmensstruktur sowie die Managementqualität berücksichtigt (75).

Basis der Beurteilung für die Börsenreife eines Unternehmens ist zunächst das Potenzial einer sogenannten Equity Story. Um das Interesse potenzieller Investoren anziehen zu können, muss der Emittent eindeutig am Markt positioniert sein und zeigen, dass er sich positiv von seinen Wettbewerbern abhebt (76). Die Zugehörigkeit zu einer bisher erfolgreichen Branche reicht in der Regel nicht aus (77). Überzeugende Argumente sind beispielsweise innovative Produkte oder zukunftsweisende Dienstleistungen, aber auch eine vielversprechende Wettbewerbsposition des Unternehmens in einem attraktiven Markt können Alleinstellungsmerkmale darstellen (78).

Ein wichtiges Indiz für eine erfolgreiche Equity Story ist ein überzeugendes Unternehmenskonzept sowie eine schlüssige Unternehmensplanung (79). Die bisherige Entwicklung sowie die Zukunftsaussichten des Unternehmens müssen belegen, dass die gegenwärtige bzw. zukünftige positive Ertragslage nicht einmalig und realisierbar ist (80). Die Prognosen sollten daher idealerweise neben dem aktuellen Jahr mindestens noch fünf weitere Jahre einschließen. Anhand fundierter Marktstudien und einer Szenarioanalyse muss die Wahrscheinlichkeit des Eintreffens der Planung nachvollziehbar sein (81).

Des Weiteren hat der Börsenaspirant eine transparente Unternehmens- und Organisationsstruktur aufzuweisen, da verschachtelte Konzerne mit nur schwer durchschaubaren Beteiligungs- und Beherrschungsverhältnissen von den Investoren mit Skepsis betrachtet werden (82). Da eine effiziente, flexible Organisations- und Entscheidungsstruktur der primäre Stellhebel für den Unternehmenserfolg ist, kommt ihrer Gestaltung eine entscheidende Rolle zu. Visionen, Strategien und Ressourcen entfalten ihre Wirkung nicht ohne entsprechende Organisation und Führung (83).

Unverzichtbar für die Emissionsfähigkeit und die erfolgreiche Durchführung eines IPOs am Neuen Markt ist auch die fachliche Kompetenz, die gute Außendarstellung und die Erfahrung des Managements in allen wichtigen Funktionsbereichen (84). Gerade bei jungen Firmen determiniert die Geschäftsleitung die zukünftige Entwicklung, da die Wachstumschancen nicht auf bewährten Produkten sondern auf Visionen der Unternehmer beruhen. Kontinuität im Management muss daher gewährleistet sein (85).

Dem Controlling, welches eines der grundlegenden Instrumente der Unternehmenssteuerung ist, kommt hierbei eine zentrale Bedeutung zu. Ein professionelles Controlling erfüllt durch die detaillierte Informationsaufbereitung sowohl bei der Vorbereitung des Börsenganges und der Erfüllung der Folgepflichten als auch im Rahmen des Investor-Relations-Managements des Unternehmens eine wesentliche Servicefunktion, welche die Auskunftsfähigkeit erheblich steigert (86). Im Hinblick auf die Glaubwürdigkeit und Qualität der Unternehmensplanung ist die professionelle Darstellung der Unternehmensentwicklung gegenüber den Investoren besonders wichtig (87).

Ob ein Kandidat die beschriebenen Anforderungen und insbesondere das nötige Innovationspotenzial aufweist, entscheidet schließlich der Vorstand der Deutschen Börse AG auf der Grundlage des Urteils des Gremiums Neuer Markt. Vor diesem Gremium muss sich das Unternehmen, welches ein Listing am Neuen Markt anstrebt, die bisherige Entwicklung, seine Produkte und Dienstleistungen, sein Markt- und Wettbewerbsumfeld, seine Zukunftsplanung und seine Equity Story vorstellen (88). Erst wenn das Gremium von der Eignung des Unternehmens überzeugt ist, wird es dem Vorstand zur Entscheidung vorgestellt. Die Entscheidung wird erfahrungsgemäß spätestens zwei Wochen nach der Präsentation gefällt (89).

3.2.2 Zulassungsbedingungen der Deutschen Börse AG

Neben den inhaltlichen Anforderungen des Kapitalmarktes und den Forderungen der emissionsbegleitenden Banken gilt es für den Emittenten die formalen Zulassungsbedingungen des Neuen Marktes zu erfüllen. Den zentralen Kern bildet die Erstellung des sogenannten Emissionsprospekts. Die Zulassung zum Neuen Markt setzt die Zulassung zum Geregelten Markt voraus (90), weswegen der Emissionsprospekt zugleich den Unternehmensbericht i.S.d. § 73 Abs. 1 BörsG umfasst (91). Dem entsprechend unterliegt der Emissionsprospekt auch der Börsenprospekthaftung gemäß §§ 77, 45 ff. BörsG (92).

Der Prospekt beinhaltet bei Emittenten am Neuen Markt die Kerndaten des Unternehmens und legt dessen wirtschaftliche und die rechtliche Struktur (93) offen. Er umfasst detaillierte Angaben über die Aktien, die Geschäftätigkeit, das Kapital, die Rechnungslegung, die Organe, die Mittelherkunft und die Mittelverwendung, die Beteiligungen, das Ergebnis und die erwartete Dividende je Aktie, die Besteuerung, den jüngsten Geschäftsverlauf, die Risikofaktoren sowie Angaben über die Geschäftsaussichten (94).

Darüber hinaus sollten die Vermögens-, Finanz- und Ertragslage für die letzten drei Geschäftsjahre nach den IAS (95) oder den US-GAAP (96) dargestellt werden (97). Jüngere Unternehmen benötigen für den Gang an den Neuen Markt hingegen nur die entsprechenden Zahlenangaben seit Bestehen der Firma (98).

Zulassungskriterien für den Neuen Markt

Liquidität:
- Mandatierung von mind. zwei Designated Sponsors
- Eigenkapital mind. 1,5 Mio. EUR
- Emissionsvolumen mind. 5 Mio. EUR
- mind. 100.000 Aktien

Transparenz:
- Zulassungsprospekt nach internationalen Standards
- Jahresabschlüsse nach IAS, US-GAAP o. GoB mit Überleitungsrechnung
- Quartalsberichte
- Publikationen in Deutsch und Englisch
- mind. eine Analystenveranstaltung pro Jahr
- Ad-hoc Publizität
- Akzeptanz des Übernahmekodex
- Erstellung eines Unternehmenskalenders

Aktionärsschutz:
- Öffentlicher Streubesitz mind. 20% (möglichst 25%)
- Unternehmensexistenz mind. 3 Jahre (Soll-Vorschrift)
- Bei Erstemission nur Stammaktien
- Lock-up-Periode für Altaktionäre mind. sechs Monate
- Kapitalerhöhung gegen Bareinlagen soll mind. 50% des Emissionsvolumens ausmachen

Quelle: Deutsche Börse AG

Abbildung 2: Zulassungskriterien für den Neuen Markt

Die in der Abbildung 2 dargestellten Zulassungskriterien am Neuen Markt verdeutlichen, dass an eine Notierung noch weitere, hohe Anforderungen hinsichtlich der Publizitäts- und Transparenzpflichten geknüpft sind. Die Vorschrift zur regelmäßigen Veröffentlichung von deutsch- und englischsprachigen Quartalsberichten und Jahresabschlüssen nach internationalen Rechnungslegungsstandards, eines aktuellen Unternehmenskalenders sowie regelmäßiger Analysten- und Investoren-Treffen sorgen dafür, dass die Emittenten zu einer aktiven Financial-Public-Relations-Politik gezwungen sind (99).

3.3 Erfolgsfaktoren eines Initial Public Offerings

Messbares Kriterium für den Erfolg einer Börseneinführung für die Altgesellschafter ist ein hoher Emissionskurs verbunden mit angemessenen Emissionskosten. Um das mit hohem Koordinationsbedarf verbundene Projekt „Börseneinführung am Neuen Markt" erfolgreich zu gestalten (100), können neben der Qualität der Berater – Emissionsbanken, Wirtschaftsprüfer und eine Agentur für Finanzkommunikation – die folgenden Faktoren entscheiden:

Zuerst ist natürlich der unternehmerische Erfolg zu nennen. Ein Unternehmen, dessen Produkte oder Dienstleistungen von ihren Abnehmern nicht als qualitativ hochwertig eingestuft werden, sollte von einem IPO Abstand nehmen. Nur ein wirtschaftlich gesunder Emittent kann erwarten, dass sich die Marktteilnehmer für ihn interessieren (101). In diesem Zusammenhang kommt der richtigen Kommunikation der Equity Story die zentrale Bedeutung zu (102). In dieser Markt- und Unternehmensbeschreibung werden die Kernargumente formuliert, die als Grundlage für das Angebot der Aktien des Unternehmens auf dem organisierten Kapitalmarkt dienen (103). Die Equity Story steht damit im Zentrum der Marketingstrategie (104). Um die Öffentlichkeit zu gewinnen, ist zwar ein eingängiger, bekannter Name von Vorteil, allerdings kann sich dieser in letzter Zeit allein in Verbindung mit einer groß angelegten Werbekampagne als nicht ausreichend erweisen, wie die Negativbeispiele der Emissionen Agfa, Debitel und Stinnes im ersten Halbjahr 1999 bewiesen haben (105). Vielmehr legen die Marktteilnehmer gerade in Zeiten einer hohen Emissionstätigkeit auf eine intelligente, überzeugende und kraftvolle Kommunikation der Alleinstellungsmerkmale großen Wert (106).

Die Festlegung des Emissionspreises nimmt ebenfalls einen entscheidenden Stellenwert ein. Ist er angemessen, werden die Interessen des Emittenten und der Investoren gewahrt (107). Eng verzahnt mit dem Emissionspreis ist ein transparentes Zuteilungsverfahren im Rahmen der Platzierung (108). Üblicherweise sollte das Gleichbehandlungsprinzip für private Investoren der Konsortialinstitute sowie eine nach der Qualität gestaffelte Zuteilung für institutionelle Anleger angewandt werden, um das Vertrauen der Kunden durch eine nachfragegerechte Platzierung und damit einen optimalen Platzierungspreis zu wahren (109).

Als letzter, wichtiger Aspekt, der den Erfolg einer Börseneinführung bedingt, sind die Investor-Relations-Aktivitäten nach dem Börsengang zu nennen. Viele Unternehmen machen den Fehler, nach dem Going Public in der Kommunikation stark nachzulassen (110). Eine offene Kommunikationsstrategie des Unternehmens, unterstützt durch die

Tätigkeit der Designated Sponsors, fördert das Vertrauen der wichtigen institutionellen Investoren, was sich wiederum positiv auf die Kursentwicklung auswirkt. Nur so bleiben sie loyal und langfristig in den Aktien des Emittenten engagiert (111).

4 Financial Public Relations – erfolgreiche Kommunikation beim IPO

4.1 Wesen der Financial Public Relations

Die Anforderungen an die Darstellung des Unternehmens in der Öffentlichkeit haben sich in den letzten zehn Jahren grundlegend verändert. In der Vergangenheit wurde die Kommunikation mit den Anteilseignern und deren Pflege vor allem als rein passive Maßnahme aufgrund geänderter Umweltbedingungen verstanden. Heute müssen sich die Emittenten verstärkt dem Dialog mit verschiedenen Zielgruppen stellen und deren Informationsbedürfnisse erfüllen, um der Gefahr einer Fehlinterpretation der Unternehmensentwicklung vorzubeugen (112). Durch die zunehmende Globalisierung, die mit der Deregulierung und Liberalisierung der Finanzmärkte und Finanzinstitutionen seit Mitte der achtziger Jahre einherging (113) und die rasante Entwicklung auf dem Aktienprimärmarkt seit der Einführung des Neuen Marktes in Deutschland (114), stehen junge, innovative Unternehmen heute mehr denn je im Wettbewerb um das verfügbare Kapital (115). Für den Platzierungserfolg einer Emission und eine gute Performance nach der Notierungsaufnahme genügt den Investoren nicht mehr allein die Ankündigung des Börsenganges am Neuen Markt (116). Der Erfolg einer Emission im Sekundärmarkt wird infolgedessen maßgeblich von der überzeugenden, sicheren, glaubhaften und fortwährenden Kommunikation der Equity Story des Unternehmens determiniert (117).

Die Unternehmenskommunikation macht als passive bzw. proaktive Maßnahme keinen Sinn (118). Vielmehr muss deutlich werden, dass es sich als Aktienmarketing verstanden, um ein Instrument der strategischen Unternehmensführung handelt (119). Die emittierende Gesellschaft tritt am Markt als Anbieter von Risikokapital auf. Sie muss adressatengerecht die Informationsbedürfnisse und Erwartungen der Abnehmer, das bedeutet der aktuellen und potenziellen Aktionäre sowie deren Informanten und Multiplikatoren kennen, ihnen die Vorzüge des unternehmerischen Markenartikels Aktie vermitteln und die Nachfrage danach stimulieren (120). Der Ansatz des Absatzmarketings kann daher auf den Finanzbereich übertragen werden. Durch systematischen Einsatz marketingpolitischer Instrumente ist das Unternehmen bestrebt, das zum Erreichen der Unternehmensziele langfristig notwendige Eigenkapital zu beschaffen (121).

Das Aktienmarketing umfasst, wie das Güter- und Absatzmarketing, Produkt-, Preis-, Distributions- und Kommunikationspolitik (122). Wegen der umfassenden Einflussmöglichkeiten auf die Entscheidungen der Aktionäre im Bereich der Financial Public Relations ist dieser Teilbereich des Aktienmarketings von grundlegender Bedeutung für jedes erfolgreiche IPO und wird daher im Folgenden thematisiert.

Financial Public Relations haben in Deutschland noch keine lange Tradition. Ziel des Aufsatzes war es daher, im Rahmen einer empirischen Untersuchung, herauszufinden, ob die Emittenten am Neuen Markt die Bedeutung der für sie neuen Disziplin erkannt und die Instrumente erfolgreich für ihr IPO eingesetzt haben. Da Emittenten am deutschen Wachstumssegment grundsätzlich ein höheres Chance-Risiko-Profil als die im Amtlichen Handel oder Geregelten Markt notierten Gesellschaften aufweisen, legen Investoren großen Wert auf eine marktgerechte Bewertung der Ertrags- und Risikosituation (123). Die lange in Deutschland vertretene publizitätsscheue Einstellung gegenüber der Öffentlichkeit können sie sich aufgrund der an internationalen Standards orientierten Transparenz- und Publizitätsanforderungen am Neuen Markt nicht leisten (124).

4.2 Ziele und Grundsätze der Financial Public Relations

4.2.1 Bedeutung eines langfristig maximalen Aktienkurses

Primäres Ziel der Financial Public Relations ist es, durch strategisch angelegte, kommunikative, vertrauensbildende Maßnahmen den Bekanntheitsgrad des Unternehmens zu erhöhen. Gerade im Rahmen des IPOs bietet sich die Chance, den Bekanntheitsgrad des Unternehmens maßgeblich zu steigern (125). Neben einer generellen Verbesserung des Images in der Öffentlichkeit können sich auch positive Auswirkungen für den Absatz der im normalen Leistungsprozess erbrachten Güter und Dienstleistungen ergeben, da eine börsennotierte Aktiengesellschaft von den Kunden und Lieferanten anders wahrgenommen wird als ein nicht gelistetes Unternehmen (126).

Haben die Anleger Vertrauen in die jeweilige Aktie, so wird sie in der Regel auch stärker nachgefragt, was von anderen Einflussfaktoren einmal abgesehen im Ergebnis eine Kurssteigerung bewirken kann (127). Bereits Mitte der 70er Jahre konnte im Rahmen einer unter 460 US-Unternehmen durchgeführten Untersuchung nachgewiesen werden, dass der Aktienwert zu 40 % von kommunikativen Faktoren abhängt (128). Die Befriedigung der Informationsbedürfnisse der Financial Community durch die Emittenten entspringt auch dem Streben nach der Erhaltung der Kapitalbeschaffungsmöglichkeit zu denkbar günstigen Konditionen am Kapitalmarkt (129).

Alle Investor-Relations-Aktivitäten zielen in erster Linie darauf ab, eine angemessene Bewertung für die eigene Aktie an der Börse zu erreichen (130). Sicherlich können durch Investor Relations nicht generell Kursverluste vermieden werden, da der Kurs einer Aktie in der Regel dem Markttrend folgt. Ansatzpunkt für finanzkommunikative Aktivitäten kann jedoch die Verringerung der Volatilität der Aktie sein (131). Das Unternehmen muss versuchen, durch vertrauensbildende Maßnahmen eine Aktionärstreue aufzubauen, damit sich die Aktionäre nicht bei den ersten kleineren Kursschwankungen sofort von ihren Aktienpaketen trennen und infolgedessen der Anreiz zu spekulativen An- und Verkäufen steigt (132).

Der positive Nebeneffekt eines auf hohem Niveau stabilen Aktienkurses liegt in einer verbesserten Kapitalstruktur verbunden mit einer Erhöhung der Eigenkapitalquote durch die Inanspruchnahme des Kapitalmarktes zu günstigen Konditionen. Zudem kann die Gefahr feindlicher Übernahmen verringert werden (133).

4.2.2. Grundsätze zur Erreichung eines langfristig maximalen Aktienkurses

Die Auswahl bestimmter Zielgruppen (134), die im Fokus der Investor-Relations-Aktivitäten stehen, erscheint in diesem Zusammenhang angebracht, da die Kapitalgeber bei der Abwägung der Chancen und Risiken einer Kapitalanlage keine homogene Einheit bilden (135). So wollen beispielsweise Institutionen anders informiert werden als private Anleger (136). Ziel ist dabei immer die Verringerung der Unsicherheit, unter der die Anlageentscheidung zwangsläufig getroffen wird (137).

Grundsätzlich gehen die Mitglieder der Financial Community davon aus, dass jedes Unternehmen, das den Schritt auf das Börsenparkett wagt, die eigene Situation so positiv wie möglich darstellt (138). Deshalb wird der IPO-Kandidat von den Marktteilnehmern mit oftmals nicht unbegründeten Misstrauen bedacht (139). Das Vertrauen der Marktteilnehmer in die Gesellschaft kann nur durch eine kontinuierliche Kommunikation mit den Zielgruppen aufgebaut werden. Dieser Grundsatz der Stetigkeit erfordert, dass die Anleger regelmäßig und aktuell über kurs- und bewertungsrelevante Informationen Kenntnis erlangen (140).

Der Grundsatz der Glaubwürdigkeit verliert auch nach dem IPO nicht an Bedeutung. Deshalb sollte ein Unternehmen auch in schlechten Zeiten eine offene Informationspolitik beibehalten (141). Financial Public Relations dürfen nicht als Schönwetterveranstaltung verstanden werden, auch schlechte Nachrichten muss das Unternehmen verkaufen können (142).

Das Kommunikationskonzept zum IPO sollte diese Überlegungen antizipieren und sie mit den langfristigen Unternehmenszielen verknüpfen (143). Damit wird dem Emittenten eine über den Zeitpunkt der Börseneinführung hinausreichende, kontinuierliche Öffentlichkeitsarbeit ermöglicht. Das Management erbringt damit für die Financial Community den Beweis, die neue Aufgabe der Investor Relations ernst zu nehmen und durch einen intensiven Dialog die Umsetzung des Shareholder-Value-Gedankens voranzutreiben (144). Dabei sollte bedacht werden, dass nur wesentliche Informationen für die Financial Community relevant sind (145). Um die Zielgruppen nicht mengenmäßig zu überfordern, ist es notwendig, umfangreiche Basis-informationen auf wenige klare Kernaussagen zu konzentrieren (146). Wesentliche Informationen sind in diesem Zusammenhang alle kurs- und bewertungsrelevanten Unternehmensdaten.

Für Gesellschaften, die den Schritt an den Kapitalmarkt vollziehen, muss jedoch klar sein, dass es nicht Ziel und Aufgabe der Financial Public Relations sein kann, Defizite in anderen Teilbereichen des Unternehmens auszugleichen (147). Hierbei stoßen die

Financial Public Relations an ihre Grenzen (148). Der Beitrag, den sie zur Kursentwicklung der Gesellschaft im Sekundärmarkt leisten, ist schwer zu quantifizieren. Nur durch eine langfristig ausgerichtete Kommunikationspolitik können die Zielsetzungen realisiert werden (149). Dadurch avancieren die Financial Public Relations zum integralen Bestandteil der strategischen Unternehmensplanung (150).

4.3 Zielgruppen der Financial Public Relations

Die Kommunikationspolitik der Aktiengesellschaft ist immer an einen breiten Personenkreis gerichtet, zudem nicht nur aktuelle und potenzielle Investoren, sondern auch Anlageberater, Finanzanalysten und Wirtschaftsjournalisten gehören (151). Letztgenannte werden allgemein als Multiplikatoren und Meinungsmacher bezeichnet. Sie besitzen zwar selbst in der Regel keine wesentlichen Aktienpositionen, können aber erheblichen Einfluss auf die Anlageentscheidungen der Investoren ausüben. Voraussetzung für ein erfolgreiches Investor-Relations-Konzept ist es also, dass die Kommunikation den unterschiedlichen Bedürfnissen der verschiedenen Zielgruppen gerecht wird. Die Adressaten bzw. der Kapitalmarkt müssen durch die zur Verfügung stehenden Informationen über das Unternehmen in der Lage sein, die Aktie angemessen zu bewerten (152).

Wirtschaftsjournalisten haben eine zentrale Stellung im Hinblick auf ihre Eigenschaft als Meinungsmultiplikatoren inne. Sie prägen durch ihre Berichte maßgeblich die Wahrnehmung des Unternehmens in der Öffentlichkeit (153). Wirtschaftsjournalisten besitzen jedoch ein anderes Informationsbedürfnis als die Finanzanalysten, die als direkte Meinungsbildner für institutionelle als auch vermehrt für private Investoren fungieren (154). Die Aufgabe der Finanzanalysten ist es, Unternehmen zu analysieren und zu beurteilen. Das verlangt einen klaren Informationsstand über die bisherige Geschäftsentwicklung des Unternehmens, das Potenzial des Marktes, die Positionierung und das Wachstumspotenzial der Gesellschaft (155). Aufgrund der Glaubwürdigkeit, die Finanzanalysten in der Öffentlichkeit genießen, tragen ihre Meinungen über den Börsenkandidaten, wesentlich zur Entscheidungsfindung institutioneller Anleger bei. Deswegen kommt ihnen für die Kursentwicklung einer Aktie große Verantwortung zu (156). Das macht sie zu einer der wichtigsten Zielgruppen der Investor Relations (157).

Grundsätzlich kann festgehalten werden, dass es sich bei den institutionellen Anlegern um die zahlenmäßig kleinste Zielgruppe handelt, die aber pro Investor über das größte zur Anlage bereitstehende Kapital verfügt, weswegen sie oftmals bei den Investor Relations bevorzugt gehandelt wird (158). In diese Gruppe fallen vor allem Investment- und Pensionsfonds sowie Versicherungen aus dem In- und Ausland. Institutionelle Anleger nehmen für sich in Anspruch, die ihnen anvertrauten Gelder profitabler zu verwalten als es ihre Geldgeber selbst könnten. Dazu treffen sie ihre Anlageentscheidungen schnell und streng rational (159). Gelingt es nicht, die Beziehungen zu den institutionellen Investoren kontinuierlich zu pflegen, das Bedürfnis nach hoher Transparenz durch einen qualitativ hochwertigen und aktuellen Informationsfluss zu erfüllen und sich ihre Gunst langfristig zu erhalten, so erfolgt die Bestrafung durch Verweigerung (160).

Vor diesem Hintergrund kann es nicht überraschen, dass die im Rahmen der empirischen Untersuchung befragten Unternehmen die institutionellen Anleger (98,5 %) vor den Finanzanalysten (93,8 %) und den Vertretern der Wirtschaftsmedien (90,8 %) als wichtigste Zielgruppe ihrer Kommunikationsmaßnahmen beim IPO anführten. Privatanleger, Mitarbeiter und Anlageberater dagegen standen weniger im Fokus der Investor-Relations-Aktivitäten der Gesellschaften wie aus Abbildung 3 zu ersehen ist:

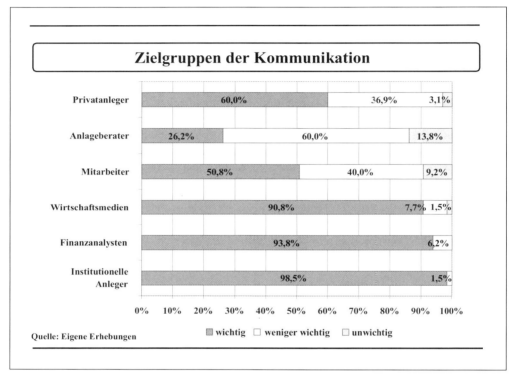

Abbildung 3: Zielgruppen der Kommunikation

Im Gegensatz zur Zielgruppe der institutionellen Anleger ist die der Privatanleger wesentlich heterogener, größer und deshalb schwieriger für die Unternehmen zu erreichen. Da in Deutschland die Inhaberaktie weit verbreitet ist, bleibt der Kleinaktionär, für das Unternehmen weitgehend anonym (161). Investor-Relations-Maßnahmen für Privatanleger werden aufgrund dessen in der Literatur vielfach als zweischneidiges Schwert verstanden (162). Der Anlegerkreis verfügt zwar einerseits nur über einen geringen Anlagebetrag pro Adressat und die direkte Kontaktaufnahme ist mit hohen Kosten und Arbeitseinsatz verbunden, andererseits handelt es sich um den treueren und ausbaufähigsten Investorenkreis (163). In diesem Zusammenhang nehmen Anlageberater eine wichtige Multiplikatorfunktion für den privaten Anleger ein. Sie kommunizieren direkt mit Kaufinteressenten und haben damit großen Einfluss auf die Entscheidungen für oder gegen ein Investment (164).

4.4 Eingliederung der Financial Public Relations in das Unternehmen

Anfang der 90er Jahre betrieben lediglich 5 % der deutschen börsennotierten Aktiengesellschaften Investor Relations. Dies war europaweit der niedrigste Wert (165). Inzwischen ist allerdings vor dem Hintergrund des steigenden internationalen Wettbewerbs um die Gelder in- und ausländischer Investoren ein Umdenken zu erkennen. Der Anteil der Unternehmen des Neuen Marktes, die über eine eigene Investor-Relations-Abteilung verfügen, lag im Rahmen der Befragung bei 92,3 % (166). Von diesen Unternehmen besaßen 18,3 % bereits sechs Monate vor dem Börsengang eine Investor-Relations-Abteilung. Die Mehrzahl (46,7 %) richtete jedoch erst kurz vor bzw. 35 % sogar erst nach dem IPO eine Abteilung für Finanzkommunikation in ihrem Unternehmen ein. Diese Zahlen und Fakten belegen die hohe Kapitalmarktorientierung der Vielzahl der jungen Wachstumsunternehmen (167). Es bleibt jedoch zu klären, ob sie die Bedeutung einer aktiven und kontinuierlichen Kommunikation mit der Financial Community erkannt haben (168) oder nur ihren Verpflichtungen aus dem Regelwerk Neuer Markt nachkommen.

Bis heute gibt es kein einheitliches Berufsbild für den Investor-Relations-Beauftragten, in den meisten Fällen entstand diese Funktion deshalb reaktiv aus der Notwendigkeit heraus, die Informationsbedürfnisse der Financial Community zu befriedigen. Damit ist die organisatorische Anbindung der Investor-Relations-Funktion oftmals dem Zufall überlassen (169). Im Hinblick auf die fachliche Zuordnung scheint es auch bei den Unternehmen des Neuen Marktes kein Patentrezept zu geben. Die meisten befragten Unternehmen ordnen die Finanzkommunikation dem Finanzbereich (32,3 %) oder dem Marketing-/Public-Relations-Bereich (23,1 %) zu. Eine nicht zu unterschätzende Anzahl von Vorständen scheint davon auszugehen, dass der beste Investor-Relations-Manager eines Unternehmens der Vorstandsvorsitzende selbst sei. Insgesamt 38,4 % der befragten Unternehmen ordneten die Investor-Relations-Tätigkeit einem Vorstandsmitglied direkt (21,5 %) bzw. dem Vorstandssekretariat (16,9 %) zu. Das legt die Vermutung nahe, dass sich die Zuordnung danach richtet, welcher Bereich von dem Hauptverantwortlichen neben der Koordination der Investor-Relations-Aktivitäten geführt wird. Dieser Ansatz ist jedoch nicht ganz unkritisch, da der kontinuierliche Dialog mit der Financial Community sehr viel Zeit in Anspruch nimmt. Vorstände stoßen dabei schnell an zeitliche Kapazitätsgrenzen (170). Eine Koordination dieser wichtigen Aufgabe durch eine eigenständige Abteilung macht daher Sinn (171). Diese wird allerdings nur von 8,9 % der befragten Unternehmen unterhalten.

Für die Einordnung in den Finanzbereich spricht, dass im Rahmen der Investor Relations zum großen Teil Finanzdaten kommuniziert werden, deren sinnvolle Weitergabe ein hohes Fachwissen verlangt. Hingegen macht auch die Eingliederung in den Public-Relations-Bereich Sinn, da sich die Inhalte der Public und Investor Relations stark ähneln. Beide Bereiche sollen bei ihren Zielgruppen Verständnis und Vertrauen gewinnen oder ausbauen und ein positives Image des Unternehmens bewirken (172). Es gilt deshalb abzuwägen, ob ein Mitarbeiter des Finanzbereichs mit hohen kommunikativen Fähigkeiten oder ein Kommunikationsfachmann mit ausgeprägten analytischen Fähigkeiten die Aufgabe eines Investor-Relations-Managers übernimmt (173). Die Befragung belegt in diesem Zusammenhang, dass in der Praxis das Risiko einer mangelnden finanzwirtschaftlichen Fachkenntnis der Kommunikationsspezialisten offenbar höher eingestuft wird als das Risiko mangelnder kommunikativer Befähigung der Finanzexperten.

4.5 Elemente der Kommunikationspolitik beim IPO

Das ausgeprägte Chance-Risiko-Verhältnis der Börsenkandidaten am Neuen Markt (174), bedingt, dass die Marktteilnehmer höhere Transparenz und damit verbunden niedrigere Informationskosten fordern. Die ansonsten gängigen Instrumente einer Investor-Relations-Strategie sind daher um internationale Standards und den Einsatz neuer Medien zu erweitern (175). Dabei sind generell unpersönliche und persönliche Maßnahmen zu unterscheiden (176), die nachstehend vorgestellt werden.

4.5.1 Unpersönliche Kommunikationsmaßnahmen

Im Rahmen einer Investor-Relations-Strategie bilden die unpersönlichen Maßnahmen einerseits die Grundlage für die persönliche Kommunikation (177), andererseits werden sie zur Information der Kleinaktionäre eingesetzt. Deutsche Aktiengesellschaften können aufgrund der bereits angedeuteten Dominanz der Inhaberaktie nur indirekt über die depotführenden Banken Hinweise zur Aktionärsstruktur erhalten (178). Eine persönliche Kommunikation gestaltet sich somit als relativ schwierig und ist mit hohem Zeitaufwand sowie hohen Streuverlusten verbunden (179). Zu den traditionellen Instrumenten der unpersönlichen Kommunikation gehören neben den gesetzlich bzw. vom Regelwerk Neuer Markt vorgeschriebenen Geschäfts- und Quartalsberichten, Unternehmenskalender, Hinweisbekanntmachungen, Presse- und Ad-hoc-Mitteilungen auch Imagebroschüren, Fact Books sowie Artikel und Anzeigen in der Wirtschaftspresse.

Daneben eröffnet die Internetpräsenz eines Unternehmens für den intensiven Dialog mit den Investoren neue Perspektiven, da diese nicht nur Informationscharakter hat. Der Emittent kann per E-Mail oder Chat (180) auch direkt mit den Zielgruppen der Financial-Public-Relations in Kontakt treten (181). Hierbei verschwimmen die Grenzen zwischen persönlicher und unpersönlicher Kommunikation. In naher Zukunft werden Hauptversammlungen und Bilanzpressekonferenzen über Video Conferencing Systems virtuell und live über das Internet für die interessierte Financial Community verfolgbar sein, und ein neues Zeitalter in der dialogorientierten Kommunikation einleiten (182).

4.5.2 Persönliche Kommunikationsmaßnahmen

Der Informationsschwerpunkt der Unternehmen wird vor und nach dem IPO vielfach auf den unmittelbaren Dialog mit der Financial Community gelegt (183). Die direkte Ansprache der Adressaten hat den Vorteil, dass die Gefahr von Streuverlusten verringert und auf das Feedback sofort reagiert werden kann (184). Der Nachteil der persönlichen Kommunikation mit der Financial Community besteht in den hohen Kosten und dem enormen Zeitaufwand, der mit ihnen verbunden ist. Deshalb konzentrieren sich die direkten Kontakte größtenteils auf die Gruppen der Meinungsführer und Multiplikatoren, da diese potenzielle und aktuelle Aktionäre beeinflussen können (185).

Ein hierzulande weit verbreitetes, wichtiges und bedeutendes Instrument persönlicher Kommunikation sind Analystentreffen (186). Eine weitere Gelegenheit den persönlichen Kontakt zwischen Analysten bzw. Schlüsselinvestoren und Unternehmensleitung zu intensivieren, stellen regelmäßige Unternehmensbesuche dar (187). Zwischen diesen Terminen muss das Unternehmen den Analysten für telefonische Einzel- bzw. Gruppengespräche, sogenannte Conference Calls, zur Verfügung stehen (188). Darüber hinaus besteht die Möglichkeit, mit ausgewählten Investoren und Finanzanalysten Roundtable- oder Einzelgespräche zu führen. Diese können bei der Gesellschaft bzw. an den für die Gesellschaft wichtigsten Finanzplätzen im Rahmen einer Roadshow stattfinden (189).

Die Vorlage des Geschäftsberichts bietet zudem die Möglichkeit, rund ein bis zwei Monate vor der Hauptversammlung auf einer Bilanzpressekonferenz in direkten Kontakt mit den wirtschaftsrelevanten Medien zu treten (190). Der Einsatz von Pressekonferenzen ist daneben ebenso Standard vor der geplanten Börseneinführung wie auch bei der Bekanntgabe von Firmenzusammenschlüssen und Akquisitionen, Großinvestitionen und weiteren Nachrichten, die hohe Relevanz für den Aktienkurs haben (191). Von einem zu häufigen Einsatz ist allerdings abzuraten, da die Journalisten ansonsten leicht das Interesse an diesen Veranstaltungen verlieren würden (192).

Bei börsennotierten Gesellschaften stellt die Hauptversammlung (HV) die klassische Form des Dialogs zwischen dem Unternehmen, vertreten durch Vorstand und Aufsichtsrat, mit seinen Investoren dar, denn nur dort kann der Aktionär die ihm gesetzlich zustehenden Mitgliedschafts- und Vermögensrechte wahrnehmen (193). Allerdings ist nur ein kleiner Teil der Privatanleger regelmäßig auf der HV vertreten, da die Informationsgewinne und die Ausübung des Kontrollrechts die Reisekosten zum Versammlungsort nicht aufwiegen (194). Das verlangt eine umfangreiche Nachbearbeitung über die Veröffentlichung bzw. den Versand von Aktionärsbriefen, Anzeigen, Quartalsberichten, Presseinformationen oder das Internet (195).

Des Weiteren wird dem telefonischen Kontakt mit der Financial Community vielfach eine hohe Bedeutung zugemessen (196). Die Schaltung einer Hotline, die den Anrufenden mit einem Call Center eines Teleagenten verbindet, ist vor allem im Rahmen eines Börsengangs sehr häufig zu finden (197). Weitere Wege mit der Financial Community in Kontakt zu kommen und den Bekanntheitsgrad zu steigern, bieten die Teilnahme an IPO-Tagungen sowie Fach- und Aktionärsmessen, bei denen sich die Gesellschaft im Rahmen einer Unternehmenspräsentation vorstellen kann (198). Aber auch ein Fernsehinterview bei einem Nachrichtensender ist als emotionaler Transportweg für Investor Relations geeignet (199).

4.5.3 Einsatz der Kommunikationsmaßnahmen im Zeitablauf

Den Ausgangspunkt für die systematische Beschäftigung des Unternehmens mit der Finanzkommunikation bildet der Entschluss, Eigenkapital zur Finanzierung des zukünftigen Wachstums durch den Gang an den Neuen Markt aufzunehmen. Auf Grundlage einer eingehenden Situationsanalyse wird der Bekanntheitsgrad des Unternehmens in der Öffentlichkeit ermittelt. Dieser determiniert die Kommunikationsstrategie und damit die Auswahl der einzusetzenden Instrumente (200).

Bei der Zielgruppe des Neuen Marktes, kleinen und mittleren Wachstumsunternehmen des Mittelstands, handelt es sich größtenteils um sogenannte No-Name-Firmen, die nur der speziellen Fachpresse oder ihren Kunden, Lieferanten und Wettbewerbern bekannt sind (201). Im Umgang mit der Financial Community und deren Informationsbedürfnissen hinsichtlich der erfolgs- und finanzwirtschaftlichen Situation, der strategischen Ausrichtung und den Zukunftsaussichten haben sie kaum Erfahrung (202). Aktien sind heutzutage Markenartikel und sollten entsprechend positioniert und gepflegt werden (203). Börsenkandidaten müssen im weltweiten Wettbewerb um das Kapital daher lernen, das neue Produkt „Aktiengesellschaft" zu vermarkten (204). Um die Aufmerksamkeit der Finanzöffentlichkeit zu gewinnen, fehlen mittelständischen Unternehmen jedoch meist die Mittel, die beispielsweise für eine Werbekampagne analog der Markteinführung der Deutschen Telekom AG benötigt würden. Ein effizienter Umgang mit den zur Verfügung stehenden Ressourcen ist für sie daher unabdingbar (205).

Grundsätzlich gilt, je eher der Schritt in die allgemeine Öffentlichkeit erfolgt, desto größer sind auch die Erfolgsaussichten beim Börsengang (206). Gerade für kleine und mittlere Aktiengesellschaften – 73,01 % der befragten Unternehmen hatten ein Emissionsvolumen von unter 50 Mio. Euro – beinhaltet der Umgang mit der Finanzöffentlichkeit viele unbekannte Variablen (207). Der Aufwand für Investor und Public Relations wird deshalb oftmals unterschätzt (208), was auch die durchgeführte Untersuchung bestätigt: 37 von 65 der befragten Börsenneulinge (56,9 %) gaben an, den Aufwand für Investor-Relations-Maßnahmen tendenziell unterschätzt zu haben.

Die Zusammenarbeit mit externen auf Investor und Public Relations spezialisierten Beratern wird daher häufig gesucht (209). 75,4 % der befragten Emittenten am Neuen Markt gaben eine dementsprechende Antwort. Von diesen 49 Unternehmen gaben 71,7 % dem Beistand einer Spezialagentur für Finanzmarktkommunikation den Vorzug und nur 28,3 % wählten eine reine PR-Agentur. Das belegt, dass es sich bei den Financial Public Relations um eine sehr spezielle Disziplin im Rahmen der Öffentlichkeitsarbeit handelt. Die Agenturen übernehmen für den Börsenkandidaten die Aufgabe, ein detailliertes Kommunikationskonzept zu erarbeiten, das die professionelle Präsentation der Equity Story vor der Financial Community ermöglicht (210).

Das Spektrum der finanzkommunikativen Projektarbeiten ist groß. Grundlegende Bereiche wie die Konzeption einer Corporate Identity mit einem einheitlichen Erscheinungsbild sämtlicher Unterlagen gehören ebenso zur Angebotspalette wie die einfache Vermittlung von Kontakten mit der Financial Community (211). Die Emittenten am

Neuen Markt gaben im Rahmen der Befragung an, die Agenturen überwiegend sowohl mit der inhaltlichen Ausarbeitung und Konzeption der unpersönlichen Kommunikationsinstrumente als auch mit der Gestaltung und Durchführung der Investor- und Public-Relations-Arbeit beauftragt zu haben. Das liefert einen weiteren Beleg dafür, dass die Unternehmen des Neuen Marktes mehrheitlich eine Investor-Relations-Abteilung erst vor bzw. nach dem Börsengang eingerichtet haben. Auffällig ist allerdings der geringe Anteil an Unternehmen (20,4 %), für die die Konzeption einer Corporate Identity erfolgte. Dies kann auf die geringe Größe und vorhandene Übersichtlichkeit der Unternehmen sowie die gewachsenen Strukturen und die häufig vorhandene starke Bindung der Eigentümer bzw. Gründer zurückgeführt werden.

Wie die Erfahrung gezeigt hat, ist jedoch bei der Auswahl des Beratungsunternehmens für Finanzkommunikation äußerste Vorsicht geboten. Als Indikator für Unstimmigkeiten bzw. Unzufriedenheit kann die im Rahmen der Untersuchung gestellte Frage, ob die Agentur auch heute noch das Unternehmen bei der Durchführung von Investor- und Public-Relations-Maßnahmen betreut, gewertet werden: 44,9 % der Börsenneulinge gaben an, dass sie sich von der Agentur für Finanzkommunikation nach dem IPO wieder getrennt hätten.

Die Nutzung der gesamten Palette der Instrumente der Finanzkommunikation erfordert schließlich ein gut organisiertes Projektmanagement, bei dem es darauf ankommt, image- und finanzorientierte Kommunikation gekonnt miteinander zu verknüpfen (212). Idealerweise regelt ein genauer Zeitplan, was, wann, wie und wo von den Projektbeteiligten veröffentlicht wird. Dabei wird zwischen den Nachrichten, die der Emittent kommuniziert und denen, die der Konsortialführer meldet, differenziert. Die vorhandenen Informationen müssen in der Folge richtig portioniert, das heißt, der Nachrichtenfluss muss durch immer wieder neue Meldungen in Gang gehalten werden (213). Um eine Nachfragespannung aufzubauen, sollte die Zahl der Neuigkeiten mit zunehmender Nähe des Emissionstermins gesteigert werden. Das Ziel ist die Erhöhung des Bekanntheitsgrades und des Images des Unternehmens, um das Vertrauen der potenziellen Investoren zu gewinnen (214).

Die Umsetzung beginnt vielfach bereits einige Monate vor dem eigentlichen Börsengang mit einer zweistufigen Anzeigenkampagne mit Response-Elementen. Die erste Phase weist auf das angestrebte IPO hin und stellt die Tätigkeit, Stärken und Perspektiven des Unternehmens attraktiv dar (215). Auf eine direkte Zeitangabe wird jedoch verzichtet, um den eigenen Dispositionsspielraum nicht unnötig einzuengen (216). Damit wird versucht, die Gesellschaft als Markenartikel auf dem Aktienmarkt in das Bewusstsein des Publikums zu bringen (217). Der Börsenkandidat sollte zu diesem frühen Zeitpunkt bereits über Basisinformationsmaterial wie ein Fact Book und Imagebroschüren verfügen, um diese auf Anfrage zu versenden. Darüber hinaus müssen die Einrichtung einer Telefonhotline und die Konzeption des Internetauftritts bereits abgeschlossen sein (218). Daneben veranlasst die konsortialführende Bank die im Rahmen des IPOs erforderlichen Pflichtveröffentlichungen wie beispielsweise ca. ein bis zwei Wochen vor der Notierungsaufnahme die Veröffentlichung des Börseneinführungsprospektes/Unternehmensberichts mit dem Aktienverkaufsangebot sowie die Hinweisbekanntmachung in mindestens einem überregionalen Börsenpflichtblatt (219).

Zeitgleich mit der Anzeigenkampagne für den neuen Markenartikel „Aktie" wird die Zusammenarbeit mit den Medien zwecks einer intensiven Pressearbeit gesucht (220). Eine entsprechende Einflussnahme auf die Wirtschaftspresse durch die Kommunikation von Hintergrundinformationen zielt darauf ab, die Kernbotschaften der Equity Story und ein positives Image der Gesellschaft in der Öffentlichkeit zu festigen (221). Ferner wird das Unternehmen auf mehreren Veranstaltungen und im Rahmen eines Fernsehauftritts potenziellen institutionellen Investoren und Finanzanalysten präsentiert (222). Die angestrebte Aktionärsstruktur bestimmt in diesem Zusammenhang, ob Unternehmenspräsentationen im Rahmen einer Roadshow neben dem inländischen Finanzzentrum Frankfurt am Main auch im europäischen Ausland stattfinden (223). Kurz vor dem Börsengang beginnt die zweite Phase der Anzeigenkampagne, in deren Rahmen der Zeichnungszeitraum veröffentlicht wird (224). Den Abschluss dieser vorbörslichen Maßnahmen bildet eine Presse- sowie eine DVFA-Analystenkonferenz einen Tag vor Beginn der Zeichnungsfrist, auf denen einige der gegenüber dem bereits zu diesem Zeitpunkt veröffentlichten unvollständigen Verkaufsprospekt/Unternehmensbericht noch fehlende Angebotsbedingungen wie beispielsweise die Preisspanne bekannt gegeben werden (225).

Börsenneulinge denken jedoch all zu oft, wenn sie den Kraftakt Börseneinführung mit der Veröffentlichung des Verkaufsprospekts und der am Tag der Erstnotiz stattfindenden IPO-Party hinter sich gebracht, dann ist die Arbeit getan (226). Dem kurzen Aufblitzen am Börsenhimmel folgt oft das kommunikative Aus bzw. der Rückfall in die Kommunikationsgepflogenheiten weit vor der Börseneinführung (227). Die Emittenten vergessen dabei, dass Aktien keine Lebensversicherungen sind, die der Verbraucher für Jahrzehnte abschließt und nur mit finanziellem Verlust wieder kündigen kann (228). Ziel der Kommunikationsaktivitäten nach der Erstnotiz muss es demnach sein, die Aufmerksamkeit der Financial Community zu erhalten (229). Zum Ausruhen bleibt dem Börsenneuling deshalb keine Zeit, denn mit der Notierungsaufnahme beginnt die eigentliche Bewährungsprobe für die Öffentlichkeitsarbeit (230). Das Vertrauen der Anleger muss sich der Börsenneuling ständig aufs neue erwerben. Ein permanenter, vertrauensvoller Dialog mit den Medien, Schlüsselinvestoren und deren Multiplikatoren muss deshalb Geschäftspolitik einer am Neuen Markt notierten Gesellschaft sein (231). Um dies sicherzustellen, ist es wichtig, bereits vor der Notierungsaufnahme die Eckpfeiler für die effektive Financial-Public-Relations-Arbeit geschaffen zu haben.

Die Angaben über den Einsatz unpersönlicher Kommunikationsmaßnahmen vor und nach dem Börsengang in der Abbildung 4 zeigen ein äußerst positives Bild. Die Emittenten des Neuen Marktes haben ihre Kommunikationsintensität durch die Notierung am Neuen Markt wesentlich erhöht. Hauptsächlich ist das ein Verdienst der hohen Anforderungen und Folgepflichten des von der Deutschen Börse AG konzipierten Regelwerks Neuer Markt. Die Ergebnisse machen zudem deutlich, dass die Mehrzahl der Unternehmen vor dem IPO wenig Erfahrung im Umgang mit der Financial Community besaß und nicht in der Rechtsform einer Aktiengesellschaft mit deren Publizitätspflichten firmierte.

Bedeutung der Financial Public Relations für ein erfolgreiches IPO 347

Regelmäßig kommunizieren die Unternehmen ihre Erfolge nach dem Börsengang mittels der vorgeschriebenen Instrumente Geschäfts- und Quartalsbericht. Des Weiteren veröffentlichen sie die wichtigsten Termine des Jahres in einem Unternehmenskalender. Wenn auf den Einsatz kostenintensiver Medien wie die Schaltung von Finanz- und Zeitungsanzeigen bzw. TV-Werbespots zurückgegriffen wurde, dann nur unregelmäßig zu bestimmten Anlässen, um Basisinformationen vor allem unter den Privatanlegern und deren Beratern zu verbreiten. Die Mitglieder der Financial Community informieren die Gesellschaften dagegen regelmäßig über eine eigene Homepage und die Veröffentlichung von Pressemitteilungen. Das belegt einen effizienten Umgang mit den begrenzten Budgets für Finanzkommunikation der Emittenten am Neuen Markt.

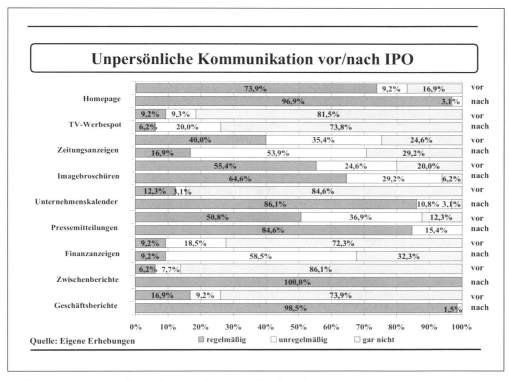

Abbildung 4: Unpersönliche Kommunikation vor/nach IPO

Abbildung 5 zeigt eine ähnliche hohe Kapitalmarktorientierung bei der Beantwortung der Frage nach der Nutzung von persönlichen Kommunikationsinstrumenten vor und nach der Börseneinführung. Der regelmäßige Einsatz der kosten- und zeitintensiven Analystenmeetings – die Mehrzahl der Unternehmen (52,3 %) veranstalten sie zweimal im Jahr – Roadshows, One-on-Ones und Pressekonferenzen belegten zudem wiederholt die Ausrichtung der Kommunikationsmaßnahmen auf die Hauptzielgruppe, den Multiplikatoren wie Finanzanalysten und Journalisten sowie den institutionellen Investoren, die wegen ihrer Marktmacht im Wettbewerb um das Kapital bzw. ihrer Kapitalkraft besonders interessant sind. 44,6 % der Unternehmen führten vor dem IPO nur unregelmäßig eine Gesellschafter- bzw. Hauptversammlung durch. Dies hängt damit zusammen, dass der Rechtsformwechsel in eine Aktiengesellschaft oft erst kurz vor dem Börsengang erfolgte und der Gesellschafterkreis überschaubar war. Letzterer Aspekt wird auch durch das Ergebnis der Untersuchung belegt, nach der 66,2 % der befragten Gesellschaften vor dem IPO nur einen bis fünf Gesellschafter besaßen. Themen der Gesellschafterversammlungen konnten somit wahrscheinlich vielfach im Rahmen des Tagesgeschäfts ausreichend behandelt werden.

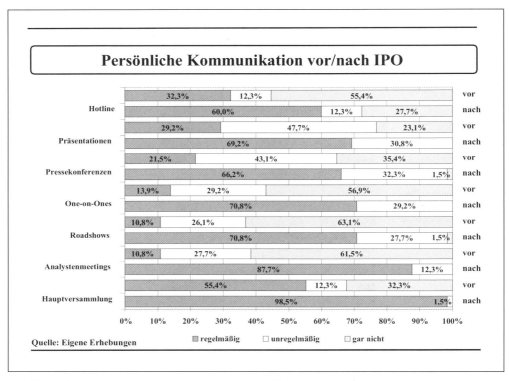

Abbildung 5: Persönliche Kommunikation vor/nach IPO

Die Ergebnisse der durchgeführten Erhebung untermauern zudem die hohe Bedeutung des Aktienkurses für den Vorstand und Aufsichtsrat: 93,8 % der befragten Unternehmen gaben an, den Aktienkurs täglich zu beobachten. Die Gesellschaften waren überwiegend der Meinung, dass ihr Ansehen am Kapitalmarkt (87,7 %) und in den Medien (67,7 %) maßgeblich von der Kursentwicklung abhänge. Für vorhandene Mitarbeiter und die Personalrekrutierung ist die Kursentwicklung ebenfalls von hoher bzw. mindestens durchschnittlicher Bedeutung, wie die Antworten der Gesellschaften widerspiegeln. Gründe dafür sind in der weit verbreiteten Praxis der Implementierung von Mitarbeiterbeteiligungsmodellen beim Börsengang und in dem hohen allgemeinen Ansehen einer leitenden Funktion bei einer börsennotierten Aktiengesellschaft zu suchen.

Eine geringere Bedeutung hat die Performance der Aktie am Neuen Markt den Ergebnissen der Untersuchung zufolge auf das operative Geschäft, bestehende Kundenbeziehungen und die Kundenakquisition. Das mag überraschen, denn allein mit der Steigerung des Bekanntheitsgrades durch den Börsengang am Neuen Markt erhalten die Emittenten eine verbesserte Wettbewerbsposition. In den meisten Fällen konnte eine Umsatzsteigerung von 10 % oder mehr realisiert werden und der Vorstoß in neue Geschäftsfelder wurde ermöglicht (232). Ein erfolgreicher Börsengang verbunden mit einer guten Kursentwicklung müsste somit dazu beitragen, dass die Unternehmen neben zufriedenen Aktionären auch über eine bessere Verhandlungsposition gegenüber ihren derzeitigen und potenziellen Kunden und/oder Lieferanten verfügen. Da die überwiegende Anzahl der ausgewerteten Fragebögen allerdings von Unternehmen stammt, die erst 1999 an den Neuen Markt gegangen sind, könnte das Ergebnis auf mangelnde Erfahrungswerte der Emittenten zurückgeführt werden. Andererseits besteht auch die Möglichkeit, dass der Börsengang eine zwingende Voraussetzung für den Ausbau des operativen Geschäfts in bestimmten Branchen darstellt. So wird beispielsweise eine Gesellschaft von großen ausländischen Adressen erst dann als Verhandlungspartner akzeptiert, wenn sie als Aktiengesellschaft an der Börse notiert ist.

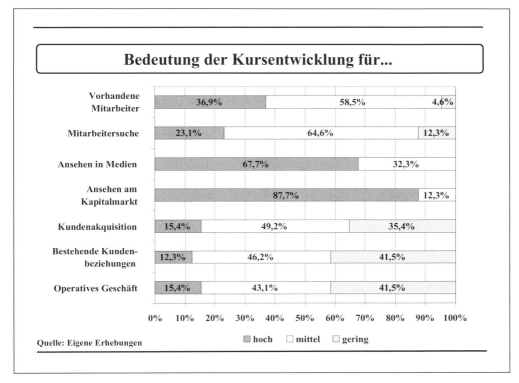

Abbildung 6: Bedeutung der Kursentwicklung

4.6 Verpflichtung zur Liquidität durch Designated Sponsors

Neben der Transparenz ist die Liquidität einer Aktie ein entscheidendes Kaufkriterium für sämtliche Investoren, da diese einen funktionierenden Markt suchen (233). An dieser Stelle wird daher noch einmal auf das Konzept der Designated Sponsors eingegangen, welches entscheidend dazu beigetragen hat, die ungenügende Liquidität in den vielfach kleinen Werten am Neuen Markt zu durchbrechen (234). Dieses Konzept entspricht genau den Wünschen institutioneller Investoren, die sich wann immer sie wollen von ihren Engagements lösen können und darüber hinaus durch die Transparenzanforderungen ständig über eine hohe Informationsdichte über die Unternehmen verfügen (235).

Die Mandatierung von zwei Designated Sponsors für mindestens 12 Monate ist für Gesellschaften am Neuen Markt seit dem 15. November 1999 obligatorisch (236). Nach den Ergebnissen der durchgeführten Erhebung wird die Mehrzahl der Emittenten (77,0 %) auch von zwei Designated Sponsors im Handel betreut (237). Der Vertrag mit den Betreuern wird in der Regel jährlich verlängert, egal ob es sich um das konsortialführende Institut (52,8 %) oder einen anderen unabhängigen Wertpapierdienstleister (61,2 %) handelt. Somit nutzen die Emittenten die Möglichkeit, das Preis-/Leistungsverhältnis des jeweiligen Dienstleisters kritisch zu hinterfragen (238). Immerhin 34,0 % bzw. 24,5 % der befragten Unternehmen haben sich zwei Jahre die Dienste ihrer Designated Sponsors gesichert und 13,2 % bzw. 14,3 % sind eine längerfristige Bindung von über vier Jahren eingegangen. Damit wird der Forderung nach einer langfristigen Nachemissionsbetreuung für junge, wachstumsstarke Unternehmen Rechnung getragen (239).

Neben der Liquiditätsunterstützung erfüllen die Designated Sponsors auch eine wichtige Aufgabe im Rahmen der Financial-Public-Relations-Tätigkeit eines am Neuen Markt gelisteten Unternehmens (240). Der mit der Betreuung beauftragte Intermediär analysiert das Unternehmen und erstellt mindestens einmal im Jahr einen ausführlichen Research-Report, der regelmäßig zur Veröffentlichung der Quartalsberichte aktualisiert wird (241). Ferner unterstützt der Designated Sponsor den Emittenten bei der kontinuierlichen Pflege der Beziehungen zu den institutionellen Kapitalgebern, indem er Analystenveranstaltungen vorbereitet und Roadshows im In- und Ausland organisiert (242). Des weiteren ist er Ansprechpartner für die Verbesserung der Informationskultur, die Durchführung von HVs, die Gestaltung des Geschäftsberichts und der Quartalsberichte sowie für Anliegen im Rahmen der Ad-hoc-Publizität (243).

Um die Attraktivität der Rolle als Designated Sponsor zu unterstützen, wurde oft in der Literatur angemerkt, dass die permanente Betreuung der Aktien unter Bereitstellung von Kapital und die weiteren Servicedienstleistungen auch von den Emittenten vergütet werden müssten. Die Wirtschaftlichkeit der Übernahme dieser Tätigkeit wäre ansonsten in Frage zu stellen (244).

Das Ergebnis der durchgeführten empirischen Erhebung zur Frage der Honorierung der Tätigkeiten als Designated Sponsor für den Konsortialführer mag aufgrund dessen überraschen. 49,2 % der Emittenten mussten entweder gar keine oder über ein paar Monate hinweg keine Entgelte für die Tätigkeit des Konsortialführers als Designated Sponsor bezahlen. Die Übernahme einer kostenlosen Tätigkeit für 12 Monate durch das konsortialführende Institut scheint sich bisher am Markt etabliert zu haben. 35,3 % der befragten Unternehmen bestätigen diesen Trend. Sofern eine Vergütung verlangt wurde, beläuft sich diese für die Mehrzahl der Emittenten (33,1 %) auf bis zu 39 000 Euro im Jahr (245). Nur eine Minderheit von 11,8 % der Unternehmen müssen dem Konsortialführer jährlich 40 000 bis 59 000 Euro für die Betreuung vergüten, bei 5,9 % der Neuemittenten liegt das Honorar sogar bei mehr als 60 000 Euro.

Gründe für diese äußerst positive Entwicklung für die Börsenneulinge können in den Überlegungen der Emissionsbanken liegen, dass sich durch eine erfolgreiche Tätigkeit als Designated Sponsor neben dem Imagegewinn und der Demonstration von Kompetenz auch weitere finanzielle Anreize ergeben (246). So steigt die Chance an lukrativen Folgegeschäften wie beispielsweise bei einer Kapitalerhöhung in der Funktion des konsortialführenden Instituts zu partizipieren und neue Börsenkandidaten zu akquirieren (247). Zudem fließt dem Lead Manager beim IPO üblicherweise der Hauptteil der Provisionen zu (248), so dass ein kostenloser Zeitraum der Betreuertätigkeit für den Konsortialführer leichter zu verkraften ist als für ein Konsortialmitglied oder einen unabhängigen Wertpapierdienstleister.

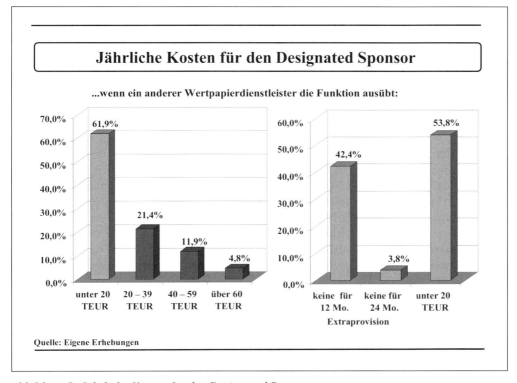

Abbildung 7: Jährliche Kosten für den Designated Sponsor

So zeigen denn auch die Antworten der Emittenten auf den ersten Blick ein dementsprechendes Bild: 61,9 % und damit die Mehrzahl der befragten Börsenneulinge vergüten die Tätigkeiten unabhängiger Wertpapierdienstleister mit unter 20 000 Euro pro Jahr. Durch gezieltes Nachfragen basierend auf den zusätzlichen Angaben einiger Emittenten über einen vergütungsfreien Zeitraum auch bei Konsortialbanken bzw. Wertpapierhandelshäusern konnte das Ergebnis in seiner Aussagekraft verbessert werden. Demnach verzichteten bei 46,2 % der Emittenten, die eine Vergütung von unter 20 000 Euro angaben, die weiteren Designated Sponsoren für einen Zeitraum von 12 bzw. in Ausnahmefällen 24 Monaten auf eine Vergütung. Zur Klärung dieses überraschenden Ergebnisses können Überlegungen ähnlicher Art wie beim Konsortialführer angestellt werden: Durch den Goodwill und eine intensive Nachbetreuung schafft sich der Wertpapierdienstleister nämlich die Chance, bei der nächsten Kapitalmarkttransaktion die Funktion des Lead Managers zu übernehmen. Das Wissen um provisionsfreie Zeiträume auch bei anderen Wertpapierdienstleistern in der Funktion eines Designated Sponsors hat zudem einen positiven Nebeneffekt. Es wird dadurch deutlich, dass sich der finanzielle Anreiz, sofern verlangt, für alle Wertpapierdienstleister, von Seiten der Emittenten im Rahmen von unter 20 000 bis 39 000 Euro im Jahr bewegt. 54,7 % der Börsenneulinge gaben für die Vergütung anderer Wertpapierdienstleister eine entsprechende Antwort.

4.7 Kosten der Financial Public Relations

Eine einheitliche Antwort auf die Frage, wieviel ein Börsengang kostet und wie hoch die damit verbundenen Ausgaben für Financial Public Relations sind, gibt es nicht. Generell kann gesagt werden, je höher das Emissionsvolumen und die Börsenreife des Unternehmens ausfallen, desto geringer sind die prozentualen Kosten für die Börseneinführung (249). Die Summe ist darüber hinaus abhängig vom Ausmaß der Werbemaßnahmen sowie der Anzahl involvierter externer Berater (250). So differierten denn auch die Angaben der Emittenten des Neuen Marktes in diesem Punkte stark. Von den 60 Unternehmen, deren Angaben in die Auswertung eingeflossen sind, haben 58,3 %, zwischen 5 und 9 % des Emissionserlöses für das IPO am deutschen Wachstumssegment aufwenden müssen (251). Für 18,3 % der Unternehmen beliefen sich die tatsächlichen Kosten für die Einführung am Neuen Markt auf günstige 1 bis 4 %. Der geringe Wert könnte auf die Antworten von Unternehmen am Neuen Markt zurückgeführt werden, die vorher in einem anderen Segment gehandelt oder an einer anderen Börse notiert wurden. Deshalb war das Umlisting nur mit einer Aktienplatzierung und geringen imagebildenden Maßnahmen verbunden.

Den mit Abstand größten Kostenanteil macht die Übernahme- bzw. Platzierungsprovision aus, für die die Emissionsbegleiter im Neuen Markt standardmäßig 4,5 bis 6 % des ausmachenden Platzierungsvolumens veranschlagen (252). Detailkosten ohne großen Gestaltungsspielraum entstehen zudem für die Zulassung zum Neuen Markt sowie der Dokumentation. Darunter fallen Ausgaben für die Erstellung, die Übersetzung, den Druck und den Versand sowie die Aufwendungen für die von den Konsortialbanken geforderte Due-Diligence-Prüfung durch einen neutralen Wirtschaftsprüfer (253). Außerdem schlagen die Kosten für Rechts- und Steuerberatung bei einer Rechtsformumwandlung zu Buche (254). Eine weitere, den Banken zufließende Kostenart ist die Börseneinführungsprovision für die Übernahme der Prospekthaftung in Höhe von 0,75 bis 1 % vom Nominalbetrag des zugelassenen Aktienkapitals (255). Die offiziellen Zulassungskosten sind moderat und entfallen vornehmlich auf Pflichtveröffentlichungen (256).

Hinzu kommen die Kosten für die Financial Public Relations. Diese sind abhängig vom Umfang der Maßnahmen und dem Bekanntheitsgrad des Unternehmens in der breiteren Öffentlichkeit (257). Da die Zahl der Unternehmen, die sich weltweit der Kapitalmärkte bedienen, stetig wächst, sind finanzkommunikative Maßnahmen heutzutage unerlässlich (258), weswegen sie in der Regel den zweitgrößten Kostenanteil ausmachen (259).

Überraschen können die Ergebnisse der Erhebung in Abbildung 8, die große Bemühungen im Hinblick auf die Kapitalmarktorientierung der befragten Unternehmen aufzeigen, daher nicht. Die Kostenspannbreite für ein Kommunikationskonzept, die Ausarbeitung einer Positionierung und Anzeigenkampagne, den Dreh eines TV-Spots oder Präsentationsvideos, die Medienschaltungen und eine intensive Pressearbeit liegt bei 48 von 55 befragten Unternehmen zwischen 1 und 3 % des Emissionserlöses. Von diesen 87,3 % umfasst die Gruppe der Emittenten, die 1 % des Emissionserlöses für Kommunikationsmaßnahmen ausgaben, mit 41,6 % die Mehrzahl der Emittenten.

Neben den einmaligen Kosten verursacht ein Börsengang in der Folgezeit auch laufende Kosten. Die Durchführung der HV, Aufsichtsratsvergütungen, die jährlichen Neuen-Markt-Entgelte, die Erstellung und die Prüfung des Jahresabschlusses nach internationalen Standards, die Erstellung der Geschäftsberichte und der Quartalsberichte sowie weitere Investor Relations-Maßnahmen wollen finanziert sein (260). Zudem erhalten die Designated Sponsors für ihre umfassende Tätigkeit üblicherweise eine jährliche Pauschale, deren Höhe je nach Leistungsumfang unterschiedlich ausfällt (261).

Die Bedeutung, die den Financial Public Relations in einem Unternehmen beigemessen wird, drückt sich in der Budgetfestlegung und den Determinanten der Budgethöhe aus. Operationale Ansätze bei der Budgetbildung und breite Erfahrungen in der Unternehmenspraxis liegen in Deutschland noch nicht vor. Dies bedingt weiterhin ein „Herantasten" an die optimale Budgetgröße (262). Im Rahmen der empirischen Untersuchung wurde als Bezugsgröße für das Ausmaß der Investor-Relations-Aktivitäten der Umsatz gewählt. 72,2 % der befragten Unternehmen gaben für die jährlichen Ausgaben für Aktienmarketing 1 % ihres Umsatzes an. 16,7 % wendeten 2 % p.a. und 7,4 % sogar 3 % p.a. vom Jahresumsatz auf, um im Gespräch mit der Financial Community zu bleiben. Nur 3,8 % der Unternehmen haben bisher jährlich 5 % des Umsatzes oder mehr für das Produkt „eigene Gesellschaft" ausgegeben.

SERFLING, GROßKOPF und RÖDER kamen im Rahmen ihrer Studie zu dem Ergebnis, dass die Entwicklung der Informationsansprüche der Anleger neben der Wettbewerbsorientierung die wichtigste Triebkraft für die Budgetbildung darstellt (263). In diesem Zusam-

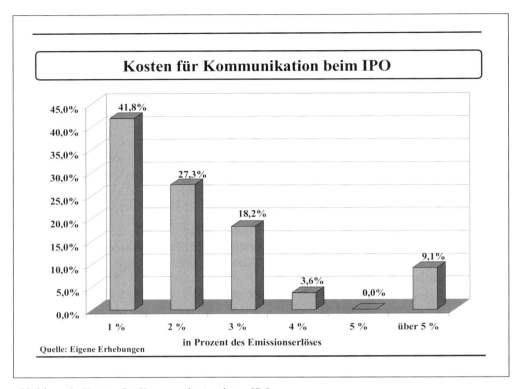

Abbildung 8: Kosten für Kommunikation beim IPO

menhang hat sich das Marktverhalten der Privataktionäre durch die Möglichkeiten des Internets dem der institutionellen Investoren stark angepasst. Die Tageszeitung als Informationsmedium hat deutlich an Bedeutung verloren (264). Über das Internet verfügt der Privatanleger mit 15 Minuten Zeitverzögerung über alle gewünschten Kurse (265) und ohne Zeitverzug verdichten sich Gerüchte auf den Homepages von Börseninformationsanbietern schnell zu Tatsachen. Kurse einiger Aktiengesellschaften haben sich auf diese Weise schon über Nacht halbiert (266). Vor diesem Hintergrund kann das Ergebnis der Erhebung als Hinweis darauf gewertet werden, dass die Financial Public Relations in Zukunft weiter an Bedeutung gewinnen werden.

5 Schlussbetrachtung und Ausblick

Die *Rahmenbedingungen* für ein IPO im Jahr 2001 sind trotz der aktuellen Baisse durchaus positiv. Unternehmen aus attraktiven Branchen mit entsprechenden Wachstumsperspektiven in ihren Märkten werden zukünftig verstärkt den Börsengang in ihre strategischen Überlegungen einbeziehen. Folglich steigt auch die Nachfrage nach der möglichen

Alternative, einer Zwischenfinanzierung mit Beteiligungskapital, die zu einer nachhaltigen Vitalisierung der Innovationsförderung beitragen wird.

Seit der Initialzündung für das Aktiensparen in Deutschland, dem Börsengang der Deutschen Telekom AG, steigt die Konkurrenz durch Privatisierungen von Staatskonzernen, Konzern-Spin-Offs und IPOs junger, zukunftsorientierter Wachstumsunternehmen um das zur Verfügung stehende Kapital. Das Interesse der Investoren ist ungebrochen. Durch die große Auswahl an Anlagealternativen setzt das Beschreiten des Wegs zur Börse allerdings mehr denn je eine intensive Vorbereitung voraus. Neben einer detaillierten Analyse der unternehmerischen Auswirkungen eines Börsenganges, der Erarbeitung einer Unternehmenskonzeption unter Einbeziehung des IPOs und technischer Maßnahmen zur Vorbereitung des Börsenganges (Umwandlung in eine Aktiengesellschaft) wird der Konzeption der Equity Story sowie einer über das IPO hinaus kontinuierlichen Kommunikationsstrategie eine hohe Bedeutung zukommen. Folglich wird ein Emittent, der die Finanzkommunikation als Instrument der langfristigen Unternehmensentwicklung erkennt und einsetzt, die Chancen des Kapitalmarktes besser nutzen und sich einen entscheidenden Vorteil im Wettbewerb um Vertrauen und Kapital verschaffen können.

Anmerkungen

(1) KUHN, Investment Banking, 1990, S. 245, definiert den Begriff Initial Public Offering wie folgt: „An initial public offering (IPO) is the first offering of a corporation's securities, usually common stock, to the general, investing public."

(2) Vgl. KOCH/WEGMANN, Going public im Mittelstand, 1998, S. 289.

(3) Vgl. ZACHARIAS, Börseneinführung mittelständischer Unternehmen, 1998, S. 21.

(4) Vgl. MACKEWICZ, Die Banken sind besser als ihr Ruf, 1999, S. 34.

(5) Vgl. RAUEN, Der Mittelstand – Motor für die deutsche Wirtschaft, 1999, S. 13.

(6) Vgl. KOCH/WEGMANN, Going public im Mittelstand, 1996, S. 306.

(7) Eine aktuelle Studie des DAI, Aktie versus Rente, 1999, belegt eindrucksvoll die Überlegenheit der Aktie gegenüber festverzinslichen Wertpapieren bei der langfristigen Geldanlage.

(8) Vgl. Deutsche Morgan Grenfell, IPHORIA: Rocketing into a New Age, 1998, S. 129.

(9) Vgl. EASDAQ, Primary Market Statistics, 1999, S. 1.

(10) Vgl. WEILER, Der Neue Markt – Eine Erfolgsstory, 1999, S. 26.

(11) Vgl. KÜFFER, Der Gang eines mittelständischen Unternehmens an die Börse, 1992, S. 48, geht hierbei von einem Jahresumsatz von DM 30-50 Mio. aus, die allerdings unterschritten werden dürften sofern gute Wachstumschancen bestünden. FRANCIONI/GUTSCHLAG, Der Neue Markt, 1998, S. 30, hingegen gehen von einem

Jahresumsatz von DM 100 Mio. aus, das Unternehmen sollte zudem eine Umsatzrendite von 3-6 % aufweisen und Marktführer seiner Branche sein.

(12) Vgl. WEILER, Der Neue Markt – Eine Erfolgsstory, 1999, S. 27.

(13) Vgl. BLÄTTCHEN/JACQUILLAT, Börseneinführung, 1999, S. 52.

(14) Dazu gehören hohe Publizitäts- und Transparenzanforderungen wie internationale Rechnungslegungsstandards sowie regelmäßige Analystentreffen. Des weiteren fördert ein Market-Maker-System, das Konzept der Designated Sponsors, die Liquidität im Sekundärmarkt.

(15) Vgl. o.V., Erfolgsgeschichte des Neuen Markts hat die Fachleute überrascht, 1999, S. 26.

(16) Vgl. FRANCIONI, Zehn Monate Neuer Markt: Anlass zu Optimismus, 1998, S. 14.

(17) Vgl. NIQUET, Die Generations X am Neuen Markt: Anlass zu Optimismus, 1999, S. 10.

(18) Vgl. WEGGEN, Going Public, 1997, S. 40 f., die darauf hinweist, dass das Emissionsvolumen von DM 19,7 Mrd. DM zu 51,9 % bei privaten Anlegern platziert wurde. Ihr kann eine detaillierte Beschreibung des Marketingkonzeptes der Deutschen Telekom AG entnommen werden.

(19) Vgl. BETZ/SCHWARZ, „Kickdown" für die deutsche Aktienkultur, 1999, S. B 2.

(20) Vgl. FLACH/SCHWARZ, Kleinanleger etablieren sich am Aktienmarkt, 1998, S. B 1.

(21) Vgl. Deutsche Morgan Grenfell, IPHORIA: Rocketing into a New Age, 1998, S. 15.

(22) Vgl. FLACH/SCHWARZ, Der Mittelstand kommt langsam, aber gewaltig, 1999, S. B 1.

(23) Vgl. LÖHR, „Geburtstagskind" beschenkt sich und andere, 1999, S. B 10.

(24) Hierbei sind zu nennen: Das Gesetz zu Pensions-Sondervermögen, das Gesetz zur Kontrolle und Transparenz im Unternehmensbereich (KonTraG), das dritte Finanzmarktförderungsgesetz sowie das Stückaktiengesetz.

(25) Vgl. STARK, Risikokapitalfinanzierung über die Börse – die Rolle der Politik, 1998, S. 13.

(26) Vgl. FRANCIONI, Zehn Monate Neuer Markt: Anlass zu Optimismus, 1998, S. 15.

(27) Vgl. BETZ/WEBER, Wachstumspotentiale besser ausschöpfen, 1998, S. 48. Eine der ersten Gesamtmarkteinschätzungen stammt von der Investment Division der United Bank of Switzerland, SBC Warburg Dillon Read, aus dem Juni 1998.

(28) Vgl. BÜRKIN/WEBER, Eine erfolgreiche Betreuerfunktion erhöht das Image, 1998, S. B 2.

(29) Vgl. FRANCIONI, Zehn Monate Neuer Markt: Anlass zu Optimismus, 1998, S. 16.

(30) Vgl. Deutsche Bank Research, Neuer Markt: Das Ende der Pubertät, 1999, S. 38.

(31) Vgl. Coopers & Lybrand/BVK, Venture Capital, 1998, S. 6, geht im Rahmen einer empirischen Untersuchung auf die positiven Wirkungen von Beteiligungskapital auf den Unternehmenserfolg ein.
(32) Vgl. VOSS, Eine Partnerschaft auf Zeit, 1999, S. 88 ff. beschreibt die Optimierung der Vorbereitung des Börsenganges von jungen, innovativen Unternehmen durch Beteiligungspartner.
(33) Interne Neuemissionsdatenbank der Bankgesellschaft Berlin AG.
(34) Vgl. Deutsche Morgan Grenfell, IPHORIA: Rocketing into a New Age, 1998, S. 13.
(35) Vgl. Verlag Hoppenstedt, Chancen und Risiken am Neuen Markt, 1999, S. 17 f.
(36) Vgl. DG Bank, Neuer Markt, 1999, S. 9.
(37) Vgl. WestLB Panmure, Wachstumsmärkte in Europa, 1999, S. 10.
(38) Deutsche Bank Research, Neuer Markt: Das Ende der Pubertät, 1999, S. 13 ff. enthält eine ausführliche Tabelle mit den für die Unternehmen des Nemax 50 wesentlichen Kennzahlen.
(39) Vgl. RUHKAMP, Institutionelle prägen den Neuen Markt, 1999, S. 3, der darauf hinweist, dass der Nemax 50 in Zukunft als Basis derivativer Produkte dienen wird.
(40) Vgl. Deutsche Bank Research, Neuer Markt: Das Ende der Pubertät, 1999, S. 17 f.
(41) Vgl. Verlag Hoppenstedt, Chancen und Risiken am Neuen Markt, 1999, S. 10.
(42) Vgl. Deutsche Bank Research, Neuer Markt: Das Ende der Pubertät, 1999, S. 38.
(43) Vgl. BLÄTTCHEN/JACQUILLAT, Börseneinführung, 1999, S. 62.
(44) Vgl. o.V., Europas Börsen schaffen einen Euro-Aktienmarkt, 1999, S. 25.
(45) Vgl. BECKER, Von einheitlichen Standards noch weit entfernt, 1999, S. B 12.
(46) Vgl. WestLB Panmure, Wachstumsmärkte in Europa, 1999, S. 15.
(47) Vgl. DG Bank, Neuer Markt, 1999, S. 5.
(48) Vgl. FRANCIONI, Das Börsenhandelssystem Xetra®, 1997, S. 41 ff., dem eine ausführliche Beschreibung des Börsenhandelssystems entnommen werden kann.
(49) Vgl. Deutsche Börse, Neuer Markt Primärmarktstatistik, 1999, S. 1 ff.
(50) Vgl. RUHKAMP, Institutionelle prägen den Neuen Markt, 1999, S. 3.
(51) Vgl. Nguyen-Khac/Käß, Manager auf Zeit, 1999, S. 38.
(52) Vgl. STANGNER/MOSER, Going Public: Praktische Umsetzung des Börsengangs, 1999, S. 759.
(53) Vgl. BLÄTTCHEN/JACQUILLAT, Börseneinführung, 1999, S. 84.
(54) Vgl. WALTHER, Alles unter einem Dach, 1999, S. 121.
(55) Vgl. KNORR, Für die Zukunft am Parkett fit machen, 1999, S. B 16.
(56) Vgl. BLÄTTCHEN/JACQUILLAT, Börseneinführung, 1999, S. 84. TROBITZ/SCHWARZ, Die Genesis eines Börsengangs, 1999, S. 166, gehen hingegen davon aus, dass ein

IPO in drei Monaten durchführbar ist. Nach den Erfahrungen der Bankgesellschaft Berlin AG ist dieser Zeitrahmen ambitioniert.

(57) Vgl. JUNGE, Professionelle Unterstützung beim Börsengang, 1999, S. B 13.
(58) Vgl. GRUNDMANN, Going Public in der Expansionsphase, 1997, S. 67.
(59) Vgl. VOSS, Eine Partnerschaft auf Zeit, 1999, S. 69.
(60) Vgl. DAI, Erfahrungen von Neuemittenten am deutschen Aktienmarkt 1998, 1999, S. 11.
(61) Vgl. dazu BLÄTTCHEN, Antriebsfedern für einen Börsengang aus praktischer Sicht, 1998, S. 38. Im Durchschnitt über alle Neuemissionen der Jahre 1985 bis 1997 erhöhte sich die Eigenkapitalquote von etwa 26 % vor der Emission auf 42 % nach dem Börsengang.
(62) Vgl. ZIEGENHAIN/HELMS, Der rechtliche Rahmen für das Going Public, 1998, S. 1418.
(63) Vgl. BLÄTTCHEN/JACQUILLAT, Börseneinführung, 1999, S. 27.
(64) Vgl. RÖDL/ZINSER, Going Public, 1999, S. 87.
(65) Vgl. BLÄTTCHEN, Antriebsfedern für einen Börsengang, 1998, S. 38.
(66) DAI, Erfahrungen von Neuemittenten am deutschen Aktienmarkt 1998, 1999, S. 13, bestätigt diese Effekte. Alle Neuemittenten des Jahres 1998 am Neuen Markt erreichten eine Steigerung des Bekanntheitsgrades.
(67) Vgl. BOMMERT, Die Mitarbeiterbeteiligung im Rahmen der Börseneinführung, 1999, S. 227 ff., stellt detailliert die Vor- und Nachteile von Stock-Options und Belegschaftsaktien dar.
(68) Vgl. MARK, Emissionskonzept mit Gütesiegel?, 1999, S. 44.
(69) Vgl. KUHN, Investment Banking, 1990, S. 245.
(70) Vgl. BLÄTTCHEN, Warum Sie überhaupt an die Börse gehen sollten, 1998, S. 8.
(71) Vgl. FRANCIONI/GUTSCHLAG, Der Neue Markt, 1998, S. 33.
(72) Vgl. NIQUET, Das Ende des Kapitalmarktes, 1997, S. 57.
(73) Vgl. Deutsche Börse, Infoordner Neuer Markt, 1999, S. 5.
(74) BLÄTTCHEN, Warum Sie überhaupt an die Börse gehen sollen, 1998, S. 9 merkt an, dass heutzutage vor allem die nachhaltige Ertragskraft und die Ertragsdynamik eine wichtige Rolle spielen.
(75) Vgl. BETSCH/GROH/LOHMANN, Corporate Finance, 1998, S. 271.
(76) Vgl. MÜNCHHAUSEN, Equity Story, 1999, S. 47.
(77) Vgl. KNORR, Kriterien der Börsenreife, 1999, S. 20.
(78) Vgl. STANGNER/MOSER, Going Public: Praktische Umsetzung des Börsengangs, 1999, S. 760.
(79) Vgl. NIQUET, Das Ende des Kapitalmangels, 1997, S. 58.

(80) Vgl. dazu RÖDL/ZINSER, Going Public, 1999, S. 120 f., die treffend anmerken, dass die Emissionsfähigkeit bei jungen Wachstumsunternehmen am Neuen Markt aufgrund der Investorenakzeptanz ein größeres Erfolgspotential bedingt als bei etablierten Emittenten.

(81) Vgl. KNORR, Kriterien der Börsenreife, 1999, S. 20. Die konsortialführende Bank hat demnach die Plausibilität der Planungsrechnung im Rahmen des Vorprüfungsverfahrens gegenüber der Deutschen Börse AG zu bestätigen.

(82) Vgl. RÖDL/ZINSER, Going Public, 1999, S. 125.

(83) Vgl. FRIEDRICH, Kriterien zur Beurteilung von Organisation und Prozessen, 1996, S. 143.

(84) Vgl. RÖDL/ZINSER, Going Public, 1999, S. 123.

(85) Vgl. WOLFF, Going Public in der Schweiz, in Deutschland und in den USA, 1994, S. 53.

(86) Vgl. LUBOS, Effizientes Unternehmenscontrolling – wesentliches Element eines gelungenen Börsengangs, 1996, S. 181 und SEIBEL, Anforderungen an das Controlling, 1999, S. 30.

(87) Vgl. NIQUET, Das Ende des Kapitalmangels, 1997, S. 59. NGUYEN-KHAC/KÄß, Manager auf Zeit, 1999, S. 38, messen der Rekrutierung eines meistens noch nicht vorhandenen Ressortverantwortlichen für Finanzen und Controlling ein hohe Bedeutung bei, um den Anforderungen des Kapitalmarkts hinsichtlich der Führungs- und Kommunikationssysteme gerecht zu werden.

(88) Vgl. LEJEUNE, Der Börsengang der ce CONSUMER ELECTRONIC AG, 1999, S. 261.

(89) BENZ/KIWITZ, Das Regelwerk des Neuen Marktes, 1999, S.67 merken an, dass eine erfolgreiche Präsentation die Regel zu sein scheint. Nur rund 6 von 100 Unternehmen werden abgelehnt.

(90) Vgl. Deutsche Börse, Infoordner Neuer Markt, 1999, S. 31.

(91) Vgl. ZACHARIAS, Börseneinführung mittelständischer Unternehmen, 1998, S. 102.

(92) Vgl. GROß, Die börsengesetzliche Prospekthaftung, 1999, S. 199 ff., verweist dabei auf die völlige Neufassung der Prospekthaftungsregeln im Rahmen des dritten Finanzmarktförderungsgesetzes, um der zunehmenden Internationalisierung der Kapitalmärkte Rechnung zu tragen.

(93) Vgl. BENZ/KIWITZ, Das Regelwerk des Neuen Marktes, 1999, S. 56.

(94) Vgl. NIENSTEDT/SIEWERT, Die Biotech AG geht an den Neuen Markt, 1999, S. 12.

(95) Vgl. dazu ausführlich RAMIN, International Accounting Standards (IAS) als zukünftiger Internationaler Rechnungslegungsstandard für globale Börsenzulassungen, 1998, S. 189 f.

(96) Vgl. WEBER/HAYN, ADRs und US-Rechnungslegung, 1998, S. 176 f., wonach für Nicht-amerikanische Unternehmen, die eine Notierung am NASDAQ National Market anstreben, die Rechnungslegung nach US-GAAP zwingende Vorschrift ist.

(97) Vgl. BENZ/KIWITZ, Das Regelwerk des Neuen Marktes, 1999, S. 57.
(98) Vgl. HARRER/JANSSEN, Der Börsenplatz muss richtig gewählt werden, 1999, S. B 12.
(99) Vgl. ZACHARIAS, Börseneinführung mittelständischer Unternehmen, 1998, S. 103.
(100) Vgl. STANGNER/MOSER, Going Public: Praktische Umsetzung des Börsengangs, 1999, S. 761.
(101) Vgl. TROBITZ/SCHWARZ, Die Genesis eines Börsengangs, 1999, S. 187.
(102) Vgl. KIRCHHOFF, Going Public – kein Fall für provinzielles Management, 1999, S. 29.
(103) Vgl. DELHOUGNE/MENGES, Kommunikation zum Börsengang, 1999, S. 71.
(104) Vgl. MÜNCHHAUSEN, Equity Story, 1999, S. 48.
(105) Vgl. GEBSATTEL, Wehe dem, der nicht beachtet wird, 1999, S. 3.
(106) Vgl. HUNZINGER, Das Going Public wörtlich nehmen, 1999, S. 132.
(107) Vgl. NIEZOLD, Die Emissionspreisfindung, 1999, S. 55, der die Festlegung des Emissionspreises am oberen Ende der Bookbuildingspanne als ersten Erfolg der Neuemission wertet. Über die Nachhaltigkeit entscheidet jedoch die Sekundärmarktperformance.
(108) Vgl. STEFFEN, Das Zuteilungsprocedere bei Aktienemissionen, 1999, S. 61.
(109) Vgl. TROBITZ/SCHWARZ, Die Genesis eines Börsengangs, 1999, S. 187.
(110) Vgl. BAESSLER, Die (Finanz-) Kommunikation, 1999, S. 75.
(111) Vgl. ERNING/NEIDHART, Institutionelle – Schlüsselrolle beim Börsengang, 1999, S. B 3.
(112) Vgl. KIRCHHOFF, Kapitalmarkt-Kommunikation zum Börsengang, 1999, S. B 11.
(113) Vgl. SERFLING/GROßKOPF/RÖDER, Investor Relations in der Unternehmenspraxis, 1998, S. 272.
(114) Vgl. GEBSATTEL, Wehe dem, der nicht beachtet wird, 1999, S. 3.
(115) Vgl. Deutsche Börse, Infoordner Neuer Markt, 1999, S. 6.
(116) Vgl. Deutsche Bank Research, Neuer Markt: Das Ende der Pubertät, 1999, S. 31.
(117) Vgl. WEISE, The never ending Equity-Story, 1999, S. 78.
(118) Vgl. HARENBERG, IR nach festen Regeln, 1997, S. 10.
(119) Vgl. SERFAS, IR gewinnt zunehmend an strategischer Bedeutung, 1998, S. B 7.
(120) Vgl. BRÄUNIGER/BURKHARDT, Pressearbeit beim Going Public, 1996, S. 253.
(121) Vgl. DÜRR, Investor Relations, 1994, S. 1.
(122) Produkt-, Preis- und Distributionspolitik im Rahmen des Aktienmarketings beschreibt den Prozess der Entwicklung des Emissions- und Platzierungskonzepts bei einer Neuemission bzw. Kapitalerhöhung.
(123) Vgl. ZACHARIAS, Börseneinführung mittelständischer Unternehmen, 1998, S. 151.

(124) Vgl. BETSCH/GROH/LOHMANN, Corporate Finance, 1998, S. 278.
(125) Vgl. HUNZINGER, Das Going Public wörtlich nehmen, 1999, S. 132.
(126) Vgl. KIRCHHOFF, Kapitalmarkt-Kommunikation zum Börsengang, 1999, S. B 11.
(127) Vgl. KRYSTEK/MÜLLER, Investor Relations, 1993, S. 1785.
(128) Vgl. STRENGER, Investor Relations: Gestiegener Informationsanspruch, 1996, S. 467.
(129) Vgl. PAUL/ZIESCHANG, Wirkungsweise von Investor Relations, 1994, S. 1485.
(130) Vgl. SERFLING/GROßKOPF/RÖDER, Investor Relations in der Unternehmenspraxis, 1998, S. 273.
(131) Vgl. KRYSTEK/MÜLLER, Investor Relations, 1993, S. 1788.
(132) Vgl. PAUL/ZIESCHANG, Wirkungsweise von Investor Relations, 1994, S. 1486.
(133) Vgl. GÜNTHER/OTTERBEIN, Gestaltung der Investor Relations, 1996, S. 398.
(134) Vgl. dazu auch Kapitel 4.3., S. 74, das die Zielgruppen der Financial Public Relations vorstellt.
(135) Vgl. SERFLING/GROßKOPF/RÖDER, Investor Relations in der Unternehmenspraxis, 1998, S. 276.
(136) Vgl. GÜNTHER/OTTERBEIN, Die Gestaltung der Investor Relation, 1996, S. 395.
(137) Vgl. ZACHARIAS, Börseneinführung mittelständischer Unternehmen, 1998, S. 155.
(138) Vgl. SERFAS, Harte Fakten und visionäre Strategien, 1996, S. 17.
(139) Vgl. HAUBROK, Gezielte Kommunikation, 1998, S. 94.
(140) Vgl. DIEHL/LOISTL/REHKUGLER, Effiziente Kapitalmarktkommunikation, 1998, S. 17.
(141) Vgl. HAUBROK, Gezielte Kommunikation, 1998, S. 96.
(142) Vgl. ZACHARIAS, Börseneinführung mittelständischer Unternehmen, 1998, S. 160.
(143) Vgl. KRYSTEK/MÜLLER, Investor Relations, 1993, S. 1788.
(144) Vgl. KIRCHHOFF, Going Public – kein Fall für provinzielles Management, 1999, S. 29.
(145) Vgl. RÖDL/ZINSER, Going Public, 1999, S. 333.
(146) Vgl. HAUBROK, Investor Relations, Die Brücke zwischen Emittent und Anleger, 1998, S. 2.
(147) Dazu zählen beispielsweise ein hoher Verschuldungsgrad, eine mangelnde Ertragslage oder ein unqualifiziertes Management.
(148) Vgl. ZACHARIAS, Börseneinführung mittelständischer Unternehmen, 1998, S. 160.
(149) Vgl. PAUL/ZIESCHANG, Wirkungsweise der Investor Relations, 1994, S. 1487.
(150) Vgl. SERFAS, IR gewinnt zunehmend strategische Bedeutung, 1996, S. B 7.

(151) Vgl. LINK, Aktienmarketing, 1991, S. 9.
(152) Vgl. HUNZINGER, Das Going Public wörtlich nehmen, 1999, S. 137.
(153) Vgl. HAUBROK, Gezielte Kommunikation, 1998, S. 94.
(154) Vgl. MEISING/STÜRKEN, Das Ohr am Markt haben, 1997, S. B 14.
(155) Vgl. DELHOUGNE/MENGES, Kommunikation zum Börsengang, 1999, S. 73.
(156) Vgl. GÜNTHER/OTTERBEIN, Die Gestaltung der Investor Relations, 1996, S. 402.
(157) Vgl. HAUBROK, Analysten-Präsentation, 1999, S. 76.
(158) Vgl. ERNING/NEIDHART, Institutionelle – Schlüsselrolle beim Börsengang, 1999, S. B 3.
(159) Vgl. ERNING/NEIDHART, Institutionelle – Schlüsselrolle beim Börsengang, 1999, S. B 3.
(160) Vgl. MARTIN, Auf die richtige Aufgabenteilung kommt es an, 1998, S. B 11.
(161) Vgl. KIRCHHOFF, Kapitalmarkt-Kommunikation zum Börsengang, 1998, S. B 11.
(162) Vgl. KRYSTEK/MÜLLER, Investor Relations, 1993, S. 1788.
(163) Vgl. TSCHUGG/GLEISNER, Mit den Anteilseignern sprechen, 1999, S. B 11.
(164) Vgl. HAUBROK, Gezielte Kommunikation, 1998, S. 93.
(165) Vgl. GÜNTHER/OTTERBEIN, Die Gestaltung von Investor Relations, 1996, S. 403.
(166) DAI, Erfahrungen von Neuemittenten am deutschen Aktienmarkt, 1999, S. 18, kam bei ihrer Erhebung unter den Emittenten des Jahres 1998 auf 95 % der Unternehmen mit einer Notierung am Neuen Markt, die über eine eigene Investor-Relationsabteilung verfügen.
(167) GLAUM, Kapitalmarktorientierung deutscher Unternehmungen, 1998, S. 72, stellte bereits 1998 im Rahmen einer empirischen Untersuchung unter den DAX-30-Unternehmen eine hohe Kapitalmarktorientierung fest.
(168) Vgl. SERFAS, IR gewinnt zunehmend strategische Bedeutung, 1998, S. B 7.
(169) Vgl. HARENBERG, IR nach festen Regeln, 1997, S. 10.
(170) Vgl. KRUESMANN, Aufbau und Pflege eine Investorenkreises in den USA, 1998, S. 283.
(171) Vgl. HARENBERG, IR nach festen Regeln, 1997, S. 10.
(172) Vgl. DIEHL/LOISTL/REHKUGLER, Effiziente Kapitalmarktkommunikation, 1998, S. 1.
(173) Vgl. SERFAS, IR gewinnt zunehmend strategische Bedeutung, 1998, S. B 7.
(174) Vgl. ROßMANN, Besonderheiten bei Emissionen im Neuen Markt, 1998, S. B 1.
(175) Vgl. KRUESMANN/TSCHUGG, Verbundenheit mit dem Investor herstellen, 1998, S. B 12.
(176) Vgl. KIRCHHOFF, Kapitalmarkt-Kommunikation zum Börsengang, 1999, S. B 11.
(177) Vgl. HAUBROK, Gezielte Kommunikation, 1998, S. 95.

(178) Vgl. GÜNTHER/OTTERBEIN, Die Gestaltung der Investor Relations, 1996, S. 404.
(179) Vgl. KRYSTEK/MÜLLER, Investor Relations, 1993, S. 1787.
(180) Der Chat bietet analog zu einer Telefon-Konferenz die Möglichkeit über das Internet sich den Fragen der Financial Community zu stellen.
(181) Vgl. ALBRECHT, Internet-Emissionen – wie Emittenten profitieren, 1999, S. 122.
(182) Vgl. TSCHUGG/GLEISNER, Mit den Anteilseignern sprechen, 1999, S. B 11.
(183) Vgl. GÜNTHER/OTTERBEIN, Die Gestaltung der Investor Relations.
(184) Vgl. ZACHARIAS, Börseneinführung mittelständischer Unternehmen, 1998, S. 167.
(185) Vgl. RÖDL/ZINSER, Going Public, 1999, S. 357.
(186) Vgl. DÜRR, Investor Relations, 1994, S. 102.
(187) Vgl. KRUESMANN, Aufbau und Pflege eines Investorenkreises, 1998, S. 281.
(188) Vgl. MEISING/STÜRKEN, Das Ohr am Markt haben, 1997, S. B 14.
(189) Vgl. DIEHL/LOISTL/REHKUGLER, Effiziente Kapitalmarktkommunikation, 1998, S. 80 f.
(190) Vgl. DÜRR, Investor Relations, 1994, S. 101.
(191) Vgl. DÜRR, Investor Relations, 1994, S. 109.
(192) Vgl. HAUBROK, Gezielte Kommunikation, 1998, S. 96.
(193) Vgl. KAUFFMANN, Die Hauptversammlung als Forum der Aktionäre, 1997, S. B 14.
(194) Vgl. SERFAS/ARNOLD, Privataktionäre fordern mehr Information, 1999, S. B 1.
(195) Vgl. ROSEN, Hauptversammlung und neue Medien, 1998, S. 1.
(196) Vgl. GÜNTHER/OTTERBEIN, Die Gestaltung der Investor Relations, 1996, S. 409 f.
(197) Vgl. STRACKE, Call Center, 1999, S. 81.
(198) Vgl. REINERT/WEBER, Finanzkommunikation, 1996, S. 246.
(199) Vgl. LINK, Steigern Sie Ihren Bekanntheitsgrad, 1999, S. 83.
(200) Vgl. RÖDL/ZINSER, Going Public, 1999, S. 343.
(201) Vgl. KIRCHHOFF, Kapitalmarkt-Kommunikation zum Börsengang, 1998, S. B 11.
(202) Vgl. MEISING/STÜRKEN, Das Ohr am Markt haben, 1997, S. B 14.
(203) Vgl. o.V., Coca Cola bleibt die wertvollste Marke der Welt, 1999, S. 25.
(204) Vgl. KRUESMANN/TSCHUGG, Verbundenheit mit dem Investor herstellen, 1998, S. B 12.
(205) Vgl. HUNZINGER, Das Going Public wörtlich nehmen, 1999, S. 132.
(206) Vgl. RÖDL/ZINSER, Going Public, 1999, S. 343.
(207) Vgl. WEISE, The never ending Equity-Story, 1999, S. 78.

(208) Vgl. DAI, Erfahrungen von Neuemittenten am deutschen Aktienmarkt, 1999, S. 16.
(209) Vgl. ROHÉ, Wie Worte Kurse machen, 1999, S. 70. KIRCHHOFF, Kapitalmarkt-Kommunikation zum Börsengang, 1999, S. B 11, geht hingegen davon aus, dass die Implementierung des Kommunikationspotentials auch noch bis drei Monate vor IPO möglich ist.
(210) Vgl. KIRCHHOFF, Kapitalmarkt-Kommunikation zum Börsengang, 1999, S. B 11.
(211) Vgl. HAUBROK, Investor Relations, Die Brücke zwischen Emittent und Anleger, 1998, S. 4.
(212) Vgl. REINERT/WEBER, Finanzkommunikation, 1996, S. 246.
(213) Vgl. TROBITZ/SCHWARZ, Die Genesis eines Börsengangs, 1999, S. 181.
(214) Vgl. KNORR, Die Rolle des Emissionsberaters, 1999, S. 160.
(215) Vgl. REINERT/WEBER, Finanzkommunikation, 1996, S. 246.
(216) Vgl. BRÄUNINGER/BURKHARDT, Pressearbeit beim Going Public, 1996, S. 262.
(217) Vgl. TSCHUGG/GLEISNER, Erfolgsfaktor Unternehmenskommunikation, 1998, S. B 10.
(218) Vgl. BAESSLER, Die (Finanz-) Kommunikation, 1999, S. 74.
(219) Vgl. REINERT/WEBER, Finanzkommunikation, 1996, S. 246.
(220) Vgl. KIRCHHOFF, Kapitalmarkt-Kommunikation, 1998, S. B 11.
(221) Vgl. KRUESMANN/TSCHUGG, Verbundenheit mit dem Investor herstellen, 1999, S. B 12.
(222) Vgl. NIEZOLD, Die Emissionspreisfindung, 1999, S. 55.
(223) Vgl. HAUBROK, Analysten-Präsentationen, 1999, S. 76.
(224) Vgl. ZACHARIAS, Börseneinführung mittelständischer Unternehmen, 1998, S. 173.
(225) Vgl. BLÄTTCHEN/JACQUILLAT, Börseneinführung, 1999, S. 176.
(226) Vgl. WEISE, The never ending Equity-Story, 1999, S. 78.
(227) Vgl. TSCHUGG/GLEISNER, Erfolgsfaktor Unternehmenskommunikation, 1998, S. B 10.
(228) Vgl. ROHÉ, Wie Worte Kurse machen, 1999, S. 69.
(229) Vgl. HUNZINGER, Das Going Public wörtlich nehmen, 1999, S. 143.
(230) Vgl. BRÄUNINGER/BURKHARDT, Pressearbeit beim Going Public, 1996, S. 263.
(231) Vgl. MARTIN, Auf die richtige Aufgabenteilung kommt es an, 1999, S. B 11.
(232) Vgl. DAI, Erfahrungen von Neuemittenten am deutschen Aktienmarkt, 1999, S. 13.
(233) Vgl. VOSSEN, Frankfurt auf dem Weg zur Euro-Börse, 1999, S. B 5.
(234) Vgl. FRANCIONI, Zehn Monate Neuer Markt: Anlass zu Optimismus, 1998, S. 15 f.

(235) Vgl. BLÄTTCHEN/JACQUILLAT, Börseneinführung, 1999, S. 237. Der Designated Sponsor stellt auf eigene Initiative oder auf Anfrage verbindliche Geld- und Brief-Kurse für einen Gegenwert von 20 000 Euro für die betreuten Werte, so dass eine Basisliquidität jederzeit sichergestellt ist.

(236) Vgl. Deutsche Börse, Infoordner Neuer Markt, 1999, S. 60.

(237) 7,7 % Prozent der befragten Börsenneulinge gaben an, nur über einen Designated Sponsor zu verfügen. Das verstößt nicht gegen das Regelwerk des Neuen Marktes. Unternehmen, die vor dem 15. November 1999 ihr Listing aufgenommen haben, müssen erst nach Ablauf von 12 Monaten einen zweiten Designated Sponsor mandatieren.

(238) Vgl. WEILER, Der Neue Markt – Eine Erfolgsstory, 1999, S. 37.

(239) Vgl. ROSEN, Unternehmen nach Emission künftig besser betreuen, 1996, S. 25.

(240) Vgl. BÜRKIN/WEBER, Eine erfolgreiche Betreuerfunktion erhöht das Image, 1998, S. B 2.

(241) Vgl. JESCHNER, Neuer Schwung für Aktie dank Betreuerkonzept, 1998, S. B 3.

(242) Vgl. Deutsche Börse, Infoordner Neuer Markt, 1999, S. 25.

(243) Vgl. PÖLLINGER/MORAW, Aufgaben der Emissionsbank nach dem Börsengang, 1999, S. 214

(244) Vgl. JESCHNER, Neuer Schwung für Aktie dank Betreuerkonzept, 1998, S. B 3 und auch WEILER, Der Neue Markt – Eine Erfolgsstory, 1999, S. 37.

(245) WEILER, Der Neue Markt – Eine Erfolgsstory, 1999, S. 37, ging je nach Leistungsumfang von einer jährlichen Pauschale in Höhe von 50 000 bis 100 000 DM aus, die damit für den Konsortialführer bestätigt werden kann.

(246) Vgl. JESCHNER, Neuer Schwung für Aktie dank Betreuerkonzept, 1998, S. B 3

(247) Vgl. BÜRKIN/WEBER, Eine erfolgreiche Betreuerfunktion erhöht das Image, 1998, S. B 2.

(248) Vgl. BÖSL, Die Auswahl der Emissionsbank, 1999, S. 52.

(249) Vgl. WALTHER, Alles unter einem Dach, 1999, S. 129.

(250) Vgl. STANGNER/MOSER, Going Public: Praktische Umsetzung des Börsengangs, 1999, S. 761.

(251) Das entspricht genau den Erfahrungswerten der Bankgesellschaft Berlin AG.

(252) Vgl. SCHUTH, Kosten eines IPOs, 1999, S. 63.

(253) Vgl. SCHUTH, Kosten eines IPOs, 1999, S. 63.

(254) Vgl. RÖDL/ZINSER, Going Public, 1999, S. 91 f.

(255) Vgl. TROBITZ/SCHWARZ, Die Genesis eines Börsengangs, 1999, S. 188.

(256) Vgl. SCHUTH, Kosten eines IPOs, 1999, S. 64.

(257) Vgl. REINERT/WEBER, Finanzkommunikation, 1996, S. 243.

(258) Vgl. KIRCHHOFF, Kapitalmarkt-Kommunikation zum Börsengang, 1998, S. B 11.

(259) Vgl. MARTIN, Auf die richtige Arbeitsteilung kommt es an, 1998, S. B 11.
(260) Vgl. TROBITZ/SCHWARZ, Die Genesis eines Börsengangs, 1999, S. 188.
(261) Vgl. dazu Kapitel 4.6, S. 107 f., das im Rahmen der empirischen Untersuchung auf die Vergütung der Designated Sponsors eingeht.
(262) Vgl. LINK, Aktienmarketing, 1991, S. 360 f.
(263) Vgl. SERFLING/GROßKOPF/RÖDER, Investor Relations in der Unternehmenspraxis, 1998, S. 278.
(264) Vgl. TSCHUGG/GLEISNER, Mit den Anteilseigner sprechen, 1999, S. B 11.
(265) Vgl. BILSTEIN/SCHUSTER, Internet – ergänzender Zeichnungsweg beim IPO, 1999, S. B 4.
(266) Vgl. TSCHUGG/GLEISNER, Erfolgsfaktor Unternehmenskommunikation, 1998, S. B 10.

Aktienrückkauf – Neue Gestaltungsmöglichkeiten für deutsche Unternehmen

Volker Brühl/Wolfgang S. Singer

1 Problemstellung

Es vergeht kaum ein Tag, an dem nicht Begriffe wie Globalisierung, Zukunftsfähigkeit des Standorts Deutschland, Innovation und Wettbewerb oder die Rolle der Global Player im internationalen Wettbewerb durch die Presse geistern. Spektakuläre Unternehmenszusammenschlüsse oder große M & A Transaktionen sind die Begleiterscheinungen dieser Phänomene, die wiederum durch Meldungen über ein Listing deutscher Unternehmen an ausländischen Börsen flankiert werden. Fragt man die Akteure nach dem Grund ihres Handelns, so ist die einhellige Antwort, dass zum Bestehen im internationalen Wettbewerb Wachstumsstrategien notwendig sind, die wiederum einer Finanzierung bedürfen. Anders als früher, wird der Kampf um die Wettbewerbsfähigkeit nicht mehr primär auf den Absatzmärkten ausgetragen, sondern auch auf den Beschaffungsmärkten der knappen Ressource Kapital. Allerdings können Unternehmen nur dann langfristig am Kapitalmarkt erfolgreich sein, wenn sie sich am Ziel der Steigerung des Marktwertes des Eigenkapitals, oder anders ausgedrückt, des 'Shareholder Values' orientieren.

Aktienrückkaufprogramme sind in den USA seit langem ein bewährtes Instrument zur Ausschüttung finanzieller Mittel und damit zur Optimierung der Kapitalstruktur mit dem Ziel der Generierung von Shareholder Value. Hintergrund eines gezielten Rückkaufs eigener Anteile ist die Überlegung, im Unternehmen nicht mehr benötigte Liquidität an die Aktionäre zurück zu zahlen und damit einer suboptimalen Ressourcenallokation vorzubeugen bzw. diese zu vermeiden.

Prinzipiell war auch in Deutschland bereits vor der Verabschiedung des Gesetztes zur Kontrolle und Transparenz im Unternehmensbereich (KonTraG) im April 1998 der Rückkauf eigener Anteile als Maßnahme der Ausschüttungspolitik nach § 71 (1) AktG möglich, doch nur im Zusammenhang mit einer ordentlichen Kapitalherabsetzung gemäß § 71 (1) Nr. 6 i.V.m. §§ 222ff. AktG. Diese Variante hatte aufgrund von Gläubigerschutzgesichtspunkten jedoch auf dem deutschen Kapitalmarkt nur theoretischen Charakter (1).

Erst durch die rechtlichen Änderungen im Rahmen des KonTraG wurde die Durchführung von Aktienrückkäufen in Deutschland erleichtert und damit der internationalen Bedeutung von Rückkaufaktionen Rechnung getragen. Durch die Änderungen wurden einerseits die Möglichkeiten des Erwerbs erweitert und andererseits die Bilanzierung in bestimmten Fällen der internationalen Praxis angepasst.

Der folgende Aufsatz befasst sich mit der Vorteilhaftigkeit von Rückkaufprogrammen im Rahmen der wertorientierten Unternehmensführung (2) und stellt die bilanzielle und steuerliche Behandlung von eigenen Aktien dar.

2 Rechtliche Regelung des Erwerbs eigener Aktien

In Deutschland stellt der Erwerb eigener Aktien eine Form der Einlagenrückgewähr dar, die nach § 57 Abs. 1 Satz 1 AktG grundsätzlich unzulässig ist. Das Verbot der Einlagenrückgewähr dient der Erhaltung des haftenden Kapitals, soll die Gleichbehandlung der Aktionäre und die Aufrechterhaltung der Kompetenzverteilung zwischen Hauptversammlung und Vorstand gewährleisten (3).

2.1 Historische Entwicklung

Historisch betrachtet war dieses strenge Verbot nicht immer gegeben. Zwar wurde mit der ersten deutschen Aktienrechtsnovelle vom 11. Juni 1870 ein generelles Verbot des Erwerbs eigener Aktien ausgesprochen, doch bereits im Rahmen der zweiten Aktienrechtsnovelle vom 18. Juli 1884 in eine Sollvorschrift abgeschwächt und als § 226 ins Handelsgesetzbuch von 1897 übernommen (4). Hatten die Väter der ersten Aktienrechtsnovelle von 1870 noch argumentiert, dass der Erwerb eigener Aktien mit dem Wesen einer Aktiengesellschaft nicht in Einklang stehe, da Aktien die Berechtigung des einzelnen Teilhabers an der Gesellschaft darstellen, die Gesellschaft könne jedoch nicht zugleich als eine von den Aktionären zu unterscheidende Persönlichkeit und dann wiederum selbst als Aktionär erscheinen. Und darüber hinaus könne die Wahrnehmung der Rechte aus eigenen Aktien zu Unzuträglichkeiten führen. So wurde dieses strikte Verbot des Erwerbs eigener Aktien aufgrund kritischer Diskussionsbeiträge in der juristischen Literatur der damaligen Zeit, die im Wesentlichen den Erwerb zum Zwecke der Herabsetzung des Grundkapitals und zur Abwendung eines drohenden Schadens für die Gesellschaft anmahnten, durch die zweite Aktienrechtsnovelle modifiziert und als § 266 ins HGB vom 10. Mai 1897 übernommen. Dieser Paragraph legte nunmehr fest: „... Die AG soll eigene Aktien im regelmäßigen Geschäftsbetriebe, sofern nicht eine Kommission zum Einkauf ausgeführt wird, weder erwerben noch zum Pfande nehmen ..." (5).

Durch die Änderung des strikten Verbots in eine Sollvorschrift, aber vor allem durch die Abschwächung ausgedrückt durch den Begriff 'im regelmäßigen Geschäftsbetrieb' konnte im Umkehrschluss abgeleitet werden, dass außerhalb des regelmäßigen Geschäftsbetriebes der Erwerb eigener Aktien uneingeschränkt erlaubt war. Daraus entwickelte sich die weitverbreitete Praxis, zum Zwecke der Kurspflege eigene Aktien zu erwerben. Mit der Weltwirtschaftskrise der Jahre 1929 bis 1931 und den dadurch ausgelösten Kursstürzen der Aktienmärkte wurde eine Spirale ausgelöst, die am Ende den Konkurs zahlreicher Gesellschaften zur Folge hatte. Die ökonomische Begründung diese Phänomens lag in durch den Kursverfall ausgelösten Wertberichtigungsbedarf bei den Gesellschaften, der die Ertragslage verschlechterte und damit wiederum weiteren Kursverfall auslöste. In Reaktion auf diese Missstände erließ der Gesetzgeber im Rahmen einer Notverordnung vom 19. September 1931 im § 226 Abs.1 HGB ein generelles Verbot des Erwerbs eigener Aktien, welches im Grundsatz erst durch das KonTraG vom April 1998 abgeschwächt wurde.

2.2 Geltendes Recht

In Deutschland ist der Erwerb eigener Aktien in den §§ 71ff. AktG geregelt, wobei der Gesetzgeber vom generellen Verbot zwei Ausnahmen unterscheidet (6).

Die eine Ausnahme des generellen Verbots des Erwerbs eigener Aktien wird im § 71 Abs. 1 AktG geregelt. Demzufolge darf die Gesellschaft eigene Aktien im Volumen bis höchstens 10% des Grundkapitals erwerben,

- wenn der Erwerb notwendig ist, um einen schweren, unmittelbar bevorstehenden Schaden von der Gesellschaft abzuwenden (§ 71 Abs. 1 Nr. 1).

- wenn die Aktien Personen, die im Arbeitsverhältnis zu der Gesellschaft oder einem mit ihr verbundenen Unternehmen stehen oder standen, zum Erwerb angeboten werden sollen (§ 71 Abs. 1 Nr. 2). Die Ausgabe muss innerhalb eines Jahres erfolgen und gilt nicht für Mitglieder des Vorstandes.

- wenn die erworbenen Aktien als Abfindung für Minderheitsaktionäre bei Eingliederung, Verschmelzung o.ä. dienen (§ 71 Abs. 1 Nr. 3).

- wenn ein Kredit- oder Finanzinstitut sie auf Grundlage eines Hauptversammlungsbeschlusses zum Zwecke des Wertpapierhandels erwirbt. Die Ermächtigung der Hauptversammlung wird auf 18 Monate beschränkt (§ 71 Abs. 1 Nr. 7).

- wenn der Erwerb unentgeltlich geschieht oder ein Kreditinstitut mit dem Erwerb eine Einkaufskommission ausführt (§ 71 Abs. 1 Nr. 4). Aktien, die im Rahmen des § 71 Abs. 1 Nr. 4 erworben wurden, unterliegen jedoch nicht der 10% Vorschrift (§ 71 Abs. 2 AktG).

Im Rahmen des KonTraG wurde eine Nr. 8 dem §71 Abs. 1 AktG hinzugefügt. Demnach kann der Vorstand aufgrund einer höchstens 18 Monate geltenden Ermächtigung der Hauptversammlung Aktien mit einem Gesamtvolumen aller eigener Aktien von bis zu 10% des Grundkapitals der Gesellschaft zurückkaufen. Die zeitliche Befristung bezieht sich hierbei ausschließlich auf den Erwerb und nicht auf das Halten der Aktien.

Allerdings muss die Ermächtigung den niedrigsten und höchsten Gegenwert für die zu erwerbenden Aktien enthalten. Der Handel in eigenen Aktien als Zweck des Rückkaufprogramms ist jedoch ausgeschlossen, nicht jedoch die Verwendung dieser Aktien für Stock Option-Pläne für das Management.

Diese oben aufgeführten Ausnahmen sind gemäß § 71 Abs. 2 AktG nur dann zulässig, wenn die Gesellschaft die nach § 272 Abs. 4 des Handelsgesetzbuchs vorgeschriebenen Rücklagen für eigene Aktien bilden kann, ohne das Grundkapital oder eine nach Gesetz oder Satzung zu bildende Rücklage zu mindern, die nicht zu Zahlungen an die Aktionäre verwandt werden darf.

Die zweite Ausnahme des generellen Verbots regelt der § 71 Abs. 1 Nr. 5 AktG. Demzufolge ist der Erwerb von eigenen Anteil an keine Bedingung geknüpft, wenn es zu einen Erwerb durch Gesamtrechtsnachfolge kommt oder die Aktien für eine Kapitalherabsetzung vorgesehen sind.

Das generelle Verbot des Erwerbs eigener Aktien ist durch eine Reihe von Rechtsfolgen abgesichert. Hier steht neben der Unwirksamkeit des Verpflichtungsgeschäfts (§ 71 Abs. 4 AktG) die Pflicht der Weiterveräußerung gemäß § 71c AktG innerhalb eines Jahres, wenn sie unter Verstoß gegen § 71 Abs. 1 oder 2 AktG erworben wurden bzw. die Pflicht der Weiterveräußerung des Teils des Nennbetrages von eigenen Aktien innerhalb von drei Jahren, der mehr als 10% des Grundkapitals ausmacht, wenn die Aktien zwar gemäß § 71 Abs. 1 AktG in zulässiger Weise erworben wurden, der Gesamtnennbetrag der eigenen Aktien 10% des Grundkapitals übersteigt. Werden die Aktien nicht gemäß § 71c Abs. 1 oder 2 veräußert, tritt Absatz 3 in Kraft, der eine Einziehung gemäß § 237 AktG bewirkt. Darüber hinaus existiert noch eine Sanktionierung einer Ordnungswidrigkeit gemäß § 405 Abs. 1 Nr. 4 AktG. Das generelle Verbot erstreckt sich auch auf den Fall eines Umgehungsgeschäfts (§ 71a AktG), bei dem eine Gesellschaft durch Kreditgewährung einem Dritten den Kauf der eigenen Aktien finanziert.

3 Aktienrückkäufe als Instrument zur Erhöhung des Shareholder Value (7)

Fachleute, insbesondere aus der Bank- und Börsenpraxis, betonten seit geraumer Zeit die Vorteilhaftigkeit von Aktienrückkäufen, verwiesen auf dessen Bedeutung für eine Stärkung des Finanzplatzes Deutschland und waren maßgeblich an der Änderung entsprechender gesetzlicher Voraussetzungen beteiligt. Andere Stimmen hielten die Bedeutung von Aktienrückkäufen als Instrument des Passiv-Managements für eher begrenzt, da sich eine Erhöhung des leverage der Kapitalstruktur ebenso gut durch eine flexible Handhabung der Fremdfinanzierung, Dividendenzahlungen oder Kapitalherabsetzungen erzielen lassen. Vor diesem Hintergrund sollen in diesem Abschnitt die Voraussetzungen für die Generierung von Wertsteigerungen durch Aktienrückkäufe näher analysiert werden. Darüber hinaus werden unterschiedliche Gestaltungsoptionen für die Durchführung von Buybacks vorgestellt.

Der Grundgedanke einer am Shareholder Value orientierten Unternehmensführung besteht in der Ausrichtung von Unternehmensstrategie und -politik auf die Maximierung des Marktwertes des Eigenkapitals und damit des Vermögens der Anteilseigner. Als geeignetes Instrumentarium, mit dessen Hilfe Entscheidungen zur Maximierung des Unternehmenswertes operationalisiert werden können, wird gemeinhin die Discounted Cash Flow-Methode (DCF) zur Unternehmensbewertung angesehen, die auf die zukünftigen Cash Flows des Unternehmens abstellt.

Jedoch ermöglicht auch die DCF-Methode nicht die Ableitung eines „objektiv" gegebenen Unternehmenswertes. Vielmehr hängt die Höhe des Unternehmenswertes von den Erwartungen über die zukünftige Entwicklung des Free Cash Flows ab. Heterogene Erwartungen und Informationsstände der Kapitalmarktteilnehmer, asymmetrisch verteilte Information zwischen Management und Kapitalgebern sowie z.T. nicht rational erklärbare kursbeeinflussende Faktoren („noise") bewirken, dass der Börsenwert in der Regel nicht mit dem „theoretischen" Wert des Unternehmens aus der Sicht des Bewertenden übereinstimmt. Es ist daher nicht verwunderlich, wenn Aktienanalysten ein und dieselbe Aktie als über-, andere als unterbewertet einstufen.

Weicht der Börsenwert V_b des Unternehmens vom „fair value" des Unternehmens V_f aus der Sicht des Managements ab, so ergibt sich eine Wertlücke (GAP).

(1) $GAP = V_b - V_f$

Mögliche Ursachen für eine Wertlücke können unausgenutzte Wertsteigerungspotentiale oder deren unterschiedliche Bewertung durch Management und Anteilseigner sein. Bezeichnet V_p den durch konsequente Ausnutzung aller Wertsteigerungspotenziale erzielbaren potenziellen Unternehmenswert, so lässt sich analytisch eine vorhandene Wertlücke in zwei Komponenten, nämlich in eine sog. „fundamentale Wertlücke" und eine sogenannte „bewertungsbedingte Wertlücke", aufteilen.

(2) $GAP = \underbrace{(V_b - V_p)}_{\text{bewertungsbedingte Wertlücke}} + \underbrace{(V_p - V_f)}_{\text{fundamentale Wertlücke}}$

Die fundamentale Wertlücke bezeichnet die Differenz zwischen dem gegenwärtigen und dem unter Ausnutzung sämtlicher Wertsteigerungspotenziale erzielbaren potenziellen Unternehmenswert. Diese ergibt sich aus dem Net Present Value aller bisher nicht ausgeschöpften internen Restrukturierungspotenziale, den Wertpotenzialen aus der Optimierung des Geschäftsfeldportfolios durch Akquisitionen oder Desinvestments sowie einem Wertbeitrag durch Optimierung der Finanzierungsstruktur. Maßnahmen zur Ausschöpfung interner und externer Wertpotenziale lassen sich unter dem Begriff „Business

Reengineering" zusammenfassen. Maßnahmen zur Reduzierung der Kapitalkosten und zur Optimierung des Cash Managements sollen im Folgenden unter dem Begriff „Financial Reengineering" subsumiert werden (8).

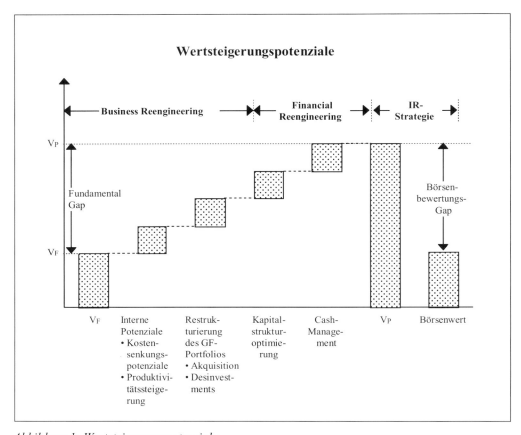

Abbildung 1: Wertsteigerungspotenziale

Die konsequente Ausschöpfung aller Wertpotenziale schlägt sich jedoch nur dann in einer entsprechenden positiven Aktienkursentwicklung nieder, wenn im Rahmen eines umfassenden Investor Relations-Konzeptes ein kontinuierlicher Informationstransfer zwischen Management und Aktionären Transparenz und Vertrauen in die zukünftige Unternehmensentwicklung schafft.

3.1 Wertpotenziale von Buybacks

Share Buybacks können einen Beitrag sowohl zur Schließung der bewertungsbedingten als auch der fundamentalen Wertlücke leisten. Im Folgenden soll konzeptionell zwischen primären und sekundären Wertsteigerungseffekten unterschieden werden.

Unter primären Effekten von Aktienrückkäufen sollen alle Auswirkungen verstanden werden, die den fundamentalen Unternehmenswert direkt erhöhen, d.h. Effekte, die direkt vom Management gesteuert werden können. Share Buybacks können den Unternehmenswert erhöhen, wenn die Aktie am Markt unterbewertet ist, das Unternehmen über zusätzliches Fremdfinanzierungspotenziale verfügt oder aber überschüssige Liquiditätsreserven hält. Werden die ökonomischen Motive für den Rückkauf glaubwürdig kommuniziert, kann das Rückkaufprogramm die Aktionäre zu einer veränderten Börsenbewertung veranlassen. Unterstellt man eine glaubhafte Vermittlung der Motive von Rückkaufprogrammen durch das Management, dann kann zwischen einer einfachen Kursniveauerhöhung, die lediglich die fundamentale Wertsteigerung des Unternehmens widerspiegelt und Kurserhöhungen motiviert durch Änderungen der Wachstumserwartungen sowie aufgrund einer Reduzierung der zukünftigen erwarteten Kapitalkosten der Investoren unterschieden werden. Da diese Effekte regelmäßig erst durch die Ausschöpfung realer Wertpotenziale ausgelöst werden, sollen diese Signaleffekte als sekundäre Effekte bezeichnet werden.

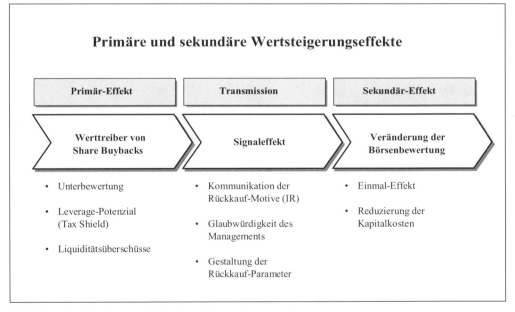

Abbildung 2: Primäre und sekundäre Wertsteigerungseffekte

Ausgangspunkt für die Analyse der wertbestimmenden Faktoren von Share Buybacks ist der gegenwärtige fair value des Unternehmens aus der Sicht des Managements auf der Grundlage der gegenwärtig verfolgten Unternehmensstrategie (9). Mit Hilfe der Discounted Cash Flow-Methode lässt sich der Gesamtwert des Unternehmens, d.h. die Summe der Marktwerte von Eigen- und Fremdkapital, als Barwert der mit den gewogenen Kapitalkosten („weighted average costs of capital") abdiskontierten Free Cash Flows to Firm ermitteln (10).

$$(3)\ V_f = EK + FK = \sum_i \frac{FCF_i}{(1+wacc_i)^i}$$

Die weighted average costs of capital „wacc" ergeben sich aus den mit den relativen Anteilen am Gesamtkapital gewichteten Eigen- bzw. Fremdkapitalkosten (11).

$$(4)\ wacc = \frac{EK}{EK+FK} \cdot r_e + \frac{FK}{EK+FK} \cdot (1-t) \cdot i$$

Alternativ lassen sich die wacc auch wie folgt formulieren, wenn ρ die Kapitalkosten bei reiner Eigenfinanzierung repräsentiert (12).

$$(5)\ wacc = \rho \cdot \{1 - t \cdot (\frac{FK}{EK+FK})\}$$

Die Eigenkapitalkosten werden nach Ertragsteuern auf Unternehmensebene ermittelt, die Fremdkapitalkosten aufgrund der steuerlichen Abzugsfähigkeit von Fremdkapitalzinsen um den Faktor $(1-t)$ korrigiert. t bezeichnet den Ertragsteuersatz auf Unternehmensebene (13).

Der Unternehmenswert lässt sich bei einer konstanten Wachstumsrate g des Free Cash Flow im bekannten Gordon Growth Modell darstellen (14).

$$(6)\ V_f = \frac{FCF}{wacc - g} = \frac{FCF}{\rho - g} + t \cdot FK\ ; g < \rho, wacc$$

3.1.1 Primäre Effekte von Aktienrückkäufen

Die Determinanten der primären Werthebel sollen im einfachen Gordon Growth Modell analysiert werden. Dadurch wird deutlich, für welche Unternehmen ein Rückkauf sinnvoll sein kann und welche Einflussgrößen die Höhe eines möglichen rückkaufbedingten Wertzuwachses bestimmen.

Share Buybacks als Investitionsentscheidung

Falls die Aktie eines Unternehmens an der Börse unterbewertet ist, d.h. der Börsenwert niedriger als der fundamentale Unternehmenswert ist, stellt ein Rückkauf von eigenen Aktien eine Transaktion mit einem positiven Net Present Value (NPV) für die verbleibenden Aktionäre dar, da der Barwert der auf die zurückgekauften Aktien entfallenden

Cash Flows höher ist als der Kaufpreis. Die Investition eines Unternehmens in eigene Aktien stellt insofern keine ausschließlich kapitalstrukturmotivierte Maßnahme dar, sondern dient der Investition verfügbarer Mittel in eine möglichst rentable Verwendung. Dabei ist zu berücksichtigen, dass bei der Durchführung des Rückkaufs den Aktionären eine Prämie über den gegenwärtigen Börsenwert hinaus geboten werden muss, um diesen einen Anreiz für den Verkauf der Aktien zu geben.

Bezeichnet α die Anzahl der zurückgekauften Aktien an der Gesamtzahl der ausstehenden Aktien und ε die Rückkaufprämie, so lässt sich der potenzielle Zuwachs des Unternehmenswertes ΔUW_r des Rückkaufs wie folgt formulieren.

(7) $\Delta UW_r = \alpha \cdot \{V_f - (V_b + \varepsilon)\}$

Aktienrückkäufe können allerdings nur dann Transaktionen mit einem positiven Net Present Value sein, wenn aufgrund von Unvollkommenheiten des Kapitalmarktes der Marktwert inkl. Rückkaufprämie ($V_b + \varepsilon$) unter dem fairen Wert (V_f) der Aktie liegt.

Aktienrückkäufe zur Ausschüttung von Liquiditätsüberschüssen

Unternehmen, die über weniger Investitionsmöglichkeiten verfügen als sie durch die laufende Geschäftstätigkeit an Cash Flow nach Bedienung von Fremdkapital erzeugen, sollten die nicht benötigten liquiden Mittel an die Aktionäre ausschütten. Dies ermöglicht den Aktionären eine rentablere Mittelverwendung und trägt auf diese Weise zu einer effizienten volkswirtschaftlichen Kapitalallokation bei. Die Ausschüttung von liquiden Mitteln, die über eine Liquiditätsreserve hinaus gehalten werden, kann durch erhöhte Dividendenzahlungen oder durch Aktienrückkäufe erfolgen (15). Die größere Flexibilität bei der Durchführung sowie die in der Regel auf eine kontinuierliche Dividendenpolitik setzenden Anleger machen den Aktienrückkauf jedoch zu einem bevorzugten Instrument für die Verteilung nicht benötigter Mittel an die Aktionäre. Darüber hinaus ist in Deutschland zu beachten, dass für Privatanleger der Verkauf von Aktien regelmäßig steuerlich günstiger ist als der Empfang von höheren Dividendenzahlungen, da Kursgewinne außerhalb der zwölfmonatigen Spekulationsfrist steuerfrei vereinnahmt werden können.

Unternehmen, die hohe Liquiditätsreseven halten, werden am Markt in der Regel mit einem Bewertungsabschlag bestraft, da die Rendite der kurzfristig gebundenen Mittel regelmäßig nicht die Kapitalkosten deckt. Bezeichnet L_r die über die erforderliche Liquiditätsreserve hinausgehende Kassenhaltung eines Unternehmens und i die hierfür erzielbare Verzinsung, so lässt die zur gegenwärtigen Liquiditätsreserve äquivalente ewige Rente a wie folgt formulieren:

(8) $a = L_r \cdot i$

Der Beitrag der Annuität a zum Unternehmenswert ergibt sich als Barwert der mit den gewogenen Kapitalkosten abdiskontierten Annuitäten $PV(a) = \dfrac{a}{wacc}$, der immer dann geringer als die nominale Höhe der Kassenhaltung ist, wenn die Kapitalkosten ($wacc$) über der Verzinsung der liquiden Mittel liegen. Die Ausschüttung nicht benötigter liquider Mittel L_r erhöht demnach im Modell der ewigen Rente den Unternehmenswert um

(9) $\Delta UW_{L_r} = L_r \cdot (\dfrac{wacc - i}{wacc}) \; > \; 0$

Aktienrückkäufe zur Erhöhung des finanziellen Leverage

Aufgrund der ertragsteuerlichen Abzugsfähigkeit von Zinsaufwendungen können Unternehmen, die über nicht ausgeschöpfte kostenneutrale Fremdfinanzierungspotenziale verfügen, ihren Unternehmenswert durch verstärkte Fremdfinanzierung erhöhen (Tax Shield) (16). Im Modell der ewigen Rente lässt sich der Zuwachs an Unternehmenswert durch Erhöhung des leverage wie folgt formulieren:

(10) $\Delta UW_l = t \cdot \Delta FK$

Der marginale Zuwachs an Unternehmenswert ist demnach um so höher, je höher die steuerliche Grenzbelastung des Unternehmens ist. Auch hier gilt, dass der Aktienrückkauf im Vergleich zu einer veränderten Ausschüttungspolitik flexibler durchgeführt werden kann, die Kontinuität der Dividendenpolitik gewahrt wird und die für den privaten Aktionär regelmäßig steuerlich günstigere Variante darstellt (17).

3.1.2 Sekundäre Effekte von Aktienrückkäufen

Die bislang diskutierten Wertsteigerungspotenziale von Share Buybacks beziehen sich auf die fundamentale Komponente der Wertlücke. Optimierungen der Kapitalstruktur, des Cash Managements oder die Investition in unterbewertete eigene Aktien erhöhen den fundamentalen Wert des Unternehmens. Die bewertungsbedingte Wertlücke zwischen fundamentalem Unternehmenswert aus der Sicht des Managements und der aktuellen Börsenbewertung kann nur dann geschlossen werden, wenn die Erwartungen der Aktionäre im Hinblick auf die zukünftige Unternehmensentwicklung verändert werden. Share Buybacks können die Werteinschätzung der Aktionäre positiv beeinflussen, wenn der Rückkauf von eigenen Aktien ökonomisch begründet und die Motive des Managements glaubwürdig kommuniziert werden.

Gelingt es, durch einen Aktienrückkauf die Unterbewertung ganz oder teilweise zu beseitigen, erhöht dies zunächst den Shareholder Value der verbleibenden Aktionäre. Ob der Buyback gleichzeitig die Kapitalkosten des Unternehmens senkt, hängt davon ab, auf welche Ursachen der Markt die Unterbewertung zurückführt. Entgegen der verbreiteten Meinung, ein gestiegener Aktienkurs würde grundsätzlich die Eigenkapitalkosten des Unternehmens reduzieren, hat eine einmalige Bewertungskorrektur keine Auswirkungen auf die Kapitalkosten.

Die oben angeführte Bewertungsgleichung (6) verdeutlicht, dass ein Kursanstieg bei gegebener Risikoeinschätzung der Anleger durch eine höhere Wachstumserwartung bezüglich des zukünftigen Cash Flows erreicht werden kann.

$$(11) \quad UW_g = \frac{FCF}{(\rho - g)^2} \bullet \Delta g$$

Verbleibt das Unternehmen in der Wahrnehmung der Anleger jedoch in derselben Risikoklasse, bleiben die Kapitalkosten konstant (18).

Alternativ können bei gegebener Wachstumseinschätzung die Anleger die Einschätzung des Risikos der Geschäftstätigkeit revidieren. Da die Anleger bei geringerem systematischem Risiko ihre zukünftigen Renditeerwartungen nach unten korrigieren, kommt es ebenfalls zu einer Kurssteigerung und die Kapitalkosten sinken. Ermittelt man die Kapitalkosten ρ eines ausschließlich eigenfinanzierten Unternehmens mit Hilfe des CAPM-Modells, zeigt eine Differentiation des Gordon Growth Modells nach β, von welchen Einflussgrößen die Auswirkungen einer Kapitalkostenreduzierung abhängen (19).

μ_M bezeichnet die erwartete Rendite des Marktportfolios, β_u repräsentiert das sog. „unlevered β", das ausschließlich das Risiko der Geschäftstätigkeit misst. i ist die Verzinsung des Fremdkapitals, die annahmegemäß risikolos ist (20).

$$(12) \quad \Delta UW_\beta = -\frac{FCF}{(\rho - g)^2} \cdot (\mu_M - i) \cdot \Delta \beta_{unlevered}$$

Es zeigt sich, dass die durch eine Reduzierung des β erzielbare Erhöhung des Unternehmenswertes um so größer ist, je höher die Marktrisikoprämie $(\mu_M - i)$ ist, je geringer die Kapitalkosten sind und je höher die Wachstumsrate des erwarteten Free Cash Flows ist.

Fasst man die Wertsteigerungspotenziale zur Schließung fundamentaler und bewertungsbedingter Wertlücken zusammen, erhält man folgende Gleichung:

(13)
$$\Delta UW = \underbrace{\alpha \cdot \{V_f - (V_b + \varepsilon)\}}_{Investiver\,Effekt} + \underbrace{L_r \cdot (\frac{wacc-i}{wacc})}_{Liquiditätseffekt} + \underbrace{t \cdot \Delta FK}_{Kapitalstruktureffekt} +$$
$$+ \underbrace{\frac{FCF}{(\rho - g)^2} \cdot \Delta g}_{Wachstumserwartungseffektt} + -\underbrace{\frac{FCF}{(\rho - g)^2}(\mu_M - i) \cdot \Delta \beta_{unlevered}}_{Risikoeffekt}$$

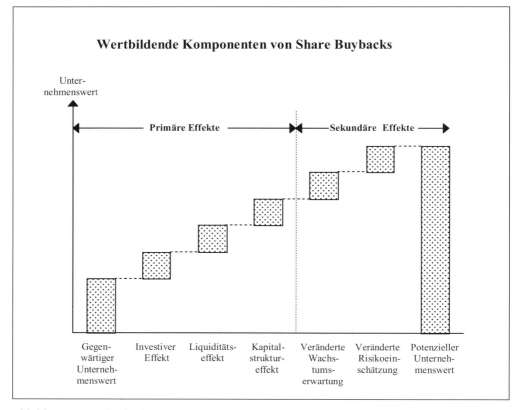

Abbildung 3: Wertbildende Komponenten von Share Buybacks

3.2 Gestaltungsoptionen für Aktienrückkäufe

Die mit dem Buyback verfolgten Ziele müssen nach außen plausibel kommuniziert werden, damit sich die vorhanden Wertsteigerungspotenziale auch am Markt in Kurssteigerungen niederschlagen. Die Glaubwürdigkeit und Signalwirkung eines Share

Buybacks hängt aber auch von der konkreten Ausgestaltung des Buybacks ab. Im Wesentlichen lassen sich drei Gestaltungsparameter unterscheiden:

- Rückkaufvolumen,
- Rückkaufprämie und
- Rückkaufverfahren.

Unterstellt man, dass das in Rede stehende Unternehmen keine überschüssigen Liquiditätsreserven hält und nur über eine begrenzte Möglichkeit zur Erhöhung des leverage verfügt, so steht das Unternehmen vor dem Problem, bei gegebenem Rückkaufvolumen die optimale Kombination von Rückkaufprämie und Anzahl der zurückzukaufenden Aktien zu wählen. Je niedriger die gebotene Rückkaufprämie ist, um so höher ist der in einer Unterbewertungssituation zu realisierende Net Present Value aus dem Aktienrückkauf. Andererseits ist die Signalwirkung und damit die Wahrscheinlichkeit, eine Bewertungskorrektur am Aktienmarkt zu erreichen um so größer, je höher die Rückkaufprämie ist.

Aus der Sicht des Managements lässt sich bei fester Rückkaufprämie der Net Present Value aus dem Rückkauf selbst noch recht gut quantifizieren. Die Abschätzung einer durch die Signalwirkung eines Aktienrückkaufs möglicherweise induzierten Aktienkurssteigerung ist hingegen kaum möglich. Empirische Untersuchungen aus dem angelsächsischen Raum zeigen, dass sich bestenfalls Anhaltspunkte über die optimale Höhe des Rückkaufvolumens gewinnen lassen. Demnach sind Rückkaufquoten von deutlich unter 6% in der Regel zu niedrig, um den gewünschten Signaleffekt zu erzielen. Rückkaufquoten von über 20%, die ohnehin nach dem vorliegenden Gesetz nicht zulässig wären, können eine negative Signalwirkung entfalten, da eine zu starke Erhöhung des leverage die Bonität des Emittenten verschlechtert. Beispiele aus den USA zeigen, dass bei zu hohen Rückkaufprämien das vom Management signalisierte Ausmaß der Unterbewertung von den Aktionären nicht mehr akzeptiert wird. Obgleich die vorliegenden empirischen Untersuchungen kein einheitliches Bild ergeben, empfehlen amerikanische Investmentbanken in der Regel Rückkaufprämien in Höhe von 7,5% bis 20% über dem gegenwärtigen Börsenkurs (21). Ob und in welcher Höhe die Höhe der angebotenen Rückkaufprämie überhaupt fixiert werden muss, hängt vom gewählten Rückkaufverfahren ab.

Am weitesten verbreitet sind in den USA Aktienrückkäufe über die Börse (Offenmarktrückkäufe). Dem Vorteil der zeitlichen Flexibilität und niedrigen Transaktionskosten für das Unternehmens stehen die Nachteile einer relativ geringen Visibilität des Programms verbunden mit einem schwachen Signal an die Aktionäre gegenüber (22).

Beim fixed price self-tender-Verfahren bietet das Unternehmen den Rückkauf von Aktien zu einem festen Preis an. Gleichzeitig wird gewöhnlich eine Obergrenze für die Anzahl der zurückgekauften Aktien festgelegt. Falls beim gegebenen Rückkaufpreis die Anzahl der von den Aktionären angebotenen Aktien die vom Unternehmen festgelegte Höchstgrenze für einen Aktienrückkauf überschreitet, muss ein Repatrierungsfaktor festgelegt werden, der eine pro rata-Durchführung des Rückkaufs ermöglicht. Der Signaleffekt, der von einem fixed price self-tender-Rückkauf ausgeht ist aufgrund der damit verbundenen Visibilität und dem Commitment des Unternehmens durch Fixierung des Preises wesentlich höher als beim Offenmarktrückkauf. Empirische Untersuchungen zeigen, dass ein Rückkaufprogramm im tender-Verfahren mit einer wesentlich höheren Wahrscheinlichkeit zu einer dauerhaft positiven Aktienkursentwicklung beiträgt als ein reiner Offenmarktrückkauf (23).

Der Nachteil, der sich aus der fehlenden Preisflexibilität im Hinblick auf die Fixierung der Rückkaufprämie ergibt, wird bei der sog. „Dutch auction" vermieden. Im Unterschied zum fixed price-Verfahren legt das Unternehmen in der Regel ein festes Volumen dem Rückkaufprogramm zugrunde, lässt aber die Höhe der Rückkaufprämie insoweit offen, als zu Beginn der Auktion lediglich eine Preisspanne für das Rückkaufprogramm festgelegt wird. Die endgültige Höhe des Rückkaufpreises wird unter Berücksichtigung der Preissensitivität des Aktienangebotes festgelegt. Je stärker die Neigung der Aktionäre zur Wahrnehmung des Rückkaufangebotes ausgeprägt ist, um so mehr Spielraum verbleibt dem Unternehmen bei der Festlegung der Rückkaufprämie am unteren Ende der Preisspanne (24). Unglücklicherweise zeigen jedoch empirische Studien, dass den geringeren Rückkaufkosten dann allerdings ebenfalls ein schwächeres Signal an die verbleibenden Aktionäre gegenüber steht; entweder aufgrund heterogener Aktionäre oder asymetrischer Informationen (25).

4 Handels- und steuerrechtliche Behandlung des Erwerbs und der Veräußerung eigener Aktien (26)

Bei der Konzipierung des neuen § 71 Abs. 1 Nr. 8 AktG hatte der Gesetzgeber die grundsätzliche Trennung zwischen dem Erwerb der Aktien und einer nachfolgenden Einziehung oder Weiterveräußerung vor Augen. Diese Trennung findet sich ebenfalls in den ergänzenden Bilanzierungsvorschriften des § 272 Abs. 1 HGB, jedoch nicht in dieser klaren Form.

4.1 Handelsrechtliche Beurteilung

Um die handelsrechtliche Beurteilung eigener Aktien vollständig vornehmen zu können, erscheint eine Differenzierung zwischen Erwerb, Veräußerung und Einziehung der Aktien sinnvoll.

Erwerb eigener Aktien

Hat ein Unternehmen eigene Anteile entgeltlich erworben, so sind diese entweder zu aktivieren oder, wenn sie direkt zur Einziehung erworben wurden, vom Eigenkapital einschließlich der Gewinnrücklagen abzusetzen.

Die Vorgehensweise bei der Aktivierung der eigenen Aktien ist der grundsätzliche Ausweis unter dem dafür vorgesehenen Posten im Umlaufvermögen (vgl. § 265 Abs. 3 Satz 2 HGB) und die Aktivierung mit den Anschaffungskosten nach § 255 Abs. 1 HGB. Korrespondierend zu dem Posten „eigene Anteile" ist auf der Passivseite der Bilanz in gleicher Höhe eine Rücklage für eigene Anteile einzustellen (§ 272 Abs. 4 HGB). Zudem müssen gemäß § 160 Abs. 1 AktG im Anhang Angaben über eigene Aktien veröffentlicht werden. Im Resultat ist der Erwerb eigener Aktien ein ergebnisneutraler Vorgang.

Sollte am Bilanzstichtag der Wert der Aktien unter die Anschaffungskosten gesunken sein, dann wird gemäß dem strengen Niederstwertprinzip (§ 253 Abs. 3 HGB) eine Teilwertabschreibung auf den niedrigeren beizulegenden Wert vorgenommen. In entsprechender Höhe ist die nach § 272 Abs. 4 HGB gebildete Rücklage aufzulösen. Entsprechend § 253 Abs. 5 HGB kann der niedrigere Buchwert auch bei einer künftigen Kurserholung beibehalten werden. Allerdings sind die erworbenen Aktien nicht aktiv auszuweisen, wenn sie zum Zwecke der Einziehung erworben wurden. Das ist regelmäßig dann der Fall, wenn:

- entweder die Hauptversammlung die Einziehung der Aktien beschlossen hat (§ 71 Abs. 1 Nr. 6 AktG),
- die Ermächtigung zum Eigenerwerb zum Zwecke der Einziehung erfolgt und es für die Einziehung eines weiteren Hauptversammlungsbeschlusses bedarf oder
- die Ermächtigung zum Eigenerwerb zum Zwecke der Einziehung mit der Ermächtigung zur Durchführung der Einziehung verbunden wird.

Auch ist eine Aktivierung dann unzulässig, wenn die Ermächtigung zum Eigenerwerb unter dem Vorbehalt steht, dass eine Rückgabe an den Markt eines weiteren Hauptversammlungsbeschlusses bedarf (§ 272 Abs. 1 Satz 5 HGB).

In diesen Fällen ist der Nennbetrag oder der rechnerische Wert der rückerworbenen Aktien in der Vorspalte offen von dem Bilanzposten „gezeichnetes Kapital" als Kapitalrückzahlung abzusetzen (§ 272 Abs. 1 Satz 4 HGB) und der den Nennbetrag oder den rechnerischen Wert übersteigende Kaufpreis ist mit den vorhandenen Gewinnrücklagen zu verrechnen. Weitergehende Anschaffungskosten wie z.B. Provisionen etc. sind betrieblicher Aufwand im Sinne des § 272 Abs. 1 Satz 6 HGB.

Generell gilt jedoch, dass ein Verstoß gegen einzelne Zulässigkeitsvoraussetzungen in § 71 Abs. 1 und Abs. 2 AktG den Erwerb eigener Aktien nicht unwirksam macht. Somit dürfen die erworbenen eigenen Aktien auch bei einem Verstoß gegen die Zulässigkeitsvoraussetzungen in der Handelsbilanz unter dem Posten „Umlaufvermögen" ausgewiesen oder gegebenenfalls vom Posten „gezeichnetes Kapital" (einschließlich der Gewinnrücklagen) abgezogen werden.

Veräußerung eigener Aktien

Gemäß der Stellungnahme des Bundesministerium der Finanzen zur Behandlung des Erwerbs eigener Aktien sind diese bei Veräußerung in Abhängigkeit der Erfassung beim

Erwerb zu behandeln. Für eigene Aktien, die aktiviert wurden, geht der Unterschiedsbetrag zwischen Veräußerungspreis und Buchwert der Aktien in das handelsrechtliche Jahresergebnis ein. Die Auflösung der Rücklage erhöht den Bilanzgewinn, nicht jedoch den Jahresüberschuss.

Werden eigene Aktien veräußert, die nicht zu aktivieren waren, ist die Veräußerung wirtschaftlich wie eine Kapitalerhöhung anzusehen. Der den Nominalbetrag der Aktien übersteigende Verkaufspreis ist ergebnisneutral der Kapitalrücklage zuzuführen.

Generell ist bei der Veräußerung eigener Aktien zu berücksichtigen, dass ein vom Marktwert, d.h. vom Börsenkurs abweichender Kaufpreis zu einer verdeckten Einlage/Gewinnausschüttung führen kann, wenn die Abweichung zwischen Kaufpreis und Marktwert nicht betrieblich veranlasst, sondern auf das Beteiligungsverhältnis zurückzuführen ist (27).

Spätere Einziehung

Werden eigene Anteile, die aufgrund eines mangelnden Einziehungsbeschlusses beim Erwerb zunächst aktiviert wurden, später aufgrund eines Einziehungsbeschlusses eingezogen, führt dies zur Ausbuchung der eigenen Aktien sowie zur gleichzeitigen Auflösung der nach § 272 Abs. 4 HGB gebildeten Rücklage, wobei sich die Einziehung der eigenen Aktien dann nach den Bestimmungen für eine Kapitalherabsetzung (§ 237 AktG) vollzieht (28).

Auch die Einziehung eigener Aktien, die nicht zu aktivieren waren, unterliegen den Regeln des § 237 Abs. 3 bis 5 AktG. In den Fällen des § 71 Nr. 6 und 8 AktG greift bei der endgültigen Einziehung jeweils § 237 Abs. 5 AktG. Gemäß § 237 Abs. 5 AktG ist in die Kapitalrücklage ein Betrag einzustellen, der dem Gesamtnennbetrag der eingezogenen Aktien gleichkommt. Sind die zuvor zur Einziehung vorgesehenen Aktien „netto" durch Abzug von dem Bilanzposten „gezeichnetes Kapital" ausgewiesen worden (§ 272 Abs. 1 Satz 4 HGB), ist der Betrag bei der endgültigen Einziehung gegebenenfalls von der Gewinnrücklage in die Kapitalrücklage umzubuchen. Insgesamt ist die Einziehung ein bilanz- und ergebnisneutraler Vorgang (29).

4.2 Steuerrechtliche Beurteilung

Auch bei der steuerrechtlichen Beurteilung ist wiederum zwischen dem Erwerb der eigenen Aktien, der Veräußerung und dem Einzug zu differenzieren.

Erwerb

Völlig analog zu der Beurteilung der handelsrechtlichen Gegebenheiten ist auch bei der steuerrechtlichen Würdigung von eigenen Aktien zwischen den beiden Grundfällen der Aktivierung nach handelsbilanziellen Grundsätzen und der Absetzung der eigenen Aktien vom Eigenkapital zu unterscheiden.

Für Anteile, die zu aktivieren sind, stellt der Erwerb bei der Aktiengesellschaft ein Anschaffungsgeschäft dar. Die in der Handelsbilanz aktivierten eigenen Aktien sind nach dem Grundsatz der Maßgeblichkeit der Handelsbilanz für die Steuerbilanz (§ 5 Abs. 1 EStG) auch in der Steuerbilanz anzusetzen, und zwar mit ihren Anschaffungskosten (§ 6 Abs. 1 Nr. 2 Satz 1 EStG). Das Bundesministerium der Finanzen ist der Auffassung, dass solange die eigenen Anteile über die Börse oder im Tender-Verfahren erworben werden, bei Zahlung eines überhöhten Kaufpreises keine verdeckte Gewinnausschüttung im Sinne des § 8 Abs. 3 Satz 2 KStG oder eine andere Ausschüttung im Sinne des § 27 Abs. 3 Satz 2 KStG anzunehmen ist (30). Umgekehrt könnte ein geringerer Preis als eine verdeckte Einlage interpretiert werden.

Darüber hinaus sind noch die Vorschriften des § 50c EStG zu berücksichtigen. Nach dieser Vorschrift ist eine Berücksichtigung von Teilwertabschreibungen auf Anteile an Kapitalgesellschaften für steuerliche Zwecke ausgeschlossen, wenn diese Anteile von einem nicht wesentlich beteiligten Gesellschafter oder von einem Steuerausländer erworben wurden (31). Sind die Voraussetzungen des § 50c Abs. 1 oder Abs. 11 Satz 1 EStG erfüllt, löst der Erwerb eigener Aktien die Bildung eines Sperrbetrages im Sinne des § 50c Abs. 4 EStG aus. Im Falle der Weiterveräußerung kann dieser Sperrbetrag gemäß § 50c Abs. 8 EStG auf den Erwerber als Rechtsnachfolger übergehen.

Beim Aktionär stellt der Erwerb eigener Aktien durch die Aktiengesellschaft ein Veräußerungsgeschäft dar, das nach allgemeinen Grundsätzen der Besteuerung unterliegt. Sollte im entsprechenden Einzelfall wegen eines überhöhten Kaufpreises eine verdeckte Gewinnausschüttung anzunehmen sein, ist dem Aktionär ein entsprechender Kapitalertrag im Sinne des § 20 Abs. 1 Nr. 1 Satz 2 und Abs. 1 Nr. 3 EStG zuzuordnen (32).

Aktien, die nach handelsbilanziellen Grundsätzen nicht zu aktivieren sind, werden bei der Aktiengesellschaft steuerlich als Anschaffungsgeschäft behandelt. Die handelsrechtlich nicht aktivierungsfähigen eigenen Aktien dürfen aber wegen des Maßgeblichkeitsgrundsatzes (§ 5 Abs. 1 Satz 1 EStG) auch in der Steuerbilanz nicht ausgewiesen werden. Durch den Erwerb der eigenen Aktien verringert sich das in der Steuerbilanz der Aktiengesellschaft auszuweisende Betriebsvermögen. Diese Vermögensminderung beruht auf einem Rechtsvorgang, der gesellschaftsrechtlich veranlasst ist und sich somit nicht auf den steuerlichen Gewinn der Aktiengesellschaft auswirken darf.

Weiterhin führt das Bundesministerium der Finanzen in ihrer Stellungnahme zum Erwerb eigener Aktien aus, dass soweit der Nennbetrag oder der rechnerische Wert der Aktien als Kapitalrückzahlung von dem gezeichneten Kapital abzusetzen ist und dieses Kapital einen nach § 29 Abs. 3 KStG für Ausschüttungen verwendbaren Teil enthält, der § 41 Abs. 2 KStG nicht anzuwenden ist. Jedoch sind Abschnitt 95 Abs. 2 Sätze 1 und 2 KStR entsprechend anzuwenden. Übersteigt der Kaufpreis den als Kapitalrückzahlung zu behandelnden Betrag, ist aufgrund der Einkommenskorrektur das in der Eigenkapitalgliederung auszuweisende verwendbare Eigenkapital höher als das verwendbare Eigenkapital laut Steuerbilanz. Dadurch ist das verwendbare Eigenkapital laut Gliederungsrechnung um den Differenzbetrag zu verringern. Diese Verringerung soll gemäß Abschnitt 83 Abs. 4 Satz 1 KStR beim Teilbetrag EK 04 vorgenommen werden (33).

Auf Aktionärsseite liegt ein Veräußerungsgeschäft vor, das den allgemeinen Grundsätzen der Besteuerung unterliegt.

Teilwertabschreibung und Weiterveräußerung

Werden Veräußerungsgewinne aus der Weiterveräußerung eigener Aktien erzielt, die nach handelsrechtlichen Grundsätzen zu aktivieren waren, unterliegen diese bei der Aktiengesellschaft der Besteuerung. Veräußerungsverluste oder Aufwand aus einer Teilwertabschreibung sind steuerlich ebenfalls zu berücksichtigen. Dies gilt nicht, wenn die Verluste oder die Teilwertabschreibung allein auf Verlusten der Aktiengesellschaft beruhen (BFH-Urteil vom 6. Dezember 1995, BStBl 1998 II 5. 781) (34).

Werden eigene Aktien weiter veräußert, die nach handelsrechtlichen Grundsätzen nicht zu aktivieren waren, dann liegt steuerrechtlich eine Kapitalerhöhung vor. Das Nennkapital ist um den Nennbetrag oder den rechnerischen Wert der ausgegebenen Aktien zu erhöhen und der den Nennbetrag oder den rechnerischen Wert der Aktien übersteigende Verkaufspreis (Agio) ist in die Kapitalrücklage einzustellen und erhöht in der Gliederungsrechnung das EK 04 (35).

Spätere Einziehung von Aktien, die nach handelsrechtlichen Grundsätzen zu aktivieren sind

Grundsätzlich gilt, dass der Erwerb und die Einziehung der eigenen Aktien getrennt zu beurteilen sind, wobei die spätere Einziehung steuerrechtlich nach Kapitalherabsetzungsgrundsätzen zu behandeln ist. Somit ist die Einziehung eigener Aktien ein ergebnisneutraler Vorgang, bei dem die Gesellschaft aufgrund der Einziehung der eigenen Anteile keine Ausschüttungsbelastung herzustellen braucht, da es sich weder um eine Ausschüttung i. S. der §§ 27 ff. KStG noch um eine sonstige Leistung an die Gesellschafter i.S.d. § 41 KStG handelt (36). Auf der Passivseite der Steuerbilanz verringern sich, wenn der Buchwert der Anteile deren Nennbetrag übersteigt, neben dem Nennkapital gegebenenfalls die Rücklagen oder der Gewinnvortrag. Das ist dann der Fall, wenn das übrige Nennkapital nicht zum Abzug des Herabsetzungsbetrages genügt. Soweit im Zuge der Auflösung der Rücklagen für eigene Anteile eine Korrektur des verwendbaren Eigenkapitals vorgenommen werden muss, erfolgt dies über eine Reduzierung des EK 04 (Abschnitt 83 Abs. 4 KStR). Dies kann auch zu einem negativen EK 04 führen. Das körperschaftsteuerliche Anrechnungsguthaben bleibt jedoch unangetastet (37).

5 Fazit

Der Share Buyback stellt ein interessantes Instrument im Rahmen der Eigenfinanzierungsstrategie dar. Die vorangegangenen Ausführungen zeigen, dass Share Buybacks insbesondere für solche Unternehmen wertsteigernd eingesetzt werden können, deren Aktien am Markt unterbewertet sind, die über unausgenutzte kostenneutrale Fremdfinanzierungspotenziale oder Liquiditätsüberschüsse verfügen. Die Transformation eines aus Sicht des Managements rationalen Buybacks in eine höhere Börsenbewertung setzt eine gezielte Kommunikation der Motive für den Rückkauf voraus, um die gewünschte Signalwirkung zu erreichen. Erfahrungen aus den USA legen die Vermutung nahe, dass die Stärke der Signalwirkung u.a. vom gewählten Rückkaufverfahren abhängt. Dabei hat sich gezeigt, dass die Durchführung von Share Buybacks im Wege von tender-Verfahren in der Regel besser als Offenmarktprogramme geeignet ist, die mit einem Buyback verfolgten Ziele zu erreichen. Gleichzeitig sollte das Management bereits bei der Einräumung des Ermächtigungsrahmens berücksichtigen, dass zurück erworbene Aktien auch flexible für weitere Shareholder generierende Maßnahmen wie z.B. 'Stock option plans' verwandt werden können; sie müssen dann jedoch entsprechend den deutschen Bilanzierungsregeln aktiviert werden.

Anmerkungen

(1) Vgl. GÜNTHER et al. (1998) S. 574.

(2) Einen sehr guten deutschsprachigen Überblick über die Grundzüge einer wertorientierten Unternehmensführung bietet GÜNTHER (1997).

(3) Vgl. KLINGBERG (1998) S. 1575.

(4) Vgl. KOPP (1996) S. 17 oder auch vgl. RAMS (1997) S. 216.

(5) Zitiert nach WASTL et al. (1997); vgl. WASTL et al. (1997) S. 72ff.

(6) Vgl. Arbeitskreis „Externe Unternehmensrechnung" der Schmalenbach-Gesellschaft (1998) S.1674f.

(7) Vgl. hierzu auch BRÜHL/SINGER (1998).

(8) Im nachfolgenden Schaubild wurde vereinfachend unterstellt, dass Börsenwert und fundamentaler Unternehmenswert übereinstimmen.

(9) RAPPAPORT bezeichnet diesen Wert als „Pre-Strategy-Value". Vgl. RAPPAPORT (1986).

(10) Zur Definition des Free Cash Flow siehe z.B. DAMODORAN (1994).

(11) Eigen- und Fremdkapital sind jeweils zu Marktwerten bewertet.

(12) Durch die Anwendung nachfolgender Gleichung kann die Analyse vereinfacht werden. Allerdings muss dann die Fremdkapitalquote als der marginale Beitrag zur Verschuldungskapazität interpretiert werden.

(13) Persönliche Einkommensteuern der Anteilseigner werden nicht berücksichtigt.

(14) Aus vereinfachenden Gründen wird angenommen, dass das 'Tax shield' einen sicheren Cash Flow Strom generiert, der damit mit dem risikolosen Zinssatz diskontierbar ist und nicht mit den durchschnittlichen Kapitalkosten.

(15) Für eine Analyse der Vorteilhaftigkeit von Share Buybacks im Vergleich zu Dividendenzahlungen wird auf ELTON/GRUBER (1968) verwiesen.

(16) Auf die vielfältigen unterschiedlichen Determinanten einer optimalen Kapitalstruktur soll hier nicht näher eingegangen werden.

(17) In der Literatur findet sich oft der Gedanke, dass Aktienrückkaufprogramme zur Abwehr von Übernahmeversuchen eingesetzt werden können. Es wird dabei i.d.R. eine Wertsteigerung der Anteile durch die Rückkaufprogramme unterstellt, die eine Übernahme aufgrund von Kurssteigerungen verteuert und damit möglicherweise verhindert. Hierzu ist anzumerken, dass solange nicht einer der drei oben aufgeführten Effekte eintritt, d.h. der Rückkaufpreis dem fundamentalen richtigen Wert der Aktie entspricht, es zu keiner Veränderung des Kalküls für den Übernehmer kommt. Völlig analog zu einer Kapitalerhöhung aus Gesellschaftsmitteln oder einer Kapitalerhöhung mit Ausschluss des Bezugsrechts mit Emissionspreis nahe am aktuellen Börsenkurs erhöht sich durch den Rückkauf entweder der Wert der ausstehenden Aktien bei unverändertem Unternehmenswert, oder hat überhaupt keine Auswirkungen auf den Börsenkurs. Welcher der beiden Fälle eintritt, ist eine Frage der bilanziellen Behandlung der erworbenen Aktien. Vgl. hierzu den Abschnitt vier.

(18) Selbstverständlich ist eher zu erwarten, dass der hier formulierte Wachstumserwartungseffekt eher negative Auswirkungen auf den Unternehmenswert haben wird, da eine Liquiditätsausschüttung an die Aktionäre tendenziell dem Markt geringere zukünftige Wachstumspotenziale signalisiert. Letztendlich ist diese Hypothese jedoch empirisch zu überprüfen.

(19) Für die Kapitalkosten gilt dann: $wacc = (i + (\mu_M - i) \cdot \beta_u) \cdot (1-t) \cdot \frac{EK}{EK+FK})$

(20) Es lässt sich zeigen, dass diese Annahme unproblematisch ist, solange ein Konkurs nicht mit realen Konkurskosten (bancruptcy costs) verbunden ist. Vgl. z.B. HSIA (1981).

(21) Vgl. dazu z.B. VERMAELEN (1981) oder LAKONISHOK/VERMAELEN (1990).

(22) Aus vereinfachenden Gründen wird die 'Transferable put rights' Methode hier nicht dargestellt oder besonders herausgestellt. Wir verweisen hier auf die Artikel von KALE et al. (1989) oder GAY et al. (1991).

(23) Für einen Überblick der Diskussion zu diesem Unterpunkt wird auf die Studie von GAY et al. (1991) und die dort zitierte Literatur verwiesen.

(24) Vgl. dazu z.B. KADAPAKKAM/SETH (1994) und die dort zitierte Literatur.

(25) Vgl. z.B. COMMENT/JARRELL (1991).

(26) Vgl. zum Folgenden Bundesministerium der Finanzen (1998) oder auch SCHMID/WIESE (1998); GÜNTHER et al. (1998); Arbeitskreis „Externe Unternehmensrechnung" der Schmalenbach-Gesellschaft (1998).

(27) Vgl. SCHMID/WIESE (1998) S. 995.

(28) Vgl. Bundesministerium der Finanzen (1998) S. 1510.
(29) Vgl. ebenda S. 1510.
(30) Vgl. ebenda S. 1510.
(31) Vgl. SCHMID/WIESE (1998) S. 995.
(32) Vgl. ebenda S. 1510.
(33) Vgl. ebenda S. 1511.
(34) Vgl. ebenda S. 1511.
(35) Vgl. ebenda S. 1511.
(36) Vgl. SCHMID/WIESE (1998) S. 995.
(37) Vgl. ebenda S. 995.

Literatur

Arbeitskreis „Externe Unternehmensbewertung" der Schmalenbach Gesellschaft: Behandlung 'eigener Aktien' nach deutschem Recht und US-GAAP unter besonderer Berücksichtigung der Änderungen des KonTraG; Der Betrieb, 34/1998.

ASQUITH, P./MULLINS, D.W., Signalling with Dividends, Stock Repurchases, and Equity Issues, Harvard College, 1984.

BRÜHL, V./SINGER, W., Share Buybacks als Element der Eigenfinanzierungsstrategie; Die Bank 10/1998.

Bundesministerium der Finanzen, Stellungnahme., Steuerrechtliche Behandlung des Erwerbs eigener Aktien; Bundessteuerblatt, 24/1998.

COMMENT, R./JARRELL, G., The relative signalling power of Dutch-auctions and Fix Price Self-tender Offers and Open-market Repurchases; The Journal of Finance, 46/1991.

COPELAND, T. E./WESTON, F.J. : Financial Theory and Corporate Policy, 1991.

DAMODORAN, A., On Valuation – Security analysis for investment and corporate finance, New York et al., 1994.

ELTON, E./GRUBER, M., The Effect of Share Repurchase on the Value of the Firm; The Journal of Finance, 23/1968.

GÜNTHER, Th., Unternehmenswertorientiertes Controlling; München 1997.

GÜNTHER, Th./MUCHE, Th./WITE, M., Bilanzrechtliche und steuerliche Behandlung des Rückkaufs eigener Anteile in den U.S.A. und in Deutschland; Die Wirtschaftsprüfung, 13/1998.

HSIA, C.C., Coherence of the Modern Theories of Finance, Financial Review, 1981

KADAPAKKAM, P.-R./SETH, S., Trading Profits in Dutch Auction Self-Tender Offers; The Journal of Finance, 49/1994.

KALE, J.R./NOE, T.H./GAY, G.D., Share Repurchase Mechanism – A Comparative Analysis of Efficacy, Shareholder Wealth and Corporate Control Effects; Financial Management, 20/1991.

KLINGBERG, D., Der Aktienrückkauf nach dem KonTraG aus bilanzieller und steuerlicher Sicht; Betriebsberater, 31/1998.

KOPP, H.-J., Erwerb eigener Aktien; Wiesbaden 1996.

LAKONISHOK,, J./VERMAELEN, T., Anomalous Price Behaviour Around Repurchase Tender Offers; The Journal of Finance, 45/1990.

RAMS, A., Aktienrückkauf: Flexibilisierung der Unternehmensfinanzierung; Die Bank, 4/1997.

RAPPAPORT, A., Creating Shareholder Value, New York ,1986.

SCHMID, H./WIESE, G.T., Bilanzielle und steuerliche Behandlung eigener Aktien; Deutsches Steuerrecht, 27/1998.

VERMAELEN, T., Common Stock Repurchases and Market Signalling. Journal of Financial Economics, June 1981.

WASTL, U./WAGNER, F./LAU, T., Der Erwerb eigener Aktien aus juristischer Sicht; Frankfurt 1997

Kleine und mittlere Unternehmen aus Sicht des deutschen und europäischen Wettbewerbsrechts

Dieter Krimphove

1 Allgemeines

Mit der sechsten Novelle des Gesetzes gegen Wettbewerbsbeschränkungen (GWB) hat der Gesetzgeber in § 4 GWB (§§ ohne Bezeichnung sind im Folgenden solche des GWB) eine neue, einheitliche Regelung zur kartellrechtlichen Beurteilung von „Mittelstandskartellen" geschaffen. § 4 vereint die noch in der fünften GWB-Novelle isoliert stehenden Regelungen der §§ 5b (a.F.) und §5c (a.F.) zur kartellrechtlichen Behandlung von Zusammenarbeit von Unternehmen kleiner und mittlerer Größenordnung (im Folgenden als kleine und mittlere Unternehmen bezeichnet). So entspricht der erste Absatz des aktuellen § 4 weitgehend der vormaligen Freistellung des § 5b (a.F.). Der neue § 4 Abs. 2 greift die vormalige Regelung des § 5c (a.F.) zur kartellrechtlichen Freistellung von Einkaufskooperationen kleiner und mittlerer Unternehmen auf.

1.1 Die wesentlichen Regelungen

Gemäß § 4 Abs. 1 können Kooperationen, die der Rationalisierung wirtschaftlicher Vorgänge dienen, vom Kartellverbot des § 1 dann freigestellt werden, wenn sie die Wettbewerbsfähigkeit kleiner und mittlerer Unternehmen verbessern und den Wettbewerb auf dem relevanten Markt nicht wesentlich beeinträchtigen. § 4 Abs. 2 nimmt dagegen Einkaufs- oder Beschaffungskooperationen ganz vom Kartellverbot des § 1 aus, sofern diese keinen generellen Bezugszwang der in ihnen zusammengeschlossenen kleinen und mittelständischen Unternehmen begründen, deren Wettbewerbsfähigkeit verbessern und den Wettbewerb nicht beeinträchtigen.

1.2 Die wesentlichen Neuerungen

Neben dem rein formalen Umstand der Zusammenfassung der Freistellungstatbestände des § 5b (a.F.) und § 5c (a.F.) in dem neuen § 4 haben die vormaligen Regelungen auch inhaltliche Änderungen erfahren. Diese wirken sich auf die Möglichkeit und das Verfahren der Freistellung von Mittelstandskooperationen insbesondere des Absatzes und Vertriebes (§ 4 Abs. 1) sowie der Beschaffung bzw. des Einkaufs (§ 4 Abs. 2) aus.

1.2.1 Der Austausch des Merkmals „Leistungsfähigkeit" kleiner und mittlerer Unternehmen gegen den der „Wettbewerbsfähigkeit"

Den Begriff der „Leistungsfähigkeit" der vormaligen Fassung des § 5b (a.F.) hat der Gesetzgeber im Wortlaut des § 4 Abs. 1 Nr. 1 ersetzt durch den der „Verbesserung der Wettbewerbsfähigkeit" kleiner und mittlerer Unternehmen. Durch den Austausch des Begriffes der „Leistungsfähigkeit" durch den der „Wettbewerbsfähigkeit" bringt der Gesetzgeber den gesetzlichen Zweck des § 4 (s.u.) demonstrativ zu Ausdruck: Dieser besteht nicht in der Steigerung unternehmerischer Potenz kleiner und mittlerer Unternehmen i.S. einer unspezifisch, allgemeinen Mittelstandsförderung, sondern in dem Ausgleich struktureller Wettbewerbsnachteile, welche kleine und mittlere Unternehmen gegenüber ihren großunternehmerischen Konkurrenten haben (zum gesetzlichen Zweck im Einzelnen s.u.).

Gegenüber der Fassung des § 5c (a.F.) enthält § 4 Abs. 2 im Wesentlichen zwei redaktionelle Neuerungen. Sie betreffen die nähere Ausgestaltung des Bezugszwangs und konstruieren ein (vereinfachtes) Anmeldeverfahren.

1.2.2 Die Freistellungsmöglichkeit von Einkaufskooperationen bei einem „ohne über den Einzelfall hinausgehenden Bezugszwang"

§ 5c (a.F.) schloss die Freistellung einer Einkaufskooperation vom Kartellverbot dann aus, wenn diese ihre Mitglieder durch einen „Bezugszwang" an sich band. Dieses Freistellungshindernis hat der Wortlaut des § 4 gelockert. Zur Zulassung eines „begrenzten" Bezugszwanges im Rahmen der kartellrechtlichen Freistellung von Einkaufsgemeinschaften hat der Gesetzgeber die Formulierung des nicht „über den Einzelfall hinausgehenden Bezugszwanges" gewählt (hierzu im Einzelnen s.u.).

1.2.3 Das Anmeldeverfahren

Waren Einkaufskooperationen i. S. d. § 5c allein schon durch das Vorliegen der materiellen Voraussetzungen des § 5c (a.F.) – unmittelbar gesetzlich, d.h. automatisch – vom Kartellverbot des § 1 freigestellt, so unterwirft die sechste GWB-Novelle in § 9 Abs.

4 auch Einkaufskooperationen i.S.d. § 4 Abs. 2 nunmehr einem – wenn auch vereinfachten – Anmeldeverfahren. Dieses hat bezüglich der Freistellung jedoch deklaratorischen Charakter. Denn nach dem Wortlaut des § 4 Abs. 2 „gilt § 1 nicht" sofern die Tatbestandsvoraussetzungen des § 4 Abs.2 erfüllt sind (Einzelheiten s.u.).

Alle bisher nach § 5c (a.F.) per Gesetz automatisch freigestellten Einkaufskooperationen sind jedoch gemäß § 131 Abs. 2 vom Verbot des § 1 bis zum 01.01.2001 freigestellt gewesen.

1.3 Die Systematik des § 4 GWB

Die Systematik des § 4 besteht in der normtextlichen Zusammenfassung derart verschiedener Kooperationen, wie die Absatz-, Vertriebs- bzw. Vermarktungskartelle (§ 5b (a.F.)) und den Bezugskartellen der Einkaufskooperationen (§ 5c (a.F.)). Die inhaltliche Gemeinsamkeit – und gleichzeitige ideelle Klammer – dieser Verbindung bildet den Zweck der Norm (s.u.); nämlich die vereinheitliche kartellrechtliche Förderung der Wettbewerbsfähigkeit kleiner und mittlerer Unternehmen (s.o.).

Die Systematik der einheitlichen Regelung von Absatz-, Vertriebs- und Bezugskartellen im neuen § 4 hat gesetzestechnisch folgende Vorteile:

- Zunächst ergibt die Systematik des § 4 den Vorteil der Einheitlichkeit, Übersichtlichkeit und Rechtsklarheit: Die Beurteilung der gesamten Wirtschafts- und Wettbewerbstätigkeit kleiner und mittlerer Unternehmen sind in einer Regelung zusammengefasst. Die rechtlichen Parameter ihrer Freistellung regelt der Gesetzgeber einheitlich in einem normtechnischen Gesamtkomplex. Dies war nach der vormaligen Regelung der Freistellungsvoraussetzungen in den verschiedenen Normen § 5b (a.F.) und § 5c (a.F.) nicht möglich.

- Die Zusammenfassung getrennter Freistellungstatbestände in einer Norm reduziert die vormalige dogmatische Komplexität der bisherigen Freistellungstatbestände.

- Gleichzeitig erscheinen die Tatbestandsvoraussetzungen der Freistellung im neuen, einheitlichen Licht. Der Gesetzgeber eröffnet in der Fassung des § 4 die Möglichkeit, im Rahmen einer systematischen Auslegung die verschiedenen Tatbestandsmerkmale der Kartellfreistellung nach § 4 Abs. 1 und Abs. 2 einheitlich und neu aufzufassen (s.u.).

- Dies führt zu einer inhaltlich wechselseitigen Beeinflussung von Tatbestandsmerkmalen beider Freistellungsalternativen und somit zu einer rechtlichen Harmonisierung der juristischen Beurteilung wettbewerbsrechtlicher Wirkungen sämtlicher Kooperationsformen von Unternehmen kleiner und mittlerer Größenordnung.

1.4 Der aus ökonomischer Sicht „spiegelbildliche" Aufbau des § 4 GWB

Mit der normativen Zusammenfassung von Absatz- und Vertriebskartellen auf der einen Seite (§ 4 Abs. 1) und den Bezugskooperationen bzw. Einkaufsgemeinschaften auf der anderen Seite (§ 4 Abs. 2) erkennt der Gesetzgeber die grundsätzlich gleiche wettbewerbsrelevante Gefährlichkeit beider an sich strukturell unterschiedlicher Phänomene an.

In der Tat können Marktbedingungen, wie etwa die Festlegung von Preisuntergrenzen durch ein Absatz- und Vertriebskartell ebenso wettbewerbsbeeinträchtigend sein wie das Ausspielen von, in einer Einkaufskooperation gebündelter, Nachfragemacht der in ihr zusammengeschlossenen Mitglieder (s.u.).

Legt die Übereinstimmung der Mitglieder eines Absatz- und Vertriebskartells i.S.d. § 4 Abs. 1 ihre Bedingungen (Preise, Konditionen, Warenangebot etc.) zu Lasten der „Nachfrager" (Konsumenten) fest, besteht die wettbewerbsschädigende Wirkung von Einkaufskooperationen i.S.d. § 4 Abs. 2 darin, die Nachfragemacht zu bündeln und Einkaufsobergrenzen zu Lasten der „Anbieter" (Lieferanten und/oder Produzenten) zu etablieren. § 4 Abs. 1 und § 4 Abs. 2 verhalten sich daher, hinsichtlich ihrer wettbewerblichen Gefährlichkeit reziprok oder „spiegelbildlich".

Auf Grund dieses – inzwischen vom Gesetzgeber in der Systematik des § 4 anerkannten – spiegelbildlichen Zusammenhanges von Absatz- und Vertriebskartellen und Einkaufskooperationen ergeben sich zahlreiche neue inhaltliche Querverbindungen (s.o.) und Aspekte einer neuen Auslegung unbestimmter Tatbestandsmerkmale des § 4 Abs. 1 und Abs. 2.

Infolge ihrer Verschiedenheit in Organisation, Struktur und Erscheinungsbild in der Praxis sind die entsprechenden Normierungen der Absatz- und Vertriebskartelle einerseits und der Bezugskartelle bzw. Einkaufskooperationen andererseits im Rahmen einer praxisnahen Kommentierung getrennt darzustellen und zu behandeln. Auf die systematischen Parallelen und die nunmehr mögliche neue gemeinsame Auslegung von Tatbestandsmerkmalen weist die Kommentierung besonders hin.

1.5 Der Normzweck

Mit dem neuen § 4 hat der Gesetzgeber einen Spezialtatbestand der kartellrechtlichen Beurteilung von Unternehmen geringer Größenordnung geschaffen. Grund der eigenständigen kartellrechtlichen Behandlung von kleinen und mittelständischen Unternehmen ist die Möglichkeit, mit Hilfe einer speziellen Freistellung dieser Unternehmen deren Wettbewerbsfähigkeit planmäßig zu begünstigen (zur Problematik der Zweckerreichung s.u.).

Der Zweck der Steigerung der Wettbewerbsfähigkeit kleiner und mittlerer Unternehmen erschöpft sich nicht in der Förderung der individuellen unternehmerischen Tätigkeit. § 4 geht es allenfalls mittelbar um die Förderung der Wirtschaftstätigkeit kleiner und mittlerer Unternehmen. § 4 ist keine Norm zur allgemeinen unspezifischen Förderung individueller unternehmerischer Leistungssteigerung und mittelständischer Wirtschaftstätigkeit (s.o.). Dies unterstreicht der Gesetzgeber durch die Änderung des Wortes „Leistungsfähigkeit" i.S.d. § 5b (a.F.) in den Begriff der „Wettbewerbsfähigkeit" i.S.d. § 4 (s.o.).

Die Freistellungsmöglichkeit für sog. „Mittelstandskartelle" des § 4 dient vielmehr marktstrukturpolitischen Funktionen:

- Durch die Erweiterung von Unternehmenskooperationen sollen deren bestehende strukturelle Nachteile, insbesondere bezüglich des Rationalisierungspotentials von Großunternehmen, ausgeglichen werden.

- Die Kooperation kleiner und mittlerer Unternehmen soll des Weiteren zur Bildung wirtschaftlicher „Gegenmacht" gegenüber großunternehmerischer Konkurrenz führen: Dies wird insbesondere deutlich im Fall der Einkaufskooperationen (s.o.). Diese bündeln in der Einkaufskooperation ihre Nachfragemacht und können so gegenüber den Anbietern entschiedener hinsichtlich der Preis- und Konditionenverhandlung auftreten.

- Die durch Kooperation gewonnene unternehmerische wirtschaftliche Gegenmacht kleiner und mittlerer Unternehmen und die kooperationsbedingte Steigerung ihrer Leistungsfähigkeit kann so bestehende strukturelle Nachteile kleiner und mittlerer Unternehmen gegenüber Großunternehmen ausgleichen.

Die Effekte des „Nachteilausgleiches" und der „Gegenmachtbildung" sind in der Praxis inhaltlich nicht voneinander trennbar. Auch der Gesetzgeber und die bisherige kommentierende Literatur fassen diese beiden Aspekte zusammen (Bericht § 5b 1973, S. 3; IMMENGA, § 5b, Rdnr. 7; Zum Aspekt der Gegenmachtbildung speziell bei den Beschaffungs- bzw. Einkaufskooperationen s.u.).

1.5.1 Das markt- und wettbewerbspolitische Leitbild des § 4 GWB

Der Konzeption des § 4 liegt das Wettbewerbsleitbild eines weiten oligopolistischen Marktes zu Grunde (BKartA, Merkblatt: Kooperationserleichterung, vom Dezember 1998, Vorbemerkung; vgl. auch IMMENGA § 1 Rdnr. 182 (m.w.H.)). In einem weiten Oligopol soll eine Vielzahl von Unternehmen verschiedener Größenordnung nebeneinander bestehen und konkurrieren können (Bericht des Wirtschaftsausschusses WuW 1973, S. 3, 583).

Kleine und mittlere Unternehmen besitzen gerade speziell zur Konstitution und Aufrechterhaltung des „weiten Oligopols" eine hervorgehobene Relevanz (KRIMPHOVE, Voraufl. § 5c, Rdnr. 11; KG Beschluss S & T WRP 1986, S. 476 ff., 479). Gegenüber ihrer großunternehmerischen Konkurrenten zeichnen sich kleine und mittlere Unternehmen durch eine ihnen eigene Flexibilität in der Reaktion auf veränderte Marktverhältnisse aus (IMMENGA: § 5b, Rdnr. 8). Diese Flexibilität ermöglicht kleinen und mittelständischen Unternehmen nicht nur einen Platz im Wettbewerb mit den Großunternehmen einzunehmen. Auf Grund ihrer ihnen eigenen Flexibilität können kleine und mittlere Unternehmen auch veränderte Nachfragen rascher beantworten. Sie erscheinen damit grundsätzlich insolvenzsicherer und können auf diese Weise die erwünschte Struktur eines oligopolistischen Marktes, mit einer Vielzahl von Anbietern unterschiedlicher Größenordnung, effektiv gewährleisten (vgl. auch BKartA, Merkblatt: Kooperationserleichterung, vom Dezember 1998, Vorbemerkung).

1.5.2 Grundsätzliche Gefahren der Realisierung gesetzgeberischer Wettbewerbszielvorstellungen durch die Freistellung von Mittelstandskartellen

Es erscheint fraglich, ob die oben wiedergegebenen gesetzgeberischen Wettbewerbspositionen durch die Freistellung von Kooperationen kleiner und mittlerer Unternehmen i. S. d. § 4 erreicht werden können. Einer Freistellung von Vertriebs- und Bezugskooperationen kleiner und mittlerer Unternehmen stehen nämlich wiederum zum Teil erhebliche wettbewerbliche Bedenken entgegen:

- So ist insbesondere bei den sog. Absatz-, und Vertriebskartellen i.S.d. § 4 Abs. 1 fraglich, inwieweit eine Kartellbildung die Wettbewerbsfähigkeit kleiner und mittelständischer Unternehmen untereinander und speziell gegenüber Großunternehmen fördern kann (schon LANGEN Rdnr. 1; IMMENGA § 5b Rdnr. 12 (m.w.H.)). Absatz- und Vertriebskartellen könnten vielmehr den Wettbewerb zu Lasten der Verbraucher beeinträchtigen.
- Eine Wettbewerbsförderung mittels potenziell wettbewerbsbeeinträchtigender Kartellbildung – und sei es auch nur im Rahmen von „Mittelstandskartellen" – erscheint in sich widersprüchlich oder kontraproduktiv. Damit besteht in der Freistellungsmöglichkeit des § 4 vom Kartellverbot nach § 1 grundsätzlich die latente Gefahr gegenläufiger Marktbeeinträchtigung (vgl. auch: Gesetzesentwurf der Breg. I, 3, dd. 10. Abs.)
- Ferner existiert das wettbewerbliche Risiko, durch Gruppenbildung die Marktzutrittschancen anderer Unternehmen – auch kleiner und mittlerer Unternehmen – erheblich zu reduzieren (schon RITTER, Thesen zur Kartellrechtsnovelle, DB 73, S. 318).
- Speziell im Rahmen der Kartellbildung von Bezugs-, oder Einkaufsgenossenschaften besteht in der Praxis zudem die Gefahr, die Mitglieder durch die Koordination des Einkaufes von Waren oder Dienstleistungen an die Einkaufszentrale wirtschaftlich zu stark zu binden. So kann die Kooperation in der Weise Bezugsbindungen ihrer Mitglieder zum Ergebnis haben, dass deren Wettbewerbsverhalten beschränkt oder gänzlich ausgeschlossen ist (s.u.).

Da die Mitglieder der Einkaufskooperation überwiegend kleine und mittlere Unternehmen sind, wirkt hier eine großzügige, unkritische Freistellung von Einkaufskooperationen gerade dem Zweck des § 4 entgegen.

Oben genannte Friktionen in der Realisierung des Normzweckes des § 4 sind nicht unkritisch zu sehen. Sie sind vielmehr im Rahmen der Interpretation und Auslegung der einzelnen Tatbestandsmerkmale der Kartellfreistellung des § 4 – insbesondere bei dem Merkmal der „wesentlichen Wettbewerbsbeeinträchtigung", der „Verbesserung der Wettbewerbsfähigkeit kleiner und mittlerer Unternehmen" und des Merkmals des „Bezugszwanges" i.S.d. § 4 – zu berücksichtigen. Im Rahmen dieser Berücksichtigung ist die Möglichkeit der Protektion der Wettbewerbsfähigkeit kleiner und mittlerer Unternehmen und des Ausgleiches ihrer strukturellen Nachteile gegenüber Großunternehmen abzuwägen mit den oben dargelegten Gefahren für den Wettbewerb.

2   Absatz- und Vertriebskartelle des Mittelstandes

2.1   Die wirtschaftliche Bedeutung von klein- und mittelständischen Absatz- und Vertriebskartellen

Absatz- und Vertriebskartelle i.S.d. § 4 Abs. 1 haben seit der Einführung des Freistellungstatbestandes des § 5b (a.F.) durch die zweite GWB-Novelle im Jahr 1973 zunehmend an wirtschaftlicher Bedeutung und wettbewerbsrechtlicher Relevanz gewonnen.

Bereits vor Verabschiedung des § 5b (a.F.) befürwortete die sog. „Kooperationsfibel" des BMWi aus dem Jahre 1963 die Ausnahme kleiner und mittlerer Unternehmen vom Kartellverbot (BENISCH Kooperationsfibel, S. 456, Rdnr. 7). Ausgehend von dieser überaus befürwortenden Sicht nahm der Ausschluss von Rationalisierungskartellen kleiner und mittlerer Unternehmen vom Kartellverbot des § 1 (a.F.) zunächst zögerlich, dann aber beständig zu.

Den Durchbruch der Freistellung erreichten „Mittelstandskartelle" i.S.d. § 4 Abs. 1 jedoch erst mit dem Merkblatt des BMWi über „Mittelstandskartelle" vom 15.04.1975 (BENISCH Gemeinschaftkommentar zum Gesetz gegen Wettbewerbsbeschränkungen und Europäischem Kartellrecht 4. Aufl. § 5b (a.F.) Rdnr. 3). Bereits zum Ende des Jahres 1982 stellten die Kartellbehörden insgesamt 116 „Mittelstandskartelle" nach § 5b (a.F.) frei. An ihnen waren ca. 1 150 Unternehmen beteiligt.

1984 erhöhte sich die Zahl der beteiligten Unternehmen auf 1 400 (TB 83/84, S. 28). 1988 hatten die Kartellbehörden des Bundes und der Länder 143 Kartelle legalisiert (TB 87/88, S. 23).

Der Trend setzte sich bis in die nahe Vergangenheit fort: in den Jahren 1995 und 1996 registrierten die Bundes- und Landeskartellbehörden 24 neue Kartellfreistellungen nach § 5b (a.F.) (TB 1995/96, S. 180, f.).

Die Zahl aller der Kooperationen i.S.d. § 4 Abs. 1 beträgt seit Ende 1996 über 180 mit mehr als 1 500 Beteiligten (BKartA TB 1993/94, S. 29 und TB 1995/96, S. 102; siehe: EMMERICH: Kartellrecht, S. 74; MÜLLER-URI, Kartellrecht, S. 150, Rdnr. 150).

Die Möglichkeit der Kartellfreistellung nach § 4 betrifft grundsätzlich alle Branchen. Die Praxis der Vergangenheit hat jedoch deutlich gemacht, dass überwiegend Unternehmenskooperationen des Sektors Steine/Erden/Bauwerkstoffe (Asbest- und Schleifwaren) von der Möglichkeit der Freistellung Gebrauch machten. Etwa die Hälfte aller sog Mittelstandskooperationen i.S.d. § 5b (a.F.) waren Ende 1982 in diesem Sektor zu finden (zur geschichtlichen Bedingtheit dieser Zahl, BENISCH Gemeinschaftkommentar zum Gesetz gegen Wettbewerbsbeschränkungen und Europäischem Kartellrecht 4. Aufl. Rdnr. 3). Ende 1988 machten die Kooperationen dieses Sektors mit insgesamt 33 bundesweiten und 25 regionalen Kartellen über 40 v.H. aller „Mittelstandskartelle" i.S.d. § 5b (a.F.) bzw. des § 4 aus.

Für den Zeitraum 1997/98 stellte das Bundeskartellamt insgesamt 191 Kooperationen fest. Diese bezogen sich im Wesentlichen auf die Sektoren:

- „Steine, Erden, Asbest, Schleifmittel" (70 Kooperationen),
- „Verkehr und Nachrichtenübermittlung" (36 Kooperationen) und
- „Handwerkskooperationen" (21).

Ferner existieren im oben angegebenen Zeitraum Kooperationen:

- der Nahrungsmittel erzeugenden Industrie (15),
- des Baugewerbes und Grundstückswesens (11),
- des Handels (10),
- der Dienstleistungen (6 Kooperationen) sowie
- in zahlreichen, sehr verschiedenartigen Produktionsbereichen: Keramik-, Glasgewerbe (4 Kooperationen), Maschinenbau (3 Kooperationen), Papier (3 Kooperationen), Land- und Forstwirtschaft (2 Kooperationen), Chemische Erzeugnisse (2 Kooperationen) (TB BKartA 1997/98, S. 190 ff.).

Die freigestellten Kartelle waren überwiegend sog. Vertriebskooperationen, d.h. Kooperationen von Unternehmen, welche den Warenumschlag gemeinsam organisieren. In diesem Sektor besteht auch zukünftig ein Schwerpunkt und eine unternehmerische Notwendigkeit der Kartellfreistellung. Denn insbesondere durch die Rationalisierung bzw. die Zusammenfassung des Vertriebes von Unternehmen kleiner und mittlerer Größenordnung lassen sich gravierende gewinnsteigernde Einsparungen (Skalenerträge) realisieren.

Aber auch in Gestalt von Produktions- (TB 83/84, S. 96), Rechnungswesen-, Marktanalyse-, Werbe-, Produktforschungs- und Entwicklungsgemeinschaften (TB 87/88, S. 100 f.) sowie auch in Form von Reparaturgemeinschaften, Transport-, und Lagerkooperationen kamen und kommen Kooperationen vor (siehe BMWi WuW 79, S. 226; BKartA, Merkblatt: Kooperationserleichterung v. Dezember 1998, Teil I, A, I).

Nur aus Vereinfachungsgründen werden in diesem Text die dem § 4 Abs. 1 unterfallenden Kartelle als Absatz- und Vertriebskartelle bezeichnet.

2.2 Die materiellen Freistellungsvoraussetzungen des § 4 Abs. 1 GWB

2.2.1 Die betroffenen Unternehmen

Der Gesetzgeber schränkt die Art und Organisation der Kooperation nicht in § 4 Abs. 1 ein. Freistellungsberechtigt sind daher die Beschlüsse und Vereinbarungen von Unternehmen mit oder ohne eigene Rechtspersönlichkeit. Auch die Rechts- und Unternehmensform des Kartells ist unerheblich für die Freistellung nach § 4 Abs. 1. Entscheidend ist nur, ob die Unternehmen dem Tatbestand des § 1 unterfallen. (dazu siehe HOOTZ § 1 Rdnr. 11 ff. (m.w.H.).

Kein Kartell liegt vor, wenn etwa die vermeintliche Wettbewerbsbeeinträchtigung der Kooperation unterhalb der „Spürbarkeitsgrenze" des § 1 (s. § 1) liegt (ständige Rspr.: BGH WuW/E 2469 f.; BGH GRUR 1998, 739 ff., 743; BGH WuW/E 2050 f., 2051; BGH WuW 2025 ff., 2027; HOOTZ in Gemeinschaftkommentar zum Gesetz gegen Wettbewerbsbeschränkungen und Europäischem Kartellrecht § 1, Rdnr. 144 (m.w.H.)). Dies kann speziell bei Kooperationen kleiner und mittlerer Unternehmen der Fall sein (vgl.: BGH WuW/E 2000 ff., 2001; KG WuW/E OLG 4885 ff., 4891).

Die Entscheidungspraxis des BKartA verneint speziell bei Kooperationen kleiner und mittelständischer Unternehmen deren Kartelleigenschaft, mangels Spürbarkeit, großzügig. Aus Gründen der Verfahrensvereinfachung schließt das BKartA die Kartelleigenschaft kleiner und mittlerer Unternehmen – in seiner „Bagatellbekanntmachung" v. 08.07.1980 (BANZ Nr. 133), Kapitel II – sogar pauschal, bei einem Marktanteil der Kooperationsmitglieder von 5 %, aus (zur Parallelproblematik der Bestimmung der Wettbewerbsbeeinträchtigung auf Grund fester Marktanteilsgrenzen siehe unten (m.w.H.)). Einen Zusammenschluss kleiner und mittlerer Unternehmen soll nach der „Bagatellbekanntmachung v. 08.07.1980" nicht kartellrechtlich relevant sein, wenn:

- mit der Kooperationsvereinbarung eine verbesserte zwischenbetriebliche Zusammenarbeit der Kooperationspartner verbunden ist,
- überwiegend an ihr ein kleiner Kreis wirtschaftlich selbständiger kleiner und mittlerer Unternehmen beteiligt ist und
- deren Marktanteil insgesamt nicht mehr als 5 v.H. beträgt.

Die Kooperationsvereinbarung darf jedoch keine Preis-, Quoten oder Gebietsabsprache beinhalten („Bagatellbekanntmachung" v. 08.07.1980 (BANZ Nr. 133), Kapitel II).

Speziell zur Förderung der Wirtschafts- und Wettbewerbstätigkeit kleiner und mittlerer Unternehmen hat das BMWi bereits im Jahre 1963 die sogenannte Kooperationsfibel erlassen. Diese typisiert klein- und mittelständische Kooperationsformen, welchen – mangels wettbewerbsbeschränkender Wirkung – bereits keine Kartellqualität zukommt. Da diese Kooperationsformen keine Kartelle i.S.d. § 1 darstellen, unterfallen sie schon nicht dem Kartellverbot und somit auch nicht der Freistellungsmöglichkeit aus § 4. Auch nach der sechsten GWB-Novelle gilt die Kooperationsfibel weiter (amtliche Begründung BRDrucks. 265/71; EBEL, Kartellrecht, Gesetz gegen Wettbewerbsbeschränkungen und EG-Vertrag, § 4, Rdnr. 3).

Somit scheiden – mangels Kartelleigenschaft – jene unternehmerischen Kooperationen kleiner und mittlerer Unternehmen aus dem Anwendungsbereich des § 4 aus, welche die Kooperationsfibel als kartellfreie Kooperationen aufführt (auch: BUNTE, in FK § 5b, Rdnr. 16 f.).

2.2.2 Die „Rationalisierung wirtschaftlicher Vorgänge" als Inhalt der Kooperationsvereinbarungen und -beschlüsse

Nach dem Wortlaut des § 4 Abs. 1 genügt nicht jede Vereinbarung oder jeder Beschluss, welcher die Wettbewerbsfähigkeit kleiner und mittlerer Unternehmen fördert. Nur jene Vereinbarungen bzw. Beschlüsse können i.S.d. § 4 Abs. 1 vom Kartellverbot freigestellt werden, welche die Rationalisierung wirtschaftlicher Vorgänge der Kooperationspartner zum Ziel haben.

Der Begriff „Rationalisierung wirtschaftlicher Vorgänge" entspricht dem Wortlaut des vormaligen § 5 Abs. 2, und 5 a Abs. 1 (a.F.), § 5b (a.F.). Die behördliche und gerichtliche Beurteilungspraxis sowie die einschlägige Literatur zu § 5b (a.F.) ist sehr großzügig in der Annahme eines Rationalisierungseffektes. Nach dem BKartA liegt ein solcher vor, wenn, unter Anwendung des ökonomischen Prinzips, durch innerbetriebliche Maßnahmen das Verhältnis zwischen Aufwand und Ertrag verbessert wird (TB 1976, 49). Die Förderung der Wettbewerbsfähigkeit i.S.d. § 4 Abs. 1 ist somit als innerbetriebliche Effizienzsteigerung durch Rationalisierung wirtschaftlicher Vorgänge des Unternehmens zu verstehen.

Die Verbesserung des Aufwand-Ertragsverhältnisses kann auf vielerlei Weise erfolgen. Insbesondere durch Verbesserungen auf den Gebieten der

- Produktion,
- Forschung und Entwicklung,
- Finanzierung,
- Verwaltung,

- Werbung sowie
- Einkauf und Vertrieb (BKartA, Merkblatt: Kooperationserleichterung vom Dezember 1998, TEIL I, A. I.).

Folgende Fälle zeigen nur exemplarisch, wann eine nach § 4 Abs. 1 freistellungsfähige Rationalisierung vorliegt (vgl. auch BENISCH Gemeinschaftkommentar zum Gesetz gegen Wettbewerbsbeschränkungen und Europäischem Kartellrecht 4. Aufl. § 5b, Rdnr. 9 (m.w.H.)):

- Gemeinsame Forschung und Entwicklung, bei denen die Mitglieder Beschränkungen hinsichtlich der Vermarktung der Forschungs- und Entwicklungsergebnisse unterliegen (TB 1978, 48, 67).
- Organisation in einer gemeinsamen Produktion (gemeinsame Herstellung von Fernsprechapparaten („Mittelstandsvereinigung Telefon", Bekanntmachung BKartA Nr. 15/89. 04.03.1989, WuW 1989, 479); „Beton-Fertigdecken", Pressemitteilung des Bayrischen Staatsministeriums für Wirtschaft und Verkehr v. 28.05.1990, WuW 1990, 630); „Mischwerke für Straßenbau" (TB 1978, 48); „Herstellung alkoholfreier Getränke" (TB 1978, 71); gemeinsame „Herstellung von Kartonagen" (Bekanntmachung BKartA Nr. 40/83, WuW 1983, 535).
- Entwicklung und Koordination einer gemeinsamen, für alle Partner der Kooperation verbindlichen Werbung.
- Gemeinsame Planung und Berechnung von Stahlbeton-Fertigteil-Gebäuden (TB 1979/80, 50).
- Zusammenarbeit mehrere Bauunternehmungen in sog. „Arbeitsgemeinschaften".
- Gemeinschaftliche Ausführung von Gleisbauarbeiten (TB 1981/82, S. 71).
- Zusammenwirken in der Projektplanung und -bearbeitung (Bekanntmachung BkartA Nr. 57 v. 22.03.1989, WuW 1989, 480).
- Koordination der Annahme von Aufträgen und deren Verteilung im Bereich der Entsorgung.
- Gemeinsame Beilage für eine Tageszeitung (TB 1976, 73).
- Gemeinschaftliche Zuweisung von Kundenaufträgen unter den beteiligten Unternehmen nach Berücksichtigung insbesondere der Frachtlage, des Auslastungsgrades des Werkes und der Einsparung unternehmerischer Vertriebsleistungen („Leichtbauplatten" (TB 1974, 49), „Wärmedämmstoffe" (TB 1975, 46)).
- Zusammenarbeit im gemeinsam organisierten, zeitweise wechselseitig von den Kooperationspartnern übernommenen Vertrieb.
- Zusammenarbeit in der Entwicklung eines einheitlichen Marketingkonzeptes.
- Erstellung eines Angebotes nach einem einheitlichen Marketingkonzept („Typenhäuser", TB 1978, 72).

- Gegenseitiges Abstimmen von Transportleistungen (TB 1976, 81).
- Kooperation mehrerer Dienstleistungsanbieter zur Sicherstellung eines flächendeckenden überregionalen Transportwesens sowie der zugehörigen Dienstleistungen (Bekanntmachung BKartA Nr. 57 v. 22.03.1989, WuW 1989, 480, Bekanntmachung BKartA Nr. 98/89 v. 01.12.1989 22.03.1989, WuW 1990, 126).
- Organisation und Zusammenarbeit mehrerer regionaler Händler in dem Angebot eines überregionalen Services („Vorhangschienen" TB 1979/80, 65).
- Gemeinsame Finanzierung von Investitionen.

Obige Beispiele sind nicht abschließend. Auch in anderen unternehmerischen Bereichen sind Kooperationen zum Zwecke der Rationalisierung unternehmerischer Aufgaben denkbar. Besonders häufig tritt die mittelständische Kooperation im Bereich kapitalintensiver Produktion (Bekanntmachung BKartA Nr. 15/89. 04.03.1989, WuW 1989, 479; TB 1978, 72; TB 1978, 48; TB 1978, 71; Bekanntmachung BKartA Nr. 40/83, WuW 1983, 535) und des Erbringens von kapitalintensiven Dienstleistungen (TB 1979/80, 65; Bekanntmachung BKartA Nr. 57 v. 22.03.1989, WuW 1989, 480, Bekanntmachung BKartA Nr. 98/89 v.. 1. 12. 1989 22.03.1989, WuW 1990, 126; TB 1979/80, 65) auf.

Keine Rationalisierungsmaßnahmen wirtschaftlicher Vorgänge sind die sog. ausschließlichen „Preiskartelle". Zwar verbessert das koordinierte Festlegen von Preisen das Verhältnis von Unternehmensertrag zum Unternehmensaufwand. Diese Verbesserung beruht jedoch nicht auf der Rationalisierung unternehmerischer Funktionen wie der Produktion, der Forschung und Entwicklung, der Unternehmensverwaltung, der Werbung sowie des Einkaufs und Vertriebes, sondern unmittelbar und ausschließlich auf der Beschränkung des Wettbewerbs. Sie sind daher keine selbständigen Rationalisierungsmaßnahmen i.S.d. § 4 Abs. 1 (auch BENISCH Gemeinschaftkommentar zum Gesetz gegen Wettbewerbsbeschränkungen und Europäischem Kartellrecht 4. Aufl. § 5b (a.F.) Rdnr. 10 (m.w.H.)).

Ebenfalls fehlt es an einer für § 4 erforderlichen Rationalisierung wirtschaftlicher Vorgänge im Fall

- der durch mehrere Unternehmen koordinierten Mengenbeschränkungen zur künstlichen Verknappung des Angebotes, d.h. zum Zweck der Aufrechterhaltung hoher Verkaufspreise,
- des gegenseitigen – zu dem obigen Zweck vorgenommenen – Gebietsschutzes (TB 1976, 85) sowie
- der Koordination von Rabattvereinbarungen (TB 1976, 60).

Auch der Erstattung von Planungskosten zwischen den Bewerbern spricht das BKartA den Rationalisierungscharakter ab. Bei dieser Kostenerstattung ginge es nämlich nur um eine willkürliche Veränderung betriebswirtschaftlicher Daten (TB 1976, 49).

Etwas anderes könnte in diesem Fall dann gelten, wenn die anbietenden Unternehmen kooperieren, um die Angebotserstellung zu vereinfachen und im Rahmen dieser Rationalisierung die entstehenden Kosten zu erstatten. In diesem Fall läge eine echte Vereinfachung des wirtschaftlichen Vorgangs der Verwaltung oder des Marketings vor, deren Zweck von § 4 gedeckt wäre.

Die Vereinbarung bzw. der Beschluss muss die Rationalisierung lediglich „zum Gegenstand haben". Dieses bedeutet zweierlei:

Zum Einen ist weder die konkrete Realisierung der Rationalisierung noch deren erfolgversprechender Einsatz Voraussetzung für die Freistellung nach § 4 (TB 1975,46). Der Gesetzgeber überlässt den Unternehmen die Entscheidung oder Wahl, ob sich eine Kooperation in Zukunft lohnen wird oder nicht. Er wollte durch diese Fassung einem grundgesetzrelevanten Eingriff in die unternehmerische Entscheidungsfreiheit vorbeugen (a.A., jedoch ohne Begründung: EMMERICH Kartellrecht 8. Aufl. S. 77). Hingegen bleibt für eine Freistellung dann kein Raum, wenn die Rationalisierung nur vorgeschoben ist. (TB 76, 12; BENISCH, § 5b Rdnr. 11). Ein solcher Nachweis dürfte jedoch in der Praxis sehr schwer sein.

Die angestrebte Rationalisierung muss zum anderen Inhalt einer Vereinbarung bzw. eines Beschlusses sein. Sie braucht nicht deren bzw. dessen wörtlichen Bestandteil zu bilden. Ausreichend ist, wenn sie aus dem Inhalt der Vereinbarung bzw. des Beschlusses deutlich hervorgeht (BUNTE, in FK § 5b, Rdnr. 19; BENISCH § 5b Rdnr. 11).

2.2.3 Der Begriff „Kleine und mittlere Unternehmen"

Nur dann ist eine Wettbewerbsbeeinträchtigung durch die Vereinbarung und Beschlüsse hinnehmbar, wenn diese der Verbesserung der Wettbewerbsfähigkeit kleiner und mittlerer Unternehmen dienen (i.S.d. § 4 Abs. 1 Nr. 2). Der Gesetzgeber sieht damit die wettbewerbsverbessernde Wirkung von „Mittelstandskartellen" als Ausgleich der mit ihnen verbundenen gesamtwirtschaftlichen Nachteile.

Die Frage, ab welcher Größenordnung Unternehmen in den Vorzug einer Freistellung als „Mittelstandskartell" i.S.d. § 4 kommen – also die Frage nach dem Adressatenkreis der Freistellungsvergünstigung des § 4 – ist trotz deren zentraler Bedeutung bis heute umstritten.

Der Streit ergibt sich vorwiegend aus der Definition bzw. dem Bestimmungsverfahren von kleinen und mittleren Unternehmen. Die zahlreichen methodischen Bemühungen der Vergangenheit lassen sich in die Bestimmung nach festgesetzten, absoluten Größenordnungen und die nach relativen Marktdaten unterteilen.

Die Betriebswirtschaftliche Literatur arbeitet vorwiegend mit festen, absoluten Marktdaten (PICHLER, PLEITNER, SCHMIDT: Management in KMU, S. 12 ff., 14 (m.w.H.); EU: ENSER, The European Observatory for SMEs, 5 Jahresbericht 1997). Auch Teile der juristischen Literatur verwenden bei der Bestimmung von kleinen und mittleren Unternehmen feste Umsatzzahlen: So soll, unter entsprechender Heranziehung des § 22 Abs. 3 Nr. 1 (a.F.), die absolute Obergrenze eines mittelständischen Unternehmens bei einem Umsatz von 250 Mio. DM liegen. Ein Großunternehmen soll, entsprechend der Freigrenze der Fusionskontrolle (24 Abs. 8 Ziffer 2 (a.F.), in keinem Fall mehr bei einem Umsatzwert unter 50 Mio. DM vorliegen (vgl.: DÖRNICKEL WuW 1973, S. 828; BENISCH Gemeinschaftkommentar zum Gesetz gegen Wettbewerbsbeschränkungen und Europäischem Kartellrecht § 5b (a.F.), Rdnr. 25 (m.w.H.); KIECKER, in: LANGEN/ BUNTE, § 5b, Rdnr. 14 f. (m.w.H.); K. SCHMITT ZRP 1979, S. 42; IMMENGA, § 5b, Rdnr. 66 (m.w.H.)).

Diese Vorgehensweise hat den unbestreitbaren Vorteil, durch feste Obergrenzen zu einer Rechtssicherheit in der Beurteilung der Freistellungsvoraussetzung des § 4 zu führen. Rechtssicherheit ist ein an Bedeutung nicht zu unterschätzender Wirtschaftsfaktor. Denn sie schafft Planungssicherheit für Unternehmen und fördert hierdurch deren Bereitschaft zur Kooperation. Letztlich besitzt Planungs- oder Rechtssicherheit auch gesamtwirtschaftliche Bedeutung: Neben der Förderung unternehmerischer Aktivität erspart sie Transaktionskosten, insbesondere in Gestalt von Beratungskosten.

Trotz der oben genannten Vorteile ist eine Begriffsbestimmung nach absoluten Zahlen i.S.d. § 4 GWB nicht zweckmäßig: Auf Grund unterschiedlicher Marktvolumina käme die Orientierung an festen absoluten Zahlen zu verzerrten Ergebnissen: Ein Unternehmen mit einen Jahresumsatz von 200 Mio. DM kann durchaus in einem Markt, auf dem mehrere Umsatzmilliardäre tätig sind, als mittelständiges Unternehmen angesehen werden. Das selbe Unternehmen würde – bei Geltung einer festen absoluten Umsatzgrenze – auf einem Markt mit geringerem Umsatzvolumen seiner Marktteilnehmer als Großunternehmen zu werten sein (BMWi: BKartA, Merkblatt: Kooperationserleichterungen v. Dezember 1998, Vorbemerkung; Kooperationsfibel 1976, S. 48; BUNTE, in FK, § 5b Rdnr. 43 (m.w.H.)).

Die herrschende Meinung tendiert heute dazu, die Klassifizierung eines Unternehmens als kleines oder mittelländisches Unternehmen an Hand relativer Bezugsgrößen vorzunehmen (IMMENGA, § 5b, Rdnr. 66 (m.w.H.); BUNTE, in FK, § 5b Rdnr. 43 (m.w.H.)); KIECKER, in: LANGEN/BUNTE, § 5b, Rdnr. 14 f. (m.w.H.); BENISCH in Gemeinschaftkommentar zum Gesetz gegen Wettbewerbsbeschränkungen und Europäischem Kartellrecht, § 5 b, Rdnr. 25).

Als vorrangiges Kriterium der Größenzuordnung dient der Umsatz der Unternehmen (KIECKER, in: LANGEN/BUNTE, § 5b, Rdnr. 14 f. (m.w.H.); BENISCH in Gemeinschaftkommentar zum Gesetz gegen Wettbewerbsbeschränkungen und Europäischem Kartellrecht, § 5 b, Rdnr. 25.). Bei Kreditinstituten und Bausparkassen drückt sich der Umsatz in der Regel in der Bilanzsumme aus. Bei Versicherungen ist eine dem Umsatz entsprechende Größe die Prämieneinnahme pro Jahr (vgl.: BUNTE, in FK, § 5b Rdnr. 43).

Zur Beurteilung treten weitere Faktoren hinzu: So sind Kriterien wie die Beschäftigungszahl, die Produktionskapazität, die Kundenbeziehung, das Eigenkapital und die Finanzierung des Unternehmens und auch der Werkstoffeinsatz zur Beurteilung der Unternehmensgröße ergänzend heranzuziehen (VELTINS, DB 78; S. 239 ff., 240; BUNTE, in FK § 5 B Rdnr. 44; WERNER, Unternehmerische Kooperation zur Steigerung der Leistungsfähigkeit, S. 180). Die Flexibilität der relativen Größengrenzen lässt es zu, die Unternehmensgröße marktspezifisch zuzuordnen. Somit können die Eigenheiten der Struktur des betreffenden Marktes, auf dem die Kooperation tätig wird, angemessen i.S.d. § 4 berücksichtigt werden.

Die oben beschriebene Flexibilität der relativen Unternehmensgrößenfeststellung führt immer wieder dazu, – zumindest neben dieser – auf absolute Zahlen zurückzugreifen (vgl.: DÖRNICKEL WuW 73; S. 828 f., EBEL: Kartellrecht § 4 Rdnr. 5 (m.w.H.); MÜLLER/URI Rdnr. 148; BENISCH Gemeinschaftkommentar zum Gesetz gegen Wettbewerbsbeschränkungen und Europäischem Kartellrecht § 5b (a.F.), Rdnr. 25; KAPATEIA: § 5b Mittelstandskooperationen (1980), S.237; SALJE, Die mittelständische Kooperation zwischen Wettbewerbspolitik und Kartellrecht, S. 73). Aus Gründen der Rechts- und Planungssicherheit ist dieses Vorgehen verständlich. Allerdings können nach dem oben Gesagten jene absoluten Zahlengrößen nur als Indizien für das Vorliegen einer bestimmten Größenordnung eines Unternehmen dienen (für die Wirkung als Indizien bereits auch: Bericht des Wirtschaftsausschusses, WuW 1973, S. 584; Begründung des Regierungsentwurfes zur fünften GWB-Novelle BT-Drucks. 11/4160).

Beträgt der Maximalerlös des gesamten Marktes auf dem die Unternehmen kooperieren lediglich 10 Mio. DM, so stellt dies ein Indiz dafür dar, alle seine Mitglieder als kleine oder mittlere Unternehmen i.S.d. § 4 Abs. 1 anzusehen (EBEL: Kartellrecht § 4 Rdnr. 5 (m.w.H.).

Ein Indiz für eine Obergrenze der Umsatzgrößenordnung kleiner und mittlerer Unternehmen ist demgegenüber schwerer festzulegen (BUNTE, in FK § 5b Rdnr. 51 (m.w.H.)). Zumeist können Umsatzerlöse von mehr als 50 Mio. DM (MÜLLER/URI Rdnr. 148; BENISCH Gemeinschaftkommentar zum Gesetz gegen Wettbewerbsbeschränkungen und Europäischem Kartellrecht § 5b (a.F.), Rdnr. 25), in Märkten mit größerem Umsatzvolumen gegebenenfalls von mehr als 200 Mio. DM, als Indizien der Obergrenze zur Annahme eines mittelständigen Unternehmens angesehen werden (BMWi: BKartA, Merkblatt: Kooperationserleichterungen v. Dezember 1998, Vorbemerkung; Empfehlung der EG-Kommission. 3.4. 1996, WuW 1996, S. 604, 608; KIECKER, in: LANGEN/BUNTE, in § 5b Rdnr. 15 (m.w.H.)). Aber auch die absolute Grenze des § 22 Abs. 3 Nr. 1 (a.F.) Umsatzhöhe von 250 Mio. DM wird genannt (vgl.: BENISCH Gemeinschaftkommentar zum Gesetz gegen Wettbewerbsbeschränkungen und Europäischem Kartellrecht § 5b (a.F.), Rdnr. 25 (m.w.H.); DÖRNICKEL WuW 1973, S. 828; KIECKER, in: LANGEN/ BUNTE, § 5b, Rdnr. 14 f. (m.w.H.); K. SCHMITT ZRP 1979, S. 42; IMMENGA, § 5b, Rdnr. 66 (m.w.H.); s.o.)

Die vagen Formulierungen, die in der Literatur vertretenen unterschiedlichen Größenordnungen (vgl. auch: DÖRNICKEL WuW 73; S. 828 f., EBEL Voraufl. § 5b Rdnr. 5; KAPATEIA: § 5b Mittelstandskooperationen (1980), S.237; SALJE, Die mittelständische Kooperation zwischen Wettbewerbspolitik und Kartellrecht, S. 73) und die erhebliche Spannbreite der oben angegebenen Umsatzwerte belegen, dass eine für die Praxis aussagefähige Indizierung bestimmter Größenordnungen i.S.d. § 4 tatsächlich nicht möglich ist (s.o.).

Schließlich verlieren alle oben genannten, auf absoluten Umsatzzahlen beruhende Indizien durch allgemeines Unternehmenswachstum und Geldentwertung an Bedeutung.

2.2.3.1 Berechnung des Umsatzes von Unternehmen im Konzern

Die Umsatzzahlen insbesondere einer Konzerntochter können ungleich geringer ausfallen als die des Konzernunternehmens. Hier ist also fraglich, inwieweit sich das Tochterunternehmen auch die Umsatzwerte der Mutter zur Bestimmung seiner Größenordnung zurechnen lassen muss.

Inwieweit sich das Tochterunternehmen den Umsatzerlös seiner Mutter im Rahmen der kartellrechtlichen Feststellung seiner Freistellungsmöglichkeit nach § 4 Abs. 1 zurechnen lassen muss, bestimmt sich nach dem tatsächlichen Verhältnis des Tochter- zum Mutterunternehmen; insbesondere nach der rechtlich wie wirtschaftlichen Selbständigkeit der Tochter (Kooperationsfibel, S. 48 f.; TB 1978, 48 Mischguthersteller (WuW/E BGH 2321, 2323) aber auch KG WuW/E OLG 3663, 3666) und German Parcel Paket-Logistik WuW/E BKartA 2384, 2389).

Das Kriterium der Selbständigkeit ist daher vor der Betrachtung etwaiger Umsatzzahlen zu berücksichtigen (auch BMWi: Merkblatt Kooperationserleichterungen v. Dezember 1998, Vorbemerkung). Überwiegt wettbewerbliche Eigenständigkeit, so ist das Tochterunternehmen als mittelständisches Unternehmen i.S.d. § 4 anzusehen (TB 1978, 48 Mischguthersteller (WuW/E BGH 2321, 2323).

Die wettbewerbliche Selbständigkeit des Tochterunternehmens liegt insbesondere dann vor, wenn

- die Produktion der Tochter für die Mutter keine oder nur unterrangige Bedeutung hat,
- die Konzernmutter weder nach ihrem Unternehmenskonzept, noch in der Praxis Einfluss auf die Leitung der Tochter nimmt und
- das Konzernunternehmen die Tochter weder fördert, noch deren unternehmerische Aktivitäten absichert (vgl.: TB 1978, 48 Mischguthersteller (WuW/E BGH 2321, 2323) aber auch KG WuW/E OLG 3663, 3666) und German Parcel Paket-Logistik WuW/E BKartA 2384, 2389).

Die gegenteilige Meinung, welche Töchtern in jedem Fall den Umsatz der Mutter zurechnen will, (IMMENGA § 5b, Rdnr. 69) verkennt, dass wettbewerblich eigenständige Tochterunternehmen nie in die Möglichkeit der Freistellung nach § 4 kämen.

2.2.3.2 Mehrproduktunternehmen

Bei einem Unternehmen, welches auf verschiedenen Märkten tätig ist, ist dessen relative Marktgröße nicht allein an Hand des Marktes zu bestimmen, auf dem es bei der Kooperation auftritt (IMMENGA § 5b, Rdnr. 68 (m.w.H.). Vielmehr kommt es auf all jene Märkte an, in denen das Unternehmen präsent ist.

Das Mehrproduktunternehmen ist aus kartellrechtlicher Sicht als Einheit zu sehen. Dies erfordert nicht nur der „einheitliche Unternehmensbegriff" des § 1 (dazu BGH E v. 11.04.1978 WuW/E BGH, 1521; 23.10.1979 WuW/E BGH, 1661, 1662. HOOTZ Gemeinschaftkommentar zum Gesetz gegen Wettbewerbsbeschränkungen und Europäischem Kartellrecht § 1 Rdnr. 13; v. GAMM, Kartellrecht 2. Aufl. § 1 Rdnr. 8, HUER/ BRAUNS in FK § 1 Rdnr. 38 (m.w.H.). Auch die wirtschaftliche Betrachtungsweise erfordert das Einbeziehen aller von diesem Unternehmen tangierten Märkte. Eine wettbewerbliche Trennung – wie etwa bei der eigenständigen Tochter (s.o.) – liegt beim Mehrproduktunternehmen auch hinsichtlich seiner auf einem bestimmten Markt agierenden Betriebsstellen oder Filialen nicht vor. Das Mehrproduktunternehmen profitiert ja auch vom Rationalisierungserfolg als Ganzes, so dass eine Aufsplitterung seines Umsatzes begrifflich ausgeschlossen ist (auch IMMENGA § 5b Rdnr. 68).

2.2.4 Maßnahmen zur Verbesserung der Wettbewerbsfähigkeit kleiner und mittlerer Unternehmen

Kooperationen kleiner und mittlerer Unternehmen sind nur dann vom Kartellverbot freizustellen, wenn die der Kooperation zu Grunde liegenden Vereinbarungen und Beschlüsse der Verbesserung der Wettbewerbsfähigkeit der an der Kooperation beteiligten Unternehmen dienen. Der Begriff der „Verbesserung der Wettbewerbsfähigkeit" ist inhaltlich verknüpft mit dem Rationalisierungserfolg der mittelständisch, zwischenbetrieblichen Zusammenarbeit: Erreicht eine Kooperation kleiner und mittlerer Unternehmen eine Rationalisierung, so ist diese in der Regel aus betriebswirtschaftlicher Sicht kostensenkend. Die Rationalisierung eröffnet daher grundsätzlich die Verbesserung der unternehmerischen Wettbewerbsfähigkeit der an der Zusammenarbeit Beteiligten (vgl. BECHTHOLD, § 4, Rdnr. 3).

Der einzige wesentliche Unterschied besteht in der Betrachtungsweise beider Tatbestandselemente des § 4 Abs. 1: Während der Rationalisierungserfolg die freizustellende Kooperation selbst charakterisiert und daher aus Gesamtsicht der Kooperation zu beurteilen ist (s.o.), kommt es bei der Bestimmung der Wettbewerbsfähigkeit auf die unternehmerische, betriebswirtschaftliche Sicht an. Die hier deutlich gemachte Verquickung der beiden Tatbestandsmerkmale eröffnet dem Begriff der Verbesserung der Wettbewerbsfähigkeit einen weiten Raum, denn jede innerbetriebliche Kostensenkung dient der Zunahme der Wettbewerbsfähigkeit der Unternehmen.

Eine Verbesserung der Wettbewerbsfähigkeit kleiner und mittlerer Unternehmen tritt somit schon dann ein, wenn die Kooperation zur Senkung von Unternehmenskosten führt und das Unternehmen dadurch effizienter (d.h. häufiger oder/und qualifizierter) am Markt auftreten kann. Unter dem weiten Begriff der Wettbewerbsverbesserung i.S.d. § 4 fällt u.a. auch der Umstand, dass ein Unternehmen ein wettbewerbsfähiges Angebot auf den Markt bringen kann (noch zu dem Begriff der Leistungsfähigkeit in ähnlicher Auslegung BKartA v. 05.09.1977 WuW/E BKartA 1697; TB 1977, 51).

Aus der Vielzahl möglicher denkbarer Beispiele sind hier für eine Verbesserung der Wettbewerbsfähigkeit kleiner und mittlerer Unternehmen i.S.d. § 4 Abs. 1 anzuführen:

- Ausweitung der Produktion oder Leistungserbringung,
- umfassendere Auslastung von Produktionsanlagen,
- Verbreiterung des Waren- oder Dienstleistungssortiments,
- Erhöhung der Qualität von Waren und/oder Dienstleistungen,
- umfassendere Berücksichtigung der Kundenwünsche,
- kundenorientierte Kombination von Waren- und Dienstleistungen unterschiedlicher Art,
- Verkürzung von Lieferwegen und Lieferfristen,
- vereinfachte Gestaltung der Logistik, Beschaffung oder des Vertriebes,
- rationellere Gestaltung der internen Verwaltung insbesondere des Abrechnungs- und Mahnwesens,
- effizientere Organisation der Kundenansprache und des Kundenkontaktes,
- Einsparungen bei Fracht-, Lager- und Werbekosten,
- effizientere Auftragslenkung sowie
- kostengünstigere Finanzierung des Unternehmens und Absicherung der Unternehmensaktivitäten (vgl. auch: BMWi, BKartA, Merkblatt: Kooperationserleichterungen v. Dezember 1998, TEIL I, A. II).

2.2.5 Das Verbot der wesentlichen Beeinträchtigung des Wettbewerbs i.S.d. § 4 Abs. 1 Nr. 1 GWB

Eine „negative" Grenze der Freistellungsmöglichkeiten von Kooperationen kleiner und mittlerer Unternehmen zieht der Gesetzgeber durch § 4 Abs. 1 Nr. 1: Vereinbarungen und Beschlüsse i.o.S. sind nur dann freistellungsfähig i.S.d. § 4 Abs. 1, wenn sie keine wesentliche Beeinträchtigung des Wettbewerbs auf dem Markt hervorrufen. Der Zweck dieser Grenze ist unmittelbar einleuchtend und liegt jedem Freistellungstatbestand zu Grunde: Die Freistellungstatbestände sind Ausnahmen vom Kartellverbot des § 1. Diese Ausnahmen müssen sich in den Grenzen des ihnen eigenen wettbewerbspolitischen Zweckes (dazu s.o.) halten. Sie dürfen ihrerseits keine (weitere) Wettbewerbsbeeinträchtigung schaffen, welche über den mit der Freistellungsnorm gesetzten Zweck hinausgeht.

Die generelle praktische Schwierigkeit der Feststellung einer Wettbewerbsbeeinträchtigung i.S.d. § 4 Abs. 1 Nr. 1 im konkreten Einzelfall liegt in der Bestimmung der Grenze, ab wann eine Kooperation – auf Grund der mit ihr verbundenen Rationalisierung und Förderung des Wettbewerbs kleiner und mittlerer Unternehmen – noch freistellungsfähig ist, bzw. ab wann die wettbewerbsschädigenden Folgen eines Mittelstandskartells Überhand nehmen über die mit ihm bezweckten positiven Folgen. Das Merkmal der wesentlichen Beeinträchtigung des Wettbewerbs wird somit zu einen Merkmal, welches eng an dem jeweiligen Normzweck zu interpretieren ist.

2.2.5.1 Das von § 4 Abs. 1 geschützte Leitbild des Wettbewerbs

Nicht ein „vollkommener" Wettbewerb soll mit Hilfe des Kartellrechtes etabliert werden. Die Realisierung der Ideal- oder Modellvorstellung eines vollkommenen Wettbewerbs ist in der Praxis ohnehin unmöglich. Angesichts der Unmöglichkeit der Realisierung der Ideal- oder Modellvorstellung eines vollkommenen Wettbewerbs begnügt sich der Gesetzgeber mit dem Leitbild eines „funktionstüchtigen Wettbewerbs" (workable competition). Er erkennt damit die Unvollkommenheiten wettbewerblichen Marktgeschehens (imperfections) an. Die Aufgabe des Gesetzgebers besteht darin, trotz dieser Markt- und Wettbewerbsunvollkommenheiten – den Wirtschaftssubjekten einen größtmöglichen Wettbewerb zu garantieren.

Für die Gestaltung des Kartellrechtes bedeutet diese pragmatische Sicht, dass in eingeschränktem Maße jene den Wettbewerb zwischen Ihren Mitgliedern ausschließenden Kartelle, durchaus dann im Wettbewerbsgeschehen zugelassen werden können, sofern sie wiederum wettbewerblichen Zielen – hier dem Nachteilsausgleich kleiner und mittlerer Unternehmen – dienen.

Diese wettbewerbliche Ambivalenz ist insbesondere kennzeichnend für die Problematik der Zulassung von „Mittelstandskartellen" des Absatzes und Vertriebs i.S.d. § 4 Abs. 1: Die Verbesserung der Wettbewerbsfähigkeit kleiner und mittlerer Unternehmen durch rationalisierende Kooperationen muss ein Ergebnis des Wettbewerbs von Unternehmen verschiedener Größenordnung sein. Wettbewerbsvorteile kleiner und mittlerer Unternehmen dürfen nicht das Ergebnis einer Ausschaltung des Wettbewerbs mittels eines Kartells sein (vgl. WuW/E BGH 655, auch IMMENGA § 5b Rdnr. 46 ff.).

Den größtmöglichen Wettbewerb sieht der Gesetzgeber realisiert in einem weiten Oligopol; also in einer Marktstruktur, in der eine Vielzahl unterschiedlich großer Anbieter miteinander konkurrieren und in dem der Zugang von Newcomern möglich ist. Speziell Absatz- und Vertriebskartelle kleiner und mittlerer Unternehmen können im Wesentlichen folgende wettbewerblichen negativen Auswirkungen haben:

- Eine Kooperation schließt ihrem Wesen nach zunächst den Wettbewerbs, der Mitglieder untereinander aus. Diese dürfen beispielsweise keine anderen als die festgelegten Preise verlangen oder ihr volles Sortiment nicht mehr produzieren bzw. in den Handel geben etc. (zur kartellrechtlichen Bedeutung der Reduktion ausschließlich internen Wettbewerbs s.u.).

- Hieraus kann, infolge eines fehlenden oder herabgesetzten Innovationsdruckes, eine Reduktion der Forschungs- und Entwicklungstätigkeit resultieren.
- Kartelle sind in der Lage, Newcomern Markteintrittschancen zu versperren. Newcomer müssen erst Aufnahme in das Kartell finden, um gegenüber der in ihm organisierten Konkurrenz zu bestehen.
- Gerade das Versperren von Marktzutrittschancen stellt ein besonderes Problem der Freistellung von „Mittelstandskartellen" dar: Neuzugänger sind oft kleine und mittlere Unternehmen. Zum Zweck der Verbesserung des Wettbewerbs von freigestellten Mittelstandskartellen i.S.d. § 4 Abs. 1 würde gerade durch marktstarke Mittelstandskartelle der Zugang von kleinen und mittelständischen Newcomern auf den Markt verhindert.
- Aus einer abgestimmten Verknappung des Angebotes (Produktionskartell) oder der kooperativen Festsetzung von Preisen und/oder Nebenleistungen resultiert ein nicht angebots- und nachfragegerechter Wettbewerb.
- Dieser führt nicht nur zur Erhöhung von Preisen und zur Zulässigkeit eines Preiskartells i.S.d. § 4 Abs. 1 (s.o.). Er kann sich auch in der Verschlechterung der Qualität von Waren, Dienstleistungen und/oder Konditionen oder in der quantitativen Verschlechterung des Waren und Dienstleistungsangebotes ausdrücken.
- Künstliche, d.h. unter den Kartellmitgliedern abgesprochene Angebotsverknappung bewirkt nicht nur höhere Preise bei gleichbleibender oder geringerer Qualität (s.o.). Sie kann insbesondere bei kooperativen Mengen- oder Gebietsabsprachen auch zu Unterversorgung führen.
- Nicht ausgeschlossen ist auch, dass das Kartell durch eine gezielt koordinierte Sortimentspolitik die Abnehmer an ein kooperativ festgelegtes Waren- oder Dienstleistungsangebot bindet.

§ 4 Abs. 1 Nr. 1 schreibt als ein wettbewerbsschädigendes Kriterium lediglich dessen Beeinträchtigung des Wettbewerbs vor. Die Aufgriffsschwelle des Merkmals „Beeinträchtigung" hat der Gesetzgeber sehr tief angesetzt. Eine Beeinträchtigung des Wettbewerbs setzt nämlich weder dessen irreversible Aufhebung, noch dessen Defekt oder Beschädigung voraus. Bereits eine Behinderung, Erschwerung, Hemmung, Minderung oder nachteilige Störung des Wettbewerbs reichen aus. Nach Ansicht des Wirtschaftsausschusses kann eine wesentliche Wettbewerbsbeeinträchtigung selbst dann vorliegen, wenn ein wesentlicher Wettbewerb fortbesteht (Bericht des Wirtschaftsausschusses WuW 1973, 585).

Ein Absatz- oder Vertriebskartell kann insbesondere dann wettbewerbsbeeinträchtigend sein, wenn es zur Gewinnmaximierung:

- durch die künstliche Verknappung des Angebotes Preise erhöht,
- bei Beibehaltung oder Erhöhung der Preise die Qualität der Ware oder Dienstleistung reduziert,

- Konditionen verschlechtert,
- das Warensortiment künstlich knapp hält,
- die Kombination von Warenlieferung und hierauf abgestimmten, komplementären Dienstleistungen unterbricht,
- Newcomern den Zugang zum Markt versperrt,
- Absatzgebiete willkürlich aufteilt und somit Kunden vom Bezug bestimmter Waren und Leistungen ganz ausschließt bzw. diesen erheblich erschwert und verteuert,
- durch die Steuerung des Angebotes die Kundenwünsche ignoriert,
- Serviceleistungen einseitig einstellt,
- Mitglieder überlang und/oder übermäßig an das Kartell bindet und
- dauerhafte Bezugsabhängigkeiten der Kunden schafft.

2.2.5.2 Die Wesentlichkeit der Wettbewerbsbeeinträchtigung

Ein zentrales Problem in der Beurteilungspraxis der Freistellungsmöglichkeiten von Mittelstandskartellen stellt das Tatbestandsmerkmal der „Wesentlichkeit" der Wettbewerbsbeeinträchtigung dar. Das Merkmal der „Wesentlichkeit" zählt zu den unbestimmten Tatbestandsmerkmalen. Hierin fließen eine Vielzahl von Wertungen ein. Um die Qualität der Beeinträchtigung erfassen zu können, hat der Gesetzgeber bewusst auf die Aufnahme bestimmter Marktanteilsgrenzen in § 4 verzichtet (Bericht des Wirtschaftsausschusses 7/765, S. 3).

Auch die Rechtsprechung hat die Schwelle von 10-15 v.H. ausschließlich auf jene Fälle angewandt, in denen das Kartell wesentliche Wettbewerbsparameter – wie Preise, Rabatte oder Zahlungsbedingungen, die im konkreten Fall als Preisbestandteile anzusehen waren, oder Quoten – festgelegt hat (zu § 5b; Bericht des Wirtschaftsausschusses WuW 1973, 585; OLG Stuttgart, Beschluss vom 17.12.1982, WuW/E OLG 2807, 2810, gebrochener Muschelkalkstein).

Bei weniger bedeutenden Wettbewerbsparametern – z. B. einer gemeinsamen Werbung, Produktionsservice und Versandvorgängen – können die Marktanteile der Unternehmen wesentlich höher ausfallen (Bericht BKartA 1976, S. 84 auch OLG Frankfurt, Beschluss vom 20.09.1982, WuW/E OLG 2771, 2774 Taxi-Funk-Zentrale Kassel, BECHTHOLD § 4 Rdnr. 3) und sogar im Einzelfall branchenübergreifend sein (BENISCH § 5b Rdnr. 20). Bei der Beurteilung der „Wesentlichkeit" der Wettbewerbsbeeinträchtigung ist die typische Relation zwischen der Marktanteilsgrenze und der jeweiligen Wettbewerbsbeeinträchtigung zu beachten: Bei geringfügigen wettbewerbsbeschränkenden Maßnahmen der Unternehmen können deren Marktanteile größer sein. Bei niedrigen Marktanteilen dagegen können weitergehende Wettbewerbsbeeinträchtigungen der Unternehmen vorliegen, ohne dass eine wesentliche Wettbewerbsbeeinträchtigung i.S.d. § 4 Abs. 1 Nr. 1 zu bejahen ist:

Je größer also die Intensität der wettbewerbsbeeinträchtigenden Maßnahmen auf dem Markt, desto kritischer ist die Höhe der Marktanteile der Unternehmen zu beurteilen (Bericht BKartA 1976, S. 84 auch OLG Frankfurt, Beschluss vom 20.09.1982, WuW/E OLG 2771, 2774 Taxi-Funk-Zentrale Kassel, BECHTHOLD § 4 Rdnr. 3; zu § 5b; Bericht des Wirtschaftsausschusses WuW 1973, 585; OLG Stuttgart, Beschluss vom 17.12.1982, WuW/E OLG 2807, 2810, gebrochener Muschelkalkstein)

In Anlehnung an die bisherige Entscheidungs- und Beurteilungspraxis zu § 5b kommt es – neben der Marktanteilsschwelle – u.a. auf folgende Gesichtspunkte an:

- Verbleibt zwischen den Anschlussunternehmen des Mittelstandskartells wirksamer Wettbewerb?
- Sind auf dem betroffenen Markt ein oder mehrere marktstarke Unternehmen tätig?
- Bestehen (weitere) Zutrittschancen Dritter?
- Wie hoch ist die Marktaktivität und -stärke nicht an der Kooperation beteiligter Unternehmen auf dem Markt?
- Besteht Substitutionswettbewerb?
- Wie ist die Marktstruktur?
- In welcher Marktphase befindet sich das Wettbewerbsgeschehen?
- Gehen von diesem entscheidende Impulse für den Wettbewerb aus? (TEICHMANN, WuW 1974, 460 ff.; BKartA Beschluss vom 12.02.1982, WuW/E BKartA 2047, 2048; TB 1977/88, BT-Drucks 11/4611, 65, 76, 99 f. vgl. BENISCH, § 5b, Rdnr. 14; Bericht BKartA 1979/80, S. 49; 1980/81, S. 8; 1981/82, S. 43; Kooperationsfibel Abschnitt III Ziff. 1.4., S. 49).

2.3 Kleine und mittlere Absatz- und Bezugskooperationen im Europäischen Recht

Einschlägige Normen zur wettbewerblichen Kontrolle und Steuerung von „Mittelstandskartellen" fehlen im europäischen Recht. Die Kommission der Europäischen Gemeinschaften sowie der europäische Gesetzgeber erkennen die wirtschaftliche und wettbewerbliche Bedeutung kleiner und mittlerer Unternehmen für den europäischen Binnenmarkt. Zu nennen sind hier insbesondere folgende Förderrogramme: AL-INVEST; ASIA-INVEST, TACIS-CBC-FAZILITÄT, AKTION STARTKAPITAL, INTERPRISE, JOINT EUROPEAN VENTURE, KMU-GEMEINSCHAFTSINITIATIVE (siehe: http://www.sozialbank.de/ EUFörderung/Texte/Wirtschaft.asp).

Diese europäischen Programme sichern die Kooperation kleiner und mittelständischer Unternehmen zum Zweck des Ausgleichs struktureller Nachteile und zur Stärkung der Wettbewerbsfähigkeit gegenüber Großunternehmen. Die wettbewerbsrechtlich einschlägige europäische Rechtsquelle ist die „Bekanntmachung der Kommission v. 29.07.1968 über Vereinbarungen, Beschlüsse und abgestimmte Verhaltensweisen, die eine zwischenbetriebliche Zusammenarbeit betreffen" (Kooperationsbekanntmachung) (ABl. 1968 Nr. C 75/3; C 93/14). Auch diese Rechtsquelle enthält keine Definition des Begriffes „kleine und mittlere Unternehmen". Die o.g. Kooperationsbekanntmachung dient als Auslegungshilfe des Art. 81 EG-V (vgl. Kommission: Entscheidung v. 23.12.1971, ABl. L 1972, S. 14 ff.). Sie bindet die Entscheidung des EuGH nicht (SCHOLLMEYER/ KRIMPHOVE, in: BLECKMANN Europarecht, S. 674, Rdnr. 1861). Nach der Kooperationsbekanntmachung sind grundsätzlich nicht verboten:

- der Austausch von Meinungen und Erfahrungen, die gemeinsame Marktforschung, die Erstellung von Betriebs- und Branchenvergleichen, Kalkulationsschemata und Statistiken,

- die gemeinschaftlich durchgeführte Buchhaltung, Kreditsicherung, Inkassogeschäfte sowie der Betrieb gemeinschaftlicher Betriebs- und/oder Steuerberatungsgesellschaften,

- die Kooperation in Vergabe, Aufteilung und Durchführung von Forschungs- und Entwicklungsprojekten,

- die gemeinschaftliche Nutzung von Produktions-, Lager- und Transporteinrichtungen,

- die Bildung von Arbeitsgemeinschaften zur gemeinsamen Ausführung von Aufträgen, sofern die Unternehmen dazu nicht allein in der Lage sind oder zwischen ihnen ohnehin kein Wettbewerb besteht,

- die Organisation eines gemeinsamen Verkaufes, Reparatur- bzw. Kundendienstes, sofern die Unternehmen nicht im gegenseitigen Wettbewerb stehen,

- die Durchführung einer gemeinschaftlichen Werbung sowie

- der Gebrauch bzw. die Nutzung eines gemeinschaftlichen Gütezeichens zur Kennzeichnung der Warenqualität, sofern der Gebrauch jedem Beteiligten unter gleichen Bedingungen offen steht.

Vereinbarungen, welche der europäischen Kooperationsbekanntmachung unterfallen, stellen keine nach Art. 81 Abs. 1 EG-V (vormals Art. 85 Abs. 1 EG-V) verbotenen Kartelle dar. Sie sind auch nicht anzumelden. Einer hierüber hinausgehenden vergünstigenden, spezifisch kartellrechtlichen Sonderbehandlung für Unternehmen kleiner und mittlerer Größenordnung hat der Europäische Gesetzgeber bislang nicht geschaffen. Zu einer solchen Sonderbehandlung dürfte nach dem geltenden europäischen Recht auch keine Notwendigkeit bestehen.

In der Regel fallen Kooperationen kleiner und mittlerer Unternehmen mangels „Spürbarkeit" der Wettbewerbsbeeinträchtigung auf dem Europäischen Markt oder/und mangels

„Beeinträchtigung des zwischenstaatlichen Handels" nicht in den Anwendungsbereich des europäischen Kartellverbotes aus Art. 81 Abs. 1 EG-V. Die „Bekanntmachung der Kommission v. 03.09.1986 über Vereinbarungen von geringer Bedeutung, die nicht unter Art. 81 Abs. 1 des Vertrages zur Gründung der Europäischen Wirtschaftsgemeinschaft fallen" (Bagatellbekanntmachung) (ABl. Nr. C 1986 231/2; i.d.F. v. 09.12.1997 (ABl. Nr. C 372/13) zeichnet diese „Spürbarkeitsgrenze" auf: Sie schließt grundsätzlich die Anwendbarkeit europäischen Kartellrechtes bei Wettbewerbsbeschränkungen von Unternehmen aus, die einen geringeren Marktanteil als 5 v.H. auf dem europäisch relevanten Markt oder eines erheblichen Teiles dessen haben und nimmt grundsätzlich kleine und mittlere Unternehmen von der kartellrechtlichen Bewertung des Art 81 EG-V aus (auch BECHTHOLD § 4 Rdnr. 12).

Sollten Kooperationen kleiner und mittlerer Unternehmen dem Kartellverbot des Art. 81 Abs. 1 EG-V unterfallen, so liegt deren Freistellung der Kooperation auf Grund Art. 81 Abs. 3 EG-V nahe: In Betracht kommt zunächst eine Freistellung nach einer Gruppenfreistellungsverordnung. In der Praxis hat eine Gruppenfreistellung den Vorteil, dass Kooperationen bereits mit dem Vorliegen der in der Gruppenfreistellungsverordnung genannten Voraussetzungen vom Kartellverbot des Art. 81 Abs. 1 EG-V per se ausgenommen sind. Eines eigenen Freistellungsverfahrens bedarf es daher nicht. Speziell folgende Gruppenfreistellungsverordnungen können zur Freistellung der Kooperationen kleiner und mittlerer Unternehmen in der Praxis von besonderer Bedeutung sein:

- Verordnung (EWG) Nr. 1983/83 der Kommission v. 22.06.1983 über die Anwendung von Artikel 85 Absatz 3 des Vertrages auf Gruppen von Alleinvertriebsvereinbarungen (ABl. L 173, S. 1 ff.),

- Verordnung (EWG) Nr. 2349/84 der Kommission v. 23.07.1984 über die Anwendung von Artikel 85 Absatz 3 des Vertrages auf Gruppen von Patentlizenzvereinbarungen (ABl. L 219, S. 15 ff.),

- Verordnung (EWG) Nr. 123/85 der Kommission v. 12.12.1984 über die Anwendung von Artikel 85 Absatz 3 des Vertrages auf Gruppen von Vertriebs- und Kundendienstvereinbarungen über Kraftfahrzeuge (ABl. 1985 L 15, S. 16 ff.),

- Verordnung (EWG) Nr. 418/85 der Kommission v. 19.12.1984 über die Anwendung von Artikel 85 Absatz 3 des Vertrages auf Gruppen über Forschung und Entwicklung (ABl. 1985 Nr. L 53/5 ff.; geändert durch Verordnung (EWG) 151/93 v. 23.12.1992 (Abl. 1993 Nr. L 21/8),

- Verordnung (EWG) Nr. 4087/88 der Kommission v. 30.11.1988 über die Anwendung von Artikel 85 Absatz 3 des Vertrages auf Gruppen von Franchisevereinbarungen (ABl. L 359, S. 46 ff.) sowie

- Verordnung (EWG) Nr. 556/89 der Kommission v. 30.11.1988 über die Anwendung von Artikel 85 Absatz 3 des Vertrages auf Gruppen von Know-how-Vereinbarungen (ABl. 1989 L 61, S. 1 ff., siehe auch SCHOLLMEYER/KRIMPHOVE in BLECKMANN: Europarecht: Rndr. 1877 ff. (m.w.H.).

Erscheint eine Gruppenfreistellung nicht möglich, können die beteiligten Unternehmen ihre Freistellung noch in dem sog. „Verfahren der Einzelerlaubnis" nach Art. 81 Abs. 3 EG-V erreichen. Unterfällt eine Kooperation dem europäischem Recht Kartellverbot ist sie unwirksam, sie kann dann auch nicht nach § 4 Abs. 1, freigestellt werden. Das Europäische Recht geht hier vor (BUNTE WuW 1989, S. 7 ff., 15 m.w.H.; vgl. BGH WuW 1993, S. 849 (Pauschalreisvermittlung II"). Zum Vorrang des Europäischen Rechtes siehe RITTNER: Wettbewerbs- und Kartellrecht, S. 184 f., Rndr.106; SCHOLLMEYER/KRIMPHOVE in BLECKMANN: Europarecht: Rndr. 1814 ff., auch Rndr. 1911 (m.w.H.).

3 Einkaufskooperationen des Mittelstandes nach § 4 Abs. 2 GWB

§ 4 Abs. 2 bietet – wie auch § 4 Abs. 1 – kleinen und mittleren Unternehmen eine Vergünstigung: Zur Verbesserung ihrer Wettbewerbsfähigkeit sollen Beschlüsse und Vereinbarungen, die den gemeinsamen Einkauf von Waren und die gemeinsame Beschaffung von gewerblichen Leistungen zum Gegenstand haben, vom Kartellverbot des § 1 freigestellt sein. Weitere Voraussetzung ist, dass die so zulässigen Einkaufs- bzw. Leistungsbeschaffungsgemeinschaften den Wettbewerb nicht wesentlich beeinträchtigen, insbesondere keinen über den Einzelfall hinausgehenden Bezugszwang für ihre Mitglieder begründen.

Mit der systematischen Einordnung von Einkaufskooperationen in den allgemeinen Freistellungstatbestand für kleine und mittlere Unternehmen gibt der Gesetzgeber zu erkennen, dass er Bezugs- bzw. Einkaufskooperationen einerseits und Absatz- und Vertriebskooperationen andererseits in der Norm des § 4 gleichsetzt. Damit bringt er nicht nur zum Ausdruck, dass er diese Formen unternehmerischer Zusammenarbeit in der gleichen Weise wie die der Absatz- und Vertriebskartelle kartellrechtlich behandelt wissen will (zum Normzweck des § 4 Abs. 2 s.o.), sondern auch, dass er diese Formen klein und mittelständischer Unternehmenskooperation rechtsdogmatisch als Kartell ansieht (dazu im Einzelnen s.o.).

3.1 Die wettbewerblichen Effekte von Einkaufskooperationen

Tatsächlich besitzen Einkaufskooperationen eine Vielzahl unterschiedlicher wettbewerbsbegrenzender Effekte:

- Zum einen beeinflussen sie durch die Bündelung der Nachfrage das Wettbewerbsverhalten von Herstellern und Lieferanten gegenüber den Kooperationen und ihren Mitgliedern (Angebotswettbewerb). Auf Grund der Nachfragemacht der Kooperationen werden Hersteller und Lieferanten gezwungen, zu günstigeren Preisen und Konditionen abzuschließen.

- Dieses Verhalten kann zu einer Vereinheitlichung des Wettbewerbs unter den Herstellern und Lieferanten führen und Dritten (Herstellern und Lieferanten) den Zugang zu diesem Markt erschweren oder versperren.

- Zum anderen beeinflussen Kooperationen auch das Wettbewerbsverhalten ihrer Anschlussunternehmen (Nachfragerwettbewerb, dazu im einzelnen, NOWACK, Einkaufskooperationen, S. 28 ff.). Beispielsweise kann die Aktivität der Kooperation das selbständige Aushandeln von Preisen, Qualitäten und Konditionen zwischen den Herstellern/Lieferanten und dem einzelnen Anschlussunternehmen erschweren und verhindern wie auch einen selbständigen Beschaffungswettbewerb der Anschlussunternehmen ausschalten.

- Das Waren- und Leistungsangebot der Anschlussunternehmen sowie deren Abgabe- und Weiterverkaufspreise gleichen sich an. Zu einem wirksamen Wettbewerb zwischen den Anschlussunternehmen kann es nicht mehr kommen. Marktzutrittschancen – insbesondere für kleine und mittlere Unternehmen – werden auch hier versperrt.

- Letztlich kann die Kooperation auch den Wettbewerb zwischen den Anschlussunternehmen verhindern, indem sie die Anschlussunternehmen an ihre Waren und Leistungsbeschaffung i.S. eines Abnahme- oder Bezugszwanges bindet (Abnahme- oder Bezugszwang).

- Dies führt wiederum zur Vereinheitlichung des Angebotes der Anschlussunternehmen, zur Verhinderung eines wirksamen Wettbewerbs zwischen ihnen und zur Verringerung von Marktzutrittschancen. Diese Effekte hat der Gesetzgeber durch das Merkmal des verbotenen Bezugszwanges in § 4 Abs. 2 gesondert aufgegriffen (KRIMPHOVE: in Gemeinschaftkommentar, Rdnr. 120 ff., 121).

3.2 Wirtschaftliche Bedeutung von Einkaufskooperationen

Der Grund zur Freistellung von Einkaufskooperationen ist in der Zunahme der Marktmacht von Lieferanten zu sehen. Insbesondere das Wettbewerbsverhalten der stark expandierenden Lebensmittelindustrie machte die wettbewerbliche Stärkung von kleinen und mittleren Unternehmen auf dem Einkäufermarkt erforderlich (vgl. NOWACK, Einkaufskooperationen S. 113).

Die ökonomische Bedeutung der Einkaufskooperationen i.S.d. § 4 Abs. 2 ist weit größer als der von § 4 Abs. 1 erfassten sogenannten Absatz- und Vertriebskartelle. Bereits 1989 arbeiteten ca. 150 000 Groß- und Einzelhändler aber auch Handwerker in Einkaufskooperationen zusammen (MÖSCHEL, ZRP 1989, 371 ff. 374). Derzeit sind Einzelunternehmen in rund 775 sogenannten gewerblichen Waren- und Dienstleistungsgenossenschaften organisiert (DGRV: Zahlen und Fakten 1999, S. 15 ff.). Von diesen sind schätzungsweise ca. 500 als reine Einkaufskooperationen anzusehen.

Einkaufskooperationen sind in über 30 verschiedenen Branchen tätig. Das Spektrum reicht dabei vom gemeinschaftlich organisierten Einkauf von Haushaltsartikeln,

Schuhen, Textilien und Apothekenartikeln bis zum Bezug von Bau- und Ausbaustoffen. Der wirtschaftliche Schwerpunkt der Tätigkeit von Einkaufsgenossenschaften liegt im Bereich des Lebensmittelhandels. Auch sogenannten Marktinformationsgemeinschaften kommen als einkaufsunterstützende Kooperationen, gesteigerte ökonomische Bedeutung zu. Bereits im Jahr 1977 betrieben sie 54,8 v.H. aller Großunternehmen des Einzelhandels in der gemeinsamen Beschaffungsmarktforschung (CONRADS, Kooperationen, S. 115).

3.3 Die Freistellungsvoraussetzungen für Einkaufskooperationen

Die Voraussetzungen für eine Freistellung von Einkaufskooperationen entsprechen im Wesentlichen denen der Freistellung von Absatz- und Bezugskooperationen des § 4 Abs.1. Insofern sei an dieser Stelle auf die obigen Ausführungen verwiesen.

3.4 Der über den Einzelfall hinausgehende Bezugszwang – Praktische Fallbeispiele eines Bezugzwanges

Gegenüber Absatz- und Bezugskooperationen i.S.d. § 4 Abs. 1 beinhalten Einkaufskooperationen i.S.d. § 4 Abs. 2 eine zusätzliche wettbewerbliche Gefahr. Diese Gefahr besteht in der Begründung eines generellen Bezugszwanges. Der Bezugszwang ist aus wirtschaftlicher Sicht ein Unterfall einer Wettbewerbsbeeinträchtigung (so auch BGH, Urteil vom 13.12.1983, WuW/E 2049 f., Holzschutzmittel). Dient das Verbot der wesentlichen Wettbewerbsbeeinträchtigung dem Schutz des Wettbewerbs schlechthin, so bezieht sich das Erfordernis des § 4 Abs. 2, keinen Bezugszwang zu begründen, auf das Wettbewerbsverhältnis der Bezugs- bzw. Einkaufskooperation und der an ihr beteiligten Anschlussunternehmen (s.o.).

Die unterschiedliche Behandlung von Wettbewerbsbeeinträchtigungen ist kein Widerspruch. In der strengen Bewertung des Bezugszwanges gegenüber anderen Wettbewerbsbeschränkungen kommt die Sichtweise des Gesetzgebers zum Ausdruck, nach der das Bestehen von Bezugszwängen die eigentliche Gefahr für den Fortbestand eines funktionstüchtigen Wettbewerbs darstellt (ähnl. MÖSCHEL, ZRP 1989, 371 ff. 375; MARTIN, WuW 1984, 534 ff. 543).

Ob ein Bezugszwang über den Einzelfall hinausgeht bzw. im Einzelfall zulässig ist, ist schwer festzustellen (vgl. IMMENGA in IMMENGA/MESTMÄCKER, § 5c, Rdnr. 46 m.w.H.). Die Beweislastregel des § 9 Abs. 3 Satz 3, nach der die anmeldenden Unternehmen – im Rahmen des § 4 Abs. 1 – den Nachweis des Vorliegens der Freistellungsvoraussetzungen zu erbringen haben, gilt für Bezugs- und Einkaufskooperationen i.S.d. § 4 Abs. 2 nicht. Im Folgenden sollen jene Fallgruppen angegeben werden, in denen Bezugszwänge für Anschlussunternehmen typischerweise vorliegen.

3.4.1 Vertragliche/satzungsgemäße Bezugszwänge

Die Verpflichtung eines Anschlussunternehmens, seinen Gesamtbedarf an Waren und Leistungen ausschließlich über die Kooperation zu beziehen, kam bislang nicht vor (OLESCH, Kartellrecht, S. 53). Abgesehen vor diesen absoluten Bezugszwangsklauseln sind vertragliche Bindungen in Bezug auf bestimmte Mengen, bestimmte Artikel, bezüglich der Abnahme von Stamm- oder Kernsortimenten von Handelsmarken, Sonderangeboten und Importware verbreitet (PESCHER, Kartellzwang, S. 135 ff. 138; OLESCH, Kartellrecht, S. 53). Typisch hierfür sind Klauseln wie:

- „Die Gesellschafter sind verpflichtet, das jeweils für ein Jahr festgelegte Stamm- und Kernsortiment zu übernehmen. Ausnahmen hiervon bestimmt der Aufsichtsrat."

Aber auch Vertragsklauseln wie:

- „Das Mitglied ist verpflichtet, bei Vorliegen gleichwertiger Angebote das der Zentrale vorzuziehen." (OLESCH, Kartellrecht, S. 55).

Das BKartA will auch zur Annahme eines Bezugszwanges die Formulierung ausreichen lassen, nach der das Mitglied zum Bezug bei der Kooperation verpflichtet wird, wenn die Kooperation das günstigere Angebot macht. Zur Begründung führt das Amt an, dass es oftmals fraglich ist, welches Angebot tatsächlich das günstigere sei. Dies gilt insbesondere bei komplexen Angeboten und vor allem, wenn die Kooperation selbst über diese Frage entscheidet (Bericht BKartA 1963, S. 65).

Ein Bezugszwang ergibt sich auch durch die Verpflichtung des Mitgliedes, nur mit der ausdrücklichen Erlaubnis der Kooperation von Drittlieferanten Ware zu beziehen (KÖHLER, Wettbewerbsbeschränkungen, S. 172).

3.4.2 Bezugspflichten in Risikoverträgen

Bezugspflichten in Miet-, Pacht- oder Darlehensverträgen sowie beim Zurverfügungstellen von Mobiliar und Einrichtungsgegenständen begründen grundsätzlich keinen Bezugszwang i.S.d. § 4 Abs. 2. Sie beinhalten keine generelle, unmittelbar mit dem gemeinsamen Einkauf zusammenhängende Bindung, sondern sichern im Einzelfall das Risiko der Kooperation bei der Gewährung o.g. existenzbegründender oder erhaltender Maßnahmen (siehe oben, Rdnr. 122-125).

Die Bezugsbindungen werden quasi als Ausgleich und Gegenleistung für die von der Kooperation im Rahmen von Miet-, Darlehens- oder Pachtverträgen übernommenen Risiken vereinbart (V. EINEM, Kartellcharakter, S. 147). Im Einzelfall ist jedoch zu untersuchen, ob die Bezugsbindungen tatsächlich der Absicherung des Risikos dienen oder die in Miet-, Pacht- und Darlehensverträgen vereinbarte Bezugspflicht Bestandteil einer gemeinsamen Konzeption zum Zweck der Vereinigung und Bindung der Bezüge der Anschlussunternehmen an die Einkaufskooperation sind (WELZK, Wirtschaftsausschuss Prot. d. 53. Sitzung, S. 101; OLESCH, Kartellrecht, S. 56; BKartA TB 1979/80, S. 13. 85).

Zur Feststellung, ob ein zulässiger, risikoabsichernder Bezugszwang vorliegt, hat das BKartA folgenden Anforderungskatalog aufgestellt (Bericht BKartA 1979/80, S. 13, 85):

- Die Bezugspflicht ist erst zur Abdeckung eines Risikos von DM 40.000,- an zulässig.
- Die Bezugspflicht/Bezugsquote darf nicht höher sein als die durchschnittliche Bezugskonzentration aller Mitgliedsunternehmen im Vorjahr.
- Das Anschlussunternehmen muss jederzeit den Kredit ablösen oder in den Hauptmiet- bzw. Hauptpachtvertrag als Hauptmieter bzw. Hauptpächter eintreten dürfen.

3.4.3 Moralische Bindungen

Oft werden Bezugsklauseln so formuliert, dass – wegen ihrer Unbestimmtheit – ihre gerichtliche Durchsetzung offensichtlich ausscheidet, z.B.:

- „Jedes Mitglied hat die Pflicht, die Einkaufsgesellschaft nach Kräften zu unterstützen, insbesondere einen angemessenen Teil seines Einkaufs mit dem Verband zu tätigen".
- „Das Mitglied hat die Pflicht, in größtmöglichem Umfange vom Waren- und Serviceangebot der Gesellschaft Gebrauch zu machen".

Ein Bezugspflicht entfällt hier jedoch nicht. Sie ergibt sich zwar nicht aus einer durchsetzbaren vertraglichen Verpflichtung, sondern aus einer gesellschaftlichen, moralischen Bindung (auch Bericht BKartA 1979, S. 74; V. EINEM, Kartellcharakter, S. 142).

Zu den gesellschaftlichen Bindungen zählen auch Klauseln, die Mitglieder verpflichten, „ihren Einkauf bei der Kooperation zu konzentrieren", sowie die sog. Bezugsplanklauseln. In einer Bezugsplanklausel verpflichtet sich das Anschlussunternehmen schriftlich, seinen Jahresplan und Monatsplaneinkauf festzulegen. Das BKartA hat in dieser Klausel einen echten Bezugszwang gesehen. Bei normal verlaufender wirtschaftlicher Entwicklung müsse sich das Mitglied als verpflichtet ansehen, seine Einkaufsplanung einzuhalten (Bericht BKartA 1978, S. 74). Zulässig sind demgegenüber Klauseln, die den Bezug von Ware bzw. Dienstleistungen lediglich empfehlen oder dem Mitglied eine in jeder Hinsicht unverbindliche Absichtserklärung abverlangen.

3.4.4 Mindestumsatzklauseln

Mindestumsatzklauseln verpflichten das Anschlussunternehmen, einen bestimmten, zumeist vorher festgelegten Umsatz mit der Kooperation zu tätigen. Diese Klauseln enthalten bis zum Erreichen der Mindestumsatzschwelle einen echten Bezugszwang. Sie sind daher grundsätzlich nicht nach § 4 Abs. 2 freistellungsfähig (Bericht BKartA 1962, S. 29; 1965, S. 32; 1979/80, S. 31, 87 f.). Mindestumsatzklauseln dürfen nicht mit den an sich zulässigen Kostendeckungsklauseln verwechselt werden.

3.4.5 Kostendeckungsklauseln

Mit Kostendeckungsklauseln werden die Mitgliedsunternehmungen zur gemeinsamen Übernahme der Kosten herangezogen, die durch ihre tatsächliche Inanspruchnahme der Kooperation entstehen.

Sie stellen eine Aufwandsentschädigung für die Kooperation dar. Man vermeidet durch sie eine Verteuerung der jeweiligen Warenbezüge um die Betriebskosten der Kooperation (V. EINEM, Kartellcharakter, S. 143 f.; OLESCH, Kartellrecht, S. 61; KÖHLER, Wettbewerbsbeschränkungen, S. 176 ff.). Als Indiz zur Beantwortung der Frage, ob es sich um eine zulässige Kostendeckungsklausel oder eine Bezugszwang auslösende Mindestumsatzklausel handelt, kann insbesondere die Art der Berechnung der Kostenbeiträge herangezogen werden: Bestimmt sich die Höhe der von den Mitgliederunternehmen zu tragenden Kosten nach deren getätigtem Umsatz mit der Kooperation im Verhältnis zum Gesamtumsatz der Kooperation, so liegt grundsätzlich eine zulässige Kostendeckungsklausel vor (vgl. auch Rdnr. 139 (m.w.H.)). Berechnet sie die Kostenhöhe nach dem Umsatz – Anschlussunternehmen/Kooperation in Relation zur Höhe des Gesamtumsatzes des Anschlussunternehmens – ist i. d. R. eine unzulässige Mindestumsatzklausel gegeben. Denn gerade im letzten Fall besteht bei dem einzelnen Mitgliedsunternehmen ein hoher Druck und eine enge Bindung zum Bezug weiterer Waren und Leistungen bei der Kooperation.

Grundsätzlich keine Bedenken begegnen Kostendeckungsklauseln, welche die Höhe der Kostendeckungsbeiträge von der Inanspruchnahme gemessen am Bezugsumsatz des Anschlussunternehmens proportional abhängig machen. Je größer die tatsächliche Inanspruchnahme der Kooperation durch das Mitglied, desto höher sind seine kostendeckenden Beiträge. Hier besteht keinerlei Anreiz zum weiteren Bezug (V. EINEM, Kartellcharakter, S. 143 f.). Dies gilt nach dem BKartA selbst dann, wenn sich die Beiträge bei höheren Umsätzen degressiv ermäßigen. Diese Beitragsbemessung gleicht nämlich in ihren Wirkungen einem Gesamtumsatzrabatt bzw. Gesamtmengenrabatt. Dieses ist im Gegensatz zu den Konzentrationsrabatten zulässig (dazu siehe unten, Rdnr. 139; V. EINEM, Kartellcharakter, S. 144).

3.4.6 Sonstige umsatzabhängige Nachteilsklauseln

Ebenfalls bezugszwangsauslösend wirken im Einzelfall Klauseln, die abhängig vom nicht getätigten Umsatz mit der Kooperation dem Mitglied Aufschläge auf den Nettoeinstandspreis abverlangen (BKartA TB 1979/80, 31; 1979/80, 87 f.). Nicht zu verwechseln sind diese Klauseln mit den sog. Cost-plus-Systemen. Nicht nach § 4 Abs. 2 freistellungsfähig sind ebenso Klauseln, welche den Verbleib des Mitgliedes in der Kooperation vom Erreichen eines Mindestumsatzes abhängig machen (zu den Mindestumsatzklauseln siehe oben).

3.4.6.1 Rabatte und Boni

Bei der kartellrechtlichen Beurteilung von Rabatten und Boni ist zwischen Mengenrabatten, bzw. -boni und Konzentrationsrabatten bzw. -boni zu unterscheiden:

3.4.6.2 Konzentrationsrabatte

Konzentrationsrabatte werden den Mitgliedern als Belohnung und Anreiz für die Konzentration ihrer Nachfrage bei der Kooperation gewährt. Sie ergeben sich aus dem Verhältnis des individuellen Gesamtumsatzes des Mitglieds zu dessen Umsatz mit der Kooperation (vgl. auch oben Rdnr. 138). Sie begründen so einen mittelbaren Bezugsanreiz (SCHULTE, WuW 1980, 227 ff. 234; MARTIN, WuW 1984, 534 ff. 545 (m.w.H.)). Je nach Einzelfall können Konzentrationsrabatte eine solche Intensität gewinnen, dass sie als freistellungshindernder Bezugszwang i.S.d. § 4 Abs. 2 zu werten sind.

Das Gewähren von Konzentrationsrabatten kann also im Einzelfall gerade dem Zweck des § 4 Abs. 2 – nämlich dem Nachteilsausgleich zugunsten kleiner und mittlerer Unternehmen gegenüber den Großanbietern – entsprechen. Unzulässig sind daher im Einzelfall nur solche Konzentrationsrabatte, die das Mitglied zu einem fast ausschließlichen Bezug bei der Kooperation zwingen. Ein solcher Zwang kann u.U. durch eine übermäßige Höhe des Konzentrationsrabattes bei dem Anschlussunternehmen aufgelöst werden.

3.4.6.3 Mengenrabatte

Mengenrabatte sind gegenüber Konzentrationsrabatten schon grundsätzlich nach § 1 unbedenklich. Sie beziehen sich – im Unterschied zum Konzentrationsrabatt – auf einen einzelnen Geschäftsvorgang (vgl. Vermerk BKartA über Besprechung mit BEV v. 29.06.1979, S. 4). In diesem Sinne werden sie als kartellrechtlich zulässig angesehen (BKartA, Beschluss vom 22.10.1979, WuW/E BKartA 1817 f. „Fertigfutter"; KG, Beschluss vom 12.11.1980, WuW OLG 2403 f. „Fertigfutter", Vermerk BKartA über Besprechung mit BEV v. 29.06.1979, S. 4; SCHULTE, Genossenschaftsforum 1982, S. 267, 268; V. EINEM, Kartellcharakter, S. 145).

3.4.6.4 Cost-plus-Systeme

Einen umgekehrten Fall zulässiger Mengenrabatte stellen die sog. Cost-plus-Systeme dar. Bei ihnen werden kleine Abnahmemengen der Mitglieder mit höheren Preisaufschlägen auf die einzelne Ware bedacht. Die unterschiedliche Berechnung eines Einzelwarenpreises stellt, wie bei den Mengenrabatten (siehe oben, Rdnr. 145) i.d.R. keinen freistellungshindernden Bezugszwang i.S.d. § 4 Abs. 2 dar (OLESCH, Kartellrecht, S. 62). Von den Cost-plus-Systemen zu unterscheiden sind die sog. Nachteilssysteme, bei denen eine geringe Umsatzleistung des Anschlussunternehmens verschiedene Nachteile nach sich ziehen (siehe oben, Rdnr. 142).

Der entscheidende Unterschied zu den Cost-plus-Systemen liegt in dem Umstand, dass die sog. Nachteilssysteme nicht auf die unterschiedlichen Abnahmemengen reagieren, sondern die Nachteile des Kooperationsmitgliedes nach dem Verhältnis seines Gesamtumsatzes zu seinem Bezugsumsatz bei der Kooperation errechnen. Dies kann im Einzelfall zu einem echten Bezugszwang i.S.d. § 4 Abs. 2 führen (siehe oben, Rdnr. 142, auch Rdnr. 138).

3.4.6.5 Die Sogwirkung der Kooperation

Sogwirkungen erfüllen das Kriterium des Bezugszwanges grundsätzlich nicht. Dazu reicht die Intensität ihrer Bindungswirkung nicht aus (siehe oben, Rdnr. 126 (m.w.H.); Begründung BT-Drucks. 11/4610, S. 15; auch B-Rat Drucks 123/89, S. 37). Die Sogwirkung ergibt sich aus der Mitgliedschaft in der Kooperation. Allein die Mitgliedschaft und der damit verbundene, vergünstigte Bezug von Ware und Dienstleistungen stellen lediglich einen nach § 4 Abs. 2 zulässigen Anreiz für Anschlussunternehmen dar, ihren Waren und Leistungsbezug vorwiegend bei der Gemeinschaft zu tätigen (auch BECHTHOLD, § 4 (n.F.), Rdnr. 6). Das KG hat ausnahmsweise einen nach § 1 unzulässigen Bezugszwang bejaht (Beschluss vom 16.06.1982, WuW/E OLG 2745, 2747 ff. HFGE, siehe oben, Rdnr. 7).

3.4.6.6 Zentralregulierungs- und Delkrederegeschäfte

Die Möglichkeit des Mitgliedsunternehmens im Rahmen eines Zentralregulierungsabkommens bzw. einer Delkredereabrede über die Kooperation mit Herstellern und Lieferanten abzurechnen, begründet grundsätzlich keinen Bezugszwang des Mitgliedsunternehmens (MARTIN, WuW 1984, 534 ff. 545 ff. 546 f.; OLESCH, Kartellrecht, S. 63 ff.). Diese Abrechnungssysteme erleichtern lediglich die Abwicklung des Zahlungsverkehrs und gewähren den Herstellern und Lieferanten Sicherheiten (siehe oben, Rdnr. 126).

3.5 Einkaufskooperationen im Europäischen Recht

Die Beschränkung des Wettbewerbs durch Nachfragekonzentration ist im Europäischen Recht nicht eigenständig geregelt. Auch in der sogenannten Kooperationsbekanntmachung der Kommission ist das Phänomen des gemeinschaftlichen Einkaufs nicht erwähnt. (Bekanntmachung der Kommission über Vereinbarungen, Beschlüsse und aufeinander abgestimmte Verhaltensweisen, die eine zwischenbetriebliche Zusammenarbeit betreffen v. 29.07.1968, ABl EG Nr. C 75 vom 29.07.1968, S. 3 ff. verbessert durch ABl. EG Nr. C 84 vom 28.08.1968, S. 14; GLEISS/HIRSCH, EWG-Kartellrecht, Art. 85, Rdnr. 208).

Gemeinsam mit Verkaufskartellen unterfallen Einkaufskooperationen der Regelung des Art. 81 Abs. I EG-V bzw. für den Spezialbereich der Europäischen Gemeinschaft für Kohle und Stahl Art. 65 § 1 EGKS-V.

In ihrer spärlichen Entscheidungspraxis hat die Kommission der Europäischen Gemeinschaften die Nachfragebündelung durch Einkaufsgemeinschaften i.S.d. Art. 81 Abs. 1 EG-V unter folgenden Bedingungen zugelassen (Kommission Entscheidung vom 17.07.1968, SOCEMAS, ABl. EG Nr. 2, 201 vom 12.08.1968, S. 4 ff. 6 = WuW/E EV 201; Kommission Entscheidung vom 14.07.1975, Intergroup ABl. EG Nr. L Nr. 212 vom 09.08.1975, S. 23 ff. 25 = WuW/E EV 607; Kommission Entscheidung (Freistellung) vom 09.07.1980 National Sulphuric Acid Association, ABl. EG Nr. L 260 vom 03.10.1980, 28 ff.; Kommission Entscheidung vom 18.09.1980, IMA ABl. EG Nr. L 318 vom 26.11.1980, S. 1 ff. = WuW/E EV 901; Kommission Entscheidung vom 25.07.1974, FRUBO ABl. EG Nr. L 237 vom 29.08.1974, S. 16 ff. = WuW/E = WuW/E EV 513; Kommission Entscheidung vom 02.12.1977, Blumenkohl, ABl. EG Nr. 21 vom 26.01.1978, S. 23 ff. 30 = WuW/E EV 765; Kommission Entscheidung vom 05.12.1979, Lab ABl. EG Nr. L 51 vom 25.02.1980, S. 19 ff):

1. Die Marktstellung der beteiligten Anschlussunternehmen darf nicht schon wettbewerbshindernd groß sein. (Dieses Merkmal wird in neuerer Zeit unter dem Gesichtspunkt der „Spürbarkeit" der Wettbewerbsbeeinträchtigung behandelt; vgl. Nr. 4).

2. Es darf für die Anschlussunternehmen keinen rechtlichen oder fachlichen Bezugszwang geben, insbesondere muss es den Unternehmen freistehen, Ware nicht über die Einkaufskooperation, sondern direkt zu beziehen. Bezugszwänge und Quotenregelungen machen den gemeinsamen Einkauf unzulässig.

3. Die Anschlussunternehmen müssen in der Gestaltung dieser Weitergabeverkaufsbedingungen, insbesondere der Weiterverkaufspreise frei bleiben. Diese Freiheit ist beispielsweise auch dann gefährdet, wenn die von dem gemeinsamen Einkauf betroffenen Güter eine besonders große Marktstellung (Nachfrage) auf dem Markt haben.

4. Nur jene Maßnahmen der Einkaufsgemeinschaft sind verboten, die auf dem gemeinsamen Markt spürbar sind (Spürbarkeit). Durch das ungeschriebene Merkmal der Spürbarkeit sind sowohl rein theoretisch als auch wirtschaftlich völlig unbedeutende Störungen des Wettbewerbs oder des innergemeinschaftlichen Handels dem Kartellverbot des § 85 Abs. 1 EG-V entzogen. (EuGH, Urteil vom 09.07.1969, Rs. 5/64, VÖLK/VERVAECKE, Slg. 1969 S. 295 ff., 302; EuGH, Urteil vom 25.11.1971, Rs. 22/71, BÉGUELIN, Slg. 1971, S. 949 ff., 960).

An der Spürbarkeit fehlt es u.a., wenn die Marktstellung der Einkaufsgemeinschaft bzw. der an ihr beteiligten Anschlussunternehmen gering ist (GLEISS/HIRSCH EWG-Kartellrecht, Art. 85 Rdnr. 209; EuGH, Urteil vom 01.02.1977, Rs. 47/76, DE NORRE und DE CLEREG/CONCORDIA, Slg. 1977, S. 65 ff., 93).

Eine feste Grenze der Marktanteile gibt es nicht. Die Kommission hat die Spürbarkeit verneint bei Marktanteilen der Einkaufsgemeinschaft von nur 1 % (Kommission Entscheidung vom 17.07.1968, ABl. EG Nr. L, 201 vom 12.08.1968, S. 4 ff. 5; SOCEMAS) bzw. 2,4 % (Kommission Entscheidung vom 14.07.1975, ABl. EG Nr. L 212 vom 09.08.1975, S. 23 ff. 24 Intergroup). In der sog. Bagatellbekanntmachung vom 19.12.1977 (Kommission ABl. EG Nr. C 313 vom 29.12.1977, S. 3 ff. i.V.m. der sie ersetzenden Bekanntmachung vom 03.09.1986 ABl. EG Nr. C 231 vom 12.09.1986, S. 2) gibt die Kommission die „Spürbarkeit" mit 5 % des Umsatzes von gleichen oder gleichartigen Waren und mit einem Gesamtumsatz von 200 Mio. Rechnungseinheiten an.

Obige Zulassungskriterien gelten im Wesentlichen auch für Einkaufskooperationen des Kohle- und Stahlbereichs (Art 65 § 1 EGKS-V; Kommission Entscheidung vom 21.12.1973, Servicelager für Fernbranchen, ABl. EG Nr. L. 30 vom 04.02.1974, S. 29 ff. 30).

Die Zulässigkeitskriterien von Einkaufsgemeinschaften nach der europäischen Rechtsprechung gleicht im Wesentlichen den in §§ 1, 14, 19, 20 GWB niedergelegten Rechtsgedanken des deutschen Rechts.

Das europäische Recht enthält für nach EG-Recht kartellrechtswidrige Einkaufskooperationen in Art. 81 Abs. 3 EG-V und Art. 65 § 2 EGKS-V Freistellungsmöglichkeiten (vgl. Kommission Entscheidung vom 18.09.1980, IMA ABl. EG Nr. L 318 vom 26.11.1980, S. 1 f.; Kommission Entscheidung vom 09.07.1980, National Sulpharie Acid Association, ABl. EG Nr. L 260 vom 03.10.1980, S. 24 f.).

Der Plan der Kommission, eine Gruppenfreistellungsverordnung für den gemeinsamen Einkauf zu verabschieden (vormals auch Verordnung über die Ermächtigung zum Erlass von Gruppenfreistellungsverordnungen v. 29.05.1970; ABl EG Nr. C 92 vom 20.07.1970, S. 14 ff.), konnte bis heute nicht verwirklicht werden. Dennoch bleibt im Einzelfall die Möglichkeit der Gruppenfreistellung der Tätigkeit von Einkaufs- und Beschaffungskooperationen nach der:

- Verordnung (EWG) Nr. 1984/83 der Kommission v. 22.06.1983 über die Anwendung von Artikel 85 Absatz 3 des Vertrages auf Gruppen von Alleinbezugsvereinbarungen (ABl. L 173, S. 5 ff.),

- Verordnung (EWG) Nr. 418/85 der Kommission v. 19.12.1984 über die Anwendung von Artikel 85 Absatz 3 des Vertrages auf Gruppen von Vereinbarungen über Forschung und Entwicklung (ABl. 1985 I L 53, S. 5 ff.) und

- Verordnung (EWG) Nr. 2349/84 der Kommission v. 30.11.1984 über die Anwendung von Artikel 85 Absatz 3 des Vertrages auf Gruppen von Franchisevereinbarungen (ABl. 1985 I L 359, S. 46 ff.).

Die europäischen Freistellungsmöglichkeiten des Art. 81 Abs. 3 EG-V und 65 § 2 EGKS-V sind mit der Freistellung nach § 4 Abs. 2 nicht zu vergleichen: Sie verteidigen das Ziel der Verbesserung von Warenerzeugung und -verteilung (vgl. Art. 65 § 2 EGKS-

V, Art. 81 Abs. 3 EG-V) sowie der Förderung des technischen und wirtschaftlichen Fortschritts (Art. 81 Abs. 3 EG-V). Die Zielsetzung der Förderung der Wettbewerbsfähigkeit kleiner und mittlerer Unternehmen ist – anders wie im § 4 Abs. 2 – nicht Gegenstand der Art. 81 EG-V und 65 EGKS-V, sondern allenfalls ihr Nebeneffekt. (IMMENGA/MESTMÄCKER, § 5c, Rdnr. 19).

Bei der Freistellungsmöglichkeit des § 4 Abs. 2 handelt es sich extra um eine im Vergleich mit dem europäischen Recht zusätzliche nationale Begünstigung von Einkaufskooperationen.

Nach ständiger Rechtsprechung des EuGH und unbestrittener Entscheidungspraxis der Kommission der Europäischen Gemeinschaften greift bei der Kollision des günstigeren nationalen Rechts mit dem strengeren europäischen das sog. Vorrangprinzip ein. (Zur Entwicklung und Geltung des heutigen Vorrangprinzips im europäischen Kartellrecht vgl. KRIMPHOVE, Europäische Fusionskontrolle, S. 377 ff (m.w.H.). Das bedeutet, dass in diesen Fällen dem europäischen Recht der Regelungsvorrang vor dem (günstigeren) nationalen zukommt. (EuGH, Urteil vom 13.02.1969, Rs. 14/68 WALT WILHELM, Slg. 1969, S. 1 ff.; EuGH, Urteil vom 17.12.1970 Rs. 11/70 Internationale Handelsgesellschaft, Slg. 1970, 1125 ff., 1135; EuGH, Urteil vom 13.07.1972, Rs. 48/71, Vollzug des Urteils 7/68, Slg. 1972, S. 529 ff. 534, 535 Ziffer 5/10; EuGH, Urteil vom 06.02.1973, Rs. 48/72, HAECHT II, Slg. 1973, S. 77 ff.; EuGH, Urteil vom 09.03.1978, Rs. 106/77, Staatliche Finanzverwaltung ./. SIMMENTHAL, Slg. 1978, S. 629 ff. 644 Ziffer 17/18).

Zu einem obigen Konfliktfall wird es aber in der Praxis nur in seltenen Fällen kommen: Art. 81 Abs. 1 EG-V gilt nämlich nur, soweit die Vereinbarungen und Beschlüsse geeignet sind, den Handel zwischen den Mitgliedsstaaten zu beeinträchtigen (Zwischenstaatlichkeitsklausel). Das wird in der Regel nur bei sehr großen Kooperationen der Fall sein. Einkaufskooperationen speziell im Geltungsbereich des EGKS-Vertrages sind ohnehin sehr selten (MESTMÄCKER, Europäisches Wettbewerbsrecht, S. 302, BERNINI/JAEGER/MATTHIES, Kartellverbot, Art. 65, S. 72 ff., (m.w.H.)), so dass es auch im Bereich des EGKS-V zu Kollisionen zwischen dem deutschen und dem europäischen Kartellrecht der Einkaufs- und Leistungsbeschaffungskooperationen kaum kommen wird.

4 Resümee

Mit einer Vielzahl von Rechtsregeln hat sowohl der deutsche als auch der europäische Gesetzgeber die wirtschaftliche Tätigkeit kleiner und mittlerer Unternehmen bedacht.

Im Vordergrund dieser Regeln steht die wettbewerbliche Förderung kleiner und mittelständischer Unternehmen. Diesen räumt der Gesetzgeber, als auch die entsprechende Rechtsprechung der Obergerichte, wettbewerbliche Vorteile – insbesondere in Form von erweiterten Kooperationsmöglichkeiten – ein, welche kleinen und mittelgroßen Unternehmen ermöglicht, gegenüber Großunternehmen gleichberechtigt am Markt aufzutreten. Das probate Mittel hierzu ist die „Freistellung" kleiner und mittelständischer Unternehmen vom Kartellverbot.

Die Erweiterung der Kooperationsmöglichkeiten kleiner und mittelständischer Unternehmen ist allerdings nicht zu übertreiben. Anderenfalls können Kooperationsformer dieser Unternehmen das Wettbewerbsgeschehen ihrerseits stark beeinträchtigen. Der deutsche wie der europäische Gesetzgeber reagiert auf diese wettbewerbliche Schwierigkeit mit der Festsetzung von zahlreichen Ausnahmen zur Freistellung vom Kartellverbot.

Dem überaus differenzierten System von Ausnahmen fehlt es derzeit an ausreichender Transparenz. Insbesondere für kleine und mittelständische Unternehmen, welche in der Regel ohne eine eigene Rechtsabteilung auskommen, ist es oft kaum noch zu durchschauen.

Vorliegender Beitrag bot eine knappe Auflistung sämtlicher rechtlicher Fragestellungen und eine entsprechende Darstellung des deutschen und der europäischen Rechtslage mit dem Ziel, die rechtlichen Voraussetzungen einem breiten Publikum zusammenhängend vorzustellen.

Literatur

ARNDT, Einkaufsgemeinschaften und Kartellverbot, BB 1977, S. 1377.

BARTZER, Genossenschaftliche Kooperation von Handel und Handwerk wettbewerbspolitisch erwünscht – trotzdem Kartelle?, in Marburger Beiträge zum Genossenschaftswesen, Bd. 16, Marburg 1989.S. 23.

BAUNS, GWB-Novelle und Kartellrecht, ZIP 1998, S. 233.

BAUR, Der Missbrauch im deutschen Kartellrecht, Tübingen 1972, DERS., Genossenschaften und Kartellrecht, in: Genossenschaften – Demokratie und Wettbewerb, Verhandlungsberichte und Diskussionsergebnisse der VII. Internationalen Genossenschaftswissenschaftlichen Tagung in Münster 1972, Tübingen 1972, S. 497.

BECHTHOLD, Das neue Kartellgesetz, NJW 1998, S. 2769. DERS., GWB Kartellgesetz/ Gesetz gegen Wettbewerbsbeschränkungen, München 1999. DERS. Die Entwicklung des deutschen Kartellrechts seit Anfang 1990, NJW 1993, S. 1896.

BENISCH, Einkaufsverbände und Kartellgesetz, in: Beiträge zum Wirtschaftsrecht, FS Isay, Köln 1956, S. 231. DERS., Gleiches Kartellrecht für Einkauf- und Verkaufskooperationen, in: Wettbewerbsordnung und Wettbewerbsrealität, FS Sölter 1982, S. 161. DERS., „Spiegelbild" mit Verzerrungen, in: Wettbewerbsbeschränkungen in der Nachfrage, FIW – Heft 116, Köln 1985, S. 107. DERS., Beschränkungen des Nachfragewettbewerbs, WuW 1960, S. 842.

BENKENDORFF, Über den Vertrag in § 1 GWB und seine Eignung zur Marktbeeinflussung durch Wettbewerbsbeschränkungen, WRP 1962, S. 313.

BERNINI/JAEGER/MATTHIES, Kartellverbot und Fusionskontrolle in der Montanunion, in: Wirtschaftsrecht und Wirtschaftspolitik, Frankfurt a. M. 1972.

BEUTHIEN, Handbuch des Genossenschaftswesens, Stuttgart/Nürtingen 1980, S. 1009. DERS., Einkaufsgenossenschaften und Kartellrecht, DB 1977 Beilage 5.S. 1. DERS., Genossenschaftliche Kooperationen von Handel und Handwerk wettbewerbspolitisch erwünscht – trotzdem Kartelle, in Marburger Beiträge zum Genossenschaftswesen, Bd. 16, Marburg 1989, S. 29. DERS., Wird das Kartellrecht den neuen Handelsstrukturen nach gerecht? – Zu enge Grenzen für bestimmte Kooperationsgruppen – DB 1992, S. 1665.

BIELING, Das Verhältnis von Kartellen und Genossenschaften, Marburg an der Lahn 1953.

BLAUROCK, Kartellrechtliche Grenzen von Franchise-Systemen, FS Werner Berlin 1984.

BÖHMKE, Einkaufsgenossenschaften und Dekartellierung, BB 1951, 576.

BORCHARD/FIKENSCHER, Wettbewerb, Wettbewerbsbeschränkung und Marktbeherrschung, ZHR 1957, S. 57.

BUNDESMINISTER FÜR WIRTSCHAFT, Kooperationsfibel – Zwischenbetriebliche Zusammenarbeit im Rahmen des Gesetzes gegen Wettbewerbsbeschränkungen, 2. Auflage, Bonn 1976.

BUNTE, Entwicklungen in der Kartellrechtsprechung und -praxis seit der 4. GWB-Novelle 1980, Teil JZ, S. 725. DERS. Die kartellrechtliche Beurteilung von Einkaufsgemeinschaften der öffentlichen Hand, WuW 1998, S. 1037. DERS., Die kartellrechtliche Beurteilung von Meistbegünstigungsklauseln, WRP 80, S. 466, DERS. Vertrauensschutz und Verwirkung in Kartellrecht, BB 1980, S. 1073.

CANELLOS/SILBER, Concentration in the Common Market, Common Market Law Review 1970, S. 5.CONRADS, Kooperation zwischen Großunternehmungen des Einzelhandels, 1975.

DAUNER, Einkaufsgemeinschaften im Kartellrecht, Bergisch Gladbach 1988. DERS., Kooperationen im Wettbewerbsrecht – Kritische Bemerkungen zum gegenwärtigen Stand der Kooperationsdiskussion –, ZGR 1976, S. 167.

DITTFURTH, Möglichkeiten, Voraussetzungen und Grenzen bei Vereinbarungen zum Zwecke der Rationalisierung unter Geltung des GWB (Teil II) DB 1965, S. 244.

DGRV, Zahlen und Fakten der genossenschaftlichen Banken-, Waren und Dienstleistungsgenossenschaften 1999, Bonn 1999.

DITTRICH, Die Fünfte Kartellgesetznovelle, DB 1990, S. 98.

EBEL, Kartellrecht, Gesetz gegen Wettbewerbsbeschränkung und EG-Vertrag (34 Ergänzungslieferung) Neuwied 1999,

EBENROTH, Einkaufskooperationen und Kartellverbot, DB 1985, S. 1825.

EINEM, VON, Kartellcharakter von Einkaufskooperationen, Untersuchungen zu deutschen und amerikanischen Kartellrecht, München 1988. DERS., Genossenschaften und Kartellrecht, in BOETTCHER/WESTERMANN, (Hrsg.), Genossenschaften – Demokratie und Wettbewerb, Tübingen 1972, S. 497. DERS., Einkaufskooperationen und Kartellrecht, Überlegungen anlässlich der 5. GWB-Novelle, WRP 1989, S. 705.

EMMERICH, Kartellrecht, 8. Aufl., München 1999. DERS., Die Zulässigkeit der Kooperation von Unternehmen, in: Schriften zur Kooperationsforschung, Vorträge Bd. 2, Tübingen 1974.

EWALD, Sind Einkaufsgenossenschaften Kartelle?, WuW 1956, S. 253.

FALK, Handelsbetriebslehre, 3. Aufl., München 1975. ENSER, The European Observatory for SMEs, 5 Jahresbericht 1997.

FRITSCHE, Die Auslegung des § 1 GWB und die Behandlung von Einkaufsgemeinschaften im Kartellrecht, FIW – Schriftenreihe, Heft 149, Köln 1993, zit.: Die Auslegung.

FUCHS, Kartellrechtliche Immanenstheorie und Wettbewerbsbeschränkungen in Genossenschaftssatzungen, BB 1993, S. 1893.

GALBRAITH, American Capitalism – The Concept of Countervailing Power, Boston 1952 (2d Ed. London 1961).

GAMM, VON, Kartellrecht, Köln 1990.

GEBERTH/JANICKI, Kartellrecht zwischen Kontinuität und Anpassung, WuW 1987, S. 447.

GEBERTH, Genossenschaftliche Kooperation von Handel und Handwerk wettbewerbspolitisch erwünscht – trotzdem Kartelle? Marburger Beiträge zum Genossenschaftswesen, Bd. 16, S. 17, Marburg 1989.

GEISBÜSCH, Die organisierte Nachfrage, Organisation und Strategie marktbeeinflussender und marktbeherrschender Nachfrager, FIW-Schriftenreihe, Heft 18, 1964.

GLASSEN/V.HAHN/KERSTEN/RIEGER, Frankfurter Kommentar – Gesetz gegen Wettbewerbsbeschränkung, 3. Aufl. (43. Lieferung), Münching 1999.

GLEISS, Einkaufsgemeinschaften und Dekartellisierung, BB 1950, S. 887.

GLEISS/HIRSCH, Kommentar zum EWG-Kartellrecht, Stuttgart 1990.

GRÖNER/KÖHLER, Nachfragewettbewerb und Marktbeherrschung im Handel BB 1982, S. 257.

GÜNTHER, Einkaufsvereinigungen und Kartellgesetzentwurf, MA 1957, S. 35. DERS., Relevanter Markt im Recht der Wettbewerbsbeschränkungen, Karlsruhe 1960.

HAMM, Beschränken Genossenschaften des Einzelhandels den Wettbewerb, in: Genossenschaftsforum 4/1978 S. 1.

HARMS, Podiumsdiskussion: Was ist Nachfragewettbewerb im Kartellrecht?, in: FIW-Schriftenreihe, Heft 116, Wettbewerbsbeschränkung in der Nachfrage, Köln 1985, S. 1.

HÖLZER/WISSEL, Die Konzentration im Lebensmittelhandel – Anmerkungen zum Sondergutachten der Monopolkommission, MA 1985, S. 396.

HOMRINGHAUSEN, Wettbewerbswirkungen genossenschaftlicher Einkaufszusammenschlüsse, in: Marburger Schriften zum Genossenschaftswesen Bd. 55, Göttingen 1980.

HOTH, Ware und gewerbliche Leistung, WRP 1956, S. 261.

HOPPMANN, Die sogenannten Bagatellkartelle der „neuen Wettbewerbspolitik", DB 1970, S. 93.

IFO-INSTITUT FÜR WIRTSCHAFTSFORSCHUNG (HRSG.), Stellung und Entwicklung der Zusammenschlussformen im Lebensmitteleinzelhandel, München 1981.

IMMENGA, Grenzen des Ausgleichs von Strukturnachteilen durch Einkaufskooperationen, in: Strafrecht, Unternehmensrecht, Anwaltsrecht, FS für Gerd Pfeiffer, Köln 1988, S. 659. DERS., Begriffliches zur Wettbewerbsbeschränkung, ZHR 148 [1984] S. 268.

IMMENGA/MESTMÄCKER, Gesetz gegen Wettbewerbsbeschränkungen, Kommentar zum Kartellgesetz, 2. Aufl. München 1992.

KAHLENBERG, Novelliertes deutsches Kartellrecht, BB, 1998, S. 1593.

KARTTE, Wettbewerb und Kooperation, in: Wettbewerbsordnung und Wettbewerbsrealität, FS Sölter, Köln 1982, S. 149. DERS., Franchising und nationales Wettbewerbsrecht, in: Franchise –Franchise-Recht, Protokolle des 1. Franchise-Rechts-Forums am 09. September 1988, München 1988, S. 97.

KNÖPFLE, Der Rechtsbegriff „Wettbewerb" und die Realität des Wirtschaftslebens, Köln 1966.

KÖHLER, Wettbewerbsbeschränkungen durch Nachfrager – Eine Untersuchung zu den kartellrechtlichen Grenzen der Kooperation im Einkauf, Münchner Universitätsschriften Bd. 37, München 1977. DERS., Nachfragewettbewerb und Marktbeherrschung, Walter Eucken Institut, Vorträge und Aufsätze Bd. 110, Tübingen 1986. DERS., Genossenschaften im Spiegel von Kartellrecht und Antitrust-Recht, ZfgG 33 [1983] S. 105. DERS., Das Kartellverbot und die Zukunft der Koordinierungsgruppen des Handels, DB 1984, S. 2022. DERS., Wettbewerbs- und kartellrechtliche Kontrolle der Nachfragemacht München 1979.

KOLBE, Eingetragene Erwerbsgenossenschaften im Hinblick auf § 1 GWB unter besonderer Berücksichtigung des Tatbestandsmerkmals „Beschränkung des Wettbewerbs", Mainz 1979.

KRIMPHOVE, Europäische Fusionskontrolle, Köln 1992. DERS., Der Begriff des „Europäischen Marktes" im Lichte der Rechtsprechung des Europäischen Gerichtshofes und der Entscheidungspraxis der Kommission der Europäischen Gemeinschaften, Europäisches Wirtschafts- & Steuerrecht 1992, S. 357. DERS, Rechtstheoretische Aspekte der „Neuen Ökonomischen Theorie des Rechts", Rechtstheorie, 2000, Heft 2.

KUHN, Entwicklung und Probleme der Kooperation im Handel. Eine Analyse der Umstrukturierung der Einkaufsvereinigungen und freiwilligen Ketten zu marktaktiven und zentral geführten kooperativen Gruppen, Göttingen 1977.

LADEMANN, Aufhebung der Begrenzungswirkung des Nachfragewettbewerbs durch Einkaufsvereinigungen – Ökonomische Anmerkung zur konzeptionellen Erfassung von Wettbewerbsbeschränkungen nach § 1 GWB, DB 1987, S. 725.

LANGEN/NIEDERLEITHINGER/RITTER/SCHMIDT, Kommentar zum Kartellgesetz, Gesetz gegen Wettbewerbsbeschränkungen mit Erläuterungen für die Praxis unter Einbeziehung des EG-Kartellrechts, 6. Auflage 1982.

LANGEN/BUNTE, Kommentar zum deutschen und europäischen Kartellrecht, 8. Aufl., Neuwied 1998.

MAHLMANN, Genossenschaftsrecht und Wettbewerbsordnung. Ein Beitrag zur rechtlichen Behandlung der Warenrückvergütung, Köln/Berlin/Bonn/München 1971.

MARTIN, Zulässigkeitsgrenzen für Einkaufskooperationen, WuW 1984, S. 534.

MARTINEK, Unruhe an der Kartellfront – Die 5. GWB-Novelle gegen Industriemarktfixierung und Ausnahmebereichsexzess, NJW 1990, S. 793. DERS., Franchising, Heidelberg 1987.

MEIER, Genossenschaften als per-se-Kartelle?, ZHR 142 (1978), S. 124. DERS., Mythenbildung im Kartellrecht WuW 1987, S. 103.

MESTMÄCKER, Der verwaltete Wettbewerb, Wirtschaftswissenschaftliche und wirtschaftsrechtliche Untersuchungen des Walter Eucken Instituts Bd. 19, 1984.

MÖSCHEL, Recht der Wettbewerbsbeschränkungen, Köln 1983. DERS., Die Fünfte GWB-Novelle 1989 – Chance oder Risiko für die Wettbewerbspolitik? ZRP 1989, S. 371.

MONOPOLKOMMISSION, 4. Sondergutachten. Die Konzentration im Lebensmittelhandel 1977. DERS., 7. Sondergutachten, Missbräuche der Nachfragemacht und Möglichkeiten zu ihrer Kontrolle im Rahmen des Gesetzes gegen Wettbewerbsbeschränkungen, Baden-Baden 1977. DERS. 8. Sondergutachten, Die Konzentration im Lebensmittelhandel, Baden-Baden 1985. DERS., 14. Sondergutachten, Die Konzentration im Lebensmittelhandel, 1985.

MÜLLER-URI, Kartellrecht (GWB) München 1989.

NOWACK, Einkaufskooperationen zwischen Kartellverbot und Legalisierung nach dem Gesetz gegen Wettbewerbsbeschränkungen, Bochum 1993.

OLESCH, Die Einkaufsverbände des Einzelhandels, Typologie und Dokumentation, Frankfurt 1980. DERS., Das Kartellrecht der Einkaufszusammenschlüsse, Frankfurt 1983.

PESCHER, Der äußere Kartellzwang, Wirtschaftsrecht und -politik Bd. 77, Baden-Baden 1984.

PICHLER/PLEITNER/SCHMIDT, Management in kleine und mittlere Unternehmen, Stuttgart 1999.

RITTER, Thesen zur Kartellrechtsnovelle, DB 1973, S. 318 ff..

RITTNER, Wettbewerbs- und Kartellrecht – Eine systematische Darstellung des deutschen und europäischen Rechts für Studium und Praxis, 6. Aufl., Heidelberg. 1999.

RÖPKE, Die Strategie der Innovation, Tübingen 1977.

SÄCKER, Die Genossenschaften im System des deutschen und europäischen Kartellrechts, Archiv für öffentliche und freigemeinnützige Unternehmen, Bd. 9 (1972/73), S. 193.

SANDROCK, Kartellrecht und Genossenschaften, Walter Eucken Institut, Vorträge und Aufsätze Bd. 58, Tübingen 1976. DERS., Die zweite Kartellnovelle, BB 1473, S. 101. DERS., Grundbegriffe des Gesetzes gegen Wettbewerbsbeschränkungen, München 1968.

SATZKY, Nachfragewettbewerb und Nachfragewettbewerbsbeschränkung im Sinne des § 1 GWB, in: Wettbewerbsbeschränkungen in der Nachfrage, FIW – Heft 116, Köln 1985, S. 73.

SCHMIDT, INGO, Wettbewerbspolitik und Kartellrecht. Eine Einführung, 2. Auflage, Stuttgart 1987.

SCHMIDT, KARSTEN, Kartellverbot und „sonstige Wettbewerbsbeschränkungen "Begriff und Funktion des „gemeinsamen Zwecks" im GWB, Köln 1978. DERS., Kartellverfahrensrecht – Kartellverwaltungsrecht – Bürgerliches Recht. Kartellrechtspflege nach deutschem Recht gegen Wettbewerbsbeschränkungen, Köln 1977.

SCHNEIDER, Einführung in die Wirtschaftstheorie, II. Teil: Wirtschaftspläne und wirtschaftliches Gleichgewicht in der Verkehrswirtschaft, 6. Aufl., Tübingen 1960.

SCHRÖTER, Le concept de „marché en causee" dans l'application des Art. 66 paragraphe 7, du traité CECA et 86 du traité CEE, in: VAN DAMME, La réglementation du comportement des monopoles et entreprises dominantes en droit communautaire, Semaine de Bruges 1977, cahiers de Bruges N, 36, Bruges 1977, S. 460 ff..

SCHÜLLER, Property Rights und ökonomische Theorie, S. 89.

SCHULTE, § 5c GWB – Die Freistellung der Kooperationen, WRP 1990, S. 217.

DERS. Bedarf es einer gesetzlichen Freistellung für Kooperationen im Kartellgesetz? WRP 1989, S. 441.

DERS., Kartellrechtliche Behandlung gewerblicher Waren- und Dienstleistungsgenossenschaften, Genossenschaftsforum 6/1982, S. 267.

SCHULTE, Die kartellrechtliche Beurteilung von Einkaufs- und Verkaufsgemeinschaften, WuW 1980, S. 227.

SELCHERT, Die Ausgliederung von Leistungsfunktionen in betriebswirtschaftlicher Sicht, Berlin 1971.

SIEBENECK, Nachfragewettbewerb – eine Funktion des Absatzwettbewerbs. Die Verhältnisse im Lebensmittelhandel der Bundesrepublik Deutschland und West-Berlins, BB 1985, S. 2205.

SÖLTER, Nachfragemacht und Wettbewerbsordnung, Schriftenreihe Der Betrieb, 2. Auflage, Düsseldorf 1960. DERS., Das Rabattkartell, Düsseldorf 1955.

STEINDORFF, Sind Handelsgenossenschaften Kartelle? Heidelberg 1978. DERS., Kartellrechtliche Praxis bei Verkaufs- und Einkaufsgemeinschaften, in: Schwerpunkte des Kartellrechts 1981/82, FIW – Heft 103, Köln 1983, S. 1. DERS., Bezugsbindungen und Konzentrationsrabatte im Bereich der Handelsgenossenschaften, BB 1979 Beilage 3.

STREIT, Anpassungsverhalten ökonomischer Systeme, Wirtschaftsdienst, Bd. 61 (1981). DERS., Demand Management and Catallaxy – Reflections on a Poor Policy Record, ORDO Bd. 32.

TEICHMANN, Die „wesentliche Beeinträchtigung des Wettbewerbs" als Schranke für Kooperationsvereinbarungen, WuW 1974, S. 449.

THIESING, Die Abgrenzung des relevanten Marktes in der Rechtsprechung des Europäischen Gerichtshofs zu Art. 85 und 86, in: Festschrift für Hartmann, FIW-Schriftenreihe, Heft 75, Köln 1976, S. 355 ff..

UCKERMANN, VON, Die Einkaufsgenossenschaften im System des GWB, München 1976.

VEELKEN, Einkaufsgenossenschaften nach der 5. GWB-Novelle, in Zeitschrift für das gesamte Genossenschaftswesen (ZfgG) 1993, S. 325.

WARZECHA, „Einkaufsgemeinschaften" im Lichte der ZVN-Entscheidung, BB 1978, S. 1242.

WEISSERS, Sind die Genossenschaften reformbedürftig?, ZfGW 5 (1955), S. 200.

WENDLAND, Zur kartellrechtlichen Beurteilung von Einkaufskartellen – Anmerkungen zum Beschluss des KG v. 16.6.1982 „HFGE", WuW 1983, S. 357.

WENER, Unternehmerische Kooperation zur Steigerung der Leistungsfähigkeit, München 1985, S. 172.

WESTERMANN, Einkaufszusammenschlüsse und Kartellgesetzentwurf, Karlsruhe 1956.

WILHELM, Der gemeinsame Zweck als Merkmal des Kartellverbotes wie der daran anknüpfenden Verbote, ZHR 150 [1986] S. 320. DERS., Gemeinsamer Zweck und Wettbewerbsbeschränkung. Dogmatische Einordnung und praktische Konsequenzen der Eingrenzung des § 1 um Hinblick auf § 18 GWB, ZHR 150 [1986] 434. DERS., Der Fall „Selex und Tania" und die Kartellrechtsreform, WuW 1987, S. 965.

WOLL, Allgemeine Volkswirtschaftslehre, 8. Aufl., München 1984

Planen ist Silber, Handeln Gold –
Über die Chancen des Markteintritts, des Marktaustritts und die Sterblichkeit junger Unternehmen

Thomas Schmid-Schönbein

Die Begeisterung, ein Unternehmen gründen zu können, ist genauso verständlich wie das Wohlwollen der Gesellschaft für Gründer und neue Unternehmen. Der Gründer (1) fühlt sich herausgefordert, eine Idee in die Tat umzusetzen, deren Erfolgsaussicht durch seine Erfahrung nur unvollständig gedeckt ist. Das Gründen eines Unternehmens ist ein Abenteuer. Wäre es anders und könnte man den Erfolg planen, wäre die Idee nicht neu, das Unternehmen nicht anders als andere und der Nettogegenwartswert der Idee läge nicht über Null. Nur durch die Gründung und Führung einer unterscheidbaren Unternehmenseinheit gewinnt der Gründer letztendlich die Informationen über den Markt, die ihn entweder zum Erfolg oder zum Scheitern bringen. Die Gründung bringt Neues in die Welt und ist nur deshalb möglicherweise wertschaffend.

Unter dem Druck der Marktkräfte hat das Unternehmen nach Markteintritt immer wieder zu entscheiden, wie die gewonnene Erfahrung zu bewerten ist und ob es sich und wenn ja, mit welchem Verhalten lohnt, im Markt zu bleiben oder ob es nicht besser ist, den Markt zu verlassen. Auch wenn die Voraussetzungen, die das Unternehmen dazu veranlassen, den Markt wieder zu verlassen, unternehmensspezifisch sind und die Stunde des Marktaustritts somit ein idiosynkratisches Merkmal des Unternehmens ist, ist der Austritt – unter nicht allzu verqueren Bedingungen – mit einer bestimmbaren Wahrscheinlichkeit vorhersehbar. Folglich kann und wird der Gründer bei Eintritt sein Sterblichkeitsrisiko und seine Austrittskosten kalkulieren und sich überlegen, bei welchen Zuständen seines Unternehmens und bei welchem Grad schlechter Nachrichten er seinen Austritt vollzieht und sein Unternehmen schließt (2).

Ist weder die Konkurrenz so stark, dass nur die sofortige Gründung noch Ertrag verspricht, und sind auch die Erträge eines erst durch Gründung möglichen Lernprozesses nicht allzu hoch, kann es sich lohnen, mit der Gründung respektive dem Markteintritt zu warten. Eine Geschäftsidee entspricht insoweit einer Option, ein Unternehmen zu gründen. Daher besteht der Wert der Idee aus dem Wert der Option zu Gründen und dem Wert des Unternehmens nach Gründung. Erst wenn der Wert der Option Null ist, ist es Zeit zu gründen.

Es sind also im Hinblick auf das unabwendbare Risiko des Gründens drei strategische Entscheidungen bzw. Wirkungen vorab zu planen: Die Option zu warten, die Option abzubrechen und die Wirkung des Lernens durch Gründung auf den Wert der beiden Optionen. Diese drei Planungsgrößen sind Gegenstand des ersten Kapitels. Der Wert der Option zu warten wird ausführlicher behandelt. Es werden sowohl verschiedene Ursachen für die Vorteilhaftigkeit des Wartens als auch einige eingängige Wege erläutert, den Wert von Optionen zu quantifizieren.

Im zweiten Kapitel geht es um die (Markt-)Bedingungen, die erklären, warum die Unternehmen selektiert werden, also Bedingungen vorfinden, die sie entweder zur Entscheidung drängen, aus dem Markt zu gehen oder im Markt zu bleiben. Wie aus den Überlegungen zu den strategischen Entscheidungen folgt, ist der Markteintritt und -austritt positiv korreliert. Wer sich entschließt 'schnell' einzutreten, tritt auch 'schnell' wieder aus. Daher ist verständlich und durch viele Untersuchungen bestätigt, dass junge Unternehmen besonders schnell sterben und auch nicht sehr groß werden. Aus Einsicht in die Schwierigkeit zu überleben und zu lernen, haben sie eher klein angefangen und auf Grund der Notwendigkeit durch Handeln zu lernen vergleichsweise früh. Daher treten sie als immer noch kleine Unternehmen auch jung wieder aus, sobald sie erfahren haben, dass gemessen an den Möglichkeiten ihre Fähigkeiten nicht ausreichen, ihr Unternehmen zu erweitern.

Mit zunehmendem Alter sinkt die Sterblichkeit und dank weniger schwankenden Wachstumsraten werden die älteren Unternehmen auch immer größer. Von dieser Regel gibt es allerdings bedeutende Ausnahmen. In Märkten, in denen die Marktstruktur einigermaßen konstant ist, also in Märkten, die als reif bezeichnet werden, bleiben die Unternehmen in der Regel klein. Sie haben sich auf eine Nische spezialisiert, die auszudehnen und zu ergänzen sich in der Regel nur in engen Grenzen lohnt – zumeist macht eine stärkere Expansion ein völlig anderes Geschäftskonzept erforderlich.

Eliminiert man diese kleinen, keineswegs wesentlich weniger sterblichen Unternehmen aus dem Bestand wird die Bedeutung des Produktzyklus für das Leben und Sterben der Unternehmer deutlicher. Soweit sich die jungen Unternehmen auf die neuen Produkte werfen, werden sie – wenn sie sich halten können – von der Produktentwicklung mitgezogen. Der Höhepunkt der Marktaustritte setzt erst nach der Verlangsamung der Produktentwicklung ein. Der Wechsel von einem vom Eintritt beherrschten Markt zu einem vom Austritt beherrschten markiert zugleich einen Wechsel in der Struktur der Unternehmen. Sie wechseln von einem technisch orientierten Management, das seine Ideen und Opportunitäten aus ganz unterschiedlichen Quellen gewinnt (Forschungsinstituten, anderen Branchen, Konkurrenz), zu einem kaufmännisch orientierten, dessen Innovationen vom Unternehmen und mit ihm enger verbundenen Organisationen selbst erarbeitet werden.

Dieser Systemwechsel im Zuge der Produktentwicklung macht sichtbar, dass nach Gründung die Planung Zug um Zug wieder zu ihrem Recht kommen kann (drittes Kapitel). Geschäftsideen fallen wie Manna vom Himmel, aber ob sie etwas taugen oder ob die Unternehmer für die Ideen taugen, zeigt sich erst am Markt. Insoweit ist Markterfolg für sich genommen pures Glück. Es ist aber kein Zufall, ob der Erfolg dauerhaft wird. Wenn der Gründer und sein Unternehmen so organisiert ist, dass er verstehen lernt, worauf sein Erfolg beruht und welche Handlungen dazu führen, steigen die Chancen zum Überleben deutlich an. Die Aneignung des Erfolgs ist eine planbare Größe, der Erfolg selbst nicht. Das Unternehmen hat nur Einfluss auf die Rente, die es aus der Idee zieht. Das vierte Kapitel fasst die Argumente in wenigen Sätzen zusammen.

1 Strategische Entscheidungen vor Markteintritt

Falls der Gründer damit rechnen kann, seine Entscheidung zum Markteintritt zu jedem Zeitpunkt rückgängig machen, aus dem Markt austreten und das Anlagevermögen seines Unternehmens zu einem Preis verkaufen zu können, das seinem aktuellen Wert entspricht, ist seine Entscheidung über den Eintritt vergleichsweise einfach und schnell vollzogen. Decken unter diesen Bedingungen die geplanten Erlöse die Kosten einschließlich des Kapitalverzehrs, ist die Investition gerechtfertigt und es lohnt sich, das Unternehmen sofort zu gründen. Sollten sich die Erwartungen des Gründers bezüglich der Preise, Absatzmengen und Kosten des Unternehmens nach Gründung nicht erfüllen und Verluste drohen, verkauft er das Unternehmensvermögen, gewinnt den Zeitwert seiner Investitionen zurück und ist damit ohne Verluste aus dem Markt ausgestiegen. Der (Schwellen-)Preis, bei dem er aussteigt, ist derselbe, bei dem er als Gründer eingestiegen ist. Sollte sich der Markt erholen, steigt er unter sonst unveränderten Bedingungen bei diesem Preis auch wieder ein. Da diese Möglichkeit allen Marktteilnehmern offen steht, ist dieser Preis auch der, bei dem kein Unternehmen Gewinne macht.

Dieses Maß an Reversibilität der Unternehmungsgründung und der damit verausgabten Investitionen ist nur in Ausnahmefällen und nur annäherungsweise erreicht. In der Regel muss der Gründer davon ausgehen, dass seine Ausgaben für den Markteintritt bei Scheitern des Unternehmens mehr oder weniger verloren sind. Die nicht wieder zu gewinnenden Ausgaben werden versunkene Kosten oder auch versunkenes Kapital genannt.

Ist das Kapital versunken, kann der Gründer nicht länger damit rechnen, keine Verluste zu machen. Unter diesen Umständen lohnt es sich für ihn nämlich erst dann, den Markt zu verlassen, wenn die Erlöse nicht einmal mehr die variablen Kosten decken und nicht nur kein Deckungsbeitrag mehr erwirtschaftet, sondern der Deckungsbeitrag negativ wird. Ist durch die Versunkenheit des Kapitals oder sonstige Marktaustrittskosten der Marktaustritt behindert, muss bei Eintritt die Möglichkeiten des Austritts kalkuliert werden. Je mehr der Marktaustritt kostet, desto großartiger müssen die Erwartungen bezüglich der Erlös-Kosten-Situation sein, um den Eintritt zu rechtfertigen. Der Gründer muss für die möglichen Verluste entschädigt werden. Die Kompensation richtet sich nach der Wahrscheinlichkeit, mit der z.B. die Preise unter die Stückkosten rutschen können. Der Eintritt erfolgt erst dann, wenn für die erwartete Dauer der Existenz des Unternehmens der Erlös größer ist als die Summe aus den Variablen Kosten, den Zinsen auf das Kapital und dem erwarteten Verlust, der dem verhinderten Marktaustritt geschuldet ist.

Das versunkene Kapital treibt damit einen Keil zwischen den Austritts- und den Eintrittspreis (unterstellt der Preis des Produkts sei alleinige Ursache der Unsicherheit der Erlöse respektive des Profits). Der Austrittspreis ist kleiner als der Eintrittspreis.

Spätestens mit dieser Einsicht kann der Gründer seine Erwartungen über die für das Unternehmen bedeutsamen Variablen nicht länger als zeit-unabhängige Größen fassen. Da die Anpassungen bei Irreversibilität Verluste verursachen können und die Kosten z.B. davon abhängen, wie lange der Preis unter den variablen Stückkosten liegt, muss der Gründer sich über die Entwicklung der Preise Gedanken machen und sich nicht nur fragen, bei welchem Preis das Unternehmen keinen Gewinn bzw. keinen Deckungsbeitrag mehr erwirtschaftet, sondern wann die Preise sich nach einer Phase verlustbringender Deckungsbeiträge wieder erholen werden. Die Erwartungen müssen dynamisiert werden. Sind aber die Erwartungen dynamisiert, stellt sich sofort die Frage, ob es nicht lohnend ist, den Markteintritt zu verschieben und auf Bedingungen zu warten, die den Eintritt profitabler oder die erwarteten Verluste kleiner ausfallen lassen. Die Verschiebung setzt natürlich voraus, dass die Geschäftsidee nicht nur hier und heute realisiert werden kann, sondern auch morgen und übermorgen.

1.1 Die Option zu Warten

Kann die Unternehmensgründung verschoben werden und der Gründer mit der Umsetzung der Idee warten, hat er etwas möglicherweise sehr wertvolles gewonnen: Eine Option auf die Gründung eines Unternehmens. Er kann mit der Gründung warten, bis die für ihn günstigsten Bedingungen eingetreten sind – sich z.B. die Preise eingestellt haben, die dem Projekt den größtmöglichen Wert verleihen.

Die Idee zur Gründung einer Unternehmung entspricht einer Call-Option, deren Ausübungszeitpunkt der Tag der Unternehmensgründung ist. Der Wert der Idee setzt sich folglich aus zwei Größen zusammen: einmal dem Wert des Unternehmens nach Gründung und dem Wert der Option zu gründen. Dabei ist die Investitionssumme, die zur Gründung notwendig ist, als der (Ausübungs-)Preis zu verstehen, mit dem der Wert des Unternehmens bei Gründung erworben werden kann.

Weil der Wert der Idee sich aus den zwei Größen zusammensetzt, kann eine Idee oder ein Projekt wertvoll sein, obwohl der Wert des Unternehmens nach Gründung kleiner als die Investitionssumme ist und das gegründete Unternehmen folglich einen negativen Nettogegenwartswert hat. Da der Gründer auf die besseren Bedingungen warten kann (oder sich bei noch schlechteren Nachrichten entscheiden kann, überhaupt nicht zu gründen), ist die Option unter allen Umständen wertvoll und kann den geringen Gegenwartswert soweit kompensieren, dass die **Idee** zur Gründung trotz negativen Nettogegenwartswerts der Gründung selbst wertvoll bleibt.

Um den Wert der Option zu Warten auf einfache Art erläutern zu können, sei zuerst einmal unterstellt, die Welt sei vollkommen sicher. Der Gründer kann sich sicher sein, durch die Verausgabung einer Summe I versunkenen Kapitals ein Unternehmen gründen zu können, dessen Wert V nach Gründung (d.h., V entspricht dem Gegenwartswert des gegründeten Unternehmens zu einem beliebigen Zeitpunkt) jedes Jahr um einen Betrag G ≥ 0 zunimmt, der proportional dem Wert des Unternehmens ist. Der Unternehmenswert wächst mit der konstanten Rate ß:

$$G = \beta \cdot V \qquad \text{mit } 0 \leq \beta \leq 1$$

Wäre ß = 0 und wüchse der Wert des Unternehmens nicht, dann hätte die Idee ebenso wie die Gründung nur dann einen Wert, wenn V von vorneherein größer als I ist. Bei V < I wäre der Nettogegenwartswert kleiner Null und ohne Aussicht auf ein Wachstum von V würde der Inhaber der Idee das Unternehmen weder heute noch morgen gründen. Erst ab einem Wert von V = I wird der Nettogegenwartswert des Unternehmens (also V minus I) positiv und erst ab da steigt der Wert der Idee proportional mit dem gegebenen Wert des Unternehmens. Wird zur weiteren Vereinfachung I = 1 gesetzt, dann zeigt die **dick** eingezeichnete Linie in Abbildung 1, wie sich für ß = 0 der Wert der Idee, F(V), mit dem Wert der Gründung entwickelt. Bis zum Punkt V = 1 ist die Idee ebenso wie das Gründen wertlos, also Null, danach steigen beide Werte mit der Differenz von V und I proportional zu V.

Wäre das Wachstum echt positiv, ergibt sich eine andere Wertentwicklung der Idee – nämlich die **dünn** gezeichnete Linie in Abbildung 1 (3). Jetzt sind Wert der Idee und Wert der aktiven Unternehmung bis zum Tangentialpunkt nicht mehr identisch. Der Wert der Idee wäre selbst bei einer Investitionssumme, die größer als der Wert des gegründeten Unternehmens ist, positiv. In Erwartung des wachsenden Werts des Unternehmens, lohnt es sich zu warten. Es lohnt sich sogar, mit der Gründung des Unternehmens zu warten, bis der Wert des Unternehmens größer als I ist. Bei einer Wachstumsrate von ß = 5% und einem Zinssatz von ρ = 10% wird geplant, erst dann zu gründen, wenn der Wert des Unternehmens zweimal so hoch ist wie die Investitionssumme.

Der Gründer wartet solange, bis eine weitere Verzögerung den Gegenwartswert der Kosten der Gründung nicht mehr senkt als den Gegenwartswert des wachsenden Werts des Unternehmens. Würde der Gründer über diesen Punkt hinausgehen und z.B. warten bis der Wert dreimal so hoch wäre wie das versunkene Kapital, wäre der Gegenwartswert des Unternehmens zwar höher, es dauerte aber so lange bis dieser Gegenwartswert zufließt, dass die Diskontierung den gestiegenen Wert der Differenz unter den Nettogegenwartswert einer Gründung beim Wert V = 2 drückt. Es lohnt sich auch nicht, nur bis zu einem Wert von V = 1,5 zu warten. Der höhere Wert ist zwar in wenigen Perioden erreicht, aber nicht hoch genug, um diskontiert mehr Wert zu haben als der durch längeres Warten erzielbare Wert (4). Es gilt, die Höhe des erzielbaren Wertes des Unternehmens gegen die spätere Vereinnahmung dieses Werts abzuwägen.

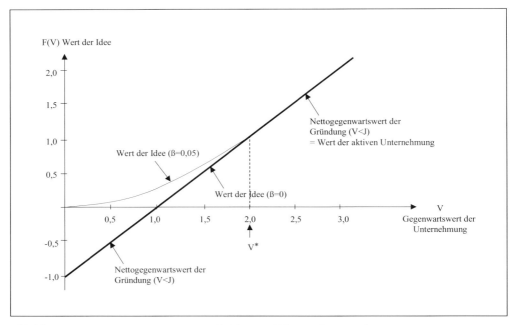

Abbildung 1: Wert einer Investitionsmöglichkeit in Abhängigkeit von ß

Die Differenz des Werts des aktiven Unternehmens und Wert der Idee ist der Optionswert. Wie aus Abbildung 1 zu ersehen, ist dieser Optionswert über alle Werte von V positiv, also auch dort, wo der Nettogegenwartswert negativ ist und deshalb auch ohne Rücksicht auf die Option das Projekt wertlos wäre. Sind der Wert der Idee gleich dem Wert der Unternehmung, wird die Option ausgeübt und das Unternehmen gegründet. Folglich muss bei Gründung der Wert des Unternehmens so angewachsen sein, dass der Verlust der Option durch Ausübung gerade kompensiert ist.

Der in Abbildung 1 gezeigte Sachverhalt der Bedingung für die Gründung soll im folgenden auf zwei Wegen genauer belegt werden. Einmal wird der Wert von V, der die Gründung auslöst, aus dem optimalen Gründungszeitpunkt bestimmt. Das andere Mal wird dieser Schwellenwert V* direkt aus der Optimierung des Werts der Idee ermittelt.

Nimmt der Wert des Unternehmens nach Gründung jährlich mit der festen Rate ß zu, ist der Wert des gegründeten Unternehmens zu einem beliebigen Zeitpunkt zu bestimmen mit $V(t) = V_0 \cdot e^{\beta \cdot t}$. Der momentane Wert der Idee ist dann, bei einem beliebigen zukünftigen Gründungszeitpunkt T:

(a) $\quad F(V) = (V \cdot e^{\beta \cdot T} - I) \cdot e^{-\rho \cdot T}$

Was wäre der richtige Zeitpunkt T, die Gründung des Unternehmens zu planen? Offenbar der Zeitpunkt T*, der F(V) maximiert. Die Bedingung 1. Ordnung für ein Maximum (5) lautet:

(b) $\quad \dfrac{dF(V)}{dT} = \left[(-\rho - \beta)V \cdot e^{\beta T} + \rho \cdot I\right]e^{-\rho T} = 0$

Daraus folgt nach Logarithmierung für das optimale T* > 0

(c) $\quad T^* = \dfrac{1}{\beta} \cdot \ln\left(\dfrac{\rho \cdot I}{(\rho - \beta)V}\right)$

T* ist Ausdruck der Abwägung zwischen dem aus dem Warten resultierenden Zuwachs an Wert des Unternehmens und aus dem Verlust geringeren Gegenwartswertes später vereinnahmter Werte. Der Wert des Unternehmens, der die Gründung tatsächlich auslöst (der Schwellenwert V*) ist dadurch gekennzeichnet, dass Planungszeitpunkt und Zeitpunkt der Gründung zusammenfallen, also T* = t = 0 ist. V* ist der Wert des Unternehmens, beim dem der Zugewinn aus dem Warten, dem entgangenen Gewinn aus der Diskontierung entspricht und deshalb tatsächlich gegründet wird. Wie aus (c) zu errechnen, ist für T* = 0

(d) $\quad V^* = \dfrac{\rho}{\rho - \beta} \cdot I$

Bei einem Zuwachs von ß, der kleiner als der Zinssatz ist, gilt $\rho / (\rho - \beta) > 1$. Also wird nicht schon dann gegründet, wenn der Nettogegenwartswert der Gründung, V – I, größer oder gleich Null ist, sondern erst dann, wenn V den Schwellenwert V* erreicht hat (6).

Dieser Sachverhalt lässt sich auch durch die Beantwortung der Frage erläutern, wann die Veränderung des Diskontfaktors den Wert der Idee maximiert (7). Dazu wird $D := e^{-\rho t}$ gesetzt und die Gleichung (a) umformuliert:

(a') $\quad \begin{aligned}&F(V) = D(T)(V(T) - I) \text{ bzw.}\\ &F(V) = D \cdot [V(D, V_0) - I] = D \cdot V(D, V_0) - D \cdot I\end{aligned}$

Da V (anders als die versunkenen Kosten I) über T von D abhängt, ist V nun eine Funktion von D bzw. seinem Anfangswert. Welcher Wert von D maximiert F(V)? Es muss gelten, dass die Summe aus dem Nettogegenwartswert des Unternehmens (V – I) einerseits und dem Produkt der durch die Diskontierung ausgelösten Wertänderung und dem Diskontfaktor andererseits unverändert bleibt und diese Höhe des Diskontfaktors ein Maximum ist.

(e) $\quad (V-I) + \dfrac{dV}{dD} \cdot D = (V-I) + \dfrac{dV}{V} \cdot \dfrac{D}{dD} \cdot V = V\left(1 + \dfrac{dV/V}{dD/D}\right) - I = 0$

Da die Veränderung des Werts des gegründeten Unternehmens $dV = +\beta \cdot V$ ist und die Veränderung des Diskontfaktors $dD = -\rho \cdot e^{-\rho T} = -\rho \cdot D$, ergibt sich der Schwellenwert V*, ab dem tatsächlich gegründet werden sollte, durch Einsetzen in (e):

(d') $\quad V^*\left(1 + \dfrac{\beta}{-\rho}\right) - I = 0 \quad$ und damit $\quad V^* = \dfrac{\rho}{\rho - \beta} \cdot I > I$

Wie aus Gleichung (e) unmittelbar ersichtlich, bedeutet die Chance, mit der Gründung zu warten, dass es kurzsichtig wäre, nur auf den positiven Nettogegenwartswert zu achten. Da der Wert des Unternehmens vom Zeitpunkt der Gründung abhängt, muss die Interaktion von Diskontierung und Wertänderung bei der Entscheidung berücksichtigt werden. Auch dann, wenn der Nettogegenwartswert negativ wäre, muss die Idee zur Gründung nicht wertlos sein. Der Gründer muss mit der Gründung selbst nur solange warten, bis der Schwellenwert erreicht ist.

Neben dem Wachstum der Preise oder Erlöse oder – wie eben beschrieben – des Netto-Cash-Flows des Unternehmens überhaupt, gibt es noch einen mindestens ebenso guten Grund, warum sich Warten lohnt. Es ist die Unsicherheit, mit der die Variablen des Unternehmens belastet sind. Das Warten gibt – wenn es denn, wie hier vorausgesetzt, überhaupt möglich ist – die Chance, neue Informationen zu erhalten und damit bis zur Gründung auf hinreichend gute Nachrichten zu warten oder bei hinreichend schlechten, die Gründung weiter aufzuschieben oder endgültig aufzugeben. Mit je mehr Unsicherheit die Planungsgrößen behaftet sind, desto wertvoller werden weitere Nachrichten und desto wertvoller wird das Warten.

Im denkbar einfachsten Fall wäre der Zuwachs G beispielsweise deshalb nicht sicher, weil er davon abhinge, dass neue Einsatzgebiete für ein Produkt dadurch entdeckt werden, dass der Gründer/Unternehmer zufällig mit anderen Personen ins Gespräch kommt und erfährt, dass diese Personen das Produkt brauchen können. Es wäre dann nicht unplausibel zu vermuten, dass solche Begegnungen poisson-verteilt sind und durchschnittlich n-mal pro Periode stattfinden. Ist der Zuwachs proportional dem je erreichten V, ist $dV = \beta \cdot n \cdot V$. Der Wert der Idee ist dann entsprechend der allgemeinen Gleichung (e):

$$V^*(1 + \dfrac{\beta \cdot n}{-\rho}) = I \quad \text{und damit} \quad V^* = \dfrac{\rho}{\rho - \beta \cdot n} > I$$

Der unsichere Anteil am Zuwachs des Wertes wirkt wie der Zuwachs selbst als Anreiz mit der Gründung zu warten und nicht schon zu gründen, wenn der Nettogegenwartswert nicht negativ ist. Der mögliche Zuwachs wird gegen den Wertlust späterer Vereinnahmung abgewogen. Es gibt einen Aufschlag $V^* - I$, der dem Optionswert der Gründung entspricht. Für einen Zuwachs, der durchschnittlich alle zwei Perioden zu erwarten ist, also n = ½ und für ß = 0,1 und ρ = 0,1 ergeben sich exakt die gleichen Werte wie im Beispiel sicheren Wachstums. Also gibt Abbildung 1 auch den Sachverhalt für den unsicheren Zuwachs wieder (8).

Wird unterstellt, dass die Wertentwicklung des Unternehmens einem Zufallsprozess folgt, der anders als im vorigen Beispiel den Wert sowohl steigen als auch fallen lassen kann (negativer wie positiver Zuwachs) und bleibt die Wahrscheinlichkeit der Veränderung in jedem Moment, in der eine solche Veränderung stattfindet, gleich, ist der Wert binomial-verteilt. Im Grenzfall sehr kleiner Zuwächse und sehr kurzer Abstände zwischen den Änderungen wird der Wert normal-verteilt (und damit ist die Verteilung des Wertes durch Mittelwert und die Varianz allein zu beschreiben) und seine Entwicklung entspricht der sog. Brownschen Bewegung. Die Varianz der Verteilung ist das Produkt aus Varianz pro Zeiteinheit und der Zeit, die der Prozess läuft.

Ein solcher Zufallsprozess ist beispielsweise dann plausibel, wenn die Wertentwicklung des Unternehmens vor allem der Preisentwicklung des Produkts geschuldet ist, der Preis des Produkts auf Börsen bestimmt wird und keine langfristigen Ober- oder Untergrenzen für die Preise erkennbar sind. Anders gesagt: Können die Preise der Produkte sehr stark nach oben ausschlagen oder ins Bodenlose fallen und verschiebt ein hoher Preis die Verteilung der Preise in der nächsten Periode zugunsten höherer Preise (sog. positive Persistenz), rechtfertigt sich die Verwendung der Brownschen Bewegung zur Beschreibung der Preisentwicklung.

Der Gründer wird unter diesen Bedingungen eine Phase hoher Preise abwarten wollen, bevor er die Unternehmung tatsächlich gründet. Nur bei hohen Preisen darf er in der Regel hoffen, dass die Preise nicht gleich wieder auf ein Niveau fallen, das ihm Verluste bringt oder ihn gar zum Austritt zwingt. In Abbildung 2 ist wieder der Wert einer Investitionsmöglichkeit in Abhängigkeit vom Gegenwartswert des Unternehmens angegeben – diesmal nicht in Abhängigkeit der Wachstumsrate des Gegenwartswerts des Unternehmens, sondern eben der Varianz pro Periode, σ.

Die dick eingezeichnete Linie gibt in Abbildung 2 die Situation bei Sicherheit wieder. Ist die Welt aber unsicher, wird die Chance zu Warten wertvoll. Die Chance ist umso wertvoller je höher die Unsicherheit ist. Wenn die Bedingungen so sind, wie hier wiedergegeben, ist bei einer Varianz von 30% die Gründung erst dann sinnvoll, wenn der Wert des Unternehmens auf das dreifache des versunkenen Kapitals gestiegen ist. Der Optionswert der Idee zur Gründung bleibt also über den ganzen hier angegebenen Bereich positiv, also lohnt es sich nicht, die Gründung tatsächlich zu vollziehen. Erst bei Nachrichten, die den augenblicklichen Wert des Unternehmens auf 3.0 erhöhen, lohnt es sich – bei versunkenem Kapital in Höhe von 1.0 – zu gründen (9).

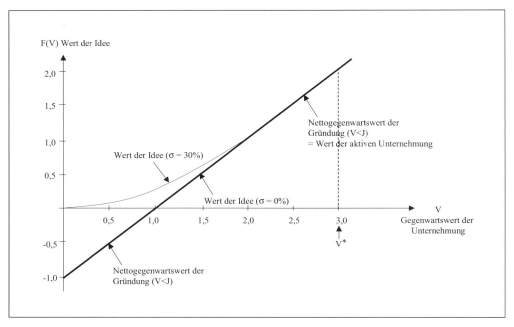

Abbildung 2: Wert einer Investitionsmöglichkeit in Abhängigkeit von σ

Diese Überlegungen bedeuten offensichtlich, dass bei einer Kalkulation die den Optionswert nicht berücksichtigt, entweder die Idee verworfen und nie ein Unternehmen gegründet würde (V < I), obwohl bei hinreichendem Warten, die Idee sich noch als lohnend erweisen könnte, oder die Unternehmung würde, weil der Wert der Unternehmung im Moment größer ist als der Kapitaleinsatz, viel zu früh gegründet, obwohl Warten den Wert der Investition noch steigern könnte. Außerdem ist erkennbar, dass der Wert der Option in beiden Fällen um den Wert V = I herum am höchsten ist. Die Differenz zwischen dem Wert der Idee und dem Wert der Unternehmung ist bei einem im Verhältnis zu I sehr kleinen Wert der Unternehmung sehr klein, da es sehr unwahrscheinlich ist, dass der Wert sich noch erholt. Ähnliches gilt für Werte des Unternehmens, die sehr viel höher als I sind. Die Wahrscheinlichkeit von so hohen Werten wieder in die Verlustzone zu geraten ist gering, also ist der Wert der Option kleiner als bei einem Unternehmenswert, der sich im Bereich der versunkenen Kosten bewegt.

1.2 Die Option zum Abbruch

Hat der Gründer seine Idee realisiert und damit seine Option zu warten aufgegeben und gibt es die Möglichkeit, sei es mit oder gegen Entgelt (Marktaustrittskosten), das Unternehmen zu schließen und aus dem Markt auszutreten, gewinnt der Gründer mit Gründung der Unternehmung die Option zum Abbruch (in Form der Liquidation oder des Konkurses).

Die (Put-)Option des Marktaustritts kann ebenfalls sehr wertvoll sein. Wäre der Gründer gezwungen unter allen Umständen an seiner Investition festzuhalten, müsste er die Verluste z.B. aus nicht kostendeckenden Preisen auf ewig tragen und könnte allenfalls hoffen, dass die Preise sich irgendwann einmal erholen. Mit dem Recht aus dem Markt auszutreten, kann er diese Verluste eindämmen und tatsächlich den Markt erst dann verlassen, wenn die Preise so tief sind, dass auch die Erwartung einer Erholung den Verlust aus dem Betrieb des Unternehmens nicht mehr kompensiert (10). Auch die Option Auszusteigen ist um so wertvoller, je höher die Unsicherheit ist.

Da die Unsicherheit mit der Zeit wächst, die zwischen Gründung und vollständigem Rückfluss des versunkenen Kapitals liegt, nimmt auch der Wert der Option mit dem der Höhe des versunkenen Kapitals zu – oder besser mit dem Verhältnis von versunkenem Kapital zum Cash-flow. Ist der Cash-flow sehr hoch, ist das versunkene Kapital sehr schnell wiedergewonnen. Der Zeithorizont kann zurückgenommen werden, die Unsicherheit nimmt ab und folglich ist das Recht, bei ungünstigen Ereignissen, das Unternehmen abzubrechen, weniger wertvoll (11).

Berücksichtigt der Gründer mit der Kalkulation der Put-Option die Entwicklung seines Unternehmens, wird verglichen mit den Ergebnissen bei statischen Erwartungen der Zeitpunkt des Marktaustritts hinausgeschoben bzw. der Preis, bei dem der Gründer wieder austritt, fällt deutlich niedriger aus. Die Möglichkeit, dass die Preise wieder anziehen, lässt Raum für Erwartungen und deshalb verbleibt das Unternehmen länger im Markt. Die Berücksichtigung der Unsicherheit der Preise verbreitet die Kluft zwischen dem Einstiegspreis und dem Ausstiegspreis (für Löhne, Absatzmengen oder andere zufallsabhängige Größen der Unternehmung gilt natürlich entsprechendes).

Auch wenn das versunkene Kapital Ein- und Ausstiegspreise auseinanderzieht und damit die Lebensspanne des Unternehmens, gemessen über den Gegenwartswert der dem Unternehmen zufließenden Cash-Flows, verbreitert, wirken diese Größen auf den Einstiegspreis in gleicher Weise wie auf den Ausstiegspreis. So wird der Einstiegspreis nicht nur durch steigendes versunkenes Kapital angehoben, auch steigende Marktaustrittskosten sorgen dafür, dass der Preis, bei dem das Unternehmen gegründet wird, steigt. Ebenso lassen eine Zunahme des versunkenen Kapitals und steigende Kosten des Marktaustritts den Ausstiegspreis fallen. Diese Größen können sich sozusagen ersetzen, so dass vermutet werden darf, dass die Wahrscheinlichkeit des Einstiegs mit der Wahrscheinlichkeit des Ausstiegs hoch korreliert sind. Was einen späten Einstieg bewirkt, bewirkt auch einen späten Ausstieg, wer früh einsteigt, wird unter sonst gleichen Bedingungen auch früh aussteigen.

Die hohe Korrelation ist allerdings bei absolut kleinen Werten des versunkenen Kapitals und der Austrittskosten deutlicher ausgeprägt als bei hohen Werten. Sind z.B. die Austrittskosten, die ja erst am Lebensende des Unternehmens zu zahlen sind, hoch, schlagen sie dank des Diskontierungseffektes weniger zu Buche als vergleichbar hohe versunkene Kosten. Sind diese beiden Kostenarten klein, führen wenig ausgeprägte Preisbewegungen schnell (und damit häufiger) von dem einen Preisniveau zum anderen. Sind diese beiden Kostenarten jedoch hoch, wird das Unternehmen wahrscheinlich viel länger aktiv bleiben, so dass die Korrelation von Ein- und Austritt weniger ausgeprägt ist (vgl. hierzu DIXIT/PINDYCK, 1993, S. 213 ff.).

1.3 Lernen durch Gründung

Neben der Unsicherheit über Preise, Absatzmengen und Erlöse sind selbstverständlich auch die Kosten respektive die Preise der Inputs, die Technologie, die Bezugsmengen unsicher. Solange die Unsicherheit bezüglich dieser Größen extern ist (also alle Unternehmen gleichermaßen trifft), kann sie grundsätzlich auf die gleiche Art ins Kalkül gezogen werden und als Unsicherheit über den Netto-Cash-Flow verarbeitet werden wie bei den Variablen der Leistungsseite des Unternehmens.

Die Unsicherheit kann aber auch die Person des Gründers selbst oder die spezifische Gestalt des Unternehmens betreffen. Diese interne Unsicherheit ist Ausdruck der Fähigkeiten des Gründers und seiner Mitarbeiter und der Organisation, die er leitet, das Unternehmen zum Erfolg zu führen und das Verhalten zu zeigen, das unter den gegebenen Umständen zum maximalen Wert des Unternehmens führt. Herausragendes Merkmal dieser Art Unsicherheit ist, dass sie sich nicht durch bloßen Ablauf der Zeit auflöst (einfaches Lernen oder Lernen durch Zuwarten genannt), sondern letztlich nur durch Handeln (auch Learning by Doing oder Experimentation genannt). Nur wer ein Unternehmen gründet, wird erfahren, ob er ein guter Gründer ist und welche der eigenen Handlungen zum Erfolg führen und ob seine bisherige Zurückhaltung ein Fehler war oder kluge Einsicht in die eigenen Unzulänglichkeiten.

Die Unsicherheit über die eigene Person lässt sich als Unsicherheit über die Kosten des Unternehmens fassen. Die Kosten sind um so höher, je unsicherer die Person über ihre eigene Fähigkeit ist. Normalerweise kann davon ausgegangen werden, dass die Unsicherheit mit den wachsenden Investitionsausgaben für das Unternehmen sinken. Die Kosten sinken allerdings nicht beliebig schnell. Lernen durch Handeln ist für eine einzelne Person nur in engen Grenzen zu beschleunigen. Aus diesem Grund haben die meisten Gründer auch ein bestimmtes Qualifikationsniveau bereits erreicht, bevor sie ernsthaft eine Gründungsidee verfolgen. Die Möglichkeit zum Lernen durch Gründung eines Unternehmens setzt die Erfüllung bestimmter, im Einzelnen schwer zu bestimmender Standards voraus.

Sind diese Mindeststandards aber erreicht, beschleunigt Learning by Doing grundsätzlich die Gründung. Der Gründer hat abzuwägen, ob der Ertrag aus passivem Lernen größer ist als aus der Gründung und dem mit ihr fest verbundenen Lernen. Nur wenn die Unsicherheit des Erfolges erkennbar mehr in äußeren Ereignissen wie Marktpreisen zu suchen ist als in der Schwierigkeit, die fachliche und unternehmerische Leistung zu zeigen, lohnt es sich dann noch die Gründung hinauszuschieben. Ist Learning by Doing wertvoll, erfolgt der Markteintritt in jedem Fall früher und der Preis, ab dem ein Einstieg sich lohnt, ist kleiner als ohne aktives Lernen.

Je höher die Unsicherheit, desto unwahrscheinlicher wird der Ausstieg, denn nur das aktive Unternehmen hat Gelegenheit, Erfahrung zu sammeln. Wird die Unsicherheit unendlich groß oder fallen die Kosten mit der Dauer der Existenz des Unternehmens sehr stark, gibt es keinen Ausstieg mehr. Wenn sich aber der Ausstieg niemals lohnt, lohnt sich ein Eintritt auch bei sehr hohen erwarteten Kosten des Lernens, also auch dann, wenn der Gründer sich sehr unsicher fühlt und erheblichen Lernbedarf sieht. Ist die Put-Option wertlos, lohnt es sich auch nicht zu warten. Daher sind z.B. lasche Prüfungsbedingungen, die einen Abbruch niemals lohnend erscheinen lassen, ein hoher Anreiz zu studieren – vorausgesetzt, das zu erwerbende Zertifikat entwertet sich nicht im entsprechenden Umfang.

Sehr vereinfacht gesagt, führt die Möglichkeit des Lernens durch Handeln zu einem frühen Einstieg und einem späten Ausstieg. Der Einstiegspreis sinkt genauso wie der Ausstiegspreis. Die Preis-Spanne, innerhalb der das Unternehmen aktiv ist, verschiebt sich bildlich gesprochen nach links zum Nullpunkt, die Spanne selbst bleibt aber einigermaßen unverändert. Außerdem lässt sich festhalten: Wenn Lernen billig ist, erfolgt der Abbruch später, wenn Lernen teuer ist, erfolgt der Abbruch früher. Billig ist Lernen z.B. dann, wenn durch die Gründung viel Unsicherheit über die eigenen Fähigkeiten und die notwendigen Merkmale des Unternehmens abgebaut werden kann oder wenn die Einkommen aus nicht unternehmerischer Tätigkeit niedrig sind (siehe ROBERTS/WEITZMAN, 1981, bzw. HUBNER, 1996, S. 201 ff.).

2   Selektion der Unternehmen durch den Markt

Hat sich ein Individuum entschieden, die ihm zufließenden Ideen und die sich ihm offenbarten Möglichkeiten wirtschaftlicher Tätigkeit durch Gründung einer eigenen Unternehmung wahrzunehmen, muss es nicht nur mit der Unsicherheit leben, die auch eine etablierte Unternehmung bei Eintritt in einen neuen Markt zu bewältigen hat. Der Gründer einer eigenen Unternehmung hat die ganze Last der Unsicherheit über die eigenen Fähigkeiten und Kenntnisse ins Kalkül zu ziehen – eine Last, die er als Manager einer Unternehmung durch Arbeitsteilung möglicherweise verringern und in jedem Fall besser versichern könnte.

Ob seine Kenntnisse und Fähigkeiten ausreichen, wird erst die Gründung des Unternehmens an den Tag bringen. Die Marktbedingungen und die Bedingungen der Herstellung werden Ergebnisse seiner unternehmerischen Tätigkeit zeitigen, an denen der Gründer ablesen kann, ob seine Fähigkeiten ausreichen, dieses Unternehmen zum Erfolg zu führen. Sind die Ergebnisse schlecht genug, den Wert der Option Unternehmer zu bleiben auf Null zu treiben, geht das Unternehmen in Konkurs oder in Liquidation oder der Gründer scheidet aus diesem Unternehmen aus. Er weiß dann, dass er nicht fit genug ist.

Diese Selektion des Unternehmers durch den Markt ist laut – um mit B. JOVANOVIC (1981), dem wir dieses Selektionsmodell verdanken, zu sprechen. Hätte der Gründer dieses Ergebnis ohne Eintritt in den Markt erschließen und 'erplanen' können, wäre die Selektion leise gewesen. Das Scheitern des Unternehmers darf deshalb aber nicht als Opfer (der Gründer als Kanonenfutter) verstanden werden. Unter evolutionären Bedingungen kann nur Handeln unser Wissen vergrößern – das Wissen um die mangelnde Fitness eingeschlossen. Es gibt keinen Weg, die laute Selektion in eine leise zu verwandeln oder vorsichtiger: auch die Anpassung dieser Wege unterliegen wiederum evolutionären Bedingungen.

2.1 Das Überleben junger Unternehmen

Schon immer war aus den Konkursstatistiken auch mit unbewaffnetem Auge zu erkennen, dass die Sterberate von Unternehmen von konjunkturellen Einflüssen abgesehen konstant hoch ist. Nachdem die Statistik über Unternehmen in den letzten Jahrzehnten um Merkmale ihrer Lebensläufe (dem Gründungsjahr, Eigentümerwechsel etc.) erweitert worden war, wurde bestätigt, dass insbesondere jungen und kleinen Unternehmen ein kurzes Leben beschieden ist. Generell gilt, dass über alle Branchen hinweg und in fast allen Ländern der Umschlag an Unternehmen (und Betrieben) sehr hoch ist.

So konnte z.B. N. SCHULZ (1995, S. 41) der Arbeitsstättenzählung der Bundesrepublik Deutschland von 1970 und 1987 entnehmen, dass für die in der Tabelle 1 genannten Wirtschaftsabteilungen im Durchschnitt 31,8% der in 1987 existierende Arbeitsstätten vor 1970 gegründet worden waren und 25,1% der 87er Arbeitsstätten in den letzten zweieinhalb Jahren davor errichtet worden waren. Auch wenn die Errichtung einer Arbeitsstätte nicht mit einer Unternehmensgründung identisch sein muss und daher die Mobilität von Arbeitsstätten nur ein Indikator für die Lebensspanne von Unternehmen ist, ist auch diese Mobilität schon bemerkenswert. Einem hohen laufenden Zugang von Unternehmen steht einer fast gleich großer Abgang gegenüber.

Wirtschaftsabteilung	Eröffnungs-jahr vor 1970	Eröffnungs-jahr in 1985-1987	Anteil alt	Anteil neu	Bestand
Verarbeitendes Gewerbe	166 600	51 239	46,2%	14,2%	360 465
Baugewerbe	81 660	25 560	43,8%	13,7%	186 598
Handel	220 875	157 782	31,2%	22,3%	707 121
Verkehr, Nachrichten	45 163	20 983	37 0%	17,2%	122 092
Kreditinst., Versicherung	37 435	26 580	30,7%	21,8%	121 795
Dienstl. V. Unternehmen, Freie Berufe	198 371	215 767	23,1%	25,1%	858 666
Alle aufgeführten Abteilungen	**750 104**	**497 911**	**31,8%**	**21,1%**	**2 356 481**

Tabelle 1: Arbeitsstätten 1970-1987 (Quelle: Siehe SCHULZ, 1995, Tab.1.1.1 und 1.3.1)

Aus den Untersuchungen von CABLE/SCHWALBACH (1991) u.v.a. lässt sich entnehmen, dass der Anteil neu eintretender Unternehmen am Bestand (Brutto-Eintritts-Rate) dem Anteil austretender Unternehmen am Bestand (Austritts-Rate) gleicht. Da der Marktanteil der Eintretenden wie der Austretenden geringer als ihr jeweiliger Anteil am Bestand an Unternehmen ist, sind offenbar Unternehmen, die abbrechen im Durchschnitt fast genauso klein wie die, die eintreten.

Staat	Zeitraum	Eintrittsrate		Austrittsrate	
		Zahl der Untern.	Marktanteil	Zahl der Untern.	Marktanteil
Belgien	1980-1984	5,8	1,6	6,3	1,9
Kanada	1971-1979	4,0	3,0	4,8	3,4
Deutschland	1983-1985	3,8	2,8	4,6	2,8
Korea	1976-1981	3,3	2,2	5,7	k.A.
Norwegen	1980-1985	8,2	1,1	8,7	1,0
Portugal	1983-1986	12,3	5,8	9,5	5,5
UK	1974-1979	6,5	2,9	5,1	3,3
USA	1963-1982	7,7	3,2	7,0	3,3

Tabelle 2: Brutto-Eintritts- und Austrittsraten im Verarbeitenden Gewerbe von 8 Ländern (in %) (Quelle: CABLE/SCHWALBACH, 1991, Tab. 14.1)

Die Abhängigkeit der Sterblichkeit vom Alter lässt sich an den Anteilen, die die Jahrgänge an ausscheidenden Unternehmen haben, ablesen. So ermittelten ACS und AUDRETSCH aus den Daten der U.S. Small Business Administration (ACS/AUDRETSCH, 1993), dass von 61 034 ausscheidenden Unternehmen 22,8% älter als 20 Jahre waren, der Anteil der Unternehmen, die nicht älter als zwei Jahre war, betrug mit 19,0% fast genau so viel. Wie aus Tabelle 3 zu entnehmen, nimmt der Anteil der Austretenden mit dem Alter kontinuierlich ab.

Die Altersjahrgänge 1 bis 20 stellten 77,2% der ausscheidenden Unternehmen und repräsentierten 59,7% der Beschäftigten dieser Unternehmen. Ausscheidende Unternehmen, die älter als 20 waren, repräsentierten als gut 40% der Beschäftigten und waren folglich im Schnitt deutlich größer.

Disaggregiert man diese Daten des Alters ausscheidender Unternehmen nach Branchen lässt sich weiter feststellen (ACS/AUDRETSCH, 1993, Tabelle 3), dass der Umschlag an Firmen zwar überall hoch, aber über die Lebensalter verschieden verteilt ist. In Branchen mit bekannt hohen Größenvorteilen (wie z.B. Erdöl, Elektrische Ausrüstungen) scheiden die Jungen noch schneller aus als in Branchen mit geringen Mindestgrößen der Produk-

Altersjahrgang in Jahren	Zahl der Betriebe	Prozent der Betriebe
1 bis 2	11 597	19,0
3 bis 4	8 664	14,2
5 bis 6	6 592	10,8
7 bis 8	4 664	7,6
9 bis 10	3 207	5,3
11 bis 12	3 004	4,9
13 bis 14	2 740	4,5
15 bis 16	2 455	4,0
17 bis 18	2 231	3,7
19 bis 20	1 947	3,2
Alle Jahrgänge	61 034	100,0

Tabelle 3: Zahl und Prozent der Ausscheidenden Unternehmen nach Altersjahrgängen (Quelle: ACS/AUDRETSCH, 1993, Tab. 2)

tion. So ist der Anteil der nicht älter als vier Jahre alten Firmen an den ausscheidenden Firmen in der Branche Elektrische Ausrüstung fast 50%, im Druckgewerbe aber nur gut 25%.

An diesen Zahlen fällt zuallererst auf, dass selbst in Branchen, von denen man vermutet hätte, dass Größenvorteile jeden Außenstehenden abschreckte, eine hohe Gründungsquote haben (auch die absoluten Zahlen sind in der gleichen Größenordnung). Die Gründer lassen sich offenbar durch wenig abschrecken, den Versuch zu wagen, sie ziehen sich aber bei ex post nicht überwindbaren Nachteilen schnell zurück. Zeichnet sich umgekehrt der Erfolg ab und haben sich die jungen Unternehmer entschlossen im Markt zu bleiben, wachsen sie bis zu einem bestimmten Alter vergleichsweise stark, stärker als die älteren Unternehmen.

Die in allen Branchen nachweisbare schiefe Verteilung der Unternehmen nach Größenklassen, die sehr viele kleine, viele mittlere und wenige große ausweist, ist offenbar das Ergebnis einer Dynamik, bei der junge und kleine Unternehmen eine hohe, alte und große Unternehmen eine kleine Sterblichkeit haben. Der Markt wirkt wie eine schräg geschnittene Drehtür, bei der die Achse das Maß des Alters liefert (siehe AUDRETSCH, 1993, für dieses Bild). Die jungen Unternehmen unterliegen auf den am weitesten von der Achse entfernten Punkt am unteren Ende der Achse den größten Fliehkräften. Mit jedem zusätzlichen Jahr des Überlebens reduzieren sie den Abstand zur Achse und damit die Kräfte, die an ihnen zerren. Die Drehtür hat um so größere Geschwindigkeit je höher das Wachstum in der Branche ist. Wer die Fähigkeit hat, mit diesem Wachstum mitzuhalten, bleibt drin, wer sie nicht hat, fliegt raus. Der Gründer steht – wenn auch nicht in allen Branchen gleich stark – immer unter Wachstumszwang.

Diese Beobachtungen lassen sich mit dem Modell von JOVANOVIC recht gut erklären. Die Erwartungen der Gründer sind im Hinblick auf den Markterfolg in Anbetracht der Unsicherheit über die eigene Person sehr heterogen und unternehmensspezifisch. Gründer, die ihre bislang ungeprüften Fähigkeiten höher einschätzen, starten mit größerem Einsatz an Finanz- und Humankapital etc. als solche mit weniger euphorischen Erwartungen. Selbst in Branchen, deren Technologie eine erhebliche Mindestgröße zu erfordern scheinen, wird klein gestartet. Es steht ja die Option offen, die Branche wieder zu verlassen oder – falls sich die eigenen Fähigkeiten als angemessen erweisen und der Erfolg spürbar wird – solange zu erweitern, bis die optimale Firmengröße erreicht ist. Die Verluste während der Phase zu geringer, nicht-optimaler Größe sind kalkuliert und rechnen sich unter der Option späterer Expansion. D.h., die Unternehmen sterben nicht, weil sie zu klein sind. Sie sterben, weil die Gründer ex post keinen Anlass sehen, die Unternehmen größer zu machen. Sie wissen von vornherein, dass sie in dieser Größe nicht lebensfähig sind. Was sie ex post erfahren, ist, dass ihre Fähigkeiten es nicht lohnend machen, die Unternehmen auf das langfristig optimale Maß zu vergrößern.

Daraus folgt auch, dass Markteintrittsbarrieren wie die technisch bedingte Mindestgröße niemand hindern einzutreten. Die Eintrittsbarrieren mindern nur den erfolgreichen Markteintritt und sind insoweit ein Indikator für die erwartete durchschnittliche Sterblichkeit des (jungen) Unternehmens einer Branche. Sie sind aber kein Indikator für den Erfolg oder Misserfolg des einzelnen Unternehmens.

2.2 Das Überleben kleiner Unternehmen

Der Zwang zum Wachstum ist in einigen Branchen durchweg und in den anderen Branchen zu bestimmten Zeiten deutlich weniger ausgeprägt. In diesen Fällen gibt es – gemessen an der Zahl der Mitarbeiter z.B. – auch für kleine Unternehmen keinen Anlass zu wachsen, da ihre Größe optimal ist. Sie sind nicht klein, weil auch große Unternehmen klein starten müssen, sondern weil sie in einer Nische Platz haben. In diesen Fällen überdurchschnittlich wachsen zu wollen, hieße das Unternehmen auf einer völligen anderen Geschäftsidee zu stellen – ein neues Unternehmen zu starten.

Wesentliches Merkmal einer Nische ist, dass sie im Rahmen einer gegebenen Marktstruktur der Branche einem Unternehmen die Chance bietet, ein horizontal oder vertikal differenziertes Gut anzubieten. Soweit die Wünsche der Nachfrager – wie etwa ihr Standort, ihre besonderen Merkmale und Lebensumstände – diffus verteilt sind, hat ein Unternehmer die Möglichkeit, sein Produkt auf eine hinreichend große Zahl dieser Nachfrager und ihrer Wünsche zuzuschneiden, so dass seine Fixkosten gedeckt sind und der Lebensunterhalt verdient werden kann. Branchenbezogene und im Hinblick auf die Differenzierung ausgeprägte Fähigkeiten und Kenntnisse bestimmen stärker als allgemeine Managementfähigkeiten und betriebswirtschaftliche Kenntnisse den Erfolg des Unternehmens. Obwohl die Marktstruktur einigermaßen stabil ist, unterliegt die Nische selbst unerwarteten shocks. Auch branchen- und unternehmensferne Ereignisse können die Nische unerwartet schnell eng machen.

Beispiele dieser Nischen lassen sich im Bereich hochwertiger und auf die Person des Nachfragers bezogener Dienstleistungen finden, wie sie von den Unternehmen angeboten werden, die unter dem Stichwort Freie Berufe subsumiert werden. Ebenso gehören hierher die Unternehmen des Handwerks, für die gleiches gilt. Weite Teile des Einzelhandels folgen einer Nischenstrategie, wenn sie im Wesentlichen nach Standort und einkommensinduzierten Qualitätswünschen ihrer Kunden differenzieren. In all diesen Fällen gibt es natürlich auch Strategien, wo sozusagen viele Nischen von einem Unternehmen gleichzeitig bedient werden (Systemgastronomie, Kettenläden, Anwaltssozietäten etc.). Es handelt es sich dann aber nicht mehr um Nischenanbieter, sondern Anbieter einer Produktlinie, für deren Größe es keine einer Nischenstrategie entsprechende klar definierbare Marktgrenze mehr gibt. Schließlich gehören zu den Nischenanbietern auch Unternehmen von Branchen, deren Produktlebenszyklus die Phasen stürmischer Entwicklung weit hinter sich gelassen haben. Die Marktgrenzen und -strukturen sind weitgehend geklärt und stabil, so dass nur noch Platz für wenige große Anbieter und eben für Nischenanbieter bleibt. Hier gilt das Diktum, dass Unternehmen entweder die mit den Kostenvorteilen oder die mit den Produktvorteilen sind, dazwischen aber kein Platz mehr ist.

Auch für diese Nischenmärkte gilt, dass viele versuchen, durch die Gründung eines Unternehmens Nischen für sich zu gewinnen, der Versuch aber scheitert. Daher gilt auch für Nischenmärkte, dass die Eintrittsraten wie die Sterberaten sehr hoch sind und – folgen wir AGARWAL und AUDRETSCH (1999, S. 248, Tab. 2 und Fig. 1) – auch höher bleiben als die Sterberaten von Unternehmen in den Entwicklungsphasen der Märkte. In Nischenmärkten ist jedoch die Sterberate kleiner Unternehmen ab dem dritten Lebensjahr kleiner als die der Unternehmen, die als große Unternehmen gestartet sind. In der Entwicklungsphase bleibt die Sterberate für Unternehmen aller Größe bei etwa 6% sobald die ersten drei Jahre vergangen sind. Bis dahin liegt die Sterberate kleiner Unternehmen beinahe doppelt so hoch wie die der großen.

Betrachtet man den Einzelhandel im Vergleich zum Verarbeitenden Gewerbe – wie es PAKES und ERICSON für Wisconsin zwischen 1978 bis 1986 getan haben (PAKES/ ERICSON, 1998) – ist erkennbar, dass Nischenanbieter sich viel schneller an den Durchschnitt der Branche anpassen und viel länger von der Anfangsverteilung der Unternehmen nach Größenklassen geprägt sind. Der erste Punkt ist unschwer nachzuvollziehen. PAKES und ERICSON gehen davon aus, dass die Unternehmen des Einzelhandels ihren Markt durch ihr (Investitions-)Verhalten weit weniger prägen als die Unternehmen des Verarbeitenden Gewerbes. Sie passen sich vielmehr der gegebenen Struktur an und konzentrieren sich darauf, die Wünsche ihrer Kunden zu ermitteln und ihre Fähigkeiten zu erkunden, die ihnen helfen, die Wünsche gewinnbringend zu erfüllen. Daher ist der Abstand zwischen Startgröße und Größe im langfristigen Gleichgewicht nur von der Länge der Lernphase geprägt.

Wirkt das Verhalten der die Branche konstituierenden Unternehmen auf die Marktstruktur, die wiederum für die Selektion der Unternehmen verantwortlich ist (bewegt sich also das Ziel, auf das hin sich die Unternehmen durch Prüfung ihrer Fähigkeiten anzupassen suchen), hat die Anfangsausstattung geringeren Einfluss, denn in Wahrnehmung dieses

Sachverhalts, lohnt es sich nicht, die Ausstattung passend zu machen. Der Gründer, der weiß, dass sich die Marktstruktur aufgrund seines Verhaltens und das Verhalten der Konkurrenz ändert, wird nicht versuchen, eine Ausstattung zu wählen, die einer gegebenen Struktur exakt angemessen ist. Er wird vielmehr eine Ausstattung wählen, die ihm gestattet, bei veränderter Struktur neu zu entscheiden. Tatsächlich finden PAKES und ERICSON, dass im Verarbeitenden Gewerbe der Einfluss der Ausstattung etwa drei Jahre lang das Marktergebnis prägt, während im Einzelhandel sieben Jahre vergehen, bevor der Einfluss der Ausstattung sich verflüchtigt. Am Ende dieser Zeit entspricht die durchschnittliche Größe der vor sieben Jahren eingetreten Unternehmen des Einzelhandels weitgehend dem Querschnitt des Bestandes.

2.3 Überleben im Produktzyklus

Wenn aus dem Unternehmensbestand eines Wirtschaftszweigs wie dem Verarbeitenden Gewerbe die Unternehmen eliminiert werden, die als Nischenanbieter agieren, wächst der Anteil jener Unternehmen, deren Produkte oder Produktmix der Formierungsphase der das Verarbeitende Gewerbe bildenden Branchen zuzurechnen sind. Da in der Reifephase einer Branche die Zahl der Unternehmen in etwa gleich bleibt – bei gleich hohen Ein- wie Austrittsraten ist die Nettoeintrittsrate Null – muss während der Formierungsphase die Zahl der Unternehmen wachsen, da die Branche mit einem Bestand von Null startet. Die Eintrittsrate in der Formierungsphase einer Branche – auf dem Weg des Produkts zur Reife – muss höher sein als die Austrittsrate. Die Ein- und Austrittsraten sind folglich in der Formierungsphase nicht mehr positiv korreliert. Da weder der vom Ausscheidenden frei gemachte Platz den Eintritt provoziert noch der Zuwachs an Firmen einfach den – wenn auch verzögerten – Austritt bedingt, werden die Überlebensraten nicht vom Alter der Unternehmen und dem Wachstum der Branche allein abhängen. Es zeigt sich, dass die Überlebensraten mit den Phasen des Produktzyklus variieren und dass das mit den Phasen sich verändernde Innovationsverhalten der Unternehmen einen guten Teil der unterschiedlichen Überlebensraten zu erklären vermag.

Aus den Daten des Thomas Register of American Manufacturers, in denen die Lebensdaten der US-amerikanischen Unternehmen einzeln aufgezeichnet sind, haben AGARWAL und GORT für eine Auswahl von 25 neuen Produkten den Ein- und Austritt der sie produzierenden Unternehmen über den Produktzyklus verfolgt (AGARWAL/GORT, 1996). Die Liste der Produkte reicht von Antibiotika über Kugelschreiber bis zu Raketenmotoren und Videorecordern. Sie teilen den Produktzyklus in 5 bzw. 7 Phasen entsprechend der Entwicklung der Zahl der Unternehmen, die diese Produkte produzieren, und deren Ein- und Austrittsraten. Schematisch vereinfacht lässt sich der Bestand als eine Glockenkurve über eine Zeit von 56 Jahren (von 1935 bis 1991) beschreiben. Die Eintrittsraten sind ebenso wie die Austrittsraten über diese Zeit eingipflig verteilt. Zwischen den Gipfeln liegt ein Zeitraum von etwa 25 Jahren. Der Höhepunkt der Zahl der Eintritte liegt nach dem Jahre 16 des Starts des Produktzyklus und der Höhepunkt der Austritte im Jahr 41 des Zyklus. In der Phase der Reife des Produkts bleibt der Bestand dank einer Nettoeintrittsrate von Null unverändert.

Der lange Zeitraum zwischen dem Höhepunkt der Eintritte und der Austritte ist wie gesagt nicht einfach der Effekt einer verspäteten Austrittswelle. Zwar sind in allen Phasen des Zyklus die Hazardraten (Zahl der Austretenden als Prozentsatz des Bestandes der Unternehmen der **Vorperiode**) im Schnitt hoch und nehmen bei jüngeren Unternehmen mit der Phase des Eintritts zu (in der Endphase des Zyklus ist die Chance zu scheitern höher als in der Startphase). Ebenso deutlich sinkt die Sterblichkeit mit dem Alter der Unternehmen gleichgültig in welcher Phase sie eingetreten sind.

Fasst man die Überlebenschancen der Unternehmen als Halbwertzeit, also als die Zeitspanne, die bis zum Austritt der Hälfte aller Unternehmen eines bestimmten Alters zu einem Zeitpunkt vergeht, wird ein Umschwung in der Sterblichkeit besonders deutlich (siehe Tab. 5 AGARWAL/GORT, 1996, S. 495). Bei Unternehmen, die in der Startphase des Produktzyklus eingetreten sind, fällt die Halbwertzeit von 15,1 Jahren bis zu einem Alter der Unternehmen von etwa 22 Jahren auf 11,8 Jahren, danach steigt sie wieder auf 17,8 Jahre an. Für die Unternehmen, die in der Phase 2 eintreten – die mit der höchsten Eintrittsrate – sinkt diese Halbwertzeit bis zum Firmenalter von 14 von 11,2 auf 10,4 Jahre und steigt dann wieder auf 14,5. Für die Unternehmen, die in der dritten und vierten Phase eintreten – also vor der Reifephase – steigt die Halbwertzeit von Beginn an bis zum Alter von 18 Jahren (für ältere Unternehmen dieser Phasen lassen sich die entsprechenden Werte nicht bilden) in der Phase 3 von 10,6 Jahre auf 19,2 und in der Phase 4 von 9,2 Jahre auf 24,0 Jahre. In der Phase 5, der Reifephase, beträgt die Halbwertzeit fast konstant knapp 11 Jahre.

Die Halbwertzeit der Unternehmen der 4. Phase wächst also auf das zweieinhalbfache, der Tiefpunkt der Halbwertzeit im Firmenalter von 22 Jahren bei Unternehmen, die in Phase 1 starteten, bedeutet ein Fallen der Halbwertzeit um 30% und einen Wiederanstieg von 50%. Die Ursache dieser beiden bemerkenswerten Phänomene dürfte in einer Größe zu finden sein, die mit dem Stichwort 'Wechsel des innovativen Regimes' (siehe AUDRETSCH, 1991) zu beschreiben versucht wurde und in vielen Untersuchungen auch schon bestätigt wurde (siehe CAVES, 1998, S. 1966 ff. für einen Überblick).

Zu Beginn eines Produktzyklus findet sich das Wissen über das neue Produkt und die Technik seiner Herstellung und seines Vertriebs diffus verteilt. Häufig ist es als Grundlagenwissen in Hochschulen und Forschungslabors jedermann zugänglich. Außerdem gibt es keine Ausbildungsgänge oder Tätigkeiten, in denen das Wissen abgerufen werden kann. Die Aneignung der Erträge dieses Wissen – insbesondere, wenn es vorwiegend technischer Natur ist – bedarf der Gründung eines Unternehmens. Die jungen, neuen Unternehmen, die sich der Entwicklung, der Herstellung und dem Vertrieb dieser Produkte widmen, sind Vehikel des technischen Fortschritts. Bezeichnenderweise ist ihre Überlebenschance höher als der Unternehmen, die sich einem technisch weniger anspruchsvollen neuen Produkt (elektrische Christbäume, Kugelschreiber etc.) verschrieben haben (AGARWAL/GORT, 1996, Tab. 4 b, S. 494). In den ersten beiden Phasen profitieren neue, nicht eingesessene Unternehmen von inputs, die anderswo entwickelt, konzipiert oder in analogen Verwendungen eingesetzt wurden.

Ist die Entwicklung fortgeschritten, ist das Wissen in den noch existierenden Unternehmen akkumuliert, aufbereitet und mit zusätzlich erworbenem Wissen kombinierbar. Die Unternehmen investieren in Forschung und Entwicklung und können die daraus resultierenden Verbesserungen und neuen Anwendungen in zusätzliche Erlöse umsetzen, ihre Ausgaben für die Forschung decken und zusätzliche Profite machen. Ab dieser Phase dominiert das Management der Unternehmen die Produktentwicklung. Die Techniker treten zurück. Die ursprünglich technisch orientierten Unternehmen der Gründungsphase können nur dann überleben, wenn ihnen der Umschwung in eine kaufmännisch orientierte Organisation gelingt. Die in Phase 3 und 4 neu hinzutretenden Unternehmen sind von vornherein kaufmännisch geprägt, wenn sie nicht überhaupt Abkömmlinge großer Unternehmen anderer Branchen sind (in den Statistiken ist meistens nicht unterscheidbar, ob es sich um eigenständige oder abhängige Unternehmen handelt).

Jedenfalls genießen die Unternehmen, denen dieser Umschwung gelingt, first-mover-Vorteile. Dank der Trägheit der Konsumenten oder der Größenvorteile von Forschung und Entwicklung und Lernvorteilen, die aus hohen Produktionszahlen resultieren, genießen die Unternehmen, die früh an dieser Produktentwicklung beteiligt waren, einen Vorteil (siehe MÜLLER, 1997). Sie beerben, wenn sie groß genug geworden sind, in der Regel die Unternehmen, die nicht überleben, entwickeln sich damit zu den ganz großen Unternehmen dieser Branche und erhöhen zugleich ihre eigene Lebenschance. Erst die organisatorische Leistung, die Trägheit der Nachfrager und die der Angebotsbedingungen verhilft den Unternehmen zu einem wirklich langen Leben.

3 Planung nach Eintritt des Unternehmens

Vor der Gründung ist die Planung eines Unternehmens mit besonders hoher Unsicherheit belastet. Nicht nur, dass die Absatzzahlen und die Preise erheblich schwanken können und ihre Dynamik geschätzt werden muss, auch die Kosten der inputs können erheblich von ihren erwarteten Werten abweichen und zeitlich anders als geplant verteilt sein. Insbesondere die Mengenstruktur ist häufig nur scheinbar eine feste Größe, von der man glaubt, sie von anderen Unternehmen leicht abgewandelt übernehmen zu können (Benchmarking). Tatsächlich verbirgt sich aber hinter den Kosten die Art der Organisation, die wiederum von den Fähigkeiten und Kenntnissen des Gründers im Verhältnis zu den Marktgegebenheiten abhängt. Aus dieser an die Person des Gründers gebundene und damit auf das Unternehmen übertragenen Unsicherheit resultiert zusammen mit der exogenen Unsicherheit die hohe Bedeutung der mit der Geschäftsidee verbundenen Optionen, die ex ante einzuplanen sind, denn sie machen jedes Unternehmen zu einer einmaligen, nicht imitierbaren Veranstaltung.

Die Individualität der Unternehmen macht den Erfolg des Unternehmens zu einer nicht planbaren Größe. Dies gilt insbesondere deshalb, weil allen Unternehmen diese Individualität zugestanden werden muss und folglich ist das Marktergebnis, das aus dem Handeln aller Unternehmen resultiert, und das die Unternehmen selektiert, ebenfalls nicht prognostizierbar. Das Marktergebnis ist selbst ein Zufallsprozess, also kann es auch nicht ex ante als Planungsgrundlage und Erfolgsraster gewählt werden. Das Marktergebnis variiert – wenn auf mittlere Sicht von den 'reifen' Märkten abgesehen wird – mit dem durch Unsicherheit geprägten Verhalten des Unternehmens. Wäre der Erfolg planbar, wäre das Unternehmen das Imitat eines anderen und wäre selbst imitierbar. Es gäbe keine Chance, durch die Gründung des Unternehmens eine Rente zu ziehen.

Der Erfolg ist also eine Zufallsgröße, der sich erst nach Gründung einstellt und als solcher wahrgenommen werden kann. Es gehört zu den eigentlichen Leistungen der Gründer, den Erfolg wahrzunehmen und die Handlungen des Unternehmens zu identifizieren, die zu diesem Erfolg geführt haben. Die Ideen und die dem Gründer offenbarten Opportunitäten öffnen die Wege, der Markt entscheidet über den Erfolg des Weges und der Unternehmer versucht die Ursachen des Erfolgs zu verstehen und mit neuen Ideen den Erfolg so nachhaltig zu verlängern, dass das Unternehmen länger lebt als gerade bis zur Erschöpfung des bei Gründung verfügbaren Kapitals.

3.1 Erfolg als Voraussetzung des Lernens

Entgegen landläufiger Meinung ist Misserfolg ein denkbar schlechter Lehrmeister. Der Misserfolg lehrt, dass noch kein Erfolg eingetreten ist. Insoweit motiviert der Misserfolg. Er ist ein ziemlich eindeutiges Zeichen, weiter experimentieren zu müssen und Variationen des Ergebnisses zu erzeugen, die vom Markt als erfolgreich ausgezeichnet werden und schließlich jene Handlungen zu finden, die einen Erfolg zeitigen. Der Misserfolg liefert aber keine Hinweise, wo und wie der Erfolg zu finden sein könnte. Wie schwer es ist, überhaupt zu wissen, was den Erfolg ausmacht, zeigt sich besonders dann, wenn wie bei den Unternehmen des Neuen Marktes die Verlustphase länger anhält und die Kriterien wirtschaftlichen Erfolgs wie Erlös-Kosten-Verhältnis, Ertragsrate auf Investitionen etc. in der bekannten Form nicht ohne weiteres anwendbar sind und fast verzweifelt nach Zeichen gesucht wird, die dafür genommen werden können, dass die Unternehmung auf dem richtigen Weg ist.

Von Unternehmen, in denen der Eigentümer die Geschäfte führt (Selbständige), ist zudem zu vermuten, dass die nicht-pekuniären Erträge der Selbständigkeit sehr hoch sein müssen. Die meisten Selbständigen bleiben im Markt obwohl sie in ihrem Unternehmen sowohl zu Beginn weniger verdienen als in vergleichbarer Stellung als Nicht-Selbständige als auch einen geringeres Einkommenswachstum haben. HAMILTON konnte nachweisen, dass das Median-Einkommen der Selbständigen (seit 10 Jahren im Markt) 35% geringer ist als das eines Unselbständigen mit vergleichbarer Tätigkeit. Da das durchschnittliche Einkommen beider Gruppen in etwa gleich ist, bedeutet dies eine sehr schiefe Verteilung der Einkommen der Selbständigen. Da die Risiken der Selbständigkeit höher sind, lässt sich die hohe Einkommendrift auch so deuten, dass Selbständigkeit der Teilnahme an einer Lotterie entspricht, die hohe Preise mit sehr geringen Wahrscheinlichkeiten verspricht. Die Individuen nehmen an dieser Lotterie teil, weil sich ihnen damit ein Weg in sonst unerreichbare Welten öffnet. Der Wert dieser Möglichkeit ist so hoch, dass die Unternehmen den Einkommensrückstand akzeptieren. Jedenfalls ist die Bedeutung psychischen Einkommens so hoch, dass die Frage nach dem Maßstab des Erfolges dem Gründer nicht-triviale Antworten abverlangt.

Aber auch wenn unterstellt wird, dass z.B. der Wert des Unternehmens am Kapitalmarkt einmütig als Erfolgskriterium akzeptiert ist, gibt es Bedingungen unter denen es leichter fällt zu lernen als unter anderen. Es ist sicherlich leichter zu lernen, wenn die Umgebung des Unternehmens – also das Marktergebnis – einigermaßen stabil ist. Nur die Stabilität des Marktergebnisses lässt hoffen, das erfolgreiche Ergebnis durch Versuch und Irrtum wieder oder so oft zu erzeugen, bis die hierfür 'richtigen' Handlungen entdeckt worden sind. Erfolg muss auch ohne Bewusstsein der richtigen Handlung herstellbar und reproduzierbar sein, ansonsten sinkt die Chance zu lernen auf Null. Im Kontext einer evolutionären Wirtschaft muss dafür die Stabilität der Verteilung des Marktergebnisses reichen. In Nischenmärkten ist Lernen leichter, da die Marktstruktur sich durch die Gründung einzelner Unternehmen nicht wesentlich ändert. Die Bedingungen des Unternehmens setzen dem Lernen mehr oder weniger Widerstand entgegen. Es bleibt zu untersuchen, welche Bedingungen welchen Einsatz des lernenden Unternehmers erfordern.

Umgekehrt ist aber gerade die Lernfähigkeit und die Lerntechnologie für die Stabilität des Marktergebnisses verantwortlich. Wird sinnvoller Weise unterstellt, dass die Individuen in der Lage sind, von der Lösung der einen Aufgabe auf die Lösung einer anderen zu schließen, liegen also Verbundvorteile des Lernens vor (siehe MITCHELL, 2000), hätte der Lernerfolg eine bessere Aufgabenlösung zur Folge, die es erlaubt, mehr Aufgaben anzupacken und damit die Produktivität des Unternehmens zu erhöhen. Die gestiegene Produktivität wiederum fördert jenes gleichmäßigere Wachstum, das die Chancen zum Lernen verbessert, da sie dem Lernenden ein vergleichsweise stabiles Markt- und Unternehmensergebnis sichert (12).

Es liegt daher auf der Hand, dass die Ausbildung und die Erfahrung der Gründer, also deren Humankapital, Art und Geschwindigkeit des Lernens den Erfolg beeinflussen. In fast allen Untersuchungen zu den Erfolgsfaktoren (siehe WANZENBÖCK, 1998, S. 79 ff.) von neuen Unternehmen erweist sich die Ausstattung des Gründers an Humankapital als eine Variable mit vergleichsweise hoher Erklärungskraft. Das mit der Ausbildung erworbene Wissen um technische oder ökonomische Zusammenhänge stellt eine Lerntechnologie bereit, mit der einerseits sinnvoll experimentiert, andererseits aber auch den Variationen des Ergebnisses Bedeutung zugeordnet werden kann. Der Gründer mit geringerem Humankapital wird in der Regel zu lange brauchen, um die von ihm ausgelösten Ereignisse zu verstehen oder er begnügt sich von vorneherein mit Versuch und Irrtum. Jedenfalls darf als gesichert gelten, dass die Lernkosten mit steigendem Einsatz von Humankapital sinken und deshalb Humankapital ein Erfolgsfaktor ist.

Die Ausstattung an Humankapital der Gründer sollte allerdings nicht an der Dauer der Ausbildungs- und Berufsjahre allein gemessen werden. Die Dauer ist nur ein mittelmäßig guter Indikator für die erwarteten diskontierten Nettoerlöse einer Berufstätigkeit. Die Ausstattung an Humankapital ist daher oft besser gleich an dem Einkommen zu messen, das dem Gründer durch die Gründung des Unternehmens entgeht, also den Opportunitätskosten des Gründens.

Der Wert einer guten Ausstattung an Humankapital für das Unternehmen steht unter dem Vorbehalt, dass das Lernen allein oder vorwiegend durch den Gründer erfolgt. Im Rahmen der Organisation des Unternehmens kann gerade die Aufgabe des Lernens von Mitarbeitern des Gründers übernommen werden und je länger das Unternehmen lebt und je größer es wird, desto eher lohnt es sich, die Arbeit zwischen den vordringlich Handelnden und den vor allem Analysierenden und um Verständnis Ringenden zu teilen. Daher ist ein erfolgreich abgeschlossenes Studium der Wirtschaftswissenschaften weder eine hinreichende noch ein notwendige Bedingung für unternehmerischen Erfolg. Der erfolgreich Handelnde kann sich aber mit dem verbünden, der erfolgreich studiert und Berufserfahrung erworben hat. Ein solche Arbeitsteilung erfordert aber gerade beim jungen Unternehmen eine große Offenheit und viel Vertrauen in die Bereitschaft aller, ihr Handeln wirklich allein in den Dienst des Erfolges dieses Unternehmens zu stellen. Es ist die Leistung des Gründers, die Zusammenarbeit so zu gestalten, dass dieses Vertrauen für alle gerechtfertigt ist.

3.2 Die Ursachen des Erfolgs verstehen lernen

Die Literatur zur Gründung von Unternehmen, zu Kleinen und Mittleren Unternehmen, zu Entrepreneurship u.ä. Themen ist durchdrungen von der Vorstellung, dass ein guter Teil neuer Märkte von kleinen und jungen Unternehmen geöffnet werden. Erst nach Jahrzehnten gewinnen im Zuge der Produktentwicklung größere und ältere Unternehmen einen Vorteil. Viele Untersuchungen haben dieses Urteil bestätigt – eine der Untersuchungen wurde hier ausführlicher in Abschnitt 2.3 zitiert. Ursache des Vorteils sind die Bedingungen unter denen das Lernen stattfindet.

Klein zu sein und klein zu starten, hat deswegen einen Vorteil bei der Durchsetzung neuer Ideen, weil die eigenen Handlungen und deren Zuordnung zum Ergebnis der Handlung des Unternehmens besser beobachtet werden können. Da a priori nicht offensichtlich ist, welche Aufgabe und welche Art der Aufgabenzerlegung den Erfolg bringt, hilft Überschaubarkeit jene Handlungen ausfindig zu machen, die zu diesem Erfolg beigetragen haben. Da die Handlungen spezifischen Funktionen/Bereichen des Unternehmens zugeordnet sind, aber möglicherweise nur in einer bestimmten Kombination erfolgreich sind und weil oft nur leichte, scheinbar unwesentliche Variationen des Handlungsablaufs den Erfolg bringen, sichert Kleinheit jene Nähe, Überschaubarkeit und informale Kommunikation, erfolgswirksame Handlungen ausfindig zu machen.

Weiterhin kann man davon ausgehen, dass der Gründer oder das Gründerteam in der Regel auch Eigentümer des kleinen und jungen Unternehmens sind. Damit ist der Gründer Träger des Rechts, das Residuum, das nach Erfüllung aller Verbindlichkeiten beim Unternehmen verbleibt, einzubehalten und in den Fällen über alle Ressourcen des Unternehmens (z.B. die Mitarbeiter) zu entscheiden, in denen deren Einsatz im Unternehmen nicht eindeutig geregelt ist. Mit dem Recht des Selbständigen, in allen nicht geregelten Fällen die Prärogative zu haben, ist gesichert, dass alle Handlungen in der Verantwortung der Gründer bleiben und die Folgen auf sie zurückfallen. Die Aufmerksamkeit des

Gründers ist damit in jedem Fall gesichert und die Anreize sind so gesetzt, dass eine bewusste Verfälschung der Kommunikation unwahrscheinlicher ist. Der Informationsaustausch über die Besonderheiten des Unternehmens und seine Fortschritte im Verständnis über sich selbst sind außerordentlich heikel. Eine unverzerrte Wiedergabe dieser Information ist so wertvoll, dass es sich lohnt, wesentliche Elemente der Organisation allein zur Sicherung dieser Information einzusetzen – vor allem in den frühen Phasen der Produktentwicklung.

Die Kleinheit und Eigenständigkeit des Unternehmens erhöht die Chance, externe Effekte nicht internalisiert zu haben und die Organisation wirklich auf das neue Produkt und die Besonderheiten seiner Herstellung und seines Vertriebs ausrichten zu können. Im abhängigen Unternehmen verdrängt das neue Produkt möglicherweise ein altes. Damit ist nicht nur der Erfolg des Organisationsteils geschmälert, der das alte Produkt herstellt, auch der Erfolg des Gesamtunternehmens ist kleiner als er wäre, wenn das Unternehmen diese Wirkung nicht internalisiert hätte. Also hat das unabhängige Unternehmen nicht nur deshalb einen höheren Erfolg, weil es diese Wirkung nicht internalisiert. Die Unabhängigkeit hilft auch die vielen diffus verteilten Anreize zu meiden, bezüglich der Bedingungen des Erfolgs des neuen Produkts Informationen zu verzerren und damit das Verständnis des neuen Marktes zu behindern. Für andere, dem neuen Produkt angepasste Organisationsformen gilt Ähnliches. Das selbständige Unternehmen kann die Wirkung neuer Organisationsformen testen und prüfen, ohne die alten zu bedrohen und kann damit vermutlich billiger und schneller lernen, ob sich die Form eignet oder nicht.

Ein Beispiel hierfür ist die Geschichte von Intel (zitiert nach AUDRETSCH, 1999, S. 28). Intel bezahlte und bezahlt **alle** Mitarbeiter mit Optionen auf die Aktien der Unternehmung. Bob Noyce, der Gründer von Intel und Gründungsmanager von Fairchild war felsenfest davon überzeugt, dass nur mit dieser Form der Bezahlung und einer auch sonst völlig statusfreien Organisation eine hinreichende Motivation der Mitarbeiter in Unternehmen dieser Branche erzielt werden können. Da er aber die Eigentümer von Fairchild zu einer solchen Bezahlung nicht überreden konnte, gründete er seine eigene Unternehmung Intel, die schließlich mit der Markteinführung des Mikroprozessors Fairchild überflügeln sollte. In diesem Fall war es sogar die Organisationsform, die schließlich das passende Produkt fand. Denn die ursprünglich von Intel gebauten Speicherchips wurden erst später von der Herstellung des Mikroprozessors abgelöst – den Mikroprozessor, dessen Entwicklung IBM und DEC angeboten bekommen hatten und ablehnten, weil er die Funktion ihrer großen Rechner in Frage gestellt hätte.

4 Zusammenfassung

Der Erfolg einer Gründung ist einerseits von der Erstausstattung an Humankapital abhängig, andererseits von den Organisationsformen, die den Lernerfolg nach Eintritt des Unternehmens bestimmen. Die Marktstrukturen, also die Zahl der schon vorhandenen Unternehmen, die Eintritts- oder Austrittsbarrieren oder das Wachstum einer Branche sagen wenig oder gar nichts über den Erfolg eines einzelnen Unternehmens. Sie haben Einfluss auf den durchschnittlichen Erfolg neuer Unternehmen dieser Branche und insoweit hat der Gründer ex ante diese Zahlen über die Sterblichkeit zu berücksichtigen. Wichtiger aber ist, dass er nach Gründung Formen findet, die ihm helfen zu lernen. Der Erfolg ist Zufall, der dauerhafte Erfolg ist planbar oder doch beeinflussbar. Daher wird die Organisation und die Koordination der Aktivitäten einer Unternehmung mit dem Alter immer wichtiger, der Gründer wird durch ein vorwiegend kaufmännisch orientiertes und auch im Hinblick auf Handeln und Verstehen arbeitsteilig operierendes Management abgelöst.

Anmerkungen

(1) Der Einfachheit halber wird hier nicht nach der 'Persönlichkeit' des Gründers unterschieden. Individuen jeden Geschlechts, Gruppen von Individuen und juristische Personen werden einheitlich als Gründer bezeichnet.

(2) Die Möglichkeit einer Desinvestition durch Verkauf des Unternehmens wird im Folgenden ausgeschlossen. Da Finanzierungsfragen hier nicht erörtert werden sollen und die Statistiken diese Fälle häufig nicht unterscheiden, sind hier als Marktaustritt nur der 'asset deal' einer Liquidation oder eines Konkurses zugelassen.

(3) Wie die Linie berechnet werden kann, ist DIXIT/PINDYCK, 1994, S.138 zu entnehmen oder mit Hilfe der in der Anmerkung (6) genannten Gleichung zu berechnen.

(4) Deshalb musste unterstellt werden, dass die Wachstumsrate kleiner als der Zinssatz ist. Ansonsten wüchse der Wert des Unternehmens durchgehend schneller als die Zinslast der Investition und es lohnte sich erst am Ende aller Zeiten, die Unternehmung auch zu gründen; Die Differenz von wachsendem Wert des Unternehmens und versunkenem Kapital würde ständig zunehmen.

(5) Die Bedingung 2. Ordnung ist für ß > 0 erfüllt.

(6) In Kenntnis des optimalen Zeitpunkts und des Schwellenwerts hat die Idee zur Gründung den folgenden Wert:

$$F(V) = \frac{\beta \cdot I}{\rho - \beta} \cdot \left(\frac{(\rho - \beta) \cdot V}{\rho \cdot I} \right)^{\rho/\beta} \quad \textit{für } V \leq V^* \qquad \textit{mit} \quad F(V^*) = \left(\frac{\beta \cdot I}{\rho - \beta} \right)^{\rho/\beta}$$

$$F(V) = V - I \quad \textit{für} \quad V > V^*$$

(7) Diese auf die Elastizität des Werts der Unternehmung bezüglich des Diskontfaktors abzielende Formulierung findet sich bei DIXIT/PINDYCK/SODAL, 1999. Im Licht dieser Formulierung lässt sich der Wert der Option als Mark-Up auf den Nettogegenwartswert verstehen.

(8) Ist es plausibler, den zufallsabhängigen Zuwachs unabhängig vom erreichten Wert des Unternehmens zu formulieren, ist der Zugewinn und damit auch Schwellen-

wert zur Gründung additiv: $V^* = I + \beta \cdot n/\rho$ und der Wert der Idee für V* ist $F(V^*) = \beta \cdot n / \rho$. Im Beispiel ist der Wert an der Schwelle nur halb so groß wie bei multiplikativer Verknüpfung.

(9) Das Beispiel ist DIXIT/PINDYCK, 1993, S. 139 ff. entnommen. Dort findet sich auch eine detaillierte Begründung für die unter diesen Bedingungen gültigen Formeln zur Investitionsplanung. Siehe aber auch BANK/MAGER, 2000, und die dort angegebene Literatur.

(10) Diese Put-Option lässt sich äquivalent als die Call-Option formulieren, das Unternehmen trotz Verlusten oder erwarteten Verlusten aktiv zu halten. Ähnlich der Option zu Warten entspräche die Option auf Nicht-Abbruch einer Option des status quo.

(11) Die Put-Option ist der exakte Ausdruck für Investitionskriterien, die die Vorteilhaftigkeit einer Investition an der Länge des Zeitraums der Wiedergewinnung des verauslagten Kapitals zu messen suchen.

(12) In MITCHELL'S Modell ersetzt die Annahme über die Regularität der Zufallsprozesse jene, mit denen in den evolutionären Modellen von JOVANOVIC S sowie PAKES/ERICSON u.a. die Dynamik der exogenen Variablen versehen sind. Die Lerntechnologie erzeugt jene positive Persistenz, die sonst von außen vorgegeben werden muss, um die Stationarität der Lösungen zu sichern.

Literatur

ACS, Z.J./AUDRETSCH D.B. (1993), Who Exits and Why? in: discussion papers Wissenschaftszentrum Berlin, FS IV S. 93-20.

ACS, Z.J. (ed.), (1999), Are Small Firms Important? Their Role and Impact, Boston.

AGARWAL, R./AUDRETSCH D.B. (1999), The two views of small firms in industry dynamics: a reconciliation, in Economic Letters, Vol. 62, S. 245-251.

AGARWAL, R./GORT, M. (1996), The Evolution of Markets and Entry, Exit and Survival of Firms, in Review of Economics and Statistics, Vol.78, S. 489-498.

AUDRETSCH, D.B. (1991), New Firm Survival and the Technological Regime, in Review of Economics and Statistics, Vol. 73, S .441-450.

AUDRETSCH, D.B. (1993), Kleinunternehmen in der Industrieökonomik: Ein neuer Ansatz, in: discussion papers Wissenschaftszentrum Berlin, FS IV S. 93-26.

AUDRETSCH, D.B. (1999), Small Firms and Efficiency, in Acs (1999), S. 21-39.

BANK, M./MAGER, F. (2000), Die Warteoption im zeitstetigen Investitionsmodell, Bewertung und Anwendungsmöglichkeiten, in WiSt, S. 302-307.

CABLE, J./SCHWALBACH, J. (1991), International Comparisons of Entry and Exit, in GEROSKI/SCHWALBACH (1991), S. 257-281.

CAVES, R.E. (1998), Industrial Organization and New Findings on the Turnover and Mobility of Firms, in Journal of Economic Literature, Vol. 36, S. 1947-1982.

DIXIT, A.K./ PINDYCK, R.S. (1994), Investment under Uncertainty, Princeton.

DIXIT, A.K./PINDYCK, R.S./SODAL, S. (1999), A Markup Interpretation of Optimal Investment Rules, in The Economic Journal, Vol. 109, S. 179-189.

GEROSKI, P.A./SCHWALBACH, J. (eds.) (1991), Entry and Market Contestability, Oxford.

HAMILTION, B.H. (2000), Does Entrepreneurship Pay? An Empirical Analysis of the Returns to Self-Employment, in Journal of Political Economy, Vol.108, S. 604-631.

HUBNER, E. (1996), Abbruchentscheidungen im F&E-Management, Wien.

JOVANOVIC, B. (1982), Selection and the Evolution of Industry, Econometrica, Vol. 50, S. 649-670.

MITCHELL, M.F. (2000), The Scope and organization of production: firm dynamics over the learning curve, in RAND Journal of Economics, Vol.31, S. 180-205.

MUELLER, D.C. (1997), First-mover advantages and path dependence, in International Journal of Industrial Organization, Vol. 15, S. 827-850.

PAKES, A./ERICSON, R. (1998), Empirical Implications of Alternative Models of Firm Dynamics, in Journal of Economic Theory, Vol. 79, S. 1-45.

ROBERTS, K./WEITZMAN, M.L. (1981), Funding Criteria for Research, Development, and Exploration Projects, in Econometrica, Vol. 49, S. 1261-1288.

SCHULZ, N. (1995), Unternehmensgründungen und Markteintritt, Heidelberg.

WANZENBÖCK, H. (1998), Überleben und Wachstum junger Unternehmen, Wien.